Canaries

+ Randonnées et plongées

Cofondateurs : Philippe GLOAGUEN et Michel DUVAL

Directeur de collection et auteur
Philippe GLOAGUEN

Secrétaire général
Gavin's CLEMENTE-RUIZ

Rédacteurs en chef
Amanda KERAVEL (France)
Benoît LUCCHINI (Étranger)

Directrice administrative
Bénédicte GLOAGUEN

Conseiller à la rédaction
Pierre JOSSE

Responsable voyages
Carole BORDES

Direction éditoriale
Élise ERNEST

Rédaction
Isabelle AL SUBAIHI
Emmanuelle BAUQUIS
Mathilde de BOISGROLLIER
Thierry BROUARD
Marie BURIN des ROZIERS
Diane CAPRON
Véronique de CHARDON
Laura CHARLIER
Florence CHARMETANT
Fiona DEBRABANDER
Anne-Caroline DUMAS
Éléonore FRIESS
Géraldine LEMAUF-BEAUVOIS
Olivier PAGE
Alain PALLIER
Anne POINSOT
André PONCELET

2021/22

hachette

TABLE DES MATIÈRES

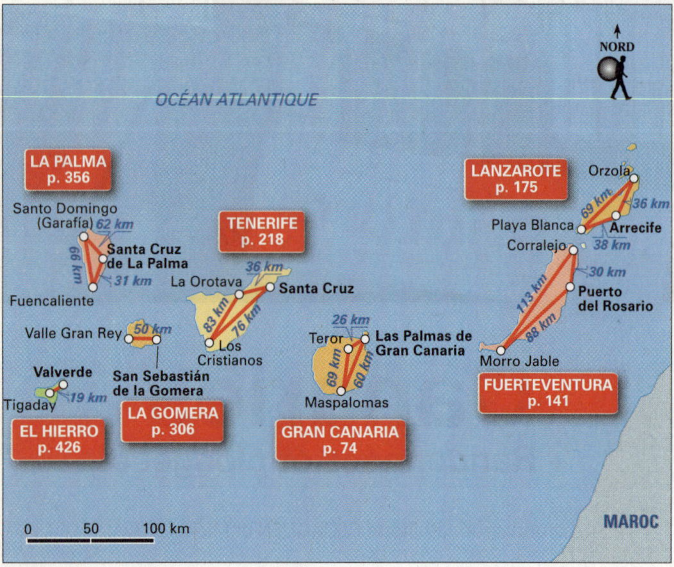

PRÉAMBULE

COMMENT Y ALLER ? 36

LES LIAISONS INTER-ÎLES 43

CANARIES UTILE 45

UNE PANDÉMIE INOUÏE !

Depuis toujours, le ***Routard*** **apporte son soutien aux hôteliers et restaurateurs** qui accueillent nos lecteurs avec sourire et professionnalisme. Inlassablement, nos enquêteurs sont à l'affût de ces établissements, pour le plus grand bonheur de nos lecteurs. Malgré toute notre vigilance, certains d'entre eux auront fermé quand ce livre sortira. Cette terrible **pandémie de Coronavirus** a, on le sait, des conséquences importantes pour tous les professionnels du tourisme. Des adresses familiales et accueillantes que nous continuerons à soutenir et mettre en valeur. **Nous sommes de tout cœur avec eux !**

Important : dernière minute

Entre deux parutions du *Routard*, des événements fortuits (conditions sanitaires, catastrophes naturelles, mais aussi formalités, taux de change, conditions d'accès aux sites, fermetures inopinées, etc.) peuvent modifier vos projets de voyage. Pour éviter les déconvenues, nous vous recommandons de consulter la rubrique « Guide » par pays de notre site • *routard.com* • et plus particulièrement les dernières ***Actus voyageurs.***

☎ **112 :** c'est le numéro d'urgence commun à la France et à tous les pays de l'UE, à composer en cas d'accident, agression ou détresse. Il permet de se faire localiser et aider en français, tout en améliorant les délais d'intervention des services de secours.

Pictogrammes du Routard

Établissements

- Hôtel, auberge, chambre d'hôtes
- Camping
- Restaurant
- Terrasse
- Pizzeria
- Boulangerie, sandwicherie
- Pâtisserie
- Glacier
- Café, salon de thé
- Café, bar
- Bar musical
- Club, boîte de nuit
- Salle de spectacle
- Boutique, magasin, marché

Infos pratiques

- Office de tourisme
- Poste
- Accès Internet
- Hôpital, urgences
- Adapté aux personnes handicapées

Sites

- Présente un intérêt touristique
- Point de vue
- Plage
- Spot de surf
- Site de plongée
- Recommandé pour les enfants
- Inscrit au Patrimoine mondial de l'Unesco
- Pas de côté

Transports

- Aéroport
- Gare ferroviaire
- Gare routière, arrêt de bus
- Station de métro
- Station de tramway
- Parking
- Taxi
- Taxi collectif
- Bateau
- Bateau fluvial
- Piste cyclable, parcours à vélo

« OSONS LE PAS DE CÔTÉ »

Le surtourisme ? Tous concernés. Et pourtant, à l'écart des grands flux touristiques, il existe plein de pépites méconnues, souvent oubliées des circuits trop encombrés. Ici un site ignoré ; là un quartier secret ; plus loin un village caché au charme discret, avec un troquet d'une autre époque. Il existe une infinité de lieux peinards que l'on a envie de mettre en avant avec ce pictogramme. Un vagabondage enfin calme favorisé aussi par les **visites aux heures creuses**. Vive le *slow trip* !

#osonslepasdecote

© Gerault Gregory/hemis.fr

Spécialités des îles Canaries

LA RÉDACTION DU ROUTARD

(sans oublier nos 50 enquêteurs, aussi sur le terrain)

© R. Delalande et E. Dessons

Jean-Sébastien, Olivier, Mathilde, Thierry, Alain, Gavin's, Éléonore, Anne-Caroline, André, Laura, Florence, Véronique, Isabelle, Géraldine, Fiona, Amanda, Benoît, Emmanuelle, Bénédicte, Philippe, Carole, Diane, Anne, Marie.

La saga du *Routard* : en 1971, deux étudiants, Philippe et Michel, avaient une furieuse envie de découvrir le monde. De retour du Népal germe l'idée d'un guide différent qui regrouperait tuyaux malins et itinéraires sympa, destiné aux jeunes fauchés en quête de liberté. 1973. Après 19 refus d'éditeurs et la faillite de leur première maison d'édition, l'aventure commence vraiment avec Hachette. Aujourd'hui, le *Routard*, c'est plus d'une cinquantaine d'enquêteurs impliqués et sincères. Ils parcourent le monde toute l'année dans l'anonymat et s'acharnent à restituer leurs coups de cœur avec passion.

Merci à tous les Routards qui sont solidaires de nos convictions : liberté et indépendance d'esprit ; découverte et partage ; sincérité, tolérance et respect des autres.

NOS SPÉCIALISTES CANARIES

Anne Poinsot : après avoir tâté de l'histoire, de la sociologie et de la sculpture, c'est au *Routard* qu'Anne nourrit chaque jour sa curiosité éclectique, ses désirs d'ailleurs et son goût du mot juste. Toujours l'œil grand ouvert sur la beauté paradoxale du monde. Entre les rencontres, l'exploration de terrain et les plages d'écriture, elle ne voit pas le temps passer…

Thierry Bessou : ses origines agricoles auraient pu l'amener à cultiver la terre, finalement il la sillonne. Pourtant, il a peur de prendre l'avion ! En équilibre précaire sur un éléphant, les doigts gelés au pied d'un glacier, de marchés en musées, ses antennes restent déployées. C'est dans la Ville rose qu'il écrit, inspiré par mille lieux foulés, mille regards croisés.

Olivier Page : malouin d'origine. À 16 ans, il réalise un long tour de France à mobylette. Son aptitude à la vie nomade, son goût des autres ont conduit ce Breton d'âme fugitive à collaborer avec le *Routard*. Depuis 1990, il parcourt la planète, pour découvrir d'autres lieux, d'autres gens. Et faire partager ses plus belles trouvailles à ses lecteurs.

UN GRAND MERCI À NOS AMI(E)S SUR PLACE ET EN FRANCE

Pour cette nouvelle édition, nous remercions particulièrement :

- **María Méndez Castro,** directrice de Promotur Turismo de Canarias, et **Elena Gonzalez Vázquez de Parga,** directrice de la promotion de Turismo de Canarias.
- Les équipes de l'office espagnol de tourisme de Paris, efficaces et très professionnelles, comme toujours !
- Toutes les équipes des offices de tourisme et CIT de l'archipel.
- **Philippe Modol,** pour son érudition et sa passion communicative.

Pour Gran Canaria

- Le Patronato de Turismo de Gran Canaria.
- Les équipes efficaces et accueillantes des offices de tourisme de Puerto de las Nieves et de La Aldea San Nicolás.

Pour Fuerteventura

- **Adey Valdivia García** et **Elsa Dominici Gonzáles,** de l'office de tourisme de Fuerteventura.
- L'équipe sympa et dynamique de l'office de tourisme de Puerto del Rosario.

Pour Lanzarote

- **Paula Muños López,** du Patronato de Turismo de Lanzarote.
- **Edén Sanchez Gil,** guide indépendant, pour son grand professionnalisme et sa disponibilité.

Pour Tenerife

- **Mme Nieves Perdomo,** responsable de la promotion de Tenerife.

Pour La Gomera

- **Audrey,** de *Ipalan,* pour les randonnées.

Pour La Palma

- **Rosa Rodríguez,** pour son aide efficace et érudite.
- **Ana Rodríguez,** d'*Isla Bonita,* pour son temps et son professionnalisme.
- **Véronique** et **Karl Messmer.**

Pour El Hierro

- **Cristina Ferro Fernández,** du Patronato de Turismo d'El Hierro.
- **Murielle** et **Patrick,** de *Meridiano Cero.*
- **Enrica** et **Paolo,** de l'agence *Atlantidea.*

Le *Routard* est imprimé sur un papier issu de forêts gérées.

I.S.B.N. 978-2-01-787107-1

NORD
OCÉAN ATLANTIQUE
LA PALMA p. 356
La Zarza y La Zarcita
La Fajana de Franceses
La Fajana
Tijarafe
Bosque de los Tilos
Playa de la Veta
Charco Azul
San Andrés
Playa de Nogales
Casa Luján
Cubo de la Galga
Parque nacional de la Caldera de Taburiente
Puerto de Tazacorte
Santa Cruz de La Palma
Los Llanos de Aridane
Cueva de Belmaco
Volcan Teneguía
Playa Nueva
Las Salinas
Parque natural de Cumbre Vieja
TENERIFE p. 218
Col El Bailadero
La Laguna
Garachico
Santa Cruz de Tenerife
Parque rural Teno
La Orotava
Parque nacional del Teide
Masca
Los Gigantes
Vilaflor
Los Abrigos
Puerto de las Nieves
Parque natural de Tamadaba
Roque Bentayga
La Aldea de San Nicolás
Tejeda
Parque nacional de Garajonay
Valle Gran Rey
San Sebastián de La Gomera
LA GOMERA p. 306
Mirador de la Peña
La Maceta
Guinea
Valverde
El Sabinar
Ermita
Mirador de Isora
Geoparque
La Restinga
Cala del Tacorón
Pico Malpaso
EL HIERRO p. 426
OCÉAN ATLANTIQUE

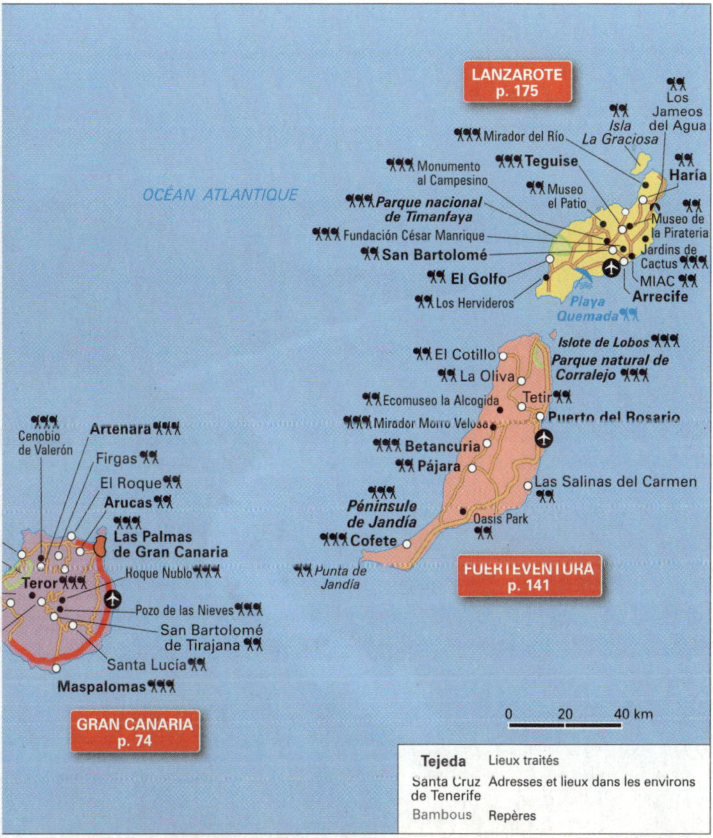

LES CANARIES

La magnifique côte de La Palma

© Eric Gevaert/Alamy/Hemis

L'archipel de l'éternel printemps

Dès l'Antiquité, ces 7 îles aux confins du monde connu enflammèrent l'imagination des poètes et des explorateurs. Aujourd'hui, les Canaries ont conservé une part de leurs secrets : la douceur d'un éternel printemps et une invraisemblable variété de paysages. **Paysages volcaniques** de l'origine du monde ou **exubérantes forêts primaires, océan Atlantique** tantôt calme tantôt impétueux, criques déchiquetées d'un noir brillant ou vagues de dunes dorées, adorables petites villes coloniales ou cités palpitantes… des contrastes constants. Au-delà, chaque île est un monde en soi, fière de son histoire et de ses coutumes. Toutes, cependant, partagent l'héritage des Guanches, les 1ers habitants préhispaniques de l'archipel, et une vraie chaleur dans l'accueil…

Laquelle choisir ? Bien loin de la réputation d'îles balnéaires bétonnées qui leur colle parfois à la peau, les grandes **Tenerife** et **Gran Canaria** offrent aussi des **paysages grandioses** au sein de plusieurs parcs nationaux et autres réserves naturelles. Tenerife est coiffée par le majestueux volcan El Teide, tandis que Gran Canaria est sillonnée de profonds ravins et de gorges, le tout façonné par l'activité volcanique. À Tenerife, les **superbes petites villes coloniales,** comme La Laguna, classée au Patrimoine mondial de l'Unesco, fascineront les amateurs d'histoire. À Gran Canaria, les fêtards se réjouiront de la **vie nocturne trépidante de Maspalomas** et du foisonnement culturel de Las Palmas de Gran Canaria.

Plus à l'ouest, sur la route de l'Amérique, **La Palma** et **La Gomera** surprennent par la beauté de leur nature : aux falaises immenses répondent des coulées de lave figées et des vallées étroites où prospère encore une riche laurisylve – cette forêt touffue des origines, dominée par fougères géantes et lauriers endémiques. Toutes 2 sont sillonnées de centaines de kilomètres de **sentiers de randonnée,** entre cratères, cônes et calderas (dépressions volcaniques). Plus sauvage et plus isolée, la petite **El Hierro,** un rien austère, demeure un véritable laboratoire écolo, idéal pour se réfugier loin du monde, entre **balade** et **plongée sous-marine.**

Sur **Fuerteventura** la sauvage, 2 merveilles de la nature : la péninsule de Jandía et son immense plage naturelle, ainsi que les dunes de Corralejo. Sans oublier une myriade de villages et de petits ports, ni les côtes ouest et nord qui se prêtent à la pratique du surf, du *kitesurf* et de la planche à voile.

Enfin, **Lanzarote,** le joyau du Nord, avec ses façades blanches et ses volets verts ou bleus aux petits airs d'île grecque. Le tout **superbement préservé par la volonté d'un artiste génial, César Manrique.** Il protégea même les volcans, comme ce parc national de Timanfaya aux paysages quasi lunaires !

Qu'il s'agisse de farniente en bord de plage, de balades sur le dos des volcans ou dans la forêt primaire : **7 îles très différentes, c'est 7 bonnes raisons de venir aux Canaries. Sans compter l'envie d'y revenir !**

NOS COUPS DE CŒUR

À GRAN CANARIA

(1) **Errer sur les gigantesques dunes de Maspalomas, paysage original et curieux ; une tranche de désert posée entre la ville moderne et la mer.** Près de 400 ha de dunes de type saharien parfois hautes de 10 m, sur 4 km de côte, avec une pointe de 1 km dans les terres. Un écosystème unique aux Canaries, où il n'est pas rare de croiser de gros lézards, des oiseaux du désert, et… des lapins ! Gentille palmeraie et petite lagune, refuge d'oiseaux migrateurs ou endémiques. Le tout ourlé d'une plage sublime où il est facile de se retrouver seul au monde ! *p. 131*

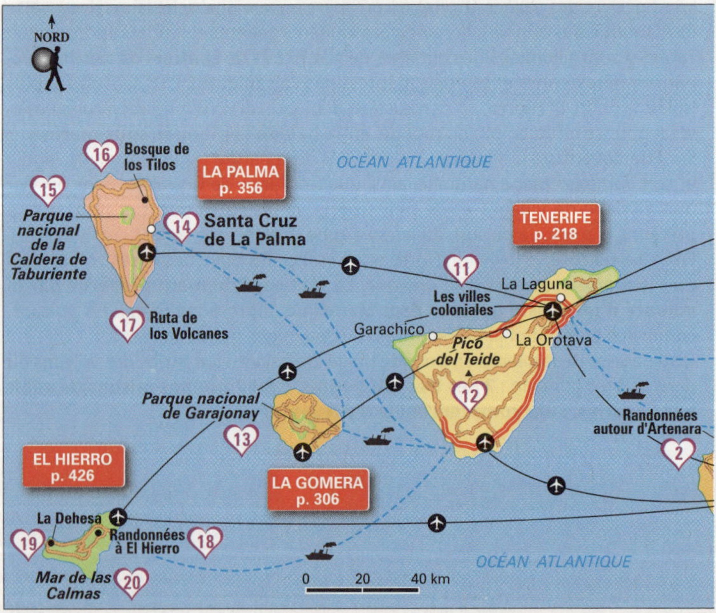

(2) **Randonner dans les paysages sauvages, accidentés et époustouflants du centre de l'île, vers *Artenara,* le plus haut village de l'île (1 250 m d'altitude), plein de charme et offrant d'étonnantes possibilités d'hébergements troglodytiques ; une coutume qui date de l'époque préhispanique.**

Monter alors à la **Cruz de Tejeda** – plus haut point de l'île – avant de redescendre vers la blanche et lumineuse **Tejeda,** autre village coup de cœur (classé parmi les plus beaux d'Espagne) adossé à la montagne dans son écrin de verdure. Et à deux pas, les spectaculaires sites rocheux naturels de **roque Nublo** et **roque Bentayga,** propices à de très belles randonnées… *p. 120, 122, 123*

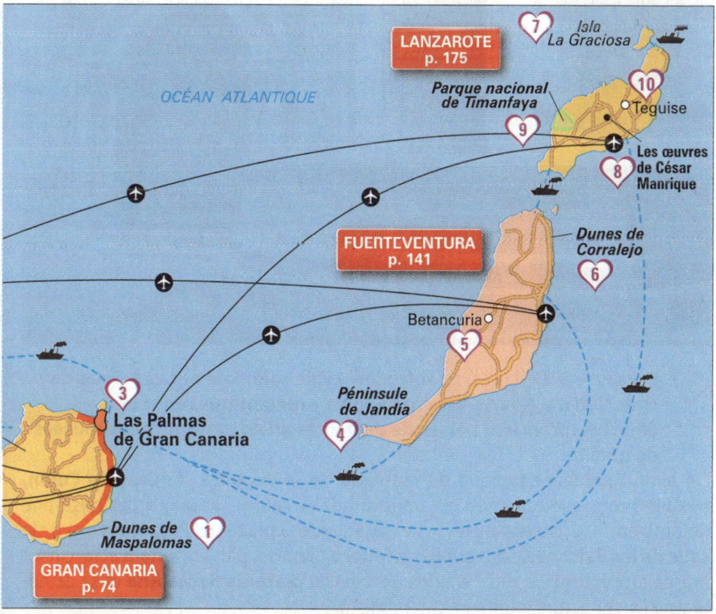

© Jon Arnold Images/hemis.fr

3 **Parcourir à pied la ravissante vieille ville coloniale de Las Palmas de Gran Canaria, ses ruelles charmantes – romantiques en soirée – émaillées d'anciens palais, de demeures aristocratiques et de musées de qualité.**

On aime l'ambiance typique du **mercado de la Vegueta** ; la **Casa de Colón,** très bien conservée, aujourd'hui transformée en musée, et qui reçut Christophe Colomb en 1492. Ou encore les belles façades de la **plaza del Pilar Nuevo** et de la **calle de los Balcones.** Sans oublier le **Museo Canario,** plus important et fascinant musée archéologique des Canaries. Et enfin, la **plaza de Santa Ana** et sa cathédrale à l'architecture intérieure splendide ! *p. 74*

À FUERTEVENTURA

4 **Explorer la formidable péninsule de Jandía, un parc naturel de 15 000 ha aux paysages minéraux d'une ampleur saisissante dominés par le pico de la Zarza (807 m).**

Là, depuis une crête escarpée, une piste aux virages vertigineux descend vers la sublime **playa de Cofete,** déserte et longue de 14 km ; certainement la plus sauvage de l'île ! Dans ce bout du bout du monde : une auberge, quelques abris de bergers, et un émouvant petit cimetière… Et tout au bout de la péninsule, à la **Punta de Jandía,** se dresse un majestueux phare très finistérien, dans une sauvage solitude… *p. 158*

Bon à savoir : on ne s'y baigne pas, la mer est dangereuse.

© Sierpinski Jacques/hemis.fr

5 **Arpenter les ruelles pittoresques de Betancuria, le plus délicieux village colonial de l'île, fondé en 1404 par le conquistador normand Jean de Béthencourt.**

Belle unité architecturale de maisons blanches et autres demeures aristocratiques s'étageant harmonieusement parmi les palmiers avec, au centre, une merveille de place bordée d'une charmante église. La carte postale parfaite ! *p. 162, 164*

Bon à savoir : Betancuria se trouve à la croisée de plusieurs chemins de randonnée pédestre et VTT sillonnant des paysages splendides, passant notamment par le panorama stupéfiant du **mirador Morro Velosa** *(de César Manrique).*

© Jon Arnold Images/hemis.fr

6 **Contempler les sublimes dunes de Corralejo, classées parc naturel ; un mini-Sahara de 2 600 ha, longeant une dizaine de kilomètres de côte, avec des plages d'une merveilleuse blancheur !**

Se balader au hasard des dunes piquées de quelques touffes d'herbe, de malingres arbustes, et de ces… incroyables fleurs ! Et admirer les jolis graphismes, dessinés par des vents ludiques dans ce sable composé de poussière de coquillages… Plages aux eaux turquoise d'une luminosité sans pareille, un peu touristiques et sportives (planche à voile et *kitesurf*) au nord ; puis désertes vers le sud, où le sable cède peu à peu à la pression du *malpaís*, en de jolis contrastes de couleurs… *p. 173*

Bon à savoir : *l'accès est libre et gratuit.*

À LANZAROTE

7 Se dorer la pilule sur les plages de l'îlot de La Graciosa, au nord de Lanzarote, classé parc naturel et réserve maritime.

Dominé par trois cônes volcaniques culminant à 266 m, c'est un paradis pour de nombreuses espèces menacées, mais aussi pour les promeneurs, VTTistes (pas de goudron !) et amateurs de jolies plages ; certainement les plus séduisantes de Lanzarote ! La **playa de Las Conchas** occupe le haut du panier : 600 m de beauté pure, déserte, ample, vraiment idyllique ! Une eau aux infinies variétés de bleus et un sable doré… *p. 203*

***Bon à savoir :** bateau depuis Órzola (30 mn). On ne peut se baigner que sur les plages de la côte sud-est. Ailleurs, les courants sont trop forts.*

© Juan Moyano/Alamy/Hemis

8 Admirer les fascinantes réalisations artistiques de César Manrique (1919-1992), réparties sur toute l'île de Lanzarote, et partie intégrante de l'identité même de l'île.

Animé par l'ambition de préserver et de mettre en valeur son île, Manrique façonne des sculptures, dessine des maisons, et aménage d'importants sites : musées, jardins, miradors, restaurants, piscines… Poésie des concepts, utopie des formes et harmonie des couleurs : exceptionnel ! D'autant que son action incita les autorités à maîtriser le développement touristique, dans le respect de l'architecture traditionnelle et des sites naturels… *p. 189*

© Le Tourneur d'Ison Cyril/hemis.fr

César Manrique, mobile dans le jardin de la Fondation Manrique à Tahiche © Adagp, Paris, 2020

9 **Dans le parc national de Timanfaya, voyager au cœur d'un stupéfiant paysage volcanique, résultat des furieuses éruptions de 1730-1736, et de la dernière, en 1824.**

Un spectacle insolite de couleurs incroyables et de textures irréelles : des cratères, des mers de lave figée aux étranges drapés, des océans de scories et de cendres, des cônes, des bombes et des pipes volcaniques ; toutes les variétés de rouge, brun, noir, ocre, jaune, des mélanges inédits changeant de couleur suivant les caprices du soleil… Un univers austère – où flore et faune se relèvent à peine – et que l'on explore en bus ou à pied avec, çà et là, des températures de 100-120 °C au niveau du sol ! *p. 208*

© Frilet Patrick/hemis.fr

10 **Déambuler dans les vieilles ruelles de Teguise, l'une des plus anciennes villes coloniales de l'archipel, et la plus séduisante bourgade de Lanzarote !**

Un charme fou ! Des rues bordées de maisons des XVIIe-XVIIIe s à l'architecture homogène : palais, églises, places, musées… Sans compter ce surprenant **castillo de Santa Bárbara** – plus ancienne fortification de l'île – construit au XVIe s sur le rebord d'un cratère de volcan pour prévenir l'attaque des pirates (aujourd'hui le **museo de la Piratería**). Et, point d'orgue de l'animation à Teguise, son grand marché du dimanche que fréquente toute l'île ! *p. 196*

© Frilet Patrick/hemis.fr

À TENERIFE

11 Arpenter les ruelles pavées des villes coloniales.

Admirer les façades des palais de **La Laguna,** qui a servi de modèle à des villes coloniales de l'Amérique espagnole dont La Havane (Cuba). Visiter les musées et les vieux moulins de **La Orotava,** étonnante bourgade établie en oblique sur le flanc des montagnes, face à l'océan et à l'ombre du volcan Teide. Enfin, **Garachico** est une plus petite mais tout aussi charmante cité au bord de la mer, qui a préservé son caractère. Les aïeux de Simon Bólivar, héros de l'indépendance de l'Amérique du Sud, en sont originaires. Ce n'est plus tout à fait l'Europe mais déjà presque le Nouveau Monde ! *p. 243, 263, 282*

12 Découvrir le parc national du Teide, son volcan et ses paysages dignes de la planète Mars.

On peut accéder à pied ou en téléphérique au sommet du Pico del Teide, le majestueux volcan qui domine le parc du haut de ses 3718 m d'altitude. Et ceux qui veulent passer la soirée dans les étoiles visiteront l'**observatoire astronomique du Teide,** l'un des plus puissants du monde. *p. 270, 277*

Bon à savoir : *permis nécessaire pour randonner jusqu'au sommet du volcan et réservation plusieurs semaines à l'avance pour la montée en téléphérique ! Eh oui !*

À LA GOMERA

13 **Faire une randonnée dans le parc national de Garajonay, au cœur d'une épaisse forêt primitive de lauriers et de bruyères arborescentes.**
Apprécié des randonneurs, ce parc forme une haute couronne verte (1 487 m) souvent enfouie dans les nuages. Une « éponge écologique » avec des arbres aux troncs moussus et des lianes d'un autre âge. Un écosystème remarquable ! Routes sinueuses, points de vue époustouflants, monts et ravins… Admirer la côte vers Agulo depuis l'incroyable **mirador de Abrante,** entre ciel et terre (déconseillé à ceux qui sont sujets au vertige) : une passerelle transparente avance au-dessus du vide… *p. 342, 345*

© Jan Wlodarczyk/4Corners/Sime/Photononstop

À LA PALMA

14 **Respirer le vieux Santa Cruz au gré de ses rues piétonnes, de jour comme de nuit, butinant de façade baroque en place intemporelle.**
Délicatement nichée entre l'hôtel de ville à arcades (XVIe s) et l'iglesia del Salvador (XVIe-XVIIIe s), la plaza de España dessine le plus bel écrin canarien d'architecture Renaissance. Plus loin, voilà la charmante plaza de la Alameda, avec ses palmiers altiers, son kiosque, ses terrasses et son Musée naval en forme de bateau ! *p. 369*
Bon à savoir : *la* Casa Tey *(c/ Álvarez de Abreu, 57) est installée dans le patio d'une superbe demeure du XVIIIe s, aux galeries tout en bois patiné. Idéal pour une pause gourmande.*

© imageBROKER/hemis.fr

15 **S'aventurerdans le parc national de la Caldera de Taburiente.**
Si les petites routes se hissant vers le rebord de la caldera ne manquent pas de virages, les sentiers non plus, qui cheminent à flanc de falaise ou plongent dare-dare vers le tréfonds de la grande marmite, tapissée de pins des Canaries. Les moins sportifs se contenteront des belvédères spectaculaires, postés au nord-ouest pour le mirador Roque de los Muchachos (le plus impressionnant) et au sud pour La Cumbrecita. *p. 410*
Bon à savoir : *l'accès à La Cumbrecita est limité à 16 voitures, mais il est possible de réserver sur le site des parcs nationaux (• reservasparquesnacionales.es •).*

16 **S'enfoncer dans les sous-bois du bosque de Los Tilos, 1re réserve de la biosphère de l'île, une forêt primaire subtropicale nichée sur le flanc du pico de la Cruz (2 351 m).**
Déposé sur les hauteurs par un taxi 4x4, on redescend tranquillement vers le centre des visiteurs au gré d'une randonnée de 4-5h traversant pas moins de… 11 tunnels ruisselant d'humidité (une vraie douche, parfois !). Cette forêt est répertoriée par l'Unesco. En option : le **mirador de l'Espigón,** pour se rincer l'œil, et la délicieuse Cascada, atteinte en 5 mn seulement en longeant un petit canal d'irrigation. Superbement tropical ! *p. 386, 388*
Bon à savoir : *le taxi pour rejoindre le départ du sentier, à la Casa del Monte, coûte 15 €/pers.*

17 **Dévaler, depuis Los Canarios, le sentier poussiéreux de la ruta de los Volcanes vers la pointe sud de l'île.**

Première étape : le **volcan San Antonio,** endormi depuis 1677, et son petit cratère. Deuxième étape, juste en contrebas : le **volcan Teneguía,** tout de lave brute et de scories. Formé fin 1971, c'est le plus jeune des Canaries. Dans un troisième temps, les randonneurs voient se dessiner un subtil patchwork de noir, de blanc et de rouge : les **salines de Fuencaliente,** aménagées à même la lave figée au pied d'un joli **phare.** *p. 418, 422*

Bon à savoir : *le restaurant des salines,* El Jardín de la Sal, *est l'un des meilleurs de l'île !*

© Guiziou Franck/hemis.fr

À EL HIERRO

18 **Découvrir l'île d'en haut, au mépris du vertige.**

Le **mirador de Isora** offre une jolie mise en bouche, avec son vaste panorama sur la baie de Las Playas, 800 m plus bas. Côté ouest, le **mirador de Jinama** fait mieux encore. Juché sur le rebord de l'immense amphithéâtre rocheux d'El Golfo, il marque le départ d'un sentier échevelé dévalant à travers un pan de vieille forêt primaire. Au proche **mirador de la Peña,** on s'installe derrière les baies vitrées du plus beau restaurant de l'île pour déguster cuisine et… vue vertigineuse. *p. 438, 440, 441*

Bon à savoir : *réserver 2-3 j. à l'avance pour s'assurer l'une des meilleures tables le long des fenêtres.*

© Guiziou Franck/hemis.fr

© Guiziou Franck/hemis.fr

19 **Explorer la région désolée de la Dehesa, à l'extrémité ouest de l'île.** Inhabité, pétrifié par la lave, le secteur, austère, affirme des airs de grandeur digne des plus beaux paysages islandais. Une unique plagette de sable rouge et noir s'y niche au pied de falaises instables, qu'escalade péniblement une seule route vertigineuse. Tout là-haut, passé le charmant **ermitage de Nuestra Señora de los Reyes** – où la sainte patronne de l'île repose dans la solitude des justes –, la piste conduit à l'incroyable **Sabinar,** un plateau désolé dominant l'océan, peuplé de genévriers fantasques courbés par le vent. *p. 447, 448*

© Franco Banfi/WaterF/WaterFrame/Age Fotostock

20 **Enfiler combi, masque et bouteille et se laisser glisser sous le miroir des eaux de la Mar de las Calmas – protégée par son statut de réserve naturelle.**

Loin de l'austérité de la terre, les fonds prennent ici des apparences de grand jardin sous-marin. Sur le spot d'El Bajón, deux énormes cheminées de basalte attirent mérous, barracudas et autres pélagiques. Plus loin, se découvrent grottes, tombants, poissons porcs-épics, raies pastenagues et, en saison, poissons-lunes, raies mantas et même parfois requins-baleines. *p. 450, 452*

Bon à savoir : *des 9 clubs de plongée de l'île, un,* Meridiano Cero *(• meridiano-cero.fr •), est tenu par des Français.*

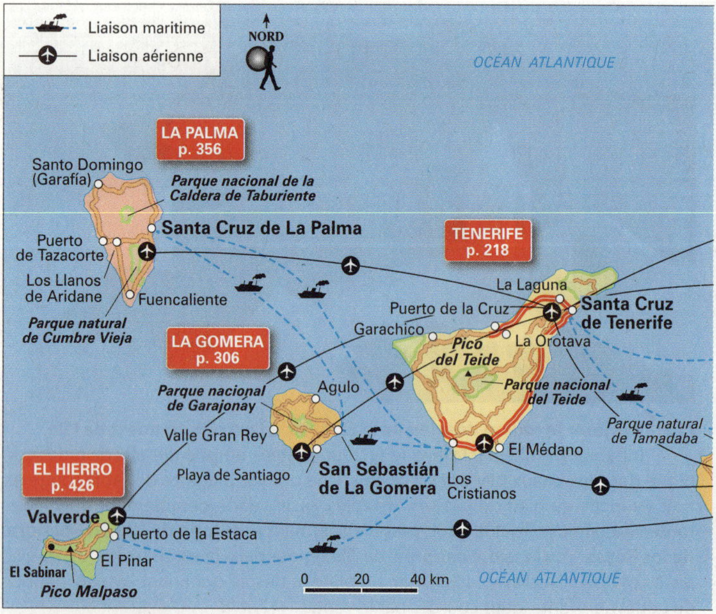

ITINÉRAIRES CONSEILLÉS

SI VOUS ÊTES PLUTÔT…

Grand Canaria

Plages : *Maspalomas* et *Playa del Inglés* (spectaculaires dunes sahariennes). Les plages sauvages du grand ouest (baignade dangereuse). Ou l'immense plage urbaine de sable blond de *playa de las Canteras* à Las Palmas de Gran Canaria.

Culture : *Museo Canario, Casa de Colón, Casa-Museo Pérez Galdós* et *Museo Néstor* à Las Palmas de Gran Canaria ; habitats troglodytiques comme le *Cenobio de Valerón* et la *Cueva Pintada* à Gáldar, le *Museo etnográfico Casas Cuevas* à Artenara.

Randonnées : autour d'*Agaete* et de *Puerto de las Nieves*, et dans le superbe *parc naturel de Tamadaba*. Autour d'*Artenara*, le village le plus haut de l'île, ainsi que de *Cruz de Tejeda* (*roque Bentayga* et *roque Nublo*).

Avec des enfants : les *piscines naturelles* à *Puerto de las Nieves*, le *Museo Elder de la Ciencia y la Tecnología* à Las Palmas de Gran Canaria ; les *grottes troglodytiques d'Artenara*, le fantastique *jardín botánico de Tafira Alta*, *Palmitos Park* et *Aqualand* (plus les dunes) à Maspalomas, le *sous-marin d'observation* à Puerto de Mogán, le *jardín de cactus* à La Aldea de San Nicolás…

Amoureux : les villes coloniales ou de charme (Teror et Tejeda), *casas rurales* « troglo » à *Artenara*, plage sauvage de *Tasarte*, charmant petit port de *Puerto de las Nieves* et balade romantique sur le front de mer…

Plongée sous-marine : au nord-ouest, entre Gáldar et Puerto de las Nieves, et à l'extrême sud de l'île.

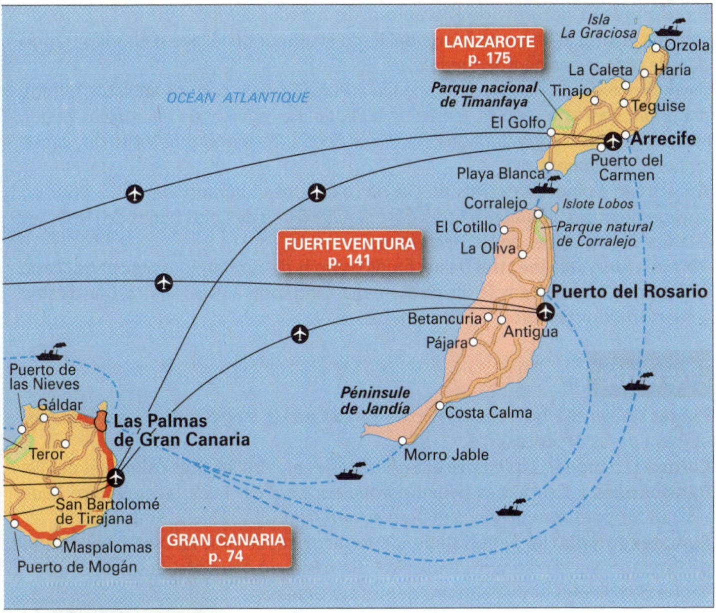

Fuerteventura

Plages : longue *playa de Sotavento* entre *Costa Calma et Morro Jable, playa de Ajuy et de los Molinos* (plus intime), plages au nord d'El Cotillo, longue plage dunaire de *Corralejo…*

Culture : *Casa-Museo Unamuno ; centro de Arte canario ; casa de los Coroneles ; écomusée de La Alcogida.*

Randonnées : *parc naturel de Jandía,* montagnes du centre *(Tiscaminata-Pájara),* rando du *pico de la Zarza,* sentiers côtiers (*Corralejo-Majanicho* ou *Majanicho-faro del Tostón*), tour de l'*île de Los Lobos, malpaís de la Arena* à La Oliva…

Avec des enfants : les criques paisibles de sable clair au nord d'*El Cotillo* ; *Las Salinas del Carmen* (musée du Sel) ; *Oasis Park* ; le *musée de la Pêche* ; sans oublier la micro-station balnéaire *Las Playitas,* dédiée aux sports…

Amoureux : plage déserte de *Cofete* et toute la *péninsule de Jandía* ; ville coloniale de *Betancuria,* plage sauvage des *dunes de Corralejo,* villages de pêcheurs intacts *(El Cotillo).* Et belvédère de *Morro Velosa,* pour les grandes déclarations éternelles !

Plongée sous-marine : *île de Los Lobos,* à *Morro Jable* et sur la côte de *Costa Calma.*

Lanzarote

Plages : *playa de Papagayo,* à Playa Blanca, sauvage et préservée ; *playa de Caleta de Famara* (fameuse pour le surf et le *kitesurf,* mais baignade dangereuse) ; les plages de l'île de La Graciosa et la longue plage de *Puerto del Carmen,* hyper touristiques !

Culture : les œuvres étonnantes de César Manrique : *Museo internacional de Arte contemporáneo (MIAC)* ; *Fundación* et *Casa-Museo César Manrique* ; plus le *Museo etnográfico Tanit,* le *Museo agrícola El Patio,* la *Casa-Museo Monumento al Campesino* à San Bartolomé, la *Casa-Museo del Timple* à Teguise et le *Museo-Casa José Saramago…*

Randonnées : nord-est de l'île autour du *mirador del Río.* Volcan *La Corona* ; sentiers le long de la haute falaise del Risco et autour du village d'El Golfo ; rando dans le *parque nacional de Timanfaya.*
Avec des enfants : *playa de Papagayo* à Playa Blanca (criques au sable blond), *aquarium* de Costa Teguise, *Museo de la Piratería* à Teguise, la *Cueva de los Verdes, Museo agrícola El Patio* (à Tiagua), *jardín de Cactus* (de Manrique). Visite du *parque nacional de Timanfaya.*
Amoureux : plages désertes de l'*île de La Graciosa* ; *mirador del Río...* Pour un voyage de noces, *chambre d'hôtes Casa El Ajibe* (l'une des plus belles de l'île !) ; les falaises déchiquetées de *Los Hervideros...*
Plongée sous-marine : très beaux fonds baignés d'eaux limpides autour de l'*île de La Graciosa.* Pour les pros, le site de *Burrera...* Cinq spots à *Playa Blanca,* une dizaine à *Puerto del Carmen,* trois à *Costa Teguise.*

Tenerife

Plages : *playa de Las Teresitas* (nord de Santa Cruz) et *plages du Sud* (Los Critianos et Playa de las Américas).
Culture : *La Laguna, La Orotava* et *Garachico,* les plus belles cités coloniales de l'île.
Randonnées : 3 superbes lieux : *parque nacional del Teide* (avec le *pico Teide* – 3 718 m), *parque rural Anaga* et *parque rural Teno.*
Avec des enfants : les petites stations intermédiaires comme La Orotava ou Puerto de Santiago. Sur la côte sud : *Jungle Park, Siam Park* ou *Aqualand.* Et surtout, observation de baleines et de dauphins depuis *Los Gigantes.*
Amoureux : les villes coloniales de La Laguna, La Orotava, mais aussi Vilaflor, Masca ou Granadilla de Abona.
Plongée : surtout à partir de la côte sud (*Los Cristianos* ou *Costa Adeje*) et de la côte ouest (depuis *Los Gigantes*).

La Gomera

Plages : *playa El Puerto* et *Playa del Inglés* à Valle Gran Rey.
Culture : petits musées de *San Sebastián de La Gomera.*
Randonnées : l'une des îles les plus adaptées à cette activité. Plusieurs dizaines de randonnées bien balisées et de tous niveaux.
Avec des enfants : mixer une nuit en montagne, vers *Hermigua* et *Vallehermoso,* ou *Chipude* et *Las Hayas,* et le bord de mer : *Playa de Santiago* et *Valle Gran Rey.*
Amoureux : *Playa de Santiago* et *Valle Gran Rey,* de petites stations populaires et adorables, à l'urbanisation très maîtrisée.
Plongée : à partir de *San Sebastián,* plein de superbes immersions.

La Palma

Plages : *Puerto de Tazacorte, Puerto Naos, Charco Verde* et *playa Nueva* sur la côte ouest, *Los Cancajos* et *Playa de la Salemera* sur la côte est, et les piscines naturelles de *La Fajana* et du *Charco Azul* sur la côte nord.
Culture : villes coloniales *Santa Cruz de La Palma (Museo insular)* et *Los Llanos de Aridane (Museo arqueológico Benahoarita)* ; *Museo etnográfico Casa Luján* à Puntallana, sites archéologiques de *La Zarza y la Zarcita* et de *Cueva de Belmaco,* les églises baroques.
Randonnées : plus de 1 000 km de sentiers ! Pour tous niveaux et dans tout type d'environnement.

Avec des enfants : observation des baleines depuis *Puerto de Tazacorte* ; *Acropark La Palma* à El Pilar, et puis quelques belles balades accessibles (Los Tilos version enfants), la fin de la route des Volcans jusqu'à Las Salinas, les piscines naturelles de la côte nord (*Charco Azul* à San Andrés et *La Fajana* à Barlovento) ; une sortie d'observation astronomique.
Amoureux : ruelles romantiques des villes coloniales (Santa Cruz et Los Llanos), hôtel *Hacienda de Abajo* à Tazacorte (un vrai musée !), beauté minérale de playa Nueva, coucher de soleil depuis un *chiringuito* de la côte ouest, balade sous le ciel multi-étoilé…
Sportif : plongée, VTT (voir *Magic Bike* à Los Llanos) et parapente pour les plus aguerris.

El Hierro

Plages : très peu de plages à El Hierro. En revanche, un chapelet de piscines naturelles sur tout le pourtour de l'île : *Charco Azul* et *La Maceta* à El Golfo, et *Charco Manso* au nord.
Culture : *ecomuseo de Guinea* (surtout), *Centro de Interpretación d'El Julán* (éventuellement) et arbre *Garoé* pour ses légendes. Et aussi le *Centro de Interpretación Vulcanológica.*
Randonnées : la variété des paysages se prête parfaitement à de courtes balades comme à de longues randonnées. Incontournable, le circuit sur la *Dehesa* et le *Sabinar.*
Avec des enfants : alterner balades côtières (dans la rocaille volcanique à *El Tamaduste,* à *Arenas Blancas*) et après-midi baignade dans les piscines naturelles (*La Caleta* sur la côte est et *La Maceta* sur la côte ouest). Lézards géants *(ecomuseo de Guinea)* et *Centro de Interpretación Vulcanológica* (entre El Pinar et La Restinga).
Amoureux : les jeux de lumière sur le peu fréquenté *Charco Azul,* la furie des vagues à la *playa del Verodal,* le coucher de soleil sur l'océan, seuls au bout du monde, au pied du *faro de Orchilla…* Et un dîner toi, moi et le panorama, au *mirador de la Peña.*
Plongée : l'un des atouts majeurs de l'île, avec une trentaine de spots, la plupart situés dans la réserve marine *Mar de las Calmas* ou sur la côte orientale – depuis le petit port de La Restinga. Attention, la plupart des spots s'adressent aux plongeurs confirmés à expérimentés.

ITINÉRAIRES INTER-ÎLES

Voir aussi les itinéraires proposés pour chaque île dans le chapitre consacré à chacune.

- **De Gran Canaria :** rejoindre en avion la petite ***El Hierro,*** paisible et sauvage, pour plonger et randonner. Un p'tit coup d'aile ou, mieux, un bateau express depuis Las Palmas de Gran Canaria pour rejoindre *Morro Jable* sur ***Fuerteventura,*** ses longues plages quasi désertes et ses paysages volcaniques d'une séduisante austérité.
- **De Fuerteventura :** facile de gagner ***Lanzarote*** en bateau (20-45 mn de trajet), et réciproquement. L'occasion de découvrir les œuvres de César Manrique, l'homme qui a prodigué à l'île son éblouissante aura artistique… Dans l'autre sens, on rejoint ***Fuerteventura*** et ses prodigieux paysages, écrins de séduisantes villes coloniales.
- **De Tenerife :** après cette île très fréquentée, on peut aller randonner quelques jours à ***La Gomera,*** île très tranquille, ou rejoindre la petite ***El Hierro,*** paisible et sauvage, pour plonger et randonner. Les liaisons entre ces îles sont faciles et assez fréquentes. De Tenerife, on peut aussi choisir ***La Palma,*** également facile d'accès, et qui ressemble à La Gomera par sa tranquillité – la variété des paysages et l'offre culturelle en plus. Un bon contrepoint à la grande île.

Alors, quelle île ?

Parce que chacune des îles de l'archipel a une identité forte et unique, parce qu'aucun de nos lecteurs n'est identique, voici un tableau qui résume les forces et

POINTS FORTS	GRAN CANARIA	FUERTEVENTURA	LANZAROTE
	– Facilité d'accès **(liaison directe avec la France).** – Capitale, **Las Palmas de Gran Canaria,** qui présente une **authentique et diverse personnalité** : historique, commerçante, balnéaire. – Des coins reculés – au centre de l'île – sans tourisme de masse. – Des **randonnées extra** dans les parcs et réserves naturelles. – **L'exceptionnelle atmosphère festive,** voire déjantée, de la *gay friendly* Playa del Inglés.	– Proximité de Gran Canaria (facilité d'accès). – Peu de tourisme de masse, qui reste très localisé. – **Superbes plages,** et rarement bondées, que ce soit dans le Sud sur la péninsule de Jandía ou dans le Nord sur les dunes dorées de Corralejo… – Parmi **les plus beaux spots de *wind* et *kitesurf*.** – Quelques **jolis villages d'architecture coloniale,** comme Betancuria. – Une atmosphère détendue et familiale. – Un chapelet d'intéressants écomusées, qui défendent bien la **culture traditionnelle** de l'île. – Des **prix serrés.** – Un accueil exceptionnel.	– Proximité de Gran Canaria (facilité d'accès) et quelques liaisons directes avec la France. – Peu de tourisme de masse, qui reste très localisé. – Un **environnement préservé** grâce à une architecture respectueuse et raisonnée. – **Superbes et étonnantes créations de l'artiste César Manrique,** qui se fondent dans le paysage. D'intéressants musée[s] et sites culturels. – Des criques attachantes, et les belles plages de l'île de La Graciosa. – Un **volcanisme étonnant** et bien mis en valeur au parc de Timanfaya.
POINTS FAIBLES	**GRAN CANARIA**	**FUERTEVENTURA**	**LANZAROTE**
	– Le ravage de l'immobilier touristique dans le Sud. – Prix élevés et absence d'hébergement adapté aux petites bourses dans les zones touristiques.	– Hébergement peu diversifié (peu de *casas rurales*). – Bon réseau de bus, mais fréquences limitées. – Des paysages peu diversifiés, à tendance désertique.	– Des paysages assez austères (quoique très beaux… c'est aussi un point fort !). – Plus de criques rocheuses que de grandes plages. – Des *casas rurales* aux prix assez élevés, et globalement peu d'hébergements bon marché. – Des restaurants aux tarifs plus élevés que sur les autres îles.

faiblesses de chacune, afin de mieux choisir. Ce qui est sûr, c'est que toutes sont à proximité de l'Europe, proposent des prix attractifs (on paie en euros) et un accueil simple et agréable partout, et bénéficient d'un climat printanier toute l'année !

TENERIFE	LA GOMERA	LA PALMA	EL HIERRO
Facilité d'accès aison directe avec France). Grande diversité es paysages. **Le parc national** **u Teide, de toute** **eauté.** Des randonnées extra, ans 3 parcs naturels niques en leur genre. **3 remarquables** **illes coloniales,** leines de charme. Des coins reculés sans urisme de masse. **Qualité des trans-** **orts** et des routes.	– Proximité de Tenerife (facilité d'accès). – **Pas de tourisme de masse.** – Île tournée vers la **randonnée.** Balades superbes, de **tous niveaux.** On ne vient pas là par hasard ! – **Paysages d'une grande diversité,** notamment avec le fameux parc national Garajonay. – **Culture forte :** *el silbo*, miel de palme, culture en terrasses, gastronomie… – **Belles plongées.** – Atmosphère tranquille et grande gentillesse de la population.	– Pas de tourisme de masse. – **Entièrement classée réserve de la biosphère par l'Unesco.** – **Paysages remarquables** d'une grande variété : volcans, forêt humide, falaises… – **Excellent réseau de sentiers de rando,** tous niveaux : les marcheurs adorent. – Joli centre colonial de Santa Cruz. Île tournée vers les étoiles. **Nombreuses infrastructures dédiées à l'observation astronomique.** – Accueil d'une grande gentillesse. – **Des criques de bout du monde.** – Bon réseau de *casas rurales,* plutôt abordables.	– Peu peuplée et peu visitée, **c'est la plus calme !** – **Entièrement classée réserve de la biosphère par l'Unesco.** – Grande diversité des **paysages au caractère très sauvage.** – **Réseau de sentiers de randonnée** extra. – **Les meilleurs spots de plongée sous-marine** de l'archipel. – Des tarifs vraiment abordables.

TENERIFE	LA GOMERA	LA PALMA	EL HIERRO
Le ravage de l'immo- ilier touristique dans le ud et le Nord-Ouest. Prix élevés et absence 'hébergement adapté ux petites bourses dans es zones touristiques. Plages correctes, mais en de bouleversant et ertaines dangereuses. Les plus belles plages ont toujours bondées. Embouteillages fré- uents aux abords des tations balnéaires.	– Faible diversité de l'hébergement. – Bon réseau de bus, mais fréquences limitées. – Peu de plages propices à la baignade.	– Mal desservie depuis la France, sauf en été. – Bon réseau de bus, mais voiture conseillée pour explorer les recoins. – Peu de vraies plages.	– Un accès limité : avion et bateau uniquement depuis Tenerife. – Réseau de bus limité : voiture quasi indispensable. – Un choix d'hébergement restreint. – Un climat plutôt hostile, avec des hauteurs souvent noyées dans la brume hors saison. – Presque pas de plage (on ne vient pas pour ça !).

Musicien à Teguise

Interview #experienceroutard

Par la rédaction du *Routard*

Qu'est-ce qui rend cette destination unique ?

Déjà ce climat exceptionnel, cet « éternel printemps », qui en fait une destination agréable en toute saison, où l'on peut se baigner de janvier à décembre (presque) ! Mais surtout, chacune des 7 îles est un monde en soi, à la végétation luxuriante ici, aux paysages volcaniques somptueux ailleurs. Et l'archipel s'est longtemps trouvé escale naturelle sur les routes maritimes entre Espagne, Amérique centrale et Caraïbes : on retrouve ces influences et ce métissage dans la cuisine, l'architecture, la musique des Canaries... et l'accueil très chaleureux, partout.

Un moment à partager ?

Une vraie rencontre artistique, avec l'œuvre de César Manrique, à Lanzarote ! Ce plasticien-architecte génial, natif de l'île, a aménagé dans une symbiose nature-culture assez incroyable des sites naturels (tunnel volcanique, ancienne carrière, mirador naturel, etc.) en musées, jardins de cactus ou piscine qui s'intègrent parfaitement dans leur environnement. Il y a une véritable dimension organique à son travail, un vrai coup de cœur !

Une activité à faire absolument ?

Grimper jusqu'au Teide, à Tenerife. Rien que la route dorsale qui y mène depuis La Laguna est déjà un cadeau : des panoramas incroyables, alternativement sur la côte nord et la côte sud de l'île. Dès que l'on pénètre dans le parc national, le paysage se fait minéral, la géologie des éruptions se lit dans la terre noire, les champs de lave, les falaises acérées. Plusieurs randonnées, de tous niveaux, permettent d'approcher cet univers très particulier. On peut aussi y accéder (et en redescendre, chouette !) en téléphérique (à condition d'avoir réservé, l'endroit est très prisé).

Un souvenir de voyage inoubliable ?

Une pause gourmande dans un petit kiosque avec 3 tables en plastoc, au bout du bout de la pointe de La Palma. Là, juste au-dessus d'une crique de galets anthracite brillants, le bleu de l'Atlantique qui éclate sur les rochers, et une assiette de gambas délicieuse à s'en lécher les doigts 3 fois !

La spécialité locale à ne pas rater ?

Les fameuses *papas* des Canaries ! En fait des pommes de terre, mais issues de variétés anciennes, assez rustiques, très parfumées pour certaines. Elles sont cuites simplement à l'eau très salée, et accompagnées de *mojos verde* ou *rojo* (une sauce verte ou rouge, plus ou moins relevée).

Un souvenir à rapporter chez soi ?

Pas mal de produits « de bouche » : le fameux « miel de palme » de La Gomera (en fait un sirop de palme), la malvoisie de Lanzarote ou de La Palma (n'hésitez pas à visiter les *bodegas* et à les goûter). Et un artisanat vivace, qui va de la vannerie à la broderie. Petit faible pour les poteries inspirées des techniques guanches (les 1ers habitants de l'archipel), élaborées à Fuerteventura, La Gomera ou La Palma.

LES QUESTIONS QU'ON SE POSE AVANT LE DÉPART

➢ Quels sont les documents nécessaires ?

– Pour les ressortissants de l'Union européenne et de la Suisse, la ***carte d'identité*** ou le ***passeport*** en cours de validité suffisent pour entrer aux Canaries. C'est l'Espagne, donc l'Europe.
– Les ressortissants canadiens doivent présenter leur passeport en cours de validité (pour les séjours touristiques de moins de 90 jours).

➢ Quelle est la meilleure saison ?

Ces îles de l'éternel printemps offrent une température moyenne bien agréable : 20 °C ! L'hiver est un peu plus frisquet (surtout les nuits), l'été un peu plus chaud. Si les Espagnols profitent des plages des Canaries surtout à cette période, on rencontre des visiteurs dans les îles en toutes saisons.

➢ Quel budget prévoir ?

On peut, sur Internet, profiter pour l'hébergement de belles promotions. Sur les petites îles, les pensions et *casas rurales* demeurent aussi une option intéressante. La nourriture est environ 20-30 % moins chère qu'en France et l'essence en partie détaxée. Fuerteventura et La Palma sont parmi les moins chères, alors que Lanzarote est plus gourmande !

➢ Comment se déplacer ?

Chaque île possède au moins un aéroport international avec souvent des vols directs vers la France, la Belgique et la Suisse. On passe facilement d'une île à l'autre, en bateau ou en avion. Chaque île est bien desservie par son propre réseau de bus, mais l'idéal reste la location de voiture – prix raisonnables – pour explorer tous les recoins.

➢ Y a-t-il des problèmes de sécurité ?

Ils sont pour le moins limités ! Tout juste vous faudra-t-il faire attention aux enfants sur les sentiers les plus escarpés et dans les criques les plus exposées. Pas de serpents venimeux ici, ni de loups-garous ! Bon, dans les grandes villes, fermez votre voiture... on est presque au paradis, mais pas tout à fait quand même !

➢ Y a-t-il un décalage horaire ?

Oui, c'est la seule région d'Espagne à en avoir un, d'ailleurs. Compter 1h de décalage horaire entre les Canaries et le continent. Quand il est 11h aux Canaries, il est 12h en France.

➢ Côté santé, quelle précaution ?

Aucune, à part les vaccins traditionnels. En été ou si vous randonnez, prévoir de la crème solaire. Et puis c'est l'Europe, donc penser à emporter sa carte européenne d'assurance maladie (CEAM).

➢ Peut-on y aller avec des enfants ?

Oui, 3 fois oui ! Les Espagnols accueillent toujours très bien les familles, et certaines îles allient la baignade et les randos faciles, avec juste ce qu'il faut de culture. Repérez les meilleurs sites grâce au symbole .

➢ Quel est le taux de change ? Comment payer sur place ?

Pour les ressortissants français, belges et luxembourgeois, on reste en zone euro, pas de problème. Pour nos amis suisses et canadiens, à titre informatif 1 € = 1,05 Fs = 1,52 $Ca (mi-2020).

Dans la quasi-totalité des villes et des villages, on peut retirer de l'argent dans les ***distributeurs automatiques*** avec les cartes *MasterCard, Visa* et *Maestro.* De même, la plupart des hébergements, restos et commerçants les acceptent. Exceptions à la règle : les très petites structures (pensions surtout), les bars à tapas ou les petits restaurants.

➢ Quelle langue parle-t-on ?

Tout le monde parle le castillan. Dans le secteur du tourisme, pas de problème : l'allemand (très très courant !) et l'anglais sont très souvent parlés. Et pour vous aider à communiquer, n'oubliez pas notre ***Guide de conversation du Routard en espagnol.***

➢ Combien d'îles compte l'archipel ?

7 îles principales, quelques îlots et d'innombrables rochers.

➢ Peut-on vraiment se baigner toute l'année ?

Oui, mais pas partout. Certaines plages – orientées à l'ouest – sont battues par les vents et les courants. Il faut donc bien choisir son île, et sur cette île, les bonnes plages. Tenerife, Gran Canaria, Lanzarote et La Palma sont sans doute les plus adaptées. La Gomera et El Hierro comptent peu de plages, en revanche...

➢ Peut-on randonner aux Canaries ?

Chaque île déploie un réseau de sentiers de randonnée dense et entretenu : exploration des forêts subtropicales de laurisylve, découverte du littoral ou balade sur la crête des volcans, il y en a pour tous les goûts. Outre la plage, la randonnée demeure le grand atout des Canaries, avec des chemins qui traversent des paysages éblouissants, souvent accidentés.

➢ Pourquoi ne parle-t-on que de Tenerife et de Gran Canaria ?

Parce qu'elles ont connu le plus fort développement touristique, et ce, depuis les années 1960. L'une comme l'autre ont alors vu pousser de grosses stations balnéaires, pas forcément parmi les plus jolies de la planète ! Et, dans l'imaginaire collectif, cet arbre de béton a longtemps caché les belles forêts primaires, les criques intimes, les charmantes villes coloniales et les somptueux paysages volcaniques qui sont le véritable attrait de l'archipel.

COMMENT Y ALLER ?

EN AVION

Les 7 îles des Canaries ont chacune leur aéroport mais ce sont surtout ***Tenerife sud*** et ***Tenerife nord, Grande Canarie*** (aéroport de Las Palmas de Gran Canaria), ***Lanzarote*** et ***La Palma*** qui accueillent des vols internationaux.

Les compagnies régulières

▲ AIR EUROPA

– Paris : 58A, rue du Dessous-des-Berges, 75013. ☎ 01-42-65-08-00. • aireuropa.com • Ⓜ Bibliothèque-François-Mitterrand. Lun-ven 9h-17h ; résas par tél 24h/24.

➢ Air Europa dessert Tenerife nord via Madrid et via Málaga au départ d'Orly et de Charles-de-Gaulle 2F. Également des liaisons inter-îles (voir plus loin).

▲ IBERIA

– Paris : Orly, T1. ☎ 0825-800-965 (0,12 €/mn). • iberia.com •

➢ Au départ de Paris-Orly T1 ou de Charles-de-Gaulle (T3), vols directs ou via Madrid ou Barcelone pour Tenerife sud, Tenerife nord, Las Palmas de Gran Canaria, La Palma, Lanzarote et Fuerteventura.

➢ De Bruxelles, vols vers Madrid ou Barcelone avec correspondance pour Tenerife sud le plus souvent, Tenerife nord, Las Palmas, Lanzarote et Fuerteventura. Pour La Palma et El Hierro, souvent une correspondance supplémentaire à Tenerife.

➢ De Genève et Zurich, vols pour Fuerteventura, Las Palmas de Gran Canaria, Tenerife et Lanzarote.

Les compagnies low cost

▲ EASYJET

Rens : ☎ 0820-420-315 (en France ; 0,12 € l'appel, puis 0,34 €/mn) ; ☎ 0848-28-28-28 (en Suisse ; 0,08 Fs/mn) ; ☎ 902-599-900 (en Espagne ; 0,83 €/mn). • easyjet.com •

➢ Dessert Tenerife sud au départ de Paris, Nice, Nantes, Lyon et Toulouse, ainsi que Genève et Bâle-Mulhouse. Depuis ce dernier, également des liaisons vers Gran Canaria, Fuerteventura (desservi également depuis Genève) et Lanzarote.

▲ RYANAIR

Rens : ☎ 0892-562-150 (en France ; 0,34 €/mn + prix d'appel) ; ☎ 0902-33-660 (en Belgique ; 1 €/mn + prix d'appel) ; ☎ + 44-871-24-600-02 (en Angleterre ; 0,13 £/mn + tarif d'appel). • ryanair.com •

➢ Depuis Paris-Beauvais, dessert Tenerife sud ; depuis Charleroi, Tenerife sud, Gran Canaria, Lanzarote, Fuerteventura.

▲ TRANSAVIA

☎ 0892-05-88-88 (0,50 €/mn + prix d'appel). • transavia.com •

➢ Transavia dessert Tenerife sud toute l'année, et Fuerteventura et Lanzarote de novembre à mars, au départ de Paris-Orly. Également depuis Nantes à destination de Tenerife en hiver.

▲ VOLOTEA

Rens : ☎ 0899-232-050 (en France ; 0,80 €/mn + prix d'appel) ; ☎ 807-403-170 (en Espagne ; 0,09 € l'appel, puis 0,99 €/mn). • volotea.com •

➢ Dessert Tenerife sud et Gran Canaria au départ de Nantes, Bordeaux et Toulouse, et Fuerteventura au départ de Nantes et Bordeaux. Liaisons saisonnières.

▲ VUELING

Rens : ☎ 0899-232-400 (en France ; 0,89 €/mn + prix d'appel) ; ☎ 0902-33-429 (en Belgique ; 0,75 €/mn) ; ☎ 902-80-80-22 (en Espagne ; 0,91 €/mn). • vueling.com •

➢ Vols directs vers Gran Canaria, Tenerife, Fuerteventura et Lanzarote

depuis Paris-Orly, et également La Palma avec escale à Barcelone, avec des fréquences diverses selon les saisons. Également des dessertes de Tenerife, Gran Canaria ou Lanzarote, directes ou via Barcelone selon les saisons, au départ de plusieurs villes françaises (Marseille, Nantes, Nice, Strasbourg, Toulouse, etc.) ou de Genève pour Gran Canaria.

– Possibilité de se rendre aussi aux Canaries avec ***Iberia Express*** (la filiale low cost d'*Iberia* : *● iberiaexpress.com ●*), depuis ***Madrid*** pour Lanzarote, Fuerteventura, Gran Canaria, Tenerife et La Palma, ainsi que depuis Lyon, Vigo et les Asturies pour Tenerife. Liaisons également avec ***Binter Canarias*** (*● bintercanarias.com ●*) depuis le Maroc, Madère, le Cap-Vert, le Sénégal, la Gambie et le Portugal, et avec ***Canary Fly*** (*● canaryfly.es ●*) depuis le Maroc et la Mauritanie. Voir « Les liaisons inter-îles » pour plus d'infos sur les 2 dernières compagnies. Également des vols depuis Barcelone et Madrid avec ***Vueling*** (voir ci-avant).

LES ORGANISMES DE VOYAGES

En France

▲ ALLIBERT TREKKING

– Paris : 37, bd Beaumarchais, 75003. ☎ 01-44-59-35-35. ● allibert-trekking.com ● Ⓜ Chemin-Vert ou Bastille. Lun-ven 9h-19h, sam 10h-18h. Agences également à Chamonix, Lyon, Nice, Chapareillan et Toulouse.

Née en 1975 d'une passion commune entre 3 guides de montagne, Allibert propose aujourd'hui des voyages aux 4 coins du monde. Découvrir de nouveaux itinéraires en respectant la nature et les cultures des régions traversées reste leur priorité. Pour chaque pays, différents niveaux de difficulté. Allibert est le 1er tour-opérateur certifié Tourisme responsable.

▲ COMPTOIR DES VOYAGES

● comptoir.fr ● Lun-sam 9h30-18h30.
– Paris : 2-18, rue Saint-Victor, 75005. ☎ 01-53-10-30-15. Ⓜ Maubert-Mutualité.
– Bordeaux : 26, cours du Chapeau-Rouge, 33800. ☎ 05-35-54-31-40.
– Lille : 76, rue Nationale, 59160. ☎ 03-28-04-68-20. Ⓜ Rihour.
– Lyon : 10, quai Tilsitt, 69002. ☎ 04-72-44-13-40. Ⓜ Bellecour.
– Marseille : 12, rue Breteuil, 13001. ☎ 04-84-25-21-80. Ⓜ Estrangin.
– Nice : 62, rue Giofreddo, 06000. ☎ 04-97-03-64-80.
– Toulouse : 43, rue Peyrolières, 31000. ☎ 05-62-30-15-00. Ⓜ Esquirol.

En plus de 30 ans, Comptoir des Voyages s'est imposé comme la référence incontournable du voyage sur mesure en immersion, avec plus de 90 destinations sur les 5 continents. Ses conseillers-spécialistes construisent des voyages uniques en s'adaptant à votre budget, vos goûts et vos envies. Pour favoriser les rencontres et l'immersion dans la vie locale, ils privilégient des hébergements typiques et des expériences authentiques. Sur place, des Greeters francophones partagent avec vous conseils et bonnes adresses le temps d'un café. Sur votre Smartphone, l'application mobile Luciole vous informe sur le déroulé de votre voyage et vous guide grâce à un GPS hors connexion.
Comptoir des Voyages est membre d'Agir pour un Tourisme Responsable depuis 2009, labellisation ATR renouvelée par Ecocert Environnement en 2019.

▲ DIRECTOURS

● directours.com ● ☎ 01-45-62-62-62.

Directours, c'est une savante combinaison entre la confection de séjours sur-mesure et le savoir-faire du voyage de luxe. Ce sont plus de 25 conseillers et spécialistes qui, répartis par zones géographiques sur près de 80 destinations, connaissent leurs destinations sur le bout des doigts et sauront vous proposer l'hôtel, la destination ou le circuit qui correspond à vos attentes. De plus, les équipes Directours séjournent régulièrement sur place pour constater

la qualité des établissements et renouveler leur catalogue.
Orfèvres du fait maison, ils négocient les meilleurs tarifs pour vous garantir des prestations 100 % luxe. Une qualité d'adaptation dont le voyageur bénéficie avant, pendant et après son séjour grâce à un suivi attentif et l'envie constante de vous aider à réaliser le projet qui vous tient à cœur.

▲ FLANÉO

• flaneo.com •

Ce tour-opérateur français spécialiste des îles d'Espagne propose des séjours clé en main pour découvrir les îles Canaries dans leur diversité. Flanéo propose des séjours avec les vols et les transferts, ou la location de voiture, et 7 ou 14 nuits en hôtels 3, 4 ou 5 étoiles, avec différents types de pension.

▲ NOMADE AVENTURE

☎ 01-46-33-71-71. • nomade-aventure.com •

– Paris : 40, rue de la Montagne-Sainte-Geneviève, 75005. ☎ 01-46-33-71-71. Ⓜ Maubert-Mutualité. Lun-sam 9h30-18h30.

– Lyon : 10, quai Tilsitt, 69002. ☎ 04-72-44-13-50. Lun-sam 9h30-18h30.

– Marseille : 12, rue Breteuil, 13001. ☎ 04-84-25-21-86. Lun-sam 9h30-18h30.

– Toulouse : 43, rue Peyrolières, 31000. ☎ 05-62-30-10-77. Lun-sam 9h30-18h30.

Nomade Aventure propose des circuits inédits partout dans le monde, à réaliser en famille, entre amis, avec ou sans guide. Également la possibilité d'organiser, hors de groupes constitués, un séjour libre en toute autonomie et sur mesure. Spécialiste de l'aventure avec plus de 600 itinéraires (de niveau tranquille, dynamique, sportif ou sportif +) faits d'échanges et de rencontres avec les habitants, Nomade Aventure donne la priorité aux expériences authentiques à pied, à VTT, à cheval, à dos de chameau, en bateau ou en 4x4.

▲ SALAÜN HOLIDAYS

• salaun-holidays.com •

Salaün Holidays est le spécialiste des circuits accompagnés à travers le monde. Grâce aux guides accompagnateurs qualifiés ainsi qu'aux itinéraires complets et uniques qui vous sont proposés, découvrez les plus belles merveilles des 5 continents. Le petit plus ? Salaün Holidays vous prend en charge directement chez vous grâce au service transfert domicile-aéroport. Pour plus de renseignements rendez-vous dans votre agence de voyage ou sur le site internet.

▲ TERRES D'AVENTURE

N° Indigo : ☎ 0825-700-825 (0,15 €/mn + prix d'appel). • terdav.com •

– Paris : 30, rue Saint-Augustin, 75002. ☎ 01-70-82-90-00. Ⓜ Opéra ou Quatre-Septembre. Lun-sam 9h30-19h.

Agences également à Bordeaux, Grenoble, Lille, Lyon, Marseille, Nantes, Rennes, Rouen, Strasbourg et Toulouse.

Depuis 1976, Terres d'Aventure, spécialiste du voyage à pied, propose aux voyageurs passionnés de marche et de rencontres des randonnées hors des sentiers battus à la découverte des grands espaces de notre planète. Voyages à pied, à raquettes, à cheval, en bateau... Sur tous les continents, des aventures en petits groupes ou en individuel encadrés par des professionnels expérimentés sont proposées. Les hébergements dépendent des sites explorés : camps d'altitude, bivouac, refuges ou petits hôtels. Les voyages sont conçus par niveaux de difficulté : de la simple balade en plaine à l'expédition sportive en passant par la course en haute montagne.
En province, certaines de leurs agences sont de véritables *Cités des Voyageurs* dédiées au voyage. Consultez le programme des manifestations sur leur site internet.

▲ TERRES DE CHARME & ÎLES DU MONDE

☎ 01-55-42-74-10. • terresdecharme.com •

– Paris : 3, rue Villebois-Mareuil, 75017.

Artisans du voyage individuel sur mesure depuis plus de 20 ans, leurs scénaristes du voyage ont à cœur de faire partager leurs passions en concevant des séjours authentiques, inoubliables et singuliers aux 4 coins du monde. C'est la rareté et le charme raffiné savamment dosés qui animent l'équipe pour créer des voyages placés sous le signe d'émotions intenses et rares. Sandals privés glissant le long du Nil, charme des villes coloniales de Tenerife, îles exclusives de l'océan Indien, décors magiques des Caraïbes, sites cachés en Asie, trains de luxe et de légende... Telles sont quelques-unes des propositions de Terre de Charme & Îles du Monde pour faire de votre voyage une expérience unique.

▲ THALASSO N° 1
☎ 01-42-25-53-99. • thalassonumero1.com •
Un tour-opérateur spécialisé dans les voyages bien-être qui propose des séjours pour se ressourcer aux Canaries, sur 5 des îles de l'archipel. Des départs de Paris et de nombreuses villes de province, et un grand choix d'hôtels et de formules de séjours.

▲ VOYAGEURS DU MONDE – VOYAGEURS EN ESPAGNE ET AU PORTUGAL
• voyageursdumonde.fr •
– Paris : La Cité des Voyageurs, 55, rue Sainte-Anne, 75002. ☎ 01-42-86-17-20. Ⓜ Opéra ou Pyramides. Lun-sam 9h30-19h. Avec une librairie spécialisée sur les voyages.
– Également des agences à Bordeaux, Grenoble, Lille, Lyon, Marseille, Montpellier, Nantes, Nice, Rennes, Rouen, Strasbourg et Toulouse. Également à Bruxelles et Genève.
Parce que chaque voyageur est différent, que chacun a ses rêves et ses idées pour les réaliser, Voyageurs du Monde conçoit, depuis plus de 30 ans, des projets sur mesure. Les séjours proposés sur 120 destinations sont élaborés par leurs 180 conseillers voyageurs. Spécialistes par pays et même par régions, ils vous aideront à personnaliser les voyages présentés à travers une trentaine de brochures d'un nouveau type et sur le site internet où vous pourrez également découvrir les hébergements exclusifs et consulter votre espace personnalisé. Au cours de votre séjour, vous bénéficiez des services personnalisés Voyageurs du Monde – dont la possibilité de modifier à tout moment votre voyage –, l'assistance d'un concierge local, la mise en place de rencontres et de visites privées et l'accès à votre carnet de voyage via une application iPhone et Android. Voyageurs du Monde est membre de l'association ATR (Agir pour un tourisme responsable) et bénéficie de la certification Tourisme responsable AFAQ AFNOR.

Comment aller à Roissy et à Orly ?
Toutes les infos sur notre site *• routard.com •* à l'adresse suivante : *• bit.ly/aeroports-routard •*

> Voir aussi au sein de chaque ville les agences locales que nous avons sélectionnées.

En Belgique

▲ CONNECTIONS
Rens et résa : ☎ 070-233-313. • connections.be •
Fort d'une expérience de plus de 20 ans dans le domaine du voyage, Connections dispose d'un réseau de 32 *travel shops* dont 1 à Brussels Airport. Connections propose des vols dans le monde entier à des tarifs avantageux et des voyages destinés à des voyageurs désireux de découvrir la planète de façon autonome. Connections offre une gamme complète de produits : vols, hébergements, locations de voitures, autotours, vacances sportives, excursions...

▲ TERRES D'AVENTURE
– Bruxelles : chaussée de Charleroi, 23, 1060. ☎ 02-543-95-60. • terdav.com • Lun-sam 10h-19h.
Voir le texte dans la partie « En France ».

▲ VOYAGEURS DU MONDE
– Bruxelles : chaussée de Charleroi, 23, 1060. ☎ 02-543-95-50. • voyageursdumonde.com •
Le spécialiste du voyage en individuel sur mesure. Voir le texte dans la partie « En France ».

En Suisse

▲ STA TRAVEL

☎ 058-450-49-49. • statravel.ch •
– Fribourg : rue de Lausanne, 24, 1700. ☎ 058-450-49-80.
– Genève : rue Pierre-Fatio, 19, 1204. ☎ 058-450-48-00.
– Genève : rue Vignier, 3, 1205. ☎ 058-450-48-30.
– Lausanne : bd de Grancy, 20, 1006. ☎ 058-450-48-50.
– Lausanne : à l'université, Anthropole, 1015. ☎ 058-450-49-20.

Agences spécialisées notamment dans les voyages pour jeunes et étudiants. 150 bureaux STA et plus de 700 agents du même groupe répartis dans le monde entier sont là pour donner un coup de main *(Travel Help)*.
STA propose des tarifs avantageux : vols secs *(Blue Ticket)*, hôtels, écoles de langues, *work & travel*, circuits d'aventure, voitures de location, etc. Délivre la carte internationale d'étudiant et la carte *Jeune*.

▲ TERRES D'AVENTURE

– Genève : rue de la Rôtisserie, 19, 1204. ☎ 022-518-05-13. • geneve@terdav.com • Lun-ven 10h-19h, sam 9h30-18h30.

Voir le texte dans la partie « En France ».

▲ VOYAGES ARTISANS AUX PIEDS NUS

– Carouge : rue de Saint-Victor, 3, 1227. ☎ 022-301-01-50. • apnvoyages.ch • En sem sur rdv.

Voyages APN propose des destinations hors des sentiers battus, particulièrement en Europe (Grèce, Italie, pays nordiques et Canaries), avec un contact direct avec les prestataires, notamment dans le cadre des agritourismes. Certains programmes sont particulièrement adaptés aux familles. L'accent est mis sur le tourisme responsable et durable. Dans ce cadre, une sélection de destinations telles que la Mongolie ou le Burkina Faso est aussi proposée.

▲ VOYAGEURS DU MONDE

• voyageursdumonde.com •
– Genève : 19, rue de la Rôtisserie, 1204. ☎ 022-519-12-10. Lun-ven 9h30-19h, sam 9h30-18h30 ; fermé dim.
– Lausanne : rue du Bourg 6 (2e étage), 1003. Lun-ven 9h-18h30, sam sur rdv.

Le spécialiste du voyage en individuel sur mesure.
Voir le texte dans la partie « En France ».

Au Québec

▲ EXPÉDITIONS MONDE

• expeditionsmonde.com •

Expéditions Monde est à l'avant-garde du voyage d'aventure, de découverte, de trekking, de vélo, et d'alpinisme sur tous les continents. Les voyages en petits groupes facilitent les déplacements dans les régions les plus reculées et favorisent l'interaction avec les locaux pour vivre une expérience authentique. Expéditions Monde offre aussi la possibilité de voyager en Europe (dont aux Canaries) à pied, ou à vélo en liberté.

▲ EXPLORATEUR VOYAGES

– Montréal : 328 Ontario Est, H2X 1H6. Rens : (514) 847-1177. • explorateurvoyages.com • Lun-mer 9h-18h, jeu-ven 9h-20h, sam 10h-15h.

Cette agence de voyages montréalaise propose une intéressante production maison, axée sur les voyages d'aventures en petits groupes (5 à 13 pers maxi) ou en individuels. Ses itinéraires originaux, en Amérique Latine, en Asie, en Afrique et au Moyen-Orient, et même à La Gomera ou Tenerife, se veulent respectueux des peuples et des écosystèmes guidés par un accompagnateur de l'agence. Intéressant pour se familiariser avec ces différents circuits : les soirées Explorateur (gratuites), avec présentation audiovisuelle.

▲ KARAVANIERS

– Montréal : 4035, rue Saint-Ambroise, local 220N, H4C 2E1. ☎ (514) 281-0799. • karavaniers.com • Lun-ven 9h-18h, sam 10h-15h.

L'agence québécoise Karavaniers du Monde a pour but de rendre accessibles des expéditions aux 4 coins de la planète. Toujours soucieuse de respecter les populations locales et l'environnement, Karavaniers favorise la découverte d'une quarantaine de destinations à pied, et en kayak de mer, en petits groupes accompagnés d'un guide francophone et d'un guide local, avec hébergement en auberge ou sous la tente.

▲ **TOURS CHANTECLERC**
● *tourschanteclerc.com* ●
Tours Chanteclerc est un tour-opérateur qui publie différentes brochures de voyages : Europe, Amérique du Nord, Amérique du Sud, Asie et Pacifique Sud, Afrique et le Bassin méditerranéen en circuits ou en séjours. Il s'adresse aux voyageurs indépendants qui réservent un billet d'avion, un hébergement (dans toute l'Europe), des excursions ou une location de voiture. Également spécialiste de Paris, le tour-opérateur offre une vaste sélection d'hôtels et d'appartements dans la capitale française.

EN BATEAU

Au départ de l'Espagne continentale.

▲ **ACCIONA-TRASMEDITERRÁNEA**
☎ *902-45-46-45 (en Espagne).* ● *trasmediterranea.es* ●
➢ 1 ferry/sem relie ***Cadix*** (Andalousie) à ***Santa Cruz de La Palma*** (en près de 3 j.) avec escales à ***Lanzarote*** (31h), ***Las Palmas de Gran Canaria*** (40h) et ***Santa Cruz de Tenerife*** (49h). Possibilité de réserver aussi depuis la France auprès d'***Iberrail France*** *(14, rue Bruno-Coquatrix, 75009 ;* ☎ *01-40-82-63-63 ;* ● *trasmediterranea@iberrail.fr* ● *; Ⓜ Opéra ou Madeleine).* Renseignez-vous sur les différentes réducs possibles au moment de la résa.

▲ **FRS IBERIA**
☎ *956-68-18-30 (en Espagne), ou WhatsApp 📱 + 34-600-018-019.* ● *frs.es* ●
➢ 1 bateau/sem au départ de ***Huelva*** (Andalousie), pour ***Lanzarote*** (27h), ***Las Palmas de Gran Canaria*** (33h) et ***Santa Cruz de Tenerife*** (36h).

LES LIAISONS INTER-ÎLES

EN BATEAU

La solution la plus économique pour passer d'une île à l'autre. 2 compagnies assurent une liaison régulière et quotidienne entre les îles principales, avec des ferries plus ou moins rapides et plus ou moins chers, modernes et bien équipés. Tous, en général, peuvent également embarquer des voitures (mais la plupart des loueurs ne permettent pas à leurs véhicules d'embarquer). Chaque compagnie dispose d'un guichet dans chaque port.

Temps de traversées entre les îles

➢ ***Tenerife (Los Cristianos)-La Gomera :*** min 50 mn.
➢ ***Tenerife (Santa Cruz)-Gran Canaria (Agaete) :*** min 1h20.
➢ ***Tenerife (Los Cristianos)-La Palma (via La Gomera) :*** min 2h55.
➢ ***Tenerife (Los Cristianos)-El Hierro :*** 2h30.
➢ ***Gran Canaria (Las Palmas de Gran Canaria)-Fuerteventura (Morro Jable) :*** 2-3h.
➢ ***Fuerteventura (Corralejo)-Lanzarote (Playa Blanca) :*** 25-45 mn.
➢ ***Lanzarote (Arrecife)-Gran Canaria (Las Palmas de Gran Canaria) :*** 5-7h30.
➢ ***La Palma-La Gomera :*** env 2h.

■ ***Fred Olsen :*** ☎ *902-10-01-07 (en Espagne).* • *fredolsen.es* • Flotte récente. Dessert toutes les îles, à l'exception d'El Hierro. Propose aussi des combinés ferry + bus + bateau entre Gran Canaria et La Gomera (via Tenerife) ou entre Tenerife et Fuerteventura (via Gran Canaria).

■ ***Naviera Armas :*** ☎ *902-45-65-00 (en Espagne) et + 34-928-300-600 depuis la France.* • *navieraarmas.com* • Ferries un peu plus lents que son concurrent mais tout aussi bien équipés et un poil moins chers. À noter que c'est la seule compagnie à desservir El Hierro depuis Tenerife (et parfois depuis La Gomera) et à proposer parfois des liaisons directes entre La Palma et Tenerife, de même qu'entre Lanzarote et Gran Canaria.
Possibilité de réserver aussi depuis la France auprès d'***Iberrail France*** *(14, rue Bruno-Coquatrix, 75009 ;* ☎ *01-40-82-63-63 ;* • *trasmediterranea@iberrail.fr* • *;* Ⓜ *Opéra ou Madeleine).* Renseignez-vous sur les différentes réducs possibles au moment de la résa.

EN AVION

➢ Chaque île est équipée d'un aéroport. 3 compagnies régulières assurent les liaisons, en général au départ ou à destination de Tenerife et de Gran Canaria. En gros, pour rejoindre La Palma, La Gomera ou El Hierro depuis Lanzarote ou Fuerteventura, escale obligatoire à Tenerife ou Gran Canaria.

■ ***Air Europa :*** ☎ *01-42-65-08-00 (en France) ou 971-08-02-35 (en Espagne).* • *aireuropa.com* • *Air Europa* assure des liaisons/j. entre Tenerife Nord et Gran Canaria. Au départ de Gran Canaria, propose aussi des vols/j. vers

Fuerteventura et Lanzarote. Enfin, au départ de Tenerife Nord, des liaisons quotidiennes avec La Palma, Fuerteventura et Lanzarote.

■ ***Binter Canarias :*** ☎ 902-391-392 (en Espagne). • bintercanarias.com • Cette filiale d'*Iberia* assure plusieurs vols quotidiens entre les îles : El Hierro, Fuerteventura, Gran Canaria, La Gomera, Lanzarote, La Palma et Tenerife.

■ ***Canary Fly :*** ☎ 928-01-85-00 (en Espagne). • canaryfly.es • Liaisons au départ de Gran Canaria vers Lanzarote et Fuerteventura, La Palma via Tenerife nord (2-3 vols/sem), au départ de Tenerife vers La Palma tous les jours.

CANARIES UTILE

ABC des Canaries

- ***Superficie des îles Canaries :*** 7 447 km².
- ***Population des îles Canaries (2019) :*** 2 207 225 hab. Gran Canaria : 865 864 hab. Tenerife : 949 560 hab. Lanzarote : 151 072 hab. Fuerteventura : 122 657 hab. La Gomera : 22 120 hab. La Palma : 84 786 hab. El Hierro : 11 166 hab.
- ***Capitales de la communauté autonome :*** Las Palmas de Gran Canaria pour la province orientale (îles de Gran Canaria, Lanzarote et Fuerteventura) ; Santa Cruz de Tenerife pour la province occidentale (îles de Tenerife, La Gomera, La Palma et El Hierro).
- ***Capitales des îles :*** Las Palmas de Gran Canaria (Gran Canaria), Santa Cruz de Tenerife (Tenerife), Arrecife (Lanzarote), Puerto del Rosario (Fuerteventura), San Sebastián de La Gomera (La Gomera), Santa Cruz de La Palma (La Palma), Valverde (El Hierro).
- ***Monnaie :*** l'euro.
- ***Langue officielle :*** castillan (espagnol).
- ***Structure administrative :*** communauté autonome de l'État espagnol, dotée de son gouvernement propre et de son Parlement, et divisée en 2 provinces.
- ***Régime :*** monarchie parlementaire.
- ***Président du gouvernement autonome :*** Ángel Victor Torres (depuis 2019).
- ***Inflation :*** env 0,70 % (en Espagne, début 2020).
- ***Taux de chômage :*** 18,8 % (contre environ 14 % en Espagne au 1er trimestre 2020).

AVANT LE DÉPART

Adresses utiles

En France

Office espagnol de tourisme : *pas d'accueil du public, mais rens touristiques lun-jeu 9h-17h, ven 9h-14h, au ☎ 01-45-03-82-50, sur • paris@tourspain.es • ou sur • spain.info/fr_fr •* Très compétents et efficaces, n'hésitez pas à les contacter, notamment pour obtenir le calendrier des fêtes de la région où vous souhaitez vous rendre. Nombreuses brochures très bien faites téléchargeables sur le site.

Consulats d'Espagne :
– Paris : 165, bd Malesherbes, 75017. ☎ 01-44-29-40-00. • cog.paris@maec.es • Ⓜ Wagram ou Malesherbes. Lun-jeu 8h30-14h30 ; ven 8h30-14h ; 1er sam du mois (sauf j. fériés) 8h30-12h. Autres consulats généraux à Bayonne, Bordeaux, au Havre, à Lyon, Marseille, Montpellier, Pau, Perpignan, Rennes, Strasbourg et Toulouse.

Ambassade d'Espagne : *22, av. Marceau, 75008 Paris. ☎ 01-44-43-18-00. • emb.paris@maec.es • Ⓜ Alma-Marceau. Lun-ven 9h-13h30, 15h-18h.*

En Belgique

Office de tourisme d'Espagne : *rue Royale, 97, Bruxelles 1000. ☎ 02-280-19-26 et 29. • spain.info/fr_BE • Accueil du public lun-ven 9h-14h. Accueil téléphonique lun-jeu jusqu'à 16h30, ven jusqu'à 14h30.*

■ **Consulat général d'Espagne :** *rue Ducale, 85-87, Bruxelles 1000. ☎ 02-509-87-70 et 86. • cog.bruselas@maec.es • Lun-ven 8h30-14h.*

■ **Ambassade d'Espagne :** *rue de la Science, 19, Bruxelles 1040. ☎ 02-230-03-40. • emb.bruselas@maec.es • Lun-ven 9h-13h.*

En Suisse

Office de tourisme d'Espagne : *Seefeldstrasse, 19, 8008 Zurich. ☎ 044-253-60-50. • spain.info/fr • Lun-ven 9h-17h.* Comme en France, renseignements très complets par téléphone, et des brochures à télécharger sur leur site internet.

■ **Consulat général d'Espagne :** *av. Louis-Casaï, 58, case postale 59, 1216 Cointrin (Genève). ☎ 022-749-14-60. • cog.ginebra@maec.es • Lun-ven 8h15-13h, sam 8h15-12h.*

■ **Consulat général d'Espagne :** *Marienstrasse, 12, 3005 Bern. ☎ 031-356-22-20 et 23. • cog.berna@maec.es • Mar-ven 8h30-13h30, sam 8h30-12h30.*

■ **Ambassade d'Espagne :** *Kalcheggweg, 24, 3000 Bern 15. ☎ 031-350-52-52. • emb.berna@maec.es • Lun-ven 8h-15h30.*

Au Canada

Bureau de tourisme d'Espagne : *2 Bloor St West, 34th Floor, suite 3402, Toronto (Ontario) M4W 3E2. ☎ (416) 961-3131. • spain.info/fr_ca • Ⓜ Bloor-Yonge. Lun-ven 9h-15h.*

■ **Consulat général d'Espagne :** *2 Bloor St East, suite 1201, Toronto (Ontario) M4W 1A8. ☎ (416) 977-1661 ou 3923. • cog.toronto@maec.es • Lun-ven 9h-12h30.*

■ **Consulat général d'Espagne :** *1200 McGill College Ave, suite 2025, Montréal (Québec) H3B 4G7. ☎ (514) 935-5235. • cog.montreal@maec.es • Lun-ven 9h-13h.*

■ **Ambassade d'Espagne :** *74 Stanley Ave, Ottawa (Ontario) K1M 1P4. ☎ (613) 747-2252. • emb.ottawa@maec.es •* ***Section consulaire*** *à la même adresse. Lun-ven 9h-13h.*

Sur Internet

• ***spth.gob.es*** • Dans le cadre de la prévention de la Covid, **il est obligatoire jusqu'à nouvel ordre**, avant toute entrée en Espagne, de remplir un formulaire sur ce site officiel du gouvernement espagnol. Il délivre un QR code personnel, à imprimer et à présenter à l'entrée sur le territoire. Disponible aussi via l'application *SpTH*. De plus il est également obligatoire jusqu'à nouvel ordre de présenter les résultats d'un test PCR négatif réalisé moins de 72h avant le voyage.

• ***routard.com*** • Le site de voyage n° 1, avec près de 800 000 membres et plusieurs millions d'internautes chaque mois. Pour s'inspirer et s'organiser, près de 300 guides destinations actualisés, avec les infos pratiques, les incontournables et les dernières actus, ainsi que les reportages terrain et idées week-end de la rédaction. Partagez vos expériences avec la communauté de voyageurs : forums de discussion avec avis et bons plans, carnets de route et photos de voyage. Enfin, vous trouverez tout pour vos vols, hébergements, voitures et activités, sans oublier nos suggestions pour réserver votre voyage au meilleur prix.

• ***spain.info*** • Le site officiel de l'office de tourisme espagnol.

• ***gobiernodecanarias.org*** • Le portail officiel de la communauté autonome.

• ***salutilescanaries.com*** • Pour tout savoir sur les 7 îles. Ce site officiel du tourisme canarien vous aidera aussi à prévoir vos liaisons inter-îles de la meilleure manière. En français.

• ***webtenerife.com*** • Le site officiel de l'île, fort bien réalisé, avec différentes thématiques (hébergement, sites à visiter, activités, infos pratiques...). En français.

• *grancanaria.com* • Site fort complet avec des rubriques plages, mer, nature, sports, bien-être, golf et culture bien étoffées. Tout pour les familles aussi et le côté pratique, avec les liens nécessaires question logement et transports. En français.

• *lagomera.travel* • Le site officiel de l'île met notamment l'accent sur la randonnée en montagne et présente de manière soignée les particularismes culturels de La Gomera. En français.

• *visitfuerteventura.es* • Là encore, site bien fourni, autour de grands chapitres : plages (présentation détaillée et plaisante par style et ambiance), sports, loisirs et culture, « où se loger et manger ? », etc. En français.

• *turismolanzarote.com* • Son portail officiel met l'accent sur l'originalité culturelle de l'île : les fabuleuses réalisations de César Manrique, le développement durable, la culture, le vin, la gastronomie... Jolies vidéos de présentation et tous les renseignements pratiques indispensables. En français.

• *visitlapalma.es* • Le site officiel de La Palma, plutôt dense, décline tous ses attraits, physiques comme culturels, sans négliger les détails pratiques. Espagnol, anglais ou allemand.

• *elhierro.travel* • Un portail très complet, vraiment bien fait, présentant tous les atouts de l'île, avec des photos pour mieux se faire une idée. Également une foule d'infos pratiques. En espagnol ou anglais.

Formalités

Pensez à scanner passeport, visa, carte de paiement, billet d'avion et *vouchers* d'hôtel. Ensuite, adressez-les-vous par mail, en pièces jointes. En cas de perte ou vol, rien de plus facile pour les récupérer. Les démarches administratives en seront bien plus rapides. Merci tonton Routard !

Pour les ressortissants français, belges et suisses (et membres de l'Union européenne en général), la ***carte d'identité*** ou le ***passeport*** en cours de validité suffisent pour entrer sur le territoire espagnol. Les ressortissants canadiens doivent être en possession d'un passeport en cours de validité (pas de visa à demander pour les séjours de tourisme de moins de 3 mois).

Les ***mineurs*** doivent être munis de leur propre pièce d'identité en cours de validité (carte d'identité ou passeport). Pour l'autorisation de sortie du territoire lorsque les enfants ne sont pas accompagnés par un de leurs parents, chaque pays a mis en place sa propre régulation. Ainsi, pour ***les mineurs français,*** une loi entrée en vigueur en janvier 2017 a ***rétabli l'autorisation de sortie du territoire.*** Pour voyager à l'étranger, ils doivent être munis d'une pièce d'identité (carte d'identité ou passeport en l'occurrence), d'un formulaire signé par l'un des parents titulaires de l'autorité parentale et de la photocopie de la pièce d'identité du parent signataire. Renseignements auprès des services de votre commune et sur • *service-public.fr* •

Ariane, pour votre sécurité, restez connecté

Ayez les bons réflexes sur le site du ministère de l'Europe et des affaires étrangères.

– Consultez les conseils aux voyageurs : préparez soigneusement votre voyage (risques liés à la sécurité, formalités de séjour, conseils et obligations sanitaires...) en vous connectant sur • *diplomatie.gouv.fr* • ou via l'application mobile.

– Inscrivez-vous sur Ariane : en quelques clics, créez votre compte sur ● *diplomatie.gouv.fr* ● pour recevoir par e-mail ou sms des alertes et des consignes de sécurité, en cas de nécessité.

Assurances voyages

■ ***Routard Assurance par AVI International :*** *40, rue Washington, 75008 Paris.* ☎ *01-44-63-51-00.* ● *avi-international.com* ● Ⓜ *George-V.* Enrichie année après année par les retours des lecteurs, *Routard Assurance* est devenue une assurance voyage incontournable. Tout est compris : frais médicaux, assistance rapatriement, bagages, responsabilité civile... Vous avez besoin d'un médecin, d'un conseil médical ou d'une prise en charge dans un hôpital ? Appelez simplement le plateau AVI Assistance disponible 24h/24, leur réseau est l'un des plus complets actuellement. Vous avez eu des frais de santé en voyage ? Envoyez les factures à votre retour, AVI vous rembourse sous une semaine. Avant votre départ, n'hésitez pas à les appeler pour des conseils personnalisés.
Et téléchargez l'appli mobile AVI international pour garder le contact avec l'assistance 24h/24 et disposer de l'un des meilleurs réseaux médicaux à travers le monde.

■ ***AVA – Assurance Voyages et Assistance :*** *25, rue de Maubeuge, 75009 Paris.* ☎ *01-53-20-44-20.* ● *ava.fr* ● Ⓜ *Cadet.* Un autre courtier fiable pour ceux qui souhaitent s'assurer en cas de décès-invalidité-accident lors d'un voyage à l'étranger, mais surtout pour bénéficier d'une assistance rapatriement, perte de bagages et annulation. Attention, franchises pour leurs contrats d'assurance voyage.

■ ***Pixel Assur :*** *18, rue des Plantes, BP 35, 78601 Maisons-Laffitte.* ☎ *01-39-62-28-63.* ● *pixel-assur.com* ● *RER A : Maisons-Laffitte.* Assurance de matériel photo et vidéo tous risques (casse, vol, immersion) dans le monde entier. Devis en ligne basé sur le prix d'achat de votre matériel. Avantage : garantie à l'année.

Carte d'adhésion internationale aux auberges de jeunesse (carte FUAJ)

Cette carte vous ouvre les portes des 4 000 auberges de jeunesse du réseau *HI-Hostelling International* en France et dans le monde. Vous pouvez ainsi loger dans plus de 80 pays à des prix avantageux et bénéficier de tarifs préférentiels avec les partenaires des auberges de jeunesse *HI.* Enfin, vous intégrez une communauté mondiale de voyageurs partageant les mêmes valeurs : plaisir de la rencontre, respect des différences et échange dans un esprit convivial. Il n'y a pas de limite d'âge pour séjourner en auberge de jeunesse. Il faut simplement être adhérent. À noter qu'il y en a très peu aux Canaries cependant.

Renseignements et inscriptions
– ***En France :*** ● *hifrance.org* ●
– ***En Belgique :*** ● *lesaubergesdejeunesse.be* ●
– ***En Suisse :*** ● *youthhostel.ch* ●
– ***Au Canada :*** ● *hihostels.ca* ●
Si vous prévoyez un séjour itinérant, vous pouvez réserver plusieurs auberges en une seule fois en France et dans le monde : ● *hihostels.com* ●

Carte internationale d'étudiant (carte ISIC)

Elle prouve votre statut d'étudiant dans le monde entier et permet de bénéficier de tous les avantages, services et réductions dans les domaines du transport, de l'hébergement, de la culture, des loisirs, du shopping...

La carte ISIC permet aussi d'accéder à des avantages exclusifs (billets d'avion spécial étudiants, hôtels et auberges de jeunesse, assurances, cartes SIM internationales, location de voitures...).

Renseignements et inscriptions

- ***En France :*** • *isic.fr* • *13 € pour 1 année scolaire.*
- ***En Belgique :*** • *isic.be* •
- ***En Suisse :*** • *isic.ch* •
- ***Au Canada :*** • *isiccanada.ca* •

ARGENT, BANQUES, CHANGE

- ***Change :*** à titre d'information, 1 € = 1,05 Fs = 1,52 $Ca (mi-2020). En Espagne, l'euro se décline *euros* au pluriel et se divise en *céntimos.*

Les banques

- ***Horaires :*** elles sont généralement ouvertes du lundi au vendredi de 9h30 à 14h30 ; certaines aussi le samedi matin.
- Pour ceux qui sont concernés, les banques, pour la plupart, font du ***change,*** avec une commission qui varie sensiblement d'un établissement à l'autre. De manière générale, abstenez-vous de changer dans les banques situées en face des sites touristiques.

Les distributeurs

Dans la quasi-totalité des villes et des villages, on peut retirer de l'argent aux ***distributeurs automatiques*** avec les cartes *MasterCard, Visa* ou *Maestro.*

- ***Petite mesure de précaution :*** si vous retirez de l'argent dans un distributeur, utilisez de préférence les distributeurs attenants à une agence bancaire. En cas de pépin avec votre carte (carte avalée, erreur de code secret...), vous aurez un interlocuteur dans l'agence pendant les heures ouvrables.

Les cartes de paiement

Quand vous partez à l'étranger, pensez à relever le plafond de retrait aux distributeurs et pour les paiements par carte, quitte à le faire baisser à votre retour.
Avant de partir, notez bien le numéro d'opposition propre à votre banque (il figure souvent au dos des tickets de retrait, sur votre contrat, ou à côté des distributeurs de billets), ainsi que le numéro à seize chiffres de votre carte. Bien entendu, conservez ces informations en lieu sûr et séparément de votre carte.
Par ailleurs, l'assistance médicale se limite aux 90 premiers jours du voyage et l'assistance véhicule aux cartes haut de gamme (renseignez-vous auprès de votre banque). Et surtout, n'oubliez pas aussi de VÉRIFIER LA DATE D'EXPIRATION DE VOTRE CARTE BANCAIRE avant votre départ !
En zone euro, pas de frais bancaires sur les paiements par carte. Les retraits sont soumis aux mêmes conditions tarifaires que ceux effectués en France (gratuits pour la plupart des cartes). Une carte perdue ou volée peut être rapidement remplacée. En appelant sa banque, un système d'opposition, d'avance d'argent et de remplacement de carte pourra être mis en place afin de poursuivre son séjour en toute quiétude. En cas de perte, de vol, ou de fraude, quelle que soit la carte que vous possédez, chaque banque gère elle-même le processus d'opposition et le numéro de téléphone correspondant. Le plus simple est de faire opposition en ligne via le site de votre agence bancaire ou leur application mobile, ou en les appelant directement. Sinon, voici les numéros des centres d'assistance des différentes cartes.

– ***Carte Visa :*** *n° d'urgence depuis l'Espagne ☎ 900-99-11-24. • visa.fr •*
– ***Carte MasterCard :*** *n° d'urgence depuis l'Espagne ☎ 900-822-756. • mastercardfrance.com •*
– ***Carte American Express :*** *☎ (00-33) 1-47-77-72-00. • americanexpress.com •*

– Il existe aussi un ***serveur interbancaire*** d'opposition qui, en cas de perte ou de vol, vous met en contact avec le centre d'opposition de votre banque : *depuis la France, ☎ 0892-705-705 (prix d'un appel + 0,35 €/mn) ; depuis l'étranger, ☎ + 33-442-605-303.*

Besoin urgent d'argent liquide

Envoyer de l'argent par ***la Poste*** : le bénéficiaire, muni de sa pièce d'identité, peut retirer les fonds dans n'importe quel bureau du réseau local. Le transfert s'effectue avec un mandat ordinaire international (jusqu'à 3 500 €) et la transaction prend 4-5 jours en Europe (8-10 vers l'international). Plus cher, mais plus rapide, le mandat express international permet d'envoyer de l'argent (montant variable selon la destination – 34 au total) sous 2 jours maximum, 24h lorsque la démarche est faite en ligne. *Infos : • labanquepostale.fr •*
Autre solution, vous pouvez être dépanné en quelques minutes grâce au système ***Western Union Money Transfer.*** L'argent vous est transféré en moins de 1h. La commission, assez élevée, est payée par l'expéditeur. Possibilité d'effectuer un transfert depuis un des bureaux *Western Union,* ou, plus rapide, en ligne, 24h/24 par carte de paiement (*Visa* ou *MasterCard*).
Même principe avec d'autres organismes de transfert d'argent liquide comme ***MoneyGram, PayTop*** ou ***Azimo.*** Transfert en ligne sécurisé, en moins de 1h.
Dans tous les cas, se munir d'une pièce d'identité. Toutefois, en cas de perte ou vol de papiers, certains organismes permettent de convenir d'une question/réponse type pour pouvoir récupérer votre argent. Chacun de ces organismes possède aussi des applications disponibles sur téléphone portable. Consulter les sites internet pour connaître les pays concernés, les conditions tarifaires (frais, commission) et trouver le correspondant local le plus proche : *• westernunion.com • moneygram.fr • paytop.com • azimo.com/fr •*

ACHATS

Chacune des îles possède ses particularités.
– ***Poteries guanches :*** on en trouve à ***La Gomera,*** notamment dans le village d'*El Cercado* où 4 potières et 1 potier réalisent des objets à la manière des 1ers habitants. Idem à l'*écomusée d'Alcogida* à ***Fuerteventura*** et à l'atelier *El Molino,* à Villa de Mazo, à ***La Palma...*** Dans tous les cas, les pièces sont montées à la main, sans tour, comme à l'origine.
– ***Broderies et dentelles :*** là, il faudra faire le tri entre pièces authentiques et le « made in China », pas toujours faciles à déceler... De jolies nappes brodées sont vendues à la *Casa de los Balcones,* à ***Tenerife*** (La Orotava), et des broderies au fameux marché dominical de Teguise à ***Lanzarote.*** À ***Gran Canaria,*** c'est la petite ville d'Ingenio qui se distingue pour ses broderies et son artisanat en général, à l'image de Villa de Mazo, à ***La Palma,*** où la broderie est bien mise en valeur au *Museo-Casa Roja* (qui dispose aussi d'un point de vente).
– ***Vannerie :*** issue de la tradition guanche, on retrouve la vannerie notamment à ***Tenerife,*** avec de beaux paniers, mais aussi à ***Fuerteventura.***
– ***Miel de palme :*** est nommé ainsi mais en vérité il s'agit d'un sirop végétal extrait du palmier. Il est proposé par de nombreuses boutiques de ***La Gomera.***
– ***Miel :*** à ***La Palma,*** l'excellent *milflores* est fortement parfumé au thym, au ciste et autres plantes du sud. À ***Gran Canaria,*** recherchez l'estampille « Gran Canaria Calidad » (garantie artisanale). À ***Fuerteventura,*** on trouve un alcool original à base de miel, avec un peu de cactus et du rhum !

– ***Rapadura :*** à ***La Palma.*** De drôles de cônes bien fermes, composés traditionnellement de miel, *gofio,* sucre, cannelle, amandes et citron. On en trouve des variantes au chocolat ou aux œufs. Bien, bien riche, en tout cas...
– ***Vin :*** voir la rubrique « Boissons » dans « Hommes, culture, environnement » en fin de guide.
– ***Mojos :*** ce sont les fameuses sauces utilisées pour napper les pommes de terre, certains poissons, fruits de mer et viandes. Aucun problème pour trouver un *mojo* rouge ou vert dans n'importe quelle boutique, et ce dans toutes les îles. Préférer les petits producteurs locaux.
– ***Ron et ron miel :*** le rhum de ***Gran Canaria*** (*Destilerías Arehucas* à Arucas) est emblématique des Canaries (voir aussi « Boissons » dans « Hommes, culture, environnement »), mais on trouve aussi un bon producteur à ***La Palma*** *(Destilerías Aldea)...*
– ***Fromages :*** le *majorero,* un fier fromage de chèvre, 1re AOC de l'archipel, demeure la grande spécialité et la fierté de ***Fuerteventura,*** où l'on compte d'ailleurs plus de chèvres que d'habitants ! On l'achète *tierno* (frais), *semi curado* (vieux de 20 à 60 jours) ou *curado* (plus de 60 jours). Destiné à être conservé, on l'enduit d'huile, de *gofio* ou de paprika, ce qui lui donne alors cette teinte rouge foncé... Il possède un goût léger, un peu piquant quand il vieillit, une texture crémeuse et une délicate saveur de marjolaine dont les chèvres raffolent... On trouve aussi des fromages de chèvre à ***Lanzarote*** (certains sont même régulièrement primés dans les concours agricoles), ainsi qu'à ***La Palma*** et ***El Hierro*** – où ils sont le plus souvent fumés... À ***Gran Canaria,*** c'est la brebis qui domine, avec le Flor de Guía et le Media Flor de Guía (qui bénéficient d'une D.O.P.).
– ***Almogrote :*** spécialité de ***La Gomera,*** réalisée à base de fromage dur de chèvre (avec parfois une pointe de brebis), tomate, huile d'olive et piment. Il en résulte une sorte de pâte à tartiner assez forte. On en trouve dans les petites boutiques de certains villages.
– ***Quesadillas :*** spécialités d'***El Hierro,*** ces gâteaux riches et assez denses, parfumés à l'anis, au citron et à la cannelle, sont confectionnés avec du *queso herreño,* le fromage local mêlant lait de chèvre avec un peu de brebis et de vache.
– ***Mazapán de Tejeda :*** spécialité de ***Gran Canaria,*** sorte de pâte d'amande enrichie de sucre et parfumée à la cannelle et au zeste de citron.
– ***Aloe vera :*** on trouve à ***Fuerteventura*** et ***Lanzarote*** des petites fermes bio cultivant cette plante désertique dont la sève – chargée en vitamines et minéraux – est reconnue pour ses vertus cicatrisantes et régénératrices des cellules ; sans oublier le renforcement du système immunitaire... Elle sert à la confection de produits cosmétiques (savon, crème pour les mains, gel douche, lotion antidouleur...) et même de jus à boire !

Et les soldes ?

Ils existent aussi et peuvent valoir le coup : ***en janvier-février*** (ils débutent juste après l'Épiphanie, le 7 janvier) et ***de fin juin/début juillet à fin août,*** pas de grosses démarques comme en France, mais des rabais de 10 à 25 %, ce qui, sur des prix déjà moins élevés que dans l'Hexagone, peut devenir carrément intéressant.

BUDGET

On trouve encore, dans les quelques petites pensions, des chambres avec salle de bains commune (ou même privée) autour de 25-30 € en basse saison (et parfois même en été !), notamment dans certaines villes peu touristiques. Néanmoins, ces endroits se font vraiment rares sur les îles de Tenerife, Gran Canaria et Lanzarote... Pour la plupart des hébergements, les notions de haute, moyenne ou basse saison sont importantes.

– La ***haute saison*** se résume généralement aux mois d'hiver (surtout autour du Nouvel An) avec, en plus, comme dans toute l'Espagne, la Semaine sainte (du dimanche des Rameaux au dimanche de Pâques ; en 2021, du 28 mars au 4 avril, et en 2022 du 10 au 17 avril). Cette notion de saison a toutefois tendance à varier d'une île à l'autre.
– ***Basse et haute saison :*** l'hiver, pour la douceur du climat, est la période la plus prisée, donc la plus chère. L'été, d'autres destinations font concurrence aux Canaries, donc les tarifs sont souvent un peu plus bas. Mais, vu que les Canaries bénéficient d'un excellent climat toute l'année, les différences de tarifs entre les saisons sont parfois peu importantes.
– ***Différences entre les îles :*** outre la notion de saisons, la différence de tarifs est surtout notable entre les îles touristiques et celles qui le sont moins. À qualité égale, les hôtels d'***El Hierro*** ou de ***La Gomera*** sont bien moins chers que ceux de ***Tenerife*** et ***Gran Canaria.*** De même, sur ces îles, la notion de haute et basse saison revêt moins de sens. Les tarifs, assez bas, y sont pratiquement identiques toute l'année, ou avec une différence peu significative, sauf pour la Semaine sainte et la période Noël-Jour de l'an. À ***Lanzarote*** – île déjà réputée pour ses prix qui dérapent –, la demande pour les *casas rurales,* souvent en pleine campagne dans des coins privilégiés, dépasse l'offre : elles sont du coup, en toute saison, beaucoup plus chères que les locations sur la côte !
Mais ce n'est pas le cas à ***La Palma*** ou à ***Fuerteventura*** (à époque égale, les *casas rurales* sont 20 à 30 % moins chères sur cette dernière que sur Lanzarote). À ***Gran Canaria,*** dans les grosses stations balnéaires comme Playa del Inglés, San Agustín et Maspalomas, l'offre d'appartements à louer est tellement importante que les prix restent intéressants toute l'année. Sur ***La Palma,*** les 2 périodes de haute saison se présentent sous des jours différents : en hiver, c'est plutôt la partie nord et les lieux fréquentés par les randonneurs qui ont le vent en poupe, alors qu'en été les vacanciers (surtout Espagnols) privilégient les stations balnéaires.
– Il faut prendre également en compte les ***fêtes et jours fériés*** qui créent des pics de demande. En mai, juin ou septembre-octobre, on fait de substantielles économies sur l'hébergement. Paradoxalement, à ces périodes, ce sont les hôtels les plus chics qui pratiquent les meilleurs prix, offrant parfois jusqu'à 50 % de réduction par rapport à la haute saison. Ainsi, il n'est pas rare de trouver de superbes chambres dans des hôtels de charme pour 50-60 € – et même des *paradores* à partir de 70-80 € (sur Internet seulement) !
– Nos fourchettes de prix, par catégories, ***incluent normalement les taxes*** (IGIC, de 6,5 %). Attention toutefois aux tarifs sur place qui sont souvent affichés hors taxes (c'est particulièrement vrai dans les restos) : vérifiez ce qu'il en est, afin d'éviter les mauvaises surprises au moment de payer. Autre précision : le petit déjeuner n'est généralement pas inclus dans le prix de la chambre (nous précisons lorsqu'il l'est).

Recommandation à ceux qui souhaitent profiter des réductions et avantages proposés dans le *Routard* par les hôteliers et les restaurateurs.

À l'hôtel, pensez à les demander **au moment de la réservation** ou bien lors de votre **arrivée.** Ils ne sont valables que pour les réservations en direct et ne sont pas cumulables avec d'autres offres promotionnelles (notamment sur Internet). Au restaurant, parlez-en **au moment** de la commande et surtout **avant** que l'addition ne soit établie. Poser votre *Routard* sur la table ne suffit pas : le personnel de salle n'est pas toujours au courant et une fois le ticket de caisse imprimé, il est souvent difficile de modifier le total. En cas de doute, montrez la notice relative à l'établissement dans le *Routard* de l'année, et ne manquez pas de nous faire part de toute difficulté rencontrée.

Hébergement

Les prix s'entendent, sauf indication contraire, pour une chambre double (sauf pour les auberges de jeunesse et dortoirs). En revanche, quand nous indiquons le prix du petit déjeuner, il s'entend « par personne ». Ces fourchettes sont indicatives et peuvent légèrement varier d'une île ou d'une localité à l'autre.
- ***Très bon marché :*** moins de 20 € par personne. Concerne surtout les auberges de jeunesse officielles ou privées.
- ***Bon marché :*** de 20 à 40 €.
- ***Prix moyens :*** de 40 à 70 €.
- ***Chic :*** de 70 à 100 €.
- ***Plus chic :*** de 100 à 150 €.
- ***Très chic :*** plus de 150 €.

Nourriture

Le pain, au même titre que la carafe d'eau, est généralement facturé (sauf s'il est inclus dans le menu). Si on le refuse, il n'est évidemment pas compté, mais précisez-le dès qu'on vous l'apporte.

En règle générale, ***les prix sont un peu moins élevés aux Canaries qu'en France,*** voire qu'en Espagne continentale. Le midi, les restaurants proposent souvent un *menú del día* à prix attractif, généralement très complet, comprenant entrée, plat, dessert, pain et vin ou eau à volonté. Mieux vaut ne pas s'attendre à du haut de gamme pour un menu à 8-12 €, mais tout est permis à 25-30 € dans un restaurant gastronomique... Avec les tapas, on peut s'en sortir à moindres frais, même si les Canaries sont moins portées sur les bars à tapas que l'Espagne continentale – et les petites îles comme El Hierro encore moins. On peut aussi aller chez le charcutier ou le fromager du coin, ou faire ses emplettes sur les marchés paysans, pour se confectionner un bon casse-croûte. Les fourchettes de prix indiquées ci-après sont calculées sur la base d'un repas pour 1 personne, hors boisson.
- ***Très bon marché :*** moins de 8 € (rare !).
- ***Bon marché :*** de 8 à 12 €.
- ***Prix moyens :*** de 12 à 25 €.
- ***Chic :*** de 25 à 40 €.
- ***Plus chic :*** plus de 40 €.

Location de voitures

Sur toutes les îles on trouve quantité de loueurs, dont des petites sociétés locales. Grosso modo, on peut trouver une petite voiture à louer pour environ 30 à 40 € par jour, assurance de base incluse. Les tarifs décroissent à partir de 3 jours. Pour ***1 semaine,*** ça devient particulièrement ***intéressant*** : en moyenne autour de 160 €/semaine. Mais on en trouve à louer à partir de 120 €, ce sont des promotions sur les sites internet des compagnies.
Autre bonne nouvelle : l'essence, en partie détaxée, est meilleur marché que sur le continent (environ 1 €/litre début 2020).

Parkings

Le parking est généralement gratuit, sauf dans les grandes capitales et les grosses stations balnéaires. À Las Palmas de Gran Canaria, dans le quartier de la playa de las Canteras et dans le centre historique, il est même impossible de se garer. Il faut alors se rabattre sur un parking (18 €/j. !). À Playa del Inglés (Gran Canaria), attention aux horodateurs de rue : on oublie souvent qu'il faut payer jusqu'à... 21h !
- ***Bon à savoir :*** sur l'île de La Gomera, et à La Palma il n'existe que très peu de parkings payants. Les horodateurs y sont très rares. On ne va pas le leur reprocher.

CLIMAT

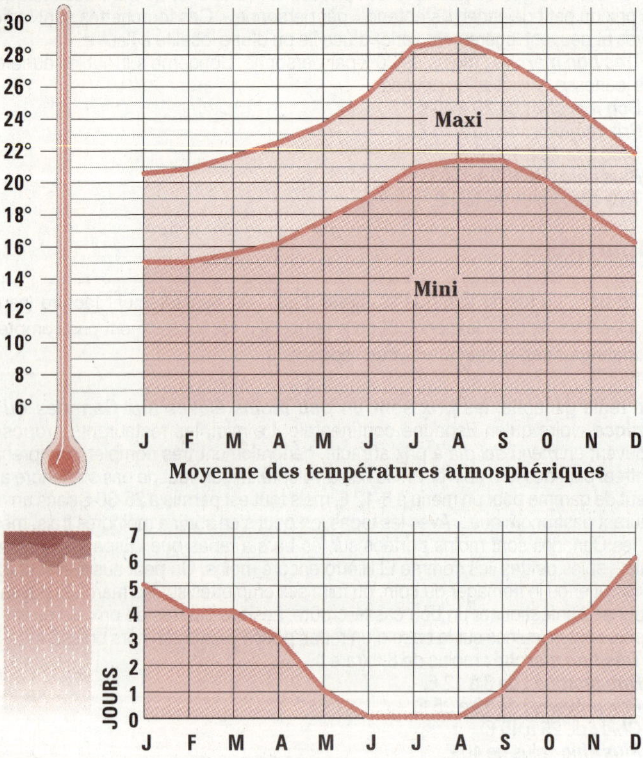

Nombre de jours de pluie

Santa Cruz de Tenerife

La ***tiédeur de l'air*** saisit immédiatement, digne d'un ***éternel printemps.*** Surprise ou dicton ? Quasiment tout au long de l'année, les températures ressenties au niveau de la mer sont stables (16-26 °C) et le ciel offre plus de 2 800 h d'ensoleillement ! Seules les zones culminant à plus de 1 900 m sont parfois exposées au gel et à la neige. Cela étant, les variations existent : la *calima,* ce vent chaud chargé de sable en provenance du Sahara, peut faire grimper le thermomètre à 28 °C en février – et, a contrario, la *tormenta* (pluies diluviennes), en avril, peut imposer momentanément un frisquet 16 °C... En fait, la forme de chaque île, sa latitude, son altitude, et la qualité de son sol volcanique ont d'importantes répercussions sur le climat et la pluviométrie. El Hierro, La Palma et La Gomera (plus de 800 mm de précipitations annuelles au cœur du Garajonay) accrochent les nuages, tandis qu'à Tenerife et à Gran Canaria, ils effleurent les crêtes avant d'être chassés par un effet d'aspiration naturelle (baptisé l'effet *venturi*). Quant à Fuerteventura et Lanzarote, tel un chameau au bord de l'autoroute, elles les voient passer... D'autres facteurs ont une incidence, notamment l'exposition au courant « froid » des Canaries (entre 19 et 22 °C !).

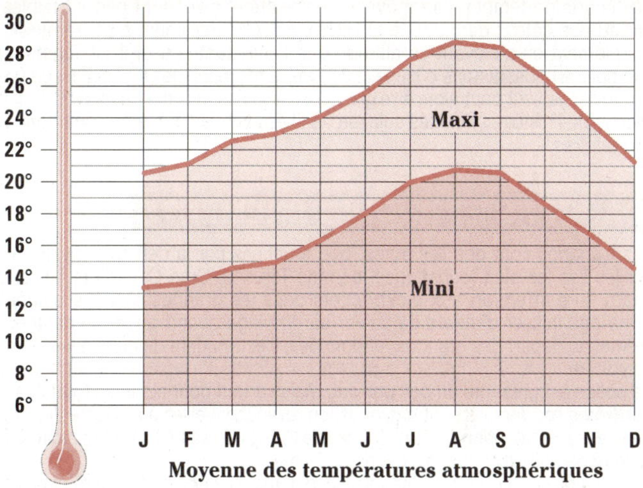

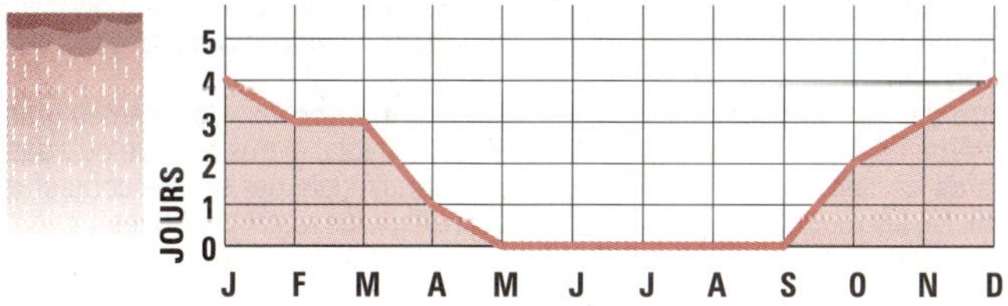

Lanzarote

Sur chaque île, des différences notables s'observent aussi en fonction de l'exposition aux alizés. Soufflant depuis le nord-est, ceux-ci favorisent l'accumulation des masses nuageuses sur ce flanc des îles, particulièrement lorsqu'elles sont élevées – comme dans le cas de La Palma, en particulier. Là, les nuées s'agrippent aux crêtes, formant la *mar de nubes* (mer de nuages) tandis que, par un curieux phénomène d'inversement thermique, la côte ouest baigne sous un soleil implacable !

On trouve sur les îles de nombreux microclimats, notamment :
- ***Subtropical :*** au niveau de la mer sur la ceinture côtière des îles occidentales, paradis des bananeraies. Faible amplitude thermique. Relative saison des pluies de novembre à janvier.
- ***Subdésertique :*** à peine 60 mm de pluies certaines années et une forte amplitude thermique entre le jour et la nuit... Le sud de Lanzarote est plus subdésertique (donc plus sèche) que les îles qui sont situées plus au sud ! Heureusement, l'air marin allié à la condensation nocturne assure une petite rosée qui ne se refuse pas.
- ***Continental subalpin :*** cette zone concerne les plus hauts sommets de l'archipel ; roque de los Muchachos (La Palma), Teide (Tenerife), pico de las Nieves (Gran Canaria). Là, l'écart des températures est grand (de -16 °C à 34 °C), l'air très sec et les rafales de vent parfois violentes (200 km/h !). Aux Cañadas del Teide (Tenerife), on recense même 13 jours de neige entre novembre et avril !

Les écarts de température moyenne entre été et hiver sont partout faibles au niveau des côtes : de 5,3 °C à El Hierro, à 7,7 °C maximum à Lanzarote. C'est uniquement en s'élevant en altitude que l'amplitude s'accroît. À Tenerife, par exemple, à l'observatoire d'Izaña (2 371 m), la moyenne des minima est de 0,9 °C en janvier (le vent peut alors être glacial) et celle des maxima de 22,5 °C en juillet. Morale de l'histoire : lunettes solaires certifiées anti-UV et crème écran total sont obligatoires !

DANGERS ET ENQUIQUINEMENTS

Les Canaries sont des îles sûres, peu touchées par la délinquance. Bien sûr, sur les îles les plus touristiques, comme Tenerife, Gran Canaria et Lanzarote, il faut faire attention aux pickpockets dans les grandes stations balnéaires et ne pas laisser d'objets de valeur sur la plage quand on va se baigner. De même, au départ des grandes randonnées, il est prudent de ne rien laisser dans sa voiture.

La police est présente un peu partout, mais surtout pour aider les touristes. Les ***contrôles routiers*** ne sont pas rares, en revanche. Veillez à respecter les limites de vitesse, et attention à votre alcoolémie (0,5 g/l de sang maximum, voire 0,3 g/l si votre permis de conduire a moins de 2 ans).

S'il n'y a pas grand-chose à craindre des hommes, l'***océan*** peut être plus retors. Les plages et les criques isolées ont souvent un goût de paradis, mais si certaines sont désertes, c'est parce que la mer et les courants y sont violents et parfois ***très dangereux ! Se renseigner systématiquement avant auprès des gens du cru ou de l'office de tourisme...***

Autre danger à ne pas prendre à la légère : les ***euphorbes.*** Ces plantes grasses extrêmement courantes aux Canaries ont un suc (blanc) très toxique qui, dans le cas de certaines espèces, peut même rendre aveugle par simple contact avec l'œil. Ne les touchez pas ! Et même desséchées, elles restent toxiques.

DÉCALAGE HORAIRE

« *¡ ... Una hora menos en Canarias !* », annoncent les radios nationales et les JT des grandes chaînes de TV espagnoles... En effet, il y a 1h de décalage entre l'archipel et le continent. Ainsi, lorsqu'il est 11h aux Canaries, il est 12h en France.

FÊTES ET JOURS FÉRIÉS

L'Espagne est un pays éminemment catholique, ce qui se ressent sur la liste des jours fériés !

- ***1er janvier :*** Jour de l'an.
- ***6 janvier :*** Épiphanie.
- ***Février :*** Mardi gras (en 2021, le 16 février ; et en 2022, le 1er mars). Même si ce n'est pas un jour férié officiel, beaucoup d'établissements sont fermés.
- ***Mars ou avril :*** *Semana Santa* (en 2021, du 28 mars au 4 avril ; et en 2022, du 10 au 17 avril), avec les Jeudi et Vendredi saints entièrement fériés.
- ***1er mai :*** fête du Travail.
- ***30 mai :*** día de Canarias.
- ***15 août :*** Assomption.
- ***12 octobre :*** fête nationale.
- ***1er novembre :*** Toussaint.
- ***6 décembre :*** fête de la Constitution.
- ***8 décembre :*** Immaculée Conception.
- ***25 décembre :*** Noël.

HÉBERGEMENT

En raison de la COVID et de ses suites, certains hôtels étaient encore fermés lorsque nous avons bouclé ce guide. En particulier les auberges de jeunesse et les petits *hostales*. Pour vous assurer que l'établissement que vous avez choisi est bien ouvert, rien ne vaut un coup de téléphone !

Si vous envisagez de partir en plein hiver, sachez que très peu d'hébergements (même parmi les hôtels 3 étoiles) sont chauffés. Si ce n'est pas trop dérangeant en bord de mer, ça peut le devenir dans les villages en altitude, plus frais... Emportez un bon pull au cas où !

Les auberges

Les Canaries comptent très peu d'auberges de jeunesse affiliées à ***Hostelling International,*** toutes situées à Tenerife et à Gran Canaria. À cela s'ajoutent quelques *hosteles* privés (principalement à Gran Canaria) et des structures communautaires comme les *albergues* pour randonneurs de l'île de La Palma. Certaines îles, comme El Hierro, ne comptent aucune auberge de jeunesse, publique comme privée.
Ces différents hébergements sont généralement très bien tenus, mais souvent occupés par des groupes sportifs ou des écoles pour des séjours de plusieurs jours, voire d'une semaine ; il est donc impératif de réserver, surtout en haute saison.
Autres inconvénients : une situation souvent excentrée et des heures de couvre-feu assez réglementées. Certaines proposent des repas : petit déjeuner, demi-pension ou pension complète. Sinon, on y trouve souvent une cuisine à disposition et parfois une machine à laver (payante). Bien sûr, la carte traditionnelle de la FUAJ est valable (voir • *reaj.com* •, le site des AJ espagnoles). À 2, cela ne revient pas moins cher qu'une petite pension, autant le savoir.

Les campings

– ***Le camping sauvage est formellement interdit.*** Si vous désirez camper sur une propriété privée, demandez l'autorisation au propriétaire avant (c'est la moindre des politesses), tâchez de ne pas rester longtemps (1 nuit) et – évidemment – remballez vos détritus ! Et comme partout en Espagne, camper sur les plages est interdit.
– ***Les campings officiels : il y en a très peu,*** ils sont souvent assez mal situés et pas toujours engageants, même s'ils sont en général correctement équipés (restaurant ou cafétéria, petite épicerie, piscine, voire discothèque). De nombreux habitués y ont leur caravane ou mobile home à demeure, et y passent tout ou partie de leurs vacances et week-ends. Du coup, l'espace pour les tentes et les voyageurs de passage est souvent réduit (surtout en bord de mer) et pas très bien situé sur le terrain.
– ***Les aires de camping :*** moins équipées et plus « sauvages » que les campings classiques, ces quelques aires ont été aménagées en pleine nature par les municipalités, souvent à proximité de chemins de randonnée, en particulier sur La Palma et Gran Canaria. Bon marché, destinées principalement au bivouac des marcheurs, elles sont dotées d'un confort minimum : sanitaires avec eau chaude (parfois froide), électricité dans certains cas, espace barbecue, et parfois quelques cabanes en bois de 4 à 6 personnes, vraiment rustiques (sanitaires à l'extérieur, comme tout le monde !), pour les jours de pluie. Ici, en général, pas l'ombre d'un camping-car ou d'un mobile home !
– ***Tarifs des campings :*** ils doivent (théoriquement) être affichés en évidence à l'entrée. Ils sont habituellement calculés en additionnant tente + voiture + adulte + enfant, mais peuvent aussi être établis sur la base de la parcelle (comprenant une tente et une voiture), à laquelle on ajoute le nombre d'occupants. Dans ce guide, nous vous indiquons les tarifs sur la base d'une tente de petite taille, une

voiture et 2 adultes. Ils sont en moyenne aussi chers, voire plus chers, qu'en France, exception faite des structures gérées par les collectivités (exemple à La Palma, compter 7-10 €/nuit pour 2 pers, 1 tente et 1 voiture).
– Pour plus d'infos : ● *guiacampingfecc.com* ●

Les *casas rurales*

Dans le reste de l'Espagne, elles s'apparentent à un genre hybride entre chambres d'hôtes et gîtes ruraux. Aux Canaries, elles relèvent plus souvent du gîte (maison à louer en entier), comme à La Palma, El Hierro et Lanzarote, même si à La Gomera et Fuerteventura certaines sont plus proches de la chambre d'hôtes. La grande majorité des *casas rurales* est située en milieu rural (ou, à défaut, dans des villages, dans des bâtisses anciennes, où elles prennent le nom de *casas emblemáticas*). Ces *casas rurales* ont pour la plupart été restaurées mais très souvent elles ont conservé leur caractère ancien même en y adjoignant le confort moderne.
Elles disposent généralement d'un salon avec TV, ouvrant souvent sur la cuisine, de 1 ou 2 chambres, d'une salle de bains, d'un coin BBQ dans le jardin... Le haut de gamme correspond à des maisons rurales cossues ou des demeures de maître, parfois équipées d'une piscine.
Le ***phénomène des casas rurales*** a connu un essor important sur les îles les moins touristiques, comme La Gomera, La Palma ou El Hierro, où la modestie du parc hôtelier leur a permis de se développer. À Lanzarote, elles sont même la seule alternative à la grosse hôtellerie balnéaire. On peut toutefois rarement y arriver au dernier moment. Non seulement elles sont la plupart du temps ***isolées en pleine campagne,*** et ***difficiles à trouver*** sans indications précises, mais encore les propriétaires n'habitent-ils que rarement sur place... Il faut souvent convenir d'une heure précise pour la remise des clés et la signature de l'état des lieux. Bref, ***la réservation est absolument nécessaire*** – et plus encore en haute saison, quand tout ou presque est plein.
– ***Le tarif pour 2 personnes*** varie entre 40-50 € et 90-100 € selon la catégorie et la saison sur les îles les plus touristiques, pour 40 à 80 € sur les plus petites. Le tarif augmente en fonction du nombre d'occupants, sachant que certaines *casas rurales* peuvent accueillir jusqu'à 7-8 personnes. Elles sont très pratiques en famille ou entre copains.
– ***Un séjour minimal*** de 2 ou 3 nuits est en général exigé, sauf en cas de disponibilité de dernière minute, ou avec supplément. Ce minimum varie selon les propriétaires et la saison (parfois, 4, 5 jours, voire 1 semaine). Cela dit, en basse saison, les propriétaires sont parfois ravis de louer pour une nuit.
– ***En pratique :*** dans les *casas rurales* type gîtes, linge de lit et de bain sont fournis. En général, le ménage en fin de séjour est compris dans le prix. En revanche, si la vaisselle est bien présente dans les placards de la cuisine, on ne trouve pas forcément de fond d'épicerie courante : sel, poivre ou huile. Cela dépend de chaque propriétaire.
– Sur chaque île, une ou plusieurs associations regroupent un certain nombre de *casas rurales,* ce qui est encore la manière la plus simple de faire son choix : voir au début de chacun des chapitres qui leur sont consacrés.

Les pensions, *hostales* et hôtels

– Les ***pensions*** (*P* sur les panneaux d'affichage), ou *pensiones residencias (PR).* On trouve parfois les termes plus anciens de *hospedaje, habitación* ou *casa de huéspedes.* Il s'agit de petits établissements basiques comptant peu de chambres (une dizaine le plus souvent), équipées la plupart du temps de lits individuels. Les pensions ne proposent JAMAIS de petit déjeuner.
– Les ***hostales*** sont juste en dessous des hôtels en terme de confort et de tarifs. Les chambres y ont en général toutes une salle de bains privée, ce qui n'est pas forcément le cas des pensions. On y a moins l'impression de résider chez

quelqu'un. Ces 2 catégories conviendront aux routards peu regardants sur la déco et le confort (même s'il s'est nettement amélioré), mais exigeants sur les prix.
– Les ***hôtels,*** classés de 1 à 5 étoiles selon des normes un peu plus généreuses que chez nous, sont globalement assez standardisés et n'ont pas trop de charme – surtout en dessous de 3 étoiles. Ils sont en revanche plutôt bien équipés (ventilateur, TV partout ; sèche-cheveux dès 2-3 étoiles). Les efforts de déco sont rares, mais la propreté est presque partout garantie ! Dans les plus petits établissements, le wifi n'est souvent disponible qu'à la réception. Seuls les 4-étoiles sont tenus d'avoir l'air conditionné (mais c'est presque superflu aux Canaries, vu le climat). À noter encore, tous les hôtels de catégorie supérieure doivent proposer au moins 1 chambre adaptée aux personnes handicapées.
– Sur les grandes îles touristiques comme ***Tenerife*** ou ***Gran Canaria,*** des villes balnéaires entières ont été bâties pour le tourisme (Maspalomas, Playa del Inglés à Gran Canaria, et Los Cristianos à Tenerife). On y trouve des dizaines de grands hôtels et complexes de plus de 300 chambres. Certains sont en pension complète *(todo incluido).* Leurs tarifs sont très variables en fonction du taux d'occupation et des promos sur Internet. Dans ces secteurs, la petite hôtellerie classique est rare, pour ne pas dire inexistante... Ainsi, à *Gran Canaria,* autant trouve-t-on des hôtels traditionnels en nombre appréciable à *Las Palmas de Gran Canaria* (la capitale), autant ils disparaissent au sud vers *Maspalomas, Playa Agustín* et *Playa del Inglés.* Restent alors les petits *resorts* de 10 à 20 chambres, dont beaucoup ne louent d'ailleurs pas à moins de 3 nuits. En ce cas, réservation obligatoire !
– Dans tous les cas, en saison, ***réservez !*** À défaut, il vous faudra ***arriver tôt*** pour espérer avoir une chambre. En arrivant, demandez à voir la chambre avant – ça vous évitera de vous voir attribuer le canard boiteux de l'hôtel, tourné face à un mur ou à la route. Une simple petite phrase comme « *¿ Se podría ver una habitación ?* » suffit généralement.
– Les ***prix,*** affichés à la réception et dans les chambres, varient selon les saisons : haute saison *(temporada alta),* moyenne et basse saison *(temporada media* et *baja*). La Semaine sainte fait partie de la très haute saison (ou *temporada super alta,* ou *temporada especial*), comme la période Noël-Nouvel An. Les tarifs baissent souvent avec la durée du séjour. On vous rappelle qu'en principe, ***il faut ajouter la taxe (IGIC) de 6,5 %*** aux prix affichés. Enfin, n'oubliez pas que vous pouvez toujours tenter de négocier un peu...
– ***Les chambres :*** pour une simple, demandez une *habitación individual,* pour une double, une *habitación doble* – et si vous voulez un grand lit, précisez *cama matrimonial* (c'est parfois moins cher, car il n'y a qu'un lit à faire, pas 2 !).
– Les offices de tourisme disposent d'une liste plus ou moins exhaustive des hôtels, *hostales* et *casas rurales,* parfois avec les prix. Certains peuvent même téléphoner pour vous.
– ***Bon à savoir :*** dans les petites pensions et petits hôtels, c'est *bed* mais rarement *breakfast...* et si on vous propose le petit déjeuner, il se limite en général à 2 toasts avec un peu de confiture. Pour les établissements plus huppés, il est souvent compris et en buffet.

Les *paradores*

Ce grand réseau d'établissements hôteliers exceptionnels a été créé en 1928. Leur principale originalité réside dans le cadre qu'ils proposent : châteaux forts, manoirs, anciens palais, couvents, monastères... Certains d'entre eux sont de construction récente mais, dans ce cas-là, ils s'intègrent bien au paysage et sont toujours situés dans de beaux sites. On en trouve 1 sur Gran Canaria, 1 à Tenerife, 1 à La Gomera, 1 sur La Palma et 1 à El Hierro.
– Les ***prix*** varient selon 5 catégories et demeurent relativement élevés. Aux Canaries, les tarifs officiels affichent 125-200 € pour une chambre double avec petit déjeuner, selon la saison et le confort du *parador*.

– En général, les *paradores* pratiquent des ***promotions*** intéressantes, parfois pour le week-end. Les tarifs disponibles sur Internet *(● parador.es ●)* sont quasi systématiquement inférieurs aux tarifs « officiels », même au plus fort de l'été. Se renseigner aussi auprès d'*Iberrail France* (voir plus bas) sur les nombreuses autres réductions possibles :
– Moins 10 % sur les chambres et le petit déj pour les plus de 55 ans (les « *días dorados* », valables presque toute l'année, y compris pour l'accompagnateur plus jeune qui partage la même chambre).
– Moins 15 % pour les séjours d'au moins 2 nuits consécutives *(Especial 2 noches)* en ½ pension dans un même *parador* sur réservation uniquement – quotas limités (avec 15 % de réduc sur les repas).
– L'offre « *Escapada Joven* » à l'intention des 18-30 ans (réduc de 15 % sur les chambres et les repas hors boisson, mais sur réservation uniquement car quotas limités), etc. Tous les prix mentionnés ici sont taxes incluses.
– À défaut de dormir dans les *paradores,* on peut toujours y dîner ou y prendre un verre et profiter ainsi du cadre. Le petit déj-buffet est presque toujours excellent et gargantuesque.
– En été et le week-end, il est ***impératif de réserver.***

■ ***Iberrail France :*** *14, rue Bruno-Coquatrix, 75009 Paris. ☎ 01-42-81-27-27. ● service.paradores@iberrail.fr ● Ⓜ Opéra ou Madeleine.* Représentant officiel des *paradores* en France.
■ ***Caractère :*** *Gentsestraat, 20, 9420 Erpe-Mere,* ***Belgique.*** *☎ +32 (0) 53-63-00-77. ● info@caractere.be ● caractere.be ●* Représentant officiel des *paradores* pour la Belgique et le Luxembourg.
■ ***Hotelplan MTCH AG :*** *Sägereisstrasse, 20, CH 8152 Glattbrugg. ☎ 021-310-20-00 et 043-211-88-85. ● hotelplan.ch ●* Représentant officiel des *paradores* pour la Suisse.

> Pour nos lecteurs qui souhaitent réserver leur hébergement par courrier, nous précisons les codes postaux des établissements, soit dans le bandeau-titre de la ville concernée, lorsqu'il y a un code postal unique, soit dans le texte de l'hôtel, logiquement à la fin de l'adresse, lorsqu'il y a plusieurs « arrondissements » dans la même ville.
>
> L'abréviation « c/ », que vous retrouvez souvent dans ce guide, signifie tout simplement *calle,* c'est-à-dire « rue », et « s/n », abréviation de *sin número,* indique que la rue n'a pas de numérotation...

HORAIRES

Attention, à l'exception de certaines stations balnéaires (forcées de s'adapter aux touristes étrangers), les ***horaires des repas*** sont un peu plus tardifs que ceux pratiqués en France, mais un peu plus précoces qu'en Espagne continentale (en particulier le soir). Pour le déjeuner, de 13h à 15h30 ; pour le dîner, de 20h à 22h.
– Les ***magasins*** sont généralement ouverts du lundi au samedi de 10h à 19h, avec souvent une pause déjeuner un peu étendue (de 13h-14h à 16h-17h). Les petites pensions et les *hostales* la pratiquent aussi volontiers. Évitez d'ailleurs de faire votre shopping ou de téléphoner à cette heure-là... En revanche, les appels tardifs en soirée ne posent pas de problème.
– En haute saison, dans les stations balnéaires, certains commerces ne ferment pas leurs portes avant 22h-23h.
– Les ***grands magasins*** sont ouverts sans interruption à l'heure du déjeuner.
– Pour les horaires des ***banques*** ou des ***musées,*** voir les rubriques concernées.

LANGUE

En espagnol, le « ñ » se prononce « gne » et le « v » se prononce plus « b » que « v » : *España* se dit « Espagna », *cerveza* se dit « cerbessa », *Sevilla,* « Sebilla », *Valencia,* « Balencia », etc. Attention cependant, tout excès nuit. Essayez quand même de pondérer entre le « v » et le « b ».
Pour vous aider à communiquer, n'oubliez pas notre *Guide de conversation du Routard en espagnol.*

PARLER LE FRANÇAIS COMME UNE VACHE ESPAGNOLE

C'est vrai que les vaches, surtout espagnoles, parlent mal le français. Cette expression datant du XVIIe s vient en fait d'une altération du mot « basque ». Avec leur accent si particulier, on comprend mieux l'expression !

Vocabulaire usuel

oui/non	*sí/no*

Politesse

bonjour	*buenos días* (matin) *buenas tardes* (à partir de 12h)
merci/merci beaucoup	*gracias/muchas gracias*
s'il vous plaît	*por favor*
excusez-moi	*perdóneme, disculpe*
bonsoir/bonne nuit	*buenas noches*
au revoir/à bientôt	*adiós/hasta luego*

Expressions courantes

parlez-vous français ?	¿ habla francés ?
comment vous appelez-vous ?	*¿ cómo se llama ?*
je ne comprends pas	*no entiendo*
je ne sais pas	*no sé*
comment dit-on en espagnol ?	*¿ cómo se dice en castellano ?*
demain	*mañana*
ce matin	*esta mañana*
ce soir	*esta noche*
OK, c'est bon, d'accord	*vale*

Vie pratique

ville	*ciudad*
centre	*centro*
bureau de poste	*correos*
office de tourisme	*oficina de turismo*
banque	*banco*

Transports

gare routière	*estación de guaguas*
billet	*billete*
à quelle heure le bus arrive-t-il... / part-il ?	*¿ a qué hora llega (sale) el guagua... ?*
où faut-il changer de bus ?	*¿ dónde hay que cambiar de guagua ?*

Argent

payer	*pagar*
prix	*precio*
combien ça coûte ?	*¿ cuánto vale ?*
guichet automatique	*cajero automático, bancomat*
carte de paiement	*tarjeta de crédito*
pas cher, bon marché	*barato*
cher	*caro*

À l'hôtel et au restaurant

hôtel	*hotel*
auberge	*albergue*
pension	*hostal, fonda, pensión*
chambre	*habitación*
chambre double	*habitación doble/de dos camas*
pourriez-vous me la montrer (la chambre) ?	*¿ me la puede enseñar, por favor (la habitación) ?*
service compris	*servicio incluido*
petit déjeuner	*desayuno*
déjeuner	*almuerzo*
dîner	*cena*
repas	*comida*
je voudrais la note, SVP	*(quisiera) la cuenta, por favor*

Quelques abréviations courantes

calle	*c/* (rue)
avenida	*avda* (avenue)
carretera	*ctra* (route, chemin)
travesía	*trav.* (passage)
plaza	*pl.* (place)

Le temps

jour	*día*
semaine	*semana*
lundi	*lunes*
mardi	*martes*
mercredi	*miércoles*
jeudi	*jueves*
vendredi	*viernes*
samedi	*sábado*
dimanche	*domingo*
matin	*mañana*
midi	*mediodía*
après-midi	*tarde*
soir	*noche*
minuit	*medianoche*
heure	*hora*

Chiffres

1	*uno, una*	6	*seis*
2	*dos*	7	*siete*
3	*tres*	8	*ocho*
4	*cuatro*	9	*nueve*
5	*cinco*	10	*diez*

11	*once*	19	*diecinueve*
12	*doce*	20	*veinte*
13	*trece*	50	*cincuenta*
14	*catorce*	100	*ciento, cien*
15	*quince*	200	*doscientos*
16	*dieciseis*	500	*quinientos*
17	*diecisiete*	1 000	*mil*
18	*diecisocho*		

Quelques mots canariens

L'espagnol des Canaries recèle quelques spécificités. Pour vous mettre dans le bain, voici quelques expressions que vous rencontrerez souvent : *guagua* (prononcer « whawha »), c'est le bus local ; *lucha canaria*, il s'agit de la lutte traditionnelle canarienne ; *el silbo* est le langage sifflé de La Gomera ; quant au *mojo picón*, c'est la sauce piquante que l'on vous sert dès que vous vous asseyez à une table de resto. Existe en rouge (pimentée) ou en vert (à base de coriandre). On vous laisse découvrir les autres particularités linguistiques...

LIVRES DE ROUTE

– ***L'Année de la sécheresse*** (1997), de Víctor Álamo de la Rosa (Grasset, 2004). Né à Tenerife en 1969, l'auteur a passé son enfance à El Hierro. Renommée l'île Mineure, c'est elle qui sert de cadre à ce roman décousu, suspendu dans une époque indéfinie que l'on devine au milieu du XXe s. Sur fond de régime fasciste, Ifigenia et Aquilino, 2 adolescents, s'enivrent de la découverte des plaisirs de la chair. Une passion dévorante sur ce rocher torturé par une sécheresse biblique, contraignant les hommes à affronter l'océan en une émigration désespérée. Dans une langue à la fois crue et lyrique, ce n'est pas d'amour que nous parle l'auteur, mais de ce que fut la condition insulaire, misérable, étriquée, sans promesses. Du même écrivain, chez le même éditeur et toujours autour d'El Hierro, ***L'Île aux Lézards.***

– ***Les Spirites de Telde*** (2011), de Luis León Barreto, traduit par Marie-Claire Durand et Jean-Marie Florès (L'Harmattan). Gran Canaria sert de cadre à ce roman basé sur un fait divers réel, l'assassinat, en 1930, d'une jeune fille par sa famille au cours d'une séance de spiritisme. C'est tout l'itinéraire d'une famille d'origine flamande depuis le XVIe s, et toute l'histoire, mais surtout l'imaginaire et les légendes de l'île qui sont évoqués dans cet écrit choral, mené comme un roman policier. Réalité et magie sont au rendez-vous.

– ***Mon héritage, Alma mon amour*** (2011), de Sabas Martín, traduit par Marie-Claire Durand et Jean-Marie Florès (L'Harmattan). Une évocation très personnelle, quasi une autofiction, des Canaries et de leur mémoire, dans un style lyrique et très musical.

– ***L'Amour fou*** (1937), d'André Breton (Folio Gallimard). Dans ce texte fondamental du surréalisme, Breton évoque dans le chapitre V son séjour aux Canaries en 1935 et son « amour fou » pour les paysages du Teide, qu'il découvre à l'occasion d'une exposition internationale sur le surréalisme à Santa Cruz de Tenerife. Le reste de l'ouvrage ne concerne pas les Canaries.

– ***La Découverte de l'Amérique, tome I, Journal de bord et***

LE CORSAIRE ET LE VISIONNAIRE

En juin 1498, Colomb gagna les Canaries. Il rencontra, au large de La Gomera, un corsaire français qui avait capturé 2 vaisseaux espagnols. En apercevant la flottille de Colomb, le corsaire abandonna un navire et s'enfuit en compagnie du second. Les prisonniers espagnols du bandit reprirent courage et s'emparèrent des Français qui les gardaient.

autres écrits, de Christophe Colomb (La Découverte Poche/Littérature et voyage ; 2006). Eh oui, le grand Christophe Colomb est bien passé par les Canaries dans sa quête de la route des Indes occidentales ! Plus concrètement, l'Amiral de la mer Océane fit escale à La Gomera à chacun de ses 4 voyages (1492, 1493, 1498, 1502) vers le Nouveau Monde. Pourquoi ? Ravitaillement en bois, en eau, en vivres, mais aussi et surtout - expérience de marin - pour attraper les vents d'est (que l'on ne trouve pas au départ de l'Espagne) qui portent les caravelles jusqu'aux Antilles (c'est-à-dire l'Amérique !).

- ***Le Canarien ou la Conquête des îles Canaries,*** de Jean de Béthencourt, traduit par Bruno Malfante (éd. L'Écho des voyages, 2009). En 1402, le Normand Jean de Béthencourt gagne La Rochelle et navigue vers les îles Canaries pour les conquérir au nom du roi d'Espagne. Récit passionnant et détaillé d'une aventure périlleuse qui commença par Lanzarote alors appelée l'île Lancelot ! Où l'on s'aperçoit que la conquête aurait été facilitée sans les affreuses luttes internes franco-françaises. Nommé « roi des Canaries », Béthencourt, fort de sa conquête (partielle), revint chez lui (on ne sait pourquoi) et laissa la gestion des Canaries à son cousin Maciot de Béthencourt.
- Dans la série « découvreur », vous pouvez aussi jeter un œil au récit ***Voyage en Afrique noire*** (1455 et 1456), d'Alvise Ca'da Mosto (Chandeigne, 2003), un Vénitien embarqué sur la flotte portugaise, qui passa en 1455 aux Canaries et évoqua les Guanches et les luttes inter-îles dans son chapitre « Des 7 îles de Canarie et des coutumes de ses habitants ».
- ***L'Île aux Chimères*** (1962), de Norman Lewis, traduit par Jacques Papy (Phébus, 1998). Une île fictive des Canaries, Vedra, dans les années 1960, alors qu'un notable local tente de conserver son pouvoir quasi féodal sur la population... Une fiction pleine d'humour noir, et d'aucuns prétendent que l'auteur s'est en fait inspiré d'Ibiza... Allez savoir !

MUSÉES ET SITES

En raison de la COVID et de ses suites, **les horaires sont susceptibles d'être momentanément modifiés**, et la réservation devient parfois obligatoire. De même, certains services (audioguide, consigne ou café et restaurant) proposés par les musées peuvent être momentanément suspendus. Il est donc impératif de vous renseigner au préalable pour éviter toute mauvaise surprise.

Les sites majeurs sont payants *(entre 5 et 10 €).* Nombre d'entre eux proposent l'entrée gratuite à certains horaires, par exemple le dimanche ou en fin d'après-midi, quelques heures avant la fermeture. Prévoir alors un peu d'attente, mais les files avancent vite, puisqu'il n'y a pas de billet à acheter. Les musées de moindre notoriété sont bon marché *(entre 2 et 5 €),* voire parfois totalement gratuits pour les ressortissants de l'UE (se munir de son passeport ou de sa carte d'identité). Les étudiants bénéficient de réductions, à condition de présenter l'une de leurs cartes (la carte d'étudiant française suffit souvent). Certaines îles, comme Gran Canaria et Lanzarote, proposent des ***billets combinés*** *(bonos)* permettant l'accès à leurs sites et musées principaux à prix réduit. Enfin, l'entrée est aussi souvent gratuite pour les moins de 12 ans.
- ***IMPORTANT :*** pour les horaires, les indications sont parfois contradictoires : il y a les horaires communiqués par l'office de tourisme, les horaires indiqués sur les sites eux-mêmes, les prospectus... et la réalité. Nous vous indiquons ceux effectivement relevés à un moment donné, mais les variations sont fréquentes d'une saison à l'autre et d'un interlocuteur à l'autre. À vérifier sur place, donc, et comme nous, vous risquez de vous casser le nez de temps à autre. De plus, durant les jours fériés (les fêtes de fin d'année et la Semaine sainte en particulier), les horaires sont restreints et encore plus incertains (les vérifier à l'office de tourisme s'avère alors indispensable !).

PLAGES

Les Canaries possèdent de ***très nombreuses plages,*** dont certaines fort belles. Pour autant, chaque île est très différente. Grandes étendues sauvages de sable noir, plages de galets torturés par les vagues, criques blondes ou anthracites, enclaves protégées, plages artificielles créées de toutes pièces avec du sable importé du Sahara...

– ***Conseils :*** attention aux plages exposées aux courants et au vent. Houle et rouleaux peuvent s'y avérer très ***dangereux !*** Ne jamais se baigner sans vérifier la couleur du drapeau. Et quand il n'y a pas de drapeau, abstenez-vous. Sinon, ne vous baignez qu'aux endroits où il y a d'autres personnes dans l'eau et demandez conseil aux gens du cru. Île par île, voici un petit état des lieux.

– ***Gran Canaria :*** les plages les plus touristiques se situent au sud-ouest, entre *Playa del Inglés* et *Puerto de Mogán* (c'est là qu'on trouve, bien sûr, les plus grosses concentrations d'hôtels). Celle de *Playa del Inglés* et de *Maspalomas,* avec sa mer de dunes, est immense ; mais certaines d'entre elles comme *Puerto Rico* se retrouvent vite saturées. Beaucoup moins fréquentées, plus sauvages, plus intimes (demandant parfois une longue marche à pied), celles s'égrenant sur la côte ouest de *La Aldea de San Nicolás* à *playa de Tasarte...* La *playa de Guï-Guï* est une des plus isolées de cette côte. Sur la côte sud-est, les plages ne possèdent pas un charme fou, mais certaines sont appréciées par les véliplanchistes et *kitesurfeurs,* comme *Pozo Izquierdo* (lieu du Mondial de *windsurf* !). La *playa de las Canteras,* bordant Las Palmas de Gran Canaria, présente 3 km de sable blond au cœur même de la ville...

– ***Fuerteventura*** aligne incontestablement les plages les plus sauvages et parmi les plus belles des Canaries. C'est vrai de la *playa de Cofete,* sauvage à couper le souffle (mais qui peut s'avérer dangereuse !). La plus longue, une des plus séduisantes, la *playa de Sotavento,* s'étend de *Costa Calma* à *Morro Jable* et présente de nombreuses portions sans urbanisation. Sauvage également, et d'un sable blanc divin, la plage de 10 km longeant les fameuses *dunes de Corralejo,* au nord de l'île, classées parc naturel. Et sur la côte ouest, quelques pépites, des petites plages de sable gris ou noir, relativement peu fréquentées comme celles d'*Ajuy* ou *playa de los Molinos* et, surtout, les criques de carte postale s'étalant au nord d'*El Cotillo...*

– ***Lanzarote*** est réputée pour les ***longues plages de sable blanc*** ourlant sur des kilomètres les 3 principales stations balnéaires (*Playa Blanca, Puerto del Carmen* et *Costa Teguise*). C'est l'empire du parasol commercial ! Cependant, quelques plages échappent à la dictature de la chaise longue comme celle de *Papagayo* à Playa Blanca, au cœur d'un environnement sauvage. Les amoureux de solitude se réfugieront dans les criques rocheuses de la côte est, ou au sud d'Órzola. Mieux, ils iront découvrir les adorables plages de l'*île de La Graciosa...* Quant aux surfeurs et *kitesurfeurs,* ils se retrouvent à *Caleta de Famara* où Éole leur est particulièrement favorable !

– ***Tenerife :*** la plus grande concentration des plages se situe dans le sud de l'île. Certaines sont naturelles, d'autres sont en fait artificielles, à savoir qu'elles ont été redessinées, réensablées et protégées par des digues composées de gros blocs de lave pour casser les vagues. Avantage : elles sont paisibles et accessibles à la baignade à l'année, même par vent fort. Inconvénient : il y a souvent un monde fou, environnement pas très naturel.

On a un faible pour celle de *Las Teresitas,* au nord de Santa Cruz (sable blond venu du Sahara), populaire et sympathique, surtout fréquentée par les locaux. Les plages de *Los Cristianos* et de *Las Américas* sont vastes, agréables mais vraiment bondées. Les petites plages de la côte ouest, aux alentours de Puerto de Santiago sont également agréables, notamment la *playa de la Arena,* au sud de la ville.

– ***La Gomera :*** ça va aller vite. ***Très peu de plages*** en fait, celles qui existent sont toutes de ***sable noir.*** On trouve les plus intéressantes dans le secteur de Valle

Gran Rey. Certaines aux eaux paisibles, idéales pour les familles, et d'autres bien plus sauvages, comme à *Playa del Inglés.*
– ***La Palma :*** toutes les plages de La Palma sont noires... non de monde, mais parce que le sable ou les galets sont uniquement d'origine volcanique. Les principales stations balnéaires, *Los Cancajos,* la plage urbaine de *Santa Cruz de La Palma* et la *playa de Bajamar* à proximité de Santa Cruz sur la côte est, *Puerto Naos* et *Puerto de Tazacorte* sur la côte ouest, ont été légèrement redessinées, de sorte que l'on peut s'y baigner toute l'année. C'est l'été qu'elles atteignent leur pic de fréquentation. Le mieux est alors de se rabattre sur les nombreuses petites criques et les charmantes piscines naturelles plus ou moins aménagées dans les rochers littoraux. Au sud-ouest : *playas La Zamora, Nueva* et *el Charco Verde. Playa de la Veta* (à atteindre en bateau) à Tijarafe au nord de Tazacorte. Au nord-est : les adorables piscines de *Charco Azul* à Puntallana et de *La Fajana* à Barlovento, ainsi que la petite plage de *Puerto Espíndola.* La *playa Nogales* est superbement sauvage, mais la baignade y est dangereuse.
– ***El Hierro :*** les inconditionnels du sable fin resteront sur leur faim. La plus petite île de l'archipel ne compte que 3 plages, assez étroites qui plus est. 2 sont situées sur la côte est : à *Timijiraque* (sable noir) et au lieu-dit *Las Playas* (galets). La 3e, vraiment minuscule, se niche dans le petit port de pêche de La Restinga, à la pointe sud (sable noir). En revanche, le littoral est grignoté d'un chapelet de « piscines naturelles », charmantes criques de basalte aménagées de bassins que l'océan se charge de remplir. Les plus belles, à notre avis sont le *Charco Azul* et *La Maceta* à El Golfo, et le *Charco Manso* au nord. Sur place, on trouve en général des tables ombragées, des emplacements pour barbecue et de l'eau potable.

POSTE

Les timbres *(sellos)* peuvent s'acheter dans les bureaux de poste *(correos),* ouverts en général du lundi au vendredi de 8h30 à 20h-20h30 (seulement jusqu'à 14h30 dans les petites villes) et le samedi de 9h30 à 13h-14h. On en trouve aussi dans les bureaux de tabac *(estancos),* reconnaissables à leur panonceau marron et jaune constitué d'un « T » stylisé. Tarif vers l'Europe : 1,45 € (jusqu'à 20 g). La poste restante se dit *apartado de correos.* Infos sur les tarifs et services postaux : • *correos.es* •
Les services postaux ne sont pas très rapides : il arrive qu'une carte postale mette plusieurs semaines avant d'arriver...
Attention à ne pas confondre les boîtes aux lettres de l'opérateur national *Correos,* jaunes, avec celles – rouges – d'un des 2 autres opérateurs présent sur l'archipel, *Swiss Post* ou *ByPost* (beaucoup plus longs dans l'acheminement des courriers). C'est également valable pour les timbres, qui évidemment ne sont pas interchangeables ! Et lorsqu'on achète des timbres dans un magasin (en même temps que ses cartes postales, par exemple) et non à la poste, il y a 99 % de chance pour que ce soit des timbres *Swiss Post* ou *ByPost.*

SANTÉ

Pour un séjour temporaire en Espagne, pensez à vous procurer la carte européenne d'assurance maladie. Il vous suffit d'appeler votre centre de Sécurité sociale (ou de vous connecter à son site internet, encore plus rapide !) qui vous l'enverra sous une quinzaine de jours. Cette carte fonctionne avec tous les pays membres de l'Union européenne et même ceux de l'Espace économique européen. C'est une carte plastifiée bleue du même format que la carte Vitale. Valable 2 ans, elle est gratuite et personnelle : chaque membre de la famille doit avoir la sienne, y compris les enfants. *Attention,* elle n'est pas valable pour les soins délivrés dans les établissements privés.

SPORTS

Selon les îles, on peut pratiquer des sports très variés. Mer et montagne, tout tourne autour de ces 2 éléments.

– ***Baignade :*** c'est autant un loisir qu'un sport. On trouve des plages accessibles à la baignade sur chaque île (voir ci-avant « Plages »). Mais entre les longues plages sauvages de Lanzarote, les plages protégées de Tenerife, les piscines naturelles d'El Hierro et les criques de La Palma, ce n'est évidemment pas le même type de baignade. Les Canaries n'étant pas protégées par une barrière de corail, certaines plages exposées à l'ouest peuvent être dangereuses et les rouleaux violents. Bien vérifier la couleur du drapeau avant de se mettre à l'eau. S'il n'y a pas de drapeau, la plus grande prudence est de rigueur !

– ***Randonnée :*** les îles possèdent un ***réseau d'excellents sentiers de randonnée,*** très bien entretenus et parfaitement marqués. Les randonnées sont de difficulté et durée variables ; certaines accessibles à tous. Pour bien choisir la rando la plus adaptée à vos désirs et à vos capacités, rendez-vous dans les offices de tourisme ou les *centros de visitantes y interpretación* dans les parcs ruraux, naturels ou nationaux. Ils délivrent d'excellents conseils ainsi que des cartes complètes et actualisées. Dans chaque île, nous donnons les meilleures balades à faire, accompagnées d'un bref descriptif. ***Mais attention, ces descriptifs sont juste destinés à vous permettre de choisir votre rando, et ne remplacent en aucun cas un topoguide !***

Voir aussi • *fedme.es* • *misendafedme.es* •, le site officiel de la Fédération espagnole des sports de montagne et d'escalade, avec liens vers les fédérations régionales : infos de référence sur les GR, les refuges, etc., pour organiser ses randonnées. Le site de la Federación Canaria de Montañismo (• *fecamon.es* •) est plus technique.

Sur certaines îles, des petites agences locales proposent aussi des descentes sportives de sentiers à VTT ; et l'île de La Palma a même aménagé 7 pistes dédiées.

– ***Plongée sous-marine :*** chaque île possède quelques clubs de plongée. Les fonds sous-marins de cette partie de l'océan Atlantique offrent quelques merveilleuses immersions. Les falaises volcaniques plongent à pic dans les eaux limpides où grottes, failles et canyons abritent d'incroyables faune et flore. ***L'île la plus réputée*** pour cette activité est sans conteste ***El Hierro.*** Ceux qui viennent aux Canaries pour plonger la choisiront en priorité. Au programme, eaux claires et chaudes, décor volcanique mais aussi faune et flore riches et variées. En tout, une trentaine de spots, accessibles depuis le petit port de pêche de La Restinga, et situés en partie dans la *réserve marine Mar de las Calmas*. Parmi les plongées les plus réputées, citons *El Bajón,* une gigantesque tour de roc plongeant jusqu'à 100 m sous le niveau de la mer, que certains n'hésitent pas à ranger parmi les 100 plus beaux spots au monde !

On fait également de remarquables plongées à ***La Gomera*** (à partir de San Sebastián, la capitale) et à ***Tenerife*** (notamment dans le nord-ouest de l'île, au départ du port de Los Gigantes). ***Gran Canaria*** propose des points d'immersion très proches du rivage comme *risco Verde, Taliarte, Sardina* et *Las Merinas* (observation des anémones géantes et petits coraux). Pour les plus expérimentés, les célèbres sites d'*El Cabrón* (rochers peuplés de mérous et murènes) et *Caleta Baja* (gouffres où l'on croise anges de mer et raies mantas)...

À ***Lanzarote,*** c'est autour de Puerto del Carmen qu'on recense le plus de spots, mais c'est à l'*île de La Graciosa,* aux eaux parmi les plus poissonneuses de l'Atlantique, qu'on trouve les plus beaux – étant situés dans une réserve marine (se procurer un permis). Ses eaux possèdent en effet le rare privilège de voir se côtoyer espèces locales et méditerranéennes, et même certaines venues des Caraïbes. Pour les pros, la *Burrera* est considérée comme l'un des plus beaux spots des Canaries : grosses roches, colonnes, arches, crevasses, paysages labyrinthiques où se réfugie une riche faune.

Á ***Fuerteventura,*** la petite *île de Lobos* (accessible depuis Corralejo), aligne pas moins de 20 spots de plongée, pour les débutants et les cracks. La péninsule de Jandía, au sud, ainsi que la côte de Costa Calma sont également riches en sites de tous niveaux.
À ***La Palma,*** aux eaux légèrement moins poissonneuses, c'est surtout autour de Los Cancajos, et plus au sud, du côté de Fuencaliente, à Malpique, Punta Larga et Vuelta del Toro que l'on plonge.
– ***Planche à voile et kitesurf :*** certaines îles sont plus adaptées que d'autres à ces sports. À ***Tenerife,*** c'est dans la petite station balnéaire d'*El Médano* que l'on se donne rendez-vous. Voilà le meilleur spot de l'île, aussi bien pour la planche que pour le *kitesurf.* El Hierro, La Gomera et La Palma n'ont pas de spots propices. À ***Gran Canaria,*** c'est sur la plage de *Pozo Izquierdo* (sur la côte sud-est) que se réunissent les spécialistes de planche à voile. Il s'y déroule de grandes compétitions internationales (comme le Mondial). À ***Fuerteventura,*** gros succès de la péninsule de Jandía, notamment la *playa de Sotavento* pour la planche à voile et le *kitesurf* (nombreux championnats internationaux). À ***Lanzarote,*** c'est la plage de la *Caleta de Famara* qui est plébiscitée pour le *kitesurf,* dans un environnement sauvage à souhait. On pratique aussi la planche à voile (on vous a d'ailleurs dégoté un club francophone) à Costa Teguise et du côté du Jameo del Agua (y compris des compétitions internationales).
– ***Surf :*** à ***Tenerife,*** à Puerto de la Cruz, la *playa Martiánez* est parfaite pour apprendre. L'environnement n'est pas folichon, mais une digue de pierres casse la vague pour la rendre plus docile. À environ 5 km à l'ouest, la *playa del Socorro* au sable noir permet aux bons surfeurs de prendre bien du plaisir. Signalons la *playa San Roque,* un autre bon spot, situé sur la commune de ***Taganana,*** à la pointe nord-est de l'île. Pas facile à rallier (route sinueuse) mais très prisé par les surfeurs et les écoles de surf. À ***Lanzarote,*** on pratique aussi le surf sur la *plage de la Caleta de Famara*, ainsi qu'à *La Santa* (niveau élevé). À ***Fuerteventura,*** les rouleaux les plus recherchés sont ceux de la côte ouest, vers *La Pared* et *El Cotillo.* À ***Gran Canaria,*** c'est toute la côte nord, entre Las Palmas et Gáldar, où certaines vagues peuvent atteindre 5 m !
– ***Parapente :*** à ***El Hierro,*** on s'élance en vol accompagné au-dessus de l'amphithéâtre naturel d'El Golfo. Cette activité se pratique aussi à ***La Palma*** sur la côte ouest, avec atterrissage sur la plage de Puerto Naos (praticable toute l'année, mais la meilleure saison court de septembre à mai). À ***Lanzarote,*** on décolle du massif de Famara pour survoler l'archipel de Chinijo.

TABAC

En Espagne, il est strictement interdit de fumer ou de vapoter dans les lieux publics (cafés, restaurants et discothèques inclus) et sur les lieux de travail. Cette interdiction s'applique à toutes les administrations publiques et entreprises privées, aux gares, aéroports, stations de métro, mais aussi aux espaces extérieurs faisant face aux écoles et aux hôpitaux. Petite exception à cette loi rigoureuse : les hôtels peuvent conserver 30 % de leurs chambres pour les fumeurs. La seule possibilité pour les bars d'accueillir des fumeurs est d'aménager des espaces spécifiques, non couverts, bien ventilés et interdits aux mineurs.

LE TABAC TUE MAIS LA BÊTISE AUSSI !

Rodrigo de Jerez, compagnon de Christophe Colomb, fut condamné à 10 ans de prison par l'Inquisition espagnole pour satanisme... En effet, il fumait, et l'on pensait que seul le diable pouvait cracher de la fumée par la bouche.

- La Palma produit un tabac haut de gamme sur la côte orientale et fabrique ses propres cigares - une tradition développée à la fin du XIXe s lorsque certains émigrants rentrèrent de Cuba.

TÉLÉPHONE ET INTERNET

Appels internationaux

- ***Îles Canaries → Europe :*** après l'indicatif, on ne compose jamais le 0 qui précède le numéro (lignes fixes comme portables).

➢ ***Îles Canaries → France :*** 00 + 33 + numéro de votre correspondant à 9 chiffres.

➢ ***Îles Canaries → Belgique :*** 00 + 32 + numéro de votre correspondant à 8 chiffres.

➢ ***Îles Canaries → Suisse :*** 00 + 41 + numéro de votre correspondant à 8 ou 9 chiffres.

- ***Europe → îles Canaries :*** 00 + 34 + numéro de votre correspondant à 9 chiffres.
- De France, ***renseignements internationaux pour l'Espagne et les îles Canaries*** au ☎ *32-12.*
- D'Espagne, ***renseignements nationaux*** au ☎ *118-18* et ***renseignements internationaux*** au ☎ *118-25.*

Appels intérieurs

Pour les ***appels locaux*** (par exemple, de Las Palmas à Las Palmas) comme ***nationaux*** (par exemple, de Las Palmas à Madrid), on compose le numéro complet à 9 chiffres. À noter que les numéros de téléphone portable, en Espagne, commencent en général par « 6 ».

Le téléphone portable en voyage

Un voyageur européen, titulaire d'un forfait dans son pays d'origine, peut utiliser son téléphone mobile ***au tarif national*** dans les 27 pays de l'Union européenne, sans craindre de voir flamber sa facture. Des plafonds sont néanmoins fixés par les opérateurs pour éviter les excès... Cet accord avantageux signé entre l'UE et ses opérateurs télécoms concerne aussi la consommation de ***données internet 3G ou 4G,*** dont le volume utilisable sans surcoût dépend du prix du forfait national (se renseigner). Par ailleurs, si le voyageur réside plusieurs mois en dehors de son pays, des frais peuvent lui être prélevés...
Donc en Espagne, plus besoin d'acheter une carte SIM locale pour diminuer ses frais.

La connexion internet en voyage

Aux Canaries, la plupart des hôtels, restos, bars, et mêmes certains espaces publics disposent du ***wifi gratuit.*** Du coup, nous vous signalons les hôtels qui y font exception et ne proposent pas ce service. Mieux que la connexion 3G et 4G qui peut entraîner des frais en usage intensif, le wifi permet aussi de profiter d'un débit parfois supérieur.
Une fois connecté au wifi, vous avez accès à tous les services de la ***téléphonie par Internet. WhatsApp, Messenger*** (la messagerie de *Facebook*), ***Viber, Skype*** permettent d'appeler, d'envoyer des messages, des photos et des vidéos aux 4 coins de la planète, sans frais. Il suffit de télécharger - gratuitement - l'une de ces applis sur son smartphone. Elle détecte automatiquement dans votre liste de contacts ceux qui utilisent la même appli.

Urgence : en cas de perte ou de vol de votre téléphone portable

Suspendre aussitôt sa ligne permet d'éviter de douloureuses surprises au retour du voyage ! Voici les numéros des 4 opérateurs français, accessibles depuis la France et l'étranger :

- **Orange :** *depuis la France ☎ 0800-100-740 ; depuis l'étranger ☎ +33-969-39-39-00.*
- **Free :** *depuis la France ☎ 3244 ; depuis l'étranger ☎ + 33-1-78-56-95-60.*
- **SFR :** *depuis la France ☎ 1023 ; depuis l'étranger 📱 + 33-6-1000-1023.*
- **Bouygues Télécom :** *depuis la France comme depuis l'étranger ☎ +33-800-29-1000 (service et appel gratuit).*

Vous pouvez aussi demander la suspension de votre ligne depuis le site internet de votre opérateur.
Avant de partir, notez (ailleurs que dans votre téléphone portable !) votre numéro IMEI, utile pour bloquer à distance l'accès à votre téléphone en cas de perte ou de vol. Comment avoir ce numéro ? Il suffit de taper sur votre clavier *#06#.

TRANSPORTS INTÉRIEURS

Nous développons dans chaque île une rubrique transports. Pour les liaisons inter-îles, voir ci-avant la rubrique « Les liaisons inter-îles ». Voici en outre quelques infos générales, valables dans tout l'archipel.

L'état des routes

Excellent ! Incroyable de voir la ***qualité des routes*** aux Canaries, aussi bien sur la très touristique Tenerife que sur la toute petite El Hierro. Paradoxalement, les autorités auraient même tendance à en faire trop : le doublement des routes de 2 à 4 voies, le grand nombre de ronds-points et d'échangeurs n'apparaissent pas toujours indispensables (et parfois peu compatibles avec l'harmonie des paysages)... La signalisation est plutôt bonne dans l'ensemble... Précisons enfin que certaines petites routes, sur les îles les plus accidentées, peuvent se révéler vertigineuses – d'autant plus qu'elles ne possèdent souvent pas de rambarde de sécurité !

Le bus *(guagua)*

Chaque île dispose d'un réseau de bus ***complet, efficace et de bonne qualité.*** Il dessert la plupart des villages, souvent même les plus reculés. Seul problème dans certaines îles : les fréquences. Il n'y a parfois que 2 ou 3 bus par jour pour une destination donnée, surtout le week-end. Sur El Hierro, par exemple, les fréquences sont très faibles quelle que soit la destination, et le réseau ne couvre pas tout le territoire (notamment les piscines naturelles et la pointe ouest).
À La Gomera, les bus sont destinés essentiellement à permettre aux îliens de se rendre au travail, donc fonctionnent tôt le matin et en fin d'après-midi, mais peu en journée. Pour les plus grandes îles (notamment à Tenerife), une carte de bus existe, assez pratique. La liste des lignes et les horaires sont disponibles sur les sites internet des compagnies : • *guaguasglobal.com* • à Gran Canaria, • *arrecifebus.com* • à Lanzarote, • *tiadhe.com* • à Fuerteventura, • *tilp.es* • à La Palma, • *titsa.com* • à Tenerife, • *guaguagomera.com* • à La Gomera et • *transhierro.com* • à El Hierro. Les offices de tourisme distribuent et affichent généralement un plan des lignes avec leurs horaires.

La voiture

- Pour la plupart, les ***stations-service*** acceptent les cartes de paiement traditionnelles.
- La ***limitation de vitesse*** sur autoroute est de 120 km/h ; de 100 km/h sur les 4-voies et de 90 km/h sur les routes principales.
- Attention, les ***stops*** ne sont pas toujours matérialisés par une bande blanche au sol.
- Le taux d'alcoolémie maximum autorisé est de 0,5 g/l de sang (0,3 g/l pour les conducteurs possédant le permis depuis moins de 2 ans).
- Il est interdit de téléphoner au volant, même avec un kit mains libres.
- Le port de la ceinture de sécurité est obligatoire pour les passagers, à l'avant comme à l'arrière.
- ***Attention :*** comme en France, sont obligatoires dans tous les véhicules (y compris étrangers) circulant en Espagne 1 gilet fluorescent (à conserver DANS l'habitacle, à portée de main, et non dans le coffre), ainsi que 2 triangles de signalisation. Le gilet devra être utilisé par tout automobiliste amené à quitter son véhicule sur le bord d'une route, sous peine d'une amende de 90 €. Ce type de gilet est en vente dans la plupart des stations-service des îles.

Location de voitures

Tous les grands loueurs internationaux sont présents dans toutes les villes, mais il existe également de très bons petits loueurs locaux que l'on indique dans chaque île. Louer une voiture est assez bon marché aux Canaries. On trouve une petite voiture pour 30 à 40 € par jour, mais dès qu'on loue pour 3 jours, et à plus forte raison pour 1 semaine, le tarif journalier chute fortement. Pour la location d'un véhicule de 1re catégorie (style Fiat Panda) compter en moyenne 160 €/semaine. Et ça devient vraiment intéressant !

■ ***BSP Auto :*** *☎ 01-43-46-20-74 (tlj 9h-21h30, w-e 20h). • bsp-auto.com • Remise spéciale de 5 % aux lecteurs de ce guide avec le code « ROUTARD21 ».* Les prix proposés sont attractifs et comprennent le kilométrage illimité et les assurances. *BSP Auto* propose exclusivement les grandes compagnies de location sur place, assurant un très bon niveau de service. Le plus : vous ne payez votre location que 5 jours avant le départ.

Et aussi :

■ ***Hertz :*** *• hertz.com • ☎ 0825-861-861 (0,18 €/mn + prix d'appel). Lun-sam 8h-23h.*

■ ***Europcar :*** *• europcar.fr • ☎ 0825-358-358 (0,18 €/mn + prix d'appel). Tlj 7h-22h.*

■ ***Avis :*** *• avis.fr • ☎ 0821-230-760 (0,15 €/mn + prix d'appel).*

■ ***Cicar :*** *• cicar.com • ☎ 928-822-900 (en Espagne).* Le grand loueur canarien de voitures.

Le taxi

Le taxi se révèle bon marché dans les îles – notamment dans les grandes villes comme *Las Palmas de Gran Canaria* ou *Arrecife* (Lanzarote), où une course moyenne ne dépasse pas 3-4 €. De même, les liaisons aéroport et les petites courses inter-villes restent abordables (par exemple, port de Playa Blanca-aéroport d'Arrecife, compter 45-55 € pour 40 km, et jusqu'à 75 € pour rallier l'aéroport de Tenerife nord à celui de Tenerife sud). Sur El Hierro, le taxi

UN TAXI POUR LES ÉTOILES

Un chauffeur de taxi de La Palma nous a affirmé que le ciel nocturne canarien est si clair qu'il a vu un satellite passer dans la voûte céleste ! Aucun satellite ne circule à moins de 200 km de la terre. Comme quoi on peut avoir les mains au volant et la tête dans les étoiles !

pourra combler la faiblesse du réseau de bus, notamment pour revenir à son point de départ après une randonnée. Vu les courtes distances, une course n'excédera qu'exceptionnellement les 10-15 €. Enfin, sur La Palma, un service de taxi permet de revenir de randonnée, ou d'en atteindre le point de départ : à chaque fois, un panonceau avec le numéro de téléphone à contacter est placé bien en vue : pratique et d'un coût raisonnable !

URGENCES

Numéros utiles

☎ **112 :** c'est le numéro d'urgence commun à la France et à tous les pays de l'UE, à composer en cas d'accident, agression ou détresse. Il permet de se faire localiser et aider en français, tout en améliorant les délais d'intervention des services de secours.

Les îles Canaries dépendent directement du consulat général de France à Madrid, cependant la France dispose aussi d'agences consulaires à Santa Cruz de Tenerife et Las Palmas de Gran Canaria.

■ ***Consulat général de France de Madrid :*** *c/ Marqués de la Ensenada, 10. ☎ 917-00-78-00. • consulfrance-madrid.org •* Hors des horaires d'ouverture, et en cas de situation d'extrême urgence, le répondeur téléphonique du consulat communique un numéro de portable à contacter.

■ ***Agence consulaire française de Santa Cruz de Tenerife :*** *M. Bernard J. Lonis, c/ Cruz Verde, 24. ☎ 922-27-47-27. • info@agenceconsulairetenerife.fr • Lun et jeu 9h-12h.*

■ ***Agence consulaire française de Las Palmas de Gran Canaria :*** *M. Pedro Diebra, Centro de Proyectos SL, c/ Alonso Quintero, 29. ☎ 928-94-70-34. • info@agenceconsulairelaspalmas.fr • Au 2e étage. Ouv ven 9h-14h.*

Avoir un passeport européen, ça peut être utile !

L'Union européenne a organisé une assistance consulaire mutuelle pour les ressortissants de l'UE en cas de problème en voyage. Vous pouvez y faire appel lorsque la France (c'est rare) ou la Belgique (c'est plus fréquent) ne disposent pas d'une représentation dans le pays où vous vous trouvez. Concrètement, cette assistance vous permet de demander de l'aide à l'ambassade ou au consulat (pas à un consulat honoraire ou une agence consulaire) de n'importe quel État membre de l'UE. Leurs services vous indiqueront s'ils peuvent directement vous aider ou vous préciseront ce qu'il faut faire.

Leur assistance est, bien entendu, limitée aux situations d'urgence : décès, accidents ayant entraîné des blessures ou des lésions, maladie grave, rapatriement pour raison médicale, arrestation ou détention. En cas ***de perte ou de vol de votre passeport,*** ils pourront également vous procurer un ***document provisoire*** de voyage.

Cette entraide consulaire entre les États membres de l'UE ne peut vous garantir un accueil dans votre langue. En général, une langue européenne courante est pratiquée.

GRAN CANARIA

• Carte *p. 76-77*

ABC de Gran Canaria

- ***Superficie :*** 1 560 km^2.
- ***Population :*** 851 231 hab. (2019).
- ***Densité :*** 548 hab./km^2.
- ***Climat :*** doux constamment 20-25 °C (moins en montagne, bien sûr).
- ***Capitale :*** Las Palmas de Gran Canaria (378 998 hab.), cocapitale de la communauté autonome avec Santa Cruz de Tenerife. L'île est divisée en 21 municipalités.
- ***Statut politique :*** communauté autonome au sein de la province de Las Palmas.
- ***Point culminant :*** le mont Pozo de las Nieves (1 949 m).
- ***Économie :*** tourisme (80 % des revenus) et agriculture (bananes et tomates).

3e des îles Canaries en termes de superficie, Gran Canaria se distingue par sa forme ronde (d'aucuns y voient une coquille Saint-Jacques !), l'extrême diversité de ses visages qui alternent côtes déchiquetées, plaines fertiles, austères paysages volcaniques, montagnes glaciales, *barrancos* (profonds ravins), mer de dunes ou océan de bananeraies, séduisantes vieilles villes coloniales, étonnante ville moderne : *Las Palmas* (8e d'Espagne, juste derrière Bilbao !)... et, c'est inévitable, quelques stations balnéaires bétonnées (et très minoritaires) qui firent injustement tant de mal à la réputation des îles Canaries...
Enfin, culture et histoire bien présentes, notamment grâce aux riches témoignages laissés par les *Canarii* (nom des Guanches sur Gran Canaria), 1ers habitants de l'île... Vous nous avez compris, à Gran Canaria, on a rapidement abandonné nos préjugés pour déguster les surprises que réservent chaque région, chaque virage de la route, chaque caprice du climat !

UN PEU D'HISTOIRE

Les 1ers habitants vinrent juste quelques siècles av. J.-C. d'Afrique, et plus particulièrement des régions berbères d'Afrique du Nord. Organisation par tribus, avec quelques rois se partageant le territoire.
L'île s'appelle encore *Insula Canes,* « l'île où l'on élève beaucoup de chiens », largement décrite par l'écrivain et naturaliste romain Pline l'Ancien au Ier s apr. J.-C. C'est cela qui lui suggéra le nom de « Canaria » (du latin *canis*)... Les aborigènes

(environ 30 000 sur l'île), les *Canarii,* n'apprécient pas trop la visite et tout le monde rembarque... C'est le conquistador ***Jean de Béthencourt,*** découvreur de Lanzarote, qui y pose le pied en 1405 pour la 1re fois.

L'impossible conquête d'un Normand émerveillé

Dans sa chronique nommée *Le Canarien*, le Normand Jean de Béthencourt (baron de Grainville-la-Teinturière en Seine-Maritime), déjà basé à Lanzarote, écrit : « La Grande Canare a la forme d'une herse et c'est la plus renommée de toutes les autres îles... ». Béthencourt fixe la date du 6 octobre 1405 pour aller à la Grande Canare. Il y parle avec le roi Artamy et trouve un pays couvert de grands bois de pins et de sapins, de dragonniers, d'oliviers, de figuiers et de dattiers, avec des montagnes « grandes et merveilleuses ». L'île est alors peuplée d'au moins 10 000 Canarii prêts à se défendre. Ces indigènes vivent de blé, de fèves, de céréales et tout y pousse.

Selon la chronique, ils élèvent des porcs, des chèvres, des brebis et des chiens sauvages qui ressemblent à des loups... Béthencourt les décrit comme des gens beaux et bien proportionnés, leurs femmes étant très belles et habillées avec des peaux pour couvrir leur féminité...

Contre la volonté de Béthencourt, ses hommes (une cinquantaine seulement !) entament une escarmouche dans le village d'Arguineguin au sud. Les Canarii tuent 22 hommes de Béthencourt. Prudent, ce dernier quitte alors l'île de la « Grande Canare » avec 2 bateaux, emportant les survivants du combat. Il n'y reviendra plus. La conquête sera assurée, 73 ans plus tard, par le roi d'Espagne, au service duquel Béthencourt s'était engagé (il ne roulait pas du tout pour le roi de France).

1478 : la conquête par les Espagnols

Après un long temps de réflexion (1478), les souverains espagnols, ***Ferdinand d'Aragon*** et ***Isabelle de Castille dite « la Catholique »,*** sentant que le Portugal convoite également cette terre, font de la conquête de l'île leur priorité. Ils s'en donnent les moyens : avec à leur tête le conquistador *Juan Rejón,* troupes et matériel sont débarqués sur l'actuel site de Las Palmas de Gran Canaria pour affronter les 2 rois canarii qui règnent alors sur l'île : ***Tenesor Semidan*** à Gáldar au nord-ouest et ***Doramas*** à Telde à l'est. Puis on use des moyens habituels pour réduire les indigènes : division entre les tribus, villages incendiés, massacres, christianisation forcée et déportations comme esclaves...

Les guerriers canarii résistent 5 ans avant de déposer les armes en 1483. Les nouveaux maîtres de l'île entament alors une politique d'intégration forcée des Canarii, doublée d'une politique de peuplement, favorisant la venue de colons castillans avec attribution de terres et de privilèges fiscaux. Développement économique rapide avec l'introduction de la culture de la canne à sucre, puis de la vigne.

Gran Canaria : dernier port avant le voyage vers les Amériques

En 1526, création à Las Palmas de Gran Canaria de la *Real Audiencia* (Tribunal royal), début d'unification juridique et politique entre les îles. Son port prend de plus en plus d'importance, tous les bateaux s'y arrêtent, dont ceux de ***Christophe Colomb.*** Cependant, aux XVIe et XVIIe s, la population ne progresse pas du fait d'une importante émigration vers l'Amérique dont les richesses semblent supérieures à celles des Canaries. Épidémies, baisse des exportations, attaque des pirates (dont le célèbre corsaire anglais Francis Drake) font le reste. Au XVIIIe s, léger frémissement économique cependant avec l'afflux des réfugiés fuyant les terribles éruptions volcaniques qui sévissent sur Lanzarote (1730-1736).

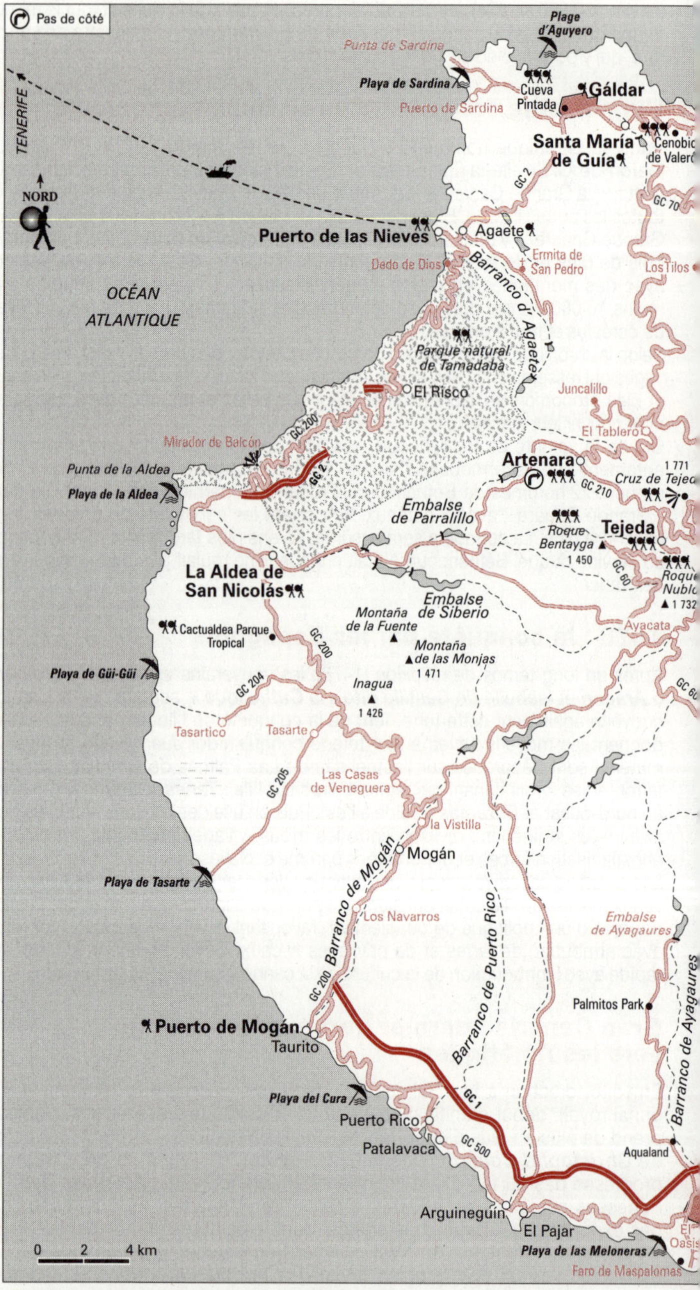
Pas de côté
Plage d'Aguyero
Punta de Sardina
Playa de Sardina
Cueva Pintada
Gáldar
Puerto de Sardina
Santa María de Guía
Cenobio de Valerón
TENERIFE
NORD
GC 2
GC 70
Puerto de las Nieves
Agaete
Ermita de San Pedro
Dedo de Dios
Los Tilos
OCÉAN ATLANTIQUE
Barranco d' Agaete
Parque natural de Tamadaba
El Risco
Juncalillo
GC 200
El Tablero
Mirador de Balcón
Artenara
1 771
Punta de la Aldea
GC 2
Cruz de Tejeda
Playa de la Aldea
GC 210
Embalse de Parralillo
Roque Bentayga
Tejeda
1 450
GC 60
La Aldea de San Nicolás
Roque Nublo
1 732
Embalse de Siberio
Montaña de la Fuente
Ayacata
Cactualdea Parque Tropical
GC 200
Montaña de las Monjas
1 471
Playa de Güi-Güi
GC 60
Inagua
GC 204
1 426
Tasartico
Tasarte
GC 205
Las Casas de Veneguera
la Vistilla
Mogán
Barranco de Mogán
Playa de Tasarte
Barranco de Puerto Rico
Los Navarros
Embalse de Ayagaures
Barranco de Ayagaures
GC 200
Palmitos Park
Puerto de Mogán
Taurito
GC 1
Playa del Cura
Puerto Rico
GC 500
Patalavaca
Aqualand
Arguineguín
El Pajar
El Oasis
Playa de las Meloneras
Faro de Maspalomas
0
2
4 km

GRAN CANARIA

Mais cela n'empêche pas Santa Cruz de Tenerife de supplanter Las Palmas de Gran Canaria et de devenir la capitale des Canaries en 1820.

En avant vers la modernité !

Gran Canaria retrouve quand même la prospérité au XIXe s, grâce au succès ***de la culture de la banane et de l'exploitation de la cochenille*** (un insecte vivant sur les figuiers de Barbarie et avec lequel on fabrique une teinture pourpre). Grâce à un homme politique dynamique et visionnaire, *Fernando León y Castillo* (originaire de Telde), le port de Las Palmas de Gran Canaria se modernise pour accueillir les grands paquebots à vapeur et les cargos frigorifiques. Les Anglais contribuent au développement de l'île aussi, car ils souhaitent profiter d'une escale de choix sur le chemin de leurs colonies. Du même coup, on voit arriver les 1ers touristes *British,* avant-garde des puissantes vagues touristiques du XXe s...
En 1900, l'économie de Gran Canaria a largement dépassé celle de Tenerife. Puis on enregistre un petit recul, la Première Guerre mondiale et l'insécurité maritime ayant considérablement handicapé l'exportation de la banane. En 1927, partage du pouvoir avec Tenerife. ***Las Palmas de Gran Canaria devient cocapitale des Canaries*** et gouverne désormais les îles de la partie est de l'archipel : Fuerteventura et Lanzarote. Puis le tourisme devient progressivement la 1re industrie de Gran Canaria... De quelques dizaines de milliers dans les années 1950, vacanciers et néo-Canariens se comptent à plus de 2 millions en ce début de XXIe s ! Essentiellement, des Anglais, Allemands et Scandinaves... Peu de Français, hormis leur engouement pour Lanzarote. Mais la fréquentation tricolore sur Gran Canaria ne cesse d'augmenter, car l'île possède de sérieux atouts...

GÉOGRAPHIE

Quasiment circulaire (45-50 km de diamètre) et hérissée de pics culminant à 1 949 m *(pico de las Nieves),* Gran Canaria est en fait un immense volcan égueulé, raviné en dessous, régénéré au-dessus ; le tout parsemé de végétation : pins, palmiers, *laurisilva...* C'est, en son centre, une caldera tellement complexe qu'elle passe pour un canyon, égrené de quelques lacs de barrage remplis lors des pluies d'automne, parfois spectaculaires !
À cela s'ajoute une déstructuration pour le moins originale. Un isthme sablonneux au nord, protégé par une barre de lave et envahi par sa capitale de Las Palmas, lui offre une grande plage urbaine. Des dunes, au sud, lui donnent aussi un air de Sud marocain... Quant à la côte ouest, abrupte et sauvage, elle est le domaine de superbes candélabres que vous prendriez pour des cactus, mais qui sont des euphorbes exclusives des Canaries. Gáldar, enfin, au nord-ouest, offre un bout du monde : une pointe de lave, de scories et de sel.

RANDONNER À GRAN CANARIA

À ***Gran Canaria,*** la randonnée se révèle presque une religion ! L'île offre l'un des plus riches réseaux de sentiers de toutes les Canaries, gradués par difficultés, et pour tous les goûts et les âges *(● grancanaria.com ●).* Avec même un célèbre festival de la Rando *(● grancanariawalkingfestival.com ●)* – chaque année fin octobre-début novembre (22-25 octobre en 2020) – organisé à Tejeda, un magnifique village de montagne, perdu au centre de l'île. Dans cette région, les panoramas sauvages, accidentés, verdoyants et grandioses se prêtent admirablement à cette activité. Bref, randonner à Gran Canaria, ça vous gagne !

ET AUTRES SPORTS

Outre la randonnée, les belles verticales des *barrancos (gorges),* crêtes, pics et caldera modelés par le volcanisme et l'érosion se prêtent aussi à l'***escalade.*** Au *roque Nublo,* emblème de Gran Canaria, une douzaine de voies courent sur le basalte. Dans le nord-est de l'île, c'est du côté du massif de *Tamadaba* et des champs de lave de *Lomo Caballo, Supernova, La Perfumería* et *El Gulich* que l'on grimpe. Au nord, les falaises de *Costa Ayala, Bañaderos* et *Las Meleguinas* sont également aménagées ; et au sud c'est autour de La Sorrueda, le long des impressionnantes parois des *barrancos* de *Tirajana, Berriel, Ayagaures* ou *Ayacata* que les grimpeurs se donnent des frissons !

L'île est également appréciée des ***cyclistes,*** en particulier en hiver lorsque le reste de l'Europe s'avère trop froid pour les grandes virées. VTT ou cyclotourisme, il y en a pour tous les goûts, même si certains circuits, comme le pico de las Nieves, offrent de telles difficultés qu'ils sont, de fait, réservés aux vrais pros. On trouve des tronçons beaucoup plus plats dans le *barranco* de Agaete et celui d'Arguineguín, à combiner pour les mollets les plus aguerris avec les pentes de la côte ouest.

Les amateurs d'***équitation*** trouveront une petite quinzaine de centres hippiques sur l'île qui proposent des balades (minimum 1h). Infos auprès de la Federación insular de Hípica de Gran Canaria *(● federacioncanariadehipica.com ●).*

Et sur les côtes, n'oublions pas les nombreuses ***activités nautiques.*** La ***plongée sous-marine*** se pratique essentiellement au nord-ouest de l'île, vers Gáldar et Puerto de las Nieves. Les vagues de la côte rocheuse du nord de l'île se prêtent bien au ***surf,*** entre Las Palmas et Gáldar. Pour la ***planche à voile*** et le ***kitesurf,*** rendez-vous sur les prestigieux spots de la côte est : à Vargar et Pozo Izquierdo (des compétitions internationales de planche à voile ont régulièrement lieu ici) ; mais il est aussi possible de flirter avec le vent tout autour de l'île. Et c'est sans compter le ***paddle surf,*** la ***pêche sportive,*** l'***observation des cétacés...*** Infos auprès des offices de tourisme *(● grancanaria.com ●).*

ITINÉRAIRES À GRAN CANARIA

En 3 jours

– ***1er jour :*** visite de *Las Palmas de Gran Canaria* ***(1).*** D'abord, la vieille ville et ses merveilles : la *Casa de Colón,* le *Museo Canario,* la *cathédrale Santa Ana* et le *musée d'Art sacré.* Fin d'après-midi, visite du quartier commerçant de *Triana,* puis éventuellement baignade à *playa las Canteras,* longue plage bordant la ville moderne.

– ***2e jour :*** visite des environs. D'abord, le *parque arqueológico de Cueva Pintada* ***(2)*** et ses étranges figures géométriques polychromes, typiques de l'art guanche, puis *El Cenobio de Valerón* ***(3),*** greniers à grain creusés dans la roche, le plus important site guanche de l'île. Belle route de montagne pour *Artenara* ***(4),*** le village le plus élevé de l'île, superbes panoramas avant de redescendre sur *Teror* ***(5),*** une séduisante ville coloniale. Visite de la basilique, son maître-autel et l'incroyable dais en argent de la Vierge ! Retour par *Arucas* ***(6),*** une autre ancienne ville coloniale offrant la plus belle église néogothique des Canaries.

– ***3e jour :*** Tafira Alta et son immense *jardin botanique* ***(7),*** puis monter au *pico de Bandama* ***(8),*** avant de voir les beaux villages de montagne de *Vega de San Mateo* ***(9)*** et *Artenara.* Puis route pour *Tejeda* ***(12)*** offrant en chemin 2 sites merveilleux : *roque Nublo* **(10)** – ancien site guanche – et *roque Bentayga* **(11),** roche imposante à 1 400 m d'altitude. Retour par *Telde* **(13)** et son plaisant centre colonial.

En 1 semaine

– ***1er jour :*** visite de *Las Palmas de Gran Canaria* **(1),** sa vieille ville coloniale, ses musées au long des romantiques ruelles. Puis repos, et baignade à la *playa de las Canteras.* Dîner de fruits de mer au port.

– ***2e jour :*** le matin, poursuite de la découverte de Las Palmas de Gran Canaria : le quartier de *Triana,* son architecture éclectique, personnifiée par l'*ilustrísimo Gabinete Literario,* la *Casa-Museo de Pérez Galdós* (l'un des plus grands écrivains espagnols). Dans le *parque San Telmo,* aussi un bel ermitage. L'après-midi, excursion aux alentours, dans les belles villes coloniales : *Arucas* **(2),** *Teror* **(4)** et au passage le merveilleux *jardin botanique* de *Tafira Alta* **(3).**

– ***3e jour :*** visite d'*El Cenobio* **(5)** *et de Cueva Pintada* **(6),** puis baignade (vasques dans les rochers) et orgie de fruits de mer dans le gentil petit port de pêche de *Puerto de las Nieves* **(7).** Voir son charmant ermitage, et parcourir la verdoyante vallée agricole d'*Agaete* **(8).** Nuit sur place.

– ***4e jour :*** route – traversant le parc naturel de *Tamadaba* **(9)** – pour explorer la côte ouest, sauvage, des environs de *La Aldea de San Nicolás* **(10).** Puis sublime et étroite route de montagne pour *Artenara* **(11)** et nuit sur place dans un étonnant hébergement troglodytique !

– ***5e jour :*** *Cruz de Tejeda* **(12),** souvent dans les brumes (le point le plus haut de l'île), puis les spectaculaires sites de *roque Nublo* **(13)** et *roque Bentayga* **(14).** Petite randonnée pédestre, redescente sur *Tejeda* **(15)** et nuit dans l'une des agréables auberges locales.

– ***6e jour :*** en route pour *San Bartolomé de Tirajana* **(16),** le long des séduisants paysages de montagne. Visite du vieux centre colonial et du *Museo etnográfico.* Vers Maspalomas et Playa del Inglés, halte en cours de route dans les ravissants villages-oasis de *Fataga* **(17)** et d'*Arteara* **(18).** Enfin, plongée dans la vie nocturne animée (voire démente !) de *Playa del Inglés* **(19)** et nuit sur place. Repas dans l'un des bons restos de la ville, hors des sentiers touristiques (ça existe !).

– ***7e jour :*** découverte des *dunes de Maspalomas* **(20),** le Sahara local, baignade et repos sur l'une des plages les moins peuplées de la côte sud (juste marcher un peu jusqu'à trouver le spot idéal !). L'après-midi, retour vers *Las Palmas de Gran Canaria* par la voie express. Au passage, les amateurs de planche à voile et de *kitesurf* se paieront quelques belles vagues à la *playa de Pozo Izquierdo,* lieu de grandes compétitions internationales. Sinon, visite d'*Agüimes* **(21)** et son *casco antiguo* préservé, et de *Telde* **(22),** la deuxième ville de l'île, et de son centre-ville joliment restauré.

LAS PALMAS DE GRAN CANARIA

(35000) 378 517 hab.

• Plan d'ensemble *p. 83* • Plan nord *p. 84-85*
• Plan vieille ville et Triana *p. 86-87*

Qui aurait pu imaginer découvrir, dans une petite île si loin de l'Europe, à moins de 200 km des côtes africaines, une telle cité moderne de près de 380 000 habitants, étendue sur 10 km, active et vibrionnante à ce point ? Las

ITINÉRAIRES À GRAN CANARIA

Palmas de Gran Canaria est une vraie ville espagnole qui vit toute l'année de son économie, de son commerce, de ses échanges maritimes et portuaires, de son tourisme. Toutefois, depuis l'aéroport, l'approche en voiture du centre-ville par l'autoroute – bordée de zones commerciales et industrielles – déconcerte quelque peu. Au-delà de ces faubourgs actifs, le voyageur ne tarde pas à trouver ses marques.
Au nord de la ville, il découvre des quartiers modernes vivants et populaires, étendus entre le port de commerce et la plage de las Canteras formant un large arc de cercle. On peut s'y baigner en pleine ville !
Plus au sud, c'est une autre ville : la cité coloniale historique (quartiers de Vegueta et de Triana) où l'on se croirait dans une capitale d'Amérique latine avec un ravissant vieux centre bien conservé, une belle cathédrale sur une charmante place, des musées passionnants (la maison de Christophe Colomb) et de vieux palais toujours habités.

Arriver – Quitter

En avion

✈ ***Aeropuerto de Gran Canaria*** *(hors plan d'ensemble par B3) : autopista GC-1, s/n, à* ***Las Palmas.*** *☎ 928-57-91-30. • aena.es • À env 18 km au sud de Las Palmas ; et 25 km au nord-est de Maspalomas.*

La compagnie *Vueling* assure des vols réguliers avec Paris-Orly, CDG et Nantes ; *Tui Fly* avec Bruxelles (desservie aussi par *Ryanair*), Liège et Bruges (Belgique). Côté Espagne, *Iberia* et *Air Europa* offrent des liaisons quotidiennes avec Madrid ; et *Ryanair* avec Barcelone. Également des vols inter-îles avec les compagnies *Binter Canarias* et *Canary Fly*. Sur place : **office de tourisme de l'île** *(hall des arrivées ; ☎ 928-57-41-17 ; • grancanaria.com •)*, et **location de voitures** *(Hertz, Avis, Europcar, Budget, Sixt...)*.

➢ ***Comment rejoindre les villes de l'île ?***

– ***En bus :*** pour **Las Palmas,** le **bus nº 60** de la compagnie *Global (☎ 928-25-26-30 ; • globalsu.es •)* dessert les gares routières San Telmo *(plan Vieille ville et Triana, C1)* ou/et Santa Catalina *(plan Las Palmas nord, C2)*. Env 2 bus/h, 6h15-23h15. Durée : 30 mn. Billet : 2,30-3 €. Sinon, pour **Maspalomas,** prendre le **bus nº 66,** ttes les heures 7h30-20h30. Billet : 3,50-4 €.

– ***En taxi :*** *☎ 928-15-47-77.* Compter 30-37 € pour Las Palmas ; 42-48 € pour Maspalomas (Playa del Inglés).

En bus

Estaciones de guaguas *(gares routières)* ***:*** *au parque San Telmo (avda de R. Cabrera, s/n ; plan Vieille ville et Triana, C1), proche de la vieille ville ; et au parque Santa Catalina (pl. de Canarias, s/n ; plan Las Palmas nord, C2), proche du port.* Desservies par la compagnie *Global (☎ 928-25-26-30 ; • globalsu.es •)*, qui couvre toute l'île. Billetteries sur place, bureau d'info parfois fermé. Les bus sont modernes et en très bon état.

➢ ***Maspalomas*** *(Playa del Inglés)* ***:*** bus nº 30 (30-40/j., via San Agustín, Playa del Inglés...) ; et nº 50 (9-11/j.), depuis la gare routière de San Telmo seulement. Terminus au Faro (phare) de Maspalomas. De là, correspondance pour ***San Bartolomé de Tirajana*** et ***Tejeda*** (nº 18).

➢ ***Puerto de Mogán :*** bus nº 1 (34-47/j., via l'aéroport, San Agustín, Maspalomas, Arguineguín, Puerto Rico, Playa del Cura...) et nº 91 (env 16/j., via l'aéroport, Arguineguín, Puerto Rico, Playa de Amadores, Playa del Cura...) depuis la gare routière de San Telmo comme depuis Santa Catalina. De là, correspondance pour ***La Aldea de San Nicolás*** (bus nº 38).

➢ ***Agüimes :*** bus nº 11 (17-20/j., via l'aéroport) depuis la gare routière de San Telmo seulement.

➢ ***Telde :*** bus nº 80 (14-41/j. sauf dim) ; et nº 12 (env 40/j.), depuis San Telmo seulement.

➢ ***Puerto de las Nieves :*** bus nº 103 (env 25/j., via Gáldar et Agaete) depuis San Telmo seulement.

➢ ***Gáldar :*** bus nº 105 (18-31/j.) depuis San Telmo seulement. De là, correspondance pour ***La Aldea de San Nicolás*** (nº 101).

➢ ***Arucas :*** bus nº 210 (15-31/j.) depuis San Telmo seulement. Également d'autres liaisons avec les nºs 205, 206 et 234. De là, correspondance pour ***Firgas*** (nº 211).

➢ ***Teror :*** bus nº 216 (env 16/j.) et nº 229 (env 20/j.) depuis San Telmo seulement.

➢ ***Artenara :*** bus nº 216 (depuis San Telmo) pour Teror puis changer et prendre le bus nº 220 de Teror à Artenara (3-4/j.).

➢ ***Vega de San Mateo :*** bus nº 303 (env 36/j.) depuis San Telmo seulement. De là, correspondance pour ***Tejeda*** (bus nº 305, 3-7 liaisons/j.).

➢ ***Firgas :*** bus nº 210 depuis San Telmo seulement pour Arucas ; changer et prendre le bus nº 211 pour Firgas (12/j.)

➢ ***Santa Brígida :*** bus nº 301 (env 28/j. sauf le w-e), nº 302 (env 12/j. depuis San Telmo seulement, via la Calzada), et nº 311 (8-16/j. depuis San Telmo seulement).

En bateau

Estaciones maritimas *(gares maritimes)* ***:*** *au bout du muelle Santa Catalina (plan Las Palmas nord, D2) pour les* ***jetfoils*** *rapides. Les* ***ferries,*** *quant à eux, partent du muelle León y Castillo (plan d'ensemble, B1), du muelle de la Luz ou du muelle N. Mandela (hors plan d'ensemble par B1).*

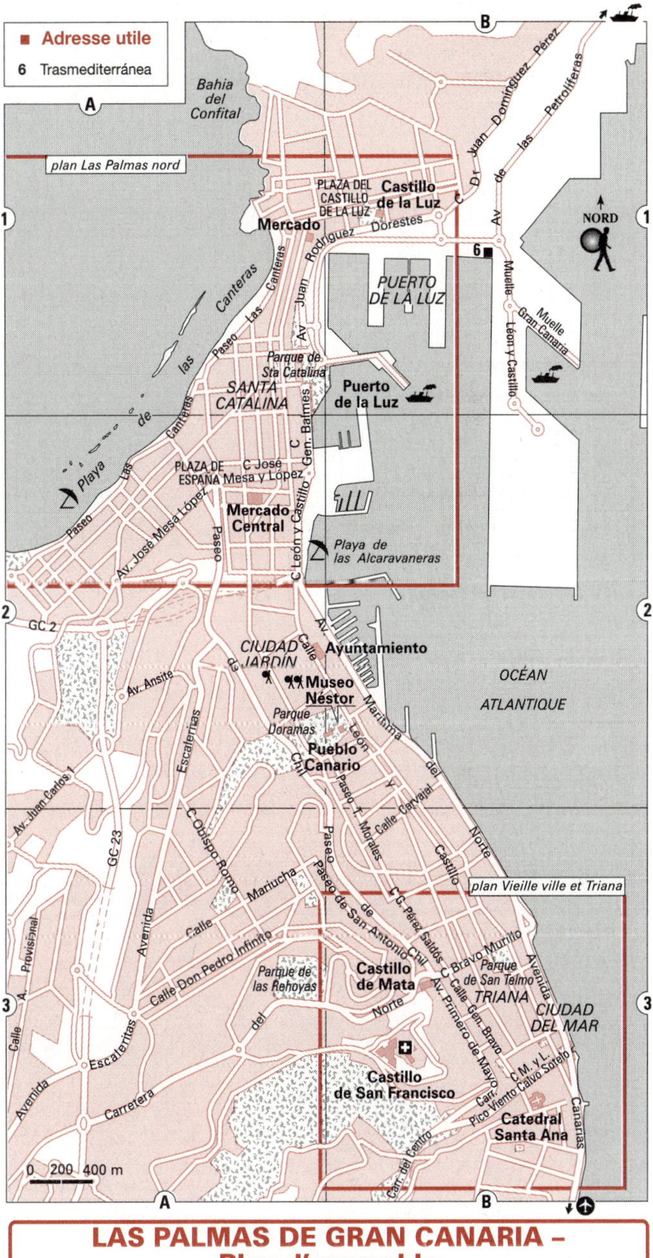

LAS PALMAS DE GRAN CANARIA – Plan d'ensemble

GRAN CANARIA

■ Adresses utiles

- 1 Casa del Turismo (C2) et Puntos de Información turistica (C1 et D2)
- 4 Naviera Armas (C2)
- 5 Fred Olsen (C2)

Où dormir ?

- 10 Little Surf House (hors plan par A3)
- 11 Hi Tide Hostel (B2)
- 12 La Ventana Azul Surf & Art House (A3)
- 13 Apartamentos Tinoca (C1)
- 14 Mannix Apartamentos (C2)
- 15 Hotel Verol (C1-2)
- 16 Hotel Pujol (C1)
- 17 Hotel Las Palmas Urban Center (C3)
- 18 Wavia Hotel (C1)
- 19 Hotel Doña Luisa (C2)

Où manger ?

- 30 Mercado del Puerto (C1)
- 32 Nömadas (C2-3)
- 33 Allende (C2)
- 34 Mestizo Tasca (B3)
- 35 San Andrea (B2)
- 37 De Cuchara (C2)
- 38 Clipper La Puntilla (hors plan par C1)

Où boire un verre ? Où sortir ?

- 60 Bars et terrasses de la plaza de Farray (B2)
- 61 Mumbai Sunset Bar (A3)
- 62 La Guarida del Blues (B2-3)

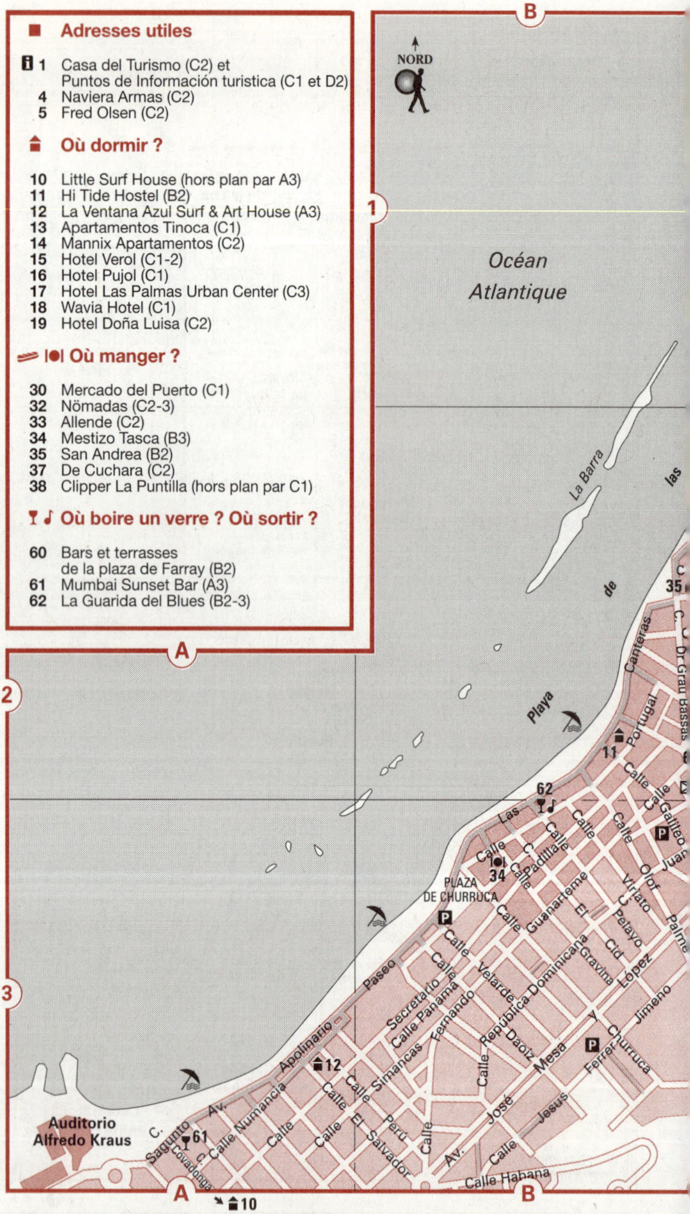

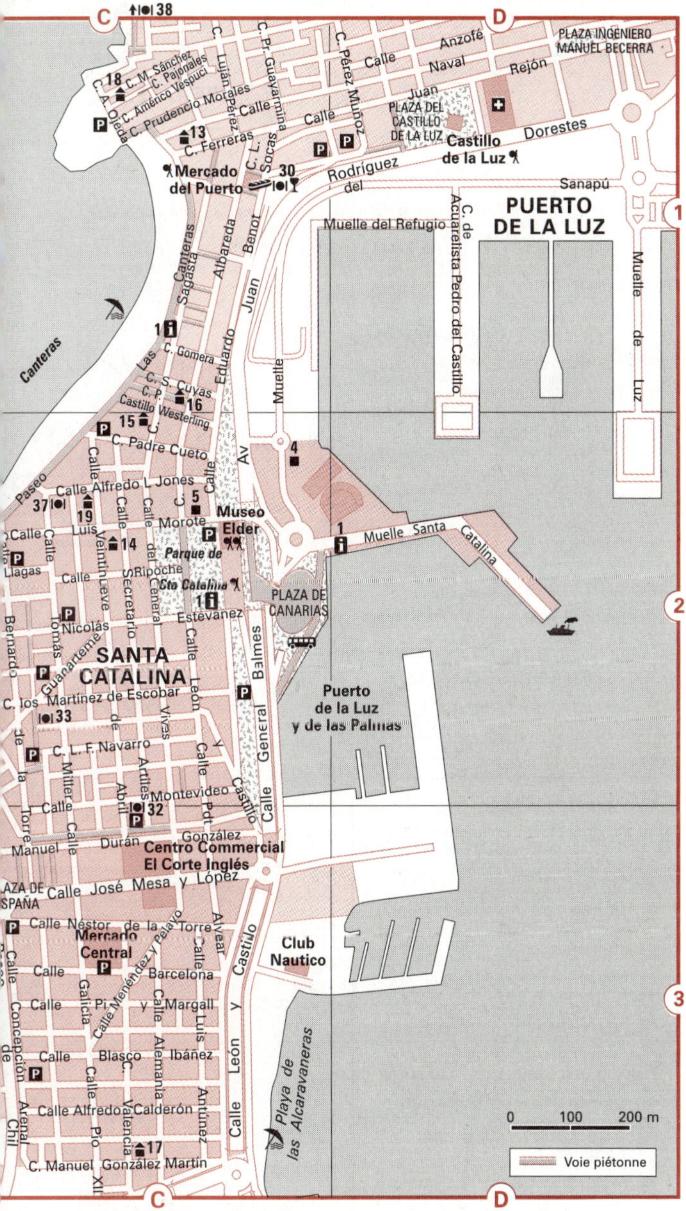

LAS PALMAS DE GRAN CANARIA – Nord

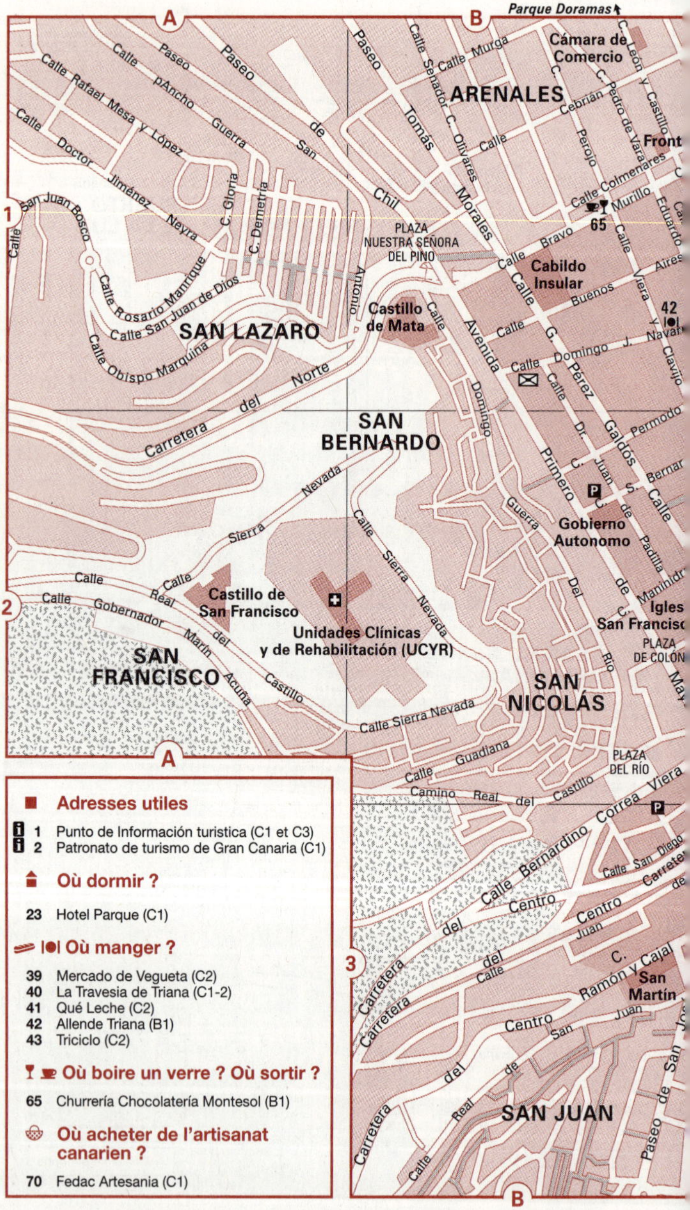

Adresses utiles

1 Punto de Información turistica (C1 et C3)
2 Patronato de turismo de Gran Canaria (C1)

Où dormir ?

23 Hotel Parque (C1)

Où manger ?

39 Mercado de Vegueta (C2)
40 La Travesia de Triana (C1-2)
41 Qué Leche (C2)
42 Allende Triana (B1)
43 Triciclo (C2)

Où boire un verre ? Où sortir ?

65 Churrería Chocolatería Montesol (B1)

Où acheter de l'artisanat canarien ?

70 Fedac Artesania (C1)

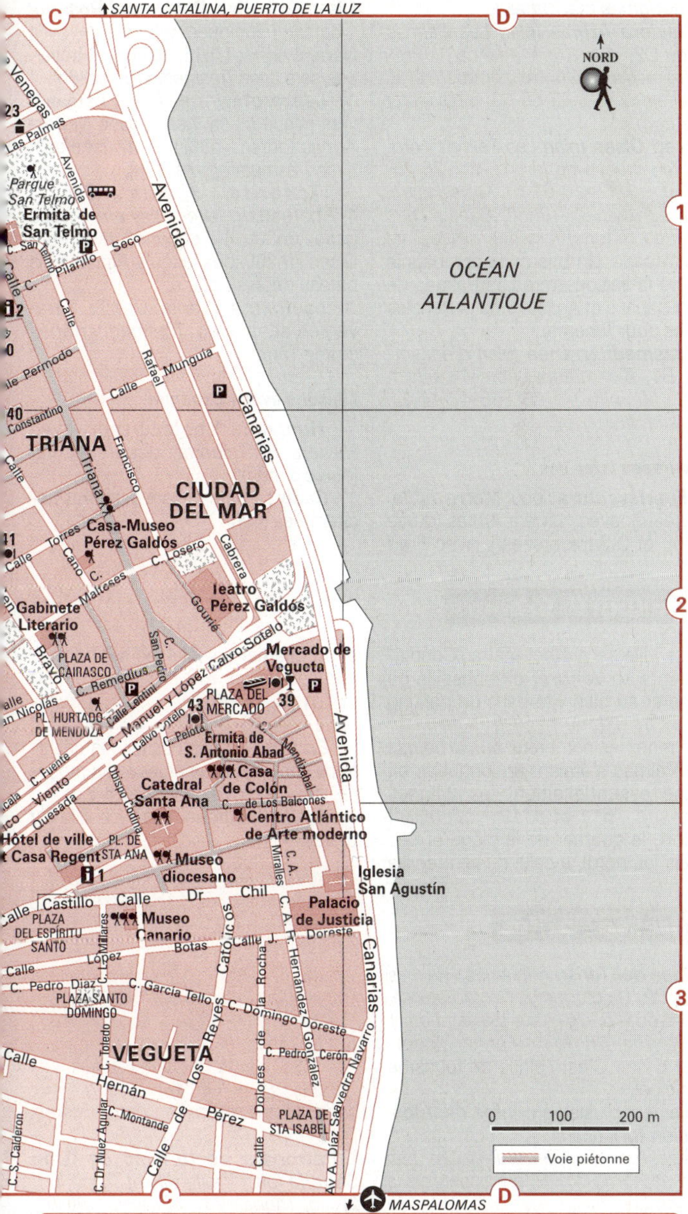

LAS PALMAS DE GRAN CANARIA –
Vieille ville et Triana

Compagnies maritimes :

■ ***Naviera Armas*** *(plan Las Palmas nord, C2,* ***4****) : explanada de Vapres Insulares, s/n (Centro commercial El Muelle). ☎ 902-45-65-00. • navieraarmas.com •*

■ ***Fred Olsen*** *(plan Las Palmas nord, C2,* ***5****) : muelle de la Luz. ☎ 928-49-50-00 ou 902-10-01-07. • fredolsen.es • Lun-ven 5h-18h50. Sam et dim horaires réduits, lors des arrivées et des départs.* Un bus de la compagnie assure la liaison entre Las Palmas de Gran Canaria et Agaete d'où partent les ferries pour Tenerife.

■ ***Trasmediterránea*** *(plan d'ensemble, B1,* ***6****) : muelle León y Castillo, pl. de Mr Jolly, s/n. ☎ 928-47-44-44. • trasmediterranea.es •*

Traversées inter-îles

➢ ***Fuerteventura :*** pour ***Morro Jable,*** 1 bateau/j. avec *Naviera Armas* (durée 2h30), et 2-3 traversées/j. avec *Fred Olsen* (2h). Pour ***Puerto del Rosario,*** 1 bateau/j. (uniquement lun-sam) avec *Naviera Armas* (7h15, de nuit) ; 1 traversée/sem avec *Trasmediterránea* (6h).

➢ ***Lanzarote*** *(Arrecife)* **:** 1 bateau/j. vers minuit (tlj sauf sam) avec *Naviera Armas* (durée 7h30) ; 1 traversée/sem avec *Trasmediterránea* (8h).

➢ ***Tenerife*** *(Santa Cruz)* **:** 4-7 bateaux/j. avec *Naviera Armas* (durée 2h30) ; 4-7 départs/j. avec *Fred Olsen* (1h20) ; bus jusqu'à Agaete puis bateau depuis Agaete.

➢ ***La Palma*** *(Santa Cruz)* **:** 1 traversée/sem avec *Trasmediterránea* (durée 19h).

Liaisons avec l'Espagne

➢ ***Huelva :*** 1 bateau/sem avec *Naviera FRS Iberia,* départ le mat (durée 33h30).

➢ ***Cadix :*** 1 bateau/sem avec *Trasmediterránea* (40h).

GRAN CANARIA

Transports urbains

➢ La ville se prêtant mal aux déplacements en ***voiture,*** on conseille de se garer au plus vite dans un parking *(public 18 €/j. ; ou 10 €/j. à l'hôtel).*

➢ Prenez les nombreux ***bus urbains*** ! Las Palmas s'étalant en longueur, on utilise essentiellement les 2 lignes nord-sud – ***nº 1 et nº 12*** – qui relient le port, le quartier de la plage et des hôtels (au nord), à celui du centre-ville et du quartier colonial (au sud). *Infos : • guaguas.com • Billet : 1,40 € ; pass 10 trajets : 10 € (dont 1,50 € pour la carte, rechargeable).*

➢ ***En taxi :*** ne pas hésiter, les chauffeurs sont aimables et les tarifs modérés (course moyenne en ville 4-8 €).

➢ ***À vélo :*** pourquoi pas ? La ville s'y prête bien !

Adresses utiles

ℹ ***Casa del Turismo*** *(plan Las Palmas nord, C2,* ***1****) : parque de Santa Catalina, s/n. 📱 667-77-16-73. • lpavisit.com • Tlj 9h-15h, 16h-18h. Fermé 25 déc, 1er et 6 janv.* C'est l'office de tourisme municipal.

Également plusieurs ***puntos de Información turistica :***

– playa de las Canteras (plan Las Palmas nord, C1, ***1****), au niveau de la c/ Gomera ; lun-dim 9h-14h, 15h-18h (21h juil-août) ;*

– parque de San Telmo, s/n (plan Vieille ville et Triana, C1, ***1****), à l'angle du parc, face à l'ermita ; tlj 9h-14h, 15h-18h ;*

– plaza de Santa Ana (plan Vieille ville et Triana, C3, ***1****), au rdc des casas consistoriales (mairie), face à la cathédrale ; tlj 10h-15h ;*

– muelle Santa Catalina (plan Las Palmas nord, D2, ***1****), au port ; ouv seulement aux arrivées de croisières, 8h30-13h.*

ℹ ***Patronato de turismo de Gran Canaria*** *(plan Vieille ville et Triana, C1,* ***2****) : c/ Triana, 93. ☎ 928-21-96-00. • grancanaria.com • Tlj 9h-18h (w-e et fêtes 10h-14h). Annexe en haut du* ***pico de Bandama*** *(voir plus loin).* Infos sur toute l'île.

Où dormir ?

L'essentiel des adresses se trouve dans le quartier animé de ***Santa Catalina*** *(plan Las Palmas nord)*, à 2 pas de la grande *playa de las Canteras*. Ici, quelques auberges de jeunesse proposent des chambres et dortoirs sommaires mais propres à prix plancher. Côté ***Triana*** *(plan Vieille ville et Triana)*, l'offre est limitée ; en revanche, les ruelles de la ***vieille ville*** *(plan Vieille ville et Triana)* livrent quelques chambres d'hôtes de charme.

Au nord de la ville
(plan Las Palmas nord)

De très bon marché à bon marché (moins de 40 €)

■ ***Little Surf House*** *(hors plan Las Palmas nord par A3,* ***10****) : c/ Covadonga, 78, 35010. ▮ 690-92-88-17. • info@littlesurfhouse.com • littlesurfhouse.com • Lits en dortoir 18-20 €/pers ; double 42 €.* À 5 mn à pied de la mer, petite auberge de jeunesse privée (ou hostel) toute simple mais très bien tenue. La propriétaire, aimable et accueillante, habite à l'étage au-dessus avec sa famille. À dispo, au rez-de-chaussée, quelques chambres et dortoirs *(2-4 pers)* impeccables et fonctionnels, tous avec sanitaires extérieurs. Petit salon et gentille atmosphère internationale. Cours de surf, de plongée et de parapente.

■ ***Hi Tide House*** *(plan Las Palmas nord, B2,* ***11****) : paseo de Las Canteras, 57, 35010. ☎ 928-91-86-55. ▮ 652-64-89-22. • bookings@hitidehostel.com • hitidehouse.com • Lits en dortoir 12-15 €/pers ; double 30 €.* Dans un bâtiment ancien blanc et bleu du front de mer, cette AJ propose plusieurs dortoirs *(6-12 pers)* avec lits superposés en bois brut et salle de bains. Également des chambres avec salles de bains communes. Nickel, et vue sur mer pour certaines. Cuisine commune et terrasse panoramique sur le toit, distillant une belle ambiance internationale. Accueil jeune et avenant.

■ ***La Ventana Azul Surf & Art House*** *(plan Las Palmas nord, A3,* ***12****) : c/ El Salvador, 7, 35010. ▮ 671-50-53-59. • thomas@ventana-azul.de • hostel-grancanaria.com • ♿ Lits en dortoir 18-25 €/pers.* Face à la plage, AJ aménagée dans une maisonnette. Les dortoirs (4-8 lits) partagent les salles de bains sur le palier. Pour la vue, c'est pareil : certains ont une vue, d'autres non. Dans tous les cas, ventilateurs et casiers partout. Cuisine commune, lave-linge, et jardin agréable pour chiller. Bref, un lieu de rencontre extra, qui fait aussi école de surf et loue des planches.

Prix moyens (40-70 €)

■ ***Apartamentos Tinoca*** *(plan Las Palmas nord, C1,* ***13****) : c/ La Naval, 10, 35008. ☎ 928-46-90-09. • reservas@apartamentostinoca.com • apartamentostinoca.com • Studios 2 pers 45-64 € selon exposition et saison.* Planté au bord d'une rue piétonne à 2 pas de la plage, ce bâtiment moderne possède de nombreux studios pratiques et propres, avec coin cuisine. Les moins chers donnent sur l'intérieur, sans balcon mais plus calmes. Bon rapport qualité-prix.

■ ***Hotel Verol*** *(plan Las Palmas nord, C1-2,* ***15****) : c/ Sagasta, 25, 35008. ☎ 928-26-21-04. • info@hotelverol.com • hotelverol.com • À 30 m de la plage. Doubles 50-65 € selon saison.* Si son nom en français évoque une maladie ancienne, rassurez-vous : c'est un hôtel en bonne santé, très bien situé. Les briques blanches de la façade annoncent un intérieur d'une blancheur immaculée. À dispo : une quarantaine de chambres plutôt spacieuses, fonctionnelles et de bon confort (clim sur demande). Elles donnent sur la rue ou sur un patio à l'arrière. Préférer celles des étages élevés. Resto sur place *(bocadillos, empanadas...)*, mais vu la piètre qualité du petit déj, on ne le recommande pas. Malgré ce bémol, un de nos meilleurs rapports qualité-prix-accueil.

Hotel Las Palmas Urban Center *(plan Las Palmas nord, C3,* ***17****) : c/ Valencia, 4, 35006. ☎ 928-24-50-79. • laspalmascenter@grupoacosta.net • laspalmasurbancenter.com • Studios 2-3 pers 45-55 €.* En pleine ville, ce bâtiment moderne sans charme extérieur abrite une quinzaine de studios fonctionnels, très propres et bien équipés : canapé, lit double, TV, cuisine, frigo, machine à laver... On y accède par des couloirs genre hôpital ! Bon rapport qualité-prix.

De prix moyens à chic (70-100 €)

Hotel Doña Luisa *(plan Las Palmas nord, C2,* ***19****) : c/ Alfredo L. Jones, 29, 35007. ☎ 828-12-48-48. • donaluisa@trujillocastellanos.com • donaluisahotel.com • Doubles min 71 €.* À 2 blocs de la plage de las Canteras, face au grand hôtel *Reina Isabel,* un immeuble au design moderne et aux baies vitrées fumées ornées de 12 citations d'artistes et d'écrivains. L'intérieur est à l'image de la façade, c'est-à-dire personnalisé, contemporain et stylé. Chambres impeccables et arrangées avec soin, toutes avec clim et double vitrage. Vue sur le quartier (mais pas de vue sur la mer). Bonne literie. En demander une dans les étages élevés où elles sont plus calmes et plus lumineuses. Notre coup de cœur dans cette catégorie !

Hotel Pujol *(plan Las Palmas nord, C1,* ***16****) : c/ Salvador Cuyás, 5, 35008. ☎ 928-27-44-33. • info@hotelpujol.es • hotelpujol.es • Doubles min 75 €.* Immeuble de 6 étages, couleur gris béton à l'angle d'une ruelle piétonne. Chambres pratiques et bien équipées (ventilo), pas très grandes, certaines avec balcon. Les plus calmes sont dans les étages élevés avec vue sur la calle Sagasta.

Mannix Apartamentos *(plan Las Palmas nord, C2,* ***14****) : c/ Veintinueve de Abril, 68, 35007. ☎ 928-27-73-11. • info@mannix.es • mannix.es • Appart 70-150 €/nuit.* En plein centre-ville, à mi-chemin du port et de la plage, cet immeuble privé abrite des studios et des appartements (25-30 m²) à louer à des touristes. Modernes, très bien aménagés, équipés d'une cuisine, ils offrent un balcon, soit sur la rue, soit à l'arrière, avec vue sur une cour intérieure. De la qualité à prix sages !

De plus chic à très chic (plus de 125 €)

Wavia Hotel *(plan Las Palmas nord, C1,* ***18****) : c/ Pajonales, 19, 35009. ☎ 928-48-88-77. • info@waviahotel.com • waviahotel.com • Doubles 125-190 € selon confort et saison. Réduc de 10 % sur les doubles sur présentation de ce guide.* Dans une rue tranquille, à la pointe nord de la plage, un petit immeuble moderne et rénové, peint en bleu et blanc. Abrite une dizaine de chambres confortables et originales. En demander une au 5ᵉ étage. Déco design sur le thème de la mer, bleu et blanc avec jeux de lumière. Balcon pour certaines, et cuisine pour les plus chères. Accueil gentil et pro.

Au sud de la ville (plan Vieille ville et Triana)

De prix moyens à chic (50-100 €)

Hotel Parque *(plan Vieille ville et Triana, C1,* ***23****) : c/ Muelle Las Palmas, 2, 35003. ☎ 928-36-80-00. • reservas@hparque.com • hotelparqueenlaspalmas.com • Doubles 60-98 € selon saison, petit déj inclus.* Juste devant le parque San Telmo, hôtel moderne aux chambres fonctionnelles de bon confort ; parfois un peu petites et sombres car donnant sur quelques puits de lumière... La moitié seulement donne sur le parc verdoyant. Emplacement idéal pour découvrir à pied la vieille ville, et sinon à 10-15 mn en bus de la plage.

Où manger ?

Au nord de la ville – Santa Catalina, playa de las Canteras (plan Las Palmas nord)

De bon marché à prix moyens (moins de 25 €)

Mercado del Puerto *(plan Las Palmas nord, C1, **30**) : c/ Albareda, 76. ☎ 928-47-02-08. • info@mercadodelpuerto.net • Tlj 12h-minuit (16h lun, 17h dim). Moins de 10 €.* Située entre le port et la plage, cette halle en fer, édifiée en 1891, abrite le marché alimentaire du quartier. On y trouve une dizaine de bars à tapas thématiques avec tables et chaises hautes, et comptoirs à victuailles : produits de la mer, charcuterie, salades... On s'est régalés pour pas cher du tout ! Le local 26 abrite le bar **Antequera** *(tlj 9h-minuit – jusqu'à 17h dim ; env 3 € la portion)* qui propose des *montaditos* variés : thon, sardine, poisson, poulet... On les mange sans couverts, avec les doigts. Il y a aussi un beau choix d'olives en vitrine. C'est frais et exquis. Notre coup de cœur !

Mestizo Tasca *(plan Las Palmas nord, B3, **34**) : c/ Portugal, 79, à l'angle de la c/ Gravina. ☎ 828-01-43-44. • mestizotasca@gmail.com • Lun-jeu 19h-23h ; ven-sam 14h-17h30, 20h-23h30. Fermé mar. Plats 9-17 €. Mieux vaut réserver, surtout le soir.* Une des rares adresses de cuisine créative dans ce classique quartier balnéaire. La carte est très courte, ce qui est bon signe car tout est frais et disponible. L'esprit est plutôt moderniste, vegan et bio. Risotto de quinoa (le blé des Andes) aux asperges et champignons, lasagnes de canard au kimchi, salade de thon et poulpe avec radis et mangue... On mange dans une salle blanche à la déco festive.

Nömadas *(plan Las Palmas nord, C2-3, **32**) : c/ Ruiz de Alda, s/n. 📱 618-57-68-22. Tlj jusqu'à 23h. Plats 6-13 €.* Dans une longue rue piétonne bordée de restaurants et de bars, à l'écart de la partie balnéaire de la ville. C'est un petit resto tenu par des jeunes femmes aimables et dynamiques, où l'on sert de la cuisine fusion, fraîche et saine. Salades variées, couscous, moussaka, *croquetas, burritos,* plats végétariens... Petite salle avec du mobilier de récup', ventilos et huile d'olive sur les tables. Bon accueil. À côté, le ***Mikele,*** très bon bar à cocktails.

De prix moyens à chic (25-40 €)

Allende *(plan Las Palmas nord, C2, **33**) : c/ Joaquin Costa, 14. ☎ 928-49-46-26. • info@allenderestauracion.com • Tlj 13h30-minuit. Plats 5-14 €.* C'est de loin ce qu'il y a de mieux en ville dans cette catégorie de prix. Un vrai coup de cœur pour *Allende,* un restaurant de la nouvelle vague éco-gastronomique qui sert de la qualité à des prix justes. On y savoure une remarquable cuisine fusion et créative, inspirée de l'Orient, de l'Asie et des Amériques mais aussi de la tradition culinaire de l'île. Salle divisée en 2 parties autour du bar en enfilade : un côté avec chaises et tables hautes (pour les individuels), l'autre côté pour les groupes avec des tables normales. Attention, beaucoup de monde, donc pensez à réserver.

San Andrea *(plan Las Palmas nord, B2, **35**) : c/ Torres Quevedo, 12. 📱 638-41-86-45. • sanandrea@sanandreagroup.com • ♿ Ouv ven-dim midi et soir, lun-mar soir. Fermé mer-jeu. Plats 9-18 €. Réduc de 10 % sur le repas (boisson non comprise) avec le code « LeRoutard2021 » en réservant 24h à l'avance sur • sanandreagroup.com • ou café offert sur présentation de ce guide.* Proche de la plage, dans une rue piétonne, petit et discret, le *San Andrea* propose une cuisine méditerranéenne (essentiellement italienne) mijotée par un chef scrupuleux adepte du *slow food* et du sans gluten.

De Cuchara *(plan Las Palmas nord, C2, **37**) : c/ Alfredo L. Jones, 37. ☎ 928-26-55-09. • acolher@hotmail.es • Ouv midi et soir. Fermé lun-mar et j. fériés. Congés : 15 j. à Noël et 15 j. en juin. Menus 18-22 €.* Longue salle aux murs ornés de bricoles colorées qui achèvent de rendre le lieu chaleureux. Dans l'assiette, cuisine canarienne simple et de belle tenue.

Clipper La Puntilla *(hors plan Las Palmas nord par C1, **38**) : c/ Vista Hespérides, 1. ☎ 928-46-33-17. • clipper.lapuntilla@gmail.com • Tlj 12h-23h. Plats 12-25 €. Digestif offert sur présentation de ce guide.* À l'extrémité nord de la plage, isolé et loin de l'agitation balnéaire, devant les criques de La Puntilla, un vrai resto italien (tenu par des Napolitains) installé dans une salle à la déco marine avec des baies vitrées ouvrant sur la mer. À la carte, quelques spécialités classiques : pâtes fraîches maison (pour les fauchés), *risotti,* salades, et de goûteux plats de viande, de poisson et de fruits de mer. Huile d'olive importée, *limoncello* et *panna cotta* au dessert ! Également de bonnes pizzas généreuses.

Au sud de la ville
(plan Vieille ville et Triana)

De bon marché à prix moyens (moins de 25 €)

Mercado de Vegueta *(plan Vieille ville et Triana, C2, **39**) : c/ Mendizabal, 1. ☎ 928-33-41-29. • comunicacionmercadovegueta@gmail.com • Tlj, sauf dim, 6h30-14h (14h30 ven-sam). Moins de 10 €.* À la limite de la vieille ville, cette halle en dur du XIXᵉ s protège le marché alimentaire du quartier. Autour du bâtiment, à l'extérieur, plusieurs petits bars à tapas pour dévorer produits de la mer, charcuterie, salades, etc. ; le tout à prix copain. Quelques tables et chaises hautes, histoire de poser une fesse entre 2 visites.

La Travesia de Triana *(plan Vieille ville et Triana, C1-2, **40**) : c/ Lagunetas, 11. ☎ 928-36-01-93. • travesiarestauracion@gmail.com • Lun-sam 13h-23h. Moins de 10 €, sauf pour les grosses faims. Apéro maison offert sur présentation de ce guide.* Typique bar à tapas avec ses gros jambons suspendus au-dessus du bar, ses tables hautes et ses portes ouvertes sur la ruelle où les habitués se retrouvent au coude à coude pour boire un verre et grignoter de savoureuses tapas.

Qué Leche *(plan Vieille ville et Triana, C2, **41**) : c/ Torres, 22. 607-91-78-03. Tlj 13h-16h, 20h30-23h. Fermé dim et lun. Plats 8-23 €.* Dans une rue piétonne animée, un bon resto à la façade rouge cerise dans une grosse maison en pierre. Petite salle voûtée par 2 arches, avec une dizaine de tables. Moins de 20 plats à la carte, mais sûr que tout est frais et disponible. On y mijote une savoureuse cuisine canarienne inventive, presque tendance : sardines avec tomates et fromage de chèvre, thon avocat-ananas, et l'insolite *tataki de wagyu* d'influence nippone. Sinon poulpe, porc, bœuf...

Triciclo *(plan Vieille ville et Triana, C2, **43**) : c/ Pelota, 12. À l'angle de 2 rues piétonnes. ☎ 928-11-90-98. Tlj jusqu'à minuit (dim 16h). Plats 7-16 €.* Cuisine canarienne bien soignée de la terre et de la mer, avec des influences des 4 coins du monde, servie en petites ou en grandes portions. Le chef agrémente ses plats de saveurs exotiques : ail du Vietnam, curry de Madras, épices de Chine, tartare thaïlandais... Il mêle l'aigre et le sucré comme dans cette salade de *guacamole* aux piments doux et aux mandarines... Bref, le résultat est savoureux et toujours original.

De prix moyens à chic (12-40 €)

Allende Triana *(plan Vieille ville et Triana, B1, **42**) : c/ Domingo J. Navarro, 16. ☎ 928-38-09-48. • administracion@allenderestauracion.com • Tlj 13h30-16h30, 20h-23h30 (minuit ven-sam). Plats 5-14 €.* Cet *Allende*-là a son frère aîné dans le quartier de Santa Catalina : même concept culinaire (cuisine canarienne créative), mêmes prix sages pour la qualité. Si le nom est celui d'un ancien président chilien, c'est un authentique resto canarien de la « nouvelle vague ». Les produits utilisés sont sélectionnés avec soin, et les plats cuisinés avec finesse, sans que cela soit de la nouvelle cuisine. C'est goûteux et copieux. Excellent thon à l'ail sauce *teriyaki,* riz noir à l'aïoli, carpaccio de veau avec truffes et champignons...

Où boire un verre ? Où sortir ?

Au nord de la ville
(plan Las Palmas nord)

Bars et terrasses de la Plaza de Farray *(plan Las Palmas nord, B2,* ***60****)* ***:*** *angle c/ Franchy Roca et avda Fernando Guanarteme, à 3 pâtés de maisons de la plage de las Canteras.* Plusieurs bars avec terrasse proposent de quoi boire en grignotant sur cette petite place triangulaire. On recommande le petit *Little Beach,* mais les autres sont bien aussi pour boire une bière ou un bon verre de vin blanc (des Canaries, si possible). Le soir, c'est noir de monde.

Mumbai Sunset Bar *(plan Las Palmas nord, A3,* ***61****)* ***:*** *c/ Sagunto, 7. • mumbaisunset@gmail.com • Tlj 12h (11h le w-e)-1h30 (2h30 ven-sam).* Pour des couchers de soleil d'anthologie, ce bar à cocktails dispose d'une charmante terrasse – plein ouest – en plus d'une petite salle aux murs recouverts de tapis. Accueil jeune et sympa.

La Guarida del Blues *(plan Las Palmas nord, B2-3,* ***62****)* ***:*** *c/ Portugal, 68 (angle c/ Pelayo). 677-28-82-76. • laguaridablues@icloud.com • Au rdc de l'*Hotel Exe Las Canteras. *Mer-ven 19h-1h, sam-dim 19h-2h. Fermé lun-mar. Concerts : regarder la page Facebook. Entrée gratuite, consos pas chères.* On aime bien ce bar rock authentique, son atmosphère, ses photos de rockers, et la passion de son patron pour le sujet... Clientèle mélangée de locaux et de touristes.

Au sud de la ville
(plan Vieille ville et Triana)

Churrería Chocolatería Montesol *(plan Vieille ville et Triana, B1,* ***65****)* ***:*** *c/ Perojo, 3. 651-85-98-88. Tlj 6h-22h.* Vieux bistrot de quartier, renommé entre autres pour son chocolat chaud épais et onctueux. Longue salle bordée d'un zinc et de colonnes en bois Art déco où se retrouvent les amateurs qui ont l'habitude de tremper des morceaux de churros dans leur breuvage chocolaté. On les déguste le matin avant 12h ou après 17h.

Les bars autour du Mercado de Vegueta *(plan Vieille ville et Triana, C2)* concentrent une bonne partie de l'animation nocturne de la vieille ville, principalement les terrasses de la ***c/ Pilota*** et de la ***c/ Mendizábal*** ; dans une ambiance jeune et festive ! Un peu plus haut, les noctambules jettent leur gouaille et leur joie de vivre dans les bistrots en terrasse des ruelles perpendiculaires à la ***c/ Triana*** *(plan Vieille ville et Triana, C2),* notamment la *c/ Constantino (La Pepa de Triana...)* et la *c/ Domingo J. Navarro.* Et puis aussi quelques belles et élégantes terrasses pour siroter sagement : ***plaza de Cairasco, plaza Hurtado de Mendoza...***

Où acheter de l'artisanat canarien ?

Fedac Artesania *(plan Vieille ville et Triana, C1,* ***70****)* ***:*** *c/ Domingo J. Navarro, 7. ☎ 928-36-96-61. • fedac.org • Lun-ven 10h-13h30, 16h30-20h. Fermé le w-e.* C'est la boutique de la fondation pour l'Ethnographie et de Développement de l'artisanat canarien, financée par le gouvernement de l'île. Vanneries, céramiques et tissus traditionnels, mais aussi des bijoux fantaisie et autres objets plus contemporains.

À voir

Dans la vieille ville *(plan Vieille ville et Triana, C2-3)*

➢ Assez étendue, tout à fait charmante et assez romantique le soir. Partir du ***mercado de Vegueta,*** et suivre les rues pavées, *calles Armas, Pelota, Mendizábal, Montesdeoca,* bordées de vénérables demeures, pour finalement

GRAN CANARIA

arriver sur l'adorable ***plaza San Antonio Abad*** et son croquignolet ermitage, où Christophe Colomb allait prier. En face, la magnifique *Casa de Colón...*

*** *Casa de Colón* (plan Vieille ville et Triana, C2) :** *c/ Colón, 1. ☎ 928-31-23-73, 84 ou 86. • casadecolon.com • Tlj 10h-18h (15h dim et j. fériés). Fermé 1er et 6 janv, 1er mai, 24, 25 et 31 déc. Entrée : 4 € ; réduc ; gratuit moins de 18 ans, et le 1er w-e du mois. Dans chaque salle, fiches explicatives en français.*

Résidence du gouverneur de Gran Canaria qui reçut, en 1492, la visite de Christophe Colomb venu – lors de son 1er voyage vers l'Amérique – réparer sa caravelle *Pinta* et faire le plein, avant de cingler à travers l'Atlantique inconnu. Il y repassera au moins 2 fois par la suite... Cette maison demeure un magnifique exemple d'architecture gothico-Renaissance du XVe s, arrivé miraculeusement intact jusqu'à nous. Composé de 3 élégants patios de styles différents – verdoyants et richement décorés – avec colonnes en pierre aux chapiteaux travaillés, vérandas, superbes portails ciselés, cours en galets ronds, vieux puits... Remarquer les 2 aras, superbes perroquets au plumage coloré qui vivent dans le patio. C'est un hommage au navigateur qui en rapporta d'Amérique pour les offrir à la reine Isabelle de Castille. On visite ainsi une douzaine de salles agrémentées de beaux plafonds à caissons.

– ***Au rez-de-chaussée :*** tout d'abord, les ***salles 1 à 3*** évoquent les voyages de Colomb avec la séduisante reconstitution de l'intérieur de la caravelle *La Niña,* on s'y croirait ! Coque en bois, poulies, cordages, mobilier de bord, lit du capitaine... Le projet de Colomb est ici expliqué en détail – sa genèse, le tout 1er voyage, la découverte de l'Amérique, puis les 3 voyages suivants – à travers cartes marines très précises, livres de bord, maquettes des bateaux... ***Salle 4,*** les Canaries et ses rapports avec l'Amérique. ***Salles 5 et 6 :*** des cartes anciennes représentant le monde tel qu'on le connaissait à l'époque (voir la carte de Waldseemüller de 1507 et celle de Juan de la Cosa de 1500, la 1re à représenter le Nouveau Monde). Également une copie du globe terrestre de 1492 de Martin Behaïm dont l'original est à Nuremberg. Vénérables instruments de navigation. Un panneau affiche le ciel étoilé qui guida Colomb en mode navigation nocturne. Partage politique du monde entre Espagnols et Portugais lors du *Traité de Tordesillas* (1494)...

LES INDICES DE L'AMIRAL

Christophe Colomb avait recueilli des indices de la présence d'une terre à l'ouest. Des marins lui avaient dit avoir vu des madriers taillés venus du soleil couchant. Des habitants des Açores lui racontèrent que des troncs de pin arrivaient sur leurs plages et même des cadavres d'hommes qui n'étaient pas des Européens... Outre l'autorité des chroniques anciennes qui l'influencèrent (la terre est ronde), Colomb en déduisit alors que les Indes étaient accessibles par l'Atlantique.

– ***Au 1er étage :*** dans les ***salles 8 à 11,*** voici des peintures essentiellement religieuses du XVIe au XXe s. Belle série de saints sur bois, d'origine flamande ; *Petit moine* attribué à Zurbarán ; *Femme adultère* de Véronèse, en fâcheuse posture (« ne jetez pas la pierre... je suis derrière ! ») ; un *Titien et la Peinture* par le Guercino ; sans oublier la série de paysages et de scénettes de la vie dans les Canaries des XIXe-XXe s. Enfin, ***salles 12 et 13 :*** tout sur Gran Canaria et l'histoire de Las Palmas ! Plans-reliefs de l'île et de la ville, cartes anciennes, maquettes diverses, gravures et estampes pour suivre leur développement.

– ***Au sous-sol :*** dans la crypte, remarquable expo d'objets d'art précolombiens en terre cuite. Statuettes de l'Équateur, superbes pièces des cultures mexicaine et amazonienne (aztèque, zapotèque, oaxaca, colima, maya...). Notamment ce *Chien dansant* et le *Musicien,* typiques de l'art colima.

De la Casa de Colón au Museo Canario *(plan Vieille ville et Triana, C2-3)*

➢ En remontant la ***calle de Colón,*** on croise – au n° 8 – le ***Centro des Artes plásticas*** *(expos temporaires gratuites tlj sauf le w-e 10h-21h).* Au bout à gauche, vers la ***plaza del Pilar Nuevo,*** où on admire, devant la fontaine, un magnifique portail plateresque de couleur émeraude ; genre de pierre serpentine admirablement ciselée de motifs floraux (c'est en fait l'arrière de la *Casa de Colón*). Puis, prendre la ***calle de los Balcones*** qui, comme son nom l'indique, arbore nombre de beaux balcons (souvent en pierre sculptée) sur de nobles demeures du XVIIIe s. ***Au n° 15,*** beau palais avec porche et fenêtre à fines colonnettes. ***Au n° 11,*** le ***Centro atlántico de Arte moderno*** niché dans un bel édifice du XVIIIe s (voir ci-après). Puis à droite, la *calle Agustín Millares Torres* menant à la mignonne ***plaza de San Agustín*** et son ***église.*** À l'intérieur de celle-ci, voûte en forme de carène de navire renversée, retable moderne et chapelle de sainte Rita (1786), patronne des causes désespérées... Jouxtant l'église, voici le ***Palacio de Justicia,*** flanqué d'une tour, d'une galerie à colonnes avec d'élégantes arcades. Et sur les autres bâtiments autour de la place, de jolies fenêtres ouvragées... Remontez alors la ***calle Doctor Chil,*** bordée aussi de belles maisons, souvent à balcons en bois ; et voir, au n° 17, la sombre façade et le portail à colonnes torsadées en pierre de lave de l'***église jésuite San Francisco de Borja...*** Enfin, ***calle de los Reyes Católicos,*** d'autres demeures aristocratiques...

👍 ***Centro atlántico de Arte moderno*** *(CAAM ; plan Vieille ville et Triana, C3)* **:** *c/ Los Balcones, 11. ☎ 928-31-18-00. • caam.net • Tlj sauf lun 10h-21h (14h dim). Fermé j. fériés, 24 et 31 déc.* Remarquables expos temporaires d'art moderne international. Et pour diversifier les thèmes (photo, peinture, sculpture, vidéo, musique...), également 2 annexes toutes proches : la ***Sala San Antonio Abad*** *(plan, C2, pl. San Antonio Abad, s/n ; GRATUIT)* et le ***San Martín Centro de Cultura contemporanea*** *(plan, B3, c/ Ramón y Cajal, 1 ; ☎ 928-32-25-35 ; • sanmartincontemporaneo.com • ; GRATUIT),* aménagé dans un ancien hôpital du XVIIIe s.

👍👍👍 ***Museo Canario*** *(plan Vieille ville et Triana, C3)* **:** *c/ Dr Verneau, 2. ☎ 928-33-68-00. • elmuseocanario.com • Tlj 10h-20h (14h w-e et j. fériés). Fermé 25 déc et 1er janv. Entrée : 5 € ; réduc ; gratuit moins de 12 ans, et pour ts lun et mer 17h-20h.*

C'est le plus important et fascinant musée archéologique des Canaries – fondé en 1879 – dont les riches collections évoquent la civilisation des peuplades canarii. Autant de témoignages exceptionnels présentés dans une muséographie aérée avec d'étonnantes vitrines à l'ancienne. La boutique du musée, au rez-de-chaussée, est installée dans une vieille bibliothèque (celle de l'ancien propriétaire, un riche juriste).

– ***Au rez-de-chaussée :*** d'abord une ***section préhistoire*** (1re et 2e salles) expose mortiers, meules, céramiques, pierres taillées et polies, objets en os, et présentation des habitats : cavernes, ou maisons rondes aux épais murs en pierres sèches. Petite section nature (ossements d'oiseaux, coquillages, fragments de bois...). Rare ***collection de sceaux et de tampons*** servant à se peindre le visage et le corps avec une grande variété de motifs géométriques. Là, au centre de la vitrine, admirer l'***idole de Tara,*** une insolite statuette féminine : petite tête, mais énormes bras et cuisses, au côté d'autres figures étonnantes...

– ***Au 1er étage :*** dans cette grande salle à colonnes, expo de ***peaux anciennes*** destinées à la fabrication des vêtements, dont un étonnant gant ! On note ici les différentes façons de coudre avec des aiguilles en os taillés en pointe. Également de ***vieilles vanneries,*** tresses en jonc ou en roseaux, pour lesquelles on remarque encore la grande diversité des méthodes de fabrication, et l'extrême finesse de certains points de tissage. Puis saisissante découverte de la ***momie***

d'Arguineguín qui annonce une exceptionnelle et spectaculaire ***collection de crânes humains et de momies,*** le tout dans une longue galerie aux vitrines vintage en bois ! La qualité de l'embaumement et le nombre de bandages qui entourent le corps indiquent le statut social du mort... Là, au bout de la galerie, ne pas rater l'impressionnante ***reconstitution d'une grotte funéraire,*** avec ses éclairages ajustés : vestige de sarcophage taillé dans un tronc, momie d'enfant qui a conservé une partie de ses tissus et viscères, crânes trépanés... Brrr ! Puis une importante section de superbes ***céramiques funéraires*** montrant une grande diversité de motifs décoratifs. Série de photos reconstituant le processus de leur fabrication.

Du Museo Canario à la cathédrale
(plan Vieille ville et Triana, C3)

➢ Par la calle Pedro Díaz, rejoindre la noble, paisible et provinciale ***plaza Santo Domingo*** *(plan Vieille ville et Triana, C3),* où les vieux se réchauffent au soleil et les gamins tapent le ballon. Au fond de la place, l'***iglesia Santo Domingo,*** détruite en 1599, reconstruite en 1622. Voûte en berceau, nef sur larges arcades et colonnes en pierre. Magnifique retable plateresque en bois sculpté doré. Puis coquette ***plaza del Espíritu Santo,*** bordée d'un ***ermitage*** et d'autres demeures nobles. C'est historiquement le point zéro de la ville ; de là que partit tout le réseau de distribution de l'eau dans l'île (fontaine recouverte d'un petit baldaquin à coupole). Ensuite, ***calle Castillo,*** séduisante série de petits palais, notamment aux n°s 6, 14, 16 et 20. Certaines fenêtres en forme de moucharabiehs. Puis dans l'alignement, la ***calle Ramón y Cajal*** mène au tout proche *San Martín Centro de Cultura contemporánea* (voir plus haut), installé dans le 1er hôpital de la cité.

➢ Voici la vaste et charmante ***plaza de Santa Ana,*** la toute 1re de la ville, construite au début du XVIe s. Tout rappelle une place centrale d'un pays d'Amérique latine (Équateur, Colombie...) : la cathédrale Santa Ana, au bas la mairie, les divers édifices, les palmiers, le style de l'ensemble. Parmi les monuments notoires, remarquer les ***casas consistoriales*** (la mairie) édifiées en 1842 et de style néoclassique. À l'intérieur, dans la cage d'escalier, une grande peinture – *Les Immigrants,* célèbre œuvre de Ventura Álvarez Sala – rappelle que les Canaries furent une terre d'émigration vers les Amériques. Également une annexe de l'office de tourisme municipal sur place. Plus bas, sur la gauche de la cathédrale quand on regarde celle-ci, le ***palacio épiscopal,*** longue bâtisse à l'austère façade. De la même époque que la place, il représenta bien sûr le pouvoir religieux. Beau portail Renaissance surmonté d'un blason. Au n° 5, également un étonnant ***bâtiment moderniste,*** dont l'architecture séduisante détonne !

👁👁 ***Catedral Santa Ana*** *(plan Vieille ville et Triana, C3)* **:** *pl. de Santa Ana, 13. ☎ 928-33-14-30. En dehors des heures des messes, accès seulement par le Museo diocesano de Arte sacro (voir ci-après).* 8 chiens en bronze montent la garde face à la cathédrale dont la construction débuta à la fin du XVe s pour s'achever au XIXe s. Façade néoclassique et intérieur qui se révèle impressionnant. Architecture splendide de grande ampleur à 3 nefs de même hauteur (type « halle »). Fines et élégantes colonnes cannelées se terminant par un prodigieux jaillissement de nervures en forme de palmier, donnant naissance à des voûtes dites « en liernes », fascinant treillis de nervures en pierre sur fond blanc. Stalles du XVIIIe s et quelques tombes.

👁👁 ***Museo diocesano de Arte sacro*** *(plan Vieille ville et Triana, C3)* **:** *c/ Espíritu Santo, 20. ☎ 928-31-49-89. Tlj sauf dim 10h-16h30. Fermé j. fériés. Entrée : 3 € ; réduc ; gratuit moins de 14 ans. Et accès toit (ouv jusqu'à 18h) pour 1,50 €.*

Sur le flanc de la cathédrale, séduisant *patio de los Naranjos,* avec fontaine qui glougloute et élégante véranda à balustres, pour ce lieu qui aurait abrité de 1597 à 1820 l'épouvantable tribunal de l'Inquisition !
- ***Rez-de-chaussée :*** voir les 14 tableaux contemporains (1963) à l'encre de Chine représentant la Passion du Christ (« Via Crucis »). Plus loin, une collection de santons dans un meuble vitré. Salle suivante, collection de statues en bois polychrome des XVIIe-XVIIIe s, notamment un petit Jésus (*Niño Jesus*) en ivoire (pièce rare d'influence orientale). Puis dans l'autre salle, un immense saint Christophe au pourpoint doré très ornementé portant un enfant sur son épaule. Noter son gros pied gauche enfoncé dans la boue du chemin...
- ***1er étage :*** *sala de Contaduría (comptabilité).* Y sont exposés de grands et de petits tableaux dont une *Vierge à la colombe* de 1622, *Saint Jérôme* de l'atelier Jan Massys (école flamande du XVIe s), et cette étonnante peinture représentant les *Mártires de Tazacorte,* une histoire véridique où 12 Pères jésuites furent sauvagement attaqués et torturés par des Huguenots en 1570 sur l'île de La Palma... D'anciens persécutés devenus persécuteurs... telle est l'ironie de cette peinture réalisée au XVIIIe s.
- ***Salle capitulaire :*** datant du XVIIIe s et de forme ovale, c'est là que se réunissaient l'évêque et son chapitre. Grand crucifix canarien de 1791 qu'on sort en procession le Vendredi saint. Pièces d'orfèvrerie religieuse : ostensoirs, custodes, etc. Acte de fondation du séminaire (1781).
- ***Dernière salle :*** statuaire de la Vierge et de diverses saintes, dont une insolite santa Catalina avec un nain à ses pieds.

Dans Triana *(plan Vieille ville et Triana)*

➢ Passé le grand boulevard qui sépare de la vieille ville, voici Triana, la ville du XIXe s. On dit que ce quartier fut fondé par des immigrants originaires du quartier de Triana à Séville. Avant la construction du port au nord de la ville, c'est ici que résidaient aussi les marins. On y trouve nombre d'édifices de style XIXe s et d'intéressants musées, des espaces verts, des parcs... Centre commerçant de la ville avec la *calle Triana* comme épine dorsale.

👁👁 ***Calle Triana*** *(plan Vieille ville et Triana, C1-2)* **:** cette longue rue piétonne très fréquentée concentre tous les styles architecturaux de la ville : façades néoclassiques, néobaroques, historicistes, modernistes, Belle Époque, Art nouveau, etc., côtoyant des immeubles des années 1950-1960... Éclectisme de bon ton et plaisant. S'attarder en particulier sur les ***n°s 76, 78, 80 et 82*** : intéressante suite d'immeubles modernistes construits dans les années 1900-1910. C'est en fin d'après-midi qu'il faut parcourir la calle Triana et se mêler à la foule des badauds... De plus, ses ruelles perpendiculaires comptent de nombreux restos et terrasses très animés. Ne pas manquer, sur la plaza Stagno toute proche, le ***teatro Pérez Galdós*** *(plan Vieille ville et Triana, C2),* emblème de la culture canarienne depuis plus de 100 ans, flanqué d'une extension moderne. Avec ses intérieurs décorés par le peintre canarien Néstor de la Torre, il fut inauguré par une représentation de la *Traviata* de Verdi *(infos programme : • auditorioteatrolaspalmasgc.es •).*

👁 ***Plaza Hurtado de Mendoza*** *(plan Vieille ville et Triana, C2)* **:** Hurtado de Mendoza fut un vice-roi du Pérou au XVIe s, l'archétype du conquistador avide et cruel. La place est appelée aussi « plaza de las Ranas » (place des Grenouilles). Elle est largement ombragée et bordée par la *Biblioteca insular,* grand bâtiment néoclassique (1898) où viennent réviser les étudiants. Là, quelques terrasses de bistrots accueillantes et animées en soirée.

👁👁 ***Ilustrísimo Gabinete Literario*** *(plan Vieille ville et Triana, C2)* **:** *pl. de Cairasco, 1. ☎ 928-37-21-49. • gabineteliterario.com • Ne se visite pas (club privé). On peut admirer la façade et éventuellement jeter un coup d'œil dans le hall de réception.* Pour nous, c'est le plus bel édifice du XIXe s. Façade d'une richesse décorative sans pareille, surmontée de 2 petites tours. Noter l'imposant porche à colonnes, les grandes fenêtres ouvragées, le balcon à balustres. Même magnificence à l'intérieur, grand hall fendu d'un remarquable escalier et ses portes de style Art nouveau... La nuit, avec le halo des réverbères, dans les jeux de lumière et les ombres des palmiers devant, on dirait un vrai décor de théâtre ! Rien d'étonnant à cela, c'est un ancien théâtre partiellement transformé en resto chic. À côté, l'***Alameda de Colón,*** place commémorant le beau Génois. Sa statue est toute proche de la ***iglesia San Francisco,*** à l'élégant porche en pierre sculptée, cerné de colonnes. Et juste à côté, bordant le côté ouest de la plaza de Cairasco, la calle Doctor Domingo Déniz abrite – aux n°s 5, 7 et 9 – 3 immeubles du XVIIIe s et de la 1re moitié du XIXe s.

🏛 ***Casa-Museo Pérez Galdós*** *(plan Vieille ville et Triana, C2)* **:** *c/ Cano, 2-6. ☎ 928-36-69-76. • casamuseoperezgaldos.com • Tlj sauf lun 10h-18h. Fermé 1er et 6 janv, mar de carnaval, 1er mai et 24, 25 et 31 déc. Visite guidée (20 mn) ttes les heures en espagnol et en anglais. GRATUIT.* Maison natale de Pérez Galdós, l'un des plus grands écrivains espagnols de la fin du XIXe s (1843-1920). L'édifice lui-même est un intéressant exemple de l'architecture de cette époque. Petit patio de charme, avec son palmier et sa véranda sur fines colonnettes en bois. Le bureau, la salle à manger au beau parquet et plafond en bois, le salon-bibliothèque, la cuisine, le vénérable mobilier, la chambre à coucher au décor sobre... c'est une des plus belles maisons d'écrivain des Canaries. On y découvre ses archives, objets personnels, livres, dessins et manuscrits, et une sculpture de Victorio Macho.

🏛 ***Parque de San Telmo*** *(plan Vieille ville et Triana, C1)* **:** c'est là que s'arrêtait le rempart nord de la ville, juste à côté du tout 1er port... C'est là également qu'au XVIe s les caravelles, les galions et les navires espagnols accostaient, du temps où la mer venait presque jusqu'à l'ermitage San Telmo. Ombragée, verdoyante, avec 2 ***kiosques modernistes*** – l'un à rafraîchissements, l'autre à musique – au style orientalisant. Également un autre petit kiosque abritant un ***infopoint*** de l'office de tourisme. Voir aussi l'***ermitage de San Telmo,*** curieuse chapelle ancienne plantée à l'angle du parc, connue pour son beau retable baroque doré. Enfin, au nord de la place *(c/ Bravo Murillo, 23),* le ***Cabildo insular*** (gouvernement des îles ; *plan Vieille ville et Triana, B1*) de style rationaliste (nette influence de Le Corbusier).

À mi-chemin de Triana et de playa de las Canteras (plan d'ensemble)

🏛 ***Ciudad Jardín*** *(plan d'ensemble)* **:** *à mi-chemin des quartiers historiques et du quartier de la plage de las Canteras.*
Ciudad Jardín se révèle une halte reposante pour ceux qui consacreraient plus de temps à la ville. Quartier fondé par les Anglais dans la 2de moitié du XIXe s, symbole de leur engouement pour les Canaries. On y trouve l'église anglicane, le *British Club,* et le légendaire ***hôtel Santa Catalina*** (c/ León y Castillo, 227), construit par une compagnie anglaise et inauguré en 1889. Y ont séjourné une ribambelle de princes, princesses, rois et reines, célébrités et artistes : Agatha Christie, Ava Gardner, Sofia Loren, Alain Delon, Marcelo Mastroianni, Jeanne Moreau, Mario Vargas Llosa, Rostropovitch, Shakira, Sting...
Le quartier autour de l'hôtel lui sert d'écrin avec d'opulentes villas et jardins fleuris. Séduisant ***parque Doramas*** (du nom de l'un des leaders canarii qui résistèrent aux Espagnols au XVe s). Il abrite le ***Pueblo Canario,*** reconstitution de village typique, avec expo d'art, d'artisanat et de folklore canariens. Au cœur du petit parc, l'intéressante section présentant toute la richesse végétale de l'île, la flore et de nombreuses essences typiques, au son d'une fontaine chantante... Et pour les amateurs d'art, rendez-vous au musée Néstor...

🏛🏛 ***Museo Néstor*** *(plan d'ensemble)* **:** *parque Doramas, s/n ; Pueblo Canario. ☎ 928-24-51-35.* ***Actuellement fermé pour rénovation.*** Installé dans l'une des jolies demeures du *Pueblo Canario,* c'est un remarquable musée consacré à Néstor Martín-Fernández de la Torre (1887-1938), l'un des plus grands peintres espagnols de l'école symboliste et moderniste. Une dizaine de salles montrent son talent dans des styles très différents. On a bien aimé la section *Poema de la Terra* d'une sensualité torride, notamment les toiles sublimes *Melodía* et *Noche,* avec un superbe travail sur les corps... Section symbolisme, *Dama de Rosas* et ses fondus enchaînés de rouges ; section *Poème de l'Atlantique,* le comble de l'onirisme et du fantastique avec *Almanecer* (ou les « éphèbes chevauchant les poissons ») ; dans la série *Portraits,* l'attitude, les traits pleins de préciosité de *Madame Bocher* ; et puis ses beaux croquis de costumes et mises en scène de théâtre, ses paysages canariens rêvés et sublimés... Ce Néstor, on ne s'en lasse pas !

Le quartier de Santa Catalina
(playa de las Canteras ; plan Las Palmas nord)

Moins riche en monuments que le sud de la ville... Au bout de la calle Nicolás Estevanez, on rencontre le ***parque de Santa Catalina*** *(plan Las Palmas nord, C2),* une bienheureuse trouée verte et aérée dans cet environnement urbain dense. On y trouve le bureau principal de l'office de tourisme, un édifice de style néocanarien dessiné par Néstor de la Torre.
Au passage, le ***mercado del Puerto*** *(plan Las Palmas nord, C1),* animé, présente une belle halle métallique du XIXᵉ s. Dans un environnement préservé apparaît alors le ***castillo de la Luz*** *(plan Las Palmas nord, D1),* édifié en 1494, et rare survivant des fortifications qui protégeaient la ville. Quant au port, c'est l'un des plus importants d'Espagne et même du monde, si l'on considère le tonnage de marchandises et le nombre de passagers des bateaux de croisière...

Museo Elder de la Ciencia y la Tecnología *(plan Las Palmas nord, C2) : parque de Santa Catalina, s/n. ☎ 828-01-18-28. • museoelder.org • Mar-jeu 9h-19h, ven-dim 10h-20h. Fermé lun, 1er et 6 janv, mar de carnaval, 1er mai, 24, 25 et 31 déc. Entrée : 6 €, réduc ; gratuit moins de 4 ans.*
Le bâtiment est composé d'une base ancienne surmontée d'une partie moderne en verre fumé : passé et futur cohabitent. De même, au dehors, une caravelle du XVIᵉ s posée sur la pelouse d'un parc public fait face au fuselage avant d'un avion Boeing à l'entrée du musée...
– ***Rez-de-chaussée :*** dans le hall de réception, étonnante peinture murale sur le thème du Numéro magique à travers l'histoire. Les enfants aimeront la *Maquina de Betancourt*. Cette structure originale de 3 m de haut est un amalgame sophistiqué de tubes, d'hélices, de pendules où de grosses billes circulent selon la loi de la pesanteur et de la gravité. Ce pourrait être une invention du professeur Tournesol ! Grande salle avec un véritable avion de chasse dans lequel on peut prendre la place du pilote, une fusée, un satellite et des maquettes, une hélice d'éolienne, des drones, des voitures et un vrai moteur de Boeing 737 !
– ***1er niveau :*** le ***Planetario.*** Salle interactive où le visiteur peut se livrer à des expériences intéressantes et ludiques : le coin des miroirs, la fenêtre magique, la maison mystérieuse, la coupole des ondes, et l'étrange Cubo Mágico de Orden 8...
– ***2e niveau :*** où l'on découvre la vie et l'œuvre d'***Agustín de Betancourt*** (1758-1824), descendant d'un cousin du conquérant normand du XVᵉ s. Né à Tenerife, cet ingénieur canarien, diplômé de l'École des Ponts et Chaussées de Paris, fut recruté en 1807 par le tsar Alexandre Iᵉʳ de Russie pour effectuer de grands travaux dans l'Empire russe. Il est mort à Saint-Pétersbourg où il avait dessiné la cathédrale Saint Isaac. En 1990, Gorbatchev lui a rendu hommage par ces mots : « c'est le plus illustre collaborateur que la Russie ait jamais eu... ».

Au nord de la ville, bordant à l'ouest le quartier très urbanisé de Santa Catalina, on trouve la ***playa de las Canteras,*** qui s'étend sur 3 km au fond d'une baie assez protégée. C'est le Copacabana de Las Palmas ! Populaire, elle est longée par une agréable promenade qui aligne restos, bars et commerces. Dans sa partie nord, la plage offre un rendez-vous aux surfeurs ; alors qu'à son extrémité sud, on est séduit par l'intéressante architecture moderne de l'***auditorio Alfredo Kraus*** *(plan Las Palmas nord, A3 ; avda Príncipe de Asturias, s/n ; ☎ 928-49-17-70 ; • auditorioteatrolaspalmasgc.es •).*

AUX ALENTOURS DE LAS PALMAS DE GRAN CANARIA

En utilisant Las Palmas comme camp de base, avec une voiture de location, voici un itinéraire permettant d'admirer de beaux paysages de montagne, des villes de charme, un superbe jardin botanique...

ARUCAS (35400) 37 054 hab.

• Plan *p. 101*

À une quinzaine de kilomètres au nord-ouest de Las Palmas par l'autoroute du Nord, Arucas reste la capitale de la culture bananière, et produit aussi le rhum le plus célèbre des Canaries. La ville connut un énorme boom économique dans la 2de moitié du XIXe s et au début du siècle suivant ; ce qui explique la présence de l'impressionnante église néogothique qui domine la ville. Une étape bien séduisante...

Arriver – Quitter

Estación de autobuses Global *(gare routière ; plan A1) : c/ Bruno Pérez Medina. ☎ 928-25-26-30. • globalsu.es •*

➢ ***Las Palmas*** *(San Telmo)* **:** bus nº 210 (15-31/j.). D'autres liaisons avec les nºs 205, 206 et 234.

➢ ***Firgas :*** bus nº 211 (env 12/j.).

➢ ***Moya :*** bus nº 123 (2-5/j.).

➢ ***Teror :*** bus nº 215 (1-2/j.).

➢ ***San Felipe :*** bus nº 213 (env 5/j. sauf dim).

Adresse et infos utiles

ℹ ***Oficina de turismo*** *(plan B1) : c/ León y Castillo, 10. ☎ 928-62-31-36. • arucasonline.com • Lun-ven 9h (9h30 lun)-17h, sam 10h-14h ; fermé dim.* Dynamique et accueillant. Brochures en français.

– ***Mercado :*** *sam mat, c/ Juan de Bethencourt Domínguez.*

Où dormir ? Où manger ?

Hotel rural La Hacienda del Buen Suceso *(hors plan par A1,* ***10****) : ctra Arucas-Bañaderos (GC-330), km 1. ☎ 928-62-29-45. • hacienda@haciendabuensuceso.com • haciendabuensuceso.com • Doubles 150-170 €, petit déj inclus. Dîner 19 €.* Ancienne ferme du XVIe s qui produisait naguère

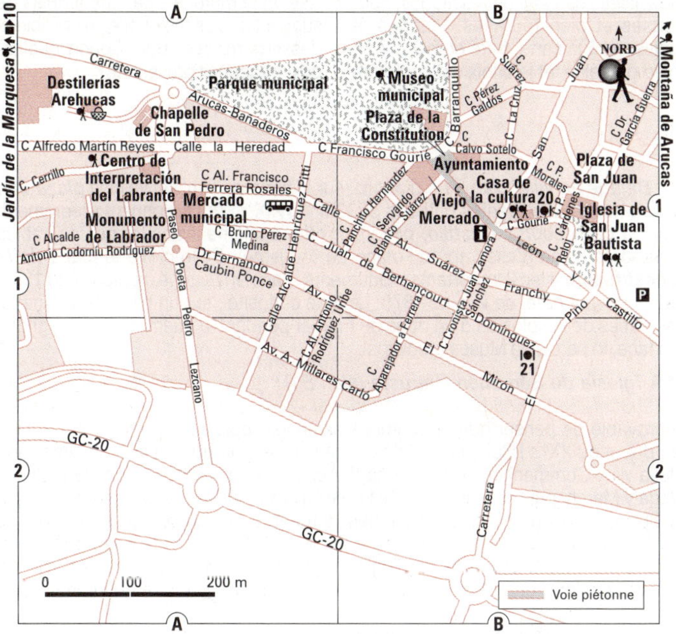

ARUCAS

■	**Adresse utile**	
	🅸 Oficina de turismo (B1)	
	Où dormir ? Où manger ?	
10	Hotel rural La Hacienda del Buen Suceso (hors plan par A1)	
20	Tasca Jamón Jamón (B1)	
21	De Enyesque (B2)	

de la canne à sucre. Aujourd'hui – reconversion oblige – elle se trouve au beau milieu d'une plantation de 50 ha de bananiers, dans un environnement agricole verdoyant et paisible. Les bâtiments sont de style néorustique mais sans la patine et le charme de l'ancien temps. C'est en fait du vieux neuf, bien tenu et très confortable ! Une vingtaine de chambres, agréables, certaines avec lit à baldaquin. Vue sur la campagne. Sur place : resto, salle de sport, piscine...

Tasca Jamón Jamón *(plan B1, **20**) : c/ Gourié, 5. ☎ 928-60-34-97. Dans une ruelle piétonne, à côté de la Casa de la Cultura. Tlj sauf jeu 12h-23h (17h mer). Plats 5-12 €.* Comme son nom l'indique, il est spécialisé dans le jambon ibérique, mais pas uniquement. On y mange des *croquetas* de poisson, des *calamares,* du poulpe, et le *galteado de setas* (sauté de champignons des bois). Quelques tables dans la ruelle, au calme. Bon service et prix très raisonnables. Vin de Malvoisie (des Canaries) au verre.

De Enyesque *(plan B2, **21**) : c/ Juan de Bethencourt Domínguez, 38. ☎ 928-62-31-59. • info@deenyesque.com • Ouv 13h-minuit. Fermé mar soir et mer. Plats 7-17 €.* Demandez dans la rue, c'est *De Enyesque* que les locaux vous conseilleront en 1er ! Juste au-dessous de l'église San Juan Bautista, à la lisière du vieux centre, un petit resto propret réputé pour ses spécialités canariennes rustiques, goûteuses et bien tournées. Viandes et poissons à la carte, terre et mer sur un pied d'égalité, et le choix est complété – selon le marché – par une ardoise de suggestions ; sans oublier les délicieux desserts maison. Bon rapport qualité-prix, et accueil prévenant.

À voir

➢ ***Balade en ville*** *(plan B1)* **:** d'abord, sur le flanc de l'église, voici la ***plaza San Juan,*** bordée d'élégantes bâtisses du XVIIe au XIXe s, qui fusionnent allègrement. Puis la ***calle León y Castillo,*** piétonne, offre également son lot de vénérables demeures (l'une d'elles abrite l'office de tourisme). Celle-ci mène ***plaza de la Constitución*** avec 2 importants monuments : l'ancien *marché municipal* de 1882, et l'imposant *hôtel de ville* de 1875. Là, une curiosité : sur un pilier de la façade, les traces de l'explosion d'un obus de mortier pendant la guerre civile espagnole. En face, le parc et le Musée municipal.

☛☛ ***Iglesia de San Juan Bautista*** *(plan B1)* **:** *pl. San Juan. ☎ 928-60-56-22. Tlj 9h30-12h30, 16h30-19h. Fermé le mat les 1er et 3e mer du mois. GRATUIT.* Incroyable de penser que cette impressionnante église néogothique fut édifiée au début du XXe s ! Son important volume est sans proportion avec la dimension de la ville. Commencée en 1909 à partir des plans de l'architecte catalan Manuel Vega y March, puis consacrée en 1917, ses travaux ne s'achèvent qu'en 1977 par la flèche : 65 m de haut. Contrairement à nombre de sanctuaires néogothiques ou néoromans – souvent horribles ! –, la construction fut ici réalisée quasiment à l'ancienne, sans grosse technologie, en soignant particulièrement le travail de sculpture. Noter quand même le côté terne et gris de la pierre que l'on n'a pas envie de caresser...

À l'intérieur, lignes et volumes harmonieux et beaux vitraux confectionnés entre 1916 et 1928 par des artistes français de la maison Mauméjean. Derrière le maître-autel, détaillez en particulier le vitrail de la *décapitation de saint Jean-Baptiste,* éclairant la chapelle du Calvaire et son gisant du Christ, œuvre de Manolo Ramos González (artiste local qu'on retrouve au Musée municipal). Crucifixion du chœur du XVIIe s.

☛ ***Museo municipal*** *(plan B1)* **:** *c/ Barranquillo, 1. ☎ 928-62-81-65. Tlj 10h-16h. Fermé dim et fêtes. GRATUIT.* Au bord du *parque municipal,* luxuriant à souhait, ce musée – installé dans une agréable maison du XIXe s avec patio – vaut surtout pour sa belle collection de dessins au fusain, de sanguines et de sculptures réalisés par *Manolo Ramos González* (1899-1971). Également d'autres sculptures et peintures d'artistes originaires de l'île...

☛☛ ***Casa de la Cultura*** *(plan B1)* **:** *c/ León y Castillo, 5. Lun-ven 9h-14h, 16h-21h ; sam 10h-13h ; fermé dim. GRATUIT.* Maison canarienne traditionnelle du XVIIe s avec son gentil patio planté d'un impressionnant dragonnier, vieux de plus de 150 ans. Long balcon en bois sculpté soutenu par des colonnettes sur base en pierre, et murs agrémentés de pilastres. Le lieu accueille aujourd'hui la bibliothèque municipale. Une petite halte reposante, au frais.

☛ ***Destilerías Arehucas*** *(plan A1)* **:** *lugar Era de San Pedro, 2. ☎ 928-62-49-00. • arehucas.es • ♿ Visite guidée (env 30 mn) lun-ven 9h-14h. Fermé le w-e et j. fériés. Entrée : 4,20 € ; gratuit moins de 18 ans.* Fondée en 1884, cette fabrique de rhum

ARUCAS, BERCEAU DU RHUM DES AMÉRIQUES

La chronique raconte que, lors d'une de ses escales à Gran Canaria, Christophe Colomb embarqua des cannes à sucre d'Arucas. Il les planta à Saint-Domingue et à Cuba. Ainsi la culture de la canne à sucre se répandit dans le Nouveau Monde.

est repérable à sa haute cheminée. On y découvre l'une des plus grandes caves d'Europe avec 5 000 fûts en chêne d'Amérique, dont certains ont été signés par les plus illustres visiteurs (chanteurs, footballeurs, famille royale...). Et après un passage (un peu rapide, peut-être) par l'atelier de mise en bouteille, on finit dans la nouvelle salle de dégustation et la boutique ! L'occasion alors de découvrir les différents rhums de la maison : blancs, vieux, aromatisés au café, chocolat...

Si l'on dispose d'un peu de temps, rendez-vous au ***jardín de la Marquesa*** *(hors plan par A1)* : *ctra Arucas-Bañaderos (GC-330). ☎ 928-60-44-86. • jardindelamarquesa.com • À 500 m du centre-ville. Lun-sam 9h-18h. Fermé dim. Entrée : 6 € ; réduc.* Outre un beau petit hôtel particulier, on se promène dans un séduisant jardin tropical fondé en 1880 par le 1er marquis de Arucas, Ramón Madam y Uriondo. C'est un de ses neveux qui en est aujourd'hui propriétaire. Le jardin contient près 500 espèces végétales variées. Les amateurs verront aussi le ***Centro de Interpretación del Labrante*** *(plan A1)* : *c/ Alcalde Francisco Ferrera, 1 (angle c/ Cerrillo, 1). ☎ 928-62-17-47. Lun-ven 9h-16h. Fermé le w-e. GRATUIT.* Micro-musée dédié au travail de la pierre locale, la *piedra azul* (pierre bleue d'origine volcanique) ; de son exploitation en carrière au ciselage pour réaliser éléments d'architecture ou sculptures d'art. Enfin, petit détour à la ***Montaña de Arucas*** *(hors plan par B1)*, ancien volcan vieux de 300 000 ans et situé au nord immédiat de la ville, pour un saisissant panorama sur toute la région.

Fête et festival

– ***Fête de la Saint-Jean*** *(San Juan)* : *23 et 24 juin.* La plus grande fête de la ville. Processions dans le vieux centre, feux de joie et feux d'artifice, danses traditionnelles...
– ***Corpus Christi*** : *3 juin 2021 et 16 juin 2022...* Son origine remonterait aux 1ers temps de la colonisation. Une quarantaine de tapis faits de sel, sciure de bois, terre locale et fleurs sont dessinés au sol dans les rues de la ville... Dessins particulièrement élaborés, de véritables œuvres d'art ! La procession se termine à l'église sous une pluie de pétales de roses, constituant le dernier tapis de la fête...

FIRGAS (35430) 7 486 hab.

À 9 km à l'ouest d'Arucas, perché à 465 m d'altitude, ce village tout blanc est réputé dans les Canaries pour son eau minérale. N'est-il pas surnommé depuis longtemps « Vila del Agua » ? Charmante place de l'*iglesia San Roque,* fondée au XVIe s, avec son joli fronton-campanile baroque en pierre. Juste à côté, la terrasse devant la mairie offre un panorama exceptionnel. Par beau temps, possibilité d'apercevoir Tenerife. Enfin, attenant à l'office de tourisme, un *vieux moulin* du XVIe s. Les alentours se prêtent bien à la randonnée pédestre. Spécialité locale : la soupe de cresson.

➢ Bus n° 211 (env 12/j.) depuis ***Arucas*** *(infos bus Global : ☎ 928-25-26-30 ; • globalsu.es •).*

Adresse utile

Oficina de turismo : *c/ El Molino, 12. ☎ 928-61-67-47. • firgas.es • Lun-ven 8h-15h ; fermé le w-e.* Dépliant en français et guide des sentiers de randonnée du coin.

Où manger dans le coin ?

Las Brasas : *avda La Cruz, 36, à* ***La Cruz de Firgas.*** *☎ 928-62-52-50. • adm.adaderolasbrasas@gmail.com • À env 2 km au sud-est de Firgas par la GC-30, puis à droite sur la GC-20 en direction d'Arucas. Fermé lun-mar. Plat env 9 €, repas 10-20 €.* On n'atterrit pas par hasard dans ce village sans charme ! Les habitués font des détours invraisemblables pour venir se délecter des poulets (petite ou grande portion) dans une grande salle populaire et animée. Le week-end il y a souvent une longue file d'attente. Dans tous les cas, le client doit retirer un jeton avec un numéro à l'entrée du resto et attendre son tour. On y sert aussi des viandes grillées (servies au poids) : veau, cochon...

À voir

Paseo de Gran Canaria : la curiosité majeure, l'attraction principale de Firgas, c'est cette grande cascade artificielle ornementée au cœur du village. Elle court sur plus de 30 m au milieu d'une ruelle en pente. 2 originalités : dans la partie basse, une série de superbes bancs en azulejos collés au mur et ornés des armoiries de chacune des 21 municipalités de l'île. Avec les élégantes maisons blanches qui l'environnent, l'ensemble compose un beau décor urbain. Dans la partie haute, le sol est décoré de carrelages d'art représentant les paysages et reliefs de chacune des 7 îles des Canaries.

MOYA

(35420) 7 845 hab.

À 9 km de la côte (San Roque), voici Moya et son arrière-pays déjà montagneux et encaissé. En venant de Firgas (10 km) par la belle route en corniche, on aperçoit sa majestueuse église suspendue au bord du *barranco.* Visite de la maison du grand poète *Tomás Morales,* originaire du village. Aux alentours, balade dans la *reserva natural especial de Los Tilos.*

➢ Depuis ***Las Palmas de Gran Canaria*** *(San Telmo),* bus nº 116 (env 8/j.). Bus nº 123 d'***Arucas,*** et nº 124 (3-4/j.) depuis ***Gáldar.*** *Infos bus Global : ☎ 928-25-26-30 ; • globalsu.es •*

Adresse et infos utiles

Oficina de turismo : *c/ J. Delgado, 6. ☎ 928-61-23-48. • villademoya.es • Tlj sauf dim 9h-15h30 (16h jeu-ven, 13h sam).* Dépliants en français, infos randonnées.

– **Mercado :** *dim mat.*

Où manger dans le coin ?

Los Tilos : *camino Los Tiles, km 2, 3. 📱 609-80-56-18. À env 2 km de Moya, direction Guía. Jeu-dim 12h-17h. Fermé lun-mer. Plats 7-17 €.* Au fond d'une gorge rocheuse encaissée, dans un virage, cette auberge isolée dans la campagne sert une cuisine traditionnelle copieuse. Les locaux s'y attablent le dimanche jusqu'à 17h pour déguster les viandes grillées ou en sauce, spécialités de la maison. À dévorer dans une rotonde ornée de quelques têtes de sangliers et de cerfs. Bon rapport qualité-prix et accueil aimable.

À voir

Casa-Museo Tomás Morales : *pl. Tomás Morales, s/n. ☎ 928-62-02-17. • tomasmorales.com • En face de l'église. Mar-dim 10h-18h (19h juil-sept). Fermé lun, 1er et 6 janv, 1er mai, et 24, 25 et 31 déc. GRATUIT.* « C'est une maison – rouge – adossée à la colline... » où naquit le poète *Tomás Morales* (1884-1921), membre du courant moderniste. Agréable visite à travers les pièces joliment meublées, ses œuvres et souvenirs, son bureau, sa bibliothèque remplis d'objets familiers et d'art, de photos, et enfin son buste réalisé par Victorio Macho...

TEROR

(35330) 12 499 hab.

À 22 km au sud-ouest de Las Palmas par une route sinueuse (sur laquelle les bus, en habitués, semblent rouler bien vite !), partez à la découverte de Teror, capitale religieuse et l'un des villages les plus séduisants de l'île, malgré son nom étrange. De charmantes places et rues piétonnes, bordées de nobles demeures, et surtout une basilique d'une incroyable magnificence... Vous n'y serez certainement pas seul, car le lieu attire touristes et pèlerins. Alors prenez aussi la clé des champs – la campagne environnante offre de belles possibilités de randonnées –, et allez voir, à seulement 1 km du *casco antiguo,* l'élégant *puente del Molino,* plus vieux pont de l'île, achevé en 1828 au dessus du *barranco de Teror...*

➢ Bus n° 216 (16/j.) et n° 229 (20/j.) depuis ***Las Palmas*** *(San Telmo)* ; n° 215 (1-2/j.) depuis ***Cruce San Felipe*** via ***Arucas*** ; n° 220 (2-4/j.) depuis ***Artenara*** et ***Tejeda*** *(infos bus Global : ☎ 928-25-26-30 ; • globalsu.es •).*

Adresse utile

Oficina de turismo : *c/ Real de la Plaza, 2. ☎ 928-61-38-08. • teror.es • Mar-sam 9h30-16h30. Fermé dim-lun.* Dépliant en français, infos randonnées et hébergement en *casa rural.*

Où manger ? Où boire un verre ?

El Encuentro : *pl. del Pino, 5. ☎ 928-61-37-86. Mar-dim 10h-17h (23h30 ven-sam). Fermé lun. Plats 10-17 €.* La bonne table du village, installée dans une belle maison coloniale du début XXe s. Une longue salle proprette avec bar de pays et *comedor.* Savoureuse cuisine canarienne maîtrisée et soignée, qui oscille entre la mer et la terre. Bien aussi pour siroter un verre sur la charmante terrasse au coin de la jolie place de la basilique. Une adresse fréquentée par les gens du cru, au coude à coude avec les touristes !

À voir

Basílica de Nuestra Señora del Pino : *pl. de Nuestra Señora del Pino. ☎ 928-61-34-28 ou 928-63-01-18. Basilique : tlj 9h-20h. Musée : lun-ven 12h-14h30 ; w-e 10h-14h. Entrée : 1 € lun-ven, GRATUIT le w-e.* Construite en 1760 sur une église précédente, dont ne subsiste que le clocher de style gothique portugais. Intérieur sombre, d'où se détachent les larges arcades de la nef et les piliers de granit surmontés de fins chapiteaux sculptés. Coupole à la croisée de transept,

GRAN CANARIA

surplombant 4 beaux autels. Mais le plus beau, c'est le ***maître-autel*** *(retablo mayor)* à la richesse dorée-argentée époustouflante. Dans la partie ***musée,*** admirer l'étonnante chapelle haute du chœur et l'incroyable dais en argent de la Vierge, chef-d'œuvre absolu ! Expo de sa fabuleuse garde-robe, toute brodée de fil d'or et d'argent... Orfèvrerie religieuse également, porte-missel en argent et... témoignages de soutien à l'équipe de foot locale ! Boutiques de souvenirs au 1er étage. À côté de la basilique, le *palais épiscopal,* construit à la même époque et du même style. À noter que la plaza Doña Maria Teresa de Bolívar a été nommée ainsi en hommage à l'épouse de ***Simón Bolívar,*** le *libertador* de l'Amérique latine au XIXe s.

L'ORIGINE D'UN PRÉNOM TRÈS POPULAIRE !

Des bergers virent une apparition de la Vierge à la fin du XVe s au sommet d'un pin (d'où le nom de la basilique « del Pino »). Depuis ce miracle, « Pino » devint l'un des prénoms les plus répandus aux Canaries et jusqu'en Argentine, porté par l'émigration ! Il provoqua la mode d'autres prénoms liés à la Vierge, comme María del Pilar ou María Dolores...

GRAN CANARIA

🚶🚶🚶 ***Calle Real :*** depuis la ravissante *plaza* devant la basilique et son pin géant, remonter cette large rue prestigieuse. Elle est bordée par de nombreuses demeures nobles d'époque coloniale (XVIIe et XVIIIe s) aux façades colorées et aux balcons en bois finement ouvragés. Le style de cette calle Real témoigne de la prospérité de la ville (et de sa région) dans le passé.

🚶🚶 ***Casa-Museo de los Patronos de la Virgen del Pino :*** *pl. Nuestra Señora del Pino, 3. ☎ 928-63-02-39. Lun-ven 11h-16h, w-e 10h-14h. Entrée : 3 €.* Ne pas manquer ce bel édifice avec élégant patio et salles richement meublées et décorées. Reconstitution des salles à vivre et salons, avec un beau mobilier des XVIIe-XVIIIe s, ainsi que de nombreux objets d'art, armes, tableaux, attelages divers de la même époque.

Fête et manifestation

– ***Mercado :*** *ts les dim 9h-15h.* Grand marché qui se tient depuis 2 siècles autour de la basilique. Près de 140 stands où l'on peut se fournir en bons produits locaux : fromages, saucisses, pains, gâteaux artisanaux, et même les douceurs des religieuses du coin ! Plus, bien sûr, l'artisanat et tous les souvenirs liés au culte de la Vierge.
– ***Grande fête de la Vierge :*** *7-8 sept.* Foule énorme et grande ferveur pour la sainte patronne des Canaries.

DE TEROR À LAS PALMAS DE GRAN CANARIA

➢ S'il vous reste du temps, faites donc une large boucle dans la montagne, incluant au passage quelques villages intéressants et de spectaculaires paysages.

VEGA DE SAN MATEO

🚶 À 15 km au sud de Teror, au cœur d'une riche région agricole très vallonnée, ce village – réputé pour son grand marché du week-end – conserve un petit centre colonial autour de son *iglesia San Mateo* (sa cloche fut offerte par la diaspora installée à Cuba, en 1803). Quelques vénérables maisons et un kiosque à musique ajoutent à son caractère. Belles randonnées dans la campagne alentour.

➢ Bus nº 214 depuis ***Teror*** (6-8 bus/j., durée env 40 mn) ; bus nº 303 (env 35/j.) depuis ***Las Palmas*** *(San Telmo)* ; nº 305 (3-7/j.) depuis ***Tejeda*** ; et nº 13 (13-24/j.) depuis ***Telde*** *(infos bus Global : ☎ 928-25-26-30 ; ● globalsu.es ●).*

Adresses et infos utiles

Oficina de turismo : *c/ Dr Ramírez Cabrera, 9. ☎ 928-66-18-60. ● sanmateoturistico.es ● Tlj sauf lun-mar 10h-14h (plus 18h-20h mer-ven si expo).* Installé dans la Caldereta, maison traditionnelle avec patio (et salle d'expo). Dépliants en français et infos sur les sentiers de randonnée.

Mercado agricola y artesanal : *ven et sam 8h-20h, dim 9h-14h, c/ Antonio Perera Rivero, s/n.* Fruits, légumes, charcuterie, fromages, miel, vins et autres pâtisseries ; sans oublier les objets d'artisanat de l'île... et d'ailleurs !

Où dormir ? Où manger à Vega de San Mateo et dans les environs ?

Hotel Rural Las Calas : *c/ El Arenal, 36, à* ***La Lechuza.*** *☎ 928-66-14-36. ● info@hotelrurallascalas.com ● hotelrurallascalas.com ● À env 3 km à l'ouest de Vega de San Mateo par la GC-15. Résa obligatoire. Doubles 88-140 € ; ½ pens possible.* Situé dans un petit village de montagne, ce manoir du XVIIe s niché dans la verdure déploie beaucoup de charme et de caractère. Derrière ses gros murs en pierre bien épais, une bonne dizaine de belles chambres confortables, aménagées avec goût. Elles donnent sur le jardin (palmiers, hortensias), la piscine et le patio fleuri. Accueil cordial.

El Mercado : *c/ A. Perrera Rivero, 4, à Vega de San Mateo. ☎ 928-66-16-21. Tlj sauf lun 7h-minuit. Plats 5-15 €.* Un bar de pays tout simple avec son comptoir des habitués, et son *comedor* en vue directe sur la TV. Au menu, une cuisine canarienne franche et sans triche, et de bonnes assiettes du cru (viandes et poissons grillés) pour nourrir son homme.

Bar-restaurante Ça Manolo : *Madroñal, 81. À 3 km à l'est de Vega de San Mateo sur la route de Santa Brigida. ☎ 928-64-03-40. Jeu-sam 9h30-17h, 20h-22h. Dim et j. fériés 9h-17h. Fermé dim soir et lun-mer. Ración ou ½ ración 5-12 €. Parking sous les eucalyptus.* Les propriétaires possèdent leur propre domaine d'élevage et une boucherie villageoise. Autant dire que leurs viandes sont exquises, c'est la spécialité de la maison : bœuf *(ternera),* veau, porc *(cochino).* Les plats sont plutôt servis sous forme de tapas dans une petite salle chaleureuse décorée de photos de chevaux et d'animaux, dans l'esprit western canarien.

PICO DE BANDAMA

À 569 m d'altitude, on jouit ici d'un charmant panorama sur la côte, bien sûr ! Mais aussi sur l'étonnante caldera, cet ancien cratère de volcan (1 km de diamètre pour 200 m de profondeur) considéré comme « l'une des merveilles de la nature locale », et qui jouxte le *Real Club,* un grand golf planté de palmiers ; contraste insolite avec la rudesse du paysage !

– ***Accès :*** de Vega de San Mateo rejoindre Santa Brigida (10 km) et ensuite prendre la route GC-80 vers Telde, puis après 5 km tourner à gauche avant La Atalaya. La route traverse un faubourg puis grimpe jusqu'au sommet de la colline.

Là-haut, se trouve une annexe du ***Patronato de turismo de Gran Canaria*** *(☎ 928-17-07-71 ; ● grancanaria.com ● ; tlj 9h30-16h30 – 17h w-e et j. fériés),* pour des infos sur l'île, ses villages, ses monuments, ses randonnées, agenda culturel.

Bernardino : *camino Cruz del Gamonal, 170, à* ***Santa Brígida.*** *☎ 928-64-13-15. • rest_bernardino@yahoo.es • À env 10 km à l'ouest du pico par la GC-15. Ouv jeu et dim 11h-17h, ven-sam 12h-23h. Fermé lun-mer. Plats 10-15 €.* Au cœur d'un hameau, resto de campagne largement plébiscité par les gens de l'île, qui font des détours considérables pour aller s'y taper la cloche ! Du bar de pays, on monte au *comedor* rustique, avec mobilier en bois clair. Bonnes spécialités canariennes avec – en vedette – de savoureuses viandes grillées préparées avec soin.

JARDÍN BOTÁNICO VIERA Y CLAVIJO

La visite : *ctra del Centro (GC-310), km 7, à* ***Tafira Alta.*** *☎ 928-21-95-80. • jardincanario.org • Accès en bus depuis Las Palmas : nº 302 (env 10 bus/j.), nº 303 (env 36/j.) et nº 311 (env 15/j.) ; arrêt « Jardín Canario ». Tlj 9h-18h (19h avr-sept). GRATUIT.* Immense jardin botanique de plus de 30 ha ; le plus grand d'Espagne, dit-on ! Il fut créé en 1952 par le botaniste suédois Eric Ragnor Svensson, un passionné des îles Canaries, qui latinisa d'ailleurs son nom en « Sventenius ». Son idée d'origine était de réunir en un seul lieu toutes les espèces endémiques des Canaries, mais aussi de Madère, des Açores, du Cap-Vert : en fait, la Macaronésie, cette série d'archipels de l'Atlantique où prospère une flore singulière. Un exemple : le dragonnier.

Peu de monde dans ce grand jardin, c'est un ravissement de se promener sur les pentes du *barranco,* enrobées de végétation et sillonnées par des ruisseaux qui alimentent quelques fontaines. Quel plaisir de rêver au long des sentiers, en contemplant le monde des palmiers, des cactées et des euphorbes, des dragonniers et de la *laurisilva,* les arbres les plus hauts de l'île... Frais et reposant, on y passe facilement 2-3h.

GRAN CANARIA

LA CÔTE NORD-OUEST

➢ Depuis Las Palmas, suivre l'autoroute du Nord (GC-2), direction Agaete. Plusieurs lignes de bus desservent les villages de cette côte.

EL ROQUE

À 16 km à l'ouest de Las Palmas par la route GC-2 qui longe la côte nord en direction de Gáldar et de Puerto de las Nieves. Il faut sortir de cette route et dans un rond-point prendre un chemin discret et mal indiqué sur la droite menant à un grand parking de terre battue en contrebas. On y laisse sa voiture avant de grimper un escalier pour atteindre cet étonnant vieux village de pêcheurs où l'on ne circule qu'à pied. Perché sur un éperon rocheux, telle une forteresse africaine qui s'avance dans la mer, il consiste en un amalgame de maisons blanches agglutinées autour d'une ruelle principale. On traverse le village en 5 mn et on accède au bout de la ruelle à la *Locanda El Roque,* sorte de figure de proue battue par les embruns de l'océan.

Où manger ? Où boire un verre à El Roque et dans les environs ?

Locanda El Roque : *c/ El Roque, 58, à* ***El Pagador-Moya.*** *☎ 928-61-00-44. Voir accès ci-dessus. Résa conseillée. Mar-dim 10h30-minuit. Fermé dim soir et lun. Repas env 30 €.* Dans ce joli village de pêcheurs fortifié, ce resto intime se tient au bout de la ruelle principale. Il sert une cuisine de marché de haut niveau, avec quelques influences italiennes. Belle terrasse au-dessus des flots et élégant cadre intérieur d'une blancheur immaculée rehaussée de photos noir et blanc. Jolie présentation des mets et service impeccable, pour un bon rapport qualité-prix. Également des chambres à louer.

El Paso : *camino San Lorenzo, 6, à* ***El Pagador-Moya.*** *☎ 928-62-01-77. Mar-dim 10h-23h (ven 23h30 et sam minuit). Fermé lun. Plats 6-16 €.* Depuis le rond-point, faire encore 300 m en voiture vers San Felipe, le resto est sur la droite précédé de son parking. Gentille salle carrée aux baies vitrées donnant sur la mer. On s'y régale de poisson (le poisson du chef s'appelle le *cherne*), de calamar (3 sortes), de poulpe *(pulpo)* et de coquillages *(almejas, mejillones).* Bref, une bonne adresse d'habitués, dont quelques surfeurs, car on ne débarque pas ici par hasard !

SANTA MARÍA DE GUÍA (33450) 13 890 hab.

On utilise plus souvent « Guía » que son nom complet. À seulement 3 km de Gáldar et 25 km de Las Palmas, proche du site archéologique le plus important de l'île – le *Cenobio de Valerón* –, ce village conserve un intéressant petit centre historique. Ce noyau dur ancien, aux rues étroites et difficiles à la circulation, s'organise autour de l'*iglesia parroquial* du XVIIe s, à la façade baroque flanquée de 2 tours néoclassiques. Elle abrite de beaux retables et des œuvres du sculpteur *José Luján Pérez* (1756-1815). Place de l'église, jolie *casa Quintana* du XVIe s, au balcon en bois fatigué. Les rues du centre présentent quelques belles demeures anciennes... Le village est aussi la patrie du célèbre fromage – *queso de flor* – parfumé à la fleur de chardon, et utilisé dans la cuisine locale.

➢ Bus nº 103 (env 25/j.) depuis ***Las Palmas de Gran Canaria*** *(San Telmo)* et ***Puerto de las Nieves*** via Gáldar et Agaete ; nº 105 (env 30/j.) depuis ***Las Palmas de Gran Canaria*** *(San Telmo)* et ***Gáldar*** ; nº 124 (3-4/j.) depuis ***Moya*** *(infos bus Global : ☎ 928-25-26-30 ; • globalsu.es •).*

Adresse et infos utiles

Oficina de turismo : *c/ San José, 7. ☎ 928-55-30-43. • descubreguia.com • Tlj sauf dim 10h-16h (14h sam).*

– **Mercado :** *mar et dim mat, pl. Grande (face à la mairie).*

Où acheter de bons produits ?

Dulces Artesanos de Guía Antoñita : *c/ Pérez Galdós, 40. ☎ 928-88-21-88. • dulcesartesanosdeguia@gmail.com • Tlj 9h-14h, 16h-19h30. Fermé sam ap-m et dim.* Les fameuses *dulces de Guía* à dévorer en visitant le *casco antiguo.*

À voir

Museo Néstor Álamo : *c/ San José, 7. ☎ 928-55-30-43. • museonestoralamo.com • Tlj sauf dim, 8h-17h (14h sam). GRATUIT.* Installé dans sa maison natale (XVIIe s), musée consacré à l'écrivain Néstor Álamo, qui fut aussi compositeur, musicologue et journaliste. Présentation de *su vida y obra.* À l'étage, intéressant panorama de toute la musique des Canaries, des aborigènes à nos jours, à grand renfort d'instruments.

DANS LES ENVIRONS DE SANTA MARÍA DE GUÍA

Cenobio de Valerón : *cuesta de Silva, s/n. 618-60-78-96. • arqueologiacanaria.com • À 5 km à l'est de Santa María de Guía par la GC-2 (sortie bien indiquée), puis la GC-291. Parking au pied de la falaise ; prendre l'escalier, guichet à mi-chemin. Tlj sauf lun 10h-18h (17h oct-mars). Fermé 1er, 5 et 6 janv, 1er mai, 24, 25 et 31 déc. Entrée : 3 € ; réduc ; gratuit moins de 10 ans.*
Site archéologique canarii majeur, l'un des plus importants de l'île ! Près de 200 cavités creusées de main d'homme pour servir de silos et greniers à grain. L'érosion du cône avait créé une immense grotte et la roche volcanique tendre et friable fut facile à travailler. La légende d'un couvent de jeunes femmes avec leurs cellules dans la roche ne tint pas longtemps aux yeux des archéologues ! Vu la grimpette, on comprend d'ailleurs mieux pourquoi les greniers furent installés à cet endroit. Ils étaient ainsi quasiment hors de vue et difficilement accessibles aux pillards des villages voisins et aux raids des pirates. Une forteresse naturelle en somme.
À l'entrée de la grotte, 2 dragonniers, ***arbres emblématiques de la Macaronésie*** (zone géobotanique incluant les Canaries, les Açores, Madère et les îles du Cap-Vert). Des portes – en pierre le plus souvent – fermaient hermétiquement les cavités pour préserver les outils, les céréales et les semences des insectes et autres animaux nuisibles. Pour cela, les paysans les scellaient avec un mortier de cendres volcaniques jusqu'à les rendre invisibles ! Panneaux explicatifs bien détaillés également sur la géologie, la flore et la faune régionales. De là-haut, panorama grandiose sur le *barranco* et la mer.
– ***Bon à savoir :*** le lundi, jour de fermeture, sur le petit parking à l'entrée du site, on peut rencontrer José Maria Montesdeoca, ingénieur spécialiste des drones, descendant d'une des plus vieilles familles de l'île (un palais et une rue portent son nom à Las Palmas). Il propose aux visiteurs de mettre un casque équipé d'un écran pour suivre grâce aux images retransmises en direct le vol d'un drone au-dessus de ce site spectaculaire *(coût : 5 €).*

GÁLDAR

(35460) 24 235 hab.

À 8 km d'Agaete et 28 km de Las Palmas. Étendue sur le versant d'un grand cône volcanique (le pico de Gáldar), cette ville est un peu la symétrique de Santa Maria de Guía, qui lui fait face vers l'intérieur de l'île. Gáldar a hérité d'un urbanisme ancien aux voies étroites et pentues, bordées de maisons colorées dont beaucoup donnent une physionomie quasi cubiste à la ville. Elle fut naguère une capitale canarii (avec Telde, l'autre capitale canarii sur la côte est)... Ici le roi canarien s'appelait Tenesor Semidan. Une statue lui rend hommage près de la plaza de Santiago, au cœur de la ville, dominée par l'*église Santiago.* Édifiée en 1778, elle fut la 1re des îles Canaries construite en style néoclassique. À l'intérieur, un baptistère du XVe s où furent convertis les Canarii après la *conquista.* Fabuleux musée archéologique de *Cueva Pintada* – le plus important du genre sur l'île – et aussi petite *Casa-Museo Antonio Padrón* présentant l'œuvre de ce peintre originaire de la ville. Sans oublier les côtes alentour incitant à la pratique du surf et de la plongée sous-marine...
➢ Bus nº 105 (18-32/j.) depuis ***Las Palmas de Gran Canaria*** *(San Telmo)* et ***Santa María de Guía*** ; nº 103 (env 25/j.) depuis ***Las Palmas de Gran Canaria*** *(San Telmo)* et ***Puerto de las Nieves,*** via Santa María de Guía et Agaete ; nº 101 (2-5/j.) depuis ***La Aldea de San Nicolás*** ; et nº 124 (3-4/j.) depuis ***Moya,*** via Santa María de Guía *(infos bus Global : ☎ 928-25-26-30 ; • globalsu.es •).*

GRAN CANARIA

Adresse et infos utiles

Oficina de turismo : *pl. de Santiago, 1 (angle c/ Tagoror, 2). ☎ 928-88-00-50. • turismo.galdar.es • Sur le côté de la mairie. Lun-ven 9h-15h30.*
– **Mercado :** *jeu mat, pl. de Santiago.*

Où manger ?

Bodeguita Cá Juancri : *c/ Tagoror, 1, à l'angle de la pl. Santiago. ☎ 928-89-74-15. Mar-jeu 8h-22h30, ven-dim 12h-2h (17h dim). Fermé lun. Plats 6-15 €.* Son emplacement près de cette belle place centrale, et de la Cueva Pintada, est un de ses atouts. Il occupe le rez-de-chaussée d'une vieille maison aux murs rouges. Propose une cuisine canarienne sincère et goûteuse et de succulentes tapas. Peut-être est-il sauvé par sa discrétion et son éloignement des grands circuits balnéaires ? Rapport qualité-prix imbattable. À côté, la *Manteca Colorá*, bien aussi.

À voir. À faire

Museo y parque arqueológico Cueva Pintada : *c/ Audiencia, 2. ☎ 928-89-54-89. • cuevapintada.com • Tlj sauf lun : juin-sept, 10h30-19h30 (11h-19h dim et j. fériés) ; oct-mai, 10h (11h dim et j. fériés)-18h. Départ dernière visite guidée 1h30 avt fermeture. Fermé 1er, 5 et 6 janv, 1er mai, 24, 25 et 31 déc. Entrée : 6 € ; réduc ; gratuit moins de 18 ans, et le 1er w-e du mois. Visite guidée en français sur résa.* Il a fallu plus de 25 années de labeur pour mettre au jour et en valeur ce site unique. Un musée a été construit à l'emplacement même d'un ancien village canarien, entièrement dédié à la civilisation canarii. Voici bel et bien un remarquable et émouvant témoignage de la culture préhispanique, c'est-à-dire de tout ce qui existait sur l'île de Gran Canaria avant l'arrivée des Européens au XVe s. Un parcours didactique permet de découvrir des habitations reconstituées et des grottes indigènes. Des travaux de fouilles se voient bien depuis de grandes passerelles. Les archéologues ont découvert dans la Cueva Pintada d'étranges frises de figures géométriques polychromes à dominante rouge, blanc et noir, image de marque de l'art canarii. Longtemps menacées, elles sont aujourd'hui bien protégées, de l'humidité comme de la pression touristique.

➢ **Loisirs aquatiques :** les côtes autour de Gáldar se prêtent à la pratique du **surf** *(avec* **Pablo Solar,** *à El Pagador ; 696-65-70-92. • pablosolar74@gmail.com • pablosolar.com •).* On peut faire aussi du ***paddle surf*** *avec* **Palawa Sup School,** *à Gáldar ; 660-63-62-75)* et de la ***plongée sous-marine*** *avec* **Buceo Norte,** *à partir du puerto de la Sardina (☎ 928-88-38-07 ; • buceonorte.com • ; tlj sauf mar 9h-14h, 15h-18h).*

PUERTO DE LAS NIEVES (35489) 687 hab.

• Plan *p. 113*

À 34 km de Las Palmas (mais on a l'impression que c'est plus loin), à l'extrémité nord-ouest de l'île, on est ravi de découvrir ce petit port encore assez authentique, aux petites maisons blanches agglutinées autour d'une

GRAN CANARIA

ravissante chapelle coloniale. Ses atouts : un agréable front de mer, une petite plage volcanique, quelques loisirs nautiques dans les environs, et un arrière-pays montagneux et verdoyant propice à la randonnée. Sans compter le vieux village d'Agaete, à 2 km, étalant son ambiance canarienne typique. On aime !

Arriver – Quitter

En bus

Parada de guaguas Global *(plan B1)* ***:*** *ctra al Puerto de las Nieves. ☎ 928-25-26-30. • globalsu.es •*

➢ ***Las Palmas de Gran Canaria*** *(San Telmo),* ***Santa María de Guía, Gáldar et Agaete :*** bus n° 103, ttes les heures.

➢ ***La Aldea de San Nicolás :*** bus n° 101 (2-5/j.).

En bateau

Estación maritima *(plan A2)* ***:*** *au port.* Desservie par la compagnie **Fred Olsen** *(☎ 902-10-01-07 ; • fredolsen.es •).*

➢ ***Santa Cruz de Tenerife :*** 3-6 bateaux/j. (trajet : 1h20).

Adresse utile

Oficina de turismo *(plan A2)* ***:*** *c/ Nuestra Señora de las Nieves, 1. ☎ 928-55-43-82. • agaete.es • aytoagaete.es • Mar-ven 9h-17h, sam 9h-14h30 ; fermé dim-lun.* Dépliants en français, plan des sentiers de randonnée, loisirs nautiques.

Où dormir au port et dans les environs ?

De prix moyens à chic (40-100 €)

RK Hotel El Cabo *(plan A1,* ***10****)* ***:*** *c/ Antón Cerezo, 20. ☎ 928-88-75-20. • reservas@rkhotels.es • rkhotels.es • Doubles 50-83 €.* À 150 m de la mer, un hôtel dans des murs en pierre, à la façade avenante, appartenant à une chaîne de petits hôtels à prix sages. Chambres fonctionnelles, bien équipées (clim) et plutôt spacieuses, toutes décorées avec des couleurs marines. Elles donnent sur la rue pour la plupart, mais celle-ci est très calme la nuit. Immense terrasse-solarium avec belle vue. Bon rapport qualité-prix-accueil.

Hotel Puerto de las Nieves *(plan A1,* ***11****)* ***:*** *c/ Alcade José de Armas, s/n. ☎ 928-88-62-56. • reservas@hotelpuertodelasnieves.es • hotelpuertodelasnieves.es • Doubles 80-100 €, petit déj inclus.* Grosse bâtisse moderne avec des intérieurs aux allures de paquebot ! Une trentaine de grandes chambres confortables et bien aménagées, décorées sur le thème de la mer. Certaines ont un balcon, voire une terrasse (celles du 2e étage). Spa et belle piscine intérieure de forme originale avec des parois couvertes de mosaïque bleu turquoise. Resto sur place. Accueil terne à la réception, c'est le seul hic.

De chic à très chic (de 70 à plus de 150 €)

Hotel & Spa Cordial Roca Negra *(hors plan par B1,* ***12****)* ***:*** *avda Alfredo Kraus, 42. ☎ 928-89-80-09. • info@becordial.com • becordial.com • Après avoir quitté la GC-2, au rond-point, prendre à droite la rue indiquée « barrio El Turman ». Doubles 75-170 € selon confort et saison, petit déj inclus.* Perché sur une colline surplombant la mer, dans un quartier résidentiel chic et calme, un bel hôtel 4 étoiles à l'architecture contemporaine basse et bien étudiée, qui conserve un air canarien. Chambres spacieuses et tout

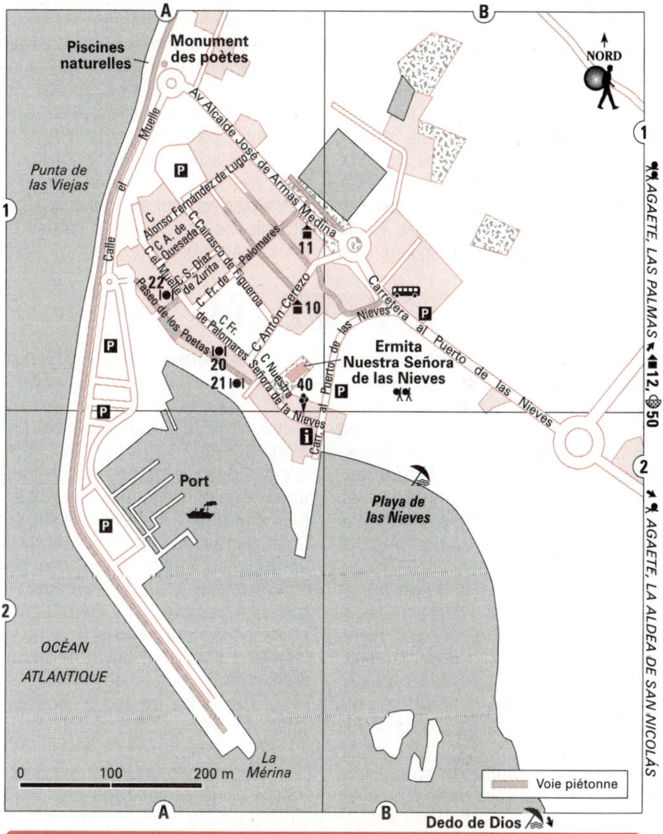

PUERTO DE LAS NIEVES

Adresse utile

- Oficina de turismo (A2)

Où dormir ?

- **10** RK Hotel El Cabo (A1)
- **11** Hotel Puerto de las Nieves (A1)
- **12** Hotel & Spa Cordial Roca Negra, Hotel Rural Finca Las Longueras (hors plan par B1)

Où manger ? Où boire un verre ?

- **20** El Capita (A1)
- **21** Ragù et Los Remos (A1)
- **22** Cofradía de los Pescadores (A1)

Où savourer une glace ?

- **40** Gelateria Cucurucho (A1-2)

Où acheter de bons produits ?

- **50** Finca La Laja – Bodega Los Berrazales (hors plan par B1)

confort, dotées d'une large terrasse sur piscine ou mer. Les plus chères – au 2e étage – ont vue dégagée et accès au spa compris. Grande piscine, salle de sport, spa, resto (en face, de l'autre côté de la rue)... Accueil aimable et attentionné. Une très bonne adresse.

Hotel Rural Finca Las Longueras

*(hors plan par B1, **12**) : valle de Agaete, s/n. ☎ 928-89-81-45. • reservas@las longueras.com • laslongueras.com • À 2,5 km au sud-est du port, par la GC-231. Doubles 95-105 €. Possibilité de ½ pens.* Au cœur du *barranco* de Agaete, jolie vallée agricole verte et escarpée, un adorable manoir du XIXe s s'adosse à la montagne. La couleur rouge cerise de ses murs éclate sous le ciel bleu ! Propriété d'une vieille famille noble, il a été aménagé en hôtel de charme, au cœur d'un domaine de 170 ha planté d'orangers, manguiers, papayers... Il abrite de belles chambres confortables (TV, ventilo) et spacieuses, meublées à l'ancienne, toutes marquées par le style ineffable des vieilles demeures patinées par le temps. Les nos 7 et 9 sont les plus charmantes, avec vue sur le jardin et la campagne. Petite piscine pour se rafraîchir. Accueil attentionné de la gérante car les propriétaires n'y habitent pas.

Où manger ? Où boire un verre ?

El Capita *(plan A1, **20**) : c/ Francisco de Palomares, 37. ☎ 828-05-65-76. • elcapita@hotmail.es • Tlj sauf lun 11h-23h. Plats 7-15 €.* Une des bonnes tables de la ville. Excellente cuisine de la mer servie généreusement dans une salle pimpante dans les tons orange et ornée de plantes grasses, en surplomb du port. Accueil familial et souriant.

Ragù *(plan A1, **21**) : paseo de los Poetas, 10. 📱 605-45-39-65. • info.agaete@ragu.rest • Tlj sauf mar. Menu du jour 20 €, plats 8-16 €. Digestif offert sur présentation de ce guide.* Sur le port, parmi une ribambelle d'autres restos, le *Ragù* se distingue certes par son nom appétissant mais surtout par la teneur de sa cuisine. La maison est à taille humaine, avec une déco lumineuse et fraîche style « bord de mer ». Comme ses voisins, il est flanqué d'une terrasse au bord de l'eau. Cuisine savoureuse qui reprend les recettes locales, en les raffinant, et en y adjoignant des notes italiennes chantantes.

Los Remos *(plan A1, **21**) : paseo de los Poetas, 6. 📱 651-39-01-74. Tlj 10h-22h30. Plats 7-25 €. Menu du jour max 9 €.* Si *Ragù* son voisin est plein, alors rabattez-vous sur *Los Remos* (c'est-à-dire « les rames »). C'est aussi une bonne adresse mais dans un style plus classique. Inutile de ramer pour apprécier sa cuisine de la mer fraîche et franche. Paella, soupe de poisson, sardines, et *popurri de fritura del mar.* Les plats les plus chers sont les poissons du jour (entiers, frits ou grillés). Bon accueil et agréable terrasse extérieure.

Cofradía de los Pescadores *(plan A1, **22**) : paseo de los Poetas. ☎ 928-88-75-92. Tlj 12h-23h. Plats 6,50-26 €.* À l'écart de l'alignement de restos de la promenade des Poètes (paseo de los Poetas), ce resto sert une bonne cuisine de la mer (poissons, coquillages...) à des prix standard. La salle est dénuée de sophistication, mais tout est fraîchement sorti des filets des pêcheurs. Une bonne option dans le genre authentique et portuaire.

Où savourer une glace ?

Gelateria Cucurucho *(plan A1-2, **40**) : c/ Nuestra Señora de las Nieves, 6. 📱 645-20-29-30. • velsev@hotmail.com • Tlj sauf lun 12h-19h30.* De bonnes glaces à l'italienne, brownies, crêpes... Idéal pour une pause en remontant de la plage !

Où acheter de bons produits ?

Finca La Laja – Bodega Los Berrazales *(hors plan par B1, **50**) : c/ de Los Romeros, s/n, dans le barranco de Agaete. 📱 628-92-25-88. • lugojorge3@hotmail.com • bodegalosberrazales.com • À 3 km au sud-est* *de Puerto de las Nieves, par la GC-231. Résa conseillée. Tlj 10h-17h (16h le w-e). Entrée : 6 € avec visite guidée et dégustation de 3 vins et du café maison.* À 400 m d'altitude, cette belle exploitation agricole 2 fois centenaire s'étend sur une douzaine d'hectares, avec des vignes et des cultures étagées en terrasse sur les pentes de la vallée. La famille de Inocencio Lugo produit du vin (3 sortes de blanc, 2 de rouge), à raison de 45 000 litres/an. Les vendanges se font à la main et de nuit. *La Laja* cultive aussi des oranges et des fruits exotiques (mangues, goyaves, kakis...). Le domaine produit également du café, ce qui est unique aux Canaries. Les plants de caféiers poussent à l'ombre des treilles de vigne. C'est ***le seul café produit en Europe.*** Les raisons ? Le microclimat exceptionnel (température moyenne de 20 °C toute l'année) qui règne dans cette vallée protégée et ensoleillée. Dégustation et vente dans la cave creusée dans la falaise sous un énorme rocher. Une adresse et une visite remarquables !

À voir. À faire

Plage *(plan B2)* de sable noir volcanique à gauche du port, en direction de l'ex-fameux rocher ***Dedo de Dios*** *(hors plan par B2)* en forme de « doigt... de Dieu » ! Hélas, cet index rocheux a été cassé par la tempête Delta en 2005 avant de tomber dans la mer ! Depuis l'office de tourisme *(plan A2),* également une agréable ***promenade aménagée sur le front de mer,*** qui se termine au nord par des ***piscines naturelles*** *(plan A1)* creusées dans les rochers, et ainsi protégées de la fureur des vagues. Quelques marches et une rampe en facilitent l'accès.

Ermita de Nuestra Señora de las Nieves *(plan B1)* **:** *c/ Nuestra Señora de las Nieves, 12. Tlj 11h-13h (9h-11h dim).* Jolie chapelle fondée en 1481 (remaniée aux XVIIIe et XIXe s) par le conquistador Alonso Fernández de Lugo, qui implanta aussi la culture de la canne à sucre dans la région. Belle lumière le soir sur sa blanche architecture. Et à l'intérieur, une surprenante copie d'un superbe retable flamand du XVIe s, dont l'original se trouve dans l'*iglesia de la Concepción* à Agaete.

Fête patronale

– ***Fiesta de la Virgen de las Nieves :*** *4-17 août, de réputation nationale !* À cette occasion, la statue de la Vierge quitte l'*ermita de Nuestra Señora de las Nieves* pour l'*iglesia de la Concepción,* à Agaete. Le point d'orgue a lieu le 4 août, lors de la ***Bajada de la Rama*** (« descente de la branche »). Une foule de danseurs – au son de 2 orchestres – part du centre de Puerto de las Nieves, et fait l'aller-retour entre les 2 sanctuaires, en rapportant des branches d'arbres. Des marionnettes à grosse tête mènent le cortège !

DANS LES ENVIRONS DE PUERTO DE LAS NIEVES

Randonnées : récupérer à l'office de tourisme leur dépliant décrivant plusieurs randonnées à réaliser dans la montagne ou sur le littoral. L'une d'elles – sur la côte – va de ***La Palmita à Guayedra*** (3 km) et rejoint une tranquille plage de sable noir. Sinon, côté montagne, celle de ***San Pedro à Tamadaba*** traverse le beau parc naturel de Tamadaba, la pinède la mieux conservée de l'île (description plus bas)...

Agaete *(hors plan par B1-B2)* **:** à 2 km de la mer et de Puerto de las Nieves, ce village est la porte d'entrée de l'arrière-pays et de ses monts rocailleux. Agaete est un gros bourg qui ne manque pas de caractère et se distingue par la blancheur de ses maisons. Particularité, en raison du microclimat exceptionnel qui y règne, on y cultive – en petite quantité – le seul café d'Europe ! Sur la plaza de la Constitución, voir l'intéressante ***iglesia de la Concepción*** *(lun-ven 11h-13h et pdt les messes, fermé le w-e)*, édifiée en 1874 à la place d'un ermitage de 1515 parti en fumée... Le triptyque flamand du retable est superbe. Tout proche, le ***Centro cultural*** et l'***hôtel de ville*** offrant une architecture canarienne typique : patios et balcons ouvragés.

Necrópolis de Maipés : *c/ Chapín, s/n. ☎ 928-17-11-77. 664-69-67-18. • arqueologiacanaria.com • Tlj sauf lun 10h-18h (10h-17h oct-mars). Entrée : 3 € ; réduc.* Ensemble archéologique exceptionnel. Il comprend près de 700 tombes canarii vieilles de 1 300 ans, dont les tumulus en pierre volcanique tranchent avec le vert intense des montagnes environnantes... Certaines tombes mesurent 8 m de diamètre et 3 m de haut ! Les amateurs de plein air iront se balader dans le ***Huerto de las Flores*** *(mar-sam 11h-17h, fermé dim-lun ; entrée : 1,50 €, réduc)*, un séduisant jardin botanique qui fut une bonne source d'inspiration pour le poète *Tomás Morales* (voir le chapitre « Moya »).

Loisirs aquatiques : les côtes alentour sont propices au ***surf*** *(avec **Pablo Solar,** à El Pagador ; 696-65-70-92 ; • pablosolar74@gmail.com • pablosolar.com •)*. On peut aussi pratiquer le ***paddle surf*** *(avec **Palawa Sup School,** c/ Doramas, 50, à Gáldar ; 660-63-62-75)*. Et bien sûr la ***plongée sous-marine*** *(avec **Buceo Norte,** à partir du puerto de la Sardina ; 628-10-74-79 ; • buceonorte.com •)*. Les structures proposant ces activités se déplacent – avec instructeur et matériel – à Puerto de las Nieves, ou viennent y chercher leurs élèves en minibus.

GRAN CANARIA

LE CENTRE DE L'ÎLE

➢ **Les routes particulièrement étroites et pentues qui mènent aux montagnes – grandioses – du centre en découragent plus d'un, et c'est une chance ! De plus, les villages montagneux du Nord, comme *Artenara,* sont beaucoup moins touristiques que ceux du Sud, tel *San Bartolomé de Tirajana,* facilement accessible depuis la touristique *Playa del Inglés.***

– ***Bon à savoir :*** attention aux brutales sautes d'humeur de la météo là-haut ! Vous pouvez quitter en T-shirt un soleil radieux à *Tejeda* et vous retrouver rapidement dans un épais brouillard à la *Cruz de Tejeda,* puis affronter une pluie glaciale et une température qui va taquiner le zéro la nuit...

ARTENARA (35350) 1 177 hab.

Perché à 1 250 m d'altitude, c'est le plus haut village (et un des plus beaux) de Gran Canaria, sorte de perchoir dominant un paysage de montagnes rocheuses, de vallées encaissées autour d'un plateau d'altitude piqué de cactus et de palmiers, avec des pinèdes verdoyantes et des champs cultivés.

➢ Bus nº 220 (2-4/j.) depuis ***Las Palmas de Gran Canaria*** *(San Telmo)*, via ***Teror*** et ***Tejeda*** *(infos bus Global : ☎ 928-25-26-30 ; • globalsu.es •).*
– ***Bon à savoir :*** le trajet par la route GC-210 entre La Aldea de San Nicolás et Artenara ne compte que 28 km mais on y passe plus de 1h15 ! Sinueuse, vertigineuse, cette route asphaltée (en parfait état) traverse un paysage désolé, dépeuplé et sec, digne de l'Asie centrale ou du Mexique : sommets rocheux aux crêtes ciselées, versants érodés par le vent et l'eau, ravins abrupts piqués de cactus, vallées profondes et ici et là des palmiers ébouriffés... Soyez prudent, roulez lentement et n'oubliez pas de klaxonner car la visibilité est mauvaise dans les virages.

LES HABITATIONS TROGLODYTIQUES D'ARTENARA

Autrefois la plupart des villageois vivaient dans des habitations troglodytiques creusées dans les falaises. Cette coutume remonte aux autochtones canarii de l'époque préhispanique (avant le XVᵉ s). Aujourd'hui ces cavités rocheuses ont été prolongées par une extension moderne collée à la falaise où se trouve l'ancien logement troglo. La grotte des ancêtres a donc été conservée comme chambre à coucher. Les habitants d'aujourd'hui y dorment encore, mais ils reçoivent dans la partie moderne ajoutée dans les années 1960. Quelques-unes de ces résidences secondaires ont été réaménagées en casas rurales *insolites, accueillant les voyageurs de passage.*

Adresse et infos utiles

🛈 ***Oficina de turismo :*** *provisoirement installé au Museo etnográfico Casas Cuevas, c/ Párroco Domingo Báez, 13. ☐ 638-92-95-09. • artenara.es • Tlj sauf dim 10h-16h30.* Accueil professionnel et jovial. Dépliants en français, liste des hébergements en *cuevas,* sentiers de rando, infos sur les visites guidées des grottes archéologiques alentour... Également des infos chez ***Arte-Gaia*** (voir plus loin « Où acheter de bons produits ? »), dont l'adorable propriétaire assure des permanences à l'office de tourisme.
– ***Marché agricole et artisanal :*** *2ᵉ sam du mois.*

Où dormir ?

⌂ ***El Warung Cave Hostel :*** *c/ Párroco Domingo Baez, 38. ☐ 656-60-42-90. • info@elwarung.com • fr-fr.facebook.com/elwarung • Lits en dortoir 14-16 €/pers.* À l'écart du bourg central, cette AJ sommaire et rustique propose des dortoirs (4 lits avec lampes de lecture) répartis dans 3 habitats troglodytiques. C'est simple, et dépaysant. Ambiance jeune et bohème. Sanitaires communs, petite cuisine, et surtout superbe terrasse avec vue magnifique sur les montagnes. Organise des balades dans la région. Une adresse idéale pour les routards et les randonneurs.
⌂ ***Casas Cuevas Artenatur :*** *c/ Las Arbejas, 38 A. ☐ 686-79-58-49. • artenatur@artenatur.com • artenatur.com • Casas 2-6 pers 90-150 € ; apparts 50-80 € selon confort, nombre d'occupants et saison (2 j. min) ; gratuit moins de 12 ans. Pas de wifi.* Cette agence loue 5 maisons troglodytes de charme autour d'Artenara, creusées dans des falaises rocheuses, face à des paysages superbes. La ***Casa El Caideiro*** *(2-6 pers),* avec ses murs blancs immaculés, 3 chambres et salle à manger creusées dans la roche, dispose d'une cuisine équipée et d'une petite piscine. Également la ***Casa El Mimo*** *(2-4 pers)* laissant la pierre brute apparente ; avec 2 chambres, cuisine et petite piscine partagée avec la

Casa Las Margaritas à côté (même genre). La ***Casa El Pastor*** (*Finca El Lavadero,* montagne du Toril) abrite 2 belles chambres et dispose d'une terrasse tranquille. Enfin, la ***Casa El Molino*** (2 chambres et une cuisine) est aussi charmante et stylée que les autres. Loue aussi plusieurs *apartamentos-cuevas (2-4 pers)* un peu moins chers.

Où manger ? Où boire un verre ?

Artenara demeure une vraie terre de gastronomes ! ***Quelques spécialités locales :*** le lapin (*conejo)* en vinaigrette, les chevreau *(cabrito)* et porc grillés, le fromage *(queso)* fermier local (harmonieux mélange de lait de vache, de brebis et de chèvre), les pommes de terre « ridées » sauce *mojo* (aux poivrons), le *ropa vieja,* le boudin, la *tortilla de calabaza* (omelette à la citrouille), la soupe de cresson, le miel et tant d'autres choses... À signaler qu'*Abraham Romero González (camino de La Cilla, 1 ; enseigne orange « Gama »)* confectionne un populaire « pain de pommes de terre » le samedi. Fabrique artisanale de fromage *Las Lajitas,* sur la route d'*Acusa Seca...*

La Casa del Correo : *sur la place centrale, près de l'église. 622-15-33-31. Tlj sauf lun 13h-20h. Tapas et plats 4-9 €. CB refusées.* C'est le classique bar à tapas-resto de village, avec une agréable terrasse ensoleillée. Un bon endroit pour boire un verre ou grignoter : *gofio escaldado, ensalada de la casa, papas arrugadas con mojo de almendras* (spécialité locale à base de pommes de terre et sauce d'amande). En face, le ***bar Tamadaba*** propose des *batidos* (jus de fruits) et des *bocadillos* (sandwichs).

Biocrepería Riscocaido : *avda Matías Vega, 13-14. 617-50-92-57 ou 630-78-55-18. • labiocreperiarisco caido@gmail.com • À 250 m au nord de la place principale, sur le côté droit de la route GC-21 (direction Terror), près du magasin Spar. Congés : juin et du 23 déc au 3 janv. Fermé lun-mar-mer et dim soir. Plat env 10 €, menus 15-20 €.* Restaurant ne servant que des produits bio et sains, venant d'une ferme d'Acusa Verde (proche hameau). Au menu, des crêpes, des salades, des soupes, des légumes. Le chef n'utilise ni beurre ni œufs. Boissons sans alcool certifiées éco-bio mais aussi des vins canariens.

La Esquina : *c/ Párroco Domingo Baez, 2. Tlj jusqu'à 18h, sauf dim. Plats 7-15 €.* Son emplacement vaut de l'or : une bonne maison villageoise aux murs blancs, au bout de la place de l'église en surplomb de la vallée ! Très belle vue sur ce paysage montagneux depuis la salle, à condition d'être assis près de la baie vitrée. Cuisine canarienne soignée et sans triche, petite carte où tout est disponible, service attentionné et diligent. Plat du chef : *vueltas de solomillo a la casera* (fines tranches de viande sauce maison).

Où manger et acheter de bons produits ?

Gastro-cueva Arte-Gaia : *camino de La Cilla, 17. 928-37-31-81. 660-15-04-87. • latiendacueva@gmail.com • Sur la route principale. Tlj 11h-17h.* Gastro-cueva ? Cela signifie « grotte gastronomique ». C'est un resto-boutique creusé dans une cavité rocheuse. Dans la mythologie grecque, Gaia est la Terre-mère, symbole de fécondité et de fertilité. On est accueilli par l'adorable et dynamique Juanate. Elle cuisine de bons petits plats à base de produits bio issus de sa propre ferme. Et vend aussi des produits du terroir : miel, vin (vignoble à plus de 1 000 m), bière canarienne *Jaira,* pain, café, confitures, fromage, huile d'olive (locale), et huile d'amande douce... Également un peu d'artisanat et de bons conseils touristiques. Plus original, Juanate propose (à tous les publics) des « bains de forêt » anti-stress : la thérapie forestière (voir encadré). Durée : 1h30.

GRAN CANARIA

À voir

Iglesia San Matías : pl. San Matias. Fondée en 1630, puis tombant en ruine, et reconstruite au XIXe s. Large façade surmontée de 2 petits clochers ajourés. Plan à 3 nefs et larges arcades. Avec les bâtiments municipaux attenants, le tout compose un élégant centre urbain.

Ermita de la Cuevita : c/ de la Cuevita, 50 ; à 400 m du village. Entièrement creusé – autel, chaire et chœur compris – dans la roche au XVIIIe s. Étonnant !

Museo etnográfico Casas Cuevas : c/ Párroco Domingo Báez, 13. ☎ 928-66-61-02. Tlj 11h30-16h30. GRATUIT. Fiches explicatives en français dans chaque salle. Le site se compose de 7 grottes creusées de main d'homme dans la roche et souvent chaulées. Des familles y vécurent jusqu'en 1993 ! Ce musée des arts et traditions populaires reconstitue un habitat troglo ancien dans les moindres détails. La température y est constante, entre 18 et 20 °C. La *cueva 2* rappelle que ces familles (nombreuses, 12 enfants en moyenne) vivaient pauvrement d'agriculture : huile d'amande amère, miel, maïs, et production de vins et fromages. La *cueva 3* est le lavoir communal. La *cueva 4* expose les métiers anciens du village : les *piqueros* qui creusent la roche, les potiers et le tissage de la laine. La *cueva 5* est une charmante pièce arrangée avec du mobilier choisi, de la vaisselle, des céramiques. C'est une chambre à coucher avec de petites alcôves, attenante à une salle à manger coquette. Enfin la *cueva 7,* la cuisine.

LES SECRETS DE LA FORÊT GUÉRISSEUSE

*La propriétaire d'*Arte-Gaia *(voir ci-avant) organise des* baños de bosque, *soit littéralement des « bains de forêt » (comme il y a des bains de mer). Compétente en « médecine forestière » (discipline connue des Japonais sous le nom de Shirin-Yoku), elle propose des sessions thérapeutiques dans un bois secret, une pinède d'Artenara. Les participants enlacent des troncs d'arbres, se relaxent dans des taillis, inhalent des plantes, caressent et respirent des mousses... Cette immersion dans la végétation de la forêt a des effets anti-stress positifs pour la santé.*

Centro de Interpretación de Risco Caído : c/ Camino de la Cilla, s/n, à **Artenara.** 649-50-77-46. • riscocaido.grancanaria.com • Tlj 10h-17h. GRATUIT. Pour tout comprendre de l'organisation du complexe préhispanique *Risco Caído* et *Montañas Sagradas,* un ensemble d'habitations troglodytiques creusées dans la falaise, 1er site de l'île classé au Patrimoine mondial de l'Unesco en 2019. On y découvre les modes de vie, coutumes et croyances des Canarii. Le clou de la visite est la reproduction à l'identique de la grotte-sanctuaire *(almogarén).* Avec son toit en dôme ouvert au centre, c'était l'observatoire astronomique et le calendrier des Canarii. Des ouvertures dans les parois permettent aux rayons du soleil ou à la lumière de la lune d'entrer et d'éclairer, selon la période, différentes gravures sur les murs.

Plusieurs ***miradors*** dans le coin pour admirer le panorama. Proche du centre, le plus spectaculaire est celui d'***Unamuno*** où le grand écrivain aimait à se rendre en 1910, lorsqu'il présida les *juegos florales* de Gran Canaria. Une statue pensive perpétue ce souvenir. Proche du centre également, les miradors de ***La Atalaya,*** de ***La Solanita...***

Fêtes locales

– ***Fiesta de San Matías :*** dernier dim de fév. Saint Mathieu est le patron du village et des forêts de pins de Gran Canaria.

– ***Fiesta de San Isidro Labrador :*** *dernier sam de mai.* Procession le lendemain, en l'honneur du patron des agriculteurs.
– ***Fiesta de San Juan :*** *dernier dim de juin.*
– ***Fiesta de la Virgen de la Cuevita :*** *3e sem d'août.* La plus importante. Se déroule une grande partie du mois, le 15 août bien sûr, mais un des temps forts a lieu le dernier dimanche du mois, avec des spectacles folkloriques de grande qualité.

DANS LES ENVIRONS D'ARTENARA

Parque natural de Tamadaba : à env 7 km au nord-ouest d'Artenara. Prendre la direction de La Aldea de San Nicolás puis par la GC-216, qui mène à la plus grande pinède de l'île, étendue sur des monts entre 1 200 et 1 400 m d'altitude. Plus de 7 500 ha de paysages sauvages escarpés, zébrés de profonds ravins, propices à de superbes balades pour les amateurs de nature intacte. Les pins canariens sont des pins d'altitude qui ont été replantés pour 2 raisons essentielles : ils permettent la condensation de l'eau (nuages, captation des pluies) et freinent l'érosion. Par ailleurs en cas d'incendie, seule l'écorce brûle mais pas le cœur du tronc de l'arbre, très résistant. Résultat, les pinèdes canariennes se régénèrent assez vite.
– Départ de la *casa forestal* de Tamadaba. ***Infos*** aux offices de tourisme d'Artenara et de Puerto de las Nieves.

GRAN CANARIA

TEJEDA (35360) 2 001 hab.

À 8 km au sud d'Artenara, se niche une vallée lumineuse et fertile dans un environnement de bois de pins canariens, de jardins et de champs en terrasses, avec des vergers d'arbres fruitiers, beaucoup d'amandiers mais aussi des orangers et des citronniers. Cette petite enclave montagneuse jouit d'un microclimat exceptionnel.
Avec ses maisons blanches étagées sur le versant de la montagne, sa rue principale très agréable et bordée d'arbres, ses petites terrasses de restos, ses ruelles nettes et bien soignées, Tejeda est classé parmi les plus beaux villages d'Espagne !
➢ Bus nº 220 (rare) depuis ***Artenara*** et ***Teror*** ; nº 305 (3-7/j.) depuis ***Vega de San Mateo,*** via la ***Cruz de Tejeda*** ; et nº 18 (2-6/j.) depuis ***Faro de Maspalomas,*** via ***San Bartolomé de Tijarana*** *(infos bus Global : ☎ 928-25-26-30 ; • globalsu.es •).*

Adresse et infos utiles

Oficina de turismo : *ctra General (GC-60). ☎ 928-66-61-89. • tejeda.eu • Une cabane sur la gauche à l'entrée du village, en venant de Maspalomas, juste avt la station-service. Lun-ven 10h-17h.* Dépliants en français, liste des *casas rurales* et petits producteurs locaux de vin, de fromage, d'amandes, etc., infos loisirs verts.
– ***Marché agricole et artisanal :*** *1er dim du mois.*

Où dormir ?

Hotel rural Fonda de la Tea : *c/ Ezequiel Sánchez, 22. ☎ 928-66-64-22. 📱 629-54-84-73. • reservas@hotelfondadelatea.com • hotelfondadelatea.com • Double env 105 €, petit déj inclus. 1 fois/sem dîner* *canarien (sur demande) pour les hôtes. Chupito rhum-miel offert sur présentation de ce guide.* Cette charmante et vénérable bâtisse en pierre offre une dizaine de jolies chambres tout confort, desservies par des galeries en bois sur 3 niveaux. Déco chaleureuse et rustique (murs en pierre, carrelage rouge), avec vue sur la vallée pour certaines (celles du 3e niveau). Solarium. Également des appartements et une *casa rural* à louer.

Eco-finca La Isa : *à 4,6 km à l'est de Tejeda. 695-50-91-77. ou 685-01-51-03. • info@fincalaisa.com • fincalaisa.com • De Tejeda, route GC-60, puis à un rond-point prendre la GC-608 qui se prolonge par la GC-156. C'est indiqué sur la gauche de la route. Double 120 € ; lit en dortoir env 30 €/pers. Pas de resto. Résa impérative. Séjour 4 nuits min.* Installé à flanc de montagne, dans un environnement remarquable, face à un paysage superbe dominé par les roque Nublo et roque Bentayga, cette propriété familiale se compose de 2 charmantes *casas rurales* (maisons traditionnelles en pierre) et d'un *hostel* pour petits budgets. Chaque maison est soigneusement arrangée, avec chambre, salon, cuisine et terrasse. La plus grande, la « casa Roque Bentayga », peut accueillir 6 personnes (2 chambres). Quant à l'*hostel,* il s'agit d'un dortoir rustique (8 lits) mais très propre dans une maisonnette blanche avec salle de bains commune. Une adresse exceptionnelle.

Où manger ? Où boire un verre ?

Casa del Caminero : *avda de los Almendros, 5. 609-16-69-61. • armandogilcruz@gmail.com • Ouv mer-dim. Fermé lun-mar, et dim soir. Congés : mai-août. Menus 10-15 €. CB refusées. Digestif offert sur présentation de ce guide.* Charmant resto-atelier-galerie tenu par Armando, artiste peintre francophone, dont les œuvres colorent gaiement les murs. Son talent se révèle aussi dans sa cuisine maison pleine de goûts, de parfums et de couleurs (comme ses peintures). Les plats sont mitonnés avec d'excellents produits : soupe de cresson, courgettes... Belle sélection de fromages et de vins. De l'autre côté de la route, une jolie terrasse, avec vue sur la vallée.

Cueva de la Tea : *c/ Dr Domingo Hernández Guerra, 21. ☎ 928-66-64-60. • reservas@hotelfondadelatea.com • Tlj sauf mer 11h-21h. Plats 9-17 €.* Ici, les viandes sont à l'honneur ! Porc, poulet, lapin et chèvre mitonnés dans des recettes traditionnelles bien tournées. Sert aussi la soupe de cresson *(potaje de berros).* Agréable salle aux intonations rustiques, ou terrasse panoramique sous les arbres (en bord de route) avec vue sur la vallée. Bien aussi pour prendre un verre en soirée.

Asador Grill El Almendro : *avda de los Almendros, 20. ☎ 928-66-65-25. • asadorelalmendro@gmail.com • Dans une rue en surplomb de la rue principale, à 100 m de la station-service, avec des places de parking à côté. Tlj 11h-18h (22h mar-jeu, 23h ven-sam). Plats 7,50-25 €.* Spécialisé dans les grillades de viande : *pollo* (poulet), *cerdo* (porc), *ternera* (bœuf)... à déguster dans la jolie salle ou en terrasse (très belle vue plongeante sur le village). Originale *ensalada de cogollos* (cœurs de salade) aux fruits secs et à l'huile d'amande. Au dessert, savoureuse tarte aux amandes.

Cervecería Texeda Bar : *avda de los Almendros, 25. ☎ 928-66-66-77. • info@cervezatexeda.com • Tlj sauf lun-mar 12h-17h30. Fermé en mai. Menu min 15 €.* Dans cette microbrasserie artisanale, on peut voir les cuves où est élaborée la *Texeda,* une savoureuse bière. Elle est faite avec du houblon (comme toutes les bières...) auquel on ajoute soit du blé, soit des amandes. Une très bonne adresse tenue par de jeunes brasseurs dynamiques.

Achats

Dulcería Nublo : *c/ Dr Domingo Hernández Guerra, 5. ☎ 928-66-60-30. Tlj 9h (9h30 sam)-20h (18h dim).* Un magasin qui propose de délicieux petits biscuits traditionnels tous élaborés avec des amandes de Tejeda. On y vend aussi du *mazapán* (pâte d'amandes finement moulues). Quant au *bienmesabe,* c'est un condiment à base d'amandes, de sucre, de jaune d'œuf, de cannelle avec un zeste de citron ; par son aspect et sa couleur, on dirait du miel.

À voir

Oficina central del patrimonio - Risco Caído y Montañas Sagradas : *c/ Párroco Rodríguez Vega, 6, en face du Centro cultural. ☎ 928-66-60-01. Tlj 10h-17h.* Installé dans une jolie demeure ancienne, un petit centre d'info sur ces 2 sites inscrits au Patrimoine mondial par l'Unesco.

Centro de Plantas Medicinales : *c/ Párroco Rodríguez Vega, 10. ☎ 928-66-60-96. Tlj 10h-16h. Entrée : 3 € ; réduc.* Découverte des herbes médicinales locales, et les autres... On peut toucher et sentir ! Beau meuble de pharmacie avec ses pots.

Enfin, le ***Museo Abraham Cárdenes*** *(c/ Leocadio Cabrera, 2 ; ☎ 928-66-61-89 ; se renseigner à l'office de tourisme pour les horaires ; GRATUIT),* installé dans une élégante maison et exposant des œuvres d'*Abraham Cárdenes,* sculpteur natif de Tejeda...

GRAN CANARIA

DANS LES ENVIRONS DE TEJEDA

Cruz de Tejeda *(35328)* **:** à 6 km au sud de Tejeda (11 mn de route), ce col d'altitude est un carrefour important de plusieurs routes, ce serait même le centre historique et géographique des routes de l'île. Le paysage aux alentours a été noirci en grande partie par l'incendie dévastateur (d'origine criminelle) d'octobre 2017.

Ce site haut perché est également le point de départ ou de passage de nombreuses randonnées (infos à l'office de tourisme de Tejeda). Par exemple, on peut rallier *Teror* (12 km) en 6h environ, mais on peut aussi se contenter d'effectuer *Cruz de Tejeda-roque Nublo* en 1h30. Surprenant, là-haut, ça peut être parfois l'hiver : pluie, vent glacial, brouillard à couper à la hache... Mais quand il fait beau, point de vue formidable de ce spectaculaire effondrement de la caldera, livrant des paysages époustouflants... Et par grand beau temps, on peut même apercevoir le *pico del Teide* culminant à 3 718 m sur l'île de Tenerife. Belle croix sculptée devant le *parador.*

Punto turismo : *dans un kiosque. ☎ 928-66-63-34. • tejeda.eu • Tlj 10h-17h.*

Hotel Rural El Refugio : *Cruz de Tejeda, s/n. ☎ 928-66-65-13. • info@hotelruralelrefugio.com • hotelruralelrefugio.com • Double env 85 €. ½ pens possible. Parking gratuit.* Une bâtisse genre mas provençal avec tuiles à la romaine, au milieu d'une courette fleurie flanquée d'une piscinette. Excellent accueil par un couple affable et charmant. Une dizaine de chambres confortables, à la déco classique. Au rez-de-chaussée, le restaurant **Yolanda** *(tlj 9h-20h)* est tenu par un autre gérant. Cuisine canarienne classique à prix standard.

Parador Cruz de Tejeda : *Cruz de Tejeda, s/n. ☎ 928-01-25-00. • cruztejeda@parador.es • parador.es • Doubles 90-170 €, petit déj env 17 €. Menus 18-33 €, plats 5-18 €.*

Dominant le paysage, architecture originale, dessinée par le célèbre peintre Néstor de la Torre (voir son musée à Las Palmas de Gran Canaria). Beaucoup de pierres apparentes soulignées de blanc, pas mal d'espaces voûtés... Bref, un cadre assez feutré pour des chambres spacieuses et confortables, dont certaines mansardées. Superbe spa, jacuzzi extérieur « dans les arbres », solarium... Salle à manger cossue pour une fine cuisine à prix étonnamment modérés ; et encore plus doux côté cafétéria (horaires plus larges), avec vue panoramique.

Roque Bentayga : *de Tejeda, prendre la route GC-60 vers San Bartolomé de Tirajana, faire 5 km, puis prendre à droite une petite route qui mène (1,5 km) à un parking près du* Centro de Interpretación *(attention, 500 m avt le Centro, la barrière ferme à 18h).* 3 pitons volcaniques se dressent sur une crête à 1 414 m d'altitude, telle une forteresse naturelle percée de grottes. Particulièrement vénéré par les Canarii, c'était un site sacré, un lieu de culte privilégié où se déroulait la cérémonie de la fertilité. Quelques gravures en témoignent encore. À sa base, on trouve l'*almogarén,* leur sanctuaire. Accès seulement à pied par un sentier facile (1h A/R).

– **Centro de Interpretación de Bentayga :** *629-77-37-50. Tlj 10h-17h.* Il présente la culture canarii, ses modes de vie, rites et traditions, son rapport à la nature et à ces rochers mythiques.

Roque Nublo : *de Tejeda, emprunter sur 13 km la route GC-60 en direction de San Bartolomé de Tirajana. Au hameau d'Ayacata, prendre à gauche la route GC-600, la suivre sur 3 km, puis c'est indiqué (panneau). Du parking commence un sentier qui conduit au sommet (difficulté moyenne). Compter env 2h A/R.* S'il n'est pas noyé dans les nuages ou le brouillard (car il porte bien son nom : le « rocher des Nuages »), c'est un spectacle fantastique ! Le *roque Nublo,* monolithe haut de 80 m et perché à 1 810 m d'altitude, demeure le symbole de la Grande Canarie. Il s'élève majestueusement comme un doigt de basalte dans le ciel, et fut très vénéré par les Canarii. Parfois, avec la mer de nuages en dessous, le lieu est encore plus spectaculaire ! Belle balade à travers les pins pour parvenir à sa base. Pour une fabuleuse vision des 2 rocs en même temps (et peut-être Tenerife), se rendre au ***pico de las Nieves,*** point culminant de l'île (1 950 m), par une route.

Fêtes locales

– **Fiesta del Almendro en flor :** *fin de la 1re sem de fév.* La fête des Amandiers au moment de la floraison. Il arrive que la fête se déroule alors que les amandiers ont déjà donné leurs fleurs. Tout dépend du climat et de la température hivernale.

– **Fiesta patronale de la Virgen del Socorro :** *dim suivant le 8 sept.* Procession, et les habitants portent leurs vêtements traditionnels.

SAN BARTOLOMÉ DE TIRAJANA

(35290) 3 148 hab.

À 25 km au sud de Tejeda par une belle route de montagne. Accroché à un versant de montagne rocheuse, dans un paysage accidenté piqué de palmiers et de cactus, ce gros bourg de l'arrière-pays a su mettre en valeur son petit centre historique. Plusieurs sentiers de randonnée partent d'ici. C'est un but d'excursion populaire pour les vacanciers des plages.

GRAN CANARIA

– ***Bon à savoir :*** perché dans la montagne, le village en tant que tel est petit (600 hab.), mais la commune de San Bartolomé de Tirajana est énorme car elle comprend la station balnéaire de Maspalomas (playa del Inglés) et une grande portion de côte. Elle compte au total 54 000 habitants sur une superficie de 333 km^2, soit... 3 fois la surface de Paris intra-muros !

➢ Bus n° 18 (2-6/j.) depuis ***Faro de Maspalomas*** et ***Tejeda*** ; et n° 34 (4/j.) depuis ***Agüimes,*** via ***Santa Lucía*** *(infos bus Global : ☎ 928-25-26-30 ; ● globalsu.es ●).*

Adresse et infos utiles

Oficina de turismo : *au Museo Etnográfico, c/ Antonio Yánes, 2. ☎ 928-12-71-20. ● turismo.maspalomas.com ● Devant la place de la mairie. Lun-ven 8h-14h. Fermé le w-e.* Dépliants en français, infos randonnées et stations balnéaires.

– ***Mercado :*** *dim mat, pl. de Santiago.*

Où manger ? Où boire un verre ?

La Panera de Tunte : *c/ Reyes Católicos, 12. ☎ 928-12-74-28. Tlj 6h30-20h (15h dim). Moins de 5 €.* Ouverte depuis 1948, cette boulangerie de village réalise de bonnes pâtisseries généreuses et autres biscuits secs traditionnels. Également des sandwichs à avaler avec un café sur la terrasse ensoleillée.

Bar D'Romeria : *c/ Reyes Católicos, 4. ☎ 928-12-70-20. ● arquicruz1972@gmail.com ● Tlj 8h-18h. Plats 3-12 €.* Devant l'église, typique bar à tapas mitonnant aussi des petits plats pas chers. Bien aussi pour siroter un verre ou un café sur la gentille terrasse avec vue sur l'église et l'activité du village.

La Cueva : *c/ Tamarán, 15. ☎ 928-12-73-00. Tlj 10h-22h. Plats 8-15 €.* De très honnêtes *comidas caseras* de la terre (spécialité de viande de chèvre) et de la mer, servies à prix abordables. Et des sandwichs qui nourrissent bien. Petite salle aux murs typiques de la région.

À voir

➢ Modeste centre ancien avec quelques ruelles, conduisant à la petite place de la mairie *(ayuntamiento),* bordée de ses ***casas consistoriales.*** Elles présentent l'architecture typique d'une demeure canarienne : pierre volcanique grise, façade blanche, balcon ajouré... Voir le petit ***monumento a Pancho Guerra*** (1909-1961), écrivain et grand journaliste à son époque, né ici. Sa *maison natale (c/ Pancho Guerra, 6)* se trouve d'ailleurs dans la rue derrière l'église (ne se visite pas). L'***iglesia parroquial*** *(tlj 9h-17h – sam 21h)* compte 3 nefs séparées par de larges arcades. Inhabituel, on y trouve de nombreuses statues polychromes et, au-dessus du chœur, une sculpture martiale représentant *saint Jacques à cheval* terrassant 2 Maures (il fut le saint emblématique de la *reconquista* dès le VIIIe s...). Dans le chœur toujours, joli plafond en bois sculpté de style mudéjar.

Au bout de la calle Santiago Cazorla, on accède au ***mirador de la Orilla,*** d'où l'on a une belle vue sur la *caldera de Tirajana,* avec en fond le *risco Blanco,* massif vieux de 3,7 millions d'années, impressionnante falaise de près de 1 000 m de haut !...

Museo etnográfico : *c/ Antonio Yánes, 1. ☎ 928-12-71-20. Devant la place de la mairie. Lun-ven 9h-14h. Fermé le w-e. GRATUIT.* Aménagé dans la *Casa Los Yánez,* belle demeure typique du XIXe s avec patio central verdoyant. Elle appartenait naguère à un médecin et son intérieur témoigne du mode de vie de la bourgeoisie du XIXe s en milieu rural. On visite la chambre du maître de maison, le cabinet médical, le salon de réception. Autour du patio, le four à pain, la salle à manger, la salle de couture, la cuisine...

DANS LES ENVIRONS DE SAN BARTOLOMÉ

Santa Lucía : à 7 km au sud-est de San Bartolomé de Tirajana, une charmante bourgade de montagne dans un environnement qui rappelle l'Afrique du Nord (cactus, palmiers). La commune conserve quelques vestiges de la civilisation canarii. C'est au lieu-dit *fortaleza de Ansite,* un ensemble de grottes dans un superbe environnement, que se déroula la dernière bataille livrée en 1483 contre les conquistadors espagnols... À l'issue de la bataille, le roi canarii Tenesor Semidan, capturé et converti au christianisme, persuada ses troupes de déposer les armes...
Montez d'abord à la sobre ***iglesia de Santa Lucía** (1905),* puis grimper jusqu'au **castillo** (qui ne se visite pas). Pour découvrir le patrimoine du coin, direction **La Fortaleza – Centro de Interpretación** *(Hoya del Rábano, 48 ; à 4 km du bourg sur la route de Sorrueda ; • lafortaleza.es • ; tlj sauf lun 10h-17h ; entrée : 4 €, réduc).* Affichant une étrange architecture, petit et intime, il renferme des collections archéologiques et ethnographiques.

Ne pas manquer le ***mirador de Guriete*** et aller admirer la sérénité exubérante des paysages du côté de la ***presa de Sorrueda.***
– Marché le dimanche matin.

Restaurante El Mirador : *c/ Maestro Enrique Hernández, 5. Sur la droite à l'entrée du bourg, en venant de San Bartolomé par la GC-65. ☎ 928-79-80-05. Tlj 11h-22h. Plats 5-15 €.* Comme son nom l'indique, il bénéficie d'une terrasse *(mirador)* avec une vue superbe sur la vallée et les montagnes. On vient pour celle-ci mais surtout pour la cuisine régionale. La carte propose un bon équilibre terre-mer, viandes et *pescados y mariscos*. Quelques spécialités canariennes comme la *garbanzada* (sorte de soupe de pois chiches) ou les *judiones de la granja* (haricots blancs ou noirs cuits avec du porc et du chorizo). En face, de l'autre côté de la route, le ***Rincón Casa Antonio*** est aussi une bonne adresse du même type mais sans la vue.

DE SAN BARTOLOMÉ À MASPALOMAS

Belle route panoramique en descendant au sud vers *Maspalomas* et la côte. À 7 km au sud de San Bartolomé, voici **Fataga,** paisible village au sein d'une oasis, avec ses demeures typiques où la pierre apparente surligne joliment les blanches façades. Quelques *bodegas* dans le centre. Plus au sud, 6 km après Fataga, la **Necrópolis de Arteara** se visite. *638-81-05-91. • arqueologiacanaria.com • Tlj sauf lun 10h-14h. Fermé juil et août, plus 1er, 5 et 6 janv, 1er mai, 24, 25 et 31 déc. Entrée : 4 € ; réduc ; gratuit moins de 10 ans.* À l'extrémité du village d'Arteara, qui s'allonge – bordé d'une palmeraie – dans une vallée montagneuse, cette nécropole est le plus grand cimetière canarii de la Gran Canaria. Les archéologues ont retrouvé près de 900 tombes canarii vieilles de 2 500 ans, ainsi que des tumulus en pierre volcanique. Ils ont aussi découvert un phénomène astronomique intéressant. Chaque année au moment de l'équinoxe seulement, le soleil levant jette depuis une brèche de la montagne un rayon qui éclaire la *tumba del rey* (« tombe du roi »).
– ***Centre d'interprétation*** sur les pratiques funéraires archaïques. Bref, une halte intéressante pour son atmosphère.

LE SUD DE L'ÎLE

PLAYA DEL INGLÉS, SAN AGUSTÍN ET MASPALOMAS

• Plan *p. 128-129*

Quasiment sans transition, on entre dans un autre monde ! Voici la Canarie balnéaire et ultra-touristique, dévolue à la mer, au soleil et au ciel bleu ! Cette grande station balnéaire étalée au pied des monts, sur une dizaine de kilomètres du nord-est au sud-ouest, s'est implantée dans ce site particulier en raison du climat ensoleillé et de la température estivale constante à longueur d'année. Elle se compose de 3 parties : Maspalomas, San Agustín et Playa del Inglés.
***Maspalomas* au sud-ouest concentre les grands hôtels de luxe, un golf et les fameuses dunes. Au nord-est, *San Agustín* serait la station balnéaire classique, plutôt plus humaine que tant d'autres. Entre les 2 : *Playa del Inglés* offre l'une des plages les plus belles de l'archipel, bordée par une ville bien vivante, ouverte et tolérante... Pas étonnant qu'elle soit devenue un point de rendez-vous au soleil de la communauté homo mondiale, qui sort de sa discrétion le soir venu, pour des nuits remuantes et *gay friendly* !**

MASPALOMAS, LA MUNICIPALITÉ RECONNAISSANTE !

Ici, pas de rues, que des avenues... Et beaucoup portent des noms de grands tour-opérateurs allemands, anglais, suisses ou scandinaves : avenidas Touroperator Neckerman, Tui, Kuoni... À quand Voyageurs du Monde, Asia ou FRAM ?

GRAN CANARIA

Arriver – Quitter

En bus

Estaciones de autobuses Global *(gares routières)* **:** les 2 principales gares routières se situent au ***Parque Tropical*** *(Playa del Inglés ; plan D1)* et à ***Faro de Maspalomas*** *(plan B3)*. Desservies par la compagnie ***Global*** *(☎ 928-25-26-30 ; • globalsu.es •)*. Billetteries sur place. Également des arrêts un peu partout en ville...

➢ ***Aeropuerto de Gran Canaria :*** bus n° 66 (env 15/j.), 6h30-19h30. Billet : 4 €.

➢ ***Las Palmas de Gran Canaria :*** bus n° 30 (15-34/j.) et n° 50 (8-11/j. depuis la gare routière de San Telmo uniquement).

➢ ***Tejeda :*** bus n° 18 (2-6/j.), via ***San Bartolomé de Tijarana.***

➢ ***Puerto de Mogán :*** bus n° 33 (18/j.), via ***Arguineguín, Puerto Rico, Playa de Amadores, Playa del Cura...***

➢ ***Telde :*** bus n° 36 (env 14/j.) et n° 90 (env 15/j.), via ***l'aéroport.***

➢ ***Agüimes :*** bus n° 41 (1-3/j.).

Adresses utiles

ℹ ***Oficina de turismo Anexo II*** *(plan D2,* ***1****)* **:** *au Centro comercial Anexo II, paseo Marítimo, à* ***Playa del Inglés.*** *☎ 928-76-84-09. • turismo.*

maspalomas.com • Lun-ven 9h-19h, sam 9h-13h. Fermé dim. C'est l'office de tourisme municipal. Accueillant et bien documenté. Également un ***autre bureau*** *(hors plan par D1,* ***1****)* à ***San Agustín*** *(Centro comercial El Portón ; ☎ 928-76-92-62).*

🅸 **Centro insular de turismo** *(plan C2,* ***2****)* **:** *avda España, s/n (angle avda Estados Unidos). ☎ 928-77-15-50. • grancanaria.com • Sur le côté du Centro comercial Yumbo Centrum. Lun-ven 9h-17h, sam 9h-13h. Fermé dim.* Infos sur l'île, ses villages, ses monuments, ses possibilités de randonnée, agenda culturel... Autre ***info-point*** *(plan C3,* ***2****)*, au *Centro de Interpretación de Las Dunas (avda Tirajana, en contrebas de l'Hotel Riu Palace ; ☎ 928-76-52-42 ; tlj 9h-17h).*

Où dormir à Playa del Inglés ?

De prix moyens à plus chic (40-150 €)

Apartamentos Taboga *(plan C2,* ***10****)* **:** *c/ Milán, 19. ☎ 928-76-53-23. • info@taboga-hotel.com • taboga-hotel.com • Apparts 2-3 pers 75-110 € ; 3 nuits min.* Au bout d'une rue qui traverse un quartier calme et aboutit à une petite place ronde. Le bâtiment blanc à 2 étages donne sur un jardin luxuriant et fleuri avec sa belle piscine. Propose une bonne vingtaine d'appartements avec terrasse, pas très grands, mais tout confort et impeccables. Vue sur les dunes et la mer. Seul bémol : l'insonorisation. Une très bonne adresse dans un quartier paisible.

Bungalows Doña Rosa *(plan C2,* ***11****)* **:** *avda de Alemania, 23. ☎ 928-76-02-50. • drosa@drosa.com • drosa.com • ♿ À 300 m des dunes et 900 m de la plage. Bungalows 2-4 pers 85-115 €.* Sur un grand terrain entouré de murs, les bungalows se répartissent autour d'une pelouse verte. Ils sont disposés en quinconce pour préserver l'intimité de chacun. Confortables, bien arrangés, ils ont tous la clim et une cuisine équipée. 2 belles piscines au centre de cet espace tranquille et bien aménagé. Bon rapport qualité-prix. Une excellente adresse en famille !

Sahara Beach Club *(plan C2,* ***12****)* **:** *avda de Alemania, 53. ☎ 928-76-07-76. • info@sahara-beach-club.com • sahara-beach-club.com • Bungalows 2-4 pers 51-125 € selon saison.* Bien situé, à 700 m de la plage et collé aux dunes, on goûte ici un petit air du Sahara ! Joli jardin vert avec des palmiers en bordure de la piscine. Et tout autour, de confortables et beaux bungalows bas tout blancs, qui rappellent les maisons traditionnelles de l'île ; tous avec jardinet-terrasse privé.

Apartamentos El Chaparral *(plan D1,* ***14****)* **:** *avda de Madrid, 22. ☎ 928-76-23-67. • info@apartamentosmontemayor.com • Réception à l'immeuble Montemayor, avda de Madrid, 26. Appart env 75 €.* Non loin de la plage, un bâtiment blanc à 2 étages – genre grosse villa canarienne – flanqué d'un beau jardin avec piscinette. Une dizaine de chambres bien équipées, nickel, et dotées de meubles rustiques. Certaines avec terrasse sur mer ou jardin. Rapport qualité-prix très correct. Et si c'est complet, les propriétaires possèdent aussi les ***Apartamentos Montemayor*** à 2 pas ; une structure beaucoup plus grande et moderne, dont les prix restent raisonnables.

Où manger ?

De prix moyens à chic (12-40 €)

Calma Chicha *(plan C2,* ***21****)* **:** *avda Tirajana, 4. ☎ 928-76-07-14. • restaurantecalmachicha@gmail.com • Tlj sauf dim 19h (19h30 mai-oct)-minuit. Fermé 15 j. mi-juin et mi-déc. Plats 11-22 €, menus 28-50 €. Apéro maison ou digestif offert sur présentation de ce guide.* Enfin un

A
B
1
2
3
NORD
Aqualand, Palmitos Park
EL TABLERO
SONNENLAND
EL HORNILLO
MELONERAS
MASPALOMAS
CAMPO INTERNACIONAL
PUERTO RICO, PUERTO DE MOGÁN
Av. del Barranco
GC 503
Calle
Calle Chile
Calle Cienfuegos
Autovia GC 1
C. Teobaldo Power
Einstein
Calle Doctor Agustín Millares Carlo
Av. de la Europea
Av. Tui
Av. Touroperador
Alajuela
Mercadillo
Av. Alejandro del Castillo
Finnair
Touroperador
GC 500
Parque Urbano del Sur
CC de Ocio Holiday World
Océan Atlantique Park
CC Faro 2
Av. Touroperador Vingresor
Kuoni
Neckermann
Tjaereborg
Av. Touroperador Kaufhof
Campo de Golf
C. Touroperador Sunnair
Parque Toni y Gallardo
C. Mare Blanco
Calle Mar
Calle Mar Caspio
Calle Mar Báltico
Calle Mar Cantábrico
Cristóbal
Colón
31
CC Playa Meloneras
Playa de Meloneras
Palacio de Congresos
C. Mar del Norte
C. Mar Adriático
Mediterráneo
Playa de los Mujeres
CC Varadero
CC Bd Faro
Playa del Faro
PLAZA C. COLÓN
PLAZA DEL FARO
1
3
Faro de Maspalomas
Charca de Maspalomas
0
200
400 m

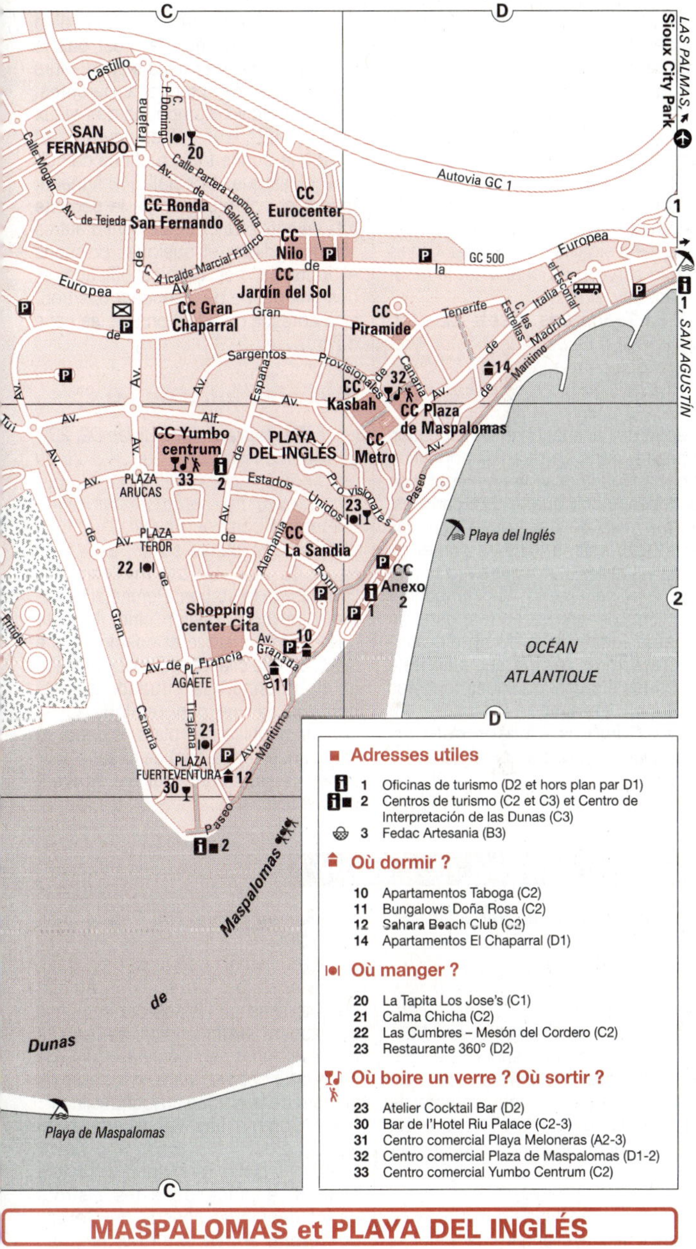

■ Adresses utiles

- 1 Oficinas de turismo (D2 et hors plan par D1)
- 2 Centros de turismo (C2 et C3) et Centro de Interpretación de las Dunas (C3)
- 3 Fedac Artesania (B3)

Où dormir ?

- 10 Apartamentos Taboga (C2)
- 11 Bungalows Doña Rosa (C2)
- 12 Sahara Beach Club (C2)
- 14 Apartamentos El Chaparral (D1)

Où manger ?

- 20 La Tapita Los Jose's (C1)
- 21 Calma Chicha (C2)
- 22 Las Cumbres – Mesón del Cordero (C2)
- 23 Restaurante 360° (D2)

Où boire un verre ? Où sortir ?

- 23 Atelier Cocktail Bar (D2)
- 30 Bar de l'Hotel Riu Palace (C2-3)
- 31 Centro comercial Playa Meloneras (A2-3)
- 32 Centro comercial Plaza de Maspalomas (D1-2)
- 33 Centro comercial Yumbo Centrum (C2)

MASPALOMAS et PLAYA DEL INGLÉS

resto ouvert tard, bravo patron ! On ne peut pas le rater car il ne se cache pas derrière des murs. Ce serait plutôt une grande tente saharienne abritant une terrasse égayée par des plantes vertes et ouverte sur la rue. Cuisine créative « fusion », mêlant les saveurs du monde, le sucré et le salé : calamars à l'ail noir, thon au sésame, bœuf *tataki* japonais, et un délicieux *ceviche* péruvien aux fruits de la passion... Le nom de ce resto signifie « calme plat », mais dans le cerveau du chef c'est le mouvement perpétuel...

La Tapita Los Jose's *(plan C1,* ***20****)* **:** *c/ Plácido Domingo, 5, urbanización Bella Vista.* ☎ *928-76-96-80.* • *latapita@latapitalosjoses.com* • *Tlj sauf dim 8h-minuit. Plats 3-11 €.* À l'écart de l'animation et de l'agitation balnéaire, dans un quartier populaire, ce bar à tapas possède une réputation qui dépasse son quartier. La carte est courte, mais on n'y trouve que des petits plats frais, à tous les prix et de toutes les tailles, mitonnés avec soin et servis avec gentillesse. À accompagner d'un verre de vin. Et tout ça, dans un agréable local : long comptoir, alléchante vitrine réfrigérée. Clientèle d'habitués et aussi quelques touristes aventureux. On aime !

Las Cumbres – Mesón del Cordero *(plan C2,* ***22****)* **:** *avda Tirajana, 11 (edificio Taidía).* ☎ *928-76-09-41.* • *restaurantelascumbres@gmail.com* • *Tlj 13h-16h, 19h-minuit, sauf mar midi. Plats 8-18 €.* Au rez-de-chaussée d'un immeuble moderne, ce n'est pas le lieu le plus glamour de la station. Murs blancs chaulés, pierres apparentes, voûtes, mobilier campagnard et vieux objets, l'intérieur est chaleureux, et c'est une bonne table rustique de cuisine classique. Spécialité : l'agneau, tendre et voluptueux ! On le déguste rôti, en côtelettes... Également d'autres viandes grillées et quelques poissons et fruits de mer. Service efficace, et des prix qui ne déraisonnent pas trop. Une adresse qu'affectionnent les gens du cru.

Plus chic (plus de 40 €)

Restaurante 360° *(plan D2,* ***23****)* **:** *avda Estados Unidos, 28, au 8e étage de l'hôtel* Bohemia Suites. ☎ *928-56-34-00.* • *rest.experience@bohemia-grancanaria.com* • *Tlj 18h-23h (13h-23h ven-dim). Résa conseillée le soir. Repas 35-50 €.* Un des meilleurs restaurants de la station. Perché au sommet d'un hôtel design chic, il mijote une cuisine créative et cosmopolite à l'image de la clientèle. Service efficace et attentionné. Sa situation exceptionnelle, la vue panoramique sur la côte, la subtilité des plats, le décor et l'ambiance sont autant de raisons pour aimer ce restaurant qui est souvent plein le soir.

Où boire un verre ? Où sortir ?

Atelier Cocktail Bar *(plan D2,* ***23****)* **:** *avda Estados Unidos, 28, au 8e étage de l'hôtel* Bohemia Suites. ☎ *928-56-34-00.* • *info@ateliercocktailbar.com* • *Tlj 13h-minuit (ven-sam 1h).* Au même étage que le *Restaurante 360°*, ce bar tendance et glamour possède une terrasse en plein air, très agréable de jour comme de nuit avec la vue sur la ville illuminée, les dunes et la mer. Endroit idéal pour boire un verre en soirée. Grand choix de cocktails à prix plutôt élevés. On peut aussi se régaler de tapas. Service diligent et jeune, clientèle cosmopolite. Souvent des soirées musicales (jazz, pop).

Bar de l'Hotel Riu Palace *(plan C2-3,* ***30****)* **:** *avda Tirajana, s/n.* ☎ *928-76-95-00.* • *palace.maspalomas@riu.com* • *Attention, ferme à 18h.* Au rez-de-chaussée de l'hôtel, cet immense et luxuriant jardin tropical se termine face aux dunes sahariennes. Un lieu de choix pour boire un verre en terrasse ou au bord de la piscine au jour déclinant.

Comme Las Vegas, *Playa del Inglés,* c'est « *the town who never sleeps* » ! Belle ambiance à la fois sage et enjouée dans les bistrots plutôt design et cossus du ***Centro comercial Playa Meloneras*** *(plan A2-3,* ***31****),* dont les terrasses dominent la mer. La fièvre monte d'un cran et la clientèle se rajeunit dans les bars et les clubs aux enseignes illuminées du ***Centro comercial Plaza de Maspalomas*** *(plan D1-2,* ***32****)*. Mais c'est dans l'immense ***Centro comercial Yumbo Centrum*** *(plan C2,* ***33****)* que la fête est la plus folle ! Le lieu demeure un bastion de la *LGBT Community (lesbian, gay, transgender, bisexual),* rejointe par de nombreux hétéros venus pour s'éclater ou tout simplement vivre une expérience de liberté et de tolérance assez unique en Europe, voire au monde ! Aux bars où l'on cause et où l'on *cruise,* succèdent ceux avec shows déjantés *drag-queens* ou *gogo boys* ! Plus des clubs exclusivement gay et quelques boîtes mixtes... En mai, se déroule ici et aux alentours une *Gay Pride* démente.

Où acheter de l'artisanat canarien ?

Fedac Artesania *(plan B3,* ***3****)* **:** *Faro de Maspalomas. ☎ 928-77-24-45. • fedac.org • Dans le phare même. Tlj 10h-17h. Fermé le w-e.* C'est la boutique de la fondation pour l'Ethnographie et de Développement de l'artisanat canarien, un organisme public. Vanneries, céramiques et tissus traditionnels, mais aussi des bijoux fantaisie et autres objets contemporains.

À voir

Las dunas de Maspalomas *(les dunes ; plan B-C3)* **:** paysage tout à fait original, une tranche de désert littéralement posée en marge d'une ville moderne.

Ce sont 400 ha de dunes de type saharien, mesurant près de 10 m de haut et s'étalant sur 4 km de long, avec une pointe s'enfonçant de 1 km dans les terres ; certaines portent une maigre végétation... Bref, un écosystème unique, où il n'est pas rare de croiser le *lagarto gigante* (lézard géant des Canaries), l'*abubilla* (oiseau du désert), et plus sûrement des... lapins ! On y trouve aussi une petite lagune, le *Charca,* où viennent se poser des oiseaux migrateurs ou endémiques, sans oublier la petite palmeraie. Et avis aux amateurs, quelques endroits semi-secrets accueillent des naturistes et servent aussi de terrain de *gay cruising...* Aucun risque de se perdre, le grand phare (construit en 1890) de 68 m de haut sert de repère...

DE LA LUNE À LA DUNE

En 1969, c'est la station NASA de Maspalomas qui recueillit en primeur la phrase historique de Neil Armstrong lors de son alunissage : « Un petit pas pour l'Homme, un grand pas pour l'Humanité. » Celle-ci fut immédiatement envoyée par téléphone à Las Palmas de Gran Canaria, puis en Grande-Bretagne par onde courte, et ensuite par câble sous-marin à Andover aux États-Unis, pour finir vers Houston en micro-ondes. Ça chauffait. Cet événement planétaire mit dans la lumière Maspalomas et les îles Canaries, et en favorisa l'essor touristique.

– Pour en savoir plus, se rendre au ***Centro de Interpretación de Las Dunas*** *(plan C3,* ***2****)* : *avda Tirajana, en contrebas de l'*Hotel Riu Palace. *☎ 928-76-52-42. Tlj 8h-14h30. GRATUIT.*

À faire

Les plages : après la longue, belle et populaire ***playa del Inglés*** *(plan D2-3),* réputée dans toutes les Canaries, testez donc, vers l'ouest, la ***playa de Maspalomas*** *(plan B-C3),* bordée aussi par les dunes, puis la ***playa de Meloneras***

(plan A3), cernée par des hôtels de luxe affichant des architectures pharaoniques incroyables ! Vers l'est, la ***playa de San Agustín*** *(hors plan par D1)* demeure plus classique et familiale.

Nombreuses attractions pour remplir ses journées en famille :

– ***Aqualand*** *(hors plan par A1)* **:** *ctra Palmitos Park, km 3, à* ***Maspalomas.*** *☎ 928-14-05-25. • aqualand.es/grancanaria • Bus nos 45 et 70. Tlj 10h-17h (18h juil-août). Entrée : 32 € ; 5-10 ans 23 € ; 3-4 ans 12 € ; billet famille (2 adultes + 2 enfants) 94 € ; promos sur Internet ; et aussi billet jumelé avec Palmitos Park.* Un grand parc aquatique proposant une vingtaine d'attractions à sensations : piscine à vagues, toboggans rapides pour les grands et plus cool pour les enfants, barbotage avec des otaries...

– ***Palmitos Park*** *(hors plan par A1)* **:** *barranco de los Palmitos, s/n, à* ***Maspalomas.*** *☎ 928-79-70-70. • palmitospark.es • Bus nos 45 et 70. Tlj 10h-18h (dernier billet à 17h). Entrée : 32 € ; 5-10 ans 23 € ; 3-4 ans 11 € ; billet famille (2 adultes + 2 enfants) 94 € ; promos sur Internet ; et aussi billet jumelé avec Aqualand.* Parc à thème dans une petite vallée de palmiers : show de dauphins et de perroquets, présentation d'oiseaux de proie, d'oiseaux exotiques et de quelques autres animaux : singes, reptiles, poissons tropicaux, papillons, etc. Nombreuses plantes exotiques, orchidées, cactus...

– ***Holiday World*** *(plan B1)* **:** *avda Touroperator Tui, s/n, à* ***Maspalomas.*** *☎ 928-73-04-98. • holidayworldmaspalomas.com • En été, tlj 18h-minuit ; en hiver, tlj 17h-23h (w-e 12h-minuit). Entrée libre, mais on paie chaque attraction.* Parc d'attractions classique : grande roue, manèges, montagnes russes, bowling...

– ***Sioux City Park*** *(hors plan par D1)* **:** *barranco del Águila, s/n, à* ***San Agustín.*** *☎ 928-12-96-84. • siouxcitypark.es • Bus-navette gratuit. Tlj sauf lun, 10h-17h. Entrée 22 € ; 2-11 ans 16 €.* Un genre de cirque à la Buffalo Bill, attaques d'Indiens, duels de cowboys, exhibition de chevaux, défilé de troupeaux, etc. Le vendredi, grand show et BBQ !

GRAN CANARIA

DE PLAYA DEL INGLÉS À PUERTO DE MOGÁN

➢ La route côtière ne dessert que les grandes concentrations touristiques, comme ***Arguineguín, Patalavaca, Puerto Rico, Tauro, Taurito*** et, de fait, elle ne présente guère d'intérêt, sauf l'occasion de casser une surprenante petite graine en route...

Bar Playa « El Boya » : *c/ Santa Agueda, 32, à* ***El Pajar-Arguineguín.*** *☎ 928-73-53-14. • info@barplaya.com • En venant de Playa del Inglés, sortie no 56 par l'autoroute, mais ne pas aller dans la station d'Arguineguín, tourner à gauche (2 km) vers El Pajar-Santa Agueda. Tlj sauf jeu 8h-23h30 (minuit ven-sam, 18h dim). Plats 5-9 €.* Baraque bleue avec véranda ouverte sur une petite plage de galets, le tout flanqué d'une cimenterie industrielle avec son quai de chargement. Le décor est planté ! Dans l'assiette : poissons et fruits de mer bien frais, mijotés selon des recettes traditionnelles simples et copieuses. Une adresse authentique que les gens du cru affectionnent.

PUERTO DE MOGÁN (35138)

À 34 km à l'est de Maspalomas par l'autoroute qui longe la côte, Puerto de Mogán se situe au débouché d'un profond *barranco* (« gorge ») qui descend dans la mer. La station balnéaire surgit comme un petit Saint-Tropez canarien ! La ville se compose de 2 parties : la plage et le port de plaisance, reliés

par quelques petits ponts. C'est autour du port de plaisance que l'on trouve cet agréable quartier quadrillé de ruelles fleuries, bordées de blanches villas de style néocolonial.
L'ensemble ne dépasse pas 2 étages, telle était la règle du projet de l'architecte Raphael Neville qui redessina la ville dans les années 1980. Elle a reçu l'appellation abusive de « petite Venise des Canaries » ! C'est très exagéré. L'activité de pêche continue néanmoins, parallèlement au tourisme, ce qui procure du poisson frais aux restaurants.
Toujours beaucoup de monde à touche-touche sur la plage grignotée par le béton sans cesse galopant et cernée d'une ribambelle de commerces et de boutiques.

Arriver – Quitter

En bus

Estación de autobuses Global *(gare routière)* **:** *c/ La Mina (angle c/ La Noria). ☎ 928-25-26-30. • globalsu.es • Dans la zone derrière la plage.*
➢ ***Playa del Inglés :*** bus n°s 32 et 33 (env 18/j.), via ***Playa del Cura, Playa de Amadores, Puerto Rico, Arguineguín...***
➢ ***Las Palmas de Gran Canaria*** *(San Telmo)* **:** bus n° 1 (30-46/j.), via ***Playa del Cura, Puerto Rico, Arguineguín, Maspalomas, San Agustín, Vecindario (El Doctoral), l'aéroport,*** etc. ; et n° 91 (env 16/j.), via ***l'aéroport, Arguineguín, Puerto Rico, Playa de Amadores, Tauro, Playa del Cura.***
➢ ***La Aldea de San Nicolás :*** bus n° 38 (2-5/j.), via ***Mogán.***
➢ ***Mogán :*** bus n° 84 (12-14/j.).

En bateau

Embarcadère : *au port.* Desservi par les compagnies ***Blue Bird*** *(629-98-96-33 ; • lineasbluebird.com •)* et ***Líneas Salmón*** *(649-91-93-83 ; • lineassalmon.es •).*
➢ ***Puerto Rico, Anfi et Arguineguín :*** 7-8 bateaux/j. avec *Blue Bird*, et 7-9 départs/j. avec *Líneas Salmón.*

Adresse et infos utile

Oficina de turismo : *avda Mogán, 1, à* ***Puerto Rico.*** *☎ 928-56-11-38. • mogan.es • Lun-ven 8h-14h.* Dépliants en français, infos plongée sous-marine, sorties en mer, etc.
– ***Mercado :*** *ven mat, muelle Deportivo.*

Où dormir ?

Volver Beach Hostel : *callejón Las Conchas, 11. 636-15-45-60. Lits en dortoir 15-20 €/pers, doubles 36-45 € selon saison. Casa la Vista 108-135 €/j.* Une petite AJ bon marché, située dans la partie ancienne de la ville, à 300 m du port et de la plage. Emprunter les escaliers d'une rue pentue pour y grimper. Accueil jeune et affable. Abrite 3 dortoirs (mixtes ou non) de 4 ou 6 lits, plaisants et simples, tous avec fenêtre, casiers et de bons matelas. Une seule chambre privative dans le même style avec vue superbe. Terrasse lumineuse qui domine la ville et le port. Loue aussi une maison *(Casa la Vista)* avec 3 chambres joliment décorées et colorées. *Volver* en espagnol veut dire « revenir ». On reviendra !

Hotel Puerto de Mogán : *sur le port, côté est. ☎ 928-09-93-96. • callcenter@hotelesthe.com • hotelpuertodemogan.com • Doubles 140-207 € en ½ pens, apparts 2-3 pers 188-250 € selon confort et saison ; suites également.* Sur le port, long bâtiment néocolonial avec une cinquantaine de beaux appartements et de jolies chambres confortables. Déco balnéaire colorée plaisante. Petite piscine, spa...

GRAN CANARIA

Où manger ? Où boire un verre ? Où sortir ?

Zona Verde : *c/ la Cruz, 2. 617-02-67-09. À 150 m de la gare routière. Tlj sauf mer 18h-23h. Plats 13-20 €.* À 500 m du port, à l'entrée de la ville en venant de l'autoroute, vous verrez une entrée de parking souterrain devant et le resto en retrait à l'arrière, comme un îlot préservé de l'urbanisme moderne. Cette maison néocoloniale possède une agréable terrasse sous les arbres. Spécialité de viandes grillées, et quelques plats à la carte. Prix sages pour la qualité.

El Capuchino 501 : *c/ Explanada del Catillete. ☎ 928-56-52-93. 620-37-61-99. En venant de la plage, passer la rivière à pied, vers le parking, laisser le* Supermercado Venecia *à droite, et continuer 100 m en face de l'autre côté du petit jardin public. Tlj 10h-22h. Fermé jeu juin-sept, fermé sam oct-mai. Congés : 22 juin-10 juil. Menu déj 11,50 €, carte 10-15 €. Apéro maison offert sur présentation de ce guide.* De loin ce qu'il y a de mieux au port ! Resto familial spécialisé dans le poisson et les fruits de mer – on ne peut plus frais car ils disposent de leur propre bateau de pêche ! Également des viandes pour les irréductibles, et des pâtes, des salades et des omelettes pour les fauchés.

La Cofradía de los Pescadores : *callejón Explanada del Castillete, 7. ☎ 928-56-53-21. Sur la digue au sud du port de plaisance. Tlj 10h-22h. Plats 9-17 €.* Difficile de trouver des poissons et des fruits de mer aussi frais qu'ici. Les bateaux de pêche sont amarrés au quai. Tous les jours, les pêcheurs fournissent le restaurant organisé en mode coopératif. À la carte, on trouve tous les classiques de la mer : poulpe, calamar, thon, mérou *(cherne)*, loup de mer *(corvina)*, coquillages, etc.

Plusieurs **bars de nuit** avec de la musique et de l'ambiance sur le ***paseo de los Pescadores,*** parmi lesquels : *The Revolution, Ferrari...*

À voir. À faire

Cañada de Los Gatos : *c/ La Puntilla, s/n. 638-81-06-21. • arqueologiacanaria.com • Tlj sauf lun, 10h-18h (17h oct-mars). Fermé 1er, 5 et 6 janv, 1er mai, 24, 25 et 31 déc. Entrée : 4 € ; réduc ; gratuit moins de 10 ans.* Sur les hauteurs du port, de l'autre côté de la plage, un petit site archéologique montrant – à flanc de montagne – les vestiges de maisons en pierre canarii, vieilles de 1 600 ans. Et des d'habitats plus tardifs (XVe s et XIXe-XXe s) dans un cadre assez vert et propice à la balade.

Submarine Adventure *(observation des fonds sous-marins)* **:** *port d'embarquement, pantalán Dique Sur (digue sud), Puerto de Mogán. ☎ 928-56-51-08. • atlantidasubmarine.com • Uniquement sur résa. Billet : 31,50 € (adulte), 16 € (2-12 ans). 8 départs/j. 10h-17h10.* Excursion dans les profondeurs de l'océan à bord d'un sous-marin spécialement conçu pour observer les poissons à travers de grands hublots. Des bus font la navette entre les hôtels et les centres commerciaux de Maspalomas et Playa del Inglés pour conduire les touristes à Puerto de Mogán.

DE PUERTO DE MOGÁN À LA ALDEA DE SAN NICOLÁS

➢ De Puerto de Mogán, la GC-200 pénètre dans l'arrière-pays et conduit à ***Mogán*** dans une vallée arrosée par un canal. Cette petite bourgade est située dans un austère paysage minéral, tempéré ici et là par la présence de l'eau. On peut manger au **bar El Pueblo** *(c/ San José, 24)* ou à la **Casa Enrique** *(c/ San José, 5),* avec plus de choix et un brin plus élaboré et onéreux... ***De Mogán à La Aldea de San Nicolás,*** compter 50 mn de route (très sinueuse par endroits) pour seulement 23 km ! Noter que ce paysage semi-désertique comporte des touches colorées appelées *Los Azulejos.* Ce phénomène géologique engendre une étrange palette de couleurs sur les parois de la montagne. Ceci est le résultat des différents composants minéraux de la roche.

LA ALDEA DE SAN NICOLÁS (35470) 7 969 hab.

À 35 km au sud de Puerto de las Nieves (Agaete), on y arrive par une route remarquable qui surplombe la mer et la côte ouest de Gran Canaria. Accès par l'autoroute GC-2 (la vieille route nationale, très sinueuse, une des plus belles routes de l'île, est jusqu'à nouvel ordre fermée à la circulation car victime de plusieurs éboulement). Les montagnes hérissées de sommets rocheux descendent brutalement dans l'Atlantique avec des accents de tragédie antique. La Aldea de San Nicolás est une ville-étape sans charme, située au beau milieu du grand Ouest. Cette région au relief accidenté, aux paysages rocailleux et dénudés, est néanmoins propice à la randonnée. Une chance de la géographie, la petite ville se prolonge par une belle façade balnéaire composée de plusieurs plages sauvages et peu urbanisée, tout cela dans un environnement préservé.

Avant de grimper dans les montagnes de l'arrière-pays, on traverse d'impressionnantes surfaces de serres agricoles *(un mar de plástico !)* nécessaires à l'économie. Quelle laideur !

SE DÉFROQUER OU PAS

Rituellement, le 11 septembre, sur la plage de la Aldea, se déroule la fiesta del Charco (la « fête du Bassin »). Des milliers de gens chantent et dansent frénétiquement, puis se jettent dans la mer... tout habillés ! Tout ça parce que monseigneur Delgado, évêque de la ville, excommunia ce jour de 1766 tous les habitants pour s'être baignés à moitié nus ! Depuis, la frondeuse population commémore l'événement dans la joie !

➢ Bus n° 38 (2-5/j.) depuis ***Puerto de Mogán,*** via ***Mogán*** ; et n° 101 (2-5/j.) depuis ***Gáldar,*** via ***Puerto de las Nieves*** *(infos bus Global : ☎ 928-25-26-30 ; • globalsu.es •).*

Adresse et infos utiles

ℹ *Oficina de turismo :* *c/ Dr Fleming, 57. ☎ 928-09-08-81. 📱 622-91-38-93. • laaldeadesannicolas.es • À côté de l'arrêt de bus. Lun-ven 8h30-10h30. Fermé le w-e.* Autre bureau sur le port *(playa de la Aldea ; lun-ven 8h30-14h30, fermé le w-e).* Plus qu'un office de tourisme, c'est un petit centre d'exposition et d'information (très bien fait) sur la nature et la réserve marine. Dépliants en français, fiches-topoguide des sentiers de randonnée *(• senderoslaaldea.com •),* infos loisirs nautiques (sorties en mer, plongée sous-marine dans la *micro-area marítima El Roque...*). Un des meilleurs accueils de l'île.

Où dormir ? Où manger ? Où boire un verre ?

⌂ *Albergue La Hoyilla :* *c/ Dr Fleming, 132. ☎ 928-89-12-52. 📱 600-42-08-71. • lahoyilla@ludenatura.com • ludenatura.com • À env 2 km de la playa de la Aldea, sur la gauche de la route vers la ville (GC-220). Bus nos 101 et 38. Résa conseillée. Lit en dortoir 20 €/pers ; double 40 € ; petit déj compris. Location serviette ou café offert sur présentation de ce guide.* Bâtiment moderne genre école (grand parking privé devant) tenu par un couple affable et attentionné. Il compte une quarantaine de lits superposés, répartis dans des dortoirs *(3-14 pers)* avec casiers et fenêtres. Et aussi 7 chambres privatives simples mais très propres, donnant sur la cour ou la campagne. Confort de base, déco très ordinaire, et sanitaires communs. Large terrasse couverte pour lire et boire un verre. Pas de repas sauf sur réservation pour les groupes. Bref, la providence des randonneurs !

Hotel Los Cascajos : *c/ Los Cascajos, 9. ☎ 928-89-11-65. • info@hotelcascajos.es • hotelcascajos.es • À droite, la ruelle derrière l'église. Double avec sdb 53 €, petit déj inclus.* Petit hôtel moderne, simple et sans prétention, dans une ruelle donnant sur la rue principale. Abrite des chambres propres avec carrelage frais et fenêtre. Vue sur les maisons du quartier et les monts au loin. Accueil jovial, ambiance familiale. Petit bar dans la salle à manger. Une bonne adresse à prix doux.

Hotel La Aldea Suites : *c/ Transversal Federico Rodríguez, s/n. ☎ 928-89-10-35. • info@laaldeasuites.com • laaldeasuites.com • Chambres et suites 75-95 € selon saison, petit déj inclus.* On est séduit par cette trentaine de chambres de taille variable *(2-6 pers)* et confortables. La plupart ont une terrasse donnant pour certaines sur l'agréable patio verdoyant avec piscine et *sundeck*. Déco contemporaine agréable et sans fard. Accueil dynamique et pro, et plein de bons conseils pour explorer la région à pied et à vélo, ou pour bien choisir sa plage. Une excellente adresse, idéale en famille.

Bar El Chozo : playa de la Aldea. *666-25-79-17. Sur la gauche en arrivant. Tlj sauf lun 10h-17h (minuit ven-sam). Plats 5-12 €.* En retrait de la plage, sous les arbres, un petit bâtiment en galets (la cuisine) entouré de tables et tabourets en dur, genre aire de pique-nique. Les locaux appellent ça un *chiringuito* (un bar de plage sommaire, quoi !). Cuisine familiale simple et sans triche mitonnée par des femmes dynamiques. On se régale des plats du jour *(pescado fresco, pulpo frito...)*. Bien aussi pour prendre un verre. Une adresse plébiscitée par les gens du coin pour son excellent rapport qualité-prix.

À voir. À faire

Playa de la Aldea : à 4 km à l'ouest de la ville, longue étendue de gros galets au fond d'une baie paisible, avec son petit port, encadrée par des montagnes volcaniques couvertes d'une maigre végétation. Quelques restos dans le hameau, dont le *Bar El Chozo* (voir plus haut). De là, un sentier de 2 km mène – vers le nord – à la ***playa del Puerto,*** plus tranquille. Attention, la mer peut être forte et dangereuse !

Cactualdea Parque Tropical : *c/ Tocodomán, s/n. ☎ 928-89-12-28. • cactualdea.es • À env 5 km au sud de La Aldea, sur la droite (panneau). Tlj 10h-17h. Entrée : 6,50 € (une graine de cactus offerte !) ; réduc ; gratuit moins de 8 ans. Compter 1h de visite.* Si les différentes attractions (reconstitution de *cuevas...*) qui balisent l'itinéraire ont un peu vieilli, en revanche, le jardin des cactus se révèle splendide et d'une rare richesse ! Plus de 1 200 variétés de cactus... D'abord tous ceux des Canaries, et des spécimens provenant du monde entier. Petits chemins empierrés sur les pentes du jardin pour en admirer la multitude des formes, des couleurs et des variétés, dans de subtils jeux de lumière et d'ombre donnant beaucoup de poésie à l'ensemble. Bar et snack sur place.

DANS LES ENVIRONS DE LA ALDEA DE SAN NICOLÁS

Playa de Güi-Güi : *à env 20 km au sud-ouest de La Aldea.* Belle et sauvage à souhait, mais elle se mérite ! Il faut d'abord rejoindre la playa de Tasartico par la route GC-200, puis suivre un chemin carrossable. De Tasartico, emprunter un sentier (5 km, 2h) longeant le littoral, à travers de magnifiques paysages assez accidentés (prévoir de l'eau et de bonnes chaussures en plus du maillot) ; courage !

Playa de Tasarte : *au sud de La Aldea par la GC-200, puis à droite la GC-205.* Grande plage de galets au débouché d'une spectaculaire vallée rocheuse, dans un environnement naturel verdoyant et agricole (quelques serres).

Blablablà Tasarte Guesthouse of Sumus : *c/ Los Ribanzos, 18, playa de Tasarte. ☎ 928-89-43-75. 622-77-72-34. • blablabla.tasarte@gmail.com • Selon saison, lits en dortoir 15-30 €/pers ; doubles 40-70 €.* À 10 mn à pied de la plage et adossée à une colline couverte de bananiers, cette petite auberge de jeunes est accessible par un chemin à flanc de coteau. Elle compte des dortoirs corrects *(4-8 pers),* et des chambres privatives bien tenues. Sanitaires communs propres. Cuisine à disposition. Terrasse extérieure lumineuse et agréable. Une bonne adresse !

Oliva : *playa de Tasarte, s/n. ☎ 928-89-43-58. Plats 6-11 €. Ouv tlj au déjeuner. Fermé le soir. CB refusées.* Un bon petit resto de plage où on déguste, entre autres *comidas caseras* simples et bonnes, un fameux *ropa vieja de pulpo,* leur spécialité. *Muy rico !* La *media ración* suffit ! Terrasse sur la mer idéale aussi pour prendre un verre en fin d'après-midi.

VERS L'EST : DE MASPALOMAS À TELDE

➢ Pas de plages remarquables, côte fortement urbanisée, mais quelques villes à grappiller au passage : *Agüimes, Temisas, Ingenio, Telde...*

Playa de Pozo Izquierdo : *à env 15 km au nord-est de Maspalomas. Prendre l'autoroute GC-1 vers Las Palmas. Sortie n° 28 au niveau de Vecindario. Faire encore 4 km jusqu'à la plage.* Ce n'est pas l'environnement le plus bucolique que l'on connaisse, des dizaines d'éoliennes hérissent le paysage. On arrive à l'une des plages les plus renommées pour la planche à voile, qui accueille régulièrement des compétitions internationales...

***Centro Internacional de Windsurf Hostel** (CIW Hostel) :* *playa de Pozo Izquierdo, à 200 m du village. ☎ 928-12-14-00. • info@pozo-ciw.com • pozo-ciw.com • Accès en bus n° 90 (arrêt « Centro comercial Atlántico », puis taxi : env 5 €). Lits en dortoir 18-30 €/pers ; double 38 €. Repas moins de 10 €.* Toute seule en bord de mer, une structure moderne tenue impeccablement ; rendez-vous bien connu des surfeurs qui savent lui donner une belle atmosphère. À dispo, des chambres et des dortoirs (8-10 lits) impeccables et agréables ; tous avec sanitaires communs. On y accueille aussi les non-surfeurs avec la même gentillesse. Sur place : resto, grande piscine, cours de planche à voile et de *kitesurf,* centre de plongée sous-marine...

AGÜIMES

(35260) 5 824 hab.

À 10 km au sud de l'aéroport de Gran Canaria et 30 km de Las Palmas. À l'entrée des gorges de Guayadeque, sur un flanc de montagne, Agüimes est notamment connue pour ses tomates et ses cactus, une des ressources agricoles importantes.
Au cœur de la cité, le centre historique *(casco antiguo)* est bien préservé et assez charmant avec son église paroissiale. Maisons colorées, avec pierres sombres alternées aux angles, du plus bel effet. Nombreuses statues dans les rues, dont un chameau qui barre littéralement une ruelle ! Quelques ateliers d'artisanat sur place.

Arriver – Quitter

➢ ***Las Palmas*** *(San Telmo)* **:** bus nº 11 (17-20/j.) et nº 21 (env 13/j. sauf le w-e) via ***l'aéroport, Ingenio...***
➢ ***Maspalomas :*** bus nº 41 (1-3/j.) puis changement à Cruce de Arinaga où l'on prend le bus nº 66.
➢ ***San Bartolomé de Tirajana :*** bus nº 34 (4/j.).
➢ ***Telde :*** bus nº 35 (env 6/j. sauf dim).
– ***Infos bus Global :*** *☎ 928-25-26-30. • globalsu.es •*

Adresse et infos utiles

Oficina de turismo : *pl. de San Antón, s/n. ☎ 928-12-41-83. • visitaguimes.com • Lun 8h30-16h, mar-ven 8h30-18h, sam 9h-14h. Fermé dim.* Dépliants en français et infos loisirs. Sur place, petit ***Centro de Interpretación del casco histórico*** *(GRATUIT)* montrant la construction de ses maisons, le travail du bois...
– ***Marché :*** *jeu mat, sur la place face au Centro de Mayores.*

Où dormir ? Où manger ? Où boire un verre ?

Hotel Rural Casa de Los Camellos : *c/ Progreso, 12, angle avec c/ Retama. ☎ 928-78-50-03. • hrcamellos@hecansa.com • hotelcasaloscamellos.com • Doubles 77-105 €.* En plein *casco antiguo,* petit hôtel de charme dans une vénérable demeure traditionnelle aux gros murs blancs laissant apparaître ici et là les grosses pierres volcaniques du pays. Renferme une douzaine de chambres confortables, avec une déco rustique chic, et un mobilier en bois de caractère et chaleureux. Vue sur le patio intérieur pour la plupart. Également d'autres hébergements du même style dans une autre maison du vieux centre, à 2 pas.

Bar San Antón : *pl. San Antonio Abad, 2. 📱 637-01-06-76. Tlj sauf lun 13h-16h, 20h-minuit: Plat env 5 €.* Un bar de pays avec sa terrasse sur la place, fréquenté par des habitués qui papotent au comptoir. À l'ardoise : tapas charcuterie-fromage, et 2-3 plats du jour simples et sans prétention. Ça nourrit son homme et c'est servi avec gentillesse. Bien aussi pour prendre un verre.

À voir

Iglesia San Sebastián *: pl. del Rosario.* Au cœur de la vieille ville. De style néoclassique canarien (XVIIIe-XXe s), elle affiche des dimensions de cathédrale, et donne sur une belle place ombragée avec quelques bars autour.

Museo de Historia : *c/ Juan Alvarado y Saz, 42. ☎ 928-78-54-53. Mar-dim 9h-17h. Fermé lun. Entrée : 3 € ; réduc.* Installé dans l'ancien palais épiscopal, il compte 8 salles thématiques sur l'histoire de la ville et de la région : les métiers, l'émigration des îliens vers l'Amérique du Sud, etc. ; le tout à travers une foule d'objets du quotidien, photos noir et blanc, panneaux explicatifs... Expos temporaires au 1er étage. Intéressant !

DANS LES ENVIRONS D'AGÜIMES

À 10 km à l'ouest d'Agüimes, la route GC-550, très raide et sinueuse, mène à ***Temisas,*** joli village de montagne entouré d'une des ***oliveraies*** les plus importantes de l'archipel.

Le barranco de Guayadeque : accès par la GC-183 au départ d'Agüimes. C'est la seule route (bitumée, 2 voies). Les gorges commencent vraiment à 3 km au nord d'Agüimes. Une merveille de la nature, un des plus beaux paysages de l'île qui contraste avec les montagnes semi-désertiques du Sud ! Ces gorges rocheuses, longues d'une dizaine de kilomètres et classées Monument naturel, forment une incroyable coulée verte depuis les contreforts du cirque de Los Marteles (presque le centre de l'île) jusqu'à l'Atlantique. La végétation y est abondante, grâce au microclimat qui y règne. Les versants abrupts ne sont pas couverts de forêt mais d'une sorte de garrigue semi-tropicale composant un remarquable tapis de verdure : cactus, lauriers, agaves, pins et palmiers isolés... En janvier-février, nombreux amandiers en fleur... À plusieurs endroits dans les falaises, on repère des vestiges des grottes (habitats troglodytiques) où vécurent autrefois les autochtones. Quelques-unes sont encore habitées. L'étroite route bitumée s'arrête en cul-de-sac à 1 042 m d'altitude au hameau de Montaña las Tierras où il y a un miniparking et un restaurant-grotte installé dans un ancien habitat troglo.

Centro de Interpretación de Guayadeque : *ctra de Guayadeque, km 2. ☎ 928-17-20-26.* ***Fermé pour travaux.*** Pour comprendre cette étonnante gorge profonde et verdoyante. Tout y est bien expliqué : sa géographie, sa minéralogie, sa flore, sa faune, l'utilisation de son eau par l'agriculture moderne qui demeure assez artisanale... De beaux objets archéologiques rappellent la présence ancienne de peuplades canarii dans ce site : renseignements sur leurs activités, leur habitat *(cuevas Bermejas)* et leurs rites funéraires.

TELDE

(35200) 102 078 hab.

À 15 km au sud de Las Palmas, étendue sur le flanc des monts, Telde est aujourd'hui dotée du pôle commercial et industriel le plus important de Gran Canaria. Une dimension qui en fait la 2e ville de l'île. Passé la périphérie très urbanisée et sans charme, on gagne son petit *centro histórico* joliment rénové... Autrefois, ce fut la capitale des peuplades canarii (avec la cité de Gáldar).

Arriver – Quitter

➢ ***Las Palmas de Gran Canaria :*** bus nº 80 (14-41/j. sauf dim) et nº 12 (env 40/j.) et nº 90 (env 15/j., via l'aéroport).

➢ ***Agüimes :*** bus nº 35 (env 6/j. sauf dim).

➢ ***Maspalomas :*** bus nº 36 (env 14/j.)

➢ ***Vega de San Mateo :*** bus nº 13 (13-24/j.).

➢ ***Santa Brígida :*** bus nº 24 (env 6/j.).

– ***Infos bus Global :*** *☎ 928-25-26-30. • globalsu.es •*

Adresse et infos utiles

Oficina de turismo : *Casa Condal, c/ Conde de la Vega Grande, 9. ☎ 828-01-33-12 ou 928-69-81-52. • teldeturismo.es • Dans le centre historique, à 2 rues de la pl. San Juan. Lun-ven 8h30-14h, et aussi jeu 16h-19h. Fermé le w-e.* Dépliants en français.

– ***Mercado :*** *sam mat, avda Cabildo Insular, s/n (sur le côté de la station de bus).*

Où manger ?

Juan Jamón : *c/ León y Castillo, 9. ☎ 928-68-54-03. 675-14-30-35. • juan.jamon.telde@gmail.com • Dans le centre historique, à 2 pas du musée. Lun-ven 9h-14h, 18h-21h30 (ven 23h), sam 9h-13h30. Fermé sam soir dim. Moins de 10 €.* Une *jamonería* qui prépare de délicieux sandwichs au jambon (plusieurs sortes au choix) ou/et fromage ; à déguster avec quelques olives et un verre de vin, avant de reprendre l'exploration du *casco antiguo.* Cadre moderne propret avec quelques chaises hautes, histoire de poser une fesse.

À voir. À faire

Basílica de San Juan Bautista : *pl. San Juan. Tlj 8h-14h, 17h-20h.* Elle compose, avec les aristocratiques demeures et les arbres plus que centenaires de la place, un tableau charmant ! Vaisseau à 3 nefs séparées par des arcades en pierre. Voûte en berceau. Admirer le magnifique retable churrigueresque. À gauche du chœur, autre merveille : un triptyque représentant une *Annonciation,* une *Nativité* et l'*Adoration des Rois mages,* peinture flamande de 1539. Enfin, visez donc le poignant *Santíssimo Cristo,* un précieux crucifix trouvé en 1516 sur une plage après le naufrage d'un navire revenant du Mexique...

Balade autour de San Juan et dans le quartier San Francisco : parcourir la ***calle Conde de la Vega Grande*** (la rue de l'office de tourisme), bordée d'élégantes demeures. Au bout à droite, puis encore à droite la charmante ***calle Licenciado Calderín,*** bordée elle aussi de belles bâtisses anciennes. N'y manquez pas le gentil jardin public à la végétation exubérante. Petit repos au frais, à peine troublé par les chants des colombes et des perroquets en cage tout à côté. Enfin, remontez la ***calle León y Castillo*** jusqu'au musée du même nom (voir après)... Quant au ***quartier San Francisco,*** autour de son église, il demeure l'autre secteur historique de Telde, et l'un des plus anciens des Canaries. Réel plaisir de se balader dans ses étroites et romantiques ruelles chargées d'histoire...

Casa-Museo León y Castillo : *c/ León y Castillo, 43-45. ☎ 928-69-13-77. • fernandoleonycastillo.com • Mar-dim 10h-18h. Fermé lun et les 1er et 6 janv, 1er mai, et 24, 25 et 31 déc. GRATUIT.* Il s'agit de 2 maisons typiquement canariennes où vécurent depuis l'enfance *Fernando León y Castillo* et son frère *Juan.* D'abord artisan de la modernisation de l'économie canarienne dans la 2de moitié du XIXe s et notamment fondateur du *puerto de la Luz* à Las Palmas, Fernando fut aussi ministre de l'Outre-mer puis ambassadeur d'Espagne en France. Son frère *Juan* fut l'ingénieur qui construisit le phare de Maspalomas...
Patio avec une élégante galerie où l'on trouve des éléments décoratifs de style mudéjar. Visite des appartements et de la bibliothèque. Nombreux objets personnels et familiers, pièces richement meublées et décorées. Belle collection de peintures, vieux papiers, médailles, plan original du puerto de la Luz...

FUERTEVENTURA

• Plan *p. 143*

ABC de Fuerteventura

- ***Superficie :*** 1 660 km².
- ***Population :*** 116 886 hab.
- ***Densité :*** 66,5 hab./km².
- ***Climat :*** doux constamment 23-28 °C (en hiver parfois 16-22 °C).
- ***Capitale :*** Puerto del Rosario (38 710 hab.). Plus 5 municipalités : Antigua, Betancuria, La Oliva, Pájara, Tuineje.
- ***Statut politique :*** communauté autonome au sein de la province de Las Palmas.
- ***Point culminant :*** le pico de la Zarza (Jandía, 807 m).
- ***Économie :*** tourisme (grande majorité des revenus), agriculture (1er producteur d'aloe vera des îles avec la plus grande ferme d'Europe ; plus grand nombre de chèvres de l'archipel aussi) et pêche.

La 2e grande île de l'archipel, la plus proche de l'Afrique (97 km). Aujourd'hui, elle tente d'affirmer son identité entre, sur sa gauche, la « grande » Canarie un poil hégémonique et, sur sa droite, Lanzarote qui lui fait la nique écologique ! En fait, ça ne devrait pas être trop difficile car elle possède de sérieux atouts : des paysages de montagne, des vallées volcaniques évoquant presque l'Arizona et le Mexique, de magnifiques plages de sable blanc et de splendides étendues sauvages comme celle de *Cofete* (la plus longue de l'archipel), d'adorables villages coloniaux et un intéressant réseau de musées et d'écomusées. Et, toujours bon à prendre, des petits ports de pêche qui ont réussi à passer à travers les mailles des bétonneurs. Pimentez-moi tout ça de belles petites adresses pour dormir et se restaurer, secouez... cocktail réussi !

UN PEU D'HISTOIRE

On possède relativement peu de sources concernant l'histoire de l'île. Comme la Grande Canarie, les historiens pensent que les premiers habitants furent d'origine berbère, maghrébine et saharienne et vinrent il y a « quelques milliers d'années » pour les uns ; et de 1000 à 300 av. J.-C. pour les autres. Le type d'habitat, les céramiques et leur décor, les gravures de type libyco-berbères correspondent bien à ces régions. Les aborigènes de Fuerteventura sont appelés *Majos,* dont dérive le nom des habitants actuels, les *Majoreros.* Ils ne savaient pas naviguer et, chose surprenante, leur civilisation était régressive. En effet, connaissant l'usage du métal et possédant probablement des pratiques culturelles avancées, les *Majos* furent, dans un environnement si dramatiquement pauvre, dans l'incapacité de les mettre en pratique. L'activité se limita longtemps à l'élevage et la récolte des fruits de mer. D'où l'existence des *concheros,* ces gros tas de coquillages, sur la côte nord.

Le 1er nom de l'île, donné par les Romains, fut *Erbania* (du berbère « Ar-Bani », le mur). Une muraille naturelle de sable et roche fossilisée aurait séparé les 2 royaumes qui se partageaient l'île au niveau de l'isthme de La Pared (le mur) : *Ayoze,* roi de Jandía au sud ; et *Guize,* à la tête du royaume de Maxorata, au nord. Les premiers touristes, venant de la Méditerranée, étaient phéniciens, romains, arabes... Trois petits tours, ne regardaient même pas les séduisants paysages, se contentant de rafler quelques autochtones ! En 1339, sur une carte, apparaît le nom « *Forte Ventura* » pour la 1re fois.

La *conquista*

Le 1er tour-opérateur un peu sérieux fut le conquistador normand ***Jean de Béthencourt,*** secondé du Français *Gadifer de La Salle.* Il débarqua en 1402, dans le coin d'Ajuy (côte ouest), avec 23 Normands et 40 Andalous, et fonda *Betancuria.* L'endroit dut lui plaire car il y resta 3 ans. Pas trop de massacres, la cohabitation avec les *Majos* semblant plutôt bien fonctionner...

En 1450, l'île comptait déjà 1 200 habitants, principalement autour de Betancuria. Les XVIe et XVIIe s furent principalement marqués par les ***raids des pirates*** venant s'approvisionner en eau et en viande. Le seul grave événement fut l'invasion berbère de 1593, qui dura 6 mois. La capitale et toutes les archives de la colonisation furent alors détruites. De ce moment datent les 1res fortifications de l'île : *El Cotillo* et *Caleta de Fuste.* Philippe II, roi d'Espagne, nomma un chef militaire (le Colonel) au pouvoir immense, et dont la charge était héréditaire. Il finit par posséder une grande partie du nord de l'île ; le reste se partageant entre les grandes familles nobles qui aidèrent à la conquête et à la colonisation. Régime quasiment féodal. Leur pouvoir disparaît cependant avec la reprise en main de Madrid, la constitution des *Cortès de Cadix* (1810) puis la création des municipalités. On peut aujourd'hui visiter la superbe Casa de los Coroneles à La Oliva, reflet de cette époque.

Au XIXe s, en raison de l'aridité de la terre, du peu de cultures, la population ne progressa pas. Fuerteventura demeura longtemps une terre d'exil. Elle affiche encore aujourd'hui la plus faible densité humaine de l'archipel... Et ce n'est pas l'apport de prisonniers politiques relégués ici qui compensa les départs...

Fuerteventura aujourd'hui

Le développement des techniques agricoles (agriculture sèche) et l'apparition du tourisme vont considérablement dynamiser l'économie de l'île... au point que celle-ci connaît la plus forte progression démographique de l'archipel ! Chaque année, plus de 2 millions de touristes (plus de 2,2 millions en 2018) viennent profiter du ***charme de ses steppes montagneuses et de ses longues plages à la blancheur immaculée...*** Atmosphère euphorique ces 20 dernières années qui conduisirent à une urbanisation mal maîtrisée en quelques (rares !) endroits. Si la construction des vastes complexes hôteliers a quasiment cessé, en revanche, les grosses stations balnéaires connaissent encore l'extension des lotissements, pas nécessairement intégrés à l'environnement.

Mais que l'on se rassure, il reste une ***immense majorité d'endroits préservés.*** Allons onduler au rythme des dunes de *Corralejo* et pas besoin de machette pour parcourir les immenses vallées de l'intérieur, les parcs naturels protégés... Néanmoins, le camping est interdit sur quasiment l'ensemble de l'île... De toute façon, la force des vents rend le camping sauvage souvent impossible.

FUERTEVENTURA

GÉOLOGIE ET CLIMAT

D'origine volcanique, Amanay-Fuerteventura-Lanzarote-La Graciosa étaient une seule et même île ! La plus ancienne des Canaries (20-15,6 millions d'années), que la glaciation avait mis au jour. Depuis, l'eau est remontée, et les volcans se sont émoussés. Résultat : sur Fuerteventura, peu de prise au vent, peu de pluie, peu d'arbres, déjà le désert... Au rythme des érosions se créèrent de ***fascinants phénomènes géologiques*** comme les « jables », immenses accumulations de sable formant des dunes et de longues plages. Ailleurs, ce sont les « digues », ces coulées de lave qui s'ouvrirent des passages à travers des roches plus anciennes et qui réapparurent lorsque l'érosion fit disparaître ces roches. Leur concentration au centre de l'île et sur certaines côtes demeure un modèle du genre sur la planète. C'est dans la péninsule haute (807 m) et saharienne de *Jandía,* au sud de l'île, qu'on observe les crêtes escarpées, les ravins et les pentes vers la mer les plus spectaculaires. Sans compter cette étrange zone de sable qui traverse l'île

de part en part au niveau de la *playa de Sotavento.* En revanche, c'est au nord qu'on découvre le phénomène des *malpaís,* vastes zones plates de lave figée sur lesquelles se détachent les alignements de cônes volcaniques anciens. Teintes flamboyantes garanties au coucher de soleil !
Le ***climat,*** qualifié de subdésertique, se caractérise par la faiblesse des précipitations, la dominante des alizés du nord-est, et l'effet thermorégulateur des courants marins froids des Canaries adoucissant la chaleur africaine. Quelque 3 000 heures de soleil garanties annuellement, des températures douces quasiment toute l'année, 23-28 °C (en hiver, la température descend rarement en dessous de 18 °C). Quant à l'océan, le thermomètre varie de 19 à 24 °C... Bronzer au soleil et se baigner en hiver se révèle bel et bien une activité quotidienne ordinaire !

FLORE ET FAUNE

À Fuerteventura, on compte 13 espèces de plantes endémiques (c'est-à-dire qui ne poussent à l'état sauvage qu'ici) pour seulement 1 660 km^2 ! Sur l'ensemble de l'archipel, on observe aussi 650 plantes endémiques, l'une des plus importantes richesses botaniques du monde ! Bon, on vous laisse découvrir la jolie *tabaiba* aux 10 nuances de jaune, la *salvia herbanica* violette aux allures d'orchidée, la *tunera* orange poussant sur les cactus, l'*aulaga...* Quant à la ***faune,*** certes peu spectaculaire, elle est largement représentée par les insectes (5 000 espèces dans l'archipel, dit-on !). Nombreuses variétés de scarabées (plus de 30 % endémiques) et la cochenille. Côté oiseaux, l'île est celle qui possède le plus grand nombre d'espèces (sédentaires ou migratrices). Pour les mammifères, c'est plus pauvre : la chèvre (omniprésente dans l'agriculture locale avec une importante tradition fromagère), quelques vaches et ânes, bien sûr introduits par l'homme. La chauve-souris, elle, vint par ses propres moyens. Dans vos randonnées, vous apercevrez la marmotte du désert (qui ressemble plutôt à un gros écureuil), le *perenquén* (ou *tarentola* : un genre de gecko, rien à voir avec une tarentule !) et le *lisneja* (un long lézard, endémique lui aussi). Côté océan, en revanche, c'est l'abondance grâce aux courants marins conditionnant salinité et température des eaux, toujours fraîches et chargées en plancton. 390 espèces de poissons et une riche faune marine qui viendra égayer vos assiettes : crabes, crevettes, pouces-pieds, moules, bigorneaux, patelles et céphalopodes divers (et d'été), poulpes, calamars et seiches...

MUSÉES ET SITES

Un billet combiné permet de visiter à prix réduit 3 musées de l'île : le *Museo de la Sal (Salinas del Carmen),* le *Museo del Queso Mjorero* et le *Centro de Interpretación Los Molinos.* Adulte : 11,50 € pour les 3, enfants (moins de 11 ans) 7,50 €. Ils s'achètent directement sur les sites.

RANDONNER À FUERTEVENTURA

Le relief volcanique accidenté de Fuerteventura et ses parcs naturels se prêtent bien à la ***randonnée pédestre,*** avec près de 255 km de sentiers balisés. Le GR 131 traverse l'île du nord au sud... passant des dunes immaculées aux gorges profondes, des volcans noirs aux montagnes ocre, des plages de sable blanc ou gris aux coulées de lave plates et figées – les *malpaís* – qui entourent les anciens cônes volcaniques... C'est aussi l'occasion de faire de belles ***randonnées à vélo ou à VTT.*** *Easyriders,* une des plus grosses agences de location de vélos et VTT, organise des circuits dans les paysages fascinants (☎ 928-17-58-57 ; 📱 637-40-82-33 ; • easyriders-bikecenter.com •). Sinon, les sentiers pédestres et à VTT de l'île sont téléchargeables sur le site du *Patronato de turismo de Fuerteventura* : • visitfuerteventura.es/downloads-descargas • Guide *GR 131* de *Red de Senderos de Fuerteventura* en vente au Centro de Arte Juan Ismael à Puerto del Rosario.

ET AUTRES SPORTS

Fuerteventura s'impose comme la « Mecque du ***surf*** européen » grâce à ses vagues parfaites qui déferlent sur sa côte ouest, avec en point d'orgue les spots de La Pared (pour les initiés) et d'El Cotillo. La constance des vents en fait une destination privilégiée pour la ***planche à voile*** et le ***kitesurf,*** principalement vers El Cotillo et Corralejo (au nord) ; ou au large de la longue *playa de Sotavento* (au sud), qui attire les professionnels de la discipline lors de compétitions internationales... Sans parler du ***kayak,*** idéal pour explorer les criques cachées de l'île, et du ***paddle surf,*** activité ludique en eaux paisibles. Enfin, la richesse des fonds marins aux formes volcaniques extravagantes se prête admirablement à la pratique de la ***plongée sous-marine*** et du ***snorkelling,*** avec un petit coup de cœur pour les eaux cristallines du *parque natural del isolete de Lobos,* au nord-est de l'île.

ITINÉRAIRES À FUERTEVENTURA

En 3 jours

– ***1er jour :*** *Morro Jable* ***(1),*** la très réputée station balnéaire du Sud. L'une de plus longues plages de sable blond de l'île : la *playa de Sotavento* ***(2).*** Excursion l'après-midi dans la *péninsule de Jandía* et découverte de la magnifique *playa de Cofete* ***(3),*** la plus sauvage de toutes (mais mer dangereuse). Nuit à Morro Jable.
– ***2e jour :*** remonter vers le nord de l'île, par la côte ouest, à travers des paysages d'une poignante austérité. Visite de la plus jolie église coloniale de l'île à *Pájara* ***(4),*** puis de *Vega de Río Palmas* ***(5),*** prélude à *Betancuria* ***(6),*** la plus belle ville coloniale de Fuerteventura. En route, traversée d'amples paysages se terminant en apothéose au *mirador de Morro Velosa* ***(7)*** – œuvre de César Manrique – offrant un panorama à couper le souffle... Nuit dans l'une des *casas rurales* de charme de la région.
– ***3e jour :*** en route pour *Corralejo.* Au passage, visite de l'intéressant *village-écomusée de La Alcogida* ***(8).*** Puis émouvant compagnonnage routier avec le *cône de Tindaya* ***(9),*** la montagne sacrée des *Majos* (les aborigènes de l'île). À ce stade et selon vos goûts, on peut faire le choix de dormir à *La Oliva* ***(10),*** gentille ville coloniale, au petit port préservé de *El Cotillo* ***(11)*** ou à *Corralejo* ***(12),*** la vivante station balnéaire du Nord (et ses superbes dunes sur 10 km de côte).

En 1 semaine

– ***1er jour :*** de l'aéroport de *Puerto Rosario,* direction *Morro Jable.* Au passage, visite des *Salinas del Carmen* ***(1),*** intéressant écomusée sur l'histoire et la récolte du sel. Les sportifs et les familles choisiront de résider à *Las Playitas* ***(2),*** micro-station balnéaire vouée au sport ! Les autres préféreront le long ruban de sable fin – qui défile, qui défile – entre *Costa Calma* et *Morro Jable.* Recherche de l'endroit le plus désert pour se baigner (pas difficile !) le long de la *playa de Sotavento* ***(3).*** Nuit à *Morro Jable* ***(4),*** gentil petit port.

– ***2e jour :*** balade dans la *péninsule de Jandía.* Tout au bout, le phare de *Punta de Jandía* ***(5).*** Découverte à travers un paysage bouleversant de la merveilleuse *playa de Cofete* ***(6)*** – mer dangereuse.
– ***3e jour :*** en route vers le nord. Paysages éblouissants d'une sauvage austérité. Baignade sur la petite plage d'*Ajuy* ***(7)*** – bons restos de fruits de mer. Visite des belles villes coloniales de *Pájara* ***(8),*** *Vega de Río Palmas* ***(9)*** et *Betancuria* ***(10).*** Visite de l'*écomusée de Los Molinos* à *Tiscamanita* ***(11).*** Nuit dans l'une des *casas rurales* de charme du coin.
– ***4e jour :*** visite de l'*écomusée de La Alcogida* ***(12),*** un ensemble de fermes rénovées, avec expo des activités artisanales traditionnelles. Visite de *La Oliva* ***(13)*** qui a de belles choses à offrir comme la *casa de los Coroneles.* Nuit sur place.
– ***5e jour :*** excursion à *El Cotillo* ***(14),*** petit port dans son jus. Voir l'*écomusée de la Pêche* et le *castillo El Tostón.* Ne pas manquer de manger dans l'un des excellents restos du village. Nombreuses plages et criques de sable clair pour tous les goûts au sud et surtout au nord du port. Nuit à *El Cotillo.*
– ***6e jour :*** en route pour *Corralejo* ***(15),*** la grande station balnéaire du Nord et son vieux quartier du port, d'où partent les excursions pour l'*île de Lobos* ***(16),*** protégée et réputée pour ses fonds marins ! De retour à Corralejo, jetez-vous dans sa vie nocturne animée. Nuit sur place.
– ***7e jour :*** dédié au farniente et à la découverte des célèbres dunes de *Corralejo* ***(17),*** ourlant 10 km de plages de sable blanc, de plus en plus désertes à mesure que l'on descend vers le sud...

Arriver – Quitter Fuerteventura

En bateau

Plusieurs compagnies assurent la desserte de Fuerteventura. Et 3 ports principaux : Corralejo à l'extrême nord, Puerto del Rosario – la capitale – sur la côte est, et Morro Jable au sud, à l'entrée de la péninsule de Jandía.

Fred Olsen Express *(☎ 902-10-01-07 ; • fredolsen.es •)* **:**
➢ **Corralejo-Playa Blanca** *(Lanzarote)* **:** le plus rapide (25 mn). 5-7 traversées/j. Embarque les voitures (réserver en saison). Plus quelques-uns ultra-rapides pour passagers seulement.
➢ **Morro Jable-Las Palmas** *(Gran Canaria)* **:** 1-2 traversées/j. en 2h. De Las Palmas, changement pour **Santa Cruz de Tenerife.**

Naviera Armas *(☎ 902-45-65-00 ; • navieraarmas.com •)* **:**
➢ **Corralejo-Playa Blanca** *(Lanzarote)* **:** bateau classique, 5-6 traversées/j. en 35 mn.
➢ **Puerto del Rosario-Las Palmas** *(Gran Canaria)* **:** 5 traversées/sem en 5h. De Las Palmas de Gran Canaria, correspondance pour Santa Cruz de Tenerife.
➢ **Puerto del Rosario-Santa Cruz de Tenerife** *(Tenerife)* **:** 5 traversées/sem en 8h.
➢ **Morro Jable-Las Palmas** *(Gran Canaria)* **:** 1-2 traversées/j. en 3h. De Las Palmas, correspondance aussi pour **Santa Cruz de Tenerife.**
➢ **Morro Jable-Santa Cruz de Tenerife** *(Tenerife)* **:** 1 traversée/j. en 6h15.

Trasmediterránea *(☎ 902-45-46-45 ; • trasmediterranea.es •)* **:**
➢ **Las Palmas** *(Gran Canaria)***-Puerto Rosario :** 1/sem, en 6h.
➢ **Tenerife** *(Santa Cruz)* **:** 1 traversée/sem en 20h.
➢ **Puerto Rosario-Cadix** *(Espagne continentale)* **:** 1/sem, en 39h.

Cruise Romero *(☎ 928-59-61-07 ; • lineasromero.com •)* **:**
➢ **Corralejo-Playa Blanca** *(Lanzarote)* **:** 4-7 traversées/j. en 45 mn.

En avion

✈ ***Aéroport de Fuerteventura :*** *ctra El Matorral (FV-2), à* ***Puerto del Rosario.*** *☎ 928-86-05-00 ou 913-21-10-00. • aena.es • À env 7 km au sud de Puerto del Rosario.*

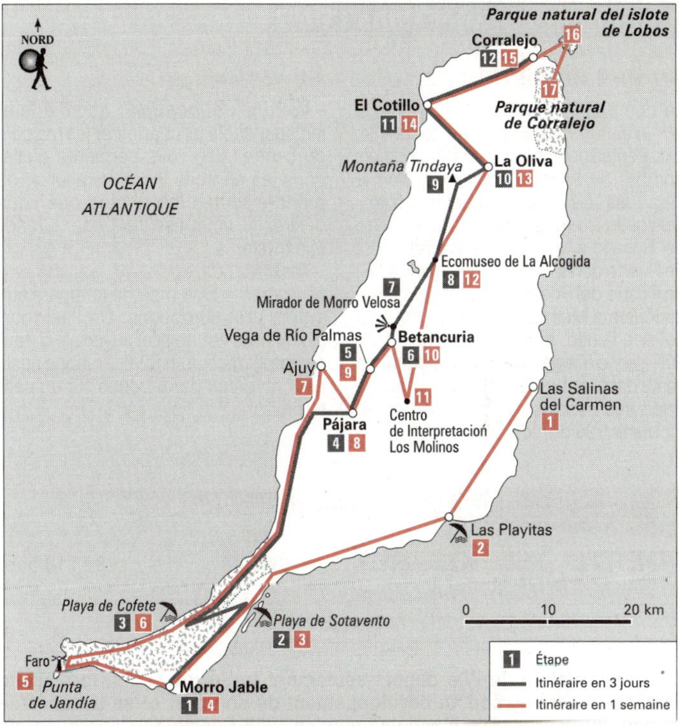

ITINÉRAIRES À FUERTEVENTURA

Office de tourisme : *hall des arrivées, à côté des loueurs de voitures. ☎ 928-86-06-04. • visitfuerteventura.es • Lun, mer et jeu 8h-21h ; mar, ven et w-e 10h-17h.*

Location de voitures : ***Hertz*** *(☎ 928-86-06-28 ; • hertz.es •),* ***Avis*** *(☎ 928-09-23-30 ; • avis.es •),* ***Cicar*** *(☎ 928-82-29-00 ; • cicar.com •).*

➢ ***Vols depuis et pour l'Europe :*** *Vueling* assure des vols avec Paris-CDG ; *Tui Fly* et *Ryanair* avec Bruxelles (Belgique) ; *Easyjet* avec Bâle/Mulhouse, Genève, Lyon, Paris-CDG ; *Volotea* avec Bordeaux, Nantes et Toulouse ; et *Edelweiss* avec Zurich (Suisse). Côté Espagne, *Iberia* et *Ryanair* exploitent des liaisons quotidiennes avec Madrid, notamment.

➢ ***Vols inter-îles :*** assurés par ***Binter Canarias*** *(☎ 902-39-13-92 ; • bintercanarias.com •),* ***Canaryfly*** *(☎ 928-01-85-00 ; • canaryfly.es •).* Vols vers Las Palmas de Gran Canaria (Gran Canaria) et Tenerife nord, qui permettent ensuite des connections avec les autres îles. Quelques vols également avec ***Air Europa*** *(• aireuropa.com •).*

➢ ***Comment rejoindre les villes de l'île ?***

– ***En bus :*** le nº 3 de la compagnie ***Tiadhe*** *(☎ 928-85-57-26 ; • tiadhe.com •)* dessert ***Puerto del Rosario,*** ttes les 15-30 mn 7h-minuit env. Billet : 1,45 €. Également le bus nº 10 pour ***Morro Jable*** (2-4/j.), et le nº 16 (2-4/j.) pour ***Gran Tarajal,*** via ***Tuineje.***

– ***En taxi :*** *☎ 928-85-02-16. • taxisfuerteventura.es •* Compter 12-14 € pour Puerto del Rosario ; 103-116 € pour Morro Jable ; 45-52 € pour Corralejo...

Comment circuler dans l'île ?

En bus *(guagua)*

La compagnie ***Tiadhe*** *(☎ 928-85-57-26 ; ● tiadhe.com ●)* dessert toute l'île. Excellentes conditions de transport, mais nombre de lignes assez limité. Voir le détail des liaisons dans chaque localité. Quelques exemples de tarifs : de Puerto del Rosario à Morro Jable, environ 10 € ; de Puerto del Rosario à Corralejo, 3,40 € ; de Puerto del Rosario à El Cotillo, 4,35 € ; de Pájara à Morro Jable, 5,60 €. On peut payer à l'unité, sinon, il existe une carte *BTF (Bono Transporte Fuerteventura)* en vente dans les bus (2 €) et que l'on charge selon ses besoins. Ce système permet d'obtenir 5 % de réduction.

En voiture

– ***Voiture de location :*** abordable et indispensable pour admirer les *malpaís* du centre ! Elle vous permettra d'aller dans les endroits les plus reculés, de prendre toutes les photos que vous désirez et vous assurera une autonomie totale.

– ***Taxi :*** *☎ 928-85-02-16. ● taxisfuerteventura.es ●* Bon marché comparé aux autres prix européens. De l'aéroport (sur la côte est de l'île) à Corralejo (tout au nord), maximum 52 €. Pratique aussi pour rayonner par à-coups sur un petit territoire.

FUERTEVENTURA

PUERTO DEL ROSARIO

(35600) 38 710 hab.

● Plan *p. 149*

Capitale paisible de l'île depuis seulement la fin du XIXe s, lorsqu'elle détrôna La Oliva grâce au développement de son port et au dynamisme de son commerce. Elle s'appela jusqu'en 1956 *Puerto de Cabras,* ce qui démontrait jusque-là l'importance de l'élevage des chèvres dans l'économie de l'île. Longtemps, la ville n'attira pas les foules, cependant de gros efforts ont été faits ces dernières années pour la rendre plus attrayante. Notamment, un front de mer relativement bien mis en valeur, accueillant et animé le soir.

Arriver – Quitter

En bus

Estación de guaguas Tiadhe *(gare routière ; plan B1) :* *c/ Primero de Mayo (angle c/ José Diaz). ☎ 928-85-57-26. ● tiadhe.com ●*

➢ ***Costa Calma et Morro Jable :*** bus n° 1 (15-20/j.), via ***Antigua, Gran Tarajal, La Lajita*** ; via ***Las Playitas*** (seulement 1-2/j.). Également bus n° 10 (2-4/j.), via ***l'aéroport, Caleta de Fuste, Gran Tarajal*** et ***La Lajita.***

➢ ***Corralejo :*** bus n° 6 (16-30/j.).

➢ ***Betancuria et Vega del Río Palma :*** bus n° 2 (3-4/j.), via ***Tefia.***

➢ ***Las Salinas :*** bus n° 3 (24-50/j.), via ***l'aéroport*** et ***Caleta de Fuste.***

➢ ***La Oliva et El Cotillo :*** bus n° 7 (6-7/j.) via ***Tetir, Tindaya, Villaverde*** et ***Lajares.***

En bateau

Estación maritima *(gare maritime ; plan B2) :* *muelle Comercial.* Desservie par les compagnies ***Naviera Armas*** *(☎ 902-45-65-00 ; ● navieraarmas.com ●)* et ***Trasmediterránea*** *(☎ 902-45-46-45 ; ● trasmediterranea.es ●).* Billetteries sur place.

➢ ***Destinations :*** voir plus haut « Arriver – Quitter Fuerteventura ».

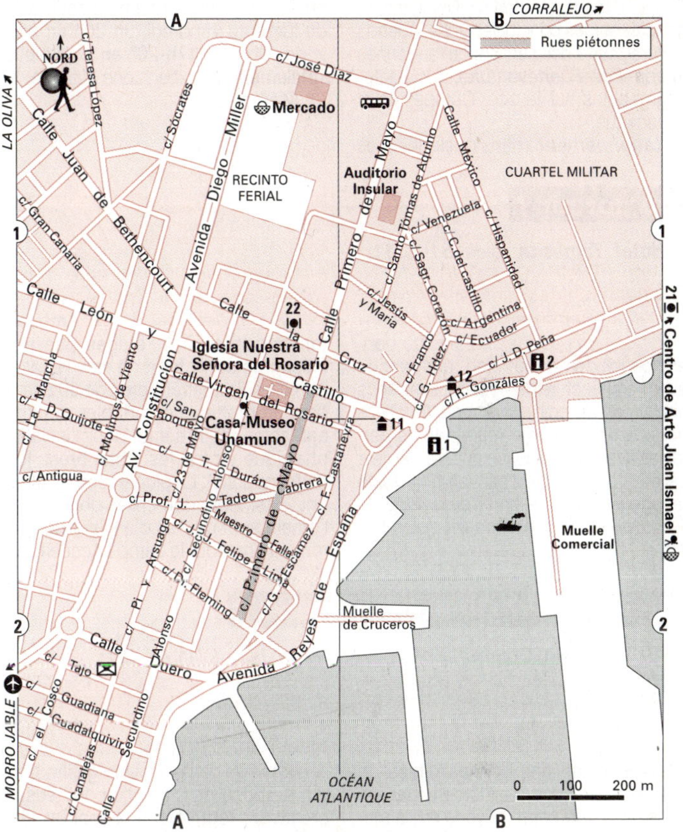

PUERTO DEL ROSARIO

Adresses utiles

- 1 Oficina de turismo (B2)
- 2 Patronato de turismo de Fuerteventura (B1)
- Mercado agricola de la Biosfera (B1)

Où dormir ?

- 11 Hotel Tamasite (B1-2)
- 12 Hotel JM Puerto Rosario (B1)

Où manger ?
Où boire un verre ?

- 21 El Cangrejo Colorao (hors plan par B1)
- 22 La Jaira (A1)

Adresses et infos utiles

Oficina de turismo *(plan B2,* ***1****)* **:** *avda Reyes de España, s/n. 618-52-76-68. • turismo-puertodelrosario.org • Face à la fontaine du rond-point. Tlj 9h-19h (13h w-e).* C'est l'office de tourisme municipal. Accueil pro et dynamique.

Patronato de turismo de Fuerteventura *(plan B1,* ***2****)* **:** *c/ Almirante Lallemand, 1. ☎ 928-53-08-44. • visitfuerteventura.es • Lun-ven 8h-15h. Fermé* *le w-e.* Infos sur toute l'île. Dépliants en français sur les principales villes. Agenda culturel, carte des sentiers de randonnée *(mapa Eco-Fuerteventura),* etc., téléchargeables sur le site. Compétent et dynamique.

– ***Stationnement :*** dans quelques rues du centre, le stationnement est payant du lundi au vendredi, 9h-20h en zone verte ; 9h-14h, 17h-20h en zone bleue. Totalement gratuit en zone blanche.

Marché : *mercado agrícola de la Biosfera (plan B1), sam mat, à l'étage de la gare routière.*

Où dormir ?

Hotel Tamasite *(plan B1-2,* ***11****) :* *c/ León y Castillo, 9. ☎ 928-53-14-94. 649-44-54-60. • info@hoteltamasite.com • hoteltamasite.com • Double env 50 € ; pas de petit déj.* À 2 pas du port, édifice moderne tout bleu, qui tranche avec l'architecture des quelques maisons anciennes du coin. Chambres fonctionnelles et sans charme, mais propres, certaines avec balcon. Éviter impérativement celles situées près du bar voisin qui reste tapageur une bonne partie de la nuit...

Hotel JM Puerto Rosario *(plan B1,* ***12****) :* *c/ Ruperto González Negrín, 9. ☎ 928-85-94-64. • reservasfuerteventura@jmhoteles.com • hoteljmpuertodelrosario.com • Doubles 66-82 € selon vue, petit déj inclus.* Architecture moderne à 10 étages pas trop incongrue sur le front de mer. Hôtel de bon standing offrant près de 90 chambres proprettes, confortables et plutôt agréables (petit bémol pour l'isolation phonique entre les chambres, loin d'être parfaite). La plupart des *vista mar* ont 2 lits, alors que celles donnant sur l'arrière sont dotées d'un lit double ; le romantisme fout le camp ! Accueil pro.

FUERTEVENTURA

Où manger ? Où boire un verre ?

El Cangrejo Colorao *(hors plan par B1,* ***21****) :* *c/ Juan Ramón Jiménez, 1. ☎ 928-85-84-77. • cangrejocolorao1@gmail.com • Tlj sauf dim soir-lun 13h-16h, 20h-minuit. Menu 15 €, plats 11-16 €.* L'une des bonnes tables de la ville fréquentée assidûment par les gens du cru. Terrasse ouverte sur la mer et grande salle à la déco maritime (jusqu'aux rideaux de mémé !). Ici, cap sur l'assiette ! De délicieuses spécialités de l'île – efficaces et maîtrisées – et quelques grands classiques du pays des toréros, olé ! Le menu du jour est une belle affaire. Excellent rapport qualité-prix-accueil.

La Jaira *(plan A1,* ***22****) :* *c/ La Cruz, 26. ☎ 928-53-37-84. • lajairademian@gmail.com • Tlj sauf dim-lun 13h-16h, 20h-23h. Raciones 7-15 € ; repas 25-30 €. Digestif offert sur présentation de ce guide.* Un « gastro bar » qui propose des *raciones* goûteuses, créatives, régulièrement renouvelées et qui mettent en scène les produits locaux d'une manière toujours bien tournée (huile parfumée aux piments, à l'orange, sels aromatisés, etc.). Agréable terrasse. Accueil attentionné. Une adresse élégante, à l'atmosphère détendue.

Fête

– ***Baile de Taifas :*** *30 mai, día de Canarias* (fête des Canaries). Grande fête populaire sur le front de mer. Tout le monde arbore des habits traditionnels et chacun apporte de quoi manger.

À voir

Casa-Museo Unamuno *(plan A1-2) :* *c/ Virgen del Rosario, 11. ☎ 928-86-23-00. Lun-ven 9h-14h. Fermé w-e. GRATUIT. Dépliant en français.* Le grand écrivain Miguel de Unamuno fut destitué de sa chaire de vice-recteur de l'université de

Salamanque en 1924 par le dictateur Primo de Rivera, puis exilé à Fuerteventura. C'est dans cette simple demeure du XIXe s qu'il passa son expatriation. Cadre sobre chargé de souvenirs, d'objets personnels, de photos, de détails émouvants. Notamment ses fines observations sur l'île, ses traditions, et sur la mer. Mobilier d'époque. Des gens de l'île, il disait : « Tels les fils d'un volcan, ils sont fervents et fermes !... »

Centro de Arte Juan Ismael *(hors plan par B1)* **:** *c/ Almirante Lallemand, 30. ☎ 928-85-97-50. Mar-sam 10h-13h, 17h-21h. Fermé dim-lun. GRATUIT.* Ce centre d'art et de culture contemporaine propose des expos temporaires de qualité. Boutique d'artisanat îlien.

Le front de mer *(plan A-B2)* **:** joliment aménagé face au port, avec – au carrefour de l'office de tourisme municipal *(plan B2)* – un curieux ensemble de statues portant de lourds blocs de pierre (parabole du rude travail des hommes ?). D'ailleurs, on découvre une centaine de ***sculptures*** d'artistes îliens et internationaux ornant les carrefours et les parcs de la ville... Quelques ***vieilles maisons*** du *Rosario antiguo,* au sud de la calle León y Castillo *(plan A-B1).*

VERS LE SUD

➢ **Nous aurions pu tout autant commencer par le Nord, mais nous avions plutôt envie de vous faire connaître tout de suite la magnifique péninsule de Jandía !**

À 12 km au sud de Puerto del Rosario, au passage, ***Caleta de Fuste,*** station balnéaire familiale assez bétonnée et peu canarienne, mais encore plaisante *(oficina de turismo : c/ Juan Ramón Soto Morales, 10 ; ☎ 928-16-32-86 ; • caletadefuste.es • ; lun-ven 8h30-14h30, fermé le w-e).* Belle plage au fond d'une baie, petit port de plaisance. Très fréquenté par les Anglais.

FUERTEVENTURA

LAS SALINAS DEL CARMEN *(35610)*

À 16 km au sud de Puerto del Rosario, au fond d'une crique, un charmant vieux bourg de pêcheurs aux maisons blanches, attenant aux bassins des marais salants.

➢ Bus n° 3 (24-50/j.) depuis ***Puerto del Rosario,*** via ***l'aéroport*** et ***Caleta de Fuste*** *(infos : ☎ 928-85-57-26 ; • tiadhe.com •).*

Où dormir ? Où manger dans le coin ?

Casa rural Verde Aurora : *Tenicosquey, 7. 📱 629-62-90-58. • momentorural@verdeaurora.com • momentorural.com • À mi-chemin entre Las Salinas del Carmen et Gran Tarajal, par la FV-2 ; fléché sur la gauche 200 m après le km 30, en venant de Puerto del Rosario. Maisons 2-5 pers 75-180 € ; min 5 nuits.* Sur le terrain pelé de cette ferme bio familiale produisant aloe vera et huile d'olive, 2 belles maisons spacieuses et confortables, chacune avec sa piscinette. Accueil adorable et pro. Une bonne adresse à proximité de la playa de Pozo Negro. Loue également une maison à El Roque et 2 autres à El Cotillo, au nord-ouest de Fuerteventura.

Los Caracolitos : *dans le village de* ***Las Salinas del Carmen.*** *☎ 928-17-42-42. Tlj sauf dim soir-lun 11h-22h. Plats 9-16 €.* Au bord de la mignonne plagette de sable, un resto de *comidas caseras* où poissons et fruits de mer sont mis en scène simplement, mais avec efficacité, dans des recettes traditionnelles. Également des viandes. Belle salle proprette avec déco « bord de mer » soignée, et terrasse. Accueil souriant. On s'est régalés !

Où acheter des produits à base d'aloe vera dans le coin ?

Verde Aurora : *Tenicosquey, 7. 659-61-08-44. • verdeaurora.com • À mi-chemin entre Las Salinas del Carmen et Gran Tarajal, par la FV-2 ; fléché sur la gauche 200 m après le km 30 en venant de Puerto del Rosario. Tlj 10h-18h (14h dim).* Une ferme bio familiale cultivant l'aloe vera, plante désertique dont la sève – chargée en vitamines et minéraux – est reconnue pour ses vertus cicatrisantes, régénératrices des cellules, anti-âge, et pour son action sur le système immunitaire. La petite production de l'hacienda sert à la confection de produits cosmétiques (savon, crème pour les mains, gel de douche, lotion antidouleur, boisson...), en vente sur place. Également de l'huile d'olive bio maison.

À voir

Museo de la Sal : *☎ 928-17-49-26. • museosalinasdelcarmen.es • Tlj 10h-18h (9h30-17h30 nov-avr). Entrée : 6 € ; réduc. Cahier explicatif en français.* Le plus important écomusée de l'archipel consacré au sel. Les marais salants apparurent sur l'île dès 1720. Vidéo sur leur histoire, présentation des salines, des outils, du travail des sauniers, etc. Sans oublier le commerce du sel, la flore et la faune des milieux salins, les traditions, légendes, superstitions religieuses, proverbes liés au sel... À l'extérieur, les grandes salines encore en activité et un impressionnant squelette de baleine : 19,50 m de long !

BIEN DARWINIEN, TOUT ÇA !

Oiseaux, plantes, micro-organismes se sont totalement adaptés à l'ensoleillement, à la sécheresse, au vent et à la salinité. Ainsi, les plantes locales ont développé des coussinets et des mécanismes pour éliminer le sel, au moyen de poches adéquates ou par pompage en dehors des cellules. La nature est géniale !

FUERTEVENTURA

GRAN TARAJAL *(35620)*

Vrai port de pêche, avec plus de pêcheurs et de villageois que de touristes. En front de mer, grande plage de sable noir bordée par la ville et ses restos populaires *(oficina de turismo : kiosque à l'angle de la c/ Atis Tirma et de l'avda Paco Hierro ; ☎ 928-16-27-23 ; lun-ven 8h30-14h ; 15h en hiver ; fermé le w-e).* Les jours de fête, tout le monde est dans la rue jusque tard, une liesse authentique !

➢ Bus nº 1 (15-20/j.) depuis ***Puerto del Rosario,*** via ***Antigua, Las Playitas*** (seulement 1-2/j.), ***Costa Calma*** et ***Morro Jable*** ; également nº 16 (2-4/j.) depuis ***Puerto del Rosario*** ; nº 10 (2-4/j.) depuis ***Puerto del Rosario,*** via ***l'aéroport, Caleta de Fuste, La Lajita*** et ***Morro Jable*** ; nº 9 (1/j.) depuis ***Pájara,*** via ***Toto, Tuineje*** et ***Moro Jable*** ; nº 18 (2-4/j.) depuis ***Pájara,*** via ***Tuineje*** ; nº 12 (12-16/j.) depuis ***Las Playitas*** *(infos bus Tiadhe : ☎ 928-85-57-26 ; • tiadhe.com •).*

Où manger ? Où boire un verre ?

Pastelería Marrero : *c/ Juan Carlos I (angle c/ Nocito Abad), 23. ☎ 928-16-20-55. Tlj 7h-21h.* De bonnes pâtisseries et autres viennoiseries et sandwichs, à engloutir avec un café sur les quelques tables et chaises.

La Cofradía de Pescadores : *muelle de Gran Tarajal, s/n. ☎ 928-16-20-74. Ouv 8h30-22h30, sauf mar et mer. Repas env 20 €.* Sur le port, c'est le resto de la coopérative des pêcheurs, avec son cadre minimaliste.

Car ici, l'essentiel est dans l'assiette : poissons et fruits de mer ultra-frais, mitonnés soigneusement et sans chichis. Bien aussi pour prendre un verre avec les travailleurs de la mer. Une adresse authentique et sûre !

LAS PLAYITAS *(35629)*

Au fond d'une petite anse de sable volcanique, on aime bien cette petite station balnéaire – idéale en famille – qui a fait de la santé et du sport son image de marque : piste pour marcheurs et joggeurs, piscines (dont une olympique), tennis, cyclisme, VTT, beach-volley, aérobic, fitness, golf, spa et centre de remise en forme, et autres activités collectives pour les *kids*. Sans oublier la possibilité de pratiquer planche à voile, plongée sous-marine, *paddle surf...* L'arrière-plage est occupée par un *resort* et un pittoresque village aux maisons blanches. Et à quelques kilomètres, le ***faro de la Entallada*** dresse son architecture singulière face à la mer...

➢ Bus nº 1 (15-20 /j.) depuis ***Puerto del Rosario,*** via ***Antigua, Gran Tarajal, Costa Calma*** et ***Morro Jable*** ; et nº 12 (11-16/j.) depuis ***Gran Tarajal*** *(infos bus Tiadhe : ☎ 928-85-57-26 ; • tiadhe.com •).*

Où dormir ? Où manger ?

Playitas Resort : *sur la droite, juste avt d'arriver dans le village. ☎ 928-86-04-00. • info@playitas.net • playitas.net • Doubles 125-200 € en ½ pens ; apparts 2-4 pers 98-210 € ; villas 4-5 pers 250-370 €.* Bâtiments modernes horizontaux, abritant une foule de chambres et d'appartements tout confort, fonctionnels et spacieux. Vue sur mer pour les plus chers. Également de belles villas contemporaines cubiques avec piscine privée et jardin, disséminées en arrière-plage. Côté resto : dîner-buffet copieux et varié. Nombreuses activités sportives proposées.

Casa Victor : *c/ Juan Solor, 1. ☎ 928-87-09-10. Dans le village. Tlj sauf lun. Plats 9-16 €. Pas de terrasse.* Dans une salle simple, agréable et soignée, on profite de savoureux plats de poisson et fruits de mer, mijotés selon des recettes îliennes et nationales maîtrisées. Quelques viandes pour les irréductibles. Accueil sympa. Une bonne adresse « couleur locale ».

COSTA CALMA (35627)

Avec *Morro Jable,* c'est l'une des 2 grandes stations balnéaires du sud de l'île, qui s'étend chaque année un peu plus, rongeant la montagne alentour ! Cela dit, Costa Calma se situe au bord de la légendaire *playa de Sotavento* – l'une des plus belles de l'île – qui s'étire sur plusieurs kilomètres. Cette plage fait partie intégrante d'une étonnante et vaste zone de sable et de dunes qui traverse l'île de part en part, et qui appartient au fameux grand *parque natural de Jandía.* De belles balades pédestres en perspective ! Sans parler de la magnifique palmeraie de Costa Calma...

Arriver – Quitter

En bus

Parada de guaguas Tiadhe *(arrêt des bus) : avda Jahn Reisen, s/n (angle FV-2). ☎ 928-85-57-26. • tiadhe.com • Au niveau du rond-point central.*

➢ ***Puerto del Rosario*** et ***Morro Jable :*** bus nº 1 (15-20/j.), via ***Antigua,***

Gran Tarajal, Las Playitas (seulement 2/j.) et ***La Lajita*** ; n° 10 (2-4/j.), via ***l'aéroport, Caleta de Fuste, Gran Tarajal*** et ***La Lajita.*** Pour ***Morro Jable,*** bus n° 5 (5-9/j.), n° 4 (1-2/j.) et n° 9 (1/j.).

➢ ***La Lajita :*** bus n° 25 (2-4/j.) et n° 10 (2-4/j.).

➢ ***Pájara :*** bus n° 4 (1-2/j.), via ***La Pared*** ; et n° 9 (1/j.), via ***Toto, Tuineje, Gran Tarajal*** et ***La Lajita.***

Adresse utile

Oficina de turismo : *rotonda Cañada del Río. ☎ 928-87-50-79. • visitjandia.es • Lun-ven 8h-15h (14h en été), fermé le w-e.* Infos sur toute la péninsule de Jandía.

Où dormir ? Où manger chic ?

Hôtel R2 Río Calma : *c/ Artistas Canarios, 8 ; urbanización El Granillo. ☎ 928-54-60-50. • reservas@r2hotels.com • r2hotels.com • Doubles min 130 € avec petit déj, ½ pens souvent imposée ; attention aux suppléments wifi et coffre.* On n'a pas l'habitude de proposer de grands hôtels de luxe, mais là on fait une exception ! Déjà pour son élégante allure d'église byzantine, son pharaonique volume intérieur avec coupole, la qualité des matériaux employés ; ça nous a tapé dans l'œil ! Superbe jardin exotique, piscine à débordement sur la mer, minigolf pour les mômes, magnifique spa, jacuzzi... Le tout abrite près de 400 chambres spacieuses. Assez excentré mais une belle adresse, avec un accueil pro.

DANS LES ENVIRONS DE COSTA CALMA

LA LAJITA *(35627)*

À 12 km au nord-est de Costa Calma par la FV-2, petit village préservé au fond d'une petite baie tranquille. Cependant à l'entrée, ça commence à construire, dépêchez-vous ! Plage de galets gris, quelques bateaux de pêcheurs échoués et charmante petite église sur la place du front de mer.

➢ Bus n° 25 (2-4/j.) depuis ***Morro Jable*** ; n° 10 (2-4/j.) depuis ***Puerto del Rosario,*** via ***l'aéroport, Caleta de Fuste, Gran Tarajal, Costa Calma*** et ***Morro Jable*** ; n° 11 (1/j. sauf dim) depuis ***Tuineje*** et n° 9 (1/j.) depuis ***Pájara*** *(infos bus Tiadhe : ☎ 928-85-57-26 ; • tiadhe.com •).*

Où manger ?

La Falúa : *c/ Tajinaste, 11. ☎ 928-34-32-59. • edyta.woroniecka@hotmail.com • Tlj sauf lun, 12h-22h. Plats 10,50-19 €. Café offert sur présentation de ce guide.* Au bord de la place principale, face à l'église, une belle terrasse couverte. Cuisine de chef mijotant poissons et fruits de mer frais dans des spécialités goûteuses aux tonalités espagnoles. Également quelques plats de la terre. Une adresse plébiscitée par les gens de la péninsule... et par nous !

À voir

Oasis Park : *ctra General de Jandía, s/n (FV-2), ☎ 928-16-11-02. • fuerteventuraoasispark.com • Tlj 9h-18h. Entrée : 35 € ; 4-11 ans 20,50 € ; gratuit moins de 4 ans ; 4 shows (A, B, C et D) inclus, mais attractions (balade à dos de* *dromadaire, nage avec des otaries ou rencontre avec des lémuriens) en sus : 8-45 €/pers. Compter 2-5h de visite. Dépliant en français. Marché dim mat à l'entrée du parc.* C'est la grande attraction touristique de l'île, à visiter en famille ! Sur 80 ha, un zoo doublé d'un jardin botanique, dans un superbe cadre paysagé, verdoyant et fleuri, sillonné par une multitude de sentiers ombragés. Près de 250 animaux venus d'Afrique ou d'un climat similaire – en semi-liberté – et associés à leur végétation d'origine. Les mômes adorent voir une girafe venir leur manger dans la main, observer des lémuriens sur leur branche, ou encore assister à la baignade des hippopotames. Sans compter les éléphants, guépards, zèbres, tortues, crocodiles... Et les 4 spectacles (gratuits) bien conçus (perroquets, otaries, oiseaux de proie, etc.). Certes cher, mais le parc est agréable et les animaux demeurent bien traités... pour la plus grande joie des enfants ! Restos-bars sur place.

VERS MORRO JABLE

La route longe sur plusieurs kilomètres la plus longue plage de sable doré de l'île : la ***playa de Sotavento,*** sauvage à souhait, et dont l'urbanisation se concentre en certains petits points seulement. Elle demeure le nirvana des amateurs de planche à voile et de *kitesurf,* et s'affiche en vedette chaque année lors du *Mundial de Windsurfing & Kiteboarding...* On y accède par **La Barca** qui présente une large lagune et fort peu de monde. Ça peut être calme, et c'est alors la joie des familles et des minots, ou très venté, et alors les véliplanchistes et autres kitesurfeurs exultent ! Là, on trouve l'*Hotel Méliá Gorriones,* où a élu domicile le sérieux *René Egli windsurf & kitesurf Center (• rene-egli.com •).* Autre accès plus au sud : à ***Risco del Paso,*** avec ses quelques villas et son club de windsurf *ION (• ionclubfuerte.com •)* ; plage très large à cet endroit, petites falaises d'un côté, hautes dunes et collines sablonneuses de l'autre.

FUERTEVENTURA

Où manger en route ?

Marabu : *c/ Fuente de Hija, 2, à* ***Esquinzo.*** *☎ 928-54-40-98. • direccion@e-marabu.com • À 15 km au sud de Costa Calma par la FV-2, sortie Butihondo. Tlj sauf dim-lun 13h-22h (23h ven-sam). Plats 11-24 €.* Charmant et romantique jardin-terrasse vert et fleuri pour cette bonne table qui fait l'unanimité chez les habitants de la péninsule et les touristes de passage. Cuisine originale et pleine de saveurs, travaillant à merveille *pescados, mariscos y carnes.* Également des salades et pâtes pour les petits appétits. Une belle adresse, idéale en amoureux !

MORRO JABLE

(35625)

• Plan *p.157*

La grande station balnéaire du Sud ! Au 1er abord, c'est une overdose bétonnée de centres commerciaux et boutiques en tout genre, alignés sur le kilomètre de l'*avenida del Saladar,* qui longe la mer. Pourtant, ici, la *playa del Matorral* est longue, belle et séparée du béton par une large zone humide verdoyante. De plus, il existe toujours un centre-ville populaire et animé, ainsi qu'un vieux port et ses petits restos accueillants avec leurs terrasses face à la mer... Sans parler des immensités sauvages pittoresques de la péninsule de Jandía, toute proche.

Arriver – Quitter

En bus

Estación de guaguas Tiadhe *(gare routière ; hors plan par A1) : c/ Góngora, s/n. ☎ 928-85-57-26. • tiadhe.com •*

➢ **Puerto del Rosario :** bus nº 1 (15-20/j.), via **Antigua, Gran Tarajal, Las Playitas** (seulement 2/j.) et **Costa Calma** ; et nº 10 (2-4/j.), via **l'aéroport, Caleta de Fuste, Gran Tarajal, La Lajita** et **Costa Calma.**

➢ **La Lajita :** bus nº 25 (2-4/j.).

➢ **Pájara :** bus nº 4 (1-2/j.), via **Costa Calma** et **La Pared** ; et nº 9 (1/j.), via **Toto, Tuineje, Gran Tarajal** et **Costa Calma.**

➢ **Costa Calma :** bus nº 5 (5-9/j.), via **Los Canarios** et **Playa Barca.**

En bateau

Estación maritima *(hors plan par A2) : c/ Atlantico.* Desservie par les compagnies **Naviera Armas** *(☎ 902-45-65-00 ; • navieraarmas.com •)* et **Fred Olsen** *(☎ 902-10-01-07 ; • fredolsen.es •).* Billetteries sur place. Liaisons vers Las Palmas de Gran Canaria et Santa Cruz de Tenerife (voir « Arriver – Quitter Fuerteventura » pour plus de détails).

Adresse utile

Oficina de turismo *(hors plan par B2) : au Centro comercial Cosmo, avda del Saladar, s/n. ☎ 928-54-07-76. • pajara.es • Sur la droite, 300 m avt l'Hotel Riu Palace (en venant du nord), au niveau d'un grand parking ; en demi-sous-sol (petit panneau sur rue). Lun-ven 8h-15h (14h en été) ; fermé le w-e.*

Où dormir ?

Bon marché (20-40 €)

Hostal Maxorata *(plan A2,* ***10****) : c/ Maxorata, 31. ☎ 928-54-01-64. 📱 608-84-79-43. • reservas@altavistafuerteventura.com • altavistafuerteventura.com • Réception sur place ou aux Apartamentos Altavista (voir ci-contre). Double 45 € ; pas de petit déj.* Dans une rue tranquille du quartier du port, l'un des rares *hostales* subsistant encore. Des chambres modestes, mais nickel et au confort correct pour le prix.

De prix moyens à chic (40-100 €)

Apartamentos Casa Alberto *(plan A2,* ***11****) : avda del Faro, 4. ☎ 928-16-67-00. • reservas@casa-alberto.com • casa-alberto-apartamentos.com • Apparts 2-3 pers 60-85 €. Sur présentation de ce guide, apéro maison ou café offert et possibilité de prêt de bicyclettes.* Un petit bâtiment blanc abritant une douzaine de studios spacieux et d'appartements fonctionnels et de bon confort. Tous avec terrasse ou balcon. Agréable toit-terrasse avec petite vue sur mer. L'un de nos meilleurs rapports qualité-prix.

Apartamentos Altavista *(plan A2,* ***12****) : c/ Abubilla, 8. ☎ 928-54-01-64. 📱 608-84-79-43. • reservas@altavistafuerteventura.com • altavistafuerteventura.com • Apparts 2-4 pers 70-90 €.* À 100 m de la plage, une quinzaine d'appartements dans un bâtiment cubique moderne. La façade commence un peu à se flétrir mais l'intérieur est nickel ! Appartements spacieux et bien équipés ; balcon avec vue pour les plus chers. Terrasse panoramique sur le toit pour la bronzette !

Apartamentos Casablanca *(plan A2,* ***13****) : avda del Faro, 6. ☎ 928-54-17-44. • info@apartamentos-casablanca.com • apartamentos-casablanca.com • Apparts 2-3 pers 77-110 €.* Cette plaisante structure blanche à taille humaine livre une dizaine d'appartements bien équipés, pratiques et nickel. Le tout donnant sur plusieurs niveaux de terrasses (certaines avec vue sur mer), petite piscine et plantes vertes.

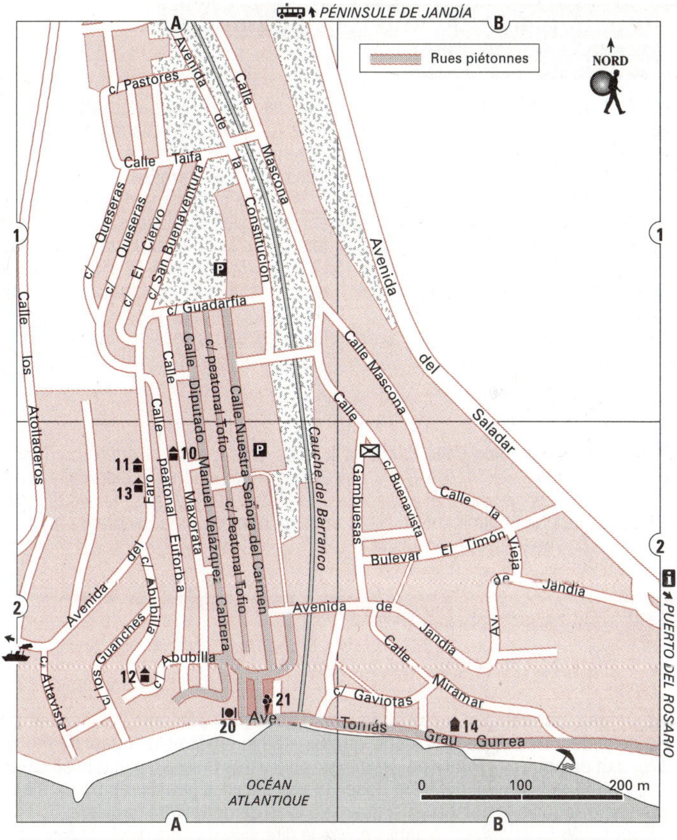

MORRO JABLE

Adresse utile

- Oficina de turismo (hors plan par B2)

Où dormir ?

10 Hostal Maxorata (A2)
11 Apartamentos Casa Alberto (A2)
12 Apartamentos Altavista (A2)
13 Apartamentos Casablanca (A2)
14 XQ El Palacete (B2)

Où manger ? Où déguster une glace ? Où boire un verre ?

20 La Laja (A2)
21 Coco Banana (A2)

Spécial coup de folie

XQ El Palacete *(plan B2,* ***14****) : c/ Acantilado, s/n. ☎ 928-54-20-70. • recepcion@xqelpalacete.com • xqelpalacete.com • Doubles min 250 € en ½ pens.* Juste au-dessus de la plage, ce bâtiment bas, véritable « balcon sur la mer », compte de grandes chambres confortables, à la déco très classique. Splendide terrasse-solarium avec vue sur mer imprenable. Piscine et resto.

Où manger ? Où déguster une glace ? Où boire un verre ?

La Laja (plan A2, **20**) : *avda Tomás Grau Gurrea, 1. ☎ 928-54-20-54. Tlj, sauf sam en basse saison. Plats 12-20 €.* « *Especialidad en pescado fresco* », telle est la promesse de ce resto apprécié des touristes et plébiscité par les villageois. Le poisson frais est donc à l'honneur, cuisiné avec soin et servi sans façon. Salades et pâtes pour régaler les petits budgets ; en terrasse, face à la mer !

Coco Banana *(plan A2,* ***21****) : avda Tomás Grau Gurrea, 2. ☎ 928-16-62-87. Tlj 9h-22h.* Glaces artisanales à lécher goulûment face à la mer. Quelques tables en terrasse.

À l'heure de l'apéro, installez-vous sur l'une des terrasses, face à la mer (encore !), le long de l'*avenida Tomás Grau Gurrea (plan A-B2).* Sinon, vous repérerez vite les quelques bars autour du vieux port pour prolonger la soirée. Le mieux est de vous fier à votre feeling.

À faire

Randonnée du pico de la Zarza : *à la sortie de la ville, en direction de Puerto del Rosario, suivre Campo de Golf ; env 200 m après l'hôtel* Occidental Jandía Playa, *à la fourche, prendre à droite, puis parking à 200 m. Compter 4h30 A/R ; bien balisé.* Le point culminant de l'île domine la péninsule de Jandía du haut de ses 807 m. La vue y est spectaculaire !

LA PÉNINSULE DE JANDÍA

Classée parc naturel, son exploration – sur 15 000 ha – demeure l'un des temps forts de la découverte de l'île. À une vingtaine de kilomètres à l'ouest de Morro Jable, tout au bout, à la *Punta de Jandía,* un phare très finistérien et une éolienne en migration vers le sud, qui s'est posée là et n'est plus jamais repartie... Plage rocheuse tranquille et balade en solitaire au long de cette côte sauvage.

➢ ***Pour y aller :*** depuis Morro Jable, suivre la direction du port. Après le cimetière débute une piste carrossable pour les voitures normales (mais en principe, l'assurance de votre loueur ne prend pas en charge en cas de casse...) ; 10 km plus loin, carrefour pour Puerto de la Cruz et Cofete (pistes en terre de 8 km dans les 2 cas). Compter 1h pour rejoindre Puerto de la Cruz ou Cofete depuis Morro Jable. Sinon, 2 bus/j. (ligne nº 111) pour Puerto de la Cruz et Cofete depuis la *estación de guaguas Tiadhe* de Morro Jable *(compter 8,70 € l'aller).*

Où manger ? Où boire un verre ?

Punta de Jandía : *avda del Puertito, s/n, à* ***Puerto de la Cruz.*** *☎ 928-17-44-90. Tlj 11h30-21h. Repas 15-22 €.* Pour boire un verre, gentille terrasse avec son décor marin. À l'intérieur, presque un petit musée : collection de maquettes de bateau, de couteaux et de nœuds marins... Bonne cuisine de la mer maison.

VERS PLAYA DE COFETE

Arrivé tout en haut, panorama époustouflant... De la ligne de crêtes escarpée, c'est une descente abrupte dans un paysage d'une ampleur saisissante. Souvent, il souffle un vent à décorner les bœufs et les poids plume à VTT s'envolent !

Minéralité du paysage rompue parfois par de belles euphorbes. Là, au bout du bout du monde, une auberge, quelques abris de bergers tout de bric et de broc, et un émouvant petit cimetière. Immense plage déserte longue de 14 km. Mais attention : de ce côté de l'île – très exposé –, la mer est dangereuse, chahutée par de gros rouleaux et des courants violents ! En remontant vers la ***playa de Barlovento,*** un poil plus au nord, les amoureux de sauvage solitude (et de naturisme) seront comblés. On traverse un impressionnant paysage, sous l'imposante falaise dominée par le ***pico de la Zarza...*** Bref, ***Cofete,*** c'est notre grand coup de cœur ! Il est possible d'aller à Cofete en bus et de revenir à pied (le contraire est plus hasardeux ; le bus peut être plein). Compter 2h30-3h de marche. Chemin bien tracé, impossible de se perdre.

Où manger ? Où boire un verre ?

Cofete : *playa de Cofete, s/n. ☎ 928-17-42-43. Ouv tlj (ferme tôt le soir). Repas 15-22 €.* Resto-bar aux spécialités de *carne de cabra* en sauce, de poisson frais et de *caldo de pescado.*

SUR LA ROUTE DE PÁJARA

À 4 km de Costa Calma, en direction de Puerto del Rosario, suivre la FV-605, direction Pájara. Au passage, ***La Pared*** et sa plage exposée à la force de l'océan, dont les gros rouleaux font la joie des surfeurs (sur place, école de surf : *• watersports-fuerteventura.com •*). *La Pared* (« le mur ») évoque la muraille naturelle de sable et de roche fossilisée qui coupait l'isthme en deux... Bon resto local : ***Bahia La Pared*** *(tlj 12h-21h30 ; plats 13-16 €)* avec son agréable terrasse face aux rouleaux d'écume et à la falaise déchiquetée, et ses 2 piscines à toboggans pour les *niños.* Puis, vers le nord, belle route traversant des paysages d'une sévère et poignante austérité. À 10 km environ au nord de La Pared, perché sur une colline à droite de la route, le ***mirador astronómico de Sicasumbre,*** avec ses tables d'orientation, d'où les amateurs peuvent observer la voûte céleste la nuit venue *(accès libre).*

LE CENTRE ET LE NORD DE L'ÎLE

PÁJARA (35628) 19 823 hab.

Beau village paisible qui donne envie de se poser. À l'entrée, en venant de Morro Jable, au niveau du rond-point, une statue rend hommage au paysan canarien (en train de traire ses chèvres !). Au centre de Pájara, l'une des plus belles églises de l'île.

➢ Bus n° 4 (1-2/j.) depuis ***Morro Jable,*** via ***Costa Calma*** et ***La Pared*** ; n° 9 (1/j.) depuis ***Morro Jable,*** via ***Costa Calma, La Lajita, Gran Tarajal, Tuineje*** et ***Toto*** ; et n° 18 (2-4/j.) depuis ***Gran Tarajal,*** via ***Tuineje*** *(infos bus Tiadhe : ☎ 928-85-57-26 ; • tiadhe.com •).*

Où dormir ? Où manger ? Où boire un verre ?

Casa rural Andresito : *c/ Malpei, 6. ☎ 928-16-14-42. 638-74-81-46. • fapesoto@hotmail.com • casaandresito.com • Env 100 m avt le panneau de sortie du village, en direction de Tuineje, fléché sur la droite* (panneau : alojamiento rural). Maison 2-6 pers 60-128 €, min 3 nuits ; apparts 2-3 pers 50-65 €, réduc dès la 2e nuit ; pas de petit déj. Dans un coin tranquille, une ferme du XVIIIe s joliment restaurée, avec pierres apparentes et agréable patio. Au rez-de-chaussée, cuisine, salle à manger et une 1re chambre ; une autre au-dessus et une 3e séparée ; le tout dans un style campagnard plaisant. Une maison idéale en famille ou entre copains ! Également 3 appartements bien équipés mais moins charmants, dans une maison voisine.

Casa rural Isaítas : c/ Guize, 7. ☎ 928-16-14-02. 607-92-83-07. • reservas@casaisaitas.com • casaisaitas.com • À 200 m de l'église, direction Betancuria. Double 85 €, petit déj inclus. Raciones 4-14 €, repas 20-25 €. Jolie demeure traditionnelle, avec agréable patio et pierres apparentes. 2 chambres de bon confort au rez-de-chaussée et 2 autres à l'étage, toutes identiques. Excellentes *raciones* préparées avec soin et qui mettent en valeur les produits locaux de saison, bio ou issus de l'agriculture durable, fromages d'artisans du coin, œufs de ferme... Également des grillades. Agréable patio.

À voir

Iglesia Nuestra Señora de Regla : *pl. de Nuestra Señora de Regla. Au centre du village. Ouv le mat, plus l'ap-m mer et dim. Lumière payante sur la droite en entrant.* Construite en 1687 mais consacrée en 1733, cette magnifique église coloniale affiche certainement le plus beau porche de l'île ! Il est sculpté de figures géométriques, enrichies de motifs d'oiseaux exotiques, serpents, soleils, têtes humaines où l'on discerne une nette influence de l'art aztèque. Une architecture assez unique car délaissant sans vergogne le baroque canarien traditionnel. À l'intérieur, 2 nefs à colonnes en pierre et larges arches romanes, 2 chœurs et 2 ravissants retables polychromes très finement ornementés.

FUERTEVENTURA

DANS LES ENVIRONS DE PÁJARA

TUINEJE (35629) *ET TISCAMANITA* (35628)

Depuis Pájara, la FV-30 suit une belle vallée via le petit bourg de *Toto*. À 9 km, ***Tuineje*** est un village tranquille, qui mérite la halte pour son intéressante *iglesia San Miguel* *(tlj 9h30-13h ; sinon vous pouvez demander la clé au presbytère, 7, pl. de l'église)* : façade blanche avec pierres apparentes en damier d'un bel effet (XVIIIe s). À ***Tiscamanita,*** 4 km plus au nord par la FV-20, on découvre l'*ermita San Marcos* *(ouv seulement pour la messe dim à 18h ; 17h en hiver),* mignonne chapelle coloniale blanche toute simple (XVIIe s), entourée d'un mur immaculé. Belle collection de retables et de sculptures à l'intérieur.

➢ Bus no 18 (2-4/j.) depuis ***Pájara,*** via ***Gran Tarajal*** ; no 9 (1/j.) depuis ***Pájara,*** via ***Toto, Gran Tarajal, Costa Calma*** et ***Morro Jable*** ; et no 11 (1/j. sauf dim) depuis ***La Lajita*** *(infos bus Tiadhe : ☎ 928-85-57-26 ; • tiadhe.com •).*

Où dormir ? Où manger ?

Casa rural Tamasite : *c/ Tamasite, 9, à **Tuineje.** ☎ 928-16-49-91. 605-60-61-35. • info@casatamasite.com • casatamasite.com • Dans le village, à l'écart de la route (panneau : alojamiento rural). Apparts 2-5 pers 50-80 €.* Cette vieille ferme 2 fois centenaire et joliment rénovée livre 4 appartements au charme rustique, bien équipés, avec mobilier ancien simple et typique. Desservis par un agréable patio enrobé de bougainvillées, avec BBQ, fours traditionnels, et piscinette pour faire trempette. Également 2 autres appartements du même tonneau mais plus grands *(5-6 pers),* à 500 m de là, dans le village. Location de vélos.

Agroturismo La Gayría : *c/ Inmaculada, 9, Lugar de Abajo, à* ***Tiscamanita.*** *605-60-61-35. • info@casatamasite.com • agroturismolagayria.com • Du centre du village, descendre la rue perpendiculaire à l'église (panneau). Apparts 2-4 pers 50-70 € ; min 3 nuits.* À l'orée de la campagne, cette vieille ferme est spécialisée dans la production de fruits (papaye, grenade, citron, raisin...) et d'huile d'olive. Un gentil patio – où sont exposés toutes sortes de vieux outils agricoles – dessert des gîtes bien équipés, au charme rustique. Hamacs et belle piscinette dans un environnement bucolique. Quelques chevaux sur place. Accueil familial sympa (mêmes proprios que la *Casa Rural Tamasite*). Propose des visites guidées de l'exploitation.

Bar Casa Luis : *ctra Principal, 8, à* ***Tiscamanita.*** *☎ 928-16-41-79. Face à l'arrêt de bus (enseigne discrète). Tlj sauf dim dès 13h30, et soir dès 20h30. Arriver de bonne heure ! Pas de carte. Repas 18-22 €.* Voici le meilleur resto à 30 lieues à la ronde ! Vraie cuisine de famille goûteuse et généreuse. Ici, la spécialité, c'est le chevreau, parfumé et tendre, avec du poisson comme seule alternative. Et pour les entrées : c'est poulpe ou salade composée de légumes frais. À dévorer dans une salle simple et proprette, avec quelques tables, et des murs parsemés de vieux objets agricoles. Bref, une vraie auberge de village, sans chichis, et pleine d'habitués réjouis.

FUERTEVENTURA

À voir

Centro de Interpretación Los Molinos : *c/ de la Cruz, s/n, à* ***Tiscamanita.*** *☎ 928-16-42-75. • centrolosmolinosfuerteventura.es • Tlj 10h-18h (9h30-17h30 en hiver). Entrée : 4 € ; réduc. Brochure en français.* Pour connaître l'histoire des meules et des moulins, comprendre leur importance dans l'économie et la vie quotidienne jadis. Au 1er étage de la maison, maquettes de 2 moulins à vent traditionnels de l'île, utilisés notamment pour fabriquer une farine typique, le *gofio...* Dans le moulin à vent attenant, on découvre tout le système : meule de pierre, engrenages, entonnoirs à grains...

AJUY (35628)

À environ 8 km de Pájara, petite anse brute de forme, livrant avec bonhomie ses quelques restos de poisson, et sa belle plage de sable noir (fréquentation raisonnable !) enserrée entre 2 falaises creusées par la mer et formant voûtes et *cuevas*. C'est ici que l'île a pointé le bout de son nez. De-ci, de-là, dans le village, des statues rendent hommage au dur métier de la pêche... Un petit sentier aménagé longe le bord de la falaise.

La Jaula de Oro : *avda de los Barqueros, 17. ☎ 928-16-15-94. • info@lajauladeoro.es • Tlj sauf sam 11h30-16h30. Plats 12-16 €.* Au bord de la plage, on pourrait craindre une cuisine passe-partout pour clients de passage. Eh bien, non ! Voici de bons petits plats soignés, mijotant poissons et fruits de mer en bonnes portions. Et les desserts maison ne sont pas en reste. À dévorer en terrasse, face à la mer. Bien aussi pour boire un verre.

DE PÁJARA À BETANCURIA

Très vite, la FV-30 grimpe sec et les paysages s'évasent, livrant de somptueux points de vue : petits parkings et miradors, où des panneaux disent un mot sur la géologie locale, la faune et la flore, etc., comme au ***mirador de Las Peñitas...***

À propos, le curieux gros téton, là-bas, au fond, c'est le mont ***Atalayeja*** (également appelé *Teta de la Vieja,* « téton de la vieille » !). Là, spectaculaire ***barranco de Malpaso*** dominant la retenue d'eau de ***Las Peñitas.*** C'est par là que les conquistadors espagnols pénétrèrent dans l'île... Ensuite, l'arrivée dans la vallée de *Vega de Río Palma* évoque l'Atlas marocain, avec ses palmiers et ses terres rouges ! Cultures en petites parcelles séparées par des murets en terre...

VEGA DE RÍO PALMAS (35637)

Ce village mérite une halte pour sa superbe ***iglesia Nuestra Señora de la Peña.*** Une oasis, comparé aux austères paysages traversés jusque-là ! Lorsque Jean de Béthencourt passa ici avec ses troupes, ça devait être d'ailleurs un véritable petit éden, une rivière coulait au milieu de la vallée. Craignant que la statue de la Vierge qui les accompagnait ne soit prise par les aborigènes, ils la cachèrent dans une grotte. Fut-elle oubliée ? En tout cas, on la retrouva en 1434, puis la petite *chapelle de las Peñitas* fut édifiée à l'emplacement de la grotte. Autre version : lors d'un raid de *Jában le Pirate* en 1593, la chapelle fut détruite, mais la Vierge, sauvée à temps, fut cachée et retrouvée au XVIIe s... Bon, l'essentiel, c'est qu'on l'ait retrouvée ! Chaque année *(3e dim de sept)* depuis le XVIe s, une fête, la ***Romería de la Peña,*** commémore dans une grande ferveur les retrouvailles avec la fameuse Vierge. Des milliers de gens y participent en costume traditionnel ; concerts, spectacles divers...

➢ Bus nº 2 (3-4/j.) depuis **Puerto del Rosario,** via **Tefia** et **Betancuria** *(infos bus Tiadhe : ☎ 928-85-57-26 ; • tiadhe.com •).*

Où manger ?

Don Antonio : *pl. Virgen de la Peña, 2. ☎ 928-87-87-57. • donantonio.fuerteventura@gmail.com • Pl. de l'église. Tlj sauf mar-mer 10h-17h. Plats 10-17 €.* Cadre genre rustique de charme, avec tonneaux à la belle patine, jambons qui pendent, vieux objets domestiques... Cuisine réputée qu'on peut aussi déguster dans le verdoyant patio, ou en terrasse sur la place. Spécialité de chevreau aux poivrons verts, courgettes et gâteau de maïs doux...

À voir

Iglesia Nuestra Señora de la Peña : *ctra Principal (au bord de la FV-30). ☎ 928-87-86-94. Tlj 10h30-15h15.* Construite au début du XVIIIe s, ravissante façade en pierre blonde et porche de style classique surmonté d'un campanile. À l'intérieur, une seule nef et un chœur barré d'une large arche sur fines colonnettes. Ravissant autel ciselé. Plafond du chœur en bois sculpté de style mudéjar. À droite, très ancien fauteuil épiscopal et un gracieux saint Sébastien jouant aux fléchettes ! Dans le tabernacle, mini-*Virgen de la Peña* en albâtre très vénérée. Prosternation !

BETANCURIA (35637) 710 hab.

Le plus séduisant village de l'île, la capitale historique des Canaries, et de l'île jusqu'en 1834, quand elle dut céder sa place à La Oliva. Fondée en 1404 par Jean de Béthencourt qui lui donna son nom. En 1593, le

célèbre pirate Jában la détruit. Reconstruite et intouchée depuis, c'est la carte postale parfaite ! Unité architecturale, blanches demeures qui s'étagent harmonieusement, éparpillées parmi les palmiers, avec au centre, une merveilleuse église ! Betancuria se trouve aussi à la croisée de plusieurs chemins de randonnée pédestre et VTT sillonnant de splendides paysages.

➢ Bus nº 2 (3-4/j.) depuis ***Puerto del Rosario,*** via ***Tefia*** et ***Vega del Rio de la Palma*** *(infos bus Tiadhe : ☎ 928-85-57-26 ; ● tiadhe.com ●).*

Où dormir ?

Casa Princess Arminda : *c/ Juan de Bethencourt, 2. 638-80-27-80. ● juandumpierrez@yahoo.es ● Dans la rue derrière l'église. Resto tlj 12h-16h (ouv le soir pour les résidents uniquement). Double env 90 €, petit déj inclus (résa indispensable). Menu 10 €, plats 7-12 €.* Une maison du XVIe s abritant 5 chambres fonctionnelles, desservies par 2 agréables patios. Pas très claires ni immenses mais déco rustique plaisante. Le petit déj se prend dans l'ancienne pièce commune, avec sa cuisine sommaire en diable ! Fait aussi resto. Accueil souvent en français mais souvent débordé.

Où manger ? Où boire un verre ?

La majorité des restos ferment leurs portes vers 16h30-17h, quand les visiteurs venus passer la journée rejoignent leurs hôtels, en bord de mer.

Casa de Queso : *c/ Roberto Roldán, s/n (FV-30). 696-69-98-68. Sur la gauche à l'entrée de la ville, en venant de Pájara. Tlj 9h30 (10h le w-e)-17h (19h le w-e s'il y a du monde). Assiettes 7-10 €.* Petite épicerie de produits locaux, surtout des fromages. On y grignote aussi tapas, snacks, sandwichs-frites... Correct, propre et bon marché. Petite terrasse au bord de la route.

Valtarajal : *c/ Roberto Roldán, s/n (FV-30). 679-57-96-97. Tlj 13h-16h. Plats 7-14 €.* Sur la route principale, resto mitonnant quelques bons petits plats du jour à prix raisonnables, affichés sur l'ardoise : assiettes de charcuterie-fromage, cochon grillé... Intérieur chaleureux et terrasse.

Casa Santa María : *pl. Santa Maria, 1. ☎ 928-87-82-82. ● restaurantecsm@yahoo.es ● Face à l'église. Tlj sauf dim 10h-17h30. Menus 22-24 €, plats 19-32 €.* Un cadre au charme exceptionnel : petits patios croulant sous les bougainvillées et les plantes grasses, et 2 salles à manger dans un esprit rustique chic et chaleureux. Dans l'assiette, le meilleur de la gastronomie canarienne traditionnelle, avec une touche d'inspiration. Une adresse idéale en amoureux. Pour soigner les fauchés, la maison a aussi ouvert – sur son flanc gauche – le ***Santa María Coffee Shop*** *(tlj 10h30-16h).* Quelques marches pour atteindre ce beau et plaisant jardin-terrasse suspendu et ombragé, et dévorer sandwichs, tapas, tartes, pizzas, etc. Une belle adresse à dimensions variables.

Où acheter du bon fromage ?

Quesería La Villa de Betancuria : *Llano de Santa Catalina, s/n. 649-74-21-32. ● info@granjalavilla.com ● granjalavilla.com ● Suivre la direction Puerto del Rosario puis, 100 m après le panneau de sortie du village, prendre la route à gauche ; c'est 600 m plus loin. Tlj sauf dim 11h-13h, 16h-18h.* Fromagerie familiale artisanale qui transforme le lait de chèvre en de savoureux fromages frais, secs, couverts d'huile d'olive, au paprika... Visite gratuite des installations et dégustation.

À voir

![icon] **Iglesia de Santa María :** *pl. Santa María. ☎ 928-87-80-03. Tlj 10h-12h30, 13h-15h30 (dim 10h30-14h). Entrée : 1,50 €.* De l'église originale, détruite par les pirates en 1593, subsistent le clocher et quelques colonnes. Reconstruite en 1691, c'est un beau et curieux mélange de styles roman, gothique, mudéjar, Renaissance, baroque... À l'intérieur, vaste vaisseau à 3 nefs, séparées par des arches en pierre. Petite chaire du XVIIe s en bois où sont peints les portraits des 4 évangélistes. Et puis, l'un des plus fascinants retables de l'île, délicatement ciselé, doré et orné d'exquises petites fresques. Jolis plafonds en bois. Au fond, élégante tribune à colonnes du XVIIe s et, à gauche, chapelle présentant des fresques du Jugement dernier (XVIIIe s), quelques sculptures en bois polychrome très anciennes... À gauche du chœur, accès au ***museo de Arte sacro,*** dans la sacristie : ravissant plafond décoré, orfèvrerie religieuse, belle armoire à chasubles sculptée polychrome ; et grande fresque-allégorie de la vie du Christ, le représentant sur un bateau entouré de franciscains – barbotant dans l'eau – et censés le protéger ! Également des scènes de la vie de la Vierge...

Museo arqueológico : *c/ Roberto Roldán, s/n (FV-30).* ***Actuellement fermé.*** *Un nouveau musée doit voir prochainement le jour ; impossible de préciser une date d'ouverture.* Musée consacré à l'histoire des aborigènes et de la colonisation de l'île.

FUERTEVENTURA

DANS LES ENVIRONS DE BETANCURIA

Mirador Morro Velosa : *camino Velosa, s/n. ☎ 928-17-47-27. À env 5 km au nord de Betancuria par la FV-30, en direction de Puerto del Rosario (panneau sur la droite).* ***Accès fermé, se renseigner sur place.*** Observatoire dessiné par César Manrique, qui a bienheureusement accordé un peu de son talent aux autres îles que Lanzarote ! Gradins et larges baies vitrées distillent tout doucement le paysage à 360°. C'est vrai qu'il est grandiose et quand le vent souffle là-haut, il prend même un côté émotionnel et dramatique... Petite cafét' pour se reprendre !

ANTIGUA (35630) 11 405 hab.

Carrefour routier important, une des villes les plus anciennes de l'île et capitale éphémère – à peine 1 an – avant de passer le flambeau à La Oliva. Intéressante *iglesia Nuestra Señora de la Antigua* du XVIIIe s dans un harmonieux environnement. Façade et clocher d'une blancheur assez sobre, la pierre ocre surlignant joliment son architecture. Sans oublier l'intéressant retable baroque coloré et original.

➢ Bus nº 1 (15-20/j.) depuis ***Puerto del Rosario,*** via ***Gran Tarajal, Las Playitas*** (seulement 1-2/j.), ***Costa Calma*** et ***Morro Jable*** ; et nº 16 (2-4/j.) depuis ***Puerto del Rosario,*** via ***l'aéroport, Caleta de Fuste*** et ***Gran Tarajal*** *(infos bus Tiadhe : ☎ 928-85-57-26 ; ● tiadhe.com ●).*

Adresse utile

ℹ L'office de tourisme d'Antigua se trouve à Caleta de Fuste, à 18 km *(● caletadefuste.es ●).*

À voir

Museo del Queso Majorero : *ctra General, km 20 (FV-20). ☎ 928-87-80-41. • museoquesomajorero.es • À la sortie d'Antigua, direction Puerto del Rosario, sur la gauche. Tlj 10h-18h (9h30-17h30 nov-avr) ; fermeture du guichet 30 mn avt. Entrée : 4 € ; réduc, gratuit moins de 3 ans.* Une section évoque rapidement la formation de l'île, son relief, son climat... Un environnement idéal pour la confection du *queso majorero,* fameux fromage de chèvre à la croûte striée, classé AOC depuis 1996, et fierté de l'agriculture îlienne. Hommage donc aux *cabras majoreras,* ces chèvres à l'origine du fameux frometon. Présentation de la fabrication du fromage, de sa commercialisation, de son utilisation culinaire, etc. Infos sur la route du fromage *(ruta del Queso).* Attenant au musée, un vieux moulin à vent.

DANS LES ENVIRONS D'ANTIGUA

Ermita de San Pedro de Alcántara : *à* **La Ampuyenta** *; à 6 km au nord d'Antigua par la FV-20.* Adorable chapelle coloniale du XVIIe s, blanche et toute simple, avec un campanile curieusement posé sur un côté du toit, et un mur d'enceinte immaculé. Si elle est ouverte, à l'intérieur, profusion de fresques du XVIIIe s, qui lui valent le surnom de « chapelle Sixtine » locale !

Playa de los Molinos : *à env 22 km au nord-ouest d'Antigua.* Dans un coin remarquablement préservé, une superbe plage sauvage flanquée d'imposantes falaises de basalte. En cours de route, après avoir traversé *Las Parcelas,* descente dans le *barranco de los Molinos.* Invitation à suivre quelque moment un sentier pour jouir de ce pittoresque ravin. Il fut creusé dans le basalte provenant des 1res coulées de lave de surface, il y a de 12 à 17 millions d'années. Lieu de villégiature de nombreux oiseaux, surtout lorsque le ruisseau qui coule au fond n'est pas à sec.

Ecomuseo de La Alcogida : *au bord de la FV-207, à* **Tefía.** *☎ 928-17-54-34. À env 12 km au nord d'Antigua par la FV-20, puis à gauche la FV-207. Mar-sam 10h15-16h ; fermé dim-lun. Entrée : 5 € ; gratuit moins de 12 ans.* L'idée fut de restaurer les 7 maisons d'un hameau abandonné avec des matériaux d'origine, et d'y reconstituer les traditions et activités d'antan. Mon tout dans une campagne ravissante. Visite agréable dans la lumière d'une fin d'après-midi. Chaque maison dispose d'un peu de mobilier rustique, d'objets domestiques et d'outils anciens. La ***Casa del señor Teodosio*** *(n° 4)* présente un insolite mur pigeonnier et un moulin qui était mû par un âne. Dans la ***Casa Herrera*** *(n° 5)* et son four à pain tout chaud, on peut admirer le délicat travail de la dentellière. Dans la ***Casa de los Cabreras*** *(n° 6),* travail autour du tressage des palmes (paniers, vannerie, sacs...), et la potière est parfois à l'œuvre.

Tetir *(35613) : à env 21 km au nord-est d'Antigua par la FV-20 direction Puerto del Rosario, puis la FV-225.* Gentil village proposant son *iglesia Santo Domingo de Guzmán* des XVIIIe-XIXe s. Noter l'inhabituel clocher gigogne. On y découvre un magnifique retable (XVIIIe s) en bois peint, ainsi que quelques peintures, dont un habituel « Jugement dernier »... Vaste place de l'église entourée de demeures traditionnelles. Le 2e dimanche du mois de mars, de juin, de septembre et de décembre, le matin, grand ***marché artisanal traditionnel.*** L'occasion d'entendre aussi de la belle musique folklorique canarienne !

VERS LA OLIVA

En remontant vers le nord par la FV-10, 1 km environ avant *Tindaya,* on perçoit sur le côté gauche de la route, au pied du volcan, la ***statue de Miguel de Unamuno,*** hommage à l'écrivain exilé par le dictateur Primo de Rivera en 1924. Puis, c'est la

FUERTEVENTURA

saisissante parade de 3 cônes volcaniques se suivant au milieu de la plaine de lave. Celui de ***Tindaya*** revêt une grande importance du point de vue historique. Cette montagne aux pentes plissées était sacrée pour les *Majos.* On y a découvert 312 empreintes de pied plus ou moins stylisées, gravées dans la roche (les fameux *podomorfos*). Elles sont la plupart dirigées vers le soleil couchant. Plus exactement, les scientifiques ont observé que 80 % d'entre elles étaient orientées dans la même direction, précisément entre le *pico de la Nieves* (Gran Canaria) et le *Teide* (Tenerife). Pour le reste, ça reste une énigme ! Au crépuscule, dans la lumière rasante, les cônes prennent des teintes pourpres flamboyantes alliées à des reflets dorés. Là, question beauté du coin, on est totalement en phase avec les *Majos* ! Dans le coin, une ***randonnée*** intéressante et de difficulté moyenne (15,2 km pour 5h de marche), de Tindaya à *El Cotillo...*

LA OLIVA

(35640)

Capitale du royaume majo du Nord, puis capitale de l'île jusqu'à la fin du XIXe s. Détrônée par *Puerto del Rosario,* devenu le pôle économique de l'île grâce à son port. De son passé prestigieux, il subsiste quelques remarquables monuments et un charme teinté de nostalgie un peu dolente... La Oliva demeure aussi une terre de gastronomes !

➢ Bus nº 7 (6-7/j.) depuis ***Puerto del Rosario,*** via ***Tetir, Tindaya, Lajares*** et ***El Cotillo*** ; et nº 8 (17/j.) depuis ***Corralejo,*** via ***Villaverde, Lajares*** et ***El Cotillo*** *(infos bus Tiadhe : ☎ 928-85-57-26 ; • tiadhe.com •).*

Où dormir ? Où manger ?

⌂ I●I ***Hotel rural Mahoh :*** *sitio de Juan Bello, s/n, à **Villaverde.** ☎ 928-86-80-50. 📱 661-38-80-66 (resto). • hotelrural@mahoh.com • mahoh.com • Sur la gauche à l'entrée de Villaverde, en venant de La Oliva. Resto tlj 12h30-23h. Doubles 68-88 €, petit déj inclus. Plats 12,50-19 €.* Plusieurs corps de ferme du XIXe s – joliment restaurés – entourant un vaste jardin fleuri. Dans un bâtiment bien en retrait de la route, le charme rustique opère dans la dizaine de chambres romantiques et tout confort : murs en pierre, mobilier ancien, et lit à baldaquin pour certaines. Côté resto, cuisine traditionnelle qui se défend très bien. Poisson frais et viandes grillées au feu de bois. Le tout servi copieusement et à prix raisonnables dans une ambiance campagnarde chaleureuse.

⌂ I●I ***Hotel Casa Vieja :*** *c/ El Almendrero, 12, à **Villaverde.** ☎ 928-86-19-87 ou 928-53-51-59. • info@oasiscasavieja.com • oasiscasavieja.com • À l'entrée de Villaverde, sur la gauche en venant de La Oliva. Resto tlj 13h-16h, 18h-23h. Doubles 78-98 €, petit déj inclus (plus cher lors des fêtes de fin d'année). Plats 10-16 €.* De belles chambres qui se répartissent autour de 2 patios, l'un situé dans une partie plus ancienne que l'autre, plus intime aussi. Toutes différentes, elles affichent pourtant les mêmes tarifs (les unes sont plus spacieuses, certaines sont dotées d'un jacuzzi). Pierres apparentes, jolis tissus, meubles d'origine parfois asiatique. Le resto n'est pas en reste avec ses murs en pierre de lave, sa remarquable charpente, sa cuisine renommée et à prix sages. Piscine. Une adresse de charme au très bon rapport qualité-prix.

I●I ***El Horno :*** *ctra General, 44, à **Villaverde.** ☎ 928-86-86-71. Sur la droite à la sortie de Villaverde, en direction de Corralejo. Tlj sauf mer (et sauf dim soir en basse saison) 12h30-23h (22h dim). Plats 9-19 €.* Encore une ancienne ferme rénovée à la déco paysanne en diable : pierres apparentes, petite fontaine, nappes à carreaux... Plats de bonne tenue, aux spécialités de viandes grillées ou au four (délicieux *cabrito al horno*), et aussi quelques poissons.

À voir

Visite théâtralisée du village (ruta de los Coroneles) : *ven seulement à 10h30, départ devant l'église. Durée : 2h. Tarif : 8 € ; gratuit moins de 12 ans. En espagnol, français et anglais.* Le parcours inclut la visite de la casa de los Coroneles, l'iglesia Nuestra Señora de la Candelaria, le museo del Grano La Cilla, le Centro de Arte canario – Casa Mané et le mercado de las Tradiciones.

Casa de los Coroneles : *c/ Los Coroneles, s/n. ☎ 928-86-82-80. • lacasadeloscoroneles.org • Mar-sam 10h-18h ; fermé dim-lun. Entrée : 3 € ; gratuit moins de 10 ans.* Également connue sous le nom de *Casa de la Marquesa,* cette maison pittoresque fut construite au XVIIe s, mais largement remaniée par *Agustín Cabrera* (1743-1828), 5e *coronel* de l'île. Architecture relativement sobre : un vaste plan carré, des tours crénelées très basses, et un élégant patio aux galeries en bois de pin. Au-dessus du portail, le blason des Cabrera. Longue façade rythmée de 8 fenêtres ornées de balcons. À l'intérieur, dans les belles salles du 1er étage, petit musée historique sur la *casa,* et collection de peintures (des portraits de 5 des *coroneles* et de leur famille, pour l'essentiel). Expos temporaires au rez-de-chaussée.

Iglesia Nuestra Señora de la Candelaria : *pl. de la Iglesia. Tlj 9h-20h.* Édifiée au XVIIIe s, son gros clocher en pierre de lave sombre contraste avec sa blancheur de façade, et lui donne un côté fortifié. À l'intérieur, vaisseau à 3 nefs rythmées par de larges arcades et voûtes en bois. Belle chaire polychrome.

Museo del Grano La Cilla : *c/ La Orilla, s/n. ☎ 928-86-87-29. • la cilladelaoliva.org • À 150 m de l'église. Mar-sam 10h-17h30 ; fermé dim-lun. Entrée : 1,50 € ; réduc ; gratuit moins de 12 ans.* Jolie façade blanche mouchetée de pierre. Construit en 1819, l'édifice servait à stocker le grain prélevé par l'Église (la dîme). Aujourd'hui, c'est un petit musée sur l'agriculture traditionnelle de l'île.

Centro de Arte canario – Casa Mané : *c/ Salvador Manrique de Lara, s/n. ☎ 928-86-82-33. • centrodeartecanario.com • Tlj sauf dim 10h-17h (14h sam). Entrée : 5 € ; réduc ; gratuit moins de 12 ans.* Intéressant centre d'art abrité dans un élégant bâtiment ancien qui fut la maison du médecin de la *Casa de los Coroneles.* Il offre un passionnant panorama de l'art contemporain canarien à travers des expos temporaires. Joli jardin de cactus parsemé de belles sculptures et cafétéria.

Casa del Coronel : *c/ Juan Ismael, s/n.* Cette autre vénérable maison abrite le **mercado de las Tradiciones** *(mar et ven 10h-14h)* : fruits, légumes, miel, confiture, fromage, artisanat...

Randonnées dans les environs

Malpaís de la Arena : départ de La Oliva, en direction de Villaverde. À 800 m de l'iglesia Nuestra Señora de la Candelaria, tourner à gauche de la route. Environ 8,6 km et 2h45 de marche. Pas de difficulté majeure. On traverse le *malpaís,* cette jolie plaine de lave couverte de lichen verdâtre, jusqu'au cratère du volcan *Montaña de la Arena.* Âgé de moins de 10 000 ans, haut de 120 m, il correspond à la dernière phase d'éruptions sur l'île...

EL COTILLO

(35650)

Au nord-ouest de l'île, à une vingtaine de kilomètres de Corralejo, un petit port de pêche tranquille aux maisons blanches traditionnelles serrées les unes contre les autres. L'occasion de s'aérer la tête loin du brouhaha

touristique, de laisser filer le temps en terrasse et surtout de se baigner sur de superbes plages de sable clair ou dans de sublimes criques de carte postale quasi désertes ; foncez !

➢ Bus nº 7 (6-7/j.) depuis ***Puerto del Rosario,*** via ***La Lajares, Tetir, Tindaya, La Oliva*** et ***Corralejo*** ; et nº 8 (16/j.) depuis ***Corralejo,*** via ***Villaverde, La Oliva*** et ***Lajares*** *(infos bus Tiadhe : ☎ 928-85-57-26 ; • tiadhe.com •).*

Adresse utile

ℹ *Oficina de turismo :* *torre del Tostón, paseo de Rico Roque, s/n. • visitcorralejo.com • Tlj 9h-19h (15h dim).*

Où dormir ?

☗ *Apartamentos Juan Benítez :* *c/ La Caleta, 4. 📱 629-17-63-48. • juanbenitezapartamentos@gmail.com • À 2 pas du castillo El Tostón. Appart 2 pers env 66 €.* Petite structure autour d'un patio et de sa petite piscine, et vue sur la mer à travers des baies vitrées (et inversement, vue sur la piscine depuis la rue...). Une douzaine d'appartements fonctionnels, bien équipés et plutôt spacieux. Nickel ! Les plus sympa sont à l'étage avec vue sur mer depuis leur terrasse.

☗ *Apartamentos Cotillo Lagos :* *urbanización Los Lagos, s/n. ☎ 928-17-53-88. • info@cotillolagos.com • cotillolagos.com • À 500 m au nord du centre-ville. Studios 2-3 pers 60-82 € avec ou sans vue sur mer ; appart 2-5 pers 105 € ; min 3 nuits.* Petit complexe horizontal d'une soixantaine de studios et d'appartements avec accès direct à la superbe *playa Los Lagos* de sable blanc. Plaisante architecture régionale, un p'tit charme même avec tous ces volets verts sur une blancheur éclatante et les palmiers pour l'ombre. Hébergements simples et correctement équipés. Accueil sympa. Bien en famille.

Où manger ? Où boire un verre ?

De très bon marché à bon marché (moins de 12 €)

🥖 🍰 ☕ *Pastelería El Goloso :* *c/ Pedro Saavedra, 1. ☎ 928-58-69-41. • mathieubzh@hotmail.com • Tlj 8h-20h.* Boulangerie-pâtisserie française réalisant viennoiseries, gâteaux, et de bons petits sandwichs, quiches et autres *tostadas.* Quelques tables et une file d'attente parfois longue ! Une bonne adresse pour ne pas se ruiner.

De prix moyens à chic (25-40 €)

|●| ⛱ *La Vaca Azul :* *c/ Requena, 9, muelle Viejo. ☎ 928-53-86-85. • tubokatia@yahoo.fr • Face au vieux port. Tlj 12h-22h. Congés : de mi-mai à mi-juin et 10 j. en déc. Plats 13-20 €.* Belle cuisine franco-espagnole qui fait chanter les saveurs. Servie sur 2 terrasses, l'une romantique qui surplombe le quai, l'autre à l'étage, moins intime. Bien sûr, on dévore poissons et fruits de mer bien frais. Également des salades et un coin de carte pour les amateurs de viande. Carte des vins variée.

|●| *La Marisma :* *c/ Espíritu Santo, s/n. ☎ 928-53-85-43. • nietosdemariahierro@hotmail.com • Tlj 12h30-22h30. Plats 10-19 €.* Resto niché dans un élégant appareillage en pierre de lave, rehaussée – à l'intérieur – par un mur bleu. Grandes baies vitrées ouvertes sur le port. L'emplacement est incontestablement le point fort de la maison ! Cuisine correcte (poissons et fruits de mer).

|●| ⛱ *Azzurro Chill Out :* *avda Los Lagos, 1. ☎ 928-17-53-60.*

• *restauranteazzurro@gmail.com* • *À 700 m au nord du village, dans une grande villa blanche isolée sur la droite de la route. Tlj sauf lun 12h30-22h. Fermé 15 nov-15 déc. Résa conseillée. Plats 10-20 €.* L'un des meilleurs restos italiens de l'île, installé dans un cadre élégant : murs immaculés relevés de photos noir et blanc évoquant la *dolce vita,* et terrasse ouverte sur le sable et le large. Délicieuse cuisine – un brin raffinée et originale – inspirée par le cru et l'Italie. Le tout mitonné avec des produits frais et goûteux. Addition qui ne dérape pas trop. DJ's certains après-midi et soirées. Une adresse qui dégage une certaine douceur de vivre...

Manifestation

– ***Fuerteventura en Música :*** *2 w-e en juil.* Concerts gratuits sur la plage.

À voir. À faire à El Cotillo et dans les environs

Les plages : vous êtes venu pour ça et vous ne serez pas déçu ! La plus grande, ***La Concha*** ; celles des familles, ***Los Lagos*** (à 500 m au nord) ; sympa aussi, toujours plus au nord, ***las caletas de la Aduana...*** Enfin, au sud, plus ventée, la ***playa del Castillo,*** populaire auprès des surfeurs, des véliplanchistes et des kitesurfeurs. Pour les marcheurs, en remontant la côte au nord de la ville par un chemin de terre, accès à de nombreuses criques de plus en plus sauvages, baignées d'eaux affichant toutes les nuances de bleu et de vert !

Castillo El Tostón : *paseo de Rico Roque, s/n. Tlj 9h-16h (15h le w-e) ; ouv 1h plus tard oct-juin. Entrée : 1,50 € (payable uniquement en CB !). Abrite l'office de tourisme.* Construit au début du XVIIIe s sur une haute falaise, ce fort se résume à une grosse tour ronde de guet et de défense contre les attaques des pirates et autres corsaires. Grimper sur le toit pour profiter de la vue. Expos temporaires d'art local.

Museo de la Pesca tradicional *(musée de la Pêche)* **:** *faro d'El Cotillo. 639-43-83-19. À env 5 km au nord du village, à la punta La Ballena. Mar-sam 10h-17h30 ; fermé dim-lun. Entrée : 3 € ; gratuit moins de 12 ans.* Tout sur la dure vie des pêcheurs et des marins du coin, les variétés de poissons locaux, les techniques de pêche, l'histoire des chantiers navals de l'île, etc., évoquées à travers des panneaux explicatifs en espagnol. Le phare qui s'élève à côté date de 1963. Cafétéria avec terrasse abritée, face au large.

LAJARES (35650)

À 8 km à l'est d'El Cotillo, sur la route de Corralejo, un village traversé par la FV-109, au milieu de nulle part et pourtant, étonnamment plein de vie avec ses magasins d'artisans créateurs, ses boutiques pour surfeurs, ses restos, ses maisons cossues cachées dans la campagne environnante qui valent un bras...

➢ Bus n° 7 (6-7/j.) depuis ***Puerto del Rosario,*** via ***Tetir, Tindaya, La Oliva, Villaverde, Lajares*** et ***El Cotillo*** ; et n° 8 (16/j.) depuis ***Corralejo,*** via ***Villaverde, La Oliva, Lajares*** et ***El Cotillo*** *(infos bus Tiadhe : ☎ 928-85-57-26 ; • tiadhe.com •).*

Canela Cafe : *c/ Coronel Latherta González Hierro, s/n. ☎ 928-86-17-12. Tlj sauf jeu 8h-1h. Au bord de la route principale. Bocadillos 3-4 €, plats 7-16 €.* Un bar-resto qui hésite entre le *diner* américain avec ses banquettes en bois et le café du coin. On y vient surtout pour les concerts gratuits tous les jours à partir de 20h-21h (parfois 22h), c'est selon... Blues, rock, *jam session,* chanteur à texte, etc. Le répertoire est étendu et l'ambiance vraiment sympa. On peut y manger (salades, *burritos,* hamburgers, etc.).

722-Jardín de la Abuela Pasqualina : *c/ Majanicho, 11. 655-98-36-78. • 722gradi@gmail.com • À la sortie de Lajares, direction Corralejo, bifurquer à gauche juste après le stade ; c'est 300 m plus loin. Mer-sam 17h-23h, et aussi dim 13h-22h30. Fermé lun-mar. Plats 13-20 €. Brunch dim (12h30-14h) 18 €. Résa conseillée.* Cela vaut le coup de s'éloigner du bord de mer pour venir s'attabler dans cette maison à la déco sobre, aux murs en pierre de lave agrémentés de tableaux contemporains, et ce jardin sec. Le *722* est tout simplement l'un des meilleurs restos du coin, tendance gastro. Cuisine créative, joliment travaillée à base de produits de qualité et qui jongle entre les Canaries et l'Italie. Terrasse avec vue sur la nature et musique tout en douceur.

CORRALEJO (35660) 16 626 hab.

• Plan *p. 171*

FUERTEVENTURA

2e ville de Fuerteventura, c'est le port des ferries pour l'île de Lanzarote (Playa Blanca), et aussi l'une des stations balnéaires les plus populaires des Canaries. D'abord, des étendues de lotissements et d'hôtels à l'architecture horizontale, une rue principale bordée de restos et de boutiques aux enseignes clinquantes. Puis apparaît le vieux quartier du port, éclectique, vivant et chaleureux, avec sa brochette de restos et de bars, et sa joyeuse vie nocturne... Ça peut plaire !
Sinon, jetez-vous directement dans les alentours, où se trouvent quelques petites merveilles de la nature : les sublimes dunes du *parque natural de Corralejo* et le séduisant îlot *de Lobos...*

Arriver – Quitter

En bus

Estación de guaguas Tiadhe *(plan A1)* **:** *avda Juan Carlos I, s/n. ☎ 928-85-57-26. • tiadhe.com •*
➢ Bus n° 6 (16-32/j.) depuis ***Puerto del Rosario*** ; et n° 8 (16/j.) depuis ***El Cotillo,*** via ***Lajares, La Oliva*** et ***Villaverde.***

En bateau

Estación maritima *(plan B1)* **:** *au port, paseo Maritimo Bristol, s/n.* Desservie par les compagnies ***Naviera Armas*** *(☎ 902-45-65-00 ; • navieraarmas.com •)* et ***Fred Olsen*** *(☎ 902-10-01-07 ; • fredolsen.es •).* Billetteries et loueurs de voitures sur place. Dessert uniquement Lanzarote (Playa Blanca), voir détail plus haut dans « Arriver – Quitter Fuerteventura ».

Adresses utiles

Oficina de turismo *(plan A1)* **:** *avda Marítima, 16. ☎ 928-86-62-35. • visitcorralejo.com • Tlj sauf fêtes 8h (9h le w-e)-15h (14h juil-sept).* Plein d'infos utiles, notamment une brochure en français sur les sentiers de rando du coin.

Taxis : *☎ 928-53-74-41.*

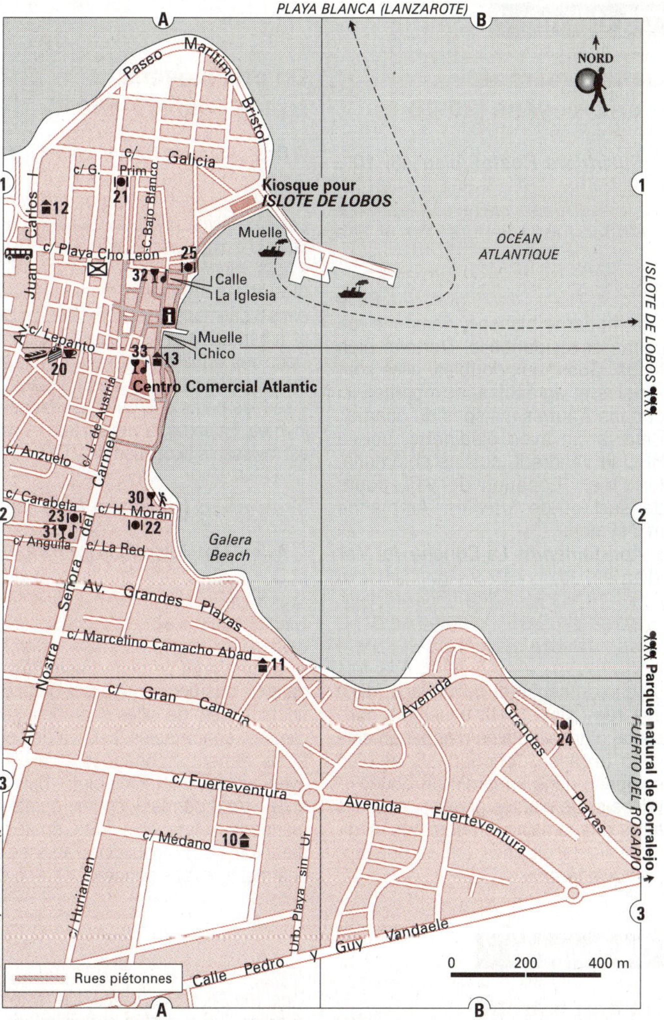

CORRALEJO

Adresse utile

- Oficina de turismo (A1)

Où dormir ?

- 10 Surfriders Hostel (A3)
- 11 Apartamentos La Concha del Mar (A2)
- 12 Bristol Sunset Beach (A1)
- 13 Avanti Hotel Boutique (A2)

Où manger ?

- 20 Panadería Don Juan (A1-2)
- 21 Avenida (A1)
- 22 Mesón Las Tejas (A2)
- 23 La Scarpetta da Mario (A2)
- 24 Restos du Gran Hotel Atlantis Bahia Real (B3)
- 25 El Anzuelo (A1)

Où boire un verre ? Où sortir ?

- 30 Waikiki Beach Club (A2)
- 31 Rock Café (A2)
- 32 Calle La Iglesia (A1)
- 33 Centro comercial Atlantic (A2)

Où dormir ?

De bon marché à prix moyens (20-70 €)

Surfriders Hostel (plan A3, **10**) : *c/ Médano, 14. 681-23-56-65. • info@surfridersfuerteventura.com • surfridersfuerteventura.com • Lits en dortoir 4-8 pers 23-29 €/pers ; doubles sans ou avec sdb 50-80 € ; petit déj inclus. Parking gratuit.* Belle villa moderne blanche, dans une rue calme et résidentielle. Dortoirs bien tenus. Quant aux doubles, elles sont simples et agréables, et réparties ici et dans 2 autres maisons du quartier. Petit jardin avec piscinette, soirée BBQ le vendredi, cuisine commune, terrasse... Location de VTT, cours de surf et de *kitesurf*. Ambiance très sympa.

Apartamentos La Concha del Mar (plan A2, **11**) : *c/ Marcelino Camacho Abad, 18 (angle avda Grandes Playas). ☎ 928-86-65-99. 608-14-00-11. • laconchadelmare@gmail.com • Apparts 2-3 pers 55-70 €.* À la fois proche du centre et de la plage, dans une rue calme, petit ensemble horizontal d'une vingtaine d'appartements avec terrasse, fonctionnels et bien équipés ; dans un jardin de bougainvillées et de plantes grasses. Avec les tuiles à la romaine, un côté très méditerranéen ! 2 piscines, tennis. Bon rapport qualité-prix.

De prix moyens à plus chic (40-150 €)

Bristol Sunset Beach (plan A1, **12**) : *avda Juan Carlos I, 3. 671-02-69-21. • booking@bristolsunsetbeach.com • bristolsunsetbeach.com • Studios 2 pers 60-105 € ; apparts 2-6 pers 65-130 € ; 2 nuits min. Possibilité de petit déj.* Studios et appartements récents répartis dans 3 bâtiments. L'ensemble est nickel et aménagé dans un esprit moderne. Déco très actuelle. Vaste et agréable terrasse au dernier étage avec transats. On y sert les petits déj, quelques tapas en journée. En prime, la vue sur les environs est ravissante ! Location de VTT.

Très chic (plus de 150 €)

Avanti Hotel Boutique (plan A2, **13**) : *c/ Delfin, 1. ☎ 928-86-75-23. • info@avantihotelboutique.com • avantilifestylehotel.com • Doubles 130-295 €, petit déj inclus. Apéro maison offert sur présentation de ce guide.* Face à la mer, dans un quartier animé bien connu des noctambules, de jolies chambres spacieuses, confortables (cela va de soi !), et sobrement aménagées – de blanc avec quelques notes de bleu – dans un style « bord de mer » épuré : objets de marine en cuivre, bois flotté, photos et maquettes de bateaux. Une adresse de charme, mais pas donnée !

Où manger ?

De bon marché à prix moyens (8-25 €)

Panadería Don Juan (plan A1-2, **20**) : *c/ Lepanto, s/n. ☎ 928-86-64-41. Tlj sauf dim 6h30-20h. Moins de 10 €.* De bonnes pâtisseries traditionnelles et des sandwichs à dévorer avec un café sur les 3-4 tables à l'intérieur. Bien dès l'heure du petit déj.

Avenida (plan A1, **21**) : *c/ General Prim, 11 (angle c/ Pizarro). Tlj sauf lun 13h-22h30 (dim 13h-16h, 18h-22h). Plats 9-17 €. CB refusées.* Un resto de quartier, l'un des plus populaires de la ville ! Grande salle aux murs parés de pierres de lave. Cuisine classique servie généreusement, au coude à coude avec des spécialités espagnoles goûteuses. Service efficace et souriant. Belle atmosphère familiale animée. Une bienheureuse institution !

Mesón Las Tejas (plan A2, **22**) : *c/ Arístides Hernández Morán, 10. 676-31-01-94. • mesonlastejas@outlook.es • Tlj sauf mer. Pas de résa ; attendre qu'une table se libère. Plats*

8-17 €. Dans une rue donnant sur le front de mer, une salle au cadre des plus classique... et pleine ! Spécialités canariennes simples mais parfaitement maîtrisées, copieuses et mitonnées avec de bons produits locaux. Une adresse sûre.

El Anzuelo (plan A1, **25**) : *avda Marítima, 2. ☎ 928-65-39-63. Tlj 12h-16h, 19h-22h30. Plats 11-16 €.* Parmi les restos au bord de l'eau, voici l'un des plus recommandables. *El Anzuelo* signifie « l'hameçon », mais ici, vous ne vous ferez pas harponner. Le cadre est coquet et la terrasse ombragée face au petit port avenante. La priorité est donnée aux poissons et fruits de mer. Quelques viandes également.

De prix moyens à très chic (25-80 €)

La Scarpetta da Mario (plan A2, **23**) : *Centro comercial Plaza, avda Nuestra Señora del Carmen, 62. ☎ 928-53-59-49. 679-73-97-41. Tlj 13h-minuit. Plats 9-25 €.* Un resto italien, à la salle élégante et rafraîchie par des ventilos. Savoureux petits plats finement cuisinés. Avantageuses suggestions du jour, complétées de salades et pâtes pour les petits budgets. Quelques tables en terrasse.

Restos du Gran Hotel Bahia Real (plan B3, **24**) : *avda Grandes Playas, s/n. ☎ 928-53-71-53. • reservations.bahiareal@atlantishotels.com • Ouv le soir seulement. Menus 34-82 €, plats 16-28 €.* L'hôtel le plus luxueux de la ville aligne 3 restos à thème qui ne commettent pas trop d'attentat au portefeuille ! ***La Cúpula*** et sa cuisine de chef raffinée qui enchante les papilles des gastronomes ; ***Las Columnas,*** brillant pour sa cuisine espagnole et son avantageux menu tapas ; et le ***Yamatori*** au doux cadre zen idéal pour déguster de savoureuses spécialités de l'empire du Soleil Levant, à prix presque sabrés ! Pour un dîner romantique, faites votre choix ! Attention, les shorts ne sont pas les bienvenus.

Où boire un verre ? Où sortir ?

Waikiki Beach Club (plan A2, **30**) : *c/ Arístides Hernández Morán, 11. 678-73-97-41. Tlj à partir de 21h30.* L'un des bars-boîtes les plus populaires de Corralejo – en plein air et jouxtant la plage – pour des nuits surchauffées.

Rock Café (plan A2, **31**) : *Centro comercial Plaza, avda Nuestra Señora del Carmen, s/n. ☎ 928-53-59-49. Tlj 9h-2h.* Ambiance animée et musique pop-rock chaque soir à partir de 19h (concert gratuit). Possibilité de se restaurer tex-mex.

Belle animation nocturne dans les ruelles piétonnes du vieux bourg des pêcheurs, notamment dans la ***calle La Iglesia*** (plan A1, **32**) qui concentre plusieurs bars... En 2de partie de soirée, ça se passe au ***Centro Comercial Atlantic*** (plan A2, **33**), qui vibre au son des musiques distillées par ses nombreux bars. Choisissez à l'instinct ! ***El Kiwi*** a les faveurs des noctambules...

FUERTEVENTURA

Festival

– ***Campeonato internacional de Cometas :*** *1 sem en nov.* Festival de cerfs-volants.

À voir. À faire dans le coin

Parque natural de Corralejo (hors plan par B3) : *à 5 km au sud de la ville par la FV-1, direction Puerto del Rosario.* Classé en 1994, ce sublime mini-Sahara de 2 600 ha longe une dizaine de kilomètres de côte, avec des plages d'une merveilleuse blancheur ! En prenant du sable dans la main, on voit qu'il se compose de poussière de coquillages, broyés, usés par des milliers d'années d'érosion. Baladez-vous au hasard dans les dunes et repérez toutes ces fleurs qui arrivent à y survivre. Parfois, quelques touffes d'herbe, de malingres arbustes et, surtout, de jolis graphismes, les longs plis de sable créés dans les dunes par des vents ludiques et taquins. Eaux turquoise d'une luminosité sans pareille. Plages du Nord les plus touristiques et sportives, surtout *El Médano* (planche à voile et *kitesurf*). Après la plage d'*El Bajo Negro* commencent les balades en solo. Celles de *Los Martos, El Dormidero, El Moro, Alzade* sont les préférées des naturistes. Au sud, sans transition apparaissent les masses sombres des volcans. Le sable cède doucement à la pression du *malpaís,* en de jolis contrastes de couleurs...

*** ***Parque natural del islote de Lobos :*** *au départ du port la compagnie* ***Grupo Lobos*** *(☎ 616-98-69-82. • navieranortour.com •) assure 5-7 traversées/j. sauf 1er janv, 16 juil et Noël. Billet A/R : 16 €/pers ; avec option snorkelling 21 €/pers ; ½ tarif 4-11 ans. 2 kiosques pour l'achat des billets : l'un sur le port (plan A1), l'autre devant l'office de tourisme (plan A1). Sur le port, plusieurs agences proposent également des bateaux pour l'islote de Lobos (ou différentes excursions) : pourquoi pas, mais c'est plus cher.* ***Attention, avant toute chose, il faut demander un permis d'accès (gratuit),*** *max 3 j. avt la date souhaitée (normalement inclus dans l'achat du billet en ligne sur • navieranortour.com • car le nombre de visiteurs est désormais limité à 200 pers/j.). Théoriquement, sans ce permis, l'accès à l'îlot est refusé.*

C'est une excursion populaire, et certains bateaux – à fond de verre – donnent à admirer l'univers marin peu profond au passage... L'île des « Loups », les *lobos marinos,* ces petits phoques moines qui auraient permis au compagnon de Béthencourt – Gadifer de La Salle –, l'un des tout premiers touristes, d'y survivre quelque temps. Depuis, ils ont disparu définitivement... Classée parc naturel en 1982, c'est une île de 5 km² affichant près de 130 espèces végétales et de nombreux oiseaux dont la mouette argentée. Une poignée d'habitants seulement, regroupés autour d'une adorable petite crique, à 5 mn à pied du débarcadère. À l'arrivée, un petit *centro de interpretación* *(tlj 10h-17h ; GRATUIT)* et une palette unique d'eaux bleu et vert !

Du débarcadère, plusieurs promenades vous font les yeux doux. En 10 mn, on rejoint la *playa de Concha* (ou *de la Calera*), une plage de sable blanc saupoudrant une anse où l'on peut se baigner. Elle est dominée par la montaña de la Caldera accessible par un chemin. Sinon, un sentier bien tracé et sans difficulté parcourt l'île en boucle (compter 2h en tout). Il passe à l'extrémité nord de l'île où s'élève le *faro Martiño.* Attention, il n'y a pas d'ombre. Prévoir de quoi se couvrir et suffisamment d'eau. Les alentours de l'île sont aussi propices à la plongée sous-marine.

|●| Le seul petit ***resto*** (sans nom, sinon une pancarte « Antoñito El Farero ») se trouve à 5 mn du débarcadère. *Tlj sauf 16-17 juil.* Il faut commander son repas sur place, entre 10h et 13h (dès votre arrivée sur l'île, en fait). Les plats (paella et poisson du jour ; *7-9 €*) sont servis entre 13h et 14h30 (15h en été) dans une petite salle posée au bord de la crique.

Sinon, on peut toujours apporter son pique-nique depuis Corralejo. Il existe une *área de descanso* ombragée pour se poser.

FUERTEVENTURA

LANZAROTE

• Carte *p. 176-177*

ABC de Lanzarote

- ***Superficie :*** 862 km^2 ; longueur : 58 km ; largeur : 34,5 km.
- ***Population :*** 152 289 hab. (174 hab./km^2).
- ***Capitale :*** Arrecife (59 771 hab.).
- ***Communes :*** Teguise (ancienne capitale), Tías, San Bartolomé, Yaiza, Haría et Tinajo.
- ***Point culminant :*** Las Penas del Chache (671 m).
- ***Économie :*** agriculture (vignobles, tomates), salines et élevage de la cochenille, mais c'est surtout le tourisme (plus de 80 % des revenus).

L'« île aux volcans », la plus ancienne des Canaries (23 millions d'années), tient une place originale dans l'archipel au point d'avoir obtenu en 1993 le titre de « Réserve naturelle de la biosphère » par l'Unesco. C'est-à-dire ayant la capacité d'allier un développement économique durable avec la préservation de l'environnement et de ses ressources naturelles.

L'extrême aridité de son sol volcanique a obligé les agriculteurs à vivre avec le déficit de pluie, et à imaginer des formes de cultures adaptées. Un paysage agricole unique, un climat exceptionnellement doux malgré la proximité de l'Afrique, de spectaculaires champs de lave figée, des panoramas époustouflants et de superbes plages !

Également une identité culturelle vraiment particulière, grâce notamment aux œuvres d'un artiste génial et visionnaire nommé *César Manrique...* En accord avec le gouvernement local, il parvint à imposer non seulement la sauvegarde de l'architecture rurale et populaire traditionnelle, mais aussi à la prescrire dans les constructions nouvelles. Résultat : des petites villes blanches idéales, sans trop de dérives bétonnières ou inesthétiques, en symbiose totale avec des paysages de rêve... Au milieu de tout cela, des créations artistiques exceptionnelles, littéralement fondues dans la nature. Lanzarote, un de nos grands coups de cœur, c'est dit !

UN PEU D'HISTOIRE

On évalue vers 500 av. J.-C. l'arrivée des Mahos, les 1ers habitants de l'île. Du continent africain et d'origine berbère, comme les Guanches de Tenerife. Jusqu'à la fin du XIVe s, l'île, qui portait localement le nom de *Titeroygatra,* ne connut que quelques incursions ou explorations infimes, avec capture d'une poignée d'indigènes. Le 1er découvreur fut, dit-on, un certain *Lanzarotto Malocello,* génois de son état, qui aurait donné son nom à l'île. Puis vint la vraie conquête en 1402,

Órzola
69 km
36 km
38 km
Arrecife
Playa Blanca
OCÉAN
ATLANTIQUE
Pas de côté
La Isleta
La Santa
El Cuchillo
Tinajo
Tajaste
Mancha
Blanca
La Vegueta
Volcán de
Caldera
Blanca
458
Parque
nacional
de Timanfaya
Islote de
Hilario
Montañas
del Fuego
510
Echadero de
camellos
Masdache
468
Montaña
Diama
El Golfo
Montaña de Vieja Gabriel
226
Los Hervideros
Yaiza
La Geria
Tías
La Hoya
Uga
Macher
Salinas
de Janubio
Puerto Calero
Puerto del
Carmen
Femés
Las Breñas
Playa
Quemada
El Rubicón
Playa Blanca
Punta de
Pechiguera
Playa
de Papagayo
Punta de Papagayo
0
5
10 km
FUERTEVENTURA (CORRALEJO)

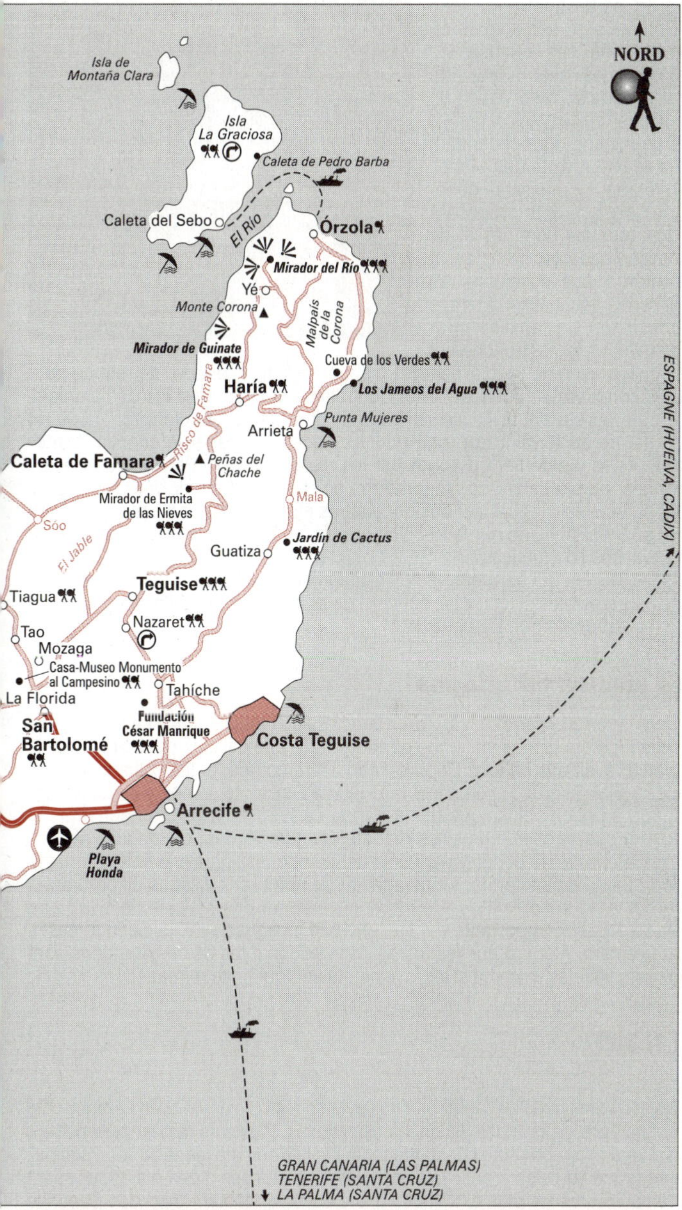
NORD
Isla de Montaña Clara
Isla La Graciosa
Caleta de Pedro Barba
Caleta del Sebo
El Río
Órzola
Mirador del Río
Yé
Monte Corona
Malpaís de la Corona
Mirador de Guinate
Cueva de los Verdes
Haría
Los Jameos del Agua
Risco de Famara
Punta Mujeres
Arrieta
Caleta de Famara
Peñas del Chache
Mala
Mirador de Ermita de las Nieves
Sóo
El Jable
Jardín de Cactus
Guatiza
Teguise
Tiagua
Nazaret
Tao
Mozaga
Casa-Museo Monumento al Campesino
Tahíche
La Florida
Fundación César Manrique
San Bartolomé
Costa Teguise
Arrecife
Playa Honda
ESPAGNE (HUELVA, CADIX)
GRAN CANARIA (LAS PALMAS)
TENERIFE (SANTA CRUZ)
LA PALMA (SANTA CRUZ)

LANZAROTE

avec un baron normand, Jean de Béthencourt, ses soldats et, bien entendu, ses aumôniers... Les indigènes, avec à leur tête le roi *Guardafia,* réservèrent un bon accueil aux envahisseurs. La lune de miel ne dura cependant guère et une révolte des Mahos faillit tourner au massacre général ; les conquérants proposant de tuer tous les hommes et de n'épargner que les femmes et les enfants. Les missionnaires réussirent à évangéliser à temps un maximum de familles pour les sauver, mais n'empêchèrent pas l'instauration de l'esclavage des Mahos. Ensuite, l'île servit de tête de pont pour la conquête de Fuerteventura. Contrairement à d'autres îles de l'archipel, Lanzarote résista peu à cause du faible nombre d'habitants (environ 1 000) et de la nature du terrain, trop plat pour se cacher et mener la guérilla. L'intégration se fit rapidement d'abord par les mariages entre Espagnols et élites indigènes, puis à cause de l'Inquisition : en effet, pour entrer dans les écoles supérieures, il fallait produire des documents établissant qu'on n'était d'origine ni canarienne, ni juive, ni maure. Nombre de familles dissimulèrent ainsi leurs ascendances aborigènes...

Dans les siècles qui suivirent, la colonisation ne fut troublée que par les incursions barbaresques et, en 1617, par celle de sir Walter Raleigh, l'aventurier favori de la reine d'Angleterre Élisabeth Ire...

COMME DES LAPINS...

Le lapin (conejo en espagnol) fut introduit au XVIIIe s à Lanzarote, histoire d'avoir de quoi manger sur l'île. Mais, sans prédateur, les lapins se sont reproduits comme des... Du coup, on les chassa, et les peaux étaient vendues au port de Las Palmas. Les habitants de Lanzarote y gagnèrent des revenus, mais surtout, un surnom : los Conejeros. *C'est ainsi qu'on les appelle encore aujourd'hui, et cela n'a rien de péjoratif.*

Des siècles telluriques

Amanay-Fuerteventura-Lanzarote-La Graciosa constituaient une seule et même île ! Qui plus est la plus ancienne de toutes (20-15,6 millions d'années), que la glaciation avait mis au jour. Depuis, l'eau est remontée, et les volcans se sont érodés... Mais le grand événement qui marqua Lanzarote demeure certainement l'énorme éruption volcanique qui la frappa de 1730 à 1736. Les habitants qui ne fuirent pas vers les autres îles racontèrent que pendant de longues années l'air resta chargé de cendres, et qu'ils ne virent quasi jamais le soleil. Toute la région ouest, la plus fertile, fut ravagée et de nombreux villages disparurent... Un quart de la superficie de l'île fut recouverte par des coulées de lave ! Une nouvelle éruption importante eut lieu en 1824, puis l'activité volcanique cessa définitivement. Aujourd'hui, les traces impressionnantes de ces éruptions sont largement visibles, comme si les laves s'étaient tout juste refroidies !

CLIMAT

Lanzarote bénéficie d'un climat particulier. Malgré sa proximité avec l'Afrique, l'île ne connaît pas de grandes variations climatiques. Plusieurs facteurs permettent d'afficher une température constante toute l'année : en moyenne 23 °C. Principalement grâce au célèbre anticyclone des Açores et à ses alizés qui adoucissent les températures les plus extrêmes ; grâce aussi au courant froid des Canaries au rôle régulateur. En janvier-février, la moyenne s'établit autour de 17-20 °C. En novembre-décembre, au maximum 28 °C et des nuits agréablement fraîches. En été, des températures largement supportables. Il y pleut très rarement et seulement en hiver, de façon subite et torrentielle, certes. Bref, le climat idéal ! Le seul problème, c'est l'eau, très faibles réserves phréatiques. Problème résolu avec les usines de dessalement. Ce manque d'eau, paradoxalement, a contribué à créer une agriculture originale...

UNE AGRICULTURE ORIGINALE

Que faire quand on manque d'eau ? On invente ! Les paysans sont des génies, capables de tirer le maximum du terrain qu'ils exploitent. Ils ont d'abord planté au fond des trous et des anfractuosités laissés par les irruptions pour protéger leurs cultures du vent. Ils se sont alors aussi vite aperçus que sous la cendre volcanique, ça poussait fort bien ! Ils sont donc allés extraire le gravier volcanique dans de véritables mines, le réduisant en poussière sous le nom de *picón*. Répandu sur la terre arable en épaisseur de 10-15 cm, ce *picón* protège du vent et de l'érosion. Autre grande qualité, il absorbe la rosée ou les rares bruines, évite l'évaporation et conserve les précieuses gouttes d'eau.
Afin de protéger les cultures du vent et de délimiter le rayonnement des troupeaux de chèvres (grosse tradition fromagère sur l'île), les agriculteurs édifièrent des murets de pierre rectilignes, en demi-cercles ou en cercles fermés. Peignant parfois les pierres supérieures en blanc, et offrant ainsi, au flanc des montagnes, des jeux de lignes et de graphismes sur fond noir du plus bel effet ! Paysans et artistes tout à la fois, dans quelle autre île César Manrique aurait-il pu naître ?

CÉSAR MANRIQUE, GRAND ARTISTE ET SAUVEUR DE L'ÎLE !

C'est à lui que l'île doit son charme exceptionnel et un rapport harmonieux entre tourisme, architecture, art et culture (se reporter à la rubrique « Personnages » dans « Hommes, culture, environnement » en fin d'ouvrage). Après une riche vie artistique à travers le monde, César Manrique revient en 1966 se fixer définitivement dans son île natale. Il a vite compris que le développement économique et touristique était indissociable de la préservation et de la mise en valeur de l'architecture populaire et du maintien de l'identité de l'île. Sa chance fut d'avoir l'oreille attentive du *Cabildo* (le gouvernement local) et surtout de son président de l'époque, José Ramírez Cerdá (également maire d'Arrecife et sénateur de l'île). Cette adhésion complète du pouvoir local aux thèses de Manrique permit d'imposer le blanc à l'ensemble des constructions de l'île, de conserver la beauté des paysages agricoles, d'empêcher d'édifier des ensembles immobiliers en hauteur (la règle : pas plus de 3 étages !), de limiter les enseignes et les panneaux publicitaires trop voyants, et surtout de réintroduire les éléments de l'architecture locale dans toute nouvelle construction.
Parallèlement, Manrique aménage à sa façon plusieurs sites d'intérêt touristique avec non seulement le souci de préserver leur environnement, mais aussi d'établir un dialogue avec lui. Résultat tout simplement formidable : se sachant destinée essentiellement au tourisme, démarrant sa « modernisation » plus tard que certaines îles, Lanzarote a su éviter les plus grosses erreurs commises ailleurs... Cela a permis de développer une identité singulière de l'île, associant harmonieusement riche patrimoine architectural et paysager, traditions et culture à un développement touristique maîtrisé... Ce développement se réalisant sans destruction du milieu naturel, y introduisant même une petite dose de poésie et d'utopie. Un dialogue respectueux des paysages avec les valeurs architecturales traditionnelles. Avant-garde artistique et modernité sont devenues la véritable image de marque de l'île, symbolisant de façon éclatante son attrait actuel. Depuis la mort de César Manrique en 1992 dans un accident de voiture, le respect du contrat passé avec lui continue...

MUSÉES ET SITES

La visite des grandes réalisations de César Manrique – unies à d'étonnants et somptueux paysages naturels – demeure LE temps fort de l'exploration de l'île ! À savoir : le ***Museo internacional de Arte contemporáneo (MIAC)*** à Arrecife ; la ***Casa-Museo Monumento al Campesino*** (accès gratuit) à San Bartolomé ; les ***Montañas del Fuego Timanfaya*** (parc national) entre Yaiza et Tinajo ; le ***jardín de Cactus*** à Guatiza ; les ***Jameos del Agua*** et la ***Cueva de los Verdes*** vers Punta Mujeres ; et le ***mirador del Río*** vers Yé. Ces 7 sites sont gérés par le Cabildo de Lanzarote, qui propose – pour les visiter – 3 billets combinés *(bonos)* en vente dans chacun d'eux et valables 14 j. : le *Bono 6 centros* pour 6 visites *(35 € ; 7-12 ans : 17,50 €)*, le *Bono 4 centros* *(29 € ; 7-12 ans : 14,50 €)*, et le *Bono 3 centros* *(23,50 € ; 7-12 ans : 11,75 €). Infos : ☎ 901-200-300 ; • cactlanzarote.com •* Sans oublier les sites privés dédiés à l'artiste : la ***Fundación César Manrique*** à Tahíche, et la ***Casa-Museo César Manrique*** à Haría. Et puis d'autres musées, comme le ***Museo agrícola El Patio,*** le ***Museo etnográfico Tanit***... ; plus les intéressantes ***bodegas*** (caves viticoles)...

RANDONNER À LANZAROTE

L'île offre une bonne centaine de sentiers balisés de ***randonnée pédestre*** de longueur et difficultés très différentes *(• senderismolanzarote.com •)*. Il y en a pour tous les goûts sur des chemins sauvages bien balisés, dans les vignobles de montagne ou au long des pentes des anciens volcans (mais attention à ne pas quitter les sentiers, certains environnements sont protégés !).

ET AUTRES SPORTS

Lanzarote se prête aussi à la ***planche à voile*** (voir par exemple *• maxwind surfschool.com •*, tenu par un Français), au ***surf*** et au ***kitesurf,*** dont certaines plages se sont fait la spécialité ; sans oublier le ***parapente...*** Le ***VTT*** sur de belles routes et autres sentiers pas trop pentus, à part dans le Nord-Est. La ***plongée sous-marine*** se développe aussi avec la découverte de fonds marins aux eaux cristallines permettant de copiner avec une faune abondante ; belles grottes sous-marines et épaves en prime... Enfin, bon nombre de centres sportifs de l'île se sont associés sous le nom d'*European Sports destination.* Toutes leurs coordonnées et hébergements spécialisés, sur *• lanzaroteesd.com •*

ITINÉRAIRES À LANZAROTE

En 3 jours

– ***1er jour :*** à la découverte des plus belles œuvres de César Manrique. D'abord, le *Museo internacional de Arte contemporáneo (MIAC)* à Arrecife **(1),** puis l'ancienne demeure de l'artiste à Tahíche, transformée en une fascinante fondation ***(2).*** Résider dans l'une des nombreuses *casas rurales* du centre de l'île pour mieux rayonner. À San Bartolomé, voir le célèbre *Monumento al Campesino* **(3)** – le monument au Paysan –, puis cap sur *Teguise* **(4),** la plus belle ville coloniale de l'île. Un charme fou ! Plus à l'est, s'il vous reste un peu de temps, l'étonnant *jardín de Cactus* **(5)** et *los Jameos del Agua* **(6),** un tunnel volcanique extraordinairement transformé en œuvre d'art par Manrique.
– ***2e jour :*** balade dans le nord sauvage de l'île, par le port brut de décoffrage d'*Órzola* **(7),** la *vallée de Haría* et ses mille palmiers **(8),** la *Cueva de los*

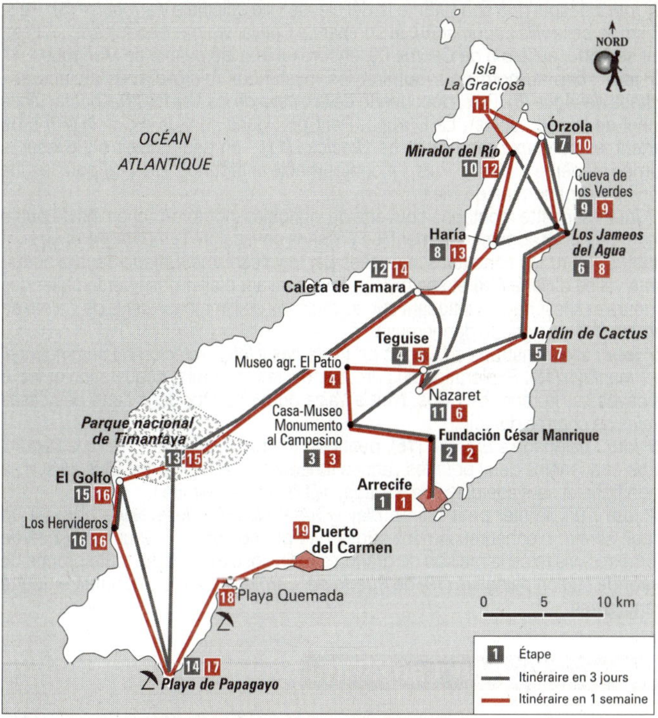

ITINÉRAIRES À LANZAROTE

Verdes ***(9)*** et, surtout, découverte de l'époustouflant panorama sur *l'île de La Graciosa* depuis le *mirador del Río* ***(10).*** Émotion garantie ! Pour se remettre, boire un verre en rentrant à la *Cueva,* le bar de la *villa Lagomar* à Nazaret ***(11),*** vraiment étonnant !

- ***3e jour :*** les fans de surf et *kitesurf* fonceront à la *playa de Caleta de Famara* ***(12),*** reconnue internationalement pour ces sports... Les autres visiteront l'admirable *parc national de Timanfaya* ***(13),*** un fascinant chaos volcanique, une palette de couleurs et une atmosphère insoupçonnées... Pour finir, prendre la route des vignobles et admirer leur esthétique originale, puis faire un dernier plouf à la magnifique *playa de Papagayo* ***(14),*** à quelques encablures de *Playa Blanca* ou, variante, pousser jusqu'à El Golfo pour admirer la *Laguna Verde* ***(15)*** et *Los Hervideros* ***(16).***

En 1 semaine

- ***1er jour :*** l'incontournable *Museo internacional de Arte contemporáneo (MIAC)* à Arrecife ***(1),*** puis l'ancienne demeure de César Manrique transformée en fondation ***(2).*** Monter à San Bartolomé et admirer le célèbre *Monumento al Campesino* ***(3)*** – le monument au Paysan –, puis visiter le très intéressant *Museo etnográfico Tanit* ***(4).*** Le *Museo agrícola El Patio* à Tiagua vaut aussi le détour. Dormir dans l'une des *casas rurales* de charme du coin.

– *2e jour :* découvrir à son rythme la délicieuse ville coloniale de *Teguise* **(5).** Puis, à 3 km, la belle *villa Lagomar* **(6),** et son bar *La Cueva,* vraiment séduisant... À l'est, aller se frotter au *jardín de Cactus* **(7),** encore un truc incroyable de Manrique !
– *3e jour :* cap au nord pour admirer les mystérieux micro-crabes albinos aux *Jameos del Agua* **(8).** Puis, découverte de la *Cueva de los Verdes* **(9),** spectaculaire tunnel de lave du volcan La Corona. Petit port dans son jus d'*Órzola* **(10)** d'où partent les bateaux pour l'*île de La Graciosa* **(11)** – on peut choisir d'y passer la journée et même y dormir. Puis, l'incontournable *mirador del Río* **(12)** pour le plus merveilleux panorama de l'île !
– *4e jour :* sur cette montagne couverte de vignobles, nombreux chemins de petite randonnée pour admirer comment les paysans ont sculpté la montagne et se sont adaptés aux rudes conditions imposées par le volcanisme. Balade dans la séduisante vallée d'*Haría* **(13)** et ses mille palmiers, avant d'aller observer le ballet des surfeurs et kitesurfeurs voltigeant sur les rouleaux de l'immense *playa de Caleta de Famara* **(14)** – baignade dangereuse.
– *5e jour :* aller s'instruire au *Centro de Visitantes y Interpretación* du *parc national de Timanfaya* **(15).** Exploration du parc. Et pour les amateurs, dégustation et visite de caves sur la route des vins. Nuit à *Yaiza* ou à *El Golfo,* dans l'une des *casas rurales* de charme du coin.
– *6e jour :* baignade à *El Golfo* **(16),** petit port tranquille, un coup d'œil à la *Laguna Verde* et au moins deux pour les vagues furieuses des *Hervideros.* Plus au sud, la magnifique et sauvage *playa de Papagayo* **(17)** fait l'unanimité !
– *7e jour :* un dernier petit bain à *playa Quemeda* **(18),** belle plage bordant un village serein, bienheureusement oublié des promoteurs... Et à une poignée de kilomètres, visite de la maison du grand écrivain José Saramago, toute proche de la grande station balnéaire **(19)** de *Puerto del Carmen* (bof !). Une ultime trempette avant l'avion...

Arriver – Quitter Lanzarote

En avion

✈ ***Aeropuerto de Lanzarote :*** *à 5 km au sud-ouest d'Arrecife, la capitale, par la LZ-2. ☎ 913-21-10-00. • aena.es •* La compagnie *Vueling* assure des vols réguliers avec Paris-Orly et Zurich ; *Tui Fly* et *Ryanair* avec Bruxelles (Belgique) ; *Easyjet* avec Paris-CDG, Bâle/Mulhouse et *Edelweiss* avec Zurich (Suisse). Quelques vols depuis Nantes, Toulouse et Marseille avec *Volotea.* Côté Espagne, *Iberia, Air Europa, Ryanair* et *Vueling* offrent des liaisons régulières avec Madrid et/ou Barcelone. Vols inter-îles avec les compagnies *Binter Canarias, Canaryfly* et *Air Europa.*

ℹ ***Office de tourisme :*** *terminal 1, hall des arrivées. ☎ 928-82-07-04. Tlj 8h-21h. • turismolanzarote.com •* Dispose notamment d'une liste des hébergements de l'île.

– Grand choix de ***loueurs de voitures.***

➢ ***Comment rejoindre les villes de l'île ?***

– ***En bus :*** pour ***Arrecife,*** les bus n° 22 (38/j. sauf w-e et fêtes) et n° 23 (18/j., w-e et fêtes seulement) de la compagnie ***Intercity Bus*** *(☎ 928-81-15-22 ; • arrecifebus.com •),* et le n° 161 (8-24/j.) pour ***Puerto del Carmen, Puerto Calero*** et ***Playa Blanca.***

– ***En taxi :*** *📱 630-20-73-05. • lanzarotetaxi.com •* Compter 15-20 € pour Arrecife ; 45-55 € pour Playa Blanca ; 25-30 € pour Teguise...

En bateau

2 ports principaux à Lanzarote : ***Playa Blanca,*** au sud, essentiellement pour les traversées vers Fuerteventura ; et ***Arrecife,*** la capitale, pour les autres destinations. Et plusieurs compagnies maritimes, ***Naviera Armas*** *(☎ 902-45-65-00 ; • navieraarmas.com •)* et ***Fred Olsen*** *(☎ 902-10-01-07 ; • fredolsen.es •),* qui possèdent un guichet sur les ports. Également ***Trasmediterránea*** *(☎ 902-45-46-45 ; • trasmediterranea.es •)* et ***Cruise Romero*** *(☎ 928-59-61-07 ; • lineasromero.com •).*

Pour Fuerteventura

Depuis Playa Blanca, liaisons avec le port de Corralejo, au nord de Fuerteventura.

■ ***Fred Olsen Express :*** le plus rapide (25 mn). Pour ***Corralejo,*** 5-7 traversées/j. Embarque les voitures (réserver en saison).

■ ***Naviera Armas :*** traversée en 35 mn. Pour ***Corralejo,*** 5-7 traversées/j. Embarque les voitures (réserver en saison).

■ ***Cruise Romero :*** pour ***Corralejo,*** 4-7 traversées/j. en 30-45 mn.

Pour Gran Canaria

➢ ***Arrecife-Las Palmas de Gran Canaria :*** 6-7 bateaux/sem avec *Naviera Armas* (trajet : 5-6h). À noter que la plupart des trajets dans le sens Gran Canaria-Lanzarote se font de nuit : départ vers 23h30, arrivée au petit matin à Lanzarote (cabines).

Pour Tenerife

– *Précision :* on peut aussi rallier d'abord Las Palmas de Gran Canaria et changer pour Santa Cruz de Tenerife.

➢ ***Arrecife-Santa Cruz de Tenerife :*** 1-3 traversées/j. avec *Naviera Armas* (trajet : 8-11h) ; et 1 traversée/sem avec *Trasmediterránea* (durée : 17h).

Pour La Palma

➢ ***Arrecife-Santa Cruz de La Palma :*** 1 traversée/sem avec *Trasmediterránea* (32h).

Pour l'Espagne continentale

➢ ***Arrecife-Cadix :*** 1 bateau/sem avec *Trasmediterránea* (31-32h).

Comment circuler sur l'île ?

– ***Bus :*** la plupart des plages importantes et des villages sont desservis par les bus locaux, les *guaguas* (prononcer « Wha-wha »). Environ 30 lignes (voir le détail dans chaque localité).
Infos Intercity Bus : ☎ 928-81-15-22 ; • arreclfebus.com •
Tarif de base : 1,40 € (gratuit moins de 4 ans). Quelques exemples de tarifs : de l'aéroport à Playa Blanca : 3,30 € ; de Puerto del Carmen à Arrecife : 1,70 € ; d'Arrecife à Órzola : 3,60 €.

– ***Location de voitures :*** la solution idéale pour plus de liberté. Plutôt moins chère que sur le continent. Toutes les majors sont là, *Hertz, Avis, Europcar...* Une société locale sérieuse : *Cabrera Medina* (☎ 928-82-29-00 ; • cabreramedina.com •).

– ***Taxi :*** 📱 630-20-73-05 ; • lanzarotetaxi.com • Petite île, petites courses et prix abordables.

LE CENTRE DE L'ÎLE

ARRECIFE (35500) 59 771 hab.

• Plan *p. 184-185*

La capitale de l'île depuis 1852, lorsqu'elle détrôna Teguise. Ville assez étendue, pas d'un charme absolu, pas désagréable pour autant, peu de touristes y résident. Après avoir garé sa voiture dans un parking payant (stationnement quasi impossible dans le centre-ville), on va musarder dans les rues commerçantes aboutissant au front de mer, assez vivantes en fin d'après-midi. Entre autres, on grignote un morceau ou on boit un verre aux abords du *Charco de San Ginés,* un grand bassin intérieur, ou dans le vieux quartier qui le jouxte. Grande plage urbaine. Intéressante offre culturelle aussi.

Adresse utile	(hors plan par C1)
Oficina de turismo (C2)	**11** Apartamentos Islamar (B2)
	13 Hotel Lancelot (A2)
Où dormir ?	**14** Hotel Miramar (C2)
10 Pensión San Ginés	**15** Arrecife Gran Hotel & Spa (A2)

Arriver – Quitter

En avion

Aeropuerto de Lanzarote *(hors plan par A1-2)* **:** *Arrecife Ciudad, s/n. ☎ 913-21-10-00. • aena.es • À 5 km au sud-ouest de la ville par la LZ-2.* Pour ***Arrecife,*** bus nº 22 (38/j. sauf w-e et fêtes) et nº 23 (17-18/j., w-e et fêtes seulement) de la compagnie ***Intercity Bus*** *(☎ 928-81-15-22 ; • arrecifebus.com •).* Voir aussi plus haut « Arriver – Quitter Lanzarote ».

En bus

Estaciones de guaguas *(gares*

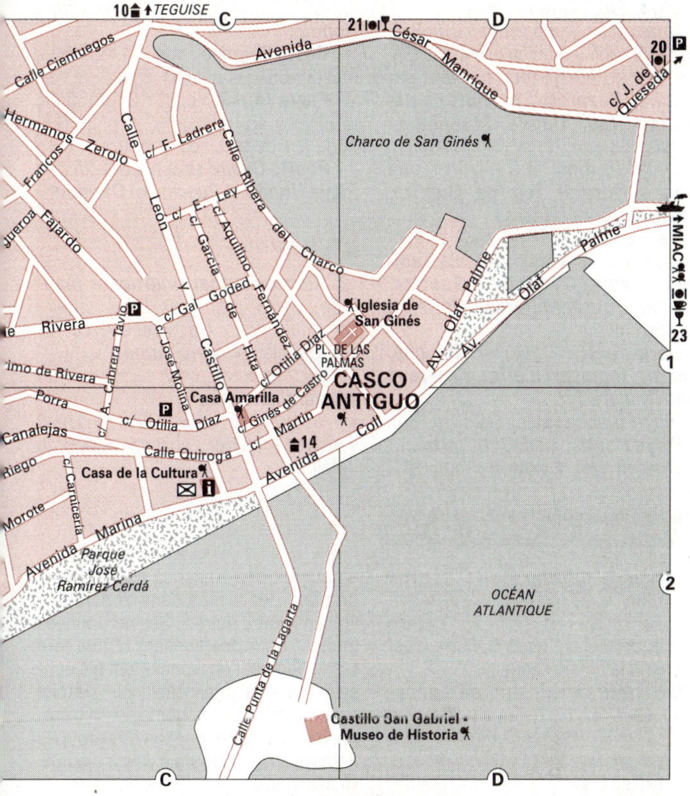

ARRECIFE

Où manger ?
Où déguster une glace ?
Où boire un verre ?

- 20 Charco Vivo – Antigua Casa Ginory (D1)
- 21 La Tasca Raspa (D1)
- 22 Vintage (A1)
- 23 Qué MUAC et Lilium (hors plan par D1)
- 22 Heladería Fresco d'Italia (B2)

routières) : *via Medular, s/n (la principale ; hors plan par B1) ; et une autre,* ***Intercambiador,*** *au bout de l'avda Fred Olsen (la plus proche du centre et des hôtels ; hors plan par A2).* Desservies par la compagnie ***Inter City Lanzarote*** *(☎ 928-81-15-22 ; ● arrecifebus.com ●).* Billetteries sur place. Liaisons avec :

➢ ***Teguise :*** bus nº 7 (6/j.), nº 9 (3-5/j.), nº 52 (5/j. sauf w-e et fêtes) et nº 53 (3/j. sauf w-e et fêtes) ; tous passent par ***Tahíche*** et ***Nazaret.*** Pour le ***mercado de Teguise*** (dim mat), bus nº 14 à 7h (retour à 15h30).

➢ ***San Bartolomé :*** bus nº 16 (5-8/j.), nº 52 (4/j. sauf w-e et fêtes) et nº 53 (3/j. sauf w-e et fêtes) ; bus nº 20 (5/j. sauf w-e et fêtes) ; et nº 32 (9-10/j.).

➢ ***Caleta de Famara :*** bus nº 20 (5/j. sauf w-e et fêtes), via ***San Bartolomé,***

Mozaga, Tao, Tiagua et ***Sóo.***

➢ ***Tinajo et La Santa :*** bus nº 16 (4-8/j.), nº 52 (4/j. sauf w-e et fêtes) et nº 53 (3/j. sauf w-e et fêtes) ; tous passent par ***Tahíche, Nazaret, San Bartolomé, Mozaga, Tao, Tiagua, Mancha*** et ***Blanca.***

➢ ***Órzola :*** bus nº 9 (4-5/j.), via ***Tahíche, Nazaret, Teguise, Guatiza, Arrieta*** et ***Punta Mujeres.***

➢ ***Yé :*** bus nº 26 (1/j. sauf w-e et fêtes ; retour le lendemain), via ***Tahíche, Nazaret, Teguise, Guatiza, Arrieta, Punta Mujeres, Haría*** et ***Máguez.***

➢ ***Haría :*** bus nº 7 (6/j.), via ***Tahíche, Nazaret, Teguise, Guatiza, Arrieta*** et ***Punta Mujeres.***

➢ ***Playa Blanca :*** bus nº 60 (11-18/j., via ***Playa Honda, Tías, Uga, Yaiza...***).

➢ ***Puerto del Carmen :*** bus nº 2 (35-55/j.) et nº 3 (35-55/j., via ***Playa Honda***).

➢ ***Costa Teguise :*** bus nº 1 (35-55/j.), nº 3 (35-55/j.) et nº 25 (1-2/j.).

➢ ***Playa Honda :*** bus nº 3 (35-55/j.) ; nº 21 (env 45/j. en sem) ; et nº 23 (17-18/j., w-e et fêtes seulement).

➢ ***Puerto Calero :*** bus nº 25 (1-2/j., via ***Playa Honda*** et ***Puerto del Carmen***).

En bateau

Estación maritima *(gare maritime ; hors plan par D1)* **:** *muelle Los Mármoles.* Traversées avec les compagnies ***Naviera Armas*** *(☎ 902-45-65-00 ; • navieraarmas.com •)* et ***Trasmediterránea*** *(☎ 902-45-46-45 ; • trasmediterranea.es •).* Voir plus haut « Arriver – Quitter Lanzarote » pour le détail.

Adresses et infos utiles

Oficina de turismo *(plan C2)* **:** *avda La Marina, 7. ☎ 928-80-28-84. • arrecife.es • Tlj 9h-14h, 17h-21h.* Installé dans la belle Casa de la Cultura, c'est l'office de la municipalité.

Patronato de turismo de Lanzarote : *☎ 928-81-17-62. • turismolanzarote.com • Infos sur l'île par tél lun-ven sauf j. fériés, 8h-15h (14h juil-sept).*

■ ***Onetwotrek :*** *693-74-60-89. • gilles@onetwotrek.com • onetwotrek.com •* Gilles, un Belge tombé amoureux des Canaries il y a 15 ans, propose des visites dans le parc des volcans (entre autres). Ses randonnées mènent hors des sentiers battus tout en respectant l'environnement et l'écosystème. Il est intarissable sur l'histoire des volcans et de la géologie en général. Il s'adapte en fonction des groupes (famille, amis). Une vraie valeur ajoutée.

■ ***Mercado :*** *sam 9h-12h, entre la c/ León y Castillo et l'église de San Ginés (plan C-D1).*

LANZAROTE

Où dormir ?

Bon marché (20-45 €)

Pensión San Ginés *(hors plan par C1,* ***10****)* **:** *c/ El Molino, 9. ☎ 928-81-23-51. • recepcion@hostalsangines.com • hostalsangines.com • Doubles sans ou avec sdb 35-45 € ; pas de petit déj. Sur présentation de ce guide, réduc de 5 % sur les doubles.* Immeuble blanc au bord d'une rue tranquille, à 2 pas du Charco de San Ginés. Une trentaine de chambres basiques et un brin vieillottes, mais propres. Large terrasse avec vue sur le Charco. Bref, la providence des petits budgets !

De prix moyens à chic (40-100 €)

Apartamentos Islamar *(plan B2,* ***11****)* **:** *avda Rafael González, 15. ☎ 928-81-15-00. • info@apartamentos-islamar.com • apartamentos-islamar.com • Apparts 2-3 pers 60-70 € ; pas de petit déj. Parking : 10 €/j.* Bon rapport qualité-prix pour ces appartements nickel et tout confort. Gentille déco contemporaine un brin colorée, et balcon face au large par-dessus la verdure du parque Islas Canarias, pour tout le monde. Solarium avec jacuzzi au dernier étage.

Hotel Miramar *(plan C2, **14**) : avda Coll, 2. ☎ 928-81-26-00. • reservas@hmiramar.com • hmiramar.com • ♿ Doubles 95-100 € ; petit déj 15 €.* Sur le front de mer, face au *castillo*, hôtel moderne d'une soixantaine de chambres fonctionnelles et restaurées. Déco classique avec des couleurs parfois vives. Vue sur mer pour les plus chères. Terrasse et solarium sur le toit.

Plus chic (100-150 €)

Hotel Lancelot *(plan A2, **13**) : avda Mancomunidad, 9. ☎ 928-80-50-99. • info@hotellancelot.com • hotellancelot.com • Doubles 90-115 €, petit déj inclus.* Sur le front de mer, hôtel moderne d'une centaine de chambres confortables et de style classique. Vue sur mer pour les plus chères. Resto, piano-bar, salle de remise en forme, piscine et solarium sur le toit.

Arrecife Gran Hotel & Spa *(plan A2, **15**) : parque Islas Canarias, s/n. ☎ 928-80-00-00. • welcometeam@arrecifehoteles.com • aghotelspa.com • Doubles 125-145 €, petit déj inclus. ½ pens possible. Parking payant.* En bord de mer, c'est l'unique « gratte-ciel » de l'île, qui semble avoir échappé à la vigilance de Manrique et consorts ! Près de 160 chambres spacieuses, ultra-confortables et douillettes. Déco à la sobre élégance, dont les grandes baies vitrées s'ouvrent sur le large. Spa, piscine intérieure lumineuse, solarium, agréable terrasse et resto panoramique au dernier étage.

Où manger ? Où déguster une glace ? Où boire un verre ?

Charco Vivo – Antigua Casa Ginory *(plan D1, **20**) : c/ Juan de Quesada, 7-9. ☎ 928-81-19-10. • info@charcovivo.com • Tlj sauf dim 7h30-16h30. Plats 8-12 €.* Bistrot – pur jus local – avec sa petite salle à l'arrière et ses quelques tables sur le trottoir. *Bocadillos de pescado* (la spécialité de la maison), viandes, poissons et fruits de mer aux recettes simples. Une adresse efficace pour ne pas se ruiner, et plébiscitée par les îliens.

La Tasca Raspa *(plan D1, **21**) : avda César Manrique, 20. ☎ 928-80-84-05. • latascaraspa@gmail.com • ♿ Tlj 10h30-2h du mat (cuisine : 13h-16h, 20h-23h30). Raciones 8-16 €, repas 20-25 €. Digestif offert sur présentation de ce guide.* Intérieur séduisant de bar-bistrot mais la terrasse ombragée par 3 palmiers est idéalement placée pour contempler l'adorable Charco de San Ginés et le clocher de l'église San Ginés. Une vraie carte postale ! *Raciones* goûteuses et préparées avec un zeste d'originalité : supions sur lit de houmous, mousse de yaourt de chèvre au miel... En prime, de bons vins de l'île.

Vintage *(plan A1, **22**) : c/ Argentina, 32. ☎ 928-80-84-05 ou 📱 665-27-99-46. • refranlanzarote@gmail.com • Tlj sauf sam midi-dim 8h30-15h30, 20h-23h30. Tapas 4-7,50 €.* Aménagé autour d'un patio intime, ce bar à tapas surfe sur la mode vintage de manière plutôt réussie. L'endroit est chaleureux et les concerts gratuits du jeudi à partir de 20h attirent de nombreux habitués qui se retrouvent dans une atmosphère de franche camaraderie.

Qué MUAC *(hors plan par D1, **23**) : castillo San José, avda de Naos, s/n. ☎ 928-81-23-21. Tlj 10h-1h pour la cafét' ; côté resto mar-sam 12h-16h, plus ven sam 19h-23h ; bar ven-sam 22h-1h. Formule tapas 27 €, plats 16-17 €.* César Manrique a intégré avec harmonie ce resto dans l'architecture du vieux castillo San José, qui abrite aussi le *Museo internacional de Arte contemporáneo (MIAC)*. Immense salle avec baies vitrées lumineuses s'ouvrant à 180° sur le port. En journée, c'est un endroit agréable pour prendre un thé, un café, ou manger des tapas élaborés et des pâtisseries. Au déjeuner ou au dîner on y déguste une bonne cuisine contemporaine à prix raisonnables. Un endroit reposant.

Lilium *(hors plan par D1, **23**) : Centro comercial Lanzarote, avda Olof*

Palme, s/n. ☎ 928-52-49-78. • restaurantelilium@gmail.com • ♿ Sur le port de plaisance. Résa conseillée. Tlj sauf dim-lun 14h-16h, 20h-22h30 (23h ven-sam). Menu 40 €, plats 15-27 €. La bonne table d'Arrecife, plantée au bord de la marina, dans un cadre élégant et chic, mais pas guindé. Et pour surprendre nos papilles, fine cuisine créative, mitonnée avec les bons produits frais des îles. Carte des vins faisant la fête aux crus locaux et espagnols.

Heladería Fresco d'Italia *(plan B2,* ***22****) : avda Rafael Gonzales, 4. ☎ 928-80-25-66. ♿ Tlj 8h30-23h30 (1h en été).* Délicieuses glaces artisanales à l'italienne, aux parfums séduisants. Miam !

En fin de semaine, ça ambiance dans les ***bars*** autour du ***Charco de San Ginés*** *(plan C-D1).*

À voir

Casco antiguo *(vieille ville ; plan C-D1-2)* **:** au cœur du quartier ancien d'Arrecife, voici la charmante ***plaza de Las Palmas*** *(plan C-D1),* verdoyante et bordée de maisons anciennes. Un petit air d'Amérique du Sud en prime ! Là, l'***iglesia de San Ginés*** *(tlj 10h-13h, 17h-20h),* édifiée aux XVIIe-XIXe s, affiche une large et sobre façade à 3 portes, flanquée d'un campanile. Intérieur à 3 nefs, soutenues par des arcades et des colonnes en pierre de lave, dont l'une supporte la chaire. À 2 pas, rendez-vous à la ***Casa Amarilla*** *(plan C2),* du début du XXe s, qui abritait le *Cabildo insular.* Derrière sa façade en brique vernissée et ses balcons blancs à balustres, elle propose des expos temporaires de photos ou sculptures *(c/ León y Castillo, 6 ; mar-ven 10h-18h, sam 10h-14h30, fermé dim-lun ; ☎ 928-83-97-82 ; entrée : 3 €).* Enfin, baladez-vous autour du ***Charco de San Ginés*** *(plan C-D1),* étonnant lagon naturel abritant une foule de chaloupes colorées...

Casa de la Cultura *(plan C2)* **:** *avda Marina, 7. ☎ 928-80-28-84. Lun-ven 9h (10h w-e)-14h, 17h-21h. Fermé dim ap-m. GRATUIT.* Magnifique bâtiment du XVIIIe s restauré qui accueille des expos temporaires. Dans la salle de droite, 2 bouts de fresques signées César Manrique. Quelques concerts gratuits de musique classique ou de jazz à partir de 20h.

Museo internacional de Arte contemporáneo *(MIAC ; hors plan par D1)* **:** *castillo San José, avda de Naos, s/n. ☎ 928-81-23-21. • cactlanzarote.com • Tlj 10h-20h. Entrée : 4 € ; réduc. Bonos Centros Turísticos acceptés. Audioguide gratuit en français (caution de 5 €).* Ouvert en 1976 sous l'impulsion de César Manrique qui en dirigea la restauration, ce fort du XVIIIe s fut édifié pour contrer les attaques des pirates et autres barbaresques. L'époque était alors à la famine, et une grande partie de la population participa aux travaux pour être nourrie ; du coup l'édifice y gagna le surnom de « forteresse de la faim » ! Bel appareillage de pierres volcaniques flanqué d'échauguettes aux angles ; le tout dominant majestueusement le port. À l'intérieur, ses élégantes salles voûtées accueillent une très belle exposition d'art moderne, régulièrement renouvelée en puisant dans la collection du musée. Les œuvres – des années 1950-1970 – évoquent principalement les 3 grands courants abstraits : l'abstraction géométrique, l'abstraction formelle et l'abstraction figurative. On découvre ainsi tous les grands du genre : Julio Le Parc, Eduardo Sanz, José Guerrero, Antoní Tàpies. Et les Canariens, bien sûr, Manrique lui-même, Óscar Domínguez, Manolo Millares ; et Pancho Lasso (1904-1973), auquel une salle est consacrée. Ce grand sculpteur, né à Lanzarote, évolua d'abord entre le néocubisme et un genre de surréalisme populaire. Il travailla surtout le bois. Communiste, pendant la guerre civile, devant la violence des événements, son style devint plus réaliste. Il fut aussi un remarquable dessinateur. Ses œuvres demeurent un des musts du musée ! Puis, un superbe escalier « à la Manrique » serpente en descendant jusqu'au ***resto-bar*** (voir plus haut *Qué MUAC* dans « Où manger ? Où boire un verre ? »). Un autre escalier pittoresque mène à une dernière salle qui accueille les expos temporaires... beau panorama sur le port depuis le toit-terrasse.

Castillo San Gabriel – Museo de Historia (plan C2) : *c/ Punta de la Lagarta, s/n. Sur un îlot, relié au casco antiguo par 2 digues. ☎ 928-81-27-50. En principe, tlj sauf dim 10h-17h (14h sam). Entrée : 3 €.* Construit en 1573 comme avant-garde du système de défense contre les corsaires anglais. Il accueille un modeste musée sur l'histoire de la ville et de l'île.

DANS LES ENVIRONS D'ARRECIFE

Fundación César Manrique : *c/ Jorge Luis Borges, 16, à* ***Tahíche.*** *☎ 928-84-31-38. • fcmanrique.org • À 5 km au nord-est d'Arrecife. Tlj 10h-18h. Fermé 1er janv. Entrée : 8 € ; billet combiné avec la Casa-Museo César Manrique de Haría : 15 € ; réduc. Feuillet explicatif en français.* Créée pour conserver et faire connaître l'œuvre et la philosophie de César Manrique, la fondation est installée dans sa propre demeure, construite sur 30 000 m² dès 1966, lors de son retour de New York, lorsqu'il s'installa définitivement à Lanzarote. Il choisit de l'édifier sur l'une des plus belles coulées de lave (datant de l'éruption de 1730-1736) percée de 5 grosses bulles volcaniques. Bref, une surface habitable d'au moins 1 800 m² sur 2 niveaux ; sans compter les terrasses et les jardins. ***Le niveau supérieur*** s'inspire de l'architecture traditionnelle de l'île, tout en y intégrant des éléments architecturaux modernes et fonctionnels, tels que verrières, grands espaces, larges baies vitrées, abondante végétation, etc. On y trouve chambres, salle de bains, cuisine... ***Le niveau inférieur,*** lui, s'est niché dans les bulles volcaniques et abrite des salons, la piscinette, des jardinets et des espaces de détente... parfois à ciel ouvert ; et reliés entre eux par d'étonnants couloirs-goulets creusés dans la lave. Mon tout, rappelant sans cesse ce riche dialogue entre nature et architecture, entre tradition et modernité. Et dans ce cadre idéal, sont exposées les œuvres des grands contemporains de Manrique : Lam, Tàpies, Miró, Picasso... avec, de temps à autre, des échappées sur les formes insolites des coulées de lave, assurant une harmonieuse liaison entre l'art et la nature. Également les artistes locaux et régionaux, Juan Gopar, Pedro González, Julio Le Parc, Geraldo Delgado, Jesus Rafael Soto... et, bien entendu, les propres œuvres de Manrique : une sculpture-hommage à la mer, des dessins, des toiles, des céramiques, des sculptures, des plans de ses réalisations architecturales... Une visite fascinante, représentative de la démarche esthétique et philosophique de l'artiste !

Los Aljibes : *c/ Bravo Murillo, 6, à* ***Tahíche.*** *610-45-42-94. • losaljibesdetahiche@gmail.com • À 700 m de la Fundación César Manrique ; suivre la direction de Costa Teguise (LZ-34), c'est 400 m après le rond-point sur la droite. Tlj sauf lun 13h-22h30 (23h ven-sam). Plats 10-18 €.* Isolé dans un coin de campagne. Petite salle colorée et cosy avec vue sur les fourneaux et le grill, où dansent les viandes savoureuses. Également de bonnes salades que l'on engloutit aussi sur la charmante terrasse ombragée par des parasols. Belle cuisine fraîche, goûteuse et sans chichis ! Pour info, la maison brasse sur place plusieurs bonnes petites bières. Service charmant.

COSTA TEGUISE

(35508)

C'est l'une des 3 grandes stations balnéaires de l'île. Un ensemble aéré, ponctué de verdure et créé à partir de rien pour le seul tourisme. On y a même apporté le sable des plages ! Celle de *Las Cucharas* est la plus populaire. Vie nocturne pas trop active, à l'exception de *Pueblo Marino.*

➢ Bus nº 3 (35-55/j.) depuis ***Puerto del Carmen,*** via ***Playa Honda*** et ***Arrecife*** ; nº 11 (5/dim mat seulement) pour le ***mercado de Teguise*** *(infos Intercity Bus : ☎ 928-81-15-22 ; • arrecifebus.com •).* Pas de bus direct pour l'aéroport ; changer à Arrecife.

Adresse et infos utiles

🅸 ***Oficina de turismo :*** *avda Islas Canarias, s/n. ☎ 928-59-25-42. • turismoteguise.com • Situé près de Pueblo Marinero. Tlj 9h-16h30 (14h30 le w-e).*
– ***Mercado agricola*** (marché agricole) **:** *mar 9h-14h, Pueblo Marinero.*

Où dormir ? Où manger ?

À Costa Teguise, nos lecteurs plébiscitent les vacances en famille à l'hôtel ***H10 Lanzarote Gardens*** *(avda Islas Canarias, 13 ; ☎ 928-59-01-00 ; • h10.lanzarote.gardens@h10hotels.com • h10hotels.com • ; doubles 85-140 €)* pour ses jardins luxuriants, ses piscines et sa proximité avec la plage... Et à 2 pas, le resto ***La Bohemia*** *(avda Islas Canarias, 16 ; ☎ 928-59-17-72 ; • labohemiarestaurante@gmail.com • ; tlj sauf mar-mer ; plats 9-17 €),* spécialisé dans les viandes grillées et les salades, remporte aussi les suffrages !

À faire

Lanzarote Aquarium : *Centro comercial El Trébol, avda Las Acacias, s/n. ☎ 928-59-00-69. • aquariumlanzarote.com • Tlj 10h-18h (dernière entrée à 17h15). Entrée : 15 € ; 4-11 ans 10 € ; gratuit moins de 3 ans.* Le plus grand des Canaries : 1 million de litres d'eau pour 33 aquariums (mais vides pour beaucoup...) ! Panoplie de poissons exotiques et tunnel sous-marin pour observer les requins. Dommage que l'entretien pêche...

SAN BARTOLOMÉ (35550) 18 249 hab.

On y passe d'abord pour la célèbre *Casa-Museo Monumento al Campesino,* parmi les plus belles œuvres de Manrique ; plantée en marge de cette gentille bourgade agricole toute blanche. On parcourt aussi son vieux centre à pied, autour de l'*ayuntamiento,* de l'ancienne église et du théâtre. Sans oublier la visite du musée ethnographique, et la belle *casa Ajey* (au sud du village), demeure coloniale de 1720 avec grand patio central...

➢ Bus nº 16 (4-8/j.), depuis ***Arrecife,*** rejoint ***Mozaga, Tao, Tiagua, Mancha Blanca, Tajaste, Tinajo*** et ***La Santa*** ; et nº 52 (ligne La Santa-Arrecife ; 4/j. sauf w-e et fêtes) et nº 53 (ligne La Santa-Arrecife-Teguise ; 3/j. sauf w-e et fêtes), via ***Tahíche*** et ***Nazaret*** ; bus nº 20 (5/j. sauf w-e et fêtes) depuis ***Caleta de Famara*** ; et nº 32 (9-10/j.) depuis ***Playa Honda*** *(infos Intercity Bus : ☎ 928-81-15-22 ; • arrecifebus.com •).*

Adresse utile

🅸 ***Oficina de turismo :*** *casa Cerdaña, c/ Dr Cerdaña Bethencourt, 17. ☎ 928-52-23-51 ou 25-93. • sanbartolome.es • Horaires variables 10h-14h30 (tentez votre chance).*

Où manger ? Où boire un verre ? Où manger de bonnes tapas ?

Bar La Plaza : *pl. León y Castillo, 1. À 50 m de l'église. Tlj sauf lun 7h30-23h. Congés : 2 sem en sept. Plats 8,50-14 €.* En plein *casco antiguo,* une agréable terrasse pour le petit déj et de bonnes tapas et *raciones* pas chères.

Bar El Moreno : *c/ El Quintero, 24. ☎ 928-52-02-87. En direction de Tinajo, juste après le km 7, bifurquer à gauche au rond-point ; c'est à 50 m. Tlj sauf mar 11h-minuit (19h dim). Plats 5-12 €.* D'abord, un bar de pays avec ses habitués scotchés au comptoir, un œil sur leur verre et l'autre sur la TV ; et puis la salle proprette avec ses photos noir et blanc. Quelques entrées et un plat du jour ; le tout décliné au format tapas, ½ *ración* et *ración.* Pas de la grande cuisine, mais de quoi se nourrir pour pas cher ! Bon rapport qualité-prix-accueil.

Où dormir ? Où manger ? Où boire un verre dans les environs ?

Finca Isabel : *c/ Malva, 11, à* ***Mozaga.*** *609-74-21-63. • info@fincaisabel.com • fincaisabel.com • À 3 km au nord de San Bartolomé par la LZ-20. Résa obligatoire. Studios 2-3 pers 65-75 €, apparts 4-5 pers 100-180 € ; min 4 nuits.* Dans un bel environnement qui mêle lave et joli jardin paysagé, cette demeure du XVIIIe s abrite 2 grands et beaux appartements, et 3 spacieux studios d'excellent confort. Superbe piscine en partie creusée dans la lave, avec bassin pour les enfants.

Casa rural Caserío de Mozaga : *c/ Malva, 8, à* ***Mozaga*** *(35561). ☎ 928-52-00-60. • info@caseriodemozaga.com • caseriodemozaga.com • À 3 km au nord de San Bartolomé par la LZ-20. Resto tlj 19h30-22h30. Doubles 110-160 € ; familiales. Plats 8-24 €. Café offert sur présentation de ce guide.* Loin de l'agitation de la côte, et bien placé au centre de l'île pour rayonner. Un ancien manoir familial du XVIIIe s, joliment rénové et entouré de végétation et bougainvillées. Des chambres coquettes et confortables, donnant sur le patio verdoyant ou sur le jardin. Bon resto installé dans les anciennes étables, et oscillant entre rustique et moderne, avec des baies vitrées sur la campagne.

Casa Tomarén : *c/ Parral, 144, à San Bartolomé. 660-40-40-79. • info@tomaren.com • tomaren.com • À 3 km au nord de San Bartolomé par la LZ-20 ; à la sortie de Mozaga, prendre la LZ-409 sur la gauche au niveau du rond-point, puis encore à gauche 1 km plus loin ; c'est à 400 m. Résa obligatoire. Villas 2-8 pers 151-260 € ; min 4 nuits.* Charmant et paisible coin de nature volcanique – paysagé et fleuri – avec vue sur les cratères. Plusieurs maisons traditionnelles anciennes, spacieuses et élégamment rénovées. Déco chaleureuse et zen associant meubles indonésiens et statues de Bouddha. Jolie piscine entourée de verdure et à l'abri du vent. Massages, cours de yoga... Une belle adresse.

El Fomento – Teleclub El Rubio : *c/ Achimencey, 25, à* ***Tao.*** *696-57-08-63. • sociedadelfomento@hotmail.com • À 4 km au nord de San Bartolomé par la LZ-20. Tlj 12h-minuit (22h dim). Plats 7-11 €.* Héritier de ces lieux à but social où les villageois se réunissaient pour regarder la télé quand beaucoup n'en avaient pas ! Il en reste une chaleureuse atmosphère conviviale dans un grand espace nickel, d'une blancheur immaculée. Long comptoir d'habitués, flanqué d'un *comedor.* Dans l'assiette, pas de la grande cuisine, mais quelques plats simples. Clientèle réjouie de familles et de potes...

Teleclub de Mozaga : *c/ Sancocho, 61, à* ***Mozaga.*** *636-13-86-35 ou 628-98-34-09. À 3 km au nord de San Bartolomé par la LZ-20. Tlj sauf lun 18h (13h ven-dim)-22h30. Plats 8-13 €.* Autre bonne adresse du genre, avec sa terrasse couverte sur la rue, sa salle rutilante, son grand comptoir, sa TV *(¡ claro que sí !)*, et les discussions animées des gens du cru. À l'ardoise : viandes, poissons et fruits de mer, cuisinés simplement dans la tradition îlienne, et servis à prix démocratiques. Une adresse très « tranche de vie », comme on aime !

À voir

Casa-Museo Monumento al Campesino : *ctra Arrecife-Tinajo. ☎ 928-52-01-36. • cactlanzarote.com • À 1,5 km de San Bartolomé, direction Tinajo (au carrefour de la LZ-30). Tlj 10h (9h en été)-17h45. GRATUIT. Ateliers cuisine de 15 mn (tlj 10h15-17h15) à partir de 3 €.* D'abord, près du rond-point, le « monument au Paysan » se dresse tout blanc à l'horizon comme un phare de plus de 15 m de haut ! Situé au centre géographique de l'île, il est surnommé « monument de la Fécondité »... Une création de Manrique en hommage aux paysans, réalisée en 1968 par le sculpteur J. Soto, avec de vieux réservoirs d'eau de bateaux (ils sont cambrés pour épouser la forme de la coque). Dans un style nettement cubiste, on croit deviner un personnage chevauchant un âne (ou un chameau ?). Grande harmonie des volumes ! En contrebas du monument, une cour carrée entourée de bâtiments évoquant une ferme traditionnelle canarienne. Là, dans plusieurs salles, on découvre le travail traditionnel des artisans de l'île : céramique, vannerie, travail du bois, tissage et la cave de vigneron. Également divers objets agricoles, une boutique et une cafétéria. Au milieu de la cour, un curieux trou béant d'une bulle volcanique, parcouru par un escalier en colimaçon bordé de plantes vertes. Il mène à une monumentale salle de restaurant ronde, dessinée aussi par Manrique. Ensemble harmonieux, esthétique chaleureuse, mais… réservé aux voyageurs en groupe.

LANZAROTE

Museo ethnográfico Tanit : *c/ Constitución, 1. ☎ 928-80-25-49. • museotanit.com • Tlj sauf dim et j. fériés 10h-14h. Entrée : 6 € ; gratuit moins de 12 ans. Livret de visite en français.* L'un des plus étonnants musées ethno jamais visités ! Par la richesse des collections et par son côté capharnaüm bien rangé... Un genre de grand cabinet de curiosités où il ne manquerait pratiquement rien de la vie quotidienne d'antan. L'ensemble dégage une impression de charmante et chaleureuse intimité avec tous les objets. Dans cette immense caverne d'Ali Baba, on note d'abord la collection de *panderos* (tambourins locaux) et de coquillages, les céramiques anciennes, les vieilles photos pleines de nostalgie, quelques outils agricoles. Puis, une cave à vin avec ses barriques et les instruments de la vigne. Certains vieux tonneaux, en chêne de Virginie, contiennent encore du vin de l'époque (précisé dessus). Également d'intéressantes vitrines thématiques (la pêche, la couture, la vannerie, la vaisselle, etc.). Et une collection de meules en pierre et de costumes paysans. En mezzanine, diplômes viticoles, étiquettes de vin, mille petits objets et souvenirs littéraires présentés de façon naïve et tendre. Une passerelle mène à une jolie reconstitution de salle à manger paysanne. Costumes de carnaval et, en contrebas du musée, d'autres salles, comme cette pièce aux allures de « maison de poupée » pleine de jouets... et encore une expo de vêtements traditionnels, patchworks paysans, mobilier ancien. Mon tout enjolivé de belles gravures, estampes et photos. Boutique de souvenirs et d'artisanat.

TINAJO

(35560) 6 028 hab.

Grande bourgade agricole (vignes, tomates...) qui s'étend sur plusieurs kilomètres entre la mer et l'imposant *malpaís* du *parque nacional de Timanfaya*. Une belle région volcanique parsemée de cratères et de parcelles agricoles

ceinturées de murets en pierre… Dans le centre de Tinajo, jolie place principale avec une élégante mairie faisant face à une intéressante église du XVIIIe s.

➢ Bus no 16 (4-8/j.), depuis ***Arrecife,*** via ***San Bartolomé, Mozaga, Tao, Tiagua, Mancha Blanca*** puis rejoint ***La Santa*** ; no 52 (ligne La Santa-Arrecife ; 4/j. sauf w-e et fêtes) et no 53 (ligne La Santa-Arrecife-Teguise ; 3/j. sauf w-e et fêtes) via ***Tahíche, Nazaret*** et ***Teguise*** *(infos Intercity Bus : ☎ 928-81-15-22 ; • arrecifebus.com •).*

Où dormir ? Où manger ? Où boire un verre ?

Bar Gulliver : *avda Los Volcanes, 20. ☎ 928-83-82-78. • isabel.gulliver@gmail.com • Tlj 12h-23h (18h mer ; 20h dim). Menu 10 € (12h-16h sauf dim), tapas et raciones 5-12,50 €.* Terrasse colorée sur la rue principale pour ce bar à tapas plébiscité par les gens du coin. Belle panoplie de *tapas y raciones* soignées, mitonnées avec les viandes, fromages, poissons et fruits de mer du cru. Bien aussi pour boire un verre ou un café, accompagné d'une pâtisserie maison. On s'est régalés simplement et sans perdre un bras !

Où dormir ? Où manger ? Où boire un verre dans les environs ?

Kalufa Surf House : *c/ Barranco Tinache, 10, à* ***El Cuchillo.*** *610-03-34-26. • info@kalufasurfschool.com • kalufasurfschool.com • À env 2 km au nord de Tinajo. Lit en dortoir 6 pers 26 €/pers, double 50 € ; pas de petit déj.* Charmante maison flanquée d'un joli jardin avec piscine. Plaisante déco moderne et colorée, avec mobilier façon récup'. 4 chambres et 1 dortoir, qui se partagent des sanitaires communs. Agréable salon et cuisine à dispo. Cours de surf à Caleta de Famara. Accueil chaleureux.

Casa rural Villa Amatista : *camino Las Huertas, 11, à* ***La Vegueta.*** *☎ 928-84-08-67. 639-16-85-74. • casaruralamatista@gmail.com • villa-amatista.com • À env 4 km au sud-est de Tinajo. Résa obligatoire. Apparts 2-6 pers 85-135 € ; yourte 2 pers 70 €.* Au beau milieu des parcelles agricoles délimitées par des murets en pierre, charmant petit ensemble de maisons blanches imbriquées les unes dans les autres, et cernées d'un gentil jardin. Appartements agréables et de bon confort, plus une yourte (cuisine à disposition). Piscinette, potager bio… Ambiance très zen (cours de yoga, parfois).

Restaurante El Tenique : *avda Guanarteme, 100, à* ***Tiagua.*** *☎ 928-52-98-56. À env 4 km à l'est de Tinajo ; au bord de la LZ-20, juste au carrefour de la route vers La Vegueta. Tlj sauf jeu 11h-23h (17h dim). Plats 9-17 €.* Ce resto posé de manière presque banale en léger retrait de la route, ravira les amateurs de viandes tendres et fondantes. L'adresse est connue pour ça ! Cochon de lait rôti le week-end, ragoût le mercredi, grillades, steak sauce roquefort, etc. Intérieur plaisant avec ses tables couvertes de nappes blanches. Terrasse. Bien sous tous rapports.

El Barquillo : *c/ Recalmón, 20, à* ***La Santa.*** *☎ 928-84-01-36. À env 5 km au nord de Tinajo. Tlj sauf mar 12h-22h. Plats 7-12 €.* Au cœur de ce village de pêcheurs, un local carrelé en sous-sol avec son comptoir des abonnés et son éclairage aux néons. Ici, poissons et fruits de mer sortent directement de l'océan sans passer par la case poissonnerie ou congélation ! Cuisine simple, et sans artifice pour mieux apprécier la saveur brute des bons produits frais. Également des viandes et des sandwichs. Les plats se déclinent en tapas, ½ *raciones* et *raciones.* Excellent rapport qualité-prix-accueil. Bien aussi pour prendre un verre au coude à coude avec les pêcheurs. Une adresse très « vie locale » ; c'est sûr, on reviendra !

Amêndoa : *avda El Marinero, 26, à* ***La Santa.*** *☎ 928-83-82-52. • info@amendoalasanta.com • À env 5 km au nord de Tinajo. Tlj sauf ven 18h-22h30. Plats 11-18 €. Verre de cava offert sur présentation de ce guide.* Longue salle contemporaine au cadre dépouillé, pour une belle cuisine inventive et savoureuse à souhait, mais pas vraiment copieuse. Plats du jour au tableau noir. Accueil dynamique et souriant. Une adresse sérieuse, animée et surprenante dans un village aussi perdu.

Où acheter du bon fromage de chèvre ?

Quesería Tinache : *c/ Tajaste, 3. 690-97-17-96. Tlj sauf dim 9h-14h.* De délicieux fromages de chèvre, régulièrement primés pour leur excellence dans les concours agricoles. On les retrouve le dimanche au marché de Tinajo !

À voir

Iglesia de San Roque : *pl. de San Roque.* Édifiée au XVIIIe s. Façade sobre au campanile décentré, dominée par un curieux cadran solaire en planches. À l'intérieur, double nef et double chœur, dont l'un propose un superbe retable polychrome sculpté dans les tons de rouge, gris et doré. Beau plafond en bois rappelant le style mudéjar.

Ermita de los Dolores : *à* ***Mancha Blanca-Tinajo*** *; à la sortie sud de Tinajo, sur la LZ-46.* Ravissante église du XVIIIe s, d'une blancheur éclatante, avec un portique et des angles en pierre de lave ; le tout créant une belle harmonie graphique. À l'intérieur, voûte en berceau et coupole éclairant l'élégant petit retable baroque abritant une Vierge vénérée. Édifiée, en reconnaissance, à l'endroit même où la lave s'arrêta à la fin de l'éruption de 1730-1736. La légende raconte aussi que le curé de Mancha Blanca planta un bâton dans la terre, soutenu par la population en prière. La lave s'arrêta audit bâton et le village marqua la limite des éruptions. On célèbre désormais l'événement tous les 15 septembre. Ce jour-là, une foule nombreuse vient assister à la sortie de la Vierge des Douleurs.
– Le dimanche matin *(9h-14h)* se tient ici un ***mercado agrícola y artesanal***, où retrouver les bons produits de la région (dont le fromage de la *Quesería Tinache*).

DANS LES ENVIRONS DE TINAJO

Museo agrícola El Patio : *c/ Echeyde, 18, à* ***Tiagua.*** *☎ 928-52-91-34. • museoelpatio.com • À 4 km à l'est de Tinajo par la LZ-20 et à la sortie de Tiagua, direction Caleta de Famara. Tlj sauf dim 10h-17h (14h sam). Entrée : 5 €, verre de vin compris ; gratuit moins de 12 ans. Feuillet en français.*
Installé dans une ancienne ferme de 1840 (la coulée de lave de la dernière éruption de 1824 ne s'arrêta qu'à 1 000 m de là !). On découvre un ensemble exceptionnel de bâtiments, moulins, cheminées, patios, celliers, puits, citernes, fours à pain... Le tout agrémenté de plantes vertes, cactus et bougainvilliées. Le plus grand bâtiment, décoré de belles photos sépia de paysans îliens, abrite un ***musée ethnographique.***

DROMADAIRE AGRICOLE

Utilisé pour les travaux des champs dès le début du XXe s, le dromadaire contribua à l'essor de l'agriculture sur Lanzarote. Sobre et infatigable, il pouvait porter 500 kg, et en tirer autant ! Le tout dans un environnement aussi sec que son Afrique d'origine...

LANZAROTE

Mobilier ancien, pierres de lave aux allures de sculptures, céramiques faites main (sans tour) avec la terre de cendre, objets du quotidien, quelques costumes traditionnels. Puis viennent la chambre à coucher, la salle à manger, l'antédiluvienne cuisine, et les w-c ! Au 1er étage, gravures et estampes sur l'habillement local... Suivi du vieux pressoir et de la *bodega* avec ses tonneaux, du moulin et de la chapelle. Ne pas manquer, à l'ombre du moulin à vent, le pittoresque *bodegón*. Juste à côté, une autre section expose matériel agricole, antiques charrues...

***La Santa** (35560) : à 5 km au nord de Tinajo.* Un discret et paisible village de pêcheurs du bout du monde, et en tout cas loin du flux touristique. Quelques rues aux maisons blanches, une *plaza del Carmen* avec sa modeste chapelle, et une minuscule darse où les bateaux de pêche accostent et sont sortis de l'eau à chaque retour... Quelques bons restos sur place (voir plus haut).
– Également la base principale d'une école de ***windsurf*** tenue par un Français très qualifié et passionné, Maxime, qui propose des cours pour tous niveaux, à partir de 50 €/session (puis tarifs dégressifs). Bon matériel. *636-40-01-00. • maxwindsurfschool.com •*

CALETA DE FAMARA (35558)

Charmant village de pêcheurs aux maisons blanches et aux rues sablonneuses, doublé d'une longue plage de sable réputée mondialement chez les adeptes du surf et du *kitesurf*. Ce qui génère une ambiance routarde internationale sympa. Attention, vagues et courants rendent la baignade dangereuse !
➢ Bus nº 20 (5/j. sauf w-e et fêtes), depuis ***Arrecife,*** via ***San Bartolomé, Mozaga, Tao, Tiagua*** et ***Sóo*** *(infos Intercity Bus : ☎ 928-81-15-22 ; • arrecifebus.com •).*

Où dormir ?

***Red Star Surf Hostel :** avda El Marinero, 9. ☎ 928-52-88-08. • info@redstarsurf.com • redstarsurf.com • Lits en dortoir 4-5 pers 20-25 € ; doubles 45-60 €. Pas de petit déj. Sur présentation de ce guide, réduc de 10 % sur le logement en basse saison.* Cette école de surf gère un *hostel* sympa et bien tenu, éclaté en 2 lieux. Le principal, juste au-dessus de la boutique, dans une maison au cadre coloré et égayé par des fresques et pochoirs rigolos. Et puis l'annexe, un poil excentrée, mais plus paisible. Chambres et dortoirs se partagent les sanitaires, salon, cuisine équipée et terrasse. Location et cours de surf, *kitesurf, paddle surf...* Accueil à la cool.

***Finca Las Laderas :** c/ Las Laderas, 2. ☎ 928-17-39-42. 699-30-87-31. • reservas@fincalasladeras.com • fincalasladeras.com • À 5 km au sud du centre par la LZ-402 ; env 500 m après le km 5, fléché sur la gauche. Résa obligatoire. Apparts 2-4 pers 56-72 € ; 3 nuits min.* Belle *hacienda rural* – 3 fois centenaire – blanche et bleue, à flanc de volcan et dévorant, seule, l'immense espace. Parfait pour qui recherche calme, isolement, beauté de l'environnement... 5 beaux appartements confortables de 50 à 85 m² avec terrasse pour la plupart. Jardin, piscine et BBQ.

Où manger ?

***El Risco :** c/ Montaña Clara, 30. ☎ 928-52-85-50. • info@restauranteelrisco.com • En plein centre. Tlj sauf dim soir 12h30-22h. Plats 25-30 €. Café offert sur présentation de ce guide.* La bonne table du village !

Terrasse « les pieds dans l'eau », pour déguster des spécialités canariennes bien tournées, à base de poissons et fruits de mer frais, sans compter les viandes d'ici : cabri, lapin... Également une jolie salle bleue et blanche, décorée des fameux dessins colorés de poissons signés Manrique.

Restaurante Sol : *c/ Montaña Clara, 48. ☎ 928-52-87-88. • info@restaurantesolfamara.com • En plein centre. Tlj 12h-22h (21h30 dim). Plats 10-25 €.* Pour sa terrasse sur la rue... les pieds dans le sable, ses serveurs un rien bougons mais vite avenants, son côté populaire le week-end, et sa bonne cuisine de la mer... dont les prix déraillent un peu ! Un resto réputé aussi pour sa paella. Autre terrasse donnant sur la plage.

TEGUISE (35530) 21 896 hab.

• Plan *p. 197*

Avec Betancuria (dans l'île de Fuerteventura), c'est l'une des plus anciennes communes des Canaries. Sans conteste aussi la plus séduisante bourgade de Lanzarote ; un charme réel, une architecture ancienne homogène et protégée, une riche offre culturelle...

LANZAROTE

UN PEU D'HISTOIRE

La cité doit son nom à la princesse Teguise, fille du roi indigène guanche Guadarfia, qui épousa Maciot de Béthencourt, quant à lui neveu du fameux conquérant normand. Ville prospère, elle fut la cible – jusqu'au XVIIIe s – de nombreux raids pirates et barbaresques. En 1569, le pirate berbère *Morato Arraez* la pilla et massacra nombre d'habitants... La *calle La Sangre* (la « rue du Sang ») rappelle aujourd'hui cet événement. En 1852, Teguise perd son statut de capitale de l'île au profit d'Arrecife, devenu un port important. Victime d'un déclin économique, la ville sombre dans l'oubli. Aujourd'hui, ses ruelles bordées de vieilles maisons pittoresques en font un lieu de choix à découvrir, avec en point d'orgue son grand marché du dimanche matin...

Arriver – Quitter

Paradas de guaguas** (arrêts des bus) : c/ Guadalupe, s/n (plan A2), le principal ; et un autre (sauf bus pour Caleta de Famara) c/ Galiano, s/n (hors plan par B1).* Desservies par la compagnie ***Inter City Lanzarote *(☎ 928-81-15-22 ; • arrecifebus.com •).*

➢ ***Arrecife :*** bus n° 7 (6/j.), n° 9 (4-5/j.), n° 52 (4/j. sauf w-e et fêtes) et n° 53 (3/j. sauf w-e et fêtes), via ***Tahíche*** et ***Nazaret.*** Pour le ***mercado de Teguise*** (dim mat), bus n° 14 à 7h (retour à 15h30).

➢ ***Tinajo et La Santa :*** bus n° 52 (4/j. sauf w-e et fêtes) et n° 53 (3/j. sauf w-e et fêtes), via ***Tahíche*** et ***Nazaret.***

➢ ***Haría :*** bus n° 7 (6/j.), via ***Guatiza, Arrieta*** et ***Punta Mujeres.***

➢ ***Yé :*** bus n° 26 (1/j. sauf w-e et fêtes ; retour le lendemain), via ***Guatiza, Arrieta, Punta Mujeres*** et ***Haría.***

➢ ***Caleta de Famara et Costa Teguise :*** bus n° 31 (4-6/j.), via ***Tahíche*** et ***Nazaret,*** et n° 11 (5/dim mat seulement) depuis ***Costa Teguise*** pour le ***mercado de Teguise.*** Attention, ces bus s'arrêtent seulement calle Guadalupe *(plan A2).*

➢ ***Puerto del Carmen :*** bus n° 12 (5/dim mat seulement) pour le ***mercado de Teguise.***

➢ ***Playa Blanca :*** bus n° 13 (dim mat) à 9h (retour à 13h30) pour le ***mercado de Teguise.***

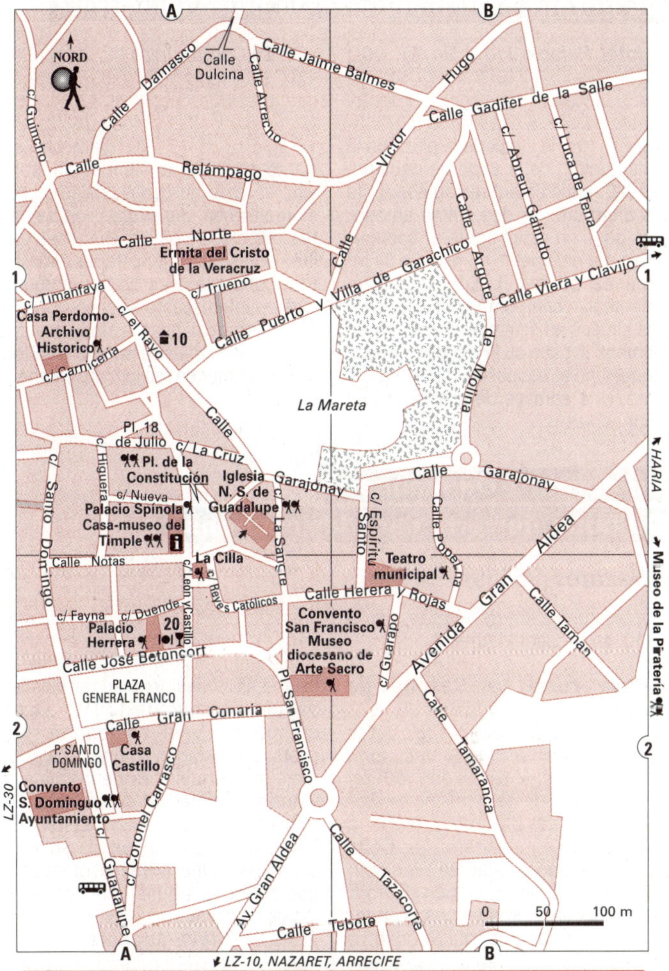

TEGUISE

- **Adresse utile**
  - Oficina de turismo (A1)
- **Où dormir ? Où manger ?**
- **Où boire un verre ?**
  - **10** Hotel Palacio Ico (A1)
  - **20** La Cantina (A2)

Adresse utile

Oficina de turismo *(plan A1)* : *pl. de la Constitución, s/n. ☎ 928-84-53-98. • turismoteguise.com • Sur la droite de la Casa-Museo del Timple. Tlj 9h-14h.*

Où dormir ? Où manger ? Où boire un verre ?

Hotel Palacio Ico (plan A1, **10**) : *c/ El Rayo, 2. ☎ 928-59-49-42. • info@hotelpalacioico.com • hotelpalacioico.com • Doubles 100-170 € ; petit déj 10 €.* À 2 pas de la plaza de la Constitución, cette superbe demeure de 1690, entièrement restaurée, abrite des chambres et des suites aménagées dans un esprit sobre et contemporain. La plus petite ne fait que 34 m² (excusez du peu !). Lits *king size*, remarquable charpente pour les chambres situées au 1er étage. Au centre du bâtiment, le patio où l'on peut se poser, dégage une atmosphère intime et apaisante. Une adresse de charme à prix raisonnables.

La Cantina (plan A2, **20**) : *c/ León y Castillo, 8. ☎ 928-84-55-36. • cantinateguise@gmail.com • Tlj 11h-minuit. Menu du jour 12 €, tapas 5-9 €, tablas 17-20 €, plats 15-23 €.* Dans une élégante demeure ancienne, un bar à vins et resto au cadre chaleureux qui s'organise en une succession de petites salles et de patios. Burger de qualité, poisson du jour, tapas, etc. ; le tout concocté avec de bons produits locaux. Intéressante sélection de vins. Quelques animations sympa : dégustations de vins, *musica en vivo* (vendredi soir)... Un monde fou lors du marché du dimanche.

Où dormir ? Où manger ? Où boire un verre dans les environs ?

À Nazaret (35539)

Petit village à 2 km de Téguise, par la LZ-10, en direction d'Arrecife.

Casa rural La Casona de Nazaret : *c/ Los Mirlos, 2. ☎ 928-84-53-26. 📱 696-20-39-28. • vergarasaravi@gmail.com • lacasonadenazaret.com • Résa obligatoire. Doubles 65-70 €, petit déj inclus. Sur présentation de ce guide, double à 60 € tte l'année, petit déj inclus.* Cette ancienne maison restaurée avec goût propose 3 chambres de bon confort. Les petits déj se prennent dans l'adorable *cocina-comedor* qui a conservé l'ancien four et la remarquable verrière ouverte sur le jardin (avec hamac, s'il vous plaît !). Accueil chaleureux de la *dueña.* Elle se plie en 4 pour aider les randonneurs désireux de faire le tour de l'île en 5 étapes, en les accompagnant en voiture chaque matin et en les récupérant de même le soir. Une adresse pleine de charme.

Teleclub Nazaret (*Centro socio-cultural Ubigue*) : *c/ Los Alcaravanes, s/n. 📱 686-54-96-97. • mohaarbar@gmail.com • Sur la droite de la route principale (LZ-10), à la sortie de Nazaret en direction d'Arrecife. Tlj sauf lun 13h-22h (ven-sam 23h). Menu déj 12 €, plats 7-13 €. Café offert sur présentation de ce guide.* C'est le resto social du village, là où les gens se retrouvaient naguère autour de la TV... Grand comptoir, TV et *comedores* proprets. Sandwichs, soupes, salades, mais aussi quelques petits plats de viande, simples et bons, que l'on peut commander en ½ *ración.* Les habitués fréquentent en masse le lieu en soirée. Une adresse efficace et pas chère, quelques tranches de vie locale en prime.

La Cueva-Lagomar : *c/ Los Loros, 2. ☎ 928-84-56-65. • info@lag-o-mar.com • Tlj sauf lun, 18h30-1h.* Installé dans le jardin de la villa Lagomar, une demeure extravagante dessinée par un collaborateur de César Manrique, adossée à une falaise. Végétation tropicale tranchant sur les bruns et blancs éclatants de la roche peinte, la fontaine qui glougloute, le bassin, les incroyables couloirs « à la Manrique » menant au bar, presque « troglo », pelotonné dans une grotte... Un des bars les plus incroyables et surprenants qui soient (*mojitos* et *caïpirinha* réputés) !

À voir

Plaza de la Constitución *(plan A1)* **:** le cœur de la ville, entourée des plus beaux monuments : l'église *Nuestra Señora de la Guadalupe,* le *Palacio Spínola* et la *Cilla* (ancienne grange à dîme de l'église).

Iglesia Nuestra Señora de la Guadalupe *(plan A1)* **:** *pl. de la Constitución. Tlj 9h-13h30.* Fondée au XVe s, elle fut maintes fois modifiée du fait des pillages et destructions des pirates. Acquiert 3 nefs au XVIIIe s, reconstruite en 1909 suite à un incendie, et hérite alors d'un petit clocher octogonal. Pierre rouge et façade blanche du plus bel effet. À l'intérieur, voûte en berceau, larges arches romanes, nombreuses statues polychromes. Retable et tribune d'orgue de style néogothique.
Derrière la cathédrale, on découvre la *calle La Sangre* (la « rue du Sang »), évoquant le massacre des habitants et l'enlèvement de centaines d'autres, réduits en esclavage, lors de l'attaque des pirates berbères en 1569...

Casa-Museo del Timple *(Palacio Spínola ; plan A1)* **:** *pl. de la Constitución. ☎ 928-84-51-81. • casadeltimple.org • Tlj 9h-16h (15h dim et j. fériés). Entrée : 3 € ; gratuit moins de 12 ans.* Remarquable demeure aristocratique du XVIIe s – le Palacio Spínola – d'une sobre élégance. D'abord siège du *Tribunal du Saint-Office* (l'Inquisition locale), avant d'être habité par une grande famille patricienne, et de devenir résidence officielle du gouvernement des Canaries... Le lieu abrite aujourd'hui le *musée du Timple,* cette petite guitare typiquement canarienne, proche du *charango* (Pérou-Bolivie). En une séduisante muséographie, expo très riche de *timples,* récents et anciens, sans oublier les instruments qui lui sont proches : *charango, balalaïka, oud, rebab, ukulelé, bandurria, sitar...* et ce curieux *cordofono membrafono* indonésien, ou ce *kora* du Burkina Faso ! Film (10 mn) sur le fabuleux petit instrument. En outre, la visite permet d'explorer l'intérieur d'une maison noble, ses patios, ses fenêtres intérieures ouvragées, sa cuisine, sa chapelle, etc. Près de l'entrée, reconstitution d'un atelier de fabrication de *timples.*

LANZAROTE

La Cilla *(plan A2)* **:** *pl. de la Constitución.* Élégant bâtiment qui abrita longtemps les impôts perçus auprès des paysans, ainsi que leur part de récolte due à l'Église (la dîme). Cette *cilla* (cellier), construite en 1680, était la plus grande de l'île. Continuation logique de l'activité, une banque lui a succédé (n'hésitez pas à entrer lorsque c'est ouvert) !

Au fil de la balade, on découvre de belles maisons et des petits palais nobles, dont la **Casa Perdomo** du XVIIIe s *(plan A1 ; Archivo Historico ; lun-ven 8h-15h30 ; GRATUIT)* ; le **Palacio Herrera** *(plan A2)* des XVIIIe-XXe s, longtemps lieu d'importantes décisions politiques ; le ***Palacio Spínola*** *(plan A1),* ancienne propriété des dominicains, puis de la famille *Spínola* (qui produisit nombre d'écrivains et artistes), une des plus anciennes demeures de la ville (XVIIe s), qui abrite aujourd'hui la *Casa-Museo del Timple* (voir plus haut) ; le ***convento San Francisco*** *(plan A-B2),* dont il ne reste que l'église aujourd'hui transformée en *Museo diocesano de Arte sacro* (voir plus bas) ; le ***Teatro municipal*** *(plan B2),* ancienne chapelle du XVIIIe s, reconvertie en théâtre en 1825 (l'un des plus anciens théâtres des Canaries) ; sans oublier l'élégante ***Casa Castillo*** *(plan A2),* représentative des vieilles constructions du village...

Ayuntamiento *(hôtel de ville ; plan A2)* **:** *pl. de Santo Domingo, s/n.* Il occupe l'ancien couvent Santo Domingo, du début du XVIIIe s. L'église, arborant un élégant portail en pierre rouge, héberge – dans un cadre grandiose – des expos temporaires *(tlj sauf lun et sam 10h-14h ; GRATUIT)* et des concerts payants. À voir aussi ses anciens retables, dont un, superbe, en bois polychrome...

Museo diocesano de Arte sacro *(musée d'Art sacré ; plan A-B2)* **:** *c/ San Francisco, s/n. ☎ 928-31-49-89. Tlj sauf dim 10h-16h30. Entrée : 3 € ; gratuit moins de 14 ans.* Installé dans l'église (XVIe s), seule survivante de l'ancien *convento San*

Francisco. Beaux retables en bois sculpté, collection de crucifix, peintures du XVIIIe s, touchante statuette fine en albâtre représentant *San José y el Niño* (XVIe s)...

Museo de la Piratería *(hors plan par B1) : castillo de Santa Bárbara, Montaña de Guanapay. 686-47-03-76. • museodelapirateria.com • À 1,5 km du centre-ville ; à la sortie de Teguise, direction Haría, fléché sur la droite. Tlj 9h (10h dim)-16h. Entrée : 3 € ; gratuit moins de 12 ans.* Plantée sur le rebord d'un cratère de volcan, c'est la plus ancienne fortification de l'île (début XVIe s), construite pour prévenir et contenir les assauts des pirates barbaresques. C'est là que se refugiait la population lors des attaques. Après avoir écumé la Méditerranée, ces derniers étendirent en effet leur rayon d'action jusqu'aux Canaries pour piller les trésors sud-américains du roi d'Espagne et aussi rafler les îliens, réduits en esclavage au Maroc et en Algérie... Quelques maquettes de bateaux, armes d'époque et panneaux (en espagnol et en anglais) présentant les grands noms de la piraterie à grand renfort d'images de B.D. Également des extraits de films du genre. Et une belle vue !

Museo-Villa Lagomar – Casa Omar Sharif *: c/ Los Lorros, 2, à* ***Nazaret.*** *672-46-15-55. • lag-o-mar.com • À 1,5 km au sud de Teguise par la LZ-10. Tlj 10h-18h (dernière entrée 30 mn avt). Entrée (chère !) : 6 € (8 € avec une boisson) ; réduc.* Accolée à une falaise et en partie « troglo », cette extravagante maison dessinée par l'architecte Jesús Soto, le plus proche collaborateur de César Manrique, est un dédale d'escaliers, de pièces, de grottes, de couloirs, de patios, de fontaines et de bassins ; le tout peint en blanc, contrastant avec le brun de la roche et le vert intense du jardinet tropical ou le bleu de la piscinette. Un chef-d'œuvre de fine architecture, de beauté pure, d'insertion harmonieuse dans un site naturel...

OMAR S'EST TUER !

Omar Sharif, en 1973, au sommet de sa gloire cinématographique, acheta la plus belle demeure de l'île, la villa Lagomar, dessinée par César Manrique. Apprenant que son vendeur jouait au bridge, Omar – trop sûr de lui – le défia et lui proposa de jouer de l'argent. Mais ce dernier lui cacha qu'il était champion de bridge. Omar alla jusqu'à jouer sa maison et... la perdit le soir même ; sans avoir même eu le temps d'y passer une nuit ! Il ne revint plus jamais à Lanzarote. Ultime pied de nez, la demeure continue cependant de porter son nom !

LANZAROTE

À faire

– **Mercado de Teguise** *(marché) : dim 9h-14h.* Le plus important marché d'artisanat des Canaries ! Artisans d'art et artistes viennent y présenter leurs œuvres, à côté des (très nombreux) marchands de pacotille. Quelques rares stands pour découvrir les spécialités de l'île : fromages, vins, produits cosmétiques à base d'aloe vera, etc. Un brin surfait ; cafés et restos sont pleins à craquer. Pour rêver dans les romantiques rues désertes, revenir un autre jour !

Les sentiers de petite randonnée : l'office de tourisme édite quelques fiches gratuites sur certains sentiers du coin. Parmi les plus populaires : le *sendero Teguise-Caleta de Famara* (la plage des surfeurs).

Fêtes et festival

– **Carnaval :** *fév-mars.* Les vedettes de cette énorme fête – remontant au XVIe s – sont les *Diabletes,* personnages emblématiques de la culture populaire ; fusion des légendes Guanches, des traditions espagnoles et d'une bonne dose de superstition... Ils parcourent les rues de la ville vêtus d'une peau de bouc, affublés d'un masque orné de cornes pour terrifier les enfants ! Défilés, parades colorées, théâtre et musique.

- ***Jour canarien :*** *30 mai.* La veille au soir, grande fête folklorique réunissant les meilleurs groupes de folklore et de danse. Chants et danses traditionnels, les *folía, malagueña, isa* et autre *sorondongo...*

- ***Fêtes religieuses :*** principalement la ***Fête-Dieu*** ou *Corpus Christi (60 j. après le dimanche de Pâques, fin mai-début juin selon le calendrier).* Procession dans les rues sur des tapis de sel coloré, portes et fenêtres décorées et nombre d'autels dressés par les habitants le long du parcours. Le 16 juillet, c'est la ***fête de Nuestra Señora del Carmen*** : festival de folklore, championnat de lutte canarienne, processions et bals populaires. Temps fort : la procession en mer pour accompagner la Vierge autour de l'*île de La Graciosa* !

LE NORD-EST DE L'ÎLE

➢ **Rejoindre la route côtière, d'autres merveilles et coins insolites à découvrir dans une nature volcanique quasi intacte...**

LA ROUTE CÔTIÈRE, DE GUATIZA À HARÍA

🌵🌵🌵 ***Jardín de Cactus :*** *ctra General del Norte, s/n, à* ***Guatiza.*** ☎ *928-52-93-97.* • *cactlanzarote.com* • *Accès bus n°s 7 (ligne Arrecife-Órzola) et 9 (ligne Arrecife-Órzola). Tlj 10h (9h juil-sept)-17h45. Entrée : 6,50 € ; réduc. Inclus dans les Bonos Centros Turísticos.* Dans cette région dédiée à la culture de la cochenille recueillie sur les figuiers de Barbarie, voici l'ultime œuvre que réalisa César Manrique en 1990. Sur le parking, noter le gigantesque cactus (c'est un faux... Quel farceur, ce Manrique !)... Le site est un superbe exemple d'application de son concept « art/nature-nature/art », intégration de l'art au paysage de façon insolite et harmonieuse tout à la fois. Il choisit une ancienne carrière à ciel ouvert de *picón* (ce cailloutis volcanique répandu sur les terrains agricoles pour absorber l'humidité), dominée par un ancien moulin à *gofio* (céréales). Ce cratère protégé du vent représentait le lieu idéal pour implanter plus de 1 400 variétés de cactus du monde entier (Mexique, Chili, USA, Kenya, Tanzanie, Maroc, Madagascar...). En un mouvement circulaire, c'est un subtil jeu de jolis sentiers de pierre et de terrasses. Au centre, une fontaine se déverse dans un bassin à poissons rouges biscornu ; le tout apportant un peu de fraîcheur à cette errance cactée, dans les couleurs et les formes les plus étonnantes... Bref, encore un chef-d'œuvre total imaginé par ce bougre de Manrique ! Boutique de souvenirs et bar portent également la marque de l'artiste. Le site est parsemé de clins d'œil ne manquant pas de piquant, du portail d'entrée aux poignées de porte des toilettes...

🌵 ***Centro de Transformación e Interpretación de la Cochinilla :*** *c/ Villa Nueva, 42, à* ***Mala.*** ☎ *928-71-95-95.* • *ruth@lanzaloe.com* • *À l'entrée du village en venant de Guatiza ; en face du Centro de Salud. Tlj 10h30-18h. Fermé 25 déc et 1er janv. GRATUIT. Panneaux explicatifs en espagnol et en anglais.* Attenant à l'usine de production, ce (tout) petit musée retrace l'histoire de la production et des usages de la cochenille depuis ses origines (en Amérique) jusqu'à son arrivée à Lanzarote au XIXe s. Jadis industrie importante de l'île, elle est aujourd'hui en déclin face à la concurrence latino-américaine. Le centre a pour but de revitaliser l'élevage de ce parasite des figuiers de barbarie qui produit un colorant naturel rouge très utilisé dans le textile, la cosmétique et l'alimentaire.

🌵🌵🌵 ***Los Jameos del Agua :*** *c/ Jameos del Agua, s/n, à* ***Punta Mujeres.*** ☎ *928-84-80-20.* • *cactlanzarote.com* • *Accès bus n° 9 (ligne Arrecife-Órzola). Tlj 10h-18h30 (19h-1h mar et sam, et aussi mer en été). Entrée : 10 € ; ½ tarif 7-12 ans. Inclus dans les Bonos Centros Turísticos. Resto dans la 1re cavité. Concerts mar et sam à 22h30* *(mer aussi en été), avec supplément de 2 €.* Ce fut la 1re intervention artistique de César Manrique sur Lanzarote, en 1966. Son matériau : un conduit de lave reliant le volcan La Corona – entré en éruption il y a 20 000 ans – jusqu'à la mer. Le contact de la lave avec l'eau provoqua une explosion qui créa 2 énormes cavités... D'abord, une volée d'escaliers mène au *Jameo Grande* (*jameo,* dérivé d'un mot indigène, voulant dire « bulle » ou « grotte »). Petit lac souterrain avec, quand le soleil brille, un superbe phénomène de réflexion. Situé sous le niveau de la mer, c'est le résultat de l'infiltration de l'océan. Y vivent des *munidopsis polymorphes,* crabes minuscules endémiques, albinos et aveugles (obscurité oblige). Ce sont autant de petits points blancs qui constellent la roche noire et qu'on croirait sortis de l'imagination prolifique de Manrique ! Un autre escalier monte vers une piscine toute « manriqueste » : sol et roche peints d'un blanc éclatant, pour des chocs de couleur avec la lave, des jeux d'ombre du palmier verdoyant dans l'eau couleur bleu-Pacifique sud avec plage. Les plus observateurs dénicheront peut-être l'ancienne douche, camouflée... Derrière la piscine se trouve la grotte-auditorium-salle de concert de 600 places à l'extraordinaire acoustique, offrant un décor sophistiqué, insolite, et un fascinant jeu de miroirs... Pour finir, l'escalier à droite de la piscine mène à la *casa de los Volcanes (fermé pour rénovation actuellement)* qui présente l'histoire des 300 volcans de l'île.

Cueva de los Verdes : *sur la LZ-204, à* ***Punta Mujeres.*** *☎ 928-84-84-84. • cactlanzarote.com • À 500 m des Jameos del Agua. Tlj 10h-17h (18h en été) ; dernière entrée 1h avt. Visite guidée obligatoire (50 mn ; en espagnol et en anglais) : 10 € ; ½ tarif 7-12 ans ; réduc de 20 % à partir de 15h. Inclus dans les Bonos Centros Turísticos. Éviter la visite en fin de mat-début d'ap-m, au risque de se retrouver avec des groupes de 50 pers !* Dans le prolongement du site précédent *(los Jameos de Agua),* c'est un tunnel de 7 km de long qui conduisait la lave du volcan de La Corona jusqu'à la mer, et dont 1 km se visite. La grotte servit de cache aux habitants qui fuyaient les attaques des pirates. Une exploration avec des galeries parfois superposées, livrant des espaces et des points de vue étonnants. Hauteur des voûtes allant parfois jusqu'à 50 m, sur 15 m de large ; et température constante de 18-20 °C. Mise en lumière des parois, jouant sur les chromatismes des oxydes de fer et des dépôts salins, en une grande variété de nuances de blanc, vert, jaune, ocre...

LA ROUTE ARRIETA-ÓRZOLA

Une côte sauvage très découpée longe le ***malpaís de La Corona,*** champs d'éboulis volcaniques à perte de vue ; chaos rocheux recouverts de quelques lichens et d'une rare végétation au pied du volcan de La Corona, dont la dernière éruption s'est produite il y a 20 000 ans. De temps à autre, de petites criques où s'aventurent de hardis baigneurs. À 6 km plus au sud avant d'arriver à *Órzola,* s'étend l'une de nos plages préférées : ***La Caleta,*** nichée au fond d'une petite baie rocheuse et bordée de sable blanc (on peut y patauger sans grand danger, les naturistes l'apprécient beaucoup). Surtout, ce qui nous a plu, ce sont les cercles ou demi-cercles de pierre (comme pour les pieds de vigne) édifiés pour se protéger du vent. Cependant, pas d'illusions, ils sont déjà occupés, souvent dès le matin...

ÓRZOLA

(35541)

Gentil petit port de pêche tout blanc perdu à l'extrémité nord de Lanzarote, qui a su rester dans son jus malgré quelques constructions modernes. Plusieurs criques pour faire trempette sur la côte alentour. Sur le port, une poignée de restos de poisson, et aussi des bateaux qui appareillent pour l'***île de La Graciosa... ¡ Vamos !***

➢ Bus n° 9 (4-5/j.) depuis ***Arrecife,*** via ***Tahíche, Nazaret, Teguise, Guatiza, Arrieta*** et ***Punta Mujeres*** *(infos Intercity Bus : ☎ 928-81-15-22 ; • arrecifebus.com •).*
- ***Stationnement :*** en zone bleue (dans la rue principale), possibilité de se garer gratuitement pendant 3h max (il suffit d'indiquer l'heure d'arrivée sur le pare-brise). En fait, le dispositif s'applique surtout en été.

Où dormir ? Où manger ? Où boire un verre ?

Apartamentos Los Vientos : *c/ La Quemadita, 4. ☎ 928-84-25-02. 📱 683-36-48-77. • clublosvientos@gmail.com • clublosvientos.com • Réception au resto Os Gallegos, juste à côté. Apparts 2-4 pers 45-50 €.* En face du port, une poignée d'appartements répartis autour d'un jardin paysager en noir et blanc, que l'on croirait dessiné par César Manrique. Calmes, bien équipés et fonctionnels. Également 4 appartements dans une annexe située à 2 pas de là.

Os Gallegos : *c/ La Quemadita, 6. ☎ 928-84-25-02. • daniorzola@yahoo.es • Tlj sauf sam 9h-21h. Menu env 11 €, plats 7,50-15 €.* Salle coquette tout aussi plaisante. Mais surtout agréable terrasse ancrée face aux guichets des bateaux pour La Graciosa. Poissons et fruits de mer frais mis en scène dans de bonnes recettes sans chichis, qui tutoient pas mal la Galice, d'où le patron est originaire : *pulpo a la gallega, pimientos de Padrón, tarta de Santiago...* Également pâtes et paellas. Bien aussi pour boire un verre en dégustant quelques bricoles, les yeux dans le bleu. Bien vérifier la note quand même.

Où acheter des produits à base d'aloe vera dans le coin ?

Lanzaloe : *c/ La Quemadita, 96. ☎ 928-52-43-35. • ruth@lanzaloe.com • lanzaloe.com • À env 2,5 km au sud d'Órzola, par la LZ-203. Tlj 10h30-18h. Sur présentation de ce guide, chupito de liqueur d'aloe offert.* Ferme bio cultivant l'aloe vera. Sur place, vente de savons, crèmes, gels douches, dentifrices, etc. Également des produits à base d'huile d'argan... Visite libre de la plantation, avec quelques panneaux explicatifs.

DANS LES ENVIRONS D'ÓRZOLA

L'ÎLE DE LA GRACIOSA *(35540)*

Petite île de 27 km² brute de forme où le temps semble s'être arrêté. Elle fait partie de l'***archipel de Chinijo*** avec les îlots Montaña Clara, Montaña Alegranza, roque del Este et roque del Oeste. Classé *parque natural* et *reserva marítima*, il donne refuge à de nombreuses espèces menacées. L'îlot d'Alegranza, inaccessible, abrite la 2e plus grande colonie de puffins cendrés au monde. On y trouve aussi le pétrel de Bulwer, le balbuzard pêcheur.
À peine 700 habitants – concentrés à *Caleta del Sebo,* la « capitale » –, quasiment pas de voitures et probablement la seule île d'Europe à ne pas avoir de routes goudronnées. Pas de réserve d'eau, qui est apportée de Lanzarote. ***Caleta del Sebo*** est un petit port au visage avenant avec ses blanches demeures basses et ses bateaux colorés. ***Caleta de Pedro Barba,*** quant à elle, compte une poignée de maisons louées l'été à de riches vacanciers ; le reste de l'île étant vierge d'habitants... Et puis 3 cônes de volcans (le plus haut culmine à 266 m) et des plages parmi les plus belles de Lanzarote, achèvent de planter le décor. L'île de La Graciosa est le paradis

des promeneurs, des cyclistes et des amateurs de jolies plages. Attention, ***on ne se baigne que sur la côte sud-est, entre Pedro Barba et playa de La Cocina.*** Ailleurs, la baignade est ***très dangereuse*** en raison des courants.
– 2 ***fêtes*** à ne pas manquer si vous êtes dans le coin : celle de *Nuestra Señora del Carmen* le 16 juillet (temps fort : la procession de la Vierge en mer) et le *carnaval*, intime et coloré.

Arriver – Quitter

À partir du port d'Órzola, les bateaux des compagnies ***Lineas Romero*** *(☎ 928-84-20-55 ; • lineasromero.com •)* et ***Biosfera Express*** *(☎ 928-84-25-85 ; • biosferaexpress.com •)* assurent chacune 8-10 rotations/j., selon saison. A/R 26 € (13 € pour les 2-11 ans). Trajet : 30 mn.
– *Attention :* les liaisons peuvent être interrompues en raison de mauvaises conditions météo (surtout l'hiver). Si vous passez la nuit sur l'île, mieux vaut prévoir un jour de battement avant de reprendre un vol.

Infos utiles à Caleta del Sebo

– Il existe un ***distributeur*** à Caleta del Sebo.
– ***Location de VTT :*** plusieurs loueurs sur le port. Compter 10 €/j. Bien vérifier l'état avant. *La Molina (📱 630-19-79-21),* dans le village, propose des VTT de bonne qualité (15 €/j.).

LANZAROTE

Où dormir ? Où manger ?

L'offre de logement est limitée. Résa indispensable, surtout l'été et au moment des fêtes.

Camping : *aux abords de Caleta del Sebo, sur la playa del Salado. Résa indispensable via : • reservasparquesnacionales.es •, onglets : Isla de la Graciosa, puis Acampada. Gratuit.* Rudimentaire ! On plante sa tente parmi les dunes. Sanitaires pas toujours nickel (douche froide).
Pensión Enriqueta : *c/ Mar de Barlovento, 6. ☎ 928-84-20-51. 📱 685-58-25-88. Double 35 € avec sdb ; pas de petit déj.* Au cœur du village, en retrait du port, une *pensión* aux chambres simples et au confort très correct.
Pensión Girasol : *avda Virgen del Mar, 97. ☎ 928-84-21-18. Double 30 € avec sdb, petit déj en sus. Plats 12-19 €.* Chambres bien tenues. Balcon pour certaines. Fait aussi resto (de poissons bien sûr !). Cadre agréable, à la déco un poil tendance. Terrasse tournée vers le port.
La Caletilla : *avda Virgen del Mar, 131. ☎ 928-84-20-68. Tlj 6h-16h, 19h-23h. Plats 10-13 €.* Retirée dans le village, et du coup moins exposée au flux des visiteurs que les restos du port, une petite affaire familiale sans prétention, où l'on vient pour le poisson du jour ! 3-4 tables en terrasse. Un bon rapport qualité-prix.

À voir. À faire

L'île se parcourt à pied ou à VTT. On trouve quelques 4x4 (compter 50 € pour parcourir l'île, 1-5 personnes ; négociable en basse saison). Un chemin en boucle fait le tour de la moitié nord de l'île, en passant par playa de Las Conchas, playa del Ámbar et Pedro Barba. Ça monte un peu, mais pas de difficulté à VTT, sauf en cas de vent musclé !
L'autre balade consiste à rejoindre playa de Los Franceses et playa de La Cocina en longeant la côte sud-ouest de l'île. Là, mieux vaut y aller à pied sinon, vous passerez plus de temps à marcher que sur la selle, à cause des pistes de sable mou...

Playa de Las Conchas : *à 5,5 km de Caleta del Sebo (env 1h à pied ; 35 mn à VTT).* La plus belle plage se situe au nord-ouest de l'île, dominée par le mont Bermeja (un sentier depuis la plage grimpe à son sommet ; compter 20 mn). Il s'agit de 600 m de beauté pure, déserte, ample, vraiment paradisiaque ! Une eau aux infinies variétés de bleus, un sable doré tranchant avec les pentes pourpres de la montagne... Des contrastes de couleurs saisissants. En face, l'îlot *Montaña Clara.* ***On ne s'y baigne pas (les courants sont très forts) !***

Playa del Ámbar : *à 8 km de Caleta del Sebo (la plus éloignée) ; env 1h30 à pied, 45-50 mn à VTT.* Vaste étendue de roches noires tourmentées et ourlée d'une plage de sable blanc. Au loin, se dresse le bienheureux îlot d'Alegranza, ainsi dénommé car c'était le 1er bout de terre qu'apercevaient les marins espagnols en venant de la péninsule. En longeant le rivage sur 500 m en direction de l'îlot, on découvre ***El Arco,*** une anse de lave noire qu'illuminent les gerbes d'écume. En revenant à Caleta del Sebo, s'arrêter à Pedro Barba (plage où l'on peut se baigner).

Playa de Los Franceses : *à 3 km de Caleta del Sebo (30 mn à pied).* C'est là que débarquent les excursions organisées depuis Órzola. Beaucoup de monde en saison. En face, on aperçoit le cratère de la Corona et la coulée de lave figée qui descend jusqu'à la mer.

Playa de La Cocina : *à 20 mn à pied de la playa de Los Franceses.* Au pied de la *Montaña Amarilla,* blottie au sein d'une anse, c'est l'endroit le plus protégé de l'île pour se baigner.

Plongée sous-marine : classée *reserva marítima,* La Graciosa offre des eaux – jamais en dessous de 18 °C – parmi les plus poissonneuses de l'Atlantique, où se côtoient espèces locales et méditerranéennes, et même certaines venues des îles Caraïbes...

D'ÓRZOLA À YÉ

Pittoresque route de montagne au long de laquelle on admire comment les paysans ont sculpté la montagne pour la rendre fertile. Surtout la technique des murets, qu'ils soient rectilignes, en cercles ou demi-cercles et de construction élaborée ou primitive pour les plus anciens... On y cultive figuiers de Barbarie, aloe vera et vigne. Dans le coin de Yé, de petites *bodegas* accueillent les visiteurs pour déguster de gouleyants petits vins faits avec passion... Des rouges capiteux et surtout des *moscateles* qui n'ont rien à envier aux meilleurs portos... Ces vins sont parfois difficiles à trouver en boutique tant les parcelles sont petites et la production confidentielle !
Il faut absolument emprunter la route côtière bordée de murets qui relie, sur 3 km, Yé et le *mirador del Río.* Le somptueux panorama offre l'un des plus fabuleux couchers de soleil des Canaries... La voiture s'arrête d'elle-même, c'est tout dire !

Mirador del Río : *à l'extrémité nord de la LZ-202, à* ***Yé.*** *☎ 928-52-65-48. • cactlanzarote.com • À 2,5 km au nord de Yé par la LZ-202. Tlj 10h-17h45 (18h45 juil-sept). Entrée : 5 € ; réduc. Inclus dans les Bonos Centros Turísticos.* Situé au sommet du *risco de Famara* (475 m), cette création de César Manrique (1973), alliance harmonieuse de la roche et du verre, demeure un site totalement intégré à son environnement. Agréable cafétéria avec banquettes, cheminée, et immenses baies vitrées, dont les arrondis évoquent la déco des années 1960... et les 1ers *James Bond.* Superbes mobiles en fer suspendus sous les voûtes. Panorama exceptionnel sur l'île de *La Graciosa* et l'archipel de *Chinijo.* Un escalier hélicoïdal particulièrement esthétique mène au 1er étage et sa boutique ; puis à la terrasse panoramique du 2e étage. Pendant la guerre hispano-américaine (1898, dite « de Cuba »), des canons furent installés ici.

Une fois de plus, on découvre le génie de Manrique... En plus de la trouvaille de recouvrir l'observatoire d'une « peau de roche », observez donc le garde-fou de la vertigineuse promenade extérieure, fait en bois et en fer. On dirait un bastingage de bateau, qui donne au mirador l'aspect d'une proue de navire... La force de l'artiste fut donc non seulement de marier art et nature, mais aussi de donner une dimension onirique à son œuvre...

Mirador de Guinate : à 3 km au sud de Yé, direction Haría (LZ-201), bifurquer à droite puis continuer sur 1,5 km. Un autre point de vue moins fréquenté mais tout aussi fantastique que celui du mirador del Río : magique au coucher du soleil !

HARÍA

(35520) 4 858 hab.

La route LZ-10 qui y mène procure également son pesant de points de vue pittoresques ! Attention à certains virages particulièrement étroits. Venant du Sud aride, Haría et ses environs apparaissent comme une véritable oasis, verte à souhait. D'ailleurs, on surnomme la zone « vallée des 10 000 palmiers ». Haría demeure une adorable bourgade aux maisons anciennes d'une blancheur immaculée, et jouissant d'un microclimat. Bref, un bon camp de base pour rayonner dans la campagne environnante, sillonnée par plusieurs sentiers de randonnée pédestre.

➢ Bus nº 7 (6/j.) depuis ***Arrecife,*** via ***Tahíche, Nazaret, Teguise, Guatiza, Arrieta*** et ***Punta Mujeres*** ; et nº 26 (1/j. sauf w-e et fêtes ; retour le lendemain), depuis ***Yé*** *(infos Intercity Bus : ☎ 928-81-15-22 ; ● arrecifebus.com ●).*

– ***Mercado artesanal :*** *sam 9h-14h30, pl. León y Castillo.*

LANZAROTE

Où dormir ? Où manger ? Où boire un verre ?

Casa Rural Lola y Juan : *c/ Fajardo, 16. ☎ 928-83-52-56. ● lolayjuancasarural@gmail.com ● Doubles 80-90 € ; apparts 2-4 pers 90-110 € ; 2 nuits min.* Dans la rue juste derrière l'église, une belle maison de style Art déco canarien, flanquée d'un charmant jardin fleuri avec grande piscine. 4 chambres et 2 apparts répartis dans la maison et dans les dépendances du jardin. Confortable, et déco chaleureuse intégrant des meubles anciens. Une adresse de charme.

Finca La Crucita : *c/ San Juan, 63. 📱 649-48-85-51. ● jorge@villasdelanzarote.com ● villasdelanzarote.com ● Sur la droite à l'entrée de Haría, en arrivant d'Arrieta par la LZ-10. Résa obligatoire. Villas 4-6 pers min 95 € ; en principe, 7 nuits min.* Disséminées entre jardinets fleuris, palmiers, coursives et terrasses, voici 7 villas de charme dans le style de l'architecture régionale. Elles disposent de 2 ou 3 chambres, parfois 2 salles de bains, large cuisine équipée... La plus grande possède même sa piscine privée ! Sinon piscine commune avec *sundeck* et vue sur la campagne. Une très belle adresse !

Teleclub La Tegala : *c/ pl. León y Castillo, s/n. 📱 696-90-06-52. Tlj sauf mer 9h-22h30. Plats 8-15 €.* Sur l'agréable place de l'église, c'est le resto social de Haría, comme il en existe un dans chaque village de Lanzarote, lieu où les villageois venaient naguère regarder la TV... Beau *comedor* voûté, et murs rouges piqués de vieilles photos noir et blanc. Bonne cuisine sans prétention et servie à prix doux. Également un comptoir des habitués, dont on fait vite partie, tant l'accueil et l'ambiance demeurent sympa !

Puerta Verde : *c/ Fajardo, 24. ☎ 928-83-53-50. ● alfonsorojo87@gmail.com ● Tlj 13h (12h sam)-21h30. Plats 15-18 €.* Un resto qui fait vraiment du bon boulot ! Son cadre soigné (expo de tableaux) et sa terrasse accueillante mettent en confiance. Mais on apprécie surtout sa cuisine îlienne pleine de créativité et de fraîcheur sans cesse renouvelée. Quelques plats végétariens et végétaliens. Au fait, pourquoi *Puerta Verde* ? Pour rappeler que les portes des villages de l'intérieur de l'île étaient traditionnellement peintes en vert, contrairement à celles du bord de mer, teintées en bleu.

Où dormir ? Où manger dans les environs ?

Bungalows Caleta Campos : *c/ Los Morros, 109, à **Arrieta.** 619-38-42-77. • reservas@caletacampos.com • caletacampos.com • À env 11 km de Haría ; à Arrieta, suivre la route qui longe le bord de mer sur la gauche. Apparts 2-4 pers 70-85 € ; 4 nuits min.* Face à la mer (grève rocailleuse de l'autre côté de la rue), gentil petit ensemble d'une douzaine de maisonnettes blanches entourant une grande piscine et son jardin de cactus. Intérieurs spacieux (70 m² ; 2 chambres), fonctionnels, confortables et bien tenus ; terrasse privée en prime. Un bon rapport qualité-prix.

Casa rural Finca la Corona : *c/ Rositas, 8, à **Yé.** 629-56-93-00 ou 619-23-19-04. • info@rural-villas.com • rural-villas.com • À 6,5 km au nord de Haría (fléché sur la gauche avt d'entrer dans le village). Villas 2-4 pers 140-180 €.* Sur l'étroite route côtière menant au mirador del Río, dans un environnement sauvage et paisible, avec l'un des panoramas les plus beaux de l'île ! Un étonnant ensemble, très minéral, de 6 villas imbriquées les unes dans les autres, mais bien indépendantes. Confortables et spacieuses (130 à 180 m²) ; et quasi toutes avec 2 chambres et 2 salles de bains. Un cadre de charme avec quelques pointes d'exotisme dans le mobilier. Piscine, jacuzzi et solarium.

Finca de Arrieta : *c/ Diseminado Tabayesco, 34a, à **Arrieta.** ☎ 928-82-67-20. 696-98-28-73. • info@lanzaroteretreats.com • lanzaroteretreats.com • À env 11 km de Haría et à 1 km d'Arrieta, direction Arrecife (au carrefour des LZ-1 et LZ-207, sur la droite). Double et yourte 2-4 pers 75-150 € ; studio 2 pers min 155 €. Petit déj 12,50 €. Une bouteille de cava offerte sur présentation de ce guide.* Dans un coin tranquille à 5 mn à pied de la plage, petit village de yourtes et de cabanes, chacune dotée d'une cuisine en plein air et de sanitaires privés attenants. Également des villas. Piscine et agréable *sundeck*, jeux enfants, four solaire... Un peu les uns sur les autres, mais les palissades garantissent un minimum d'intimité. Une éco-adresse originale en famille, tenue par des Anglais.

Amanecer : *c/ La Garita, 46, à **Arrieta.** ☎ 928-17-92-13. Tlj sauf jeu 12h-22h. Plats 8,50-15 €. À env 10 km de Haría. Dans la rue principale d'Arrieta, parallèle au bord de mer.* Le bon resto d'Arrieta, avec son cadre propret, sa terrasse prisée qui surplombe les flots, sa bonne cuisine tournée vers le large et ses prix tassés. Tous les jours, c'est du sérieux, et ça fait un petit moment que ça dure ! Serveurs efficaces et aimables. Un bémol peut-être pour l'éclairage qui, le soir, rend le teint un peu blafard.

À voir

Casa-Museo César Manrique : *c/ César Manrique, 70. ☎ 928-83-52-60. • fcmanrique.org • Tlj 10h30-18h (dernière admission à 17h30). Entrée : 10 € ; billet couplé avec la Fundación César Manrique de Tahíche : 15 € ; réduc. Feuillet explicatif en français.* C'est l'ultime étape du circuit Manrique à Lanzarote : la maison-atelier qu'il construisit sur les ruines d'une ancienne ferme, et où il s'installa en 1988, 4 ans avant sa mort. Au milieu d'une petite palmeraie, la demeure livre l'intimité de l'artiste à travers ses objets personnels, ses vêtements, son parfum « Chanel homme », les bouteilles d'alcool entamées... Au fond du jardin, comme un refuge : son atelier, avec ses chevalets, pigments, dessins et des œuvres inachevées...

DANS LES ENVIRONS DE HARÍA

Mirador El Risco de Famara – Parque El Bosquecillo : *à 6,4 km au sud de Haría par la LZ10 ; à 5,3 km bifurquer à droite (panneau El Bosquecillo).* Superbe vue jusqu'à Caleta de Famara, doublé d'une aire de pique-nique (avec BBQ) et d'une aire de jeu pour enfants : de la balançoire avec une vue à couper le souffle !

Mirador de Ermita de las Nieves : *à 9 km au sud de Haría, par la LZ-10, direction Teguise ; à 7,5 km, bifurquer à droite (panneau Las Nieves).* Et un de plus ! Mais on ne s'en lasse pas. Au sommet d'un ravin qui dévale jusqu'à Caleta de Famara, une église affronte, seule, au milieu de nulle part, les vents du large. Atmosphère d'une grande poésie.

LE SUD DE L'ÎLE

Retour dans l'ouest de l'île, à partir de *Tinajo* et de la route du *parque national de Timanfaya.* Une autre aventure, bien différente, de nouveaux paysages bouleversants...

PARQUE NACIONAL DE TIMANFAYA

Le parc s'étend sur 51 km², à cheval entre les communes de Tinajo et de Yaiza. Son histoire est liée aux éruptions de 1730-1736, puis de la dernière, en 1824. À cette occasion, 3 nouveaux cônes volcaniques apparurent, dont 1 dans le périmètre actuel du parc. Depuis, pas de nouvelles éruptions, mais, à l'époque, une partie du magma s'est retrouvé coincé à 4-5 km de profondeur et il n'a toujours pas totalement refroidi ! Résultat : en certains endroits du parc, des températures de 610 °C à seulement 13 m de profondeur et de 100-120 °C au niveau du sol ! Le parc fut créé en 1974 pour préserver l'***exceptionnel écosystème.*** C'est un monde de couleurs incroyables et de textures irréelles : des cratères, des vagues de lave figées en d'étranges plissements, des océans de scories et de cendres, des cônes, des bombes et des pipes volcaniques, toutes les variétés de rouge, brun, noir, ocre, jaune, des mélanges inédits changeant de couleur selon les caprices du soleil... Et des sites qui sonnent comme des notes de musique : *Montañas de Fuego, Montaña Encantada, Calderadas Rajada* et *Bermeja, Calderada de Los Miraderos...* Ici, pas d'arbres ; que des lichens et quelques fleurs, paysages accidentés, austères, souvent poignants... Peu d'animaux vertébrés : la musaraigne des Canaries, le rat noir, le lapin, le lézard de Haría, le *perenquén* (un genre de gecko)... Quelques insectes et, en plus des oiseaux migrateurs, d'autres qui y nidifient : la tourterelle, la chouette effraie, la perdrix gambra, le faucon crécerelle, des oiseaux marins...

Centro de Visitantes y Interpretación
*Ctra de Yaiza a Tinajo (LZ-67), km 9,6, à **Mancha Blanca-Tinajo.** ☎ 928-11-80-42. • miteco.gob.es/es/red-parques-nacionales • À 2 km au sud-ouest de Tinajo. Tlj 9h-16h. GRATUIT. Dépliant en français (en principe).* Ce centre d'information du parc est une bonne introduction (en espagnol et en anglais) sur le volcanisme, la tectonique des plaques, le principe des éruptions, etc. ; avant d'enchaîner sur les îles Canaries, d'origine volcanique... Carte des dernières éruptions sur Lanzarote,

maquette de la zone avec ses nombreux cratères, colonisation lente des milieux par la flore et la faune, incidence du volcanisme sur l'environnement marin ; sans oublier l'adaptation de l'homme et de ses activités.

La visite du parc

La ruta de los Volcanes : *accès par l'entrée du parc au lieu-dit El Taro, au bord de la LZ-67 (panneau), à 4 km au sud du Centro de Visitantes y Interpretación ; env 7 km au sud-ouest de Tinajo et 10 km au nord de Yaiza. ☎ 928-11-80-42. 606-43-49-23. • cactlanzarote.com • reservasparquesnacionales.es • Tlj 9h-17h45 (18h45 juil-sept) ; dernière admission 45 mn avt. Entrée : 12 € (8 € après 15h) ; ½ tarif 7-12 ans (le seul endroit payant du parc). CB refusées. Bonos Centros Turísticos acceptés. Dépliant en français.* Après l'entrée, on rejoint le parking de l'*Islote de Hilario* situé à 1 km. Là, pas le choix, il faut grimper dans un bus (départ ttes les 15-20 mn) qui parcourt une boucle (45-50 mn) appelée ***ruta de los Volcanes.*** Passage par des lieux étroits et délicats, avec arrêt aux endroits les plus photogéniques (s'asseoir sur les sièges de droite selon le sens de la marche pour mieux en profiter), mais on ne descend pas ! De retour à l'Islote de Hilario, ne pas manquer la démonstration géothermique : quelques brins d'herbe placés dans une anfractuosité et qui s'enflamment rapidement ! Sur place, boutique de souvenirs et...
Café-resto ***El Diablo*** – œuvre de César Manrique – où l'on cuit les viandes avec la même source de chaleur !

La ruta de Termesana : *randonnée pédestre guidée gratuite sur un sentier de 3,5 km, d'une durée de 3h-3h30, 3 fois/sem. En espagnol et en anglais. Sur résa seulement (1,5 à 2 mois à l'avance !) via • reservasparquesnacionales.es • Vous pouvez toujours tenter votre chance en allant au Centro de Visitantes y Interpretación à 9h. Il arrive que des places se libèrent au dernier moment.*

La ruta del Litoral : pour les plus aguerris, une randonnée de 13 km sur un sentier qui longe la côte. À effectuer avec un guide *(s'adresser au Centro de Visitantes y Interpretación ; 10 pers max ; GRATUIT)* ; prévoir de très bonnes chaussures (la roche volcanique est souvent tranchante !), eau et crème solaire. Le sentier débute à l'extrémité du village El Golfo, après la zone de jeux des enfants. Superbe.

Echadero de los Camellos : *à 3 km au sud de l'entrée principale du parc par la LZ-67.* Pour les amateurs, promenade à dos de dromadaire (12 €/dromadaire ; 15-20 mn à la queue leu leu... bof, et pas très sûr avec des enfants). Sur place, le ***Museo del Camello*** *(tlj 9h-15h30 – 17h30 en été – ; gratuit),* évoque l'introduction du dromadaire sur l'île et son utilité dans l'agriculture...

La Montaña Caldereta (ou Montaña Blanca) **:** *à 1,5 km au nord du Centro de Visitantes y Interpretación, en direction de Tinajo, chemin sur la gauche jusqu'à un parking (env 500 m).* De là, un sentier sans difficulté (mais sans ombre) mène au bord du cratère de la Montaña Blanca (compter 3h A/R). On peut en faire le tour. Par temps clair, on aperçoit l'île de La Graciosa !

■ ***Blackstone Treks :*** *651-07-70-93. • raquel@blackstonetreks.com •* Lanzarote n'a pas de secrets pour Raquel, amoureuse de son île. Et moins encore le parc de Timanfaya, qu'elle fait découvrir à pied, en randonnées accessibles à tous. Elle est incollable sur la faune et la flore (elle a fait des études de biologie à Madrid) et sensibilise petits et grands à l'environnement et à la biodiversité tout au long de l'excursion. Visites pointues, paysages grandioses... avec le sourire et en français. Que demander de plus ?

LA ROUTE DES BODEGAS

➢ De Mozaga et San Bartolomé, jusqu'à Uga, par la LZ-30, voici l'étonnante et photogénique ***vallée de la Geria,*** le principal vignoble de l'île. C'est un paysage protégé en raison des méthodes de culture originales, tels les cercles, demi-cercles ou murs en pierre abritant vignes et arbres fruitiers. Cette vallée, largement recouverte de cendres après la fameuse éruption de 1730-1736, a repris vie grâce au travail acharné des hommes. Elle est même devenue prospère en produisant la *malvoisie,* un vin de bonne qualité. Possibilité de visiter certaines *bodegas.*

Les plus connues : ***El Grifo, Rubicón, La Geria...*** Nous, on a bien apprécié les ***Bodegas Los Bermejos,*** plus intimes, et leur production est excellente...

Où déguster un verre de vin ?

Bodegas Los Bermejos : *camino a Los Bermejos, 7, à* ***La Florida-San Bartolomé.*** *☎ 928-52-24-63. 📱 627-96-36-54. • bodega@losbermejos.com • losbermejos.com • Visite libre lun-ven 8h-15h, visite guidée en espagnol et anglais (résa conseillée) lun-ven 11h ou 11h30 selon saison (30-45 mn). Tarifs : 12-16 €, selon nombre de dégustations.* Au cœur d'un vignoble de 24 ha, une belle hacienda traditionnelle 2 fois centenaire, qui a conservé ses vieux outils viticoles. La visite traverse aussi les installations modernes : salles des cuves inox, des barriques, de l'embouteillage... Il en résulte 2 cuvées top pour moins de 10 € la bouteille : *Los Bermejos malvasia seco* et *Los Bermejos Tinto carbónico* (à partir du cépage *listan negro*)...

À voir

Museo del Vino El Grifo : *à* ***Masdache-San Bartolomé.*** *☎ 928-52-49-51. • elgrifo.com • Tlj 10h30-18h. Visite guidée sur résa à 11h, 13h et 16h30 (possibilité de visite en français). Tarifs : 7-15 € selon nombre de dégustations. Fiche en français.* Avec ses 60 ha, c'est l'un des plus grands vignobles de l'île, et parmi les 10 plus anciens d'Espagne, créé en 1775. Visite du musée et petite balade dans le vignoble. Tout sur le travail de la vigne et la vinification, l'évolution des techniques (pas de machine à vendanger ici !), expo de vieux pressoirs et d'outils curieux...

À voir dans les environs

Yaiza *(35570)* **:** au carrefour de toutes les routes du sud de l'île, on y passe forcément ! Pas une corvée d'ailleurs, car ce village – tout blanc et propret – étale fièrement ses vénérables maisons cubiques dans un vieux centre assez pittoresque. Voir son *iglesia Nuestra Señora de los Remedios* (XVIIIe s), au campanile excentré, au beau retable polychrome et aux plafonds en bois peint... Le samedi matin, on trouve un marché à Uga, à 6 km à l'est de Yaiza par la LZ-2.

Hotel rural Casa de Hilario : *c/ General Garcia Escamez, 19, à* ***Yaiza.*** *☎ 928-83-62-62. 📱 639-71-07-90. • info@casadehilario.com • casadehilario.com • À la sortie du village, sur la gauche, en direction de Tinajo. Doubles 90-160 € ; 3 nuits min à certaines périodes.* De belles chambres confortables dans cette maison vieille de 2 siècles, blanche et pleine de charme. Déco originale, un peu orientalisante ; certaines avec vue sur la campagne. Plusieurs patios fleuris dont un avec piscine. Dans le haut du village, le proprio possède aussi l'*Hotel Rural Casona de Yaiza,* du même genre, et avec resto *(fermé mer)...*

Bar Stop : *c/ Vista de Yaiza, s/n, à* ***Yaiza.*** *☎ 928-83-01-41. Dans la rue principale, en face de l'église. Tlj 5h-22h (16h sam). Ración env 3 €.* Le petit bar de village, populaire en diable, où les habitués viennent papoter autour d'*una copa* ou se caler avec quelques tapas pour 3 fois rien... *Los garbanzos* (pois chiches) sont la spécialité de la maison. Les 4-5 tables sont déjà occupées ? Accoudez-vous comme tout le monde le long du comptoir et faites connaissance avec votre voisin !

Bodega Uga : *c/ Arrecife-Yaiza, 6, à **Uga.** ☎ 928-83-01-47. Tlj sauf dim-lun, midi et soir. Env 40 €/pers. Résa indispensable.* Une des meilleures tables traditionnelles de l'île, dans un cadre rustique-chic intime et bourré de charme. Ici, ni carte ni prix affichés... on se laisse guider par les serveurs qui détaillent le menu de saison, à base de produits locaux cuisinés le plus simplement possible, pour un maximum de saveurs. Saumon (fumé dans le village), poulpe grillé d'anthologie, thon *a la plancha,* steak de chameau... Les plats se succèdent ainsi jusqu'aux délicieux desserts. Côté vins, la carte se défend très bien aussi. Un sans faute !

La Bodega de Santiago : *c/ Montañas del Fuego, 27, à **Yaiza.** ☎ 928-83-62-04. • labodegadesantiago@gmail.com • À la sortie du village, sur la gauche, en direction de Tinajo. Fermé 2des quinzaines de juin et de nov. Tlj sauf lun 13h-22h (23h ven-sam, 18h dim). Menu 18 €, plats 15-23 €. Résa conseillée. Digestif ou apéritif maison offert sur présentation de ce guide.* Cuisine du marché, produits frais, plats bien exécutés et servis sur une agréable terrasse... sous un immense caoutchouc protégeant du soleil. Beau choix de viandes et quelques poissons... Portions petites et prix qui dérapent un peu, mais accueil pro et serviable.

Quesería Rubicón : *pl. de San Marcial, 22, à **Femés.** 649-91-12-89. • queseriarubicon@hotmail.com • À env 7 km au sud de Yaiza. Tlj 10h-19h (15h w-e et j. fériés).* Au centre de ce gentil petit bourg, étalant quelques vieilles maisons blanches traditionnelles autour de sa chapelle, cette fromagerie spécialisée dans le lait de chèvre est régulièrement primée pour l'excellence de ses produits. Surtout des fromages frais ! En revanche, éviter le vin de la *casa,* peu convaincant.

Ahumadería de Uga : *c/ Uga-Yaiza, 3, à **Uga.** ☎ 928-83-01-32. Tlj sauf dim-lun 10h-16h (14h sam).* Petite entreprise familiale, unique dans l'île, qui pratique depuis 40 ans le fumage artisanal de saumon, vendu au poids non tranché (environ 36 €/kg, et mis sous vide pour voyager en toute sécurité). Le produit de base vient de Norvège et le salage est fait au sel local, issu des salines de Janubio.

Puerto Calero *(35571)* **:** à moins de 6 km à l'ouest de Puerto del Carmen et environ 10 km au sud-est de Yaiza, c'est un petit port de plaisance – à l'ambiance un peu chic – bordé de restos, bars et commerces. Bref, le petit « Saint-Tropez de Lanzarote » ! De là, belle randonnée pédestre jusqu'à Playa Quemada, quelques kilomètres plus à l'ouest...

– **Submarine Safaris :** *sur le port. ☎ 928-51-28-98. • submarinesafaris.com • Env 4 plongées/j. (1h), sauf dim. Tarif : 55 € ; 2-14 ans 34 € ; moins de 2 ans non admis ; réduc si résa internet.* Une balade à bord d'un sous-marin équipé de vastes hublots, et qui peut accueillir une quarantaine de curieux. On descend jusqu'à 30 m de profondeur au milieu des poissons... Un véritable plaisir, et sans se mouiller un cheveu !

LANZAROTE

EL GOLFO

(35570)

Tout au bout de la route et adossé à un ancien cratère à l'univers minéral impressionnant, un bourg de pêcheurs aux petites maisons blanches étalées sur le bord de mer, comme sorties de la lave noire. Plusieurs criques de galets et de sable noir comme du charbon ! Isolé et authentique, le lieu est connu pour sa lagune verte et sa côte de lave brune déchiquetée. Magnifiques couchers de soleil...

➢ Pas de bus pour rejoindre El Golfo.

Où dormir ?

El Hotelito del Golfo : *avda Marítima, 6. ☎ 928-17-32-72. • info@hotelitodelgolfo.com • hotelitodelgolfo.com • Sur la droite à l'entrée du village. Doubles 75-90 €, 2 nuits min, petit déj inclus.* Ce petit hôtel un poil en retrait de la route offre des chambres plaisantes, joliment décorées et de bon confort, avec terrasse sur mer pour les plus chères. Mignonne piscinette avec solarium. Bon rapport qualité-prix-accueil.

Casa rural Caletón del Golfo : *avda Marítima, 3. 659-71-37-28. • info@caletondelgolfo.com • caletondelgolfo.com • Sur la gauche à l'entrée du village. Studios et appartements 95-145 € ; possibilité de petit déj.* Ancré dans les rochers du bord de mer – les pieds dans l'eau – un charmant ensemble tout à fait canarien. 1 studio et 2 appartements bien équipés et d'une blancheur immaculée. Vaste et belle terrasse sur mer, plantée de quelques cactus et d'une piscinette. Une belle adresse de charme.

Où manger ? Où boire un verre ?

La Lapa : *avda Marítima, 2. ☎ 928-17-36-63. Tlj sauf jeu 11h-21h. Plats 8,50-15 €. Digestif offert sur présentation de ce guide.* Un resto mitonnant une bonne cuisine à base de poisson frais, pâtes, salades, soupes, et aussi des viandes... Terrasse en retrait de la route qui ne donne pas sur la mer.

Bogavante : *avda Marítima, 39. ☎ 928-17-35-05. Tlj 12h30-21h (18h env en hiver). Congés : de mi-juin à mi-juil. Plats 10-25 €.* La bonne table du village, certes aux prix musclés, mais sa salle vitrée domine la mer. Poissons (voir l'ardoise) et fruits de mer bien frais, homards du vivier et même quelques plats sans gluten ; le tout travaillé selon les recettes goûteuses du pays. Également des pâtes, soupes, salades et omelettes pour les budgets plus modestes.

À voir

Laguna Verde : *accès en 5 mn par un sentier qui débute au niveau du parking situé sur la gauche à l'entrée du village.* Une curieuse petite lagune aux eaux vertes, adossée à la paroi intérieure d'un ancien cratère de volcan dont une moitié a été engloutie par la mer. Aussi appelée *Charco de los Clicos,* elle est longue de 150 m, et sa salinité demeure supérieure à celle de la mer Morte. Sa couleur provient de la présence d'algues et d'organismes végétaux. Coincée entre le bleu de la mer, la plage de sable noir charbon et le rouge de la falaise, cela provoque un insolite chromatisme !

DANS LES ENVIRONS D'EL GOLFO

Los Hervideros : *à env 5 km au sud d'El Golfo par la LZ-703 (panneaux).* Dans un étonnant paysage de lave refroidie, voici le show dynamique de la mer s'engouffrant dans les grottes volcaniques ! Suivant le degré de colère des flots, spectacle impressionnant des vagues s'écrasant en tourbillons et hautes gerbes d'écume dans un fracas assourdissant. Quelques sentiers mènent à de petits points de vue, mais attention de ne pas vous faire happer par une vague !

Las Salinas de Janubio : *à env 8 km au sud d'El Golfo par la LZ-703 ; quasi à la jonction de la LZ-2. 659-44-98-49. • salinasdejanubio.com • Visite guidée de 1h30 lun-ven à 10h30 (anglais) ou 12h30 (espagnol) : 12 €, réduc ; gratuit moins* *de 5 ans.* L'un des derniers représentants de ce qui fut une activité économique majeure par le passé. Au fond de cette petite baie cernée de laves, ces salines sont les plus grandes des Canaries. Pour la photo (au coucher du soleil, quand elles scintillent !).

PLAYA BLANCA (35580) 11 962 hab.

Port d'arrivée des bateaux provenant de l'île de Fuerteventura (Corralejo), Playa Blanca est l'une des 3 grandes stations balnéaires de Lanzarote, et certainement la plus agréable ! Un village tout blanc, et une foule de gros hôtels et de résidences touristiques développés à l'horizontale sur de grands espaces aérés assez verdoyants des alentours. Et à un coup d'aile de mouette, on bulle sur la superbe *playa de Papagayo,* au cœur d'une zone sauvage dépouillée et protégée. C'est aussi la porte d'entrée à un étonnant musée sous-marin !

Arriver – Quitter

En bateau

Estación marítima** (gare maritime) : au port.* Desservie par les compagnies ***Naviera Armas *(☎ 902-45-65-00 ; • navieraarmas.com •),* ***Fred Olsen*** *(☎ 902-10-01-07 ; • fredolsen.es •)* et ***Cruise Romero*** *(☎ 928-59-61-07 ; • lineasromero.com •).* Billetteries et loueur de voitures sur place.

➢ ***Fuerteventura*** *(Corralejo)* **:** 6-7 bateaux/j. avec *Naviera Armas* (35 mn) ; 5-7 traversées/j. avec *Fred Olsen* (25 mn) ; et 4-7 traversées/j. avec *Cruise Romero* (45 mn).

En bus

Estación de guaguas : *avda Playa Blanca, s/n.* Desservie par la compagnie ***Inter City Lanzarote*** *(☎ 928-81-15-22 ; • arrecifebus.com •).*

➢ ***Arrecife :*** bus nº 60 (11-17/j., via ***Playa Honda, Tías, Uga, Yaiza...***) et nº 161 (8-22/j., via ***l'aéroport, Puerto del Carmen*** et ***Puerto Calero***).

➢ ***Mercado de Teguise :*** bus nº 13 (dim mat) à 9h (retour à 13h30).

➢ ***Transports urbains :*** bus nº 30 (32-33/j.) desservant tous les points importants de Playa Blanca.

Adresse et infos utiles

Oficina de turismo : *c/ Dom Jaime Quesada, 3. ☎ 928-51-81-50. Tlj 9h-19h (20h juil-sept).*

– ***Mercado :*** *mer et sam 9h-14h, puerto Rubicón.*

Où dormir ?

De très bon marché à prix moyens (moins de 60 €)

Camping de Papagayo : *playa Puerto Muelas, s/n. ☎ 928-83-07-71 ou 679-09-06-19. • areadeacampadapapagayo@gmail.com • À env 8 km à l'est de Playa Blanca, direction playa de Papagayo ; fléché sur la gauche 400 m avt ladite plage. Ouv juin-sept. Emplacement tente (4 pers max) env 8 €/j.* Un immense terrain de 500 parcelles – pelées et sans ombre – mais dotées de postes électriques, et ouvertes sur une petite

LANZAROTE

plage sauvage de sable clair, coincée entre les rochers.

Apartamentos Gutiérrez : *pl. Nuestra Señora del Carmen, 2. ☎ 928-51-70-89. 636-37-28-93. • apartamentosgutierrez@gmail.com • Résa obligatoire. Double 40 € ; studios et apparts 2-4 pers 50-60 €.* À 2 pas de l'église, 7 appartements simplement meublés mais bien équipés et rutilants ; tous avec balcon sur rue. Certainement l'option la moins chère de Playa Blanca. Accueil aimable d'une gentille retraitée.

De plus chic à très chic (plus de 100 €)

Coloradamar : *c/ Las Bunganvillas, 4. ☎ 928-51-91-18. • reservas@coloradamar.com • coloradamar.com • À 3-4 km à l'est du village, en direction de playa de Papagayo. Apparts 2-4 pers 110-180 € ; 3 nuits min.* Dans un nouveau quartier à seulement 15 mn à pied de la fameuse playa de Papagayo, une trentaine de beaux appartements fonctionnels, spacieux et tout confort. Les plus chers ont vue sur la mer depuis leur terrasse. Piscine avec côté enfants, parfois un jacuzzi... Une adresse pour passer de bonnes vacances en famille !

Hotel Princesa Yaiza : *avda Papagayo, 6. ☎ 928-51-93-00. • info@princesayaiza.com • princesayaiza.com • À 500 m à l'est du village. Doubles min 175-215 € selon saison, petit déj inclus. ½ pens possible.* Au bord de la playa Dorada, un énoooorme hôtel 5 étoiles, à l'architecture plutôt plaisante, tirant sur l'exotique chic. Plus de 400 belles chambres ultraconfortables et spacieuses, de style colonial canarien. Jardins, immenses piscines, 8 restos (pas de routine !)... Et une politique d'accueil des enfants bien pensée (leur resto, leur bassin, leur club). Certes, pas le moins cher, mais une belle adresse qui croule sous les *awards* !

LANZAROTE

Où manger ?

Los Hervideros : *c/ El Marisco, 11. ☎ 928-51-77-07. Dans une rue parallèle à la rue principale. Tlj sauf dim soir et jeu 12h-16h, 18h-22h30. Plats 8-15 €.* Agréable salle proprette, à la déco classique. Cuisine simple, généreuse, qui mitonne avec goût viandes et poissons frais. Également quelques plats du jour détaillés oralement (se faire préciser le prix pour éviter les surprises !). Un resto plébiscité par les gens du cru, qui viennent y gueuletonner le dimanche en famille. Accueil pro sympa.

Bodegón Las Tapas : *avda Marítima, 29. ☎ 928-51-83-10. Tlj 11h-23h. Menus 22-33 €, raciones 7,50-16 €.* Un bar à vins et à tapas qu'il faut aller chercher tout au bout de l'avenue longeant la mer, près du port. Cadre séduisant et gentiment tendance, à l'élégance sobre et décontracté (tables et tonneaux en bois blond vernis, long comptoir en béton ciré, plafond noir). On y déguste de succulentes tapas, aux notes gastro, accompagnés de bons vins de Lanzarote. Terrasse face à l'entrée du port.

Où prendre un verre ? Où assister à un concert ?

Blue Note : *marina Rubicón. ☎ 928-51-96-34. Tlj 10h-minuit.* Face aux bateaux de la marina, ce bar-resto organise des concerts de jazz gratuits tous les jours vers 20h-20h30. Le piano est posé au bord de la terrasse. Classe !

Ceux qui recherchent une atmosphère plus populaire passeront au centre commercial *Papagayo,* 150 m après l'église en venant du centre-ville. Là, une dizaine de bars aux atmosphères diverses et variées se disputent le chaland. Les uns s'animent autour d'un petit concert, d'autres vibrent à la faveur d'une retransmission de match de foot, etc.

À voir. À faire

Playa de Papagayo : *à env 8 km à l'est du centre (bien fléché). Au bout d'une piste carrossable de 5,5 km ; droit d'accès 3 €/voiture. Grand parking à l'arrivée. Sinon, bus nº 30, arrêt « Las Coloradas » ; rejoindre ensuite l'arrêt des taxis situé à 200 m ; 50 m plus loin, fléché sur la gauche ; compter 40 mn de marche par un sentier sans difficulté (accès gratuit dans ce cas).* Dans un espace naturel protégé, c'est l'une des plus célèbres de l'île : belle étendue de sable clair, entrecoupée de barres rocheuses. Plusieurs criques bien protégées s'offrent à vous. En haut de la falaise, ***2 petits restos-snacks*** avec terrasses géniales (réservez votre table dès votre arrivée à la plage le matin : la vue fera oublier le service parfois débordé en pleine saison).

Museo Atlántico Lanzarote : *c/ Castillo del Águila, s/n ; en face du Castillo del Águila (ou Castillo de las Coloradas). ☎ 901-20-03-00. • underwateratlanticmuseum.com • cactlanzarote.com • Bureau ouv lun-ven 9h-17h ; fermé le w-e. Plongée lun-sam seulement 10h-17h, dernière plongée 1h avt. Droit d'entrée : 12 € (à partir de 65 € incluant droit d'entrée, équipement et plongée), 8 € en snorkelling.* ***Réservé aux plongeurs certifiés et obligation de passer par un club de plongée agréé*** *(liste sur le site internet ; onglet : Reservas). Les centres se chargent en général de l'acheminement jusqu'au lieu de plongée, à playa de Las Coloradas (certains clubs proposent une formation intensive qui autorise les non-initiés à plonger).* Ce site, hors du commun, propose une plongée avec bouteille au milieu des quelque 300 silhouettes sculptées par l'artiste britannique Jason deCaires Taylor. Une odyssée à 12 m de profondeur conduite obligatoirement par des guides certifiés. Honnêtement, avec un simple tuba, vu la profondeur, on n'aperçoit pas grand-chose. Au fond de l'eau, on découvre une nuée de personnages hyperréalistes dont les visages ont été moulés à partir de ceux des habitants de l'île. Le circuit chemine entre différents groupes de statues, élaborées à partir de matériaux non polluants. Des œuvres qui continuent à évoluer au rythme de leur colonisation par les algues, les coraux, etc. ! C'est évidemment la relation de l'homme à la nature, mais aussi celle des hommes entre eux, qui est ici mise en perspective, en particulier lorsque l'inhumanité confine à l'absurde. De l'humour et du second degré aussi, lorsque l'on découvre une piscine (en plein milieu de la mer !), ou encore 2 vieillards sur une balançoire. Ou une critique acerbe lorsqu'un homme se prend en photo devant un bateau de réfugiés en plein naufrage... Spectaculaire et intense !

DANS LES ENVIRONS DE PLAYA BLANCA

Playa Quemada *(35570)* **:** *à env 20 km au nord-est de Playa Blanca par la LZ-702, puis à droite la LZ-706.* Petit village brut de forme, tout blanc sur fond de falaises noires, tranquille, intime, oublié... Plage de sable noir, des restos pieds dans l'eau, une poignée de chambres chez l'habitant et quelques appartements seulement... L'antithèse des grandes stations balnéaires. Parmi nos villages préférés !

Ventanas de Lanzarote : *c/ Taburiente, 3. 628-21-24-89. • ventanasdelanzarote@gmail.com • ventanasdelanzarote.com • Sur la gauche du front de mer. Résa obligatoire. Apparts 2-4 pers 60-118 €. Bouteille de vin offerte sur présentation de ce guide.* Située en léger surplomb de la mer, plaisante petite structure blanc et bleu de style canarien. Une dizaine d'appartements coquets (déco façon « bord de mer »), confortables et bien tenus ; dont un familial (2 chambres, 2 salles de bains) et un loft pour 2-3 personnes (les 2 dotés d'une terrasse privée sur le toit). Également une grande terrasse commune. Le calme est total. Bon rapport qualité-prix.

🍽 🍸 ***Salmarina :*** *avda Marítima, 13. ☎ 928-17-35-62. • info@salmarinarestaurante.com • Tlj 11h-22h30. Plats 12,50-22 €.* Coquette salle à la subtile déco marine, accolée à une terrasse sur les flots. Cuisine traditionnelle soignée, mijotée avec de bons produits frais : poissons et fruits de mer pêchés du jour, notamment. Également des viandes savoureuses et des plats à partager à 2. Bien aussi pour boire un verre, accompagné de quelques tapas... L'addition grimpe vite, mais accueil gentil et service efficace.

PUERTO DEL CARMEN (35510)

Étendue sur plusieurs kilomètres en bord de mer – avec de longues et séduisantes plages de sable clair – c'est une vraie ville, montrant une forte concentration urbaine. Une offre faramineuse d'hébergements en tout genre, de restos, de bars et de commerces tapageurs ! L'un des endroits favoris des agences pour entasser leur clientèle allemande, anglaise et scandinave transie par l'hiver. Il n'y a guère que le petit quartier du port avec son église et ses quelques rues en pente *(pueblo)* qui a conservé un authentique charme villageois. C'est là que se trouvent nos adresses.

➢ Bus nº 3 (35-55/j.) depuis ***Arrecife, Costa Teguise*** et ***Playa Honda*** ; nº 161 (8-22/j.) depuis ***l'aéroport, Puerto Calero*** et ***Playa Blanca*** ; nº 12 (seulement 5 le dim mat) pour le ***mercado de Teguise*** *(infos Intercity Bus : ☎ 928-81-15-22 ; • arrecifebus.com •).* Pas de station. Les bus longent l'avenue du bord de mer.

LANZAROTE

Adresse utile

ℹ ***Oficina de turismo :*** *avda de las Playas, s/n (proche angle c/ Anzuelo). ☎ 928-51-33-51. • puertodelcarmen.com • Tlj 10h-18h. Sur la plage.* Un autre bureau au port *(c/ Lanzarote, 1 ; tlj 10h-18h).*

Où dormir ? Où manger ? Où boire un verre ?

🏠 ***Pensión Magec :*** *c/ El Hierro, 11. ☎ 928-51-51-20. • info@pensionmagec.com • pensionmagec.com • Résa obligatoire. Doubles 45-50 € sans ou avec sdb. Pas de petit déj.* Au-dessus du port, des chambres très simples et bien tenues. Terrasse avec vue sur mer à l'étage. Certainement le dernier hébergement du genre à Puerto del Carmen, et aussi la providence des budgets modestes !

🍽 🍸 ***La Lonja :*** *avda del Varadero, 2. ☎ 928-51-13-77. Sur le port. Tlj 8h-23h30. Plats 9,50-17 €.* Resto réputé pour ses poissons et fruits de mer (d'ailleurs, sa propre poissonnerie est attenante !), cuisinés avec soin et simplicité. Et puis des viandes et des paellas... sans oublier les tapas qui peuvent accompagner un verre à l'apéro. Grande salle avec mezzanine, et terrasse sur le port. Une adresse d'habitués.

DANS LES ENVIRONS DE PUERTO DEL CARMEN

👀 ***Museo-Casa José Saramago :*** *c/ Los Topes, 2, à **Tías**. ☎ 928-83-30-53. • acasajosesaramago.com • À 4 km au nord-est de Puerto del Carmen par la LZ-505. Tlj sauf dim, 10h-14h30 (dernière admission à 13h30). Visite guidée : 8 € ;*

gratuit moins de 16 ans. Audioguide en français. C'est la maison du célèbre écrivain portugais, Prix Nobel de littérature en 1998, qu'il occupa de 1993 à sa mort en 2010. Simple, pleine d'humanité, émouvante, à l'image de celui qui avait choisi de se battre aux côtés des opprimés. Longtemps adhérent du parti communiste portugais, il termina sa longue existence d'écrivain engagé comme altermondialiste, signataire du manifeste de Porto Alegre. Dans son bureau, décoré de nombreux tableaux et estampes, sa table de travail d'où sortit *L'Aveuglement.* Dans la salle de séjour, toiles de Tàpies et d'Oscar Niemeyer, photos de Salgado ; puis la riche bibliothèque (15 000 livres) dans une autre maison attenante, où il écrivit *Le Voyage de l'éléphant,* et *Caïn...* Pour conclure sur une île qui mit tant la culture en harmonie avec la nature, normal de finir sur les délicats aphorismes de José Saramago : « Le hasard ne choisit pas, il propose ! » ou bien « L'histoire des hommes est l'histoire de leur mésentente avec Dieu, il ne nous comprend pas et nous ne le comprenons pas ! » ou encore « La plus grande sagesse de l'homme, c'est de savoir se contenter de ce qu'on a en attendant qu'on invente mieux ! ». Vous voyez, on n'est pas forcé de bronzer idiot !

TENERIFE

• Carte *p. 220-221*

ABC de Tenerife

- ***Superficie :*** 2 034 km².
- ***Population :*** 917 841 hab.
- ***Villes principales :*** Santa Cruz de Tenerife (207 312 hab.), La Laguna (157 503 hab.), La Orotava (42 029 hab.), Puerto de la Cruz (30 468 hab.).
- ***Particularité touristique :*** l'île la plus visitée des Canaries.
- ***Particularité géographique :*** le Teide, avec 3 718 m d'altitude, est le point culminant d'Espagne.
- ***Économie :*** tourisme essentiellement, immobilier, agriculture (bananes et légumes) et pêche dans une moindre mesure.
- ***Fêtes :*** l'île la plus festive des Canaries, possède un carnaval époustouflant de couleurs, notamment à Santa Cruz.
- ***Climat :*** température très stable sur les côtes, 22 °C, mais il neige l'hiver en haute altitude.

Volcanique, touristique et incroyablement variée ! Telle est Tenerife, l'île la plus visitée des Canaries. Autant commencer par les choses qui fâchent : il est vrai que certaines stations balnéaires, notamment celles du Sud, nées dans les années 1960, ont été transformées en terrain de jeu pour promoteurs plus habiles que talentueux, pas toujours soucieux du bien-être des touristes. Mais résumer Tenerife à une simple destination « balnéaire » serait faire injure à ses richesses et à sa diversité. D'ailleurs, en y regardant de plus près, les promoteurs et leur béton n'ont finalement touché qu'une toute petite partie de l'île. Et puisque la grande majorité des touristes s'y concentrent, il sera d'autant plus facile pour vous de partir à la découverte du reste de l'île, où quelques joyaux remarquables vous attendent.

Parmi les merveilles à découvrir, 3 cités dites « coloniales » au charme fou : La Laguna (inscrite au Patrimoine mondial de l'humanité par l'Unesco) ; La Orotava, adossée sagement à une colline, et Garachico, adorable et tranquille petite ville côtière. À ces villes historiques viennent s'ajouter 3 sites naturels de toute beauté, parcourus de sentiers de randonnée impeccablement tenus : le parc national du Teide au cœur de l'île, où s'étendent, à l'ombre du volcan du même nom, des paysages lunaires de roches et de laves ; le parc rural de l'Anaga à la pointe nord-est, couvert d'une épaisse végétation, qui offre de grandioses panoramas sur l'océan ; et le parc rural de Teno, à la pointe nord-ouest, sauvage, escarpé et encore peu fréquenté.

Ajoutez à cela un climat d'une égale douceur toute l'année, quelques ports de pêche, des excursions en bateau pour aller saluer les baleines et un carnaval (celui de Santa Cruz) à tout casser, voilà de quoi passer d'agréables vacances, pas forcément tournées vers les plages.

CLIMAT

> **CALIMA**
>
> *Phénomène climatique typiquement canarien, calima est le nom d'un vent venant du Sahara, soulevant et emportant des particules de sable jusque dans les hautes couches de l'atmosphère avant de retomber sur les premiers reliefs rencontrés, souvent Tenerife et le Teide (mais aussi les autres îles). Ce sable saharien est là pour rappeler que ces îles sont bien plus africaines qu'espagnoles.*

L'éternel printemps ! Ainsi qualifie-t-on le climat des Canaries. C'est encore plus vrai à Tenerife où la moyenne de température annuelle tourne autour de 22 °C. Une douceur qui ne descend en bord de mer quasiment jamais en dessous de 20 °C et franchit rarement la barre des 30 °C. Protégée des conditions climatiques extrêmes, il y fait bon toute l'année. La douceur de son climat est due à la proximité des côtes africaines (pour la chaleur), tempérée par la présence des alizés qui rafraîchissent l'atmosphère (cela reste une île). Si l'on veut entrer dans les détails, il faut distinguer le nord de l'île, qui connaît quelques variations de température et des pluies peu abondantes mais régulières, avec le sud, très sec et qui ne reçoit quant à lui que de très rares précipitations. La frontière naturelle entre ces 2 microclimats est créée par la chaîne de montagne du Teide qui « coupe » Tenerife en 2 sur un axe nord-est/sud-ouest. Ce n'est donc pas un hasard si c'est la partie sud de l'île qui a été choisie pour le développement touristique.

Si les particularités de Tenerife s'expriment entre le nord et le sud, il faut aussi considérer la question de l'altitude. Sur les contreforts du Teide, au cœur de l'île, à 2 000 m d'altitude et plus, les journées sont souvent ensoleillées, mais les nuits fraîches, voire froides, et le vent peut souffler fort. Pull et coupe-vent de rigueur ! L'hiver, la neige est souvent présente sur les sommets.

Quand venir ?

Fort des constats dressés plus haut, si vous souhaitez profiter à la fois des plaisirs de la plage et de ceux des randonnées en montagne et même en haute altitude, le printemps et l'automne sont des périodes idéales pour séjourner sur l'île, tout en gardant à l'esprit que l'on peut profiter de Tenerife toute l'année.

FÊTES ET MANIFESTATIONS

S'il y a une chose que les habitants de Tenerife ont conservée depuis des siècles, c'est leur ferveur festive. Les fêtes de l'île sont multiples, colorées, populaires et généreuses. Les habitants y participent avec plaisir et les touristes sont toujours les bienvenus. Le carnaval et la Semaine sainte font partie des temps forts dans les grandes villes, mais certaines bourgades et villages témoignent d'un grand dynamisme lors de fêtes plus modestes mais pleines d'une belle énergie. Voici le programme des manifestations les plus marquantes. Pour connaître l'agenda de l'année en cours : • *webtenerifefr.com* •

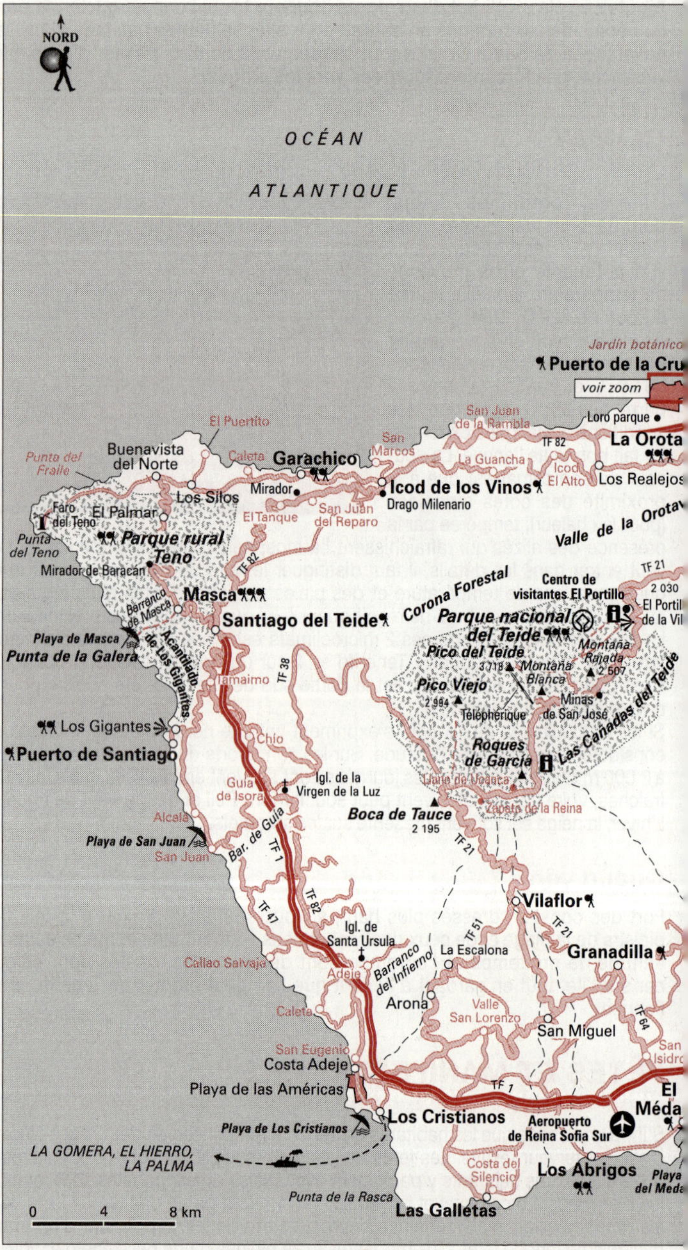
NORD
OCÉAN
ATLANTIQUE
Jardín botánico
Puerto de la Cru
voir zoom
Loro parque
La Orota
San Juan de la Rambla
TF 82
San Marcos
La Guancha
Icod El Alto
Los Realejos
El Puertito
Caleta
Garachico
Punta del Fraile
Buenavista del Norte
Los Silos
Mirador
Icod de los Vinos
Drago Milenario
Faro del Teno
El Palmar
El Tanque
San Juan del Reparo
Valle de la Orotav
Punta del Teno
Parque rural Teno
Mirador de Baracán
TF 82
TF 21
Corona Forestal
Centro de visitantes El Portillo
2 030
El Portil de la Vil
Masca
Barranco de Masca
Santiago del Teide
Parque nacional del Teide
Playa de Masca
Punta de la Galera
Acantilado de Los Gigantes
Pico del Teide
3 718
Montaña Blanca
Montaña Rajada
2 507
Las Cañadas del Teide
Tamaimo
TF 38
Pico Viejo
2 994
Téléphérique
Minas de San José
Los Gigantes
Chío
Roques de García
Puerto de Santiago
Igl. de la Virgen de la Luz
Llano de Ucanca
Guía de Isora
Zapato de la Reina
Boca de Tauce
2 195
Alcalá
Bar. de Guía
Playa de San Juan
TF 1
TF 21
San Juan
Vilaflor
TF 47
TF 82
TF 21
Igl. de Santa Ursula
TF 51
La Escalona
Granadilla
Callao Salvaje
Adeje
Barranco del Infierno
Arona
Caleta
Valle San Lorenzo
San Miguel
TF 64
San Eugenio
Costa Adeje
San Isidro
Playa de las Américas
TF 1
El Méda
Los Cristianos
Aeropuerto de Reina Sofia Sur
Playa de Los Cristianos
LA GOMERA, EL HIERRO, LA PALMA
Costa del Silencio
Los Abrigos
Playa del Mede
Punta de la Rasca
Las Galletas
0
4
8 km

Punta del Hidalgo
Las Palmas de Anaga
Roque Bermejo
Benijo
Almaciga
Punta del Hidalgo
Taganana
Chinobre
Chamorga
Bajamar
Las Montañas de Anaga
Pico del Inglés
Parque rural Anaga
Col El Bailadero
Tejina
Forêt de las Mercedes
TF 12
Bar. de las Huertas
Tegueste
Mirador de las Casas de la Cumbre
Mirador Cruz del Carmen
TF 16
TF 13
Mesa del Mar
Las Canteras
San Andrés
La Laguna
TF 21
Las Mercedes
Playa de Las Teresitas
Guamasa
Tacoronte
SANTA CRUZ DE LA PALMA
El Sauzal
Golf
Aeropuerto de los Rodeos
TF 5
LAS PALMAS DE GRAN CANARIA
La Esperanza
voir zoom
TF 2
La Matanza
SANTA CRUZ DE TENERIFE
Pico de las Flores
CADIZ, BARCELONA
La Victoria
TF 24
Santa Maria del Mar
Santa Ursula
Bosque de la Esperanza
Las Raices
TF 1
EL HIERRO
Mirador de Humboldt
Tabaiba
LA GOMERA
TF 28
Las Caletillas
Organos
Candelaria
Basílica de la Virgen
Montaña la Crucita
Arafo
Güímar
Observatoire météorologique
Mirador de Don Martín
El Puertito
Zona Forestal
Fasnia
OCÉAN ATLANTIQUE
Los Roques
Arico Viejo
Arico
Poris de Abona
Faro de Abona
Sites inscrits au Patrimoine mondial de l'Unesco
La Orotava
36 km
Santa Cruz
83 km
76 km
Los Cristianos

TENERIFE

En février-mars

– ***Carnavals :*** • *carnavaldetenerife.com* • À Santa Cruz, Puerto de la Cruz, Güímar, Candelaria, Los Cristianos, Los Gigantes et Tacoronte. Le carnaval de Tenerife, et particulièrement celui de sa capitale Santa Cruz, est une des fêtes majeures de l'île. C'est un grand carnaval, mais il conserve son caractère familial, plein de bonne humeur et de partage. Le carnaval se déroule entre février et mars et attire des centaines de milliers de personnes. Des spectacles et des concerts se tiennent à heures fixes (en soirée normalement) au Centro Internacional de Ferias y Congresos (billets en vente sur leur site). Dans le riche programme, on trouve le *Défilé annonciateur,* le *Grand Gala d'Élection de la Reine,* le très attendu *Coso* (Grand Défilé de l'Apothéose), le toujours nostalgique *Enterrement de la Sardine* ou le *Carnaval de jour* pour toute la famille. La fin du carnaval de Santa Cruz marque le début des carnavals d'autres grandes communes de l'île, comme ceux de Puerto de la Cruz, Candelaria, Los Cristianos ou Tacoronte.

– ***Carnaval de Güímar :*** celui-ci accueille une manifestation particulière. Il s'agit de *Las Burras* (« Les Ânesses »), une représentation théâtrale dont la 1re édition se déroula en 1992, et dont l'objectif était de redonner à l'*Enterrement de la Sardine* son lustre d'antan. Dans ce rituel les sorcières se convertissent en ânesses et invoquent le démon. Après une danse des sorcières et du diable, un groupe de frères religieux acclame l'archange Saint-Michel. À l'issue de la lutte entre les 2 clans, le démon est abattu et les sorcières brûlées sur le bûcher.

– Le ***carnaval de Puerto de la Cruz*** a également sa tradition singulière. Un rituel d'origine afro-cubaine qui prend corps à la fin du XIXe s, rapporté par les émigrants canariens de retour de Cuba. Durant cette fête appelée *Matar la Culebra* (« Tuer la couleuvre »), plusieurs hommes, habillés en esclaves noirs, essaient de tuer à coups de fouet le serpent qui symbolise le mal. Autre point fort du carnaval, le *Mascarita ponte tacón* que l'on vous laisse découvrir.

En mars-avril

– ***Semaine sainte :*** *à* ***La Laguna.*** • *aytolalaguna.es* • Pour bien observer la ferveur religieuse des insulaires, c'est à La Laguna qu'il vous faudra vous rendre lors de la Semaine sainte. Elle attire une foule immense qui défile dans un silence religieux (pardi !) lors de processions assez impressionnantes. De nombreuses autres communes célèbrent la *Semana Santa* avec des festivités traditionnelles. Citons La Orotava, Puerto de la Cruz, Icod de los Vinos, Santa Cruz, Adeje et Arona. À Candelaria, Güímar et Adeje, on met également en scène le chemin de Croix.

– ***Fête patronale de San Marcos*** *(La Romeria)* ***:*** *à* ***Tegueste,*** *dernier dim d'avr.* Tout le village enfile ses habits de gala pour recevoir des milliers de pèlerins. Procession en costume traditionnel. Des groupes folkloriques venus de tout l'archipel animent la fête.

En mai-juin

– ***Fiestas de las Cruces*** *(fêtes de la Croix)* ***:*** *à* ***Santa Cruz, Puerto de la Cruz*** *et* ***Los Realejos,*** *3 mai.* • *losrealejos.es* • *santacruzdetenerife.es* • Les fêtes de la Sainte Croix se situent essentiellement dans 3 communes, mais c'est celle de la ville de ***Los Realejos*** qui est la plus ancienne, avec plus de 3 siècles au compteur. Les habitants de chaque quartier fabriquent des dizaines de croix avec des fleurs et des fruits, qu'ils placent ensuite dans les rues de la ville pour le plaisir de tous. On confectionne ou décore également ses propres croix. À Realejos, où l'on a plus de 300 croix réalisées, se tient la cérémonie la plus traditionnelle. Clou de la fête, le populaire feu d'artifice se déroulant dans les rues del Medio de Arriba et del Sol. Atmosphère assez exceptionnelle. Dégustations gastronomiques, batailles de fleurs depuis des chars décorés et autres festivités s'étalent tout le mois de mai.

À Santa Cruz, c'est aussi ce jour-là que la ville célèbre l'anniversaire de la fondation de la ville.
– ***Tapis du Corpus Christi :*** *à* ***La Orotava*** *et* ***La Laguna.*** *Date mobile, en juin.* Le Corpus de La Orotava se déroule dans les rues avoisinantes de la place de la mairie, où sont confectionnés d'immenses tapis composés de fleurs, de sel et de bruyère. Le tapis principal occupe généralement toute la place de la mairie et est élaboré avec du sable volcanique d'une centaine de couleurs provenant du parc national du Teide. Le Corpus se célèbre également à La Laguna : confection de tapis, célébration d'une eucharistie et traditionnelle procession.
– ***Fête patronale de San Isidro Labrador :*** *à* ***La Orotava,*** *mai-juin.* • *laorotava.es* • Divertissements, dégustation de plats typiques canariens, chants et danses, voici le programme de cette fête joyeuse et religieuse à la fois, dont l'origine remonte au XVIIe s et qui se déroule toujours après le Corpus Christi. La foule est généralement habillée en costume typique et coloré.

En juin

– ***Fête de la Saint-Jean :*** *un peu partout, mais surtout à* ***Puerto de la Cruz, Punta del Hidalgo*** *et* ***Guía de Isora,*** *23 juin.* • *puertodelacruz.es* • Bûchers sur les plages, vœux et odeurs de bois et de vieux effets brûlés. Voici quelques ingrédients de la nuit magique du 23 juin, la veille de la Saint-Jean, qui est vécue avec une intensité particulière à Puerto de la Cruz, Punta del Hidalgo ou Guía de Isora. Les bûchers sont allumés à la tombée de la nuit pour souhaiter la bienvenue au solstice d'été. Sur le plan symbolique, il s'agit de mettre en scène l'abandon de la négativité pour ouvrir les bras à la nouveauté.

En juillet

– ***Fêtes de la Vierge du Carmen :*** *à* ***Puerto de la Cruz,*** *à la mi-juil.* • *puertodelacruz.es* • Bien que la Vierge du Carmen (patronne des pêcheurs) soit célébrée dans de nombreuses communes de Tenerife, c'est à Puerto de la Cruz que la fête atteint son paroxysme. Les habitants emportent le portrait de la Vierge avec celui de saint Telmo, depuis son ermitage jusqu'à la petite plage du port de pêche. Cette procession est devenue au fil du temps un événement d'une grande ferveur populaire, partagé par une impressionnante foule touristique. Une fois sur la plage et après un lâcher de colombes, les pêcheurs déposent les portraits sur l'un des bateaux décorés, au son d'une fanfare et des cornes de brume. La fête s'achève par un grand feu d'artifice sur le port de pêche.
– ***Fête patronale de San Benito :*** *à* ***La Laguna,*** *2e dim de juil.* • *aytolalaguna.es* • Cette célébration débute traditionnellement le 30 juin, avec les rondes de San Benito. Tous les jours des manifestations se déroulent jusqu'au point culminant, la populaire fête patronale.

En août

– ***Les Cœurs de Tejina*** (Corazones de Tejina) ***:*** *à* ***Tejina,*** *village qui dépend de La Laguna. Fin août.* • *corazonesdetejina.com* • Une des traditions les plus colorées et les plus attractives de l'île, entretenue avec... cœur par les habitants du village. Des cœurs cousus de fleurs, de fruits et de galettes de farine sont confectionnés avec amour durant des semaines, certains d'une hauteur de plus de 10 m ! Ils sont transportés par les hommes jusqu'à la place de l'église. Là, un rituel amusant consiste à critiquer malicieusement les autres cœurs.
– ***Fête patronale de San Roque :*** *à* ***Garachico,*** *16 août.* • *garachico.es* • Populaire et joyeuse, cette fête remonte au XVIIe s. À 13h, la statue du saint est accompagnée jusqu'à son ermitage par la fanfare municipale. Charrettes,

troupeaux de bétail, fanfares et petits orchestres de village sont de la partie. Au même instant, les pêcheurs de Garachico célèbrent la fête patronale maritime et accompagnent le saint en suivant le littoral en bateau.

En septembre

– ***Fêtes du Christ à La Laguna :*** *à La Laguna, tt le mois de sept.* • *aytolalaguna.com* • Le Christ, l'une des figures les plus vénérées de Tenerife, possède sa propre fête, célébrée par de nombreuses manifestations durant tout le mois. Avec la Semaine sainte, c'est la fête la plus caractéristique de La Laguna et l'une des plus surprenantes de Tenerife. La nuit du 14 septembre, un feu d'artifice et de nombreux concerts accompagnent la procession du Christ.

En novembre

– ***Festivités autour du vin nouveau :*** *en nov, dans les villages du nord de l'île.*

– ***À Puerto de la Cruz :*** la « fête du Pot et de la Châtaigne » est le nom populaire donné à la fête de San Andrés de Puerto de la Cruz. • *puertodelacruz.es* • Le 29 novembre, à la tombée de la nuit, les habitants se réunissent sur la place du Charco, en traînant pots et anciens objets, *a verga,* c'est-à-dire attachés à un solide fil de fer. Chacun fait le plus de bruit possible. Assourdissant et rigolo. Sur la place, dégustation de châtaignes grillées et plats typiques canariens comme le *cherne* (poisson des Canaries, apparenté au mérou), des préparations à base de *gofio* (farine de céréales grillées), pommes de terre cuites au sel et vins locaux.

– ***À Icod de los Vinos :*** *29 nov.* • *icoddelosvinos.es* • Une célébration particulière, la veille de la San Andrés, où l'on déguste le « vin nouveau », accompagné de châtaignes grillées et de poisson salé. Mais l'originalité se situe dans les descentes de rues (voir l'encadré).

L'AI-JE BIEN DESCENDUE ?

Lors de la fête de San Andrés, fin novembre, les jeunes du village s'amusent à dévaler les ruelles étroites de la ville d'Icod de los Vinos à toute vitesse, à l'aide de planches graissées de goudron ! Une tradition qui permettait de transporter autrefois le bois, depuis les collines jusqu'aux menuiseries situées en bas du village. Des glissades incroyables, parfois dangereuses. Super ambiance, frisson inclus.

HISTOIRE

Les Guanches furent, comme sur les autres îles, les 1ers occupants de l'île. 10 ans après avoir jeté l'ancre à Gran Canaria, les Espagnols débarquent pour prendre possession définitivement de Tenerife. Tenerife est la dernière île à être conquise par l'Espagne en 1494. Le conquistador ***Alonso Fernández de Lugo,*** capitaine général des côtes africaines, est appuyé par les Rois Catholiques, Ferdinand d'Aragon et Isabelle de Castille, qui lui ont accordé 10 mois pour achever la conquête des Canaries. Avec une

GOFIO

Des céréales grillées puis moulues, voici le gofio. Qu'il soit à base de maïs, millet ou blé, le gofio se caractérise par le fait que la céréale est d'abord grillée. La fine mixture est ensuite mêlée à différentes préparations. Avec sa farine on fait du pain, on le roule en boulettes pour les ragoûts, on le mélange à des fruits secs dans les pâtisseries. Un point commun : son caractère nourrissant.

armée de 1 000 hommes entraînés au combat depuis la conquête de Grenade (1492), il prend l'île après avoir écrasé les Guanches, non sans mal.
Un poste militaire avancé se met alors en place dans un port qui deviendra plus tard Santa Cruz. Sur les hauteurs du port, La Laguna se développe et devient une cité prospère, profitant du ravitaillement auquel procèdent les vaisseaux commerciaux espagnols en route vers les Amériques. Les Guanches vaincus se révoltent régulièrement mais la population est soumise, puis rapidement dissoute par le biais d'unions avec les conquistadors. Un des souvenirs toujours bien présents que l'on doit aux Guanches reste le *gofio.*

Dernière halte au stand avant la grande traversée !

Tenerife devient la plus importante des haltes européennes avant la traversée de l'Atlantique, ce qui favorise un développement économique rapide de l'île. Les grands explorateurs ***Bougainville, La Pérouse, Alexandre de Humboldt*** s'y arrêtent, avant de continuer leur voyage vers l'Amérique. La demande intérieure et extérieure en denrées fraîches implique un accroissement des surfaces cultivées. Les produits s'exportent et le commerce bat son plein. La banane tient un rôle de plus en plus important. Les Anglais, dont l'emprise coloniale s'étend rapidement à cette époque, commencent à lorgner sur les Canaries. Durant plus d'un siècle, les navires de Sa Royale Majesté tentent en vain d'en prendre possession. De ces nombreuses tentatives, signalons la déveine de l'amiral Blake au milieu du XVIIe s, puis celle de Jennings au début du XVIIIe s et enfin l'essai de Nelson à la fin du même siècle (voir « Un peu d'histoire » à Santa Cruz).
2 événements marquants de la fin du XVIIIe s : la création de l'université de La Laguna, dont le rayonnement est toujours bien réel, et la possibilité de commercer directement avec le Nouveau Monde accordée à Tenerife par le roi Charles III d'Espagne.
C'est en 1822 que Santa Cruz devient capitale des Canaries, titre qu'elle conservera jusqu'en 1927. Un embryon de tourisme se développe dès la fin du XIXe s du côté de Puerto de la Cruz, grâce aux Anglais et aux Hollandais qui apprécient le climat d'égale humeur toute l'année. Ils viennent ici soigner leur bronchite et autres problèmes de circulation.

LE VENEZUELA : LA 8e ÎLE DES CANARIES

Les Canaries furent une étape indispensable pour les bateaux entre l'Espagne et l'Amérique espagnole. De nombreux Canariens ont profité de cette opportunité pour émigrer au Nouveau Monde au fil du temps. Montevideo, l'actuelle capitale de l'Uruguay, a été fondée par des immigrés canariens. Le Venezuela a accueilli tellement de familles des Canaries que cette colonie fut longtemps surnommée « La Octava Isla », *c'est-à-dire la 8e île de l'archipel...*

L'ère Franco et l'ère touristique

En 1934, le général Franco est nommé gouverneur militaire des îles Canaries, en poste à Tenerife. Sans doute une manière de l'écarter d'une éventuelle prise de pouvoir (mais les historiens ne sont pas tous d'accord sur ce point). En 1936, Franco met en place son putsch depuis Tenerife. Une période dure s'annonce pour les Canaries en général et Tenerife en particulier.
C'est le tourisme qui permettra le sauvetage économique de l'île. Dès la fin des années 1950, et surtout au cours des années 1960, l'aspiration aux vacances se développe dans toute l'Europe. Croissance, congés payés, développement des lignes aériennes... Tenerife possède bien des atouts : climat parfait et régulier, température de l'eau idéale, peu de décalage horaire, proximité culturelle... Los Cristianos, puis Las Galletas, Playa de las Américas et Costa Adeje... la côte sud

est livrée aux promoteurs. On construit en hauteur, en longueur, en largeur... et souvent de travers. Côté positif, les Canaries sortent du marasme économique et il y a du travail pour beaucoup d'insulaires.

Depuis 1975

Après la mort de Franco, en 1975, le développement touristique poursuit son essor, bien aidé par l'inauguration, en 1978, d'un aéroport international à proximité des grandes stations balnéaires du sud de l'île.
En 1982, les îles des Canaries obtiennent le statut de « Communautés autonomes d'Espagne ». Santa Cruz de Tenerife se partage, avec Las Palmas de Gran Canaria, le siège du gouvernement (alternance tous les 4 ans). Le tourisme continue à croître, année après année, pour atteindre des chiffres assez stupéfiants pour une île de cette taille : 5,7 millions de visiteurs en 2017 !

RANDONNER À TENERIFE

Si c'est la mer qui attire avant tout les touristes, c'est souvent la randonnée qui les séduit. La diversité et la qualité des sentiers qui parcourent l'île sont absolument étonnantes. Les randos se font essentiellement sur 3 massifs. À tout seigneur tout honneur, le ***parc national du Teide,*** avec ses champs de lave, ses cheminées de fée et évidemment l'ascension de l'incroyable volcan, le *pico del Teide* à 3 718 m.
Le ***parque rural Anaga*** offre de superbes sentiers en sous-bois et le ***parque rural Teno*** fait pénétrer dans un univers abrupt et sauvage, quasiment intact depuis des siècles. Chacun des parcs entretient entre 15 et 20 sentiers de rando, auxquels il faut ajouter les nombreuses variantes et recoupements. Tous les parcs abritent un ***Centro de visitantes*** très bien fait, où des rangers sont là pour vous accueillir et vous guider, la plupart du temps en français. Excellentes brochures à disposition. Pour chaque parc, nous vous proposons une sélection de sentiers emblématiques et de difficultés variées. Avant de partir pour une balade, toujours bien se renseigner sur la météo. Ne jamais oublier qu'en altitude, le temps n'est jamais le même qu'en bord de mer (humidité, vent, froid...).

ÊTRE SEREIN AUX CANARIES

Ce n'est pas une blague, mais l'un des plus populaires oiseaux de compagnie en Europe est le serin des Canaries, originaire des îles, plus connu sous son simple nom de canari (et non serin). Le Serinus canaria *est un passereau d'à peine 12 cm, souvent vert ou jaune, présent sur toutes les îles, sauf à Lanzarote et Fuerteventura.*

ET AUTRES SPORTS

– ***Sports de glisse :*** on peut pratiquer le ***surf*** sur certaines plages, comme la *playa San Roque* à Taganana (superbe et sauvage) ou la *playa Martiánez* à Puerto de la Cruz (paysage moins glamour). Ou encore à environ 5 km à l'ouest de cette ville, la *playa del Socorro* : belle plage de sable noir, rendez-vous prisé des bons surfeurs locaux.
Pour le ***kitesurf*** et la ***planche à voile,*** rendez-vous sans hésiter à *El Médano,* au sud de l'île, près de *Los Cristianos*. Cette grande plage superbe, épargnée par l'urbanisme, est la Mecque de l'île dans ce domaine. Vents réguliers et assez puissants (5 à 7 Beaufort) pour combler tout le monde.
– ***Plongée :*** l'univers volcanique de l'île et les falaises qui tombent à pic dans l'océan offrent un univers sous-marin exceptionnel. C'est surtout depuis le port de

Los Gigantes mais également depuis la côte sud, *Los Cristianos* et *Costa Adeje*, que l'on pourra le mieux exploiter les différentes possibilités de l'île. Voir nos adresses dans ces sites.
- ***Nager en mer :*** attention, malgré les nombreuses plages, peu de sites sont véritablement propices à la baignade. ***Certaines plages sauvages sont en fait véritablement dangereuses*** et il vous faudra observer les drapeaux pour savoir s'il est possible de mettre un pied dans l'eau ou pas. En l'absence de signalisation, toujours prendre ses informations auprès des habitants et ne jamais se risquer sur une plage ventée si personne ne s'y baigne. Certains sites dangereux pour la baignade possèdent des sortes de piscines naturelles, goulets étroits protégés de la houle, ou piscines artificielles (bien qu'elles soient appelées « naturelles »), alimentées en eau de mer grâce à la marée, comme à *Bajamar* ou à *Puerto de la Cruz* où César Manrique a construit de magnifiques bassins.
- ***Randonnée :*** voir la rubrique spécifique « Randonner à Tenerife ».
- De nombreux autres sports comme le VTT, le parapente ou l'escalade sont praticables sur l'île.

VILLES « COLONIALES »

Tenerife abrite 3 villes qui ont marqué l'histoire de l'île, conservant les traces de ce glorieux passé. ***La Laguna,*** 1re capitale de l'île sous le nom complet de San Cristóbal de La Laguna, à quelques kilomètres au-dessus de Santa Cruz, est un bijou. Ce n'est pas une ville-musée mais une cité bien vivante grâce à la présence de son université et de plusieurs dizaines de milliers d'étudiants. ***La Orotava*** est une ville coloniale tranquille et pleine de charme, étendue à flanc de montagne au-dessus de l'Atlantique. Enfin l'adorable ***Garachico,*** ancienne petite ville portuaire, au bord de la mer, a conservé son caractère ancien avec ses vieilles demeures et ses ruelles patinées par les siècles.

ITINÉRAIRES À TENERIFE

En 3 jours

- ***1er jour :*** essayez d'arriver à l'aéroport Norte, près de Santa Cruz de Tenerife, capitale de l'île. Se rendre à *La Laguna* **(1),** visite du centre-ville et du musée d'Histoire, puis route vers *La Orotava* **(2).** Visite de la ville et nuit sur place. S'il y a 2 villes coloniales à ne pas rater, ce sont celles-là.
- ***2e jour :*** exploration du *parque nacional del Teide* **(3).** L'après-midi, montée au *pico del Teide* **(4)** en téléphérique et petite rando dans le parc. Y passer la nuit si possible (il y a un *parador* assez chic et cher mais site magnifique). Sinon, route vers Garachico, sur la côte nord, charmante ville coloniale entre montagne et océan.
- ***3e jour :*** visite de la ville de *Garachico* **(5),** puis route vers *Los Gigantes* **(6).** Après-midi, excursion pour aller voir les baleines et les dauphins.

En 1 semaine

- ***1er jour :*** *La Laguna* **(1),** visite du centre-ville et du musée d'Histoire. Petit crochet par *Santa Cruz* **(2)** pour le *Museo de la Naturaleza y el Hombre* et le *TEA*. Retour vers La Laguna.
- ***2e jour :*** exploration du *parque rural Anaga* **(3).** Rando dans le parc à la journée ou ½ journée. Descente vers *Taganana* **(4).**
- ***3e jour :*** *parque nacional del Teide* **(5).** Traversée du parc, montée au *pico del Teide* **(6)** par le téléphérique et petite rando dans le parc. On peut aussi visiter

l'observatoire astronomique et admirer le ciel étoilé la nuit. Nuit sur place si possible ou descente vers Vilaflor, gentille bourgade tranquille à mi-altitude.
– ***4e jour :*** autre randonnée dans le parc, puis cap sur *La Orotava* ***(7).*** Visite de la ville à pied. Pour un bain, descente à *Puerto de la Cruz* ***(8)*** pour profiter du *Lago Martiánez,* bassins d'eau de mer réalisés par Manrique. Petit tour en ville.
– ***5e jour :*** visite de la côte nord-ouest. *Garachico* ***(9),*** gros village de caractère au style colonial bien conservé. Baignade dans les piscines naturelles. Petit tour à *Icod de los Vinos* ***(10).***
– ***6e jour :*** exploration du *parque rural Teno* ***(11).*** Rando dans le parc et repas dans l'une des auberges champêtres, au cœur d'un paysage au relief accidenté : ravins profonds, gorges et falaises vertigineuses, routes tortueuses.
– ***7e jour :*** route vers *Masca* ***(12)*** et visite de cet adorable village de montagne. Route vers *Los Gigantes* ***(13).*** Excursion pour aller voir les baleines et les dauphins.

Arriver – Quitter Tenerife en avion

Tenerife possède 2 aéroports. L'un est situé au nord de l'île, ***Tenerife Norte (aeropuerto Norte Los Rodeos)*** à environ 10 km de Santa Cruz de Tenerife, la capitale, près de San Cristóbal de la Laguna. L'autre, le plus important, s'appelle ***Tenerife Sur (aeropuerto Reina Sofía).*** Il se trouve au sud de l'île, à environ 10 km du plus grand secteur touristique et hôtelier de l'île. Entre ces 2 aéroports, il y a 63 km, soit moins de 1h d'autoroute. Les grandes compagnies aériennes partent et atterrissent aux 2 aéroports, mais le gros du trafic s'effectue vers le sud.

➢ La plupart des grandes villes européennes sont reliées à Tenerife par des vols réguliers ou low cost. Tarifs parfois très avantageux.

Aeropuerto Norte Los Rodeos

Tout proche de Santa Cruz et de La Laguna, il s'agit de l'***aéroport domestique*** (d'île en île), avec quelques vols internationaux (pour la France notamment) et certaines liaisons vers Barcelone, Madrid, Séville et autres...

ℹ ***Oficina insular de Información turística :*** *dans le hall de réception des bagages. ☎ 922-25-54-33. Tlj 8h-21h.* Carte de l'île, horaires des bus, infos sur les hôtels... Bon accueil.

■ ***Location de voitures :*** *ts les loueurs se situent dans la salle de remise des bagages.* ***Cicar,*** *☎ 928-82-29-00, • cicar.com •.* ***Hertz,*** *☎ 922-63-58-68, • hertz.es •.* ***Europcar,*** *☎ 911-50-50-00, • europcar.es •.* ***Avis,*** *☎ 928-09-23-30, • avis.es •.* Évitez *Goldcar,* compagnie à bas prix, qui n'offre pas un bon service, de plus le garage est situé à plusieurs kilomètres de l'aeropuerto Norte.

■ ***Autres services :*** dans l'aérogare, on trouve pharmacie, distributeur, presse, cafétéria...

■ ***Compagnies aériennes : Vueling,*** *☎ 902-80-80-05, central de résas ; kiosque ouv 5h-8h et 12h-17h.* ***Air Europa,*** *☎ 911-40-15-01 ; kiosque ouv 6h-20h.* ***Iberia,*** *☎ 911-11-15-00, central de résas ; kiosque ouv 5h30-19h.* ***Binter Canarias,*** *☎ 922-32-77-00.* ***Canaryfly,*** *☎ 928-01-85-00, central de résas.*

Comment rejoindre les grandes villes ?

– Les bus se prennent juste au sous-sol du terminal d'arrivée, sur la gauche (emprunter le tapis roulant qui descend à l'étage inférieur).

➢ ***De/vers Santa Cruz :*** bus nº 20 (2,65 €). Fonctionne du 1er au dernier avion, env ttes les 20-30 mn. Quelques bus de nuit également. Un peu moins de liaisons w-e et j. fériés.

➢ ***Puerto de la Cruz :*** bus nº 30 (4,75 €). Mêmes fréquences que le nº 20.

➢ ***De/vers la côte sud (Los Cristianos, Adeje et aeropuerto Sur) :*** bus nº 343, qui va jusqu'à l'*aeropuerto Sur*

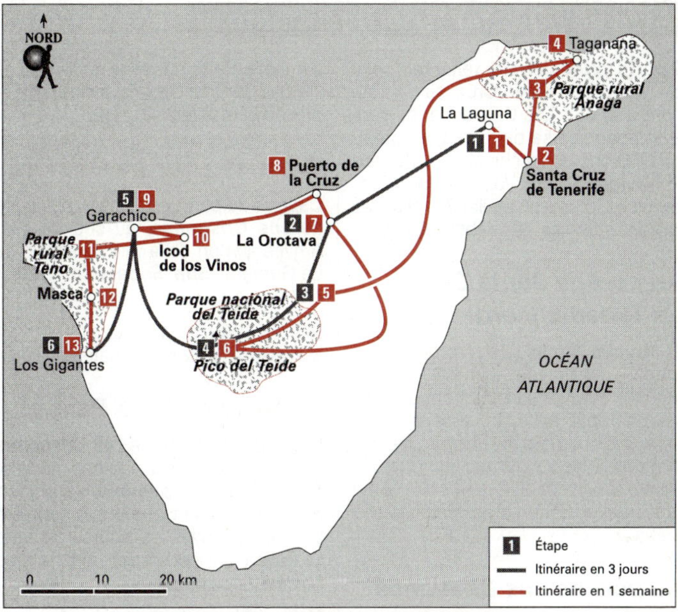

ITINÉRAIRES À TENERIFE

Reina Sofia (compter env 1h de trajet et 10-13 €). Liaisons ttes les heures ou ttes les 1h30.

Aeropuerto Sur Reina Sofía

À 17 km à l'est de Los Cristianos et 63 km au sud de l'aeropuerto Tenerife Norte (Los Rodeos). C'est l'***aéroport international,*** avec aussi une liaison intérieure vers Gran Canaria (parfois 1/sem vers El Hierro).

Tourist Information : *à l'extérieur du terminal des arrivées, dans un grand kiosque moderne. ☎ 922-39-20-37. Tlj 9h-21h.* Excellentes informations dans tous les domaines : hébergement, plan de l'île, visites, transports en bus, etc.

■ ***Location de voitures :*** nombreuses compagnies. ***Cicar,*** *☎ 928-82-29-00.* ***Europcar,*** *☎ 911-50-50-00.* ***Hertz,*** *☎ 922-75-93-19.*

■ ***Compagnies aériennes : Vueling,*** *☎ 902-80-80-05, central de résas.* ***Air Europa,*** *☎ 911-40-15-01.* ***Iberia,*** *☎ 922-75-91-30.* ***Volotea,*** *☎ 899-23-20-50.* ***Ryanair,*** *☎ 902-05-12-92.*

Comment rejoindre les grandes villes ?

Les bus se prennent juste à l'extérieur du terminal d'arrivée. Plusieurs arrêts tout le long de la chaussée. C'est bien organisé, et les bus sont à l'heure.

➢ ***De/vers Los Cristianos, Playa de las Américas et Costa Adeje :*** bus nº 111 (plate-forme 32). Liaisons 2 fois/h ; compter 3,20 € pour Los Cristianos, 3,70 € pour Costa Adeje.

➢ ***De/vers Puerto de la Cruz et l'aeropuerto Norte :*** bus nº 343 (plate-forme 30). 1 liaison/h en moyenne. Compter env 1h et 10-14 €.

➢ ***De/vers Santa Cruz :*** bus nº 111 (plate-forme 34). Liaisons toutes les 20 mn env ; compter 9,35 €. S'arrête sur toute la côte (env 1h de route).

Arriver – Quitter Tenerife en bateau

2 ports principaux à Tenerife : celui de la capitale, Santa Cruz, sur la côte nord-est, et à Los Cristianos, au sud. 2 compagnies se partagent le gâteau des liaisons de l'archipel : ***Fred Olsen*** et ***Naviera Armas.*** Voir aussi nos chapitres « Comment y aller ? » et « Les liaisons inter-îles » en début de guide.

Au port de Santa Cruz de Tenerife (nord)

■ ***Naviera Armas :*** *dársena de Anaga, muelle de Enlace, s/n. ☎ 922-53-40-50. • navieraarmas.com • Lun-ven 6h-19h30 (plus tard si départs tardifs), w-e ouv 1h30 avt chaque départ.*

■ ***Fred Olsen :*** *bureau au port de* ***Santa Cruz.*** *☎ 902-10-01-07. • fredolsen.es • Horaires en fonction des bateaux.*

Au port de Los Cristianos (sud)

■ ***Fred Olsen :*** *bureau à la gare maritime. ☎ 902-10-01-07 (central de résas). • fredolsen.es • Bureau ouv lun-ven 7h-19h, sam 7h-14h, 17h30-19h, dim et j. fériés uniquement 1h30 avt le départ du bateau.*

■ ***Naviera Armas :*** *bureau à la gare maritime. ☎ 922-79-61-78. • navieraarmas.com • Bureau : ouv lun-ven 7h30-18h30 (20h30 mer et 19h45 ven) ; sam 7h30-11h, 17h30-19h ; dim 7h30-9h, 16h15-21h.*

En ferry pour Gran Canaria

Départs du port de ***Santa Cruz,*** et les arrivées se font soit au port de ***Las Palmas de Gran Canaria*** pour *Naviera Armas,* soit au port d'***Agaete*** (au nord-ouest de Gran Canaria) pour *Fred Olsen.*

■ ***Naviera Armas :*** compter 5-8 liaisons/j. selon jour et saison. Durée : 1h50.

■ ***Fred Olsen :*** env 6-8 liaisons/j. en sem et 5-6/j. le w-e, selon saison. Durée : env 1h20. Attention, ces bateaux arrivent au nord-ouest de l'île, à Agaete. De là, bus avec la ville de *Las Palmas de Gran Canaria,* inclus dans le prix du bateau (env 40 mn).

En ferry pour La Gomera

Départs du port de la station balnéaire de ***Los Cristianos,*** au sud de l'île. Arrivée au port de la ville principale de La Gomera, ***San Sebastián.*** Trajet : env 50 mn.

■ ***Fred Olsen :*** 3-4 bateaux/j.

■ ***Naviera Armas :*** 2-3 bateaux/j.

En ferry pour La Palma

Les départs se font de ***Los Cristianos*** et les arrivées à la capitale de l'île, ***Santa Cruz de La Palma.*** La plupart des bateaux font une brève escale à La Gomera avant de poursuivre vers La Palma (quelques trajets directs avec *Naviera Armas*).

■ ***Fred Olsen :*** 1 liaison/j. (sauf sam où il n'y a pas de liaison). Durée : env 3h. Départ le soir lun-ven, et le mat le dim.

■ ***Naviera Armas :*** 1 liaison/j. (sauf sam). Durée : env 3h.

En ferry pour El Hierro

Les départs se font de ***Los Cristianos*** et les arrivées à Puerto de la Estaca, à ***Valverde.*** Attention, pas énormément de liaisons pour cette île assez peu fréquentée. Bien se renseigner, car les fréquences changent souvent sans crier gare. Compter 2h30-3h de trajet selon les escales : certains bateaux pour La Gomera poursuivent leur route vers El Hierro.

■ ***Naviera Armas :*** 1 liaison tlj sauf sam.

En ferry pour Fuerteventura et Lanzarote

■ ***Naviera Armas :*** départs du port de ***Santa Cruz,*** mais changement obligatoire à Las Palmas de Gran Canaria. Quelques départs pour ***Morro Jable*** (au sud de l'île de Fuerteventura) et ***Puerto del Rosario*** (au nord-est de l'île de Fuerteventura), et 1 fois/j. (sauf sam) pour ***Arrecife*** (Lanzarote).

Comment circuler sur l'île ?

Le réseau de bus dans l'île est excellent. C'est la compagnie ***Titsa*** qui gère les transports en bus dans l'île de Tenerife. *Infos :* ☎ *922-53-13-00.* Toutes les lignes avec les fréquences sur leur site web • *titsa.com* • Nous détaillons les liaisons entre les plus grandes villes dans chaque rubrique.
Il existe une carte appelée ***Ten+,*** dont le prix oscille entre 15 et 25 € (valable aussi dans le tram). On peut l'acheter dans toutes les stations de bus et au terminal. À chaque trajet, on débite votre carte du prix du trajet. Pas de limite de date. Pratique si vous ne souhaitez pas louer une voiture. Si vous choisissez d'acheter vos billets à l'unité, faites-le plutôt dans un kiosque ou dans une station, car c'est un peu plus cher si on les prend directement dans le bus. Le tram qui relie Santa Cruz de Tenerife et La Laguna est géré par la compagnie ***Metrotenerife*** (• *metrotenerife.com* •).

LE NORD-EST DE L'ÎLE

SANTA CRUZ DE TENERIFE (38000) 203 585 hab.

• Plan *p. 232-233*

La plus grande ville de l'île, cité historique, présente un visage urbain intéressant et vivant. C'est une cité moderne de prime abord, typiquement espagnole, avec un centre piétonnier commerçant plus ancien, des années 1960-1990, et un tout petit quartier d'époque coloniale, noyau dur historique où tout a commencé à la fin du XVᵉ s. Étendue sur les pentes des monts dominés par des falaises abruptes, Santa Cruz jouit d'une situation remarquable, face à l'océan et à proximité immédiate du parc naturel Anaga. C'est aussi un port actif, hier comme aujourd'hui. Combien de galions, de caravelles, de paquebots n'y ont-ils pas fait naguère escale avant de traverser l'Atlantique pour l'Amérique espagnole ? Aujourd'hui ce sont les cargos, les ferries inter-îles, et les bateaux de croisière qui s'y arrêtent.
La ville n'est pas une station balnéaire (mais il y a une belle plage de sable à quelques kilomètres au nord), et quelle que soit la saison, elle est vivante toute l'année. On y passe 1 ou 2 journées avec plaisir, d'autant que 2 édifices modernes méritent notre attention, tant sur le plan architectural que culturel : l'Auditorium, qui dresse sa haute voile blanche dominant le bord de mer, et le TEA (Tenerife Espacio de las Artes), superbe réalisation dédiée à l'art contemporain.

UN PEU D'HISTOIRE

Lors de la conquête de l'île par les Espagnols, les Guanches résistent vaillamment et les conquistadors mettront 2 ans à s'implanter et y construire un poste avancé. ***Alonso Fernández de Lugo*** (voir la rubrique « Histoire » dans le chapitre « Hommes, culture, environnement » en fin de guide) tente de prendre les rênes de ce qui n'est pas encore une ville. Les Espagnols plantent alors une croix là où ils débarquent, et le nom de la ville est trouvé ! Alonso de Lugo, victorieux des Guanches, établit sa capitale à La Laguna, dans les terres. Situé sur la route des Amériques, Santa Cruz de Tenerife sert d'étape aux caravelles qui multiplient les

■ **Adresses utiles**

- Oficina de turismo (C2)
- **1** Fred Olsen (D1-2)
- **2** Naviera Armas (D2)

Où dormir ?

- **10** Casa colonial Cejas (C2)
- **11** Hotel Adonis Plaza (C2)
- **12** Hotel Atlántico (C2)
- **13** Hotel Taburiente (C1)

Où manger ?

- **13** Restaurante Gom (C1)
- **20** La Garriga (C2)

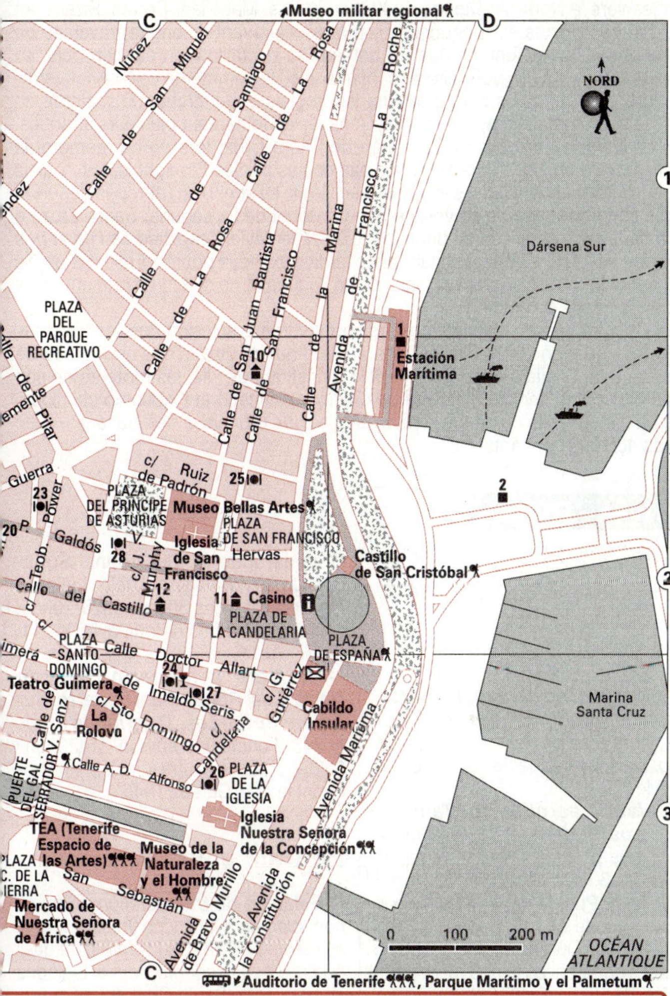

SANTA CRUZ DE TENERIFE

21 Taberna Ramón (A2)
22 El Puntero (B2)
23 Caminito (C2)
24 La Hierbita (C3)
25 Chema's wine & cheese bar (C2)
26 La Concepción (C3)
27 Bodeguita Canaria (C3)
28 El Aguila (C2)
29 Mesón Clavijo 38 (B2)

Où boire un verre le soir ?

24 La Hierbita (C3)

voyages vers le Nouveau Monde du XVIe au XVIIe s. Magellan, Cortès, Pizarro, et bien d'autres marins et conquérants y font escale avant la longue traversée de l'Atlantique. C'est à Tenerife que les bateaux se ravitaillent en eau, en bois, en victuailles. Sa vocation portuaire se confirme avec le commerce vers l'Angleterre. Au cours du XVIIIe s, ce sont d'ailleurs les Anglais qui cherchent à remettre en cause la suprématie espagnole sur les Canaries en fomentant plusieurs attaques. L'amiral ***Nelson*** perd un bras au large de Santa Cruz, lors d'une mémorable bataille navale en ***1797.*** Touchés mais pas coulés par les Espagnols, les Anglais ne mettront finalement jamais les pieds sur l'île (ils se sont bien rattrapés depuis !). Simple zone portuaire de sa voisine San Cristóbal de La Laguna, Santa Cruz ne rentre dans l'âge adulte qu'au début du XIXe s. Elle devient ***capitale de l'île et des Canaries*** en 1822. Cette reconnaissance tardive explique pourquoi elle n'a jamais eu le panache et le caractère colonial de La Laguna et ne conserve que quelques modestes traces du passé.
Santa Cruz fut la seule capitale de l'archipel jusqu'à la scission des îles Canaries en 2 provinces, en 1927. Elle partage aujourd'hui ce titre avec Las Palmas de Gran Canaria. Si elle n'est pas le 1er pôle touristique de l'île, les moteurs de son économie sont le service, l'activité portuaire, le raffinage et l'industrie chimique. Avec La Laguna, elle constitue la plus grande zone urbanisée des Canaries, avec plus de 400 000 habitants.

Arriver – Quitter

Pour ttes infos concernant les bus qui sillonnent l'île : ☎ 922-53-13-00. • titsa.com •

En bus

Estación de guaguas – Intercambiador de Santa Cruz *(gare routière ; hors plan par C3)* ***:*** *avda Tres de Mayo.* Liaisons fréquentes avec ttes les villes de l'île.

➢ ***De/vers aeropuerto Tenerife Norte Los Rodeos et Puerto de la Cruz :*** bus nos 020. Départs réguliers ttes les 20-30 mn, 4h10-00h15.

➢ ***De/vers Puerto de la Cruz :*** liaison directe avec le no 103, ttes les 30 mn (5h40-21h40). Durée : 45 mn.

➢ ***La Laguna :*** avec le no 015, départs ttes les 10-15 mn (6h05-22h30).

➢ ***De/vers Costa Adeje :*** bus no 110. Départs réguliers ttes les 30 mn, 5h40-22h. Durée : 1h10.

➢ ***De/vers aeropuerto Tenerife Sur Reina Sofía :*** bus no 111. Ligne Santa Cruz-aeropuerto Sur Reina Sofía-Los Cristianos-Costa Adeje. Liaisons régulières ttes les 30 mn, 6h25-20h55, puis quelques bus de nuit avec le 711. Durée : 1h15.

➢ ***De/vers aeropuerto Tenerife Norte-Los Rodeos-aeropuerto Sur Reina Sofía-Los Cristianos :*** bus no 343. Fonctionne env 6h-21h20 (env 8h25-23h dans l'autre sens). Moins fréquent le w-e. Durée : 1h45.

En tram pour La Laguna

■ ***Estación de tram*** *(station de tram ; hors plan par C3)* ***:*** *avda Tres de Mayo, au même endroit que la station de guaguas. • metrotenerife.com •* Liaisons en tram entre Santa Cruz et La Laguna (terminus : La Trinidad). Fonctionne ttes les 7 mn (6h-minuit). Très pratique, car le tram s'arrête en plein centre de La Laguna. Achat de billets dans les kiosques à l'extérieur ou aux machines.

Adresses utiles

ℹ ***Oficina de turismo*** *(plan C2)* ***:*** *au bas de la pl. de España. ☎ 922-89-29-03. • webtenerifefr.com • Tte l'année, lun-ven 9h30-16h, le w-e 10h-13h.* Dans une sorte de grotte en fausse lave, couverte de végétation. Bon accueil et plein d'infos sur la ville et l'île en général : transports, visites, hébergements...

■ ***Fred Olsen*** *(plan D1-2, **1**) : bureau au port de Santa Cruz.* ☎ *902-10-01-07.* • *fredolsen.es* • Voir la rubrique « Les liaisons inter-îles » en début de guide.

■ ***Naviera Armas*** *(plan D2, **2**) : bureau au port de Santa Cruz. Dársena de Anaga, muelle de Enlace, s/n.* ☎ *922-53-40-50.* • *navieraarmas.com* • *Lun-ven 6h-19h30 (plus tard si départs tardifs), w-e ouv 1h30 avt chaque départ.* Voir la rubrique « Liaisons inter-îles » en début de guide.

■ ***Distributeurs :*** *plusieurs banques et distributeurs autour de la pl. de España (plan C-D2) ainsi que dans les c/ Villalba Hervas, c/ Bethencourt Alfonso et c/ Castillo.*

■ ***Farmacia :*** *nombreuses pharmacies dans le centre. Aucun problème pour en dénicher une. En voici une centrale,* ***El Negrito*** *: c/ de Cruz Verde, 20.* ☎ *922-24-59-96. Lun-ven 8h30-20h30, sam 8h30-13h30, fermé dim.*

✚ ***Hospital Nuestra Señora de la Candelaria*** *(hors plan par A3) : ctra Gral del Rosario, 145.* ☎ *922-60-20-00.* • *hospitaldelacandelaria.com* • *Urgences 24h/24.*

■ ***Agence consulaire française de Santa Cruz de Tenerife :*** *M. Bernard J. Lonis, c/ Cruz Verde, 24.* ☎ *922-27-47-27.* • *info@agenceconsulairetenerife.fr* • *Lun et jeu 9h-12h.*

Où dormir ?

Même si la plupart des voyageurs préfèrent filer à La Laguna, toute proche, on peut être amené à passer une nuit à Santa Cruz. Voici une sélection d'adresses pour tous les budgets.

Prix moyens (40-70 €)

■ ***Casa colonial Cejas*** *(plan C2, **10**) : c/ San Francisco, 47, 38002.* ☎ *922-28-18-72.* 📱 *670-77-00-75.* • *pensioncejas@gmail.com* • *pensioncejas.com* • *Doubles sans sdb 40-80 €, familiales ; pas de petit déj. Café ou thé offert sur présentation de ce guide.* Grande demeure coloniale du XIXe s aux murs saumon. Accueil jovial de Carmen et de sa petite famille. À l'intérieur, vieil escalier, boiseries, hauts plafonds, c'est patiné et impeccable. 7 chambres simples et propres, donnant sur la rue (un peu bruyante) ou sur le jardin à l'arrière (comme celle du rez-de-chaussée, notre préférée). Salles de bains communes bien tenues. Un des meilleurs rapports qualité-prix en ville.

■ ***Hotel Adonis Plaza*** *(plan C2, **11**) : pl. de la Candelaria, 10, 38002.* 📱 *628-56-79-17.* • *hotelplaza@adonisresorts.com* • *adonisresorts.com* • *Doubles 62-70 €, petit déj compris.* Donnant sur la place Candelaria, un hôtel des années 1970 qui tient bien la route. Parties communes pas toujours très gaies (lobby dans une galerie commerciale...), mais les chambres sont spacieuses et bien équipées (clim, minibar, vue sur la place pour certaines). Solarium sur la terrasse.

■ ***Hotel Atlántico*** *(plan C2, **12**) : c/ Castillo, 12, 38002.* ☎ *922-24-63-75. Double env 60 €, petit déj compris.* En plein centre, dans une rue piétonne, un grand bâtiment de 7 étages aux chambres à la déco gentiment kitchouille (carrelage, draps de lit fleuris...). On préfère celles sur rue, plus lumineuses. L'ensemble est propre, bien tenu, mais mériterait un petit coup de neuf. Le gros plus : la terrasse sur le toit, où l'on prend le petit déj ou l'apéro avec vue sur l'océan.

Chic (70-100 €)

■ ***Hotel Taburiente*** *(plan C1, **13**) : c/ Dr José Naveiras, 24A, 38001.* ☎ *922-27-60-00.* • *reservas@hoteltaburiente.com* • *hoteltaburiente.com* • *Doubles standard min 85 € et 110 € pour les supérieures, petit déj-buffet compris.* Situé face au beau parc García Sanabria, voici l'un des meilleurs établissements de la ville. Central et tranquille, il offre des chambres décorées dans un style moderne et épuré tout à la fois, dans des tons noir, blanc et taupe. Seulement une dizaine de chambres avec vue sur le parc. Lobby élégant, avec grand coin salon et une partie bar. Jolie petite piscine sur la terrasse du dernier étage (quelques transats), salle de gym (gratuite). Le *Gom,* le resto de l'hôtel, est aussi une excellente adresse (voir « Où manger ? »). Pour ne rien gâcher, service hyper pro.

Où manger ?

Si Santa Cruz n'est pas la capitale touristique de l'île, elle en est la capitale économique. Et comme dans toutes les villes où se font les affaires, il y a de bonnes tables !

Sur le pouce

La Garriga *(plan C2,* ***20****) : c/ Pérez Galdós, 24. ☎ 922-28-55-01. • lagarrigatenerife@gmail.com • Tlj sauf dim 8h-21h (15h sam).* Une charcuterie-café-bar (si, si, ça existe !) au look étonnamment moderne, avec ses tables hautes et son grand comptoir. On y vient pour les bons sandwichs maison (*bocadillos*), frais et pas chers.

Bon marché (8-15 €)

Taberna Ramón *(plan A2,* ***21****) : rambla de Santa Cruz, 56 (ex-rambla del Général Franco). ☎ 922-24-13-67. Tlj, sauf dim et lun, 13h-16h, 19h30-23h. Congés : août. Plats 6-15 €.* Légèrement excentrée, mais ça vaut le déplacement. Une véritable auberge espagnole, avec ses écharpes de foot et ses jambons suspendus au-dessus du bar, chaleureuse (et bruyante !) comme il se doit. Cuisine canarienne fraîche et variée (poulpe à la canarienne, boudin au riz, légumes en gratin) qu'on dévore au coude-à-coude le long du grand comptoir. L'endroit est très couru, alors pensez à réserver (ou préparez-vous à patienter un peu).

El Puntero *(plan B2,* ***22****) : c/ San Clemente, 13. ☎ 922-28-22-14. Tlj sauf dim et lun 12h-16h15, 20h-23h15. Plats 3-10 €.* Un *bodegón* bien dans son jus, qui fait le plein midi et soir. On s'installe dans les 2 jolies petites salles à l'arrière, avec murs blanc et bleu, vieilles affiches de pub encadrées et ventilos au plafond. Cuisine copieuse et pas chère, principalement tournée vers la mer (soupe de poisson, poulpe, morue...). Atmosphère typique de chez typique, à la bonne franquette.

Caminito *(plan C2,* ***23****) : callejón del Combate, 10. ☎ 922-29-18-34. Tlj sauf dim, midi et soir, jusqu'à minuit. Plats 8-15 €.* Dans une rue piétonne bordée d'une dizaine de bars et restos. Celui-ci est tenu par une famille de Buenos Aires. Il est connu pour ses bonnes tapas variées (on vous conseille les aubergines frites au miel...) et son large choix de *tostas*. Également quelques bonnes viandes, des salades et des petits plats en cassolettes. On s'installe en terrasse ou dans la salle, minuscule et chaleureuse. Accueil mélangeant la gentillesse espagnole et la bonhomie sud-américaine.

Prix moyens (12-25 €)

La Hierbita *(plan C3,* ***24****) : c/ El Clavel, 19 ou par l'arrière, c/ Imeldo Seris, 24. ☎ 922-24-46-17. • lahierbitasantacruz@gmail.com • Tlj 12h-minuit en continu. Menu 17 € tt compris (servi tte la journée), plats 8-14 €.* Une fois à l'intérieur de cette belle maison coloniale, on découvre une série d'élégants salons, chaleureux, où les familles et les groupes de copains-copines se retrouvent autour d'un bon repas. Cuisine sans chichis, familiale et copieuse *(pulpo guisado, marmitaco de atún, calamares a la romana).* Excellent service et rapport qualité-prix imbattable, mais attention aux prix des suggestions du jour, pas affichés ! À l'étage, plusieurs salles aux murs richement décorés d'objets amusants. Et au rez-de-chaussée, côté calle Imeldo Seris, c'est également un bar sympa.

Chema's – wine & cheese bar *(plan C2,* ***25****) : c/ San Francisco, 28. 📱 654-13-25-58. • chemasginclub@gmail.com • Tlj sauf lun (et dim en* *août), 10h-minuit en continu. Fermé 10 j. fin sept. Plats 8-16 €.* Ne vous fiez pas à ce *wine & cheese* affiché à l'entrée, on ne mange pas que du fromage ici, bien au contraire. Le chef, d'origine basque, concocte une cuisine goûteuse et fraîche (délicieux risottos, tataki de thon ou encore ces *chipirones* à l'encre de seiche dont vous nous direz des nouvelles). Pour s'installer, au choix : une petite salle avec ses tables hautes ou la terrasse, sur une rue piétonne agréable. Un bon plan.

I●I ***La Concepción*** *(plan C3, **26**) : c/ La Noria, 4. ☎ 922-27-40-62. • laconcepcionlanoria@gmail.com • En bas de la c/ Antonio Domínguez Alfonso. Tlj sauf mar 13h-minuit. Tapas 5-7 €, plats 8-14 €.* À la fois original et branché, ce resto sert une bonne cuisine fusion, entre tapas inventives (*tempuras,* croquettes de légumes), recettes *healthy* (quinoa, falafels, salades...) et plats gentiment exotiques (tagliatelles au curry, raviolis sauce vermouth...). On prend place à l'extérieur, au pied de l'église de la *Concepción,* ou à l'intérieur, cosy à souhait avec sa longue banquette pleine de gros coussins bien moelleux.

I●I ***Restaurante Gom*** *(plan C1, **13**) : c/ Dr José Naveiras, 24A. 📱 648-72-83-78. • gom@hoteltaburiente.com • Tlj jusqu'à 23h. Menu 16 €.* C'est le resto de l'*Hotel Taburiente.* Au fond de l'élégant hall, tout au bout à gauche. Salle moderne et épurée, assez classe, dans les tons beiges. Service en tenue, l'ensemble a du style. Le menu complet (boisson comprise), servi midi et soir, est une vraie affaire compte tenu du cadre et de la qualité de la table.

I●I ***Bodeguita Canaria*** *(plan C3, **27**) : c/ Imeldo Seris, 18. ☎ 922-29-32-16. • bodeguitacanaria@bodeguitacanaria.com • Lun-sam 13h-16h, 20h-23h30, dim seulement le midi. Plats 7-15 €.* Petite salle classique et chaleureuse de *bodega,* avec terrasse sur rue où passent les tramways. Cuisine locale, comme son nom l'indique. Bon accueil et carte en français. *Atún en mojo, pulpo gallega,* lapin *al salmojero*, accompagné par ses fameuses *papas.* Joli choix de vins que l'on peut emporter. Seul bémol, certaines portions un peu chiches.

I●I ☂ ***El Aguila*** *(plan C2, **28**) : pl. Alférez Provisional. ☎ 922-27-31-56. • cafeteriaelaguilatenerife@gmail.com • Tlj sauf dim 9h-1h, en continu. Menu 11,50 €, plats 10-18 €.* Ce grand bar-resto semble bien touristique, mais c'est pourtant une bonne halte. Grande terrasse ombragée au croisement de 2 rues piétonnes où trône un majestueux dragonnier (arbre emblématique de l'île). Cuisine canarienne bien tournée (seiche *a la plancha*, lapin en sauce, etc.), servie généreusement et accueil attentif. Le menu du midi est un super plan.

Chic (25-40 €)

I●I ***Mesón Clavijo 38*** *(plan B2, **29**) : c/ Viera y Clavijo, 38. ☎ 922-27-10-65. • sala@clavijo38.com • Tlj (sauf dim et lun) 13h-17h, 20h-23h. Congés en août. Plats 18-22 €, menu midi tt compris 25 €.* À l'écart de l'agitation, en montant vers les *ramblas,* se niche une belle demeure ancienne avec une terrasse couverte. Le menu change tous les jours. Cuisine classique à dominante basco-canarienne, plats goûteux et soignés (poulpe grillé, *kokotxas de merluza*). Assez chic, pas donné, mais c'est justifié.

Où boire un verre le soir ?

🍸 ***Calle Antonio Domínguez Alfonso*** *(plan C3) :* c'est dans la rue la plus ancienne de la ville que l'on trouve quelques bars sympas, comme ***Los Reunidos*** ou le bar branché ***Mojos y Mojitos,*** ouvert jusque tard.

🍸 ***La Hierbita*** *(plan C3, **24**) : c/ Clavel, 19 ou par l'arrière, c/ Imeldo Seris, 24. ☎ 922-24-46-17. Tlj en continu jusqu'à tard.* Cette bonne adresse pour manger possède aussi un bar en rez-de-chaussée, côté calle Imeldo Seris. Ambiance animée en fin de semaine.

À voir. À faire

Museo de la Naturaleza y el Hombre *(plan C3)* **:** *c/ Fuente Morales, 1. ☎ 922-53-58-16. • museosdetenerife.org • Mar-sam 9h-20h, dim, lun et j. fériés 10h-17h. Entrée : 5 € ; réduc ; gratuit pour ts ven-sam 16h-20h. Audioguide inclus (en français).* Sans doute le musée le plus intéressant de l'île pour s'imprégner de la culture canarienne au sens large. Il est installé dans un ancien hôpital et explore tous les aspects de l'archipel, aussi bien géologiques, historiques que sociaux. Pour qui veut comprendre les Canaries, c'est sans hésiter le lieu culturel le plus complet et le plus pédagogique. L'édifice est lui-même digne d'intérêt avec ses 2 grands patios agréables. La muséographie est parfois datée, mais l'ensemble vraiment intéressant et les collections d'une grande richesse. Si vous êtes pressés, filez à la section anthropologique consacrée aux Guanches (2e étage), la plus intéressante à notre avis.

PAS SI BONNE FRANQUETTE

Il n'y a plus beaucoup de référence à Franco dans les villes espagnoles. Santa Cruz de Tenerife fut sans doute l'une des dernières à évoquer par mégarde la mémoire du dictateur sur l'île, où il fut envoyé en 1934 pour être éloigné du pouvoir. On sait ce qu'il en advint. Ce n'est qu'en 2008 que la rambla del General Franco, un beau boulevard arboré, fut pudiquement renommé rambla de Santa Cruz.

– ***Au rez-de-chaussée :*** jeter tout d'abord un œil au très beau patio central où se dressent des arbres tropicaux magnifiques. Tout autour, plusieurs salles, hyper modernes, abritent écrans tactiles et panneaux lumineux diffusant images réelles et virtuelles, graphiques et schémas pour mieux comprendre la diversité des îles et leurs richesses géologiques et naturelles. On y apprend également comment les Canaries sont sorties du fond des océans...

– ***Au 1er étage :*** principalement consacré aux ***sciences naturelles.*** La partie botanique, avec ses panneaux un peu jaunis par le temps, mériterait un petit dépoussiérage. En revanche, pas mal de spécimens vraiment étonnants dans la section animale (notamment des papillons du monde entier). Dans la salle 3, n'hésitez pas à ouvrir les tiroirs de la grande commode centrale, on y trouve quelques jolies bestioles ! Reptiles, oiseaux et petits mammifères naturalisés complètent l'expo. Noter l'histoire du rat géant des Canaries (environ 50 cm) qui a disparu il y a 6 millions d'années, tout comme le lézard géant *(lagarto gigante).*

Au même étage, intéressante section dédiée à l'***archéologie des Canaries*** : copies de gravures rupestres, céramiques, objets de tous les jours, ustensiles et outils. Vitrines d'objets bien choisis, complétées par des petits films sur l'artisanat traditionnel (poterie, taille de pierre, travail du bois et du cuir...).

– ***Au 2e étage :*** au début, des vitrines résumant l'histoire des Canaries. On y apprend que les anciens nommaient l'archipel « Les îles Fortunées » (voir encadré) et que le 1er récit de voyage les évoquant a été écrit par Nicoloso de Recco, capitaine génois envoyé par le roi du Portugal en 1341.

ÎLES POUR AVENTURIERS

Pour Homère (L'Odyssée), *les Canaries sont les Champs-Élysées, le royaume des morts, à l'extrémité occidentale du monde connu. Hérodote parle de 2 expéditions maritimes parties d'Égypte aux Ve et IVe s av. J.-C. Les îles furent donc aperçues ; Pline et Strabon les nommèrent « les îles Fortunées ». Pour Platon, il s'agit plutôt des vestiges de l'Atlantide engloutie au cœur de l'océan. Ses habitants seraient des Atlantes. On sait aussi que saint Brandan, le moine voyageur irlandais, serait venu jusqu'ici au VIe s apr. J.-C. D'où dériverait le nom local San Borondón...*

Section égyptienne et berbère. Série de superbes céramiques, de pots décorés, plats gravés et cruches peintes, avec ou sans anses. On remonte là aux origines de la culture guanche, avant leur arrivée sur les îles. Changement radical d'ambiance dans la partie suivante, consacrée à la ***formation de chacune des îles*** : images satellite, présentation de la variété des sols, photos illustrant les différences géologiques... Évocation, île par île, des 1ers habitats (maquettes, photos et dessins).
On aborde ensuite ***la partie la plus intéressante du musée : la section anthropologique.*** D'une grande richesse, elle présente (sur la droite, en entrant) d'impressionnantes vitrines de momies, particulièrement bien préservées. L'une d'elles a ses jambes repliées sous le corps, la tête légèrement de côté. D'autres sont soigneusement emmaillotées. De l'autre côté de la salle, saisissant mur de crânes guanches, mis en valeur par une lumière douce, respectant les os exposés. Suivent quelques panneaux évoquant pédagogiquement l'alimentation, la médecine par les plantes et la chirurgie guanches (voir notamment les crânes trépanés). L'ensemble est très vivant, sans mauvais jeu de mots ! ***Minéraux, fossiles et roches*** : riche section où est exposée dans de nombreuses vitrines une sélection de superbes minéraux des îles Canaries, mais également du monde entier. On peut terminer la visite par un petit passage à la ***section biologie marine,*** où de nombreuses espèces ont été reconstituées (tortues, dauphins, crabes, coraux, coquillages, raies et autres poissons...). Bon, pas la partie la plus folichonne. On ne sait plus vraiment si les animaux sont naturalisés ou en plastique...

TEA *(Tenerife Espacio de las Artes ; plan C3)* ***:*** *avda de San Sebastián, 10. ☎ 922-84-90-90. • teatenerife.es • Mar-dim 10h-20h. Fermé lun (sauf j. fériés). Bibliothèque ouv tlj 24h/24. Entrée : 7 € ; réduc. Cafétéria tlj 8h-20h.* Voici un superbe espace contemporain aux lignes modernes et aux larges baies vitrées, ouvert en 2008. Trois grands architectes ont collaboré à la conception de cet espace : Jacques Herzog et Pierre de Meuron, ainsi que Virgilio Gutíerrez. On découvre une longue façade de béton, piquetée de points de lumière. Ces vastes salles accueillent sur 3 niveaux d'excellentes expositions d'art moderne (environ 10 par an). On y trouve le travail d'artistes variés, qu'ils soient canariens, espagnols ou venus d'ailleurs. Toutes formes d'art également : photo, sculpture, peinture, vidéo. Accrochages souvent originaux.

TENERIFE

Casa del Carnaval *(plan B3)* ***:*** *c/ Aguere, 17. ☎ 922-04-60-20. • casacarnavalsantacruz.com • Tlj 10h-18h30. Entrée : 6 € (en général gratuit pdt le Carnaval), audioguide (en français) inclus. Réduc.* Ouvert en 2018, ce petit musée consacré au carnaval de Santa Cruz mérite une visite, ne serait-ce que pour l'impressionnante collection de costumes, tous plus extravagants les uns des autres. Ne pas rater (c'est difficile), celui de la reine primée l'année précédente. Pour info, sachez que celle couronnée en 2018 « portait » un attirail de... 360 kg ! Les enfants pourront essayer quelques déguisements, perruques et se maquiller (au fond de la 1re salle, derrière l'écran géant). Dans la 2de section, encore des costumes, ainsi que quelques panneaux explicatifs (en espagnol et anglais) sur l'histoire et les rituels du carnaval. Amusant.

Mercado de Nuestra Señora de África *(plan C3)* ***:*** *avda de San Sebastián, 51. Ouv seulement le mat, jusqu'à env 14h.* Inauguré en 1944 par le gouverneur général de Tenerife, ce marché regroupe des dizaines de boutiques d'alimentation et de bons produits locaux. L'architecture s'est inspirée des belles missions catholiques néocoloniales du Mexique ou de Californie, avec murs ocres et grand patio central. Descendez à l'étage inférieur pour visiter la halle aux poissons ainsi que sa poignée de bars à tapas *(ouv jusqu'à 15h-16h).*

Iglesia Nuestra Señora de la Concepción *(plan C3)* ***:*** *pl. de la Iglesia. Tlj 9h-12h30, messe à 19h30.* Grande église dont la 1re construction date de l'année 1500, quelques années après la fin de la conquête de l'île par les Espagnols. Détruite au milieu du XVIIe s, l'église actuelle date des XVIIe et XVIIIe s. Avec son campanile de basalte, ses élégants balcons et ses coursives de bois, cet édifice est un bel exemple d'architecture coloniale. À l'intérieur, on remarque les 3 larges nefs et le plafond de style mudéjar tardif. Superbe autel chargé d'or et colonnes torses.

Calle Antonio Domínguez Alfonso *(plan C3)* **:** cette rue conserve le caractère colonial le plus marqué de la ville. C'est dans ce quartier que l'histoire de la ville a commencé. Quelques façades présentent ici un balcon de bois, là un fronton un peu travaillé, ailleurs un encadrement de porte en pierre. Rue animée en fin de semaine, avec une bordée de bars et de restos.

Calle del Castillo *(plan B-C2)* **:** dans cette rue, quelques édifices sortent du lot, telle la pharmacie située au nº 9, avec son intéressant balcon de bois et son toit de tuiles. La maison d'à côté, jalouse, s'est faite aussi belle.

Teatro Guimera *(plan C3)* **:** *pl. Isla de La Madera.* Ce théâtre classique inauguré en 1848 et rénové au début du XXe s reste un des témoignages de la riche vie culturelle passée, qui se perpétue brillamment aujourd'hui. Sur la place, intéressante sculpture moderne d'un grand visage pensif aux yeux clos.

Museo de Bellas Artes *(plan C2)* **:** *c/ José Murphy, 12. ☎ 922-60-94-46. Mar-ven 10h-20h, w-e et j. fériés 10h-15h (14h juil-sept). Fermé lun. GRATUIT.* On doit ce musée aux peintres Pedro et Eduardo Tarquis et Teodomiro Robayna à la fin du XIXe s, qui souhaitaient réunir les œuvres d'artistes locaux dans un même lieu. Celui-ci fut édifié en 1933, avec des collections de peintures et sculptures couvrant la période allant du XVIe au XIXe s (des œuvres provenant du musée du Prado de Madrid), additionnées d'artistes canariens contemporains et de différents legs. Au rez-de-chaussée, quelques expos temporaires également. Parmi les toiles majeures exposées, on peut noter une intéressante série de peintures flamandes du XVIe s. Voir encore le célèbre *Tríptico de Nava y Grimón* réalisé par Pieter Coecke, ainsi que l'*Orfeo* de Brueghel l'Ancien. Intéressante *Consigna de la Iglesia* de Willem Van Herp. Encore un beau *San Andrés* de José de Ribera, et, de Juan de Miranda, l'*Entrée du Christ à Jérusalem*.

TENERIFE

Plaza de España *(plan C-D2)* **:** cette place en pente douce et bordée de palmiers constitue le centre social de Santa Cruz. Pas de grands émois architecturaux, mais une atmosphère agréable et vivante, surtout en fin de journée. Autour de la place, quelques rues de caractère comme la calle Candelaria, bordée de maisons basses.

Les rues autour de la plaza de España *(plan C2-3)* **:** c'est dans les rues du centre que l'on trouve plusieurs sculptures d'Henry Moore et parfois d'autres grands artistes. Dès les années 1970, Santa Cruz organise régulièrement des expositions internationales de sculpture en plein air. Cette tradition se perpétue, et l'on peut admirer quelques chefs-d'œuvre au cours d'une simple balade. Vous pourrez ainsi admirer *Guerrero Gaslar* d'Henry Moore, ou une sculpture de fer de José Abad, ou le regard en bronze de *La Femme bouteille* de Miró.

Ruines du castillo de San Cristóbal *(plan D2)* **:** *sur la pl. de España, côté mer. Pour y accéder, emprunter l'escalier qui fait face à l'office de tourisme, de l'autre côté du bassin. Lun-sam 10h-18h. Fermé dim. GRATUIT. Feuillet explicatif en français à l'entrée.* On y voit ce qui subsiste des fondations d'un *castillo* militaire datant de 1577 et mis au

UN CANON, ÇA COÛTE UN BRAS !

En juillet 1797, les Canaries étaient en guerre contre les Anglais. Le canon El Tigre *tira un boulet sur l'un des vaisseaux de la perfide Albion présent dans la baie. Celui-ci atteignit l'amiral Nelson et lui arracha un bras. Le célèbre canon est aujourd'hui conservé comme une relique dans le castillo de San Cristóbal. Quant au bras, on l'a perdu de vue...*

jour en 2006. Quelques panneaux rappellent l'histoire de cet édifice, pièce-maîtresse des fortifications de la ville sous l'égide espagnole, dont on peut observer les restes de la base. À voir encore, le célèbre canon *El Tigre* (voir l'encadré).

Parque García Sanabria (plan B1) : *accès par la rambla de Santa Cruz, par la c/ Dr José Naveiras ou Méndez Núñez. Ouv 24h/24.* Si vous passez dans ce quartier, allez voir ce beau parc verdoyant où poussent de nombreux arbres tropicaux et des essences endémiques de l'île. Palmiers, banians, arcades d'hibiscus, bambous et une grande variété de cactus, etc. Quelques sculptures de béton assez discutables introduisent un peu de minéral dans cet univers végétal. Fontaine au centre, dédiée à García Sanabria. Dans la partie basse du parc, agréable kiosque où boire un verre.

Auditorio de Tenerife Adán Martín (hors plan par C3) : *avda de la Constitución, 1. ☎ 922-56-86-00 ou 922-56-86-25 (résa visites). • auditoriodetenerife.com • visitas@auditoriodetenerife.com • Visites guidées en espagnol ou en anglais sur résa (mail ou tél) lun-sam à 10h, 12h, 14h et 16h (sauf j. fériés). Entrée : 7,50 €.* Bâtie en 2003, l'œuvre impressionnante de l'architecte Santiago Calatrava est rapidement devenue une figure emblématique de la ville. Sa haute silhouette dessine dans le ciel une gigantesque voile blanche (en béton !) qui surplombe le bâtiment du haut de ses 50 m et semble mystérieusement suspendu dans le ciel. Magique. Une réussite architecturale indéniable, légère et aux formes douces. Pour ceux qui le visiteront, l'intérieur est également superbe et ceux qui assisteront à un concert profiteront d'une étonnante qualité acoustique. En prime, café-bar très agréable côté mer.

Parque Marítimo de Santa Cruz y el Palmetum (hors plan par C3) : *avda de la Constitución, 5. 697-65-11-27. ☎ 922-22-93-68. • parquemaritimosantacruz.es • palmetumtenerife.es • Tlj 10h-18h (19h en été). Piscine fermée à 17h45 (18h45 en été). Entrée piscine : 5 €, avec hamac ; réduc. Entrée palmetum : 6 €. Résa en ligne obligatoire pour la piscine.* À env 1 km au sud de l'Auditorium, en bord de mer, ce parc ouvert en 2014 occupe le terrain d'une ancienne décharge. Le lieu a été réhabilité, et transformé en un vaste espace vert avec grande palmeraie (le *palmetum*) comme point fort de la visite. Quant à la piscine, avec ses 6 500 m², ses transats, ses parasols (à louer), et son bassin enfants éclaboussé par une cascade, elle est vraiment top. Une belle métamorphose !

Museo militar regional (castillo de Almeida ; hors plan par C1) : *c/ San Isidro, 2. ☎ 922-84-57-32. Mar-sam 10h-14h ; fermé dim-lun. GRATUIT.* Petit musée militaire, installé dans un site encore militarisé, qui passe en revue l'histoire militaire de l'archipel, et particulièrement celle de Tenerife. Armes, costumes, bannières et drapeaux, cartes, canons, etc. Quelques peintures militaires également et évocation des grands personnages de l'armée locale.

Fêtes et manifestations

Se reporter au chapitre général où nous décrivons les principales fêtes.

DANS LES ENVIRONS DE SANTA CRUZ DE TENERIFE

Au nord de Santa Cruz

San Andrés et playa de Las Teresitas : *à 8 km au nord de Santa Cruz par la côte.* Adossé à une falaise, ce village tranquille possède la seule grande plage de sable blond du secteur, réputée comme étant l'une des plus belles de l'île, même si la présence de plates-formes pétrolières au large gâche un peu la vue. Près de 2 km de sable ombragés par quelques palmiers. La plage est protégée par une longue digue en pierre qui brise les vagues et rend la baignade tranquille. Douches gratuites et quelques buvettes posées sur le sable.

SABLE MIGRANT

Peu de gens savent pourquoi la plage de Las Teresitas, la plus fameuse de la région, offre un superbe sable, alors que l'île est volcanique et formée de roches noires. Tout simplement parce que ce sable fin et blond provient du Sahara. Il a fallu quelques millions de mètres cubes (et d'années !) pour créer ce site « naturel ».

|●| ***Cofradía de Pescadores San Andrés :*** *entrada zona de Varadero, playa de Las Teresitas, s/n. ☎ 922-54-90-24. À droite de la route, en arrivant de Santa Cruz, avt la plage. Tlj sauf mar, en continu 12h-23h (22h dim). Compter 8-12 € selon poids (prix au kilo) et poisson.* Après un bon bain, on peut se régaler d'un bon poisson grillé dans cette bâtisse isolée, abritant la confrérie de pêcheurs. Grande ardoise avec des propositions selon l'arrivage. Quelques tables en terrasse donnant sur la mer. On vous conseille d'éviter les fritures et les poissons en sauce, plutôt gras (choisissez *a la plancha*).

Au sud de Santa Cruz

TENERIFE

Candelaria : *à env 20 km au sud de Santa Cruz, par la route côtière, sortie n° 17.* La ville possède un monument important dans le centre, la ***basílica de Nuestra Señora de Candelaria*** *(mar-dim 7h30-19h30, lun 15h-19h30).* Cette basilique au style indéterminé a été élevée en 1959. C'est sans doute la plus visitée de l'île. Elle peut abriter 5 000 fidèles. À l'extérieur, elle se distingue par sa tour-clocher terminée par une loggia. À l'intérieur, l'autel, baroque à souhait, abrite la statue de la *Virgen de Candelaria,* Vierge noire et patronne des Canaries, que l'on fête le 2 février. La veille au soir, incroyable procession dans toutes les rues de la ville. Comme toutes les Vierges, on la fête également le 15 août.
Derrière la statue, belle fresque moderne rendant hommage à la Vierge, aux accents chagalliens. Quelques tableaux anciens (mais mal éclairés). Voir notamment *Tierras de Chinguaro,* à l'entrée sur la droite. Lui faisant pendant, côté gauche, *Playas de Chimisay,* avant l'arrivée des touristes. Un vrai témoignage historique.
– Sur la place de la basilique, en bord de mer, on découvre une série de ***9 sculptures monumentales en bronze,*** rendant hommage aux grands chefs guanches. Très bien réalisées.

L'APPARITION DE LA VIERGE

C'est à la fin du XIVe s, un siècle avant la conquête espagnole, que la statue d'une Vierge noire apparut sur les côtes de Tenerife. Les Guanches la découvrirent et l'adoptèrent bien vite. Depuis le début du XVIe s, cette représentation de la Vierge resta le symbole de l'île le plus vénéré, avant que la statue soit emportée par une crue en 1826. Une nouvelle sculpture fut réalisée, et c'est toujours elle que l'on vénère actuellement, notamment lors de la grande procession du 2 février.

Güímar (38500) : *à env 10 km au sud de Candelaria et quelques km à l'intérieur des terres.* Petite ville de province (env 18 000 hab.) pas désagréable où l'on peut faire halte pour une nuit, car elle abrite une adresse que l'on apprécie bien, tant pour dormir que pour manger. Dans le centre, l'***iglesia de Santo Domingo de Guzmán*** *(sur la pl. del Ayuntamiento).* Elle date du XVIIe s et fut élevée pour protéger la Vierge de Candelaria des pirates. Elle était autrefois entourée d'un monastère, détruit en 1835. Nef unique en bois. Également en bois, le retable de l'autel, sans doute la pièce la plus intéressante de l'église.

En ville, on ne manquera pas de vous diriger vers les fameuses ***pirámides de Güímar*** : *c/ Chacona, s/n. ☎ 922-51-45-10. • piramidesdeguimar.es • Tlj 9h30-18h. Entrée : 12,50 € ; billet combiné avec le jardin Venenoso ou Isla Pascua : 18 € ; réduc. Et offres spéciales sur leur site.* Cet ensemble d'étranges pyramides fait la réputation de la ville. Le site en escalier a été soigneusement nettoyé et organisé pour recevoir beaucoup de touristes. Reste que son intérêt historique est singulièrement limité, surtout compte tenu du prix demandé ! De la cafétéria, on en aperçoit 2 gratuitement.

Le musée attenant présente les recherches du navigateur norvégien Thor Heyerdahl qui s'intéressa aux pyramides en 1991. Il tenta de soutenir l'hypothèse d'une civilisation ayant mis le pied sur le Nouveau Monde bien avant Christophe Colomb (lire l'encadré). Ses expéditions (notamment sa traversée de l'Atlantique à bord du *Kon Tiki*) tentent de prouver la véracité de cette hypothèse. Mais celle-ci est toujours contestée.

DES PYRAMIDES TOUTES NEUVES

Les 6 pyramides de Güímar sont-elles l'œuvre des Guanches, comme le soutiennent certains ? Malgré l'intérêt historique de cette hypothèse et l'émotion qu'elle suscite, il est plus probable qu'elles furent le travail d'agriculteurs locaux, qui amassaient les pierres trouvées dans leurs champs, et les rangèrent soigneusement. D'ailleurs, dans l'acte de vente du terrain datant de 1854, il n'est fait aucune allusion aux pyramides, ce qui met en doute une édification antérieure. En revanche, elles apparaissent sur un acte de cession de ce même terrain en 1881. Il y a donc fort à parier qu'elles furent dressées durant la 2de moitié du XIXe s.

Où dormir ? Où manger à Güímar ?

Hotel rural Casona Santo Domingo : *c/ Santo Domingo, 32, juste derrière l'église de Güímar. ☎ 922-51-02-29. • lacasonasantodomingo@gmail.com • casonasantodomingo.com • Doubles 60-98 € selon période, avec petit déj. Aussi des familiales. Resto tlj sauf dim soir et mar. Carte env 25 €. Parking gratuit. Digestif offert sur présentation de ce guide.* Une charmante demeure du XVIe s, où vécut le gouverneur de la ville. Rénovée avec soin, elle renferme un intérieur de caractère (courette) avec de jolies chambres, des parquets qui craquent, un mobilier choisi. Certaines abritent lit à colonnes et couvre-lit en dentelle. Excellent service (les proprios sont français). Resto sur place, mais au service vite débordé.

TENERIFE

LA LAGUNA

(38200) 153 111 hab.

• Plan *p. 245*

Sans doute la plus belle ville de l'île... Avec ses rues pavées, ses palais aux façades baroques, aux balcons de bois ouvragés, ses petites adresses nichées dans des patios élégants, on se croirait en Amérique latine ! Une impression qui ne doit rien au hasard : La Laguna a servi de modèle architectural pour La

Havane (Cuba) et Cartagena de las Indias (Colombie). On l'appelait autrefois *San Cristóbal de La Laguna,* puis elle devint tout simplement La Laguna. Riche d'un patrimoine historique et architectural sans équivalent aux Canaries, La Laguna est classée au Patrimoine mondial de l'Unesco depuis 1999. Mais qui dit ville historique ne veut pas dire ville-musée. Avec près de 30 000 étudiants, hier comme aujourd'hui, La Laguna est une cité vivante et dynamique qui continue à montrer le chemin sur le plan culturel et intellectuel. Et c'est la seule à avoir conservé son animation nocturne, non pas du fait des touristes, mais grâce aux habitants eux-mêmes. Vous l'aurez compris : arrêt fortement conseillé !

UN PEU D'HISTOIRE

Fondée en 1496 par Alonso Fernández de Lugo, elle fut le centre économique et surtout politique de l'île durant plusieurs siècles. C'est au tout début du XVIIIe s que le pape Clément XI décide d'y fonder une université. 1re cité d'ampleur de l'île, elle en devient l'évêché au début du XIXe s (on y érige alors la cathédrale). Mais avec l'émancipation de Santa Cruz qu'elle avait sous son contrôle jusqu'au début de ce même siècle, la ville perd de son influence et son titre de capitale en 1822.

Arriver – Quitter

De ***Santa Cruz*** et de ***Puerto de la Cruz,*** liaisons très faciles en bus et tram.

Estación de guaguas *(station de bus ; hors plan par A-B2) : au bout de l'avda de la Trinidad. ☎ 922-53-13-00.* Bus très réguliers de/vers Santa Cruz (bus nos 014 et 015) et de/vers Puerto de la Cruz (bus nos 102 et 103).

➢ ***En tram*** *(station de tram ; plan B2)* **:** liaisons directes entre Santa Cruz et La Laguna. Très pratique, car le tram s'arrête en centre-ville, sur l'avda de la Trinidad (arrêt Trinidad). Fonctionne tte la journée et jusque tard le soir, dans les 2 sens.

➢ ***En voiture :*** de Santa Cruz, prendre la sortie n° 8A sur la voie rapide.

Adresses utiles

Oficina de información turística *(plan B2)* **:** *c/ Obispo Rey Redondo, 7 (La Carrera). ☎ 922-63-11-94. • turismodelalaguna.com • Tte l'année, tlj 9h-16h30.* Plan détaillé de la ville avec description des sites les plus importants. *Visites gratuites et guidées du centre historique : en français, le mat lun-ven (horaire variable selon saison, infos sur le site ou par tél). Durée : 1h.* On s'arrête devant 5 maisons du centre historique.

Parking *(plan B2, **1**)* **:** *grand parking juste à côté de la pl. del Adelantado.* Bien pratique pour se garer car le centre historique est quasiment inaccessible et en grande partie piéton. Gratuit. En général, un « gardien » est là pour vous demander une petite pièce.

Distributeurs *(plan A1 et B2)* **:** *la majorité des banques et distributeurs se situent dans la c/ Obispo Rey Redondo, plus connue sous le nom de La Carrera. La **Caixa** se trouve au n° 17 et la **BBVA** au n° 25.*

Farmacia Saavedra *(plan A1, **2**)* **:** *c/ Obispo Rey Redondo, 48, à l'angle de la c/ Nuñez de la Peña. ☎ 922-25-98-12. Tlj sauf dim 8h30-20h30.*

Où dormir ?

Bon marché (20-40 €)

B & B La Laguna *(plan B1, **14**)* **:** *c/ Juan de Vera, 21, 38201. ☎ 822-17-36-08. • info@bblalaguna.com • bblalaguna.com • ♿ Lit en dortoir 20 €/pers, doubles 40-48 € ; petit déj inclus.* Sans doute le meilleur rapport

TENERIFE

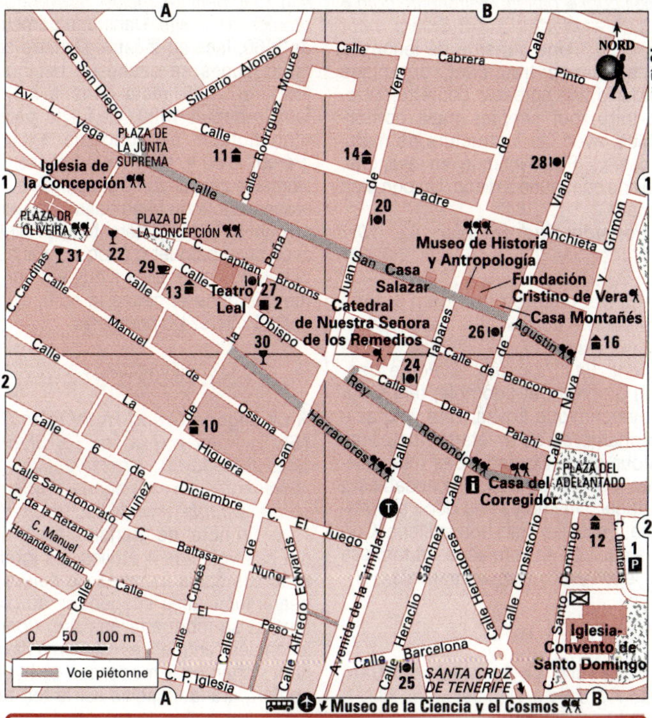

LA LAGUNA

Adresses utiles

- Oficina de información turística (B2)
- 1 Parking (B2)
- 2 Farmacia Saavedra (A1)

Où dormir ?

- 10 Pensión Padrón (A2)
- 11 Casa rural La Asomada del Gato (A1)
- 12 Laguna Nivaria (B2)
- 13 Hotel Aguere (A1)
- 14 B & B La Laguna (B1)
- 15 Patio Hostel (hors plan par B1)
- 16 La Laguna Grand Hotel (B1)

Où manger ?

- 20 Bodegón Tocuyo (B1)
- 24 Guaydil (B2)
- 25 Tasca El Tonique (B2)
- 26 Bodegón Viana (B1)
- 27 La Carpintera (A1)
- 28 Tasca 61 (B1)

Où déguster une bonne pâtisserie ?

- 29 Pastelería La Princesa (A1)

Où boire un verre ?

- 22 La Venta de la Esquina (A1)
- 30 La Casa de Oscar (A1-2)
- 31 Bar Benidorm (A1)

qualité-prix dans cette catégorie. Dans une jolie maison du centre historique organisée autour d'un patio fleuri, une poignée de petites chambres coquettes et colorées, plus 2 dortoirs de bon standing (prises individuelles, bonne literie). À mi-chemin entre l'auberge de jeunesse et le petit hôtel de charme. Accueil jovial et déco soignée.

Patio Hostel *(hors plan par B1, **15**) : pl. del Cristo, 6, 38201. 634-35-49-85. • patiohosteltenerife@*

gmail.com • patiohosteltenerife.com • ♿ Lits en dortoir 21-23 €/pers, petit déj inclus. Une auberge de jeunesse à l'ambiance très cool, organisée autour d'une agréable courette-patio. Dortoirs tout simples mais confortables, avec lits à structure de métal et casiers. Peu d'intimité, en revanche. Cuisine commune à dispo. Un bon plan routard.

Pensión Padrón *(plan A2, **10**) : c/ Núñez de la Peña, 29, 38201. ☎ 922-25-91-16. 📱 666-20-27-40. • info@pensionpadron.com • pensionpadron.com • Ouv tte l'année. Double sans sdb env 30 €, triple également. Pas de petit déj.* Petite pension proprette et adorable, tenue par la sympathique Edilsa. Une vingtaine de chambres au 1er étage, installées autour d'une courette pas très gaie, avec 4 salles de bains impeccables à partager. Chambres à la déco simplissime. Petits lits mais bonne literie. Cuisine équipée en libre accès et terrasse sur le toit avec quelques transats.

Chic (70-100 €)

Casa rural La Asomada del Gato *(plan A1, **11**) : c/ Anchieta, 45, 38201. ☎ 922-26-39-37. 📱 696-08-50-59. • casarurallaasomadadelgato@gmail.com • laasomadadelgato.es • Fermé en août. Double env 80 €, petit déj inclus.* Cette *casa rural* se trouve, en réalité... en plein centre-ville ! Dans une maison de la fin du XVIIIe s, des chambres à la déco de caractère, confortables et bien équipées. On préfère celles situées dans la partie ancienne (plus grandes), mais les autres, dans le bâtiment récent, ont l'avantage de donner sur le petit jardin. Superbe plafond de bois dans la salle du petit déj.

Hotel Aguere *(plan A1, **13**) : c/ Obispo Rey Redondo, 55-57, 38201. ☎ 922-31-40-36. • reservas@hotelaguere.es • hotelaguere.es • Doubles min 75 €, petit déj inclus. Souvent des promos sur le site.* Dans une demeure de 1760, face au théâtre. Derrière ces murs jaunes se cache un bel hôtel fondé en 1885, resté dans la même famille depuis 1920. Ce fut le palais d'un notable espagnol né à Lima (Pérou), d'où le style de la bâtisse. La vingtaine de chambres s'organise sur 2 étages autour du beau patio intérieur à colonnes. Toutes différentes (certaines avec beau parquet d'époque, d'autres plus modernes), elles s'ouvrent sur la rue (piétonne et calme la nuit), ou le patio. Préférez les premières.

Plus chic (100 € et plus)

La Laguna Grand Hotel *(plan B1, **16**) : c/ Nava y Grimón, 18, 38201. ☎ 922-10-80-80. • reservas@lalagunagranhotel.com • lalagunagranhotel.com • Double env 108 €, petit déj 12 €.* Un hôtel de grande classe, qui n'a pas volé ses 4 étoiles. Le lobby, avec ses épais canapés de cuir, ses beaux luminaires suspendus au plafond et sa moquette épaisse, donne le ton dès l'entrée. Le reste est à l'avenant : chambres modernes et hyper confort, grande piscine sur le toit-terrasse, bar à vins au rez-de-chaussée et même un resto étoilé Michelin (pas donné, forcément). Une très belle adresse.

Laguna Nivaria *(plan B2, **12**) : pl. del Adelantado, 11, 38201. ☎ 922-26-42-98. • info@lagunanivaria.com • lagunanivaria.com • Doubles 114-134 €, petit déj inclus.* Sur la belle plaza del Adelantado, cet hôtel chic, installé dans un palais du XVIe s, offre des prestations de qualité. Chambres spacieuses (avec kitchenette et coin salon), literie bien moelleuse et déco sobre. Le grand hall couvert accueille une cafétéria agréable avec quelques tables sur la place, bien pour boire un verre. Un peu cher, tout de même, en haute saison.

Où manger ?

Tapas

Bodegón Tocuyo *(plan B1, **20**) : c/ Juan de Vera, 16. ☎ 922-25-00-45. • bodegontocuyo37@gmail.com • Tlj sauf dim, midi et soir (service jusque très tard). Congés : 1er-15 août. Tapas 5-8 €. Apéro maison offert* *sur présentation de ce guide.* Une *bodega* typique en diable, où les tonneaux servent de tables ou de dessertes. Installé au comptoir de bois patiné par le temps et le coude des habitués, on prend son temps pour admirer les inscriptions laissées sur les murs par les clients et choisir l'un des petits vins de la maison. Assiette de tapas toute simple : charcuterie ou fromage.

De bon marché à prix moyens (8-25 €)

Guaydil *(plan B2, **24**) : c/ Dean Palahi, 26. ☎ 822-04-76-65. 617-54-32-31. • restaurantguaydil@hotmail.com • Tlj sauf dim. Menu du jour 20 €, plats 10-18 €. Résa conseillée le soir. Apéro maison ou digestif offert sur présentation de ce guide.* À 2 pas de la cathédrale, l'une des tables les plus « hype » de la ville. Cuisine fusion inventive, servie copieusement et dressée avec soin. On a craqué pour le *solomillo* de thon au saké, le *pulpo tempura* ou le curry à la mangue. On a moins aimé la déco, façon design-industriel un peu froid, entre pastiche de la pochette d'Abbey Road au mur et quelques néons fluos un peu kitsch. Mais l'important, c'est dans l'assiette, n'est-ce pas ?

La Carpintería *(plan A1, **27**) : c/ Nuñez de la Peña, 14. Angle avec c/ Capitán Brotons. ☎ 822-61-43-06. • lacarpinterialalaguna@gmail.com • Tlj midi et soir sauf mar. Menu du jour 15 €, plats 8-35 €.* Restaurant central, avec un décor d'auberge espagnole « à l'ancienne ». Beau mobilier peint dans le style sévillan, grand bar, cuisine locale classique (un peu grassouille quand même) et bon service. Excellents champignons de l'île *(setas a la plancha).*

Tasca El Tonique *(plan B2, **25**) : c/ Heráclio Sánchez, 23 (angle c/ Barcelona). ☎ 922-26-15-29. • info@eltonique.es • Mar-sam 13h-17h, 20h-minuit ; fermé dim, et lun. Congés : Semaine sainte et 2 sem en août. Menu du jour 12 €, plats 5-18 €. Sur présentation de ce guide, olives apéritives ou chocolat avec le café offert.* Une institution locale dont la qualité est constante. L'entrée est située exactement à l'angle de la rue, dans une petite galerie commerciale. Un escalier descend au sous-sol et aboutit dans cette taverne réputée pour sa cuisine populaire et canarienne. Certains plats sont servis en *ración* et *media ración.* La spécialité de la maison : le *solomillo* de bœuf, décliné à toutes les sauces (roquefort, *a la plancha,* aux champignons, etc.).

Tasca 61 *(plan B1, **28**) : c/ Viana, 61B. 636-02-13-53. • tasca61@hotmail.com • Mer-dim 10h-16h. Fermé lun-mar. Menus 12-18 €, plats 7-11 €. Digestif offert sur présentation de ce guide.* Une petite adresse (5 ou 6 tables, grand max) qui propose une cuisine « organico-bio-économique ». Triptique décliné en salades, *tostas* et des plats maison bien ficelés (gratin d'aubergines, lasagnes, cassolette de légumes, etc.). Également un poulet au curry pour les carnivores. C'est bon, frais et pas cher. Attention, ne pas confondre avec son voisin du 61A, spécialisé... en grillades !

Bodegón Viana *(plan B1, **26**) : c/ de Viana, 35. 617-21-19-57. • tascaviana@gmail.com • Tlj sauf lun, 12h-0h30. Menu 9 €, plats 8-11 €. Digestif offert sur présentation de ce guide.* Bistrot traditionnel décoré de centaines de bouteilles et de quelques barriques au-dessus de vos têtes. Plats simples. La spécialité : *el secreto ibérico* (grillade de porc). Bon rapport qualité-prix en général, malgré quelques ratés.

TENERIFE

Où déguster une bonne pâtisserie ?

Pastelería La Princesa *(plan A1, **29**) : pl. de la Concepción. ☎ 922-25-98-21. Tlj 9h-21h.* La pâtisserie la plus célèbre de l'île. Mieux vaut le savoir (et être armé de patience !).

Où boire un verre ?

La Venta de la Esquina *(plan A1,* **22***)* **:** *pl. Dr Regulo Perez, 9. ☎ 922-26-11-90. Tlj sauf dim 12h-minuit.* Si les tapas sont plutôt réussies, on peut aussi se contenter de venir ici pour tester un vin de l'île ou des crus espagnols de bonne facture.

La Casa de Oscar *(plan A1-2,* **30***)* **:** *c/ Herradores, 66. ☎ 922-26-52-14. Lun-sam 8h-23h30, fermé dim.* *Bodega* au décor patiné, où l'on vous sert de bons petits vins des Canaries (vraiment pas chers), mais aussi de *La Rioja, Ribera del Duero* et d'autres régions continentales. Modestes tapas pour mettre un peu de solide dans le liquide.

Bar Benidorm *(plan A1,* **31***)* **:** *pl. Dr Olivera, 6. ☎ 922-25-88-62. Tlj 7h-1h.* Une institution depuis 1957. Long comptoir de marbre, bavardages volubiles et traditionnels *jamones* qui suintent du plafond... Du grand classique à l'espagnol, parfait pour boire un verre au bar ou sur la petite terrasse.

À voir

Les palais les plus intéressants et les demeures coloniales les plus belles se situent dans 3 rues parallèles et piétonnes du centre : la ***calle San Agustín,*** la ***calle Herradores*** et dans une moindre mesure la ***calle Obispo Rey Redondo*** (La Carrera). Elles vous invitent à lever les yeux en permanence afin de détailler les façades de cet ensemble architectural superbement restauré et unique en son genre. Un vrai ravissement.

Calle Obispo Rey Redondo *(plan A-B1-2)* **:** au début de la rue, la ***Casa del Corregidor*** *(plan B2),* du XVIe s. Façade de style plateresque, au portail de pierre rouge et fronton sculpté. Noter les belles armoiries. Dans le hall (ancienne courette découverte), beaux balcons, escaliers et fenêtres à moucharabiehs. C'est l'un des plus vieux édifices de la ville, qui connut de nombreux emplois (école, tribunal, prison) avant d'abriter la 1re mairie de la cité.

À côté, la ***Casa de la Alhóndiga,*** datant du début du XVIIIe s, avec son blason de pierre. Et la ***Casa Alvarado-Bracamonte,*** au n° 7. Cette maison du XVIIe s abrite l'office de tourisme. C'est l'un des chefs-d'œuvre de la rue. Intéressante façade à 2 niveaux pour le fronton en pierre et encadrés de belles fenêtres en bois. À l'intérieur, superbe patio typique du style canarien, où on admirera les galeries qui courent tout autour, supportées par une alternance de colonnes en pierre et en bois. Remarquables balcons vernis.

Iglesia de la Concepción *(plan A1)* **:** *c/ Obispo Rey Redondo. Lun 10h-14h, mar-sam 10h-17h. Le dim, ouv à l'heure des cultes. Les billets d'entrée s'achètent sur le flanc droit de l'église. Entrée : 2 €, incluant la visite de la tour (127 marches !).* L'église principale de La Laguna, édifiée au tout début du XVIe s, est l'une des plus anciennes de l'île. Reconnaissable de loin avec un haut campanile du XVIIe s, elle déploie 3 généreuses nefs, soutenues par une voûte toute récente mais de style mudéjar. En effet, en 1972, le plafond de la nef centrale s'écroula. Quelques œuvres picturales intéressantes. Voir notamment le *Christ rédempteur* (au bas de l'église), réalisé par Luján Pérez. Œuvres de Fernando Estevez également. Dans une des chapelles fermées (vers le bas de l'église, sur la gauche en regardant le chœur), jetez un œil à travers les lourdes portes ajourées, aux fonts baptismaux en céramique vitrée du XVIe s. Plusieurs beaux retables en bois travaillés. Superbe chaire baroque à l'étonnant décor, soutenue par un aigle. Un très élégant escalier en ellipse y conduit.

Du ***sommet de la tour,*** pour ceux qui auront le courage de monter, vue superbe sur la ville (mais pas d'accès extérieur).

Plaza Doctor Oliveira *(plan A1) : sur le flanc de l'iglesia de la Concepción.* Charmante placette bordée d'édifices colorés, certains d'origine coloniale. Les rez-de-chaussée sont presque tous occupés par des bars et autres petites *bodegas* où les étudiants viennent se détendre autour d'un verre.

Plaza de la Concepción *(plan A1)* **:** adorable place bordée sur certains côtés de demeures de charme dont quelques-unes présentent un balcon en exergue. Fenêtres généreuses et encadrement en bois. Une intéressante cohérence architecturale et une restauration parfaite. On notera également les 2 superbes dragonniers (arbres caractéristiques de l'île dont la sève fut utilisée dans la pharmacopée médiavale : le sang du dragon. Brr !).

Calle Herradores *(plan A-B1-2)* **:** la plus belle rue de la ville, pleine de charme, avec ses maisons basses et colorées des XVIIe et XVIIIe s. Palais aux façades ouvragées, portiques en pierre, balcons en bois. De-ci, de-là, quelques édifices du XIXe s, comme celui que l'on trouve au no 65, avec ses beaux balcons baroques. Au no 81, le *palais de Franco de Castilla,* du XVIIIe s avec 10 fenêtres en façade et un fronton en basalte finement sculpté. On ne détaille pas toutes les bâtisses, il suffit de lever les yeux pour admirer quelques bijoux d'architecture coloniale.

Calle San Agustín *(plan A-B1)* **:** parmi les belles maisons que l'on peut détailler dans cette rue, on verra la **Casa Salazar** (face au no 25), qui date du XVIIe s, siège du diocèse de La Laguna depuis le XIXe s. Façade en pierre noire volcanique, témoignant d'une architecture baroque typique des Canaries. Tour de portes à doubles colonnes et encadrement des fenêtres néoclassique. Grille en fer forgé aux fenêtres, patio harmonieux et arboré d'orangers. Face au no 13, la **Casa Montanes** du milieu du XVIIIe s. Beau fronton armorié, mais surtout superbe patio végétal, autour duquel court un balcon en bois ciselé, avec mezzanine. Fines colonnettes en bois. Au no 15, intéressant balcon en bois.

Museo de Historia y Antropología *(Casa Lercaro ; plan B1)* **:** *c/ San Agustín, 20-22. ☎ 922-82-59-49. Mar-sam 9h-20h, dim, lun et j. fériés 10h-17h (dernier accès 30 mn avt). Entrée : 5 € ; réduc ; gratuit moins de 8 ans, et pour ts ven-sam 16h-20h. Audioguide en français inclus.*

Dans l'un des plus grands palais de la ville (**Palacio Lercaro,** du XVIe s). Le palais fut construit par Gaspar Justiniano, d'origine génoise, puis il passa aux Lercaro, autre famille d'origine génoise (voir encadré) établie aux Canaries vers 1550. Un des membres de cette lignée, Francisco Lercaro de León, fut gouverneur de Tenerife au XVIe s. Le rez-de-chaussée est dédié aux expos temporaires (peinture et sculpture, principalement). ***Au 1er étage,*** on trouve le musée d'Histoire et d'Anthropologie. En tout, une dizaine de salles au parquet rustique, à la muséographie travaillée (beaux éclairages, vitrines impeccables) auxquelles on accède par un lourd escalier en pierre. On y retrace les grandes étapes de l'histoire de l'île, depuis la *conquista* jusqu'au XXe s : vitrines d'armes à feu, poteries anciennes, monnaies... Noter, dans la 1re salle, le livre d'histoire des Canaries (en français), narrant la conquête des îles par le « ***sieur de Béthencourt*** », gentilhomme normand (1362-1425) originaire de Grainville-la-Teinturière (pays de Caux, Normandie). Il devint momentanément « roi des Canaries », et vendit ensuite ses îles à l'Espagne. On découvre également quelques beaux éléments de culture

LES GÈNES DES GÉNOIS

Christophe Colomb était d'origine génoise et il ne fit que passer aux Canaries. Plusieurs riches familles de la puissante république de Gênes, au service du roi d'Espagne, financèrent la conquête de l'archipel dans les dernières décennies du XVe s. La conquête achevée, les Génois s'installèrent sur des terres données par la Couronne.

religieuse (Christ en croix, livre de musique, quelques tableaux de personnages ayant marqué l'histoire locale...), une évocation des peuples indigènes ou encore des éléments d'artisanat du XIXe (agriculture, cordonnerie, outils, menuiserie, pêche...).
Sur la gauche de la salle principale, ne pas manquer la ***salle de la cartographie,*** l'une des plus intéressantes du musée : remarquables cartes anciennes de la fin du XVIe s et jusqu'au XIXe s. N'hésitez pas à ouvrir les 16 tiroirs qui abritent nombre d'autres cartes anciennes et bien conservées. Beaux plafonds par ailleurs. Quelques autres salles dédiées au XXe s : industrie chimique, électricité, photos et objets divers présentés un peu en vrac.
– Au ***rez-de-chaussée*** du musée, traverser le jardin sur la gauche et aller voir la salle des ***Carruajes de Nava.*** Elle abrite un *carrosse* (de type Berline) de style rococo français de la fin du XVIIIe s, équipé d'un ingénieux système de suspension à lanières. À droite, un superbe landau du XIXe s fabriqué à Londres. Ce sont 2 pièces exceptionnelles et en très bon état, offertes au musée par la famille Ascanio y Montemayor y Tabares de Nava (une des plus vieilles lignées de l'archipel).

Fundación Cristino de Vera *(plan B1)* **:** *c/ San Agustín, 18. ☎ 922-26-28-73. • fundacioncristinodevera.com • Tte l'année, lun-ven 11h-14h, 17h-20h ; sam 10h-14h. Fermé sam ap-m, dim et j. fériés. GRATUIT.* Dans un beau palais du XVIIIe s, une fondation dédiée au peintre Cristino (et non Cristina) de Vera, artiste né en 1931 à Santa Cruz et vivant à Madrid. Au rez-de-chaussée, expos temporaires d'art contemporain, principalement de la peinture des Canaries ou espagnole de manière générale. Le 1er étage présente en permanence des œuvres de l'artiste maison, Cristino de Vera : dessins, peintures et étoffes ajoutées... Son travail est une sorte de pointillisme délicat, un peu dépressif (on croise pas mal de têtes de mort !), révélant des personnages aux visages très intériorisés, pleins de leur propre mélancolie.

Catedral de Nuestra Señora de los Remedios *(plan B1-2)* **:** *c/ Juan de Vera. 681-19-72-36. • lalagunacatedral.com • Lun-ven 10h-20h ; sam 10h-12h30, 14h-17h ; fermé dim. Entrée : 5 € ; réduc ; audioguide inclus.* Cette église édifiée au début du XVIe s ne fut consacrée cathédrale qu'au début du XIXe s et fut alors revêtue d'une façade néoclassique. Curieusement, l'architecte s'inspira de la cathédrale de Pamplona (Pampelune) en Navarre. Le reste de l'édifice présente un style néogothique. L'ensemble, très dépouillé, a été entièrement restauré. On pourra admirer à l'intérieur entre autres choses le beau retable du chœur (situé dans la chapelle *Virgen de los Remedios*) et un pupitre en marbre de Carrare. Une stèle rappelle que les restes du conquistador de Tenerife, Alonso Fernández de Lugo (XVe s), reposent ici. Autre anecdote, c'est dans cette cathédrale que fut baptisé le 7 avril 1534 José de Anchieta. Ce prêtre jésuite espagnol passa aux Amériques, où il fonda des postes missionnaires qui furent les embryons des villes de São Paulo et Rio de Janeiro (Brésil). Surnommé « l'Apôtre du Brésil », il est un héros national dans ce grand pays lusophone. Au fait, comment un Espagnol a-t-il pu œuvrer dans une colonie portugaise ? Parce que le père Anchieta avait été formé au séminaire de Coimbra, au Portugal. À sa mort, un cortège de 3 000 indigènes brésiliens accompagna la dépouille de celui qu'ils surnommaient « Abarabebé », le saint ailé...

Museo de la Ciencia y el Cosmos *(hors plan par A-B2)* **:** *avda Los Menceyes, 70. ☎ 922-31-52-65. • museosdetenerife.org • À 3 km au sud-est du centre historique. Arrêt tramway* Museo de la Ciencia. *Mar-sam 9h-20h ; dim-lun 10h-17h. Entrée : 5 € ; réduc ; gratuit ven-sam 16h-20h.* Un musée assez extra, ludique et amusant. Ou comment tout savoir sur la gravité, le cosmos, les atomes, le magnétisme et autres mystères de la science à travers une série de modules interactifs très bien fichus. On appuie sur des boutons, on caresse une météorite, on s'installe sur un banc musical, on se confronte à des illusions d'optique... Bref, on met la main à la pâte ! Les enfants adorent, évidemment.

Marchés agricoles

– ***Mercadillo agricola de La Laguna :*** *pl. del Cristo, s/n. Tlj 6h (5h mar, jeu et sam, 7h dim)-14h.* Coloré et joyeux. Plein de bons produits locaux. Si vous devez n'en fréquenter qu'un sur l'île, choisissez celui-là.
– ***Mercadillo del agricultor de Tegueste :*** *c/ Asuncionista, 6, à **Tegueste**. Le w-e 8h-14h.* Pas touristique pour un sou. Très propret, avec une nette tendance sur le bio. On termine à la terrasse du bar en dégustant des tapas. La place du *centro historico* est tout à fait charmante. Dans le même secteur, le ***marché agricole de Tacoronte,*** mêmes jours et horaires.

Fêtes et manifestations

Forte tradition festive à La Laguna. Pour plus de détails, se reporter au chapitre général.

LA POINTE NORD-EST

Les confins au nord-est de l'île de Tenerife dessinent une impressionnante avancée montagneuse qui descend brusquement dans l'océan. C'est une région à part sur l'île : très verte, souvent dissimulée dans le brouillard et très accidentée. Elle est surtout appréciée, à juste titre, par les randonneurs. Au cœur de cette pointe nord, de part et d'autre de l'arête centrale, on trouve le *massif de l'Anaga,* devenu *parque rural.* Les côtes offrent quelques panoramas grandioses et préservés. Si vous ne souhaitez pas faire de grande rando, 1 journée peut suffire pour découvrir ces espaces très variés. Sinon, prévoir au moins 2 ou 3 jours.

PARQUE RURAL ANAGA

À la pointe nord-est de l'île, étagé depuis le bord de la mer jusqu'à 1 024 m d'altitude, ce massif montagneux couvre près de 14 500 ha. Le parc rural occupe la plus grande partie de cette zone. Visiter l'Anaga, c'est pénétrer dans un lieu singulier, couvert d'une épaisse forêt dans sa partie centrale, et cerné de pics acérés inaccessibles et de vallées profondes, comme taillées à la hache par l'érosion volcanique. La végétation a également de quoi surprendre : les alizés venant du nord-est se fixent sur les sommets de l'Anaga, donnant naissance à un écosystème très vert, entre forêts humides, lauriers, grandes bruyères, orangers sauvages et petites pinèdes. On est très loin du caractère semi-désertique des côtes sud ou du parc du Teide ! Les jours où les nuages accrochent les sommets, on se retrouve plongé dans une brume aussi épaisse qu'étrange. À certains endroits, la forêt est tellement dense que peu de lumière y pénètre, contribuant à lui donner son aspect fantomatique. C'est beau, presque mystique. À découvrir à

pied ou, pour les plus pressés, en voiture (une excellente route traverse le parc et permet d'accéder aux départs de nombreuses randonnées qui le sillonnent).

UN ISOLEMENT SALUTAIRE

La richesse et la variété végétale de l'Anaga sont principalement dues à son isolement et à son relief. Son inaccessibilité lui a permis de conserver toute sa biodiversité, et l'emprise de l'homme est restée modérée. Le massif a ainsi conservé une bonne partie de son aspect originel. Parmi les 200 espèces endémiques qu'on y trouve encore, citons le bois de sabines et les superbes euphorbes, les *cardonales tabaibales*.

TOUT POUSSE

Le caractère austère et sauvage de l'Anaga cache une grande richesse du sol et un climat idéal pour l'agriculture. Sur ces terres escarpées, l'air de rien, on cultive les exquises pommes de terre borrallas (de vrais délices !), de nombreuses variétés de patates douces et d'ignames. Sans oublier la vigne, qui semble ici pousser comme l'herbe du Bon Dieu.

Comment y aller ?

➢ ***En bus :*** pour y aller depuis *La Laguna,* plusieurs bus possibles (lignes n°s 76, 77, 273 et 275). Pratique mais attention, bien vérifier les horaires des derniers bus vers La Laguna ou Santa Cruz.

➢ ***En voiture :*** accès par la route TF-12, après les villages de Las Canteras et Las Mercedes.

TENERIFE

Adresse utile

🅸 ***Centro de visitantes Cruz del Carmen :*** *à env 10 km au nord-est de La Laguna, au lieu-dit Cruz del Carmen, au bord de la route principale (TF-12), bien indiqué. ☎ 922-63-35-76. Tte l'année, tlj 9h30-16h (15h en été).* C'est depuis ce centre d'information que démarrent plusieurs randonnées intéressantes et de difficultés variées. Et petite expo sur la vie de l'Anaga.

Où dormir ? Où manger dans le parc ?

🏠 🍽 ***Albergue Montes de Anaga :*** *ctra El Bailadero-Chamorga, s/n, à* ***El Bailadero*** *(38129), à 250 m d'une grande antenne radar, c'est bien indiqué. ☎ 922-82-32-25 (permanence téléphonique 9h-15h). • alberguedeanaga@idecogestion.net • alberguestenerife.net • ♿ Fermé le dim (hôtel et resto). Nuitée 20 € en dortoir, et une seule double 40 € (lits superposés) ; petit déj 4 € (à réserver). Cafétéria ouv 8h-18h30. Menu déj 8,50 €.* Auberge à l'architecture moderne, mais qui s'intègre parfaitement à son environnement, sur une crête montagneuse dominant un vaste paysage. Pierre volcanique, béton, fer, bois et larges baies vitrées sont les matériaux qui composent cet ensemble d'une quarantaine de lits, organisé en dortoirs de 4 à 6 couchages (lits superposés). Draps et couvertures fournis. Certains avec sanitaires à l'intérieur du dortoir. Chambres petites et impeccables tout à la fois, lumineuses, la plupart avec vue dégagée sur la montagne. Casiers. Petite restauration pour les clients de l'auberge. En général, 2 plats par jour sont proposés. De la généreuse terrasse offrant un panorama extra, on voit jusqu'au village de San Andrés, en bord de mer. Sur place, vente de brochures (en anglais) sur les principaux sentiers de l'Anaga. Une super adresse.

Restaurante Cruz del Carmen : *ctra Montes de las Mercedes, km 6, juste au niveau du* Centro de visitantes Cruz del Carmen. ☎ *922-25-00-62.* • *rte.cruzcarmen@hotmail.com* • *Tlj sauf jeu 10h-20h (heure de fermeture de la cuisine).* Menú de la casa *12 €, plats 11-16 €.* Auberge de montagne et cadre populaire pour une cuisine rustique et franche. Souvent bondée le midi, quand les cars y font l'arrêt. On a apprécié l'*estofado de ternera* et on a terminé avec plaisir notre *conejo en salmorejo.* Pour le service, là encore... c'est du rustique !

Bar Playa Casa Africa : *roque de Las Bodegas, 3, 38130* **Taganana.** ☎ *922-59-01-00.* • *restaurantecasaafrica@yahoo.es* • *Tlj 9h-18h.* Face à la plage, en bord de route, ce petit bar-resto du bout du monde est fréquenté autant par les habitués de Santa Cruz que par les randonneurs de passage. Minuscule terrasse et grande salle intérieure avec plantes, fleurs et toiles cirées sur les tables. Savoureuse cuisine, simple et généreuse. Carte très courte : poissons frais, poulpe (spécialité de la maison), salade de thon, *mojo picón*...

À voir. À faire

Voici un itinéraire qui emprunte les routes de cette région méconnue. L'excellente route du parc grimpe sur les hauteurs quelques kilomètres après *La Laguna.*

➢ 1er arrêt au ***mirador de Jardina*** d'où on embrasse un point de vue majestueux sur le Teide et la vallée de La Laguna, dont la dense urbanisation n'échappera à personne.

➢ 2 km plus loin, on gagne le ***Centro de visitantes Cruz del Carmen,*** d'où partent quelques randos (voir le texte plus loin « Randonner dans le parc »).

➢ 600 m après la Cruz del Carmen, embranchement pour le ***pico del Inglés.*** Prendre à droite et faire 1 km pour accéder au *mirador pico del Inglés* (bien indiqué). De là part une intéressante rando vers ***Valleseco.*** Depuis le belvédère, vue sur les vallées escarpées. Au fond, on aperçoit Santa Cruz avec ses grandes tours et son auditorium prêt à mettre les voiles. On découvre également l'épaisse forêt qui couvre la partie centrale de ce secteur, les vallées profondes et les gorges qui ne le sont pas moins.

➢ On reprend la route principale vers ***El Bailadero,*** situé à 643 m d'altitude, environ 11 km au nord-est du mirador del pico del Inglés. C'est un carrefour qui sert de point de repère et où l'on trouve l'un des seuls hébergements du massif.

➢ ***La route vers Taganana :*** superbe « route des virages » *(camino de Las Vueltas)* qui descend en multiples lacets sur 4 km, depuis l'ancienne ***casa forestal*** (petite maison ocre en bord de route, 6 km après El Bailadero), vers le bord de mer. Pas de danger, mais roulez prudemment. Paysages de forêts tout d'abord, puis le sol se dénude pour laisser place à de hautes pointes acérées, puis, plus bas, à quelques terrasses cultivées hardiment. Environnement rude et sauvage à la fois, avec des falaises qui tombent comme un fil à plomb dans l'océan. La vision de la côte sauvage et déchiquetée, plongeant vers la mer depuis les falaises, est véritablement impressionnante. Tout au fond de la vallée, le village de ***Taganana,*** de style traditionnel, distribue ses maisons blanches de part et d'autre de la vallée.

➢ ***Playa El Roque :*** à 1 km à l'est de Taganana, on aime bien cette plagette de sable noir, secouée par de beaux rouleaux et surtout fréquentée par les jeunes surfeurs de Santa Cruz et les étudiants de La Laguna. Attention à la baignade. Ressac puissant et dangereux certains jours. Juste en face de la plage, de l'autre côté de la route, un resto qu'on apprécie (voir « Où dormir ? Où manger dans le parc ? »). Fermant la plage au nord, une ***petite promenade piétonne*** qui mène jusqu'au rocher le plus avancé dans l'eau.

➢ ***Playa de Benijo :*** 2 km après *playa El Roque,* en poursuivant la petite route. On n'y va pas vraiment pour la plage, plutôt pour le paysage. Il devient de plus en plus sauvage, la route de plus en plus étroite, la côte de plus en plus déchiquetée. Un lieu qui dégage une grande puissance, assurément. En surplomb de la route, petite terrasse du resto *El Frontón (tlj sauf ven, 10h-17h30 et 10h-21h en été)* d'où on embrasse une vue extra.

➢ ***À voir encore sur la côte nord-est :*** toujours sur la côte nord, à 15 km au nord de San Cristóbal de La Laguna, on trouve la petite station de ***Bajamar.*** Accès par la route qui passe par Tegueste et Tejina. Rien de bien intéressant, mais on peut s'y arrêter pour prendre un bain dans l'une des 2 *piscinas naturales* situées au bord de l'océan. Ces piscines n'ont en fait rien de naturel, mais sont entourées de roches volcaniques noires. Elles sont vastes, découvertes et accessibles à tous librement et gratuitement. Un agréable bain en perspective, sans danger. L'eau est renouvelée automatiquement à chaque marée.

Randonner dans le parc

Pratiquer la randonnée est l'un des plaisirs de Tenerife. En voici une sélection de quelques randos variées dans le *parque rural Anaga.* Tous les sentiers sont balisés et bien entretenus. ***Avant d'entreprendre une rando, se munir d'une bonne carte au Centro de visitantes et se renseigner sur la météo.***
Pour plus d'infos, voir le site • *reservabiosfera.tenerife.es* • Nos descriptifs ne sont en rien des topoguides (chacun son boulot !), mais sont là pour vous aider à sélectionner une balade selon vos envies et vos capacités physiques. Toujours vérifier leur faisabilité auprès du *Centro de visitantes* local.

TENERIFE

➢ ***Sendero de los Sentidos – PR/TF-1*** *(sentier des Sens) :* ♿ *départ devant le parking du* Centro de visitantes Cruz del Carmen. *Très beau sentier ombragé et agréable, déclinable en 3 versions. Promenades de 10, 20 ou 45 mn, d'une distance respective de 340, 540 et 1 280 m.* Grâce à des chemins très adaptés, des passerelles en bois, une balade accessible à tous, même aux personnes à mobilité réduite, et c'est une excellente initiative.

➢ ***Sendero El Batán – PR/TF-11 :*** *départ du* Restaurante Cruz del Carmen. *Durée : env 2h aller. Difficulté : faible. Dénivelée : 500 m. Retour possible depuis El Batán en guagua n° 274 à La Laguna (4 bus/j. 6h45-18h45 en sem, 2 le w-e 9h50-15h).* Un sentier de terre bien balisé et entretenu, encadré par de superbes *myricas fayas* et des bruyères géantes. Après une petite heure de marche, arrivé à une bifurcation, on poursuit sur la droite pour descendre jusqu'à la pista de Las Hiedras. Arrivée à l'ermitage de la Vierge de Candelaria dans les *casas de Abajo.* Le sentier peut se poursuivre vers Punta del Hidalgo. Dans ce cas, la durée totale du parcours est de 4h30. Distance totale : 9,7 km.

➢ ***Chinamada-Punta del Hidalgo – PR/TF-10 :*** *départ de Chinamada et arrivée à la Punta del Hidalgo. Durée : 2h15. Distance : 4,7 km. Difficulté : moyenne.* Voici une section faisant partie d'une plus grande randonnée *Cruz del Carmen – Punta del Hidalgo.* Départ à Chinamada, à env 6 km au nord du *Centro de visitantes Cruz del Carmen,* en allant vers la côte. Cet ancien village aborigène est composé de quelques dizaines de maisons-grottes, en bon état et toujours habitées. Elles ont déjà un intérêt en soi. On débute à gauche de l'ermitage, et l'on passe par le précipice du Tomadero. On traverse des parcelles cultivées (ah ! les belles pommes de terre !), puis un paysage composé de grosses roches, pierre volcanique, grottes. Vers la dernière partie, on embrasse un panorama dans lequel s'inscrit le *roque de los Dos Hermanos* et la *playa de Los Troches.* Descente en lacet vers le précipice du *río* avant de gagner la *Punta del Hidalgo.* Le sentier débouche alors sur la mer.

➢ ***Las Vueltas-Taganana – PR/TF-8 :*** *départ derrière la* casa forestal *(indiqué) située à 7,5 km du* Centro de visitantes Cruz del Carmen *(sur la gauche de la route TF-12). Durée : env 2h30. Distance : 4,5 km. Dénivelée : env 800 m. Randonnée assez difficile (surtout le retour).* On emprunte l'ancienne voie de communication qui date du XVIe s et qui fut l'unique lien avec le reste de l'île jusque tard au XXe s. Sentier qui plonge au milieu des *myricas fayas* et de superbes bruyères luxuriantes jusqu'à une grotte. Puis on descend au cœur de la forêt de lauriers. Le tracé tout en courbes de cette rando lui a donné son nom *(vueltas).* La vue se dégage, les cultures en terrasses apparaissent. On débouche sur la route de los Naranjos, que l'on traverse pour aboutir au village de Taganana, au fond d'une vallée proche de la mer. Pas de bus au retour, donc prévoir de revenir à pied par le même itinéraire ou en suivant la boucle que fait le sentier, avant d'arriver à Taganana (mais la montée est rude !).

LA CÔTE NORD

PUERTO DE LA CRUZ (38400) 29 497 hab.

• Plan *p. 256-257*

Historiquement, c'est la 1re station balnéaire de l'île, fréquentée dès la fin du XIXe s alors que le reste de Tenerife s'est développé depuis les années 1960.
Aujourd'hui c'est une ville à taille humaine, urbanisée et hérissée d'immeubles modernes, mais dont le petit centre-ville, en bord de mer, résiste tant bien que mal à l'envahisseur balnéaire. Ses ruelles étroites et animées, été comme hiver, respirent une certaine douceur, autour de la très agréable *plaza del Charco* notamment. Et ce petit « morceau » de port, le *puerto del Muelle,* conserve tout son cachet avec sa plagette de galets noirs. Les *calles El Lomo, Puerto Viejo* et *San Felipe* sont piétonnes et accueillent plusieurs restos de qualité et quelques bars. Calle El Lomo, nombreuses fresques contemporaines sur les maisons. Quant aux plages, de sable noir évidemment, certaines sont facilement accessibles à la baignade, d'autres plus remuantes. On vous conseille d'aller faire trempette au *Lago Martiánez,* un bouquet de 8 bassins d'eau de mer, réalisé par le génial César Manrique à la fin des années 1960.

UN PEU D'HISTOIRE

Puerto de la Cruz n'est pas née dans le même moule touristique que les grandes stations du Sud. Même si elle s'est véritablement développée dans les années 1970-1990, sa vocation date de la fin du XIXe s, lorsque les aristocrates anglaises, lasses du climat londonien, furent les 1res à se réchauffer au doux soleil canarien. Y séjournèrent aussi des célébrités comme Winston Churchill, les acteurs Richard Burton et son épouse Liz Taylor, ainsi que les Beatles, c'était la grande époque. Aujourd'hui, moins de vedettes mais plus de monde...

Adresses utiles

- 1 Oficina de Información Turística del Cabildo Puerto de la Cruz – La Casa de la Aduana (B2)
- 2 Información Turística (B2)
- 3 Farmacia Plaza del Charco (B2)
- 4 Location de voitures Autos Plaza (A2)

Où dormir ?

- 10 Hotel Sun Holidays (A2)
- 11 Pensión Los Geranios (A2)
- 12 Pensión Rosa Mari (B2)
- 13 Hotel Marquesa (B2)

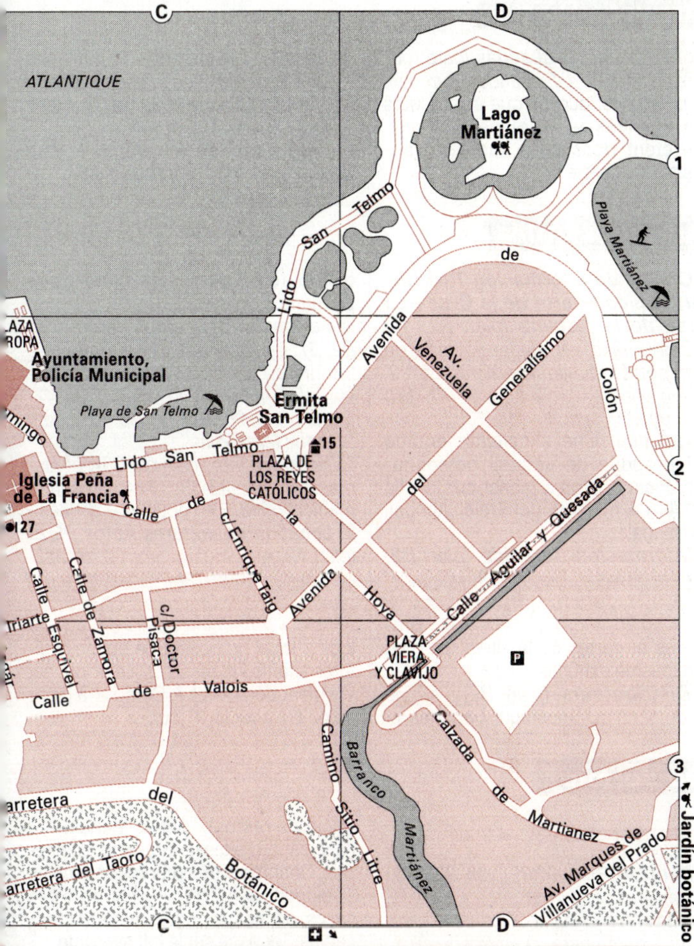

14 Hotel San Borondón (A3)
15 Catalonia Las Vegas (C2)
16 Hotel Tigaiga (hors plan par B3)

Où prendre un petit déjeuner ?

29 Marboré Café (A3)

Où manger ?

20 Mil Sabores (B2)
21 Mesón Los Gemelos (A3)
23 Cofradía de Pescadores (B2)
24 Regulo Restaurante (B2)
25 Bar Central (B2)
26 Arcón Tapas Restaurante (B3)
27 El Limón (C2)

Arriver – Quitter

Estación de guaguas *(gare routière ; plan A3) : c/ Fernández Perdigón.* Tous les bus, quelles que soient leurs provenances et leurs destinations, s'arrêtent dans cette rue juste au-dessus du centre.

➢ **_Vers La Orotava_** (env 10 mn) **:** bus nos 352 et 345 (le plus rapide).

➢ **_Vers La Laguna_** et **_Santa Cruz_** (env 40 mn) **:** bus nos 102 et 103.

➢ **_Vers Icod de los Vinos_** et **_Los Gigantes_** (env 30 mn) **:** bus no 363.

Adresses utiles

Oficina de Información Turística del Cabildo Puerto de la Cruz – La Casa de la Aduana *(plan B2,* ***1****) : c/ Las Lonjas, s/n, juste à droite du petit port El Muelle. ☎ 922-38-60-00. • webtenerife.com • Lun-ven 9h-18h (17h en été), sam 9h-14h (13h en été), fermé dim.* Une excellente équipe qui propose un accueil personnalisé. Plein d'infos à glaner sur la ville et l'île de manière générale. Accueil en français.

Información Turística *(plan B2,* ***2****) : c/ Puerto Viejo, 13. ☎ 922-38-87-77. • info@citpuerto.com • Lun-ven 9h-13h. Fermé le w-e.* Brochures et cartes de la ville. Pas d'un dynamisme extrême.

Distributeurs *(plan B2) : sur la pl. del Charco.* Plusieurs banques et distributeurs autour de cette place piétonne.

Farmacia Plaza del Charco *(plan B2,* ***3****) : sur la pl. del Charco. ☎ 922-38-89-67. Tlj 9h-minuit. Autre farmacia, c/ San Felipe, 11. ☎ 922-38-42-64. Lun-ven 9h-14h, 16h30-20h ; sam 9h-14h ; fermé dim.*

Hospiten *(hors plan par C3) : c/ Alemania, 6. ☎ 922-38-35-51.* Un centre médical privé. Bien pour les urgences.

Location de voitures Autos Plaza *(plan A2,* ***4****) : c/ Mequinez, 63. ☎ 922-38-32-40. Tlj 9h-13h, 16h-20h ; autre adresse pl. del Charco, 1. ☎ 922-37-35-37. • teneriferentacar.com •* Petit loueur local proposant de bonnes voitures à tarifs intéressants. Le 3e jour est vraiment bon marché. Compter à partir de 42 €/j. pour le 1er jour.

TENERIFE

Où dormir ?

Bon marché (20-40 €)

Pensión Rosa Mari *(plan B2,* ***12****) : c/ San Felipe, 14. ☎ 822-90-20-40. • pension-rosa-mari.puerto-de-la-cruz.hotel-tenerife.net • Double env 40 € ; pas de petit déj.* Les rencontres entretiennent la jeunesse ! Tel pourrait être le slogan de cette propriétaire affable et chaleureuse. Elle a transformé cette vieille pension en un charmant hôtel aux chambres toutes différentes, décorées avec soin, dans un style design très coloré. Adresse originale, économique et accueillante.

Pensión Los Geranios *(plan A2,* ***11****) : c/ del Lomo, 14. ☎ 922-38-28-10. • noemi_19780@hotmail.com • pensionlosgeranios.com • Doubles 35-45 €.* Centrale et calme, dans la rue piétonne la plus sympa de la ville (plein de restos), petite pension à l'ancienne d'excellent rapport qualité-prix. Chambres très propres et simples (la plupart avec 2 lits simples), avec des salles de bains petites mais impeccables. Terrasse sur le toit avec vue.

Prix moyens (40-70 €)

Hotel Sun Holidays *(plan A2,* ***10****) : c/ La Peñita, 6. ☎ 922-38-00-87. • hotelsunholidays@gmail.com • hotelsunholidays.com • À l'angle de c/ El Lomo. Doubles 37-59 € ; pas de petit déj.* À l'angle d'une rue du centre, voici un petit hôtel frais et lumineux. Les chambres impeccables, calmes et claires, rehaussées de couleurs vives (avec balcon sur la rue), la terrasse sur le toit : tout est bien arrangé ici. Prix sages pour la qualité proposée.

🏠 ***Hotel Marquesa*** *(plan B2, **13**) : c/ Quintana, 11. ☎ 922-38-31-51. • reservas@hotelmarquesa.com • hotelmarquesa.com • Doubles 45-70 €, petit déj inclus.* Vieille demeure de 1712 avec une façade de caractère, donnant sur la rue piétonne. Le plus beau, c'est, à l'intérieur, le superbe patio ancien, sous verrières, orné de plantes vertes. Seules 4 chambres, très belles, sont situées dans la partie ancienne. Les autres, plus modernes mais moins charmantes, se trouvent dans 2 bâtiments adjacents. Gamme de confort très large, en visiter plusieurs. Grande piscine chauffée sur le toit.

De prix moyens à chic (40-100 €)

🏠 ***Hotel San Borondón*** *(plan A3, **14**) : c/ Agustín Espinosa, 2. ☎ 922-38-33-13. • info@hotelsanborondon.com • hotelsanborondon.com • Doubles 50-90 €, petit déj compris*. Hôtel moderne et tranquille, à la façade plutôt élégante, fleurie d'une généreuse bougainvillée. Il abrite une centaine de chambres, réparties en 3 édifices. Toutes de bon confort, à la déco sans grande imagination, mais la literie est top, les salles de bains nickel et toutes disposent d'un balcon ou d'une petite terrasse. Grande piscine d'eau de mer au centre de l'hôtel.

🏠 ***Catalonia Las Vegas*** *(plan C2, **15**) : avda Colón, 2. ☎ 922-38-39-00. • lasvegas.reservas@cataloniahotels.com • cataloniahotels.com • Doubles 60-90 €, petit déj-buffet compris.* Imposant bâtiment bleu et blanc qui fleure bon les années 1970 de l'extérieur (et dans le lobby !), mais dont les chambres, rénovées, sont d'un bon rapport qualité-prix. Notamment au vu de l'emplacement, pile-poil face à l'océan. Déco standard et moderne, vue sur mer pour la plupart des chambres et belle piscine chauffée. On n'aurait peut-être pas mis 4 étoiles, mais ça fait le boulot.

De plus chic à très chic (plus de 100 €)

🏠 ***Hotel Tigaiga*** *(hors plan par B3, **16**) : parque Taoro, 28. ☎ 922-38-35-00. • info@tigaiga.com • tigaiga.com • Doubles 120-200 € selon saison et type de chambre, petit déj compris.* Hôtel jaune et cubique des années 1960, mais sa rénovation lui a donné un sérieux coup de jeune. Il abrite des chambres modernes et soignées, fort bien équipées, toutes avec balcon et clim. Certaines donnent sur la mer, d'autres sur le Teide. Le grand plus du lieu, outre son calme, c'est qu'il domine toute la baie. La piscine et la grande terrasse qui l'entoure offrent un havre bien agréable pour les fins d'après-midi.

Où prendre un petit déjeuner ?

☕ ***Marboré Café*** *(plan A3, **29**) : c/ Puerto Viejo, 32 (angle c/ Mazaroco). ☎ 922-37-14-41. Tlj 9h-23h.* Jolie maisonnette rose à la terrasse confortable (fauteuils en osier), parfaite pour un bon petit déj (allemand, américain, anglais...), un sandwich sur le pouce, ou une crémeuse pâtisserie pour le quatre-heures. Pas cher et service adorable.

Où manger ?

De bon marché à prix moyens (8-25 €)

🍴 ***Bar Central*** *(plan B2, **25**) : pl. del Charco, 21. Tlj 8h-1h. Plats 6-14 €.* Notre meilleure adresse sur une place très touristique où la cuisine ne brille pas toujours pour sa qualité. À la carte (en français) il y a moins de poissons que de viandes, mais tout est bon : poulpe frit, dorade, seiche, planche de charcuterie, bœuf, agneau, poulet et des paellas (copieuses) pour 2 personnes.

🍴 ***El Limón*** *(plan C2, **27**) : c/ Esquivel, 4. ☎ 922-38-16-19. Tlj sauf mer 12h-16h, 19h-22h (23h ven-sam). Plats 4-8 €, menus 7,50-11 €.* D'étonnants

TENERIFE

burgers végétariens, des salades copieuses, des potages et autres woks de légumes, un menu (midi et soir) complet et pas cher... le tout servi dans une salle agréable, façon loft colonial, avec mezzanine, belle hauteur de plafond et cuisine ouverte. Bref, pressez-vous de venir goûter ce citron-là, pas amer pour un sou !

Mesón Los Gemelos *(plan A3, **21**) : c/ El Peñón, 4. ☎ 922-37-01-33. Tlj sauf mer 12h-23h (service en continu). Plats 7-15 €.* On aime bien cette sorte de grande cantine popu très fréquentée, installée dans une courette couverte de cannisses et de plantes, avec aquariums dans les coins et vieux outils aux murs. Cuisine typique et copieuse, qui va de la sole grillée au poulpe poché en passant par le merlu à la romaine et le ragoût de veau. Une bonne petite adresse.

Arcón Tapas Restaurante *(plan B3, **26**) : pl. Concejil, 2. ☎ 922-37-51-31. Tlj, sauf mar et mer, 12h-15h30, 18h-22h30. Raciones 5-12 €. CB refusées.* Tenu par un couple polyglotte (madame parle très bien le français) qui régale les clients d'une cuisine typique, sincère et goûteuse. Tous les plats sont proposés, au choix, en tapas ou en *ración*. Ragoût de viande, poulet en sauce, calamars, poulpes, bons poissons *a la plancha*... c'est délicieux et servi avec beaucoup d'attention. Les habitués apprécient les tables en terrasse, sur une placette au calme.

Mil Sabores *(plan B2, **20**) : c/ Cruz Verde, 5. ☎ 922-37-22-47. • restmilsabores@gmail.com • Tlj sauf jeu 12h-23h. Plats 11-18 €.* Mille sabords de mille sabords, en voilà une bonne adresse ! On est accueilli, dès l'entrée, par les adorables cuisinières qui s'affairent aux fourneaux, puis on s'installe en terrasse, dans la rue piétonne, ou à l'intérieur, sur la jolie mezzanine au parquet lambrissé. Cuisine méditerranéenne bien fraîche (produits bio et locaux). Lasagnes végétariennes, risotto aux champignons, tataki de thon, bonnes salades, etc. Accueil en français du sympathique patron. Attention, l'addition grimpe vite !

Cofradía de Pescadores *(plan B2, **23**) : c/ Las Lonjas, 5. ☎ 922-38-34-09. • cofradiarestaurante@gmail.com • Tlj sauf lun, en continu, 13h-23h. Plats 9-15 €.* Une belle surprise que ce resto tenu par une confrérie de pêcheurs proposant leurs prises du jour. Salle assez chic, avec parquet, éclairage tamisé et grande terrasse qui donne sur la mer. Vous choisissez votre poisson, on le pèse, puis on le cuisine selon votre goût. Grillé ou frit, entier ou en filet, accompagné d'un bon *mojo* et de quelques patates locales cuites au sel, c'est simple et c'est tout bon.

Chic (25-40 €)

Regulo Restaurante *(plan B2, **24**) : c/ Pérez Zamora, 16 (à l'angle de c/ San Felipe). ☎ 922-38-45-06. Tlj, sauf dim et lun midi, 12h30-15h, 18h-23h. Plats 13-18 €.* Dans une maison ancienne du XVIIIe s avec plusieurs petits salons chics et un charmant patio intérieur. On y concocte une jolie cuisine internationale très soignée (beaucoup de poissons) et pas mal de recettes traditionnelles canariennes comme la *merluza a la riojana* ou le classique *conejo en salmorejo*. Les appétits solides partageront la *parillada de mariscos*, vraiment bien servie. En prime, belle carte des vins.

TENERIFE

Où manger dans les environs ?

El Mesón El Monasterio *: La Montañeta, 12 ; à 4 km de Puerto de la Cruz, au village de **Los Realejos**, sur les hauteurs. De l'autopista, sortir à La Montañeta (nº sortie 36). ☎ 922-34-07-07. • info@columbus-sa.eu • Parking.* Monastère transformé en 5 restos ayant chacun leurs spécialités (*La Cabaña* : fondue et pierrade de poissons et viandes ; *San Pedro* : fruits de mer ou poisson...). Partout, des petites terrasses ensoleillées dont certaines avec vue sur la mer. Ambiance charmante, proche de celle d'un petit village. Horaires différents pour chaque restaurant (vous en trouverez toujours au moins un d'ouvert).

Où boire un verre ?

Plaza del Charco *(plan B2)* **:** les quelques terrasses de cette place touristique sont agréables et assez animées le soir. Les palmiers altiers et les grands ficus forment un voile pudique qui tente de masquer les vilains immeubles qui bordent la place.

À voir

Puerto del Muelle et le centre *(plan B2)* **:** *situé au cœur de la ville, sur le petit port.* C'est l'ancien port de poche et de pêche, avec sa plagette de galets noirs, autour duquel se situent les rues les plus animées et actives de la ville. En souvenir de sa vocation passée, on peut voir sur la grève une sculpture en bronze d'une dynamique marchande de poissons. À 2 pas, la ***plaza del Charco,*** entourée de terrasses de cafés. Autour, les calles El Lomo, San Felipe et Puerto Viejo ont été relativement épargnées par la course immobilière. Les édifices ne dépassent pas 4 étages, donnant à ce petit bout de ville dans la ville une coloration différente du reste de la cité. Dès que l'on s'éloigne de ce secteur, les grands ensembles reprennent le pouvoir.

Museo de Arte contemporáneo Eduardo Westerdahl *(MACEW ; plan B2)* **:** *casa de la Aduana ; c/ Las Lonjas, s/n, juste à droite du petit port El Muelle, à l'étage de l'office de tourisme. ☎ 922-38-14-90. • iehcan.com • Lun-sam 10h-14h. Fermé dim. Entrée : 2 € ; réduc.* Le musée d'Art contemporain Eduardo-Westerdahl (un grand critique d'art canarien) se situe dans plusieurs salles au 1er étage du bâtiment. Différentes sections : le surréalisme, l'art international de 1935 à 1964, l'art espagnol après la guerre et l'art canarien des années 1950-1960. Un beau panorama de l'art du XXe s. L'ensemble n'est pas bien grand, mais les œuvres exposées, peintures et sculptures, sont dignes d'intérêt. À voir, entre autres, le très « picasso-esque » *Tauramaquía* de Manuel Millares et *Abstracciòn* du célèbre César Manrique. Accrochage en partie permanent, mais régulièrement des expos temporaires viennent s'y greffer.

Museo arqueológico *(plan B2)* **:** *c/ del Lomo, 9A. ☎ 922-37-14-65. • arqueopc.com •* ***En rénovation, expo permanente fermée.*** *Ouv seulement le mat pour les expos temporaires : lun-ven 10h-15h.* Dans une belle demeure du XIXe s, aux boiseries peintes en vert. Au rez-de-chaussée, quelques petites salles évoquent avec modestie la civilisation guanche. Petit film sur les traditions, quelques poteries avec ou sans anses. Quelques restes d'amphores. La reconstitution de la grotte en polyester noirci est un modèle du genre ! Plus sérieusement, l'œuvre la plus intéressante du musée est minuscule. Il s'agit de *guatimac,* une figurine religieuse retrouvée en 1885 dans une grotte, et d'origine assez énigmatique.

Iglesia de San Francisco *(plan B2)* **:** *c/ Quintana.* Cette adorable petite église du XVIIIe s présente plusieurs retables dorés, baroques ou rococo, dédiés à la Vierge pour certains. Près du chœur, sur la droite, toile de *Nuestra Señora de la Candelaria,* la Vierge noire. Dans la calle Quintana on trouve une grande concentration de boutiques en *tax free.*

TAX FREE

Les Canaries sont des îles détaxées, et Puerto de la Cruz est sans doute la ville de Tenerife qui offre le plus de boutiques proposant appareils photo, vidéo et téléphonie. Si les vendeurs sont efficaces, sachez que l'on trouve de tout, le meilleur comme le pire. Il arrive par ailleurs que les prix affichés, détaxés certes, soient malgré tout assez élevés. Ne vous laissez pas berner et comparez les prix sur Internet !

Iglesia Peña de La Francia *(plan C2)* **:** *pl. de la Iglesia. Lun-ven 8h30-18h30. Le w-e, ouv aux heures des messes (être discret).* L'église, aux proportions généreuses, à 3 larges nefs, vaut surtout pour ses quelques retables polychromes en bois doré. Le plus fin est sans doute celui que l'on trouve dans le chœur, avec ses colonnes torses, ses bas-reliefs et sa Vierge à l'Enfant. Dans la chapelle de gauche, un retable plus petit combine les motifs floraux, la peinture et les sculptures. Beau plafond en bois, et sous l'orgue, stalles en bois.

Lago Martiánez *(plan D1)* **:** *avda de Colón, s/n. ☎ 922-38-59-55. Tlj 10h-18h (19h30 l'été). Entrée (pour tte la journée) : 5,50 € ; réduc. Toilettes et vestiaires.* En bord de mer, voici un ensemble édifié en 1969, composé de 8 piscines (dont 3 pour les enfants) organisées comme une sorte de parc aquatique mais sans toboggan ni jeux d'eau. On doit cette étrange et superbe composition au célèbre architecte, peintre et artiste César Manrique (1919-1992), originaire de Lanzarote. Ici comme ailleurs, l'artiste est resté fidèle à son credo : travailler sur l'union entre l'homme et la nature en utilisant au maximum les matériaux naturels. Ici, c'est la roche volcanique noire, la rondeur des éléments et les contrastes chromatiques de la mer (chaque bassin est d'un bleu différent). Vastes piscines super agréables, entourées de terrasses et de palmiers qui rompent le caractère minéral de l'ensemble, et où vous attendent des transats. Le grand *lago* est une réussite. Quelques snacks et 2 restos complètent le tableau de ce lieu pas comme les autres. À l'époque de sa construction, le *Lago Martiánez* fut une petite révolution en ville, car les plages sont souvent dangereuses et inaccessibles. Il offrait (et offre toujours) la possibilité d'accéder à l'eau sans danger, dans un cadre original, et pour tout le monde.

Loro Parque *(hors plan par A2)* **:** *c/ del Bergentin. • loroparque.com • Pour y aller, il y a régulièrement un petit train qui amène les visiteurs au parc gratuitement. Différents points de départ (voir sur leur site). Tlj 8h30-18h45. Entrée : adulte 38 € ; 6-11 ans 26 €. Parking à l'entrée 4,50 €. Pour voir ttes les attractions, compter min 5h.* Ce vaste parc animalier, construit en 1972 et régulièrement modernisé depuis, assène sa publicité sous tous les supports existants dans l'île (panneaux, bus, poubelles, dos d'hôtels...). On y trouve de nombreux bassins et autant de shows *(3 à 5 fois/j.)* : orques, dauphins, otaries... Grand aquarium avec requins qui nagent au-dessus de votre tête (!), quelques tigres (dont un blanc) et une famille de gorilles nichés dans une forêt reconstituée. Sans oublier une étonnante collection de superbes perroquets et toute une ribambelle d'animaux « exotiques » (tortues géantes, pandas, etc.). Si l'on aime ce genre de parc, on y trouvera son compte, malgré un prix d'entrée vraiment très élevé.

Jardín botánico *(hors plan par D3)* **:** *entrée par la c/ Retama, 2. Tlj 9h-18h (dernière entrée à 17h30). Fermé 1er janv, Vendredi saint et 25 déc. Entrée : 3 € ; gratuit moins de 14 ans.* Superbe jardin créé au en 1792 en vue d'adapter les espèces végétales provenant d'Afrique, d'Asie et des Amériques. Une richesse incroyable d'essences donc, dans un site très bien entretenu. Splendides palmiers, banyans, ficus, série de cactus, pamplemoussiers, araucarias, etc. Une belle balade.

Les plages de Puerto de la Cruz

Les plages de Puerto de la Cruz ne sont pas facilement accessibles à la baignade. Grosses vagues, courants et cailloux exigent de votre part la plus grande prudence.

Playa Jardín : *à 1 km à l'ouest du centre.* Plage fréquentée par la population et les touristes tout à la fois. Attention aux vagues à l'entrée à l'eau car des cailloux tapissent le sol à certains endroits. Un peu plus à l'ouest on trouve la *playa de Punta Brava.* Sable noir et grosses vagues.

Playa Martiánez *(plan D1)* **:** *située à l'est du centre, avda de Colón.* Cette plage de sable et de cailloux n'est pas toujours propice à la baignade, ça dépend du vent. C'est avant tout un site prisé par les surfeurs débutants pour la régularité de ses vagues. Le coin, particulièrement urbanisé, est cerné par de hauts buildings et des hôtels de plus de 10 étages, pas du meilleur effet.

Playa et puerto del Muelle *(plan B2)* **:** *située au cœur de la ville, sur le petit port.* C'est l'ancien petit port de pêche de la ville, aujourd'hui devenu une plage de galets noirs où se baignent quelques touristes.

Playa de San Telmo *(plan C2)* **:** petite et agréable.

Playa del Socorro : *à env 5 km à l'ouest de la ville à* ***Los Realejos.*** Voici une belle plage de sable noir pas trop urbanisée, où les bons surfeurs prendront du plaisir. Possibilité de baignade également.

DANS LES ENVIRONS DE PUERTO DE LA CRUZ

Casa del Vino : *c/ San Simón, 49, à* ***El Sauzal.*** *• casadelvinotenerife.com • productosdetenerife.com • Situé à env 15 km au nord de Puerto de la Cruz. De l'autoroute, sortie El Sauzal, puis c'est à 2 mn (bien fléché). ☎ 922-57-25-35/42. Mar-sam 10h-20h ; dim et j. fériés 10h-18h. Fermé lun. Entrée : 3 €. Dégustation : à partir de 2,40 € selon les vins. Audioguide en français inclus.* Ce lieu abrite en tait 3 sections : le *museo del Vino,* le *museo de la Miel* et le *museo de la Agrodiversidad.* Le **museo del Vino** explique de manière assez didactique l'histoire du vin à Tenerife, présentant la variété des cépages cultivés, la manière de conduire la vigne (culture haute ou au ras du sol...), la vinification, etc. On apprend que le *listán negro,* le *listán blanco* et la *malvasía blanca* donnent de bons résultats, et que le *marmajuelo* est un cépage endémique de l'île. Maquette d'une ferme viticole, photos, documents, pressoir... La vigne couvre 9 000 ha sur l'île, divisés en petites exploitations. À l'issue de la visite, dégustation (payante). Une douzaine de vins sont proposés, à tour de rôle. Le ***musée du Miel*** présente, quant à lui, la vie des abeilles sur l'île et le type de miel qu'on y produit, comme le miel de châtaignier et le miel de tajinaste. Modeste mais pas inintéressant. Dans le ***museo de la Agrodiversidad*** : petite évocation des productions agroalimentaires de l'île, ainsi que de l'élevage. Resto sur place, avec une jolie terrasse qui s'ouvre sur l'océan.

LA OROTAVA (38300) 41 294 hab.

• Plan *p. 265*

Avec La Laguna et dans une moindre mesure Garachico, La Orotava constitue l'autre perle de Tenerife. Le petit centre-ville colonial est une merveille. La vallée de La Orotava, où l'on produit, depuis toujours, d'excellents fruits et légumes et le meilleur vin de l'île, s'est couverte de superbes demeures de charme et maisons de maître aux XVIIe et XVIIIe s, période pendant laquelle les grandes familles locales se sont enrichies. Il reste un bon nombre de témoignages de ce glorieux passé, et la plupart des édifices ont été restaurés (et sont aujourd'hui protégés).

La ville est édifiée sur une colline qui domine l'océan, et l'on explore les ruelles et les venelles pavées le nez en l'air, en grimpant et en redescendant sans cesse (c'est sportif !), à la recherche d'un balcon de bois ciselé, d'une lourde porte ouvragée, d'un patio verdoyant, d'une coursive soutenue par d'élégantes colonnes. Elle abrite également quelques musées intéressants, de sympathiques adresses pour dormir et de bien bonnes tables qui font la part belle aux produits de cette vallée si fertile. Du fait de la proximité de Puerto de la Cruz, qui n'était autrefois que le satellite portuaire de La Orotava, beaucoup de touristes viennent ici pour la journée, et repartent ensuite. Ils choisissent rarement d'y passer la nuit. C'est bien dommage, car la cité se vide en fin d'après-midi, et l'atmosphère devient alors réellement magique. La Orotava, l'un des musts de l'île, sans hésiter.

Conseil : si vous ne faites qu'y passer, venir de préférence le matin à La Orotava car les musées et les monuments ferment tôt (horaires pas toujours pratiques).

RICHES ET PAUVRES

De tout temps, les nantis ont aimé afficher leurs différences sociales. Mais à l'intérieur même de cette classe, il est encore possible de segmenter. Ainsi à La Orotava, aux XVIIe et XVIIIe s, où seules les familles seigneuriales possédaient une demeure, cette distinction était automatique. Aux moins riches la villa de Abajo (la partie basse) et aux plus aisés la villa de Arriba (en haut). Cette distinction existe toujours aujourd'hui.

TENERIFE

Adresses et infos utiles

Estación de guaguas *(hors plan par B1-2) : c/ San Juan Bosco, à l'entrée de la ville. Lun-ven 6h-19h, sam 8h-16h.*

➢ ***Vers Puerto de la Cruz :*** bus n° 345 ; départ ttes les 20 mn (5h55-22h10), durée : 10 mn.

➢ ***Vers Santa Cruz :*** bus n° 108 ; départ ttes les 30 mn (6h10-22h15), durée : 30 mn. Pour les stations du Sud, se rendre à Puerto de la Cruz et de là, très nombreuses liaisons jusque tard le soir.

Oficina de turismo *(plan B2) : c/ Calvario, 4. ☎ 922-32-30-41. • laorotava.es • Lun-ven 8h-18h, w-e 9h-14h.* Plan de la ville (dont un en français, gratuit) et infos touristiques. Bon accueil.

Centro de visitantes Telesforo Bravo del Parque del Teide *(hors plan par A1,* ***2****) : c/ Sixto Pereira Gonzalez, 25. Tlj sauf lun 9h-14h, 15h30-18h.* Ce bureau d'information donne les infos nécessaires sur ce parc exceptionnel. Petite expo intéressante sur la géologie de l'île à voir sur place.

Farmacia *(plan B2,* ***1****) : avda Canarias, 10. ☎ 922-33-02-29. Lun-ven 8h-21h, sam 9h-13h30.* La plus centrale et la mieux fournie.

Où dormir ?

De bon marché à prix moyens (20-70 €)

Pensión Silene *(plan A2,* ***10****) : c/ Tomás Zerolo, 9. ☎ 922-33-01-99. • info@sileneorotava.es • sileneorotava.es • Congés : la 2de quinzaine de mai ou de sept. Doubles avec sdb 36-50 €, avec petit déj.* Quelques chambres, dans une vénérable maison des années 1920, tenue par Antonio, le jeune patron. L'atmosphère générale s'avère un peu froide, mais les chambres sont impeccables, avec mobilier en bois, quelques touches de couleurs vives et confort tout à fait honnête. 3 d'entre elles se prolongent par une généreuse terrasse avec vue dégagée. Un bon rapport qualité-prix.

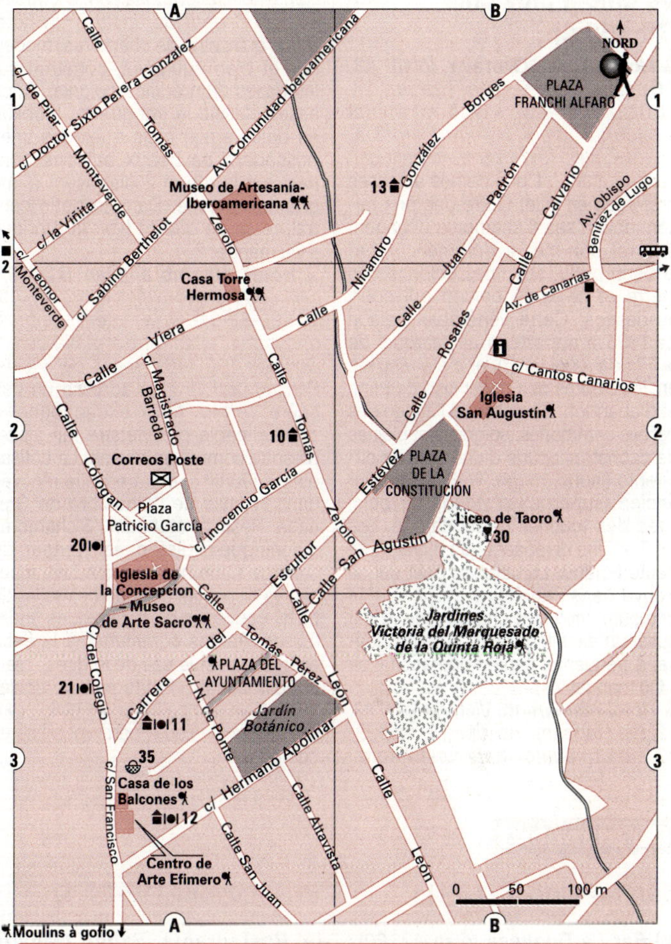

LA OROTAVA

Adresses utiles

- Oficina de turismo (B2)
- **1** Farmacia (B2)
- **2** Centro de visitantes Telesforo Bravo del Parque del Teide (hors plan par A1)

Où dormir ?

- **10** Pensión Silene (A2)
- **11** Hotel rural Orotava (A3)
- **12** Hotel-restaurante Victoria (A3)
- **13** Hotel Alhambra (B1)

Où manger ?

- **11** Restaurant Sabor Canario (A3)
- **12** Restaurante de l'Hotel Victoria (A3)
- **20** Bar La Duquesa (A2)
- **21** Gastro Lercaro (A3)

Où boire un verre ?

- **30** Cafetería Liceo de Taoro (B2)

Où acheter des produits locaux ?

- **35** Casa de los Balcones (A3)

TENERIFE

De chic à plus chic (70-150 €)

Hotel rural Orotava *(plan A3, **11**) : carrera del Escultor Estévez, 17. ☎ 922-32-27-93. • reservas@hotelruralorotava.es • hotelruralorotava.es • Doubles 79-105 €, avec petit déj. Parking gratuit.* L'une de nos adresses préférées en ville. Outre des prix raisonnables, ses 8 chambres dégagent un vrai charme, à commencer par le beau patio, ses fines colonnes en pierre et ce large balcon qui court au-dessus. Cette vénérable maison de 1608 a appartenu au marquis de la Florida (quel titre !), et a été rénovée en 2002 après des décennies de ruine et d'abandon. Chambres à l'image des parties communes, soignées et pleines de cachet, chacune d'une couleur différente (jaune, rouge, vert...). Mobilier ancien (superbes plafonds de bois) avec des touches de modernité. Les nos 6 et 7 ne disposent que d'une toute petite fenêtre. La salle du petit déj se trouve dans l'ancienne cuisine de la demeure, vraiment chaleureuse. C'est aussi un excellent resto, *Sabor Canaria,* à fréquenter sans modération (voir « Où manger ? »).

Hotel-restaurante Victoria *(plan A3, **12**) : c/ Hermano Apolinar, 8. ☎ 922-33-16-83. • info@hotelruralvictoria.com • hotelruralvictoria.com • Doubles 88-150 €, petit déj inclus.* Un hôtel d'une quinzaine de chambres, modernes et bien équipées, construit sur les bases d'un édifice colonial. Déco assez classique (moquette, mobilier en bois vernis) mais quelques-unes possèdent de beaux balcons donnant sur la rue et 2 disposent d'une grande terrasse. Dans le patio central, resto de qualité (voir la rubrique « Où manger ? »).

Hotel Alhambra *(plan B1, **13**) : c/ Nicandro González Borges, 19. ☎ 922-32-04-34. • hotelalhambra@gmx.net • alhambra-orotava.com • Doubles 100-140 €, petit déj inclus. Parking gratuit.* Une adresse un peu chère certes, mais exceptionnelle, que l'aimable propriétaire fait visiter presque comme un musée. La bâtisse date du XVIIIe s, et fut ensuite rénovée dans le style de l'Alhambra de Grenade. Résultat étonnant ! 5 chambres magnifiques, distribuées autour du superbe patio néomudéjar. Les supérieures disposent de superbes salles de bains couvertes de céramiques andalouses. Parties communes à la déco chargée (c'est le cas de le dire !), mais époustouflante. Petite piscine également, bien sympathique en plein cœur de la ville. Un lieu à part, vous l'aurez compris.

Où manger ?

Bon marché (8-12 €)

Bar La Duquesa *(plan A2, **20**) : pl. Patricio García, 6B. ☎ 922-33-49-49. • abraham196843@hotmail.es • Lun-ven 7h-16h, fermé w-e. Congés : juil. Plats 3-8 €, menu midi en sem 7,50-8,50 €.* Sur le flanc de l'église de la Concepción, au bord d'un petit jardin, resto populaire prolongé par un bout de terrasse. Petite maison basse (attention à la tête !), composée de 2 salles organisées autour d'un grand bar central. Fréquenté par les locaux pour ses petits plats de ménage (côtelettes de porc, paella, etc.) vraiment pas chers et l'accueil souriant.

Prix moyens (12-25 €)

Restaurante Sabor Canario *(plan A3, **11**) : carrera del Escultor Estévez, 17. ☎ 922-32-27-93. • info@hotelruralorotava.es • Tlj sauf dim soir 12h-16h, 19h-22h. Menu déj 12,50 €, sinon compter 15-20 €, boisson comprise.* Dans le superbe patio colonial de l'excellent hôtel de charme *Orotava* (voir « Où dormir ? »), on déguste une bien belle cuisine, copieuse et goûteuse, servie sans tralala. Carte surtout basée sur les traditions canariennes. On y retrouve les classiques *conejo al salmorejo,* la *parrillada de carne* ou le *choco asado.* Également de bons ragoûts maison (*escaldón, rancho canario*, etc.) et une carte de vins de qualité.

Gastro Lercaro (plan A3, **21**) : *c/ del Colegio, 5-7. 625-83-51-00. • gastrolercaro@gmail.com • À l'intérieur de la Casa Lercaro. Tlj 11h-19h. Plats 11-18 €.* On entre dans un palais de 1651 patiné par les ans, qui cache à l'arrière un ancien moulin (on peut même voir la roue motrice). De la superbe terrasse pavée surplombant le jardin, vue panoramique sur la mer au loin. À la carte, on retrouve les classiques de la cuisine canarienne, plutôt bien tournés (mais moins exceptionnelle que le cadre, il faut bien le dire). Abrite aussi le café *Grimaldi*.

Chic (25-40 €)

Restaurante de l'Hotel Victoria *(plan A3, **12**) : c/ Hermano Apolinar, 8. ☎ 922-33-16-83. • info@hotelruralvictoria.com • Tlj midi et soir. Menu déj (en sem) 10,50 € (dessert et vin compris), menu gastronomique 30 €, plats 9-17 €.* Le resto est situé dans le patio couvert de l'hôtel, aux murs anis. Une table un peu chic, aux plats traditionnels mais assez sophistiqués dans leur traitement. Mélange de cuisine internationale et de recettes canariennes. Peu de choix, mais l'ensemble est de qualité. On a apprécié le confit de canard et le turbot sur sa purée de panais. En semaine, le menu du midi est un super plan.

Où boire un verre ?

Cafetería Liceo de Taoro *(plan B2, **30**) : pl. de la Constitución. 623-20-44-23. • info@liceodetaoro.es • Tlj sauf lun 10h-22h (18h le dim).* Un lieu pas comme les autres, sorte de petit manoir en ville, aujourd'hui siège d'une association culturelle et sportive, qui abrite une petite cafétéria. Si la nourriture n'a pas grand relief, on prend un verre avec grand plaisir sur la terrasse surplombant un jardin et depuis laquelle on aperçoit le Teide et l'océan.

Où acheter des produits locaux ?

Casa de los Balcones *(plan A3, **35**) : c/ San Francisco, 3-4. ☎ 922-33-06-29. Tlj 8h30-18h30.* Ce bel édifice du XVIIe s transformé en musée à l'étage (rubrique « À voir ») abrite de nombreuses boutiques au rez-de-chaussée, où sont vendus des produits artisanaux : broderies, céramiques, vins... Un peu de tout en fait, mais il faut faire le tri entre le vrai artisanat (jetez un œil aux étagères vertes, sur la gauche) et les souvenirs de pacotille.

À voir

Iglesia San Agustín *(plan B2) : pl. de la Constitución.* Édifice à la façade baroque classique du XVIIe s. Noter le campanile sur la droite, intéressant pour son clocher équipé d'un petit balcon et encadré de bas-reliefs. L'intérieur à 3 nefs se distingue par ses intéressants retables. Celui du chœur, en bois sombre ciselé, à motifs floraux, accueille en son centre une Vierge à l'Enfant sous un dais doré. Sur les côtés du chœur, 2 retables baroques. À droite, un autre néoclassique, avec quelques rondeurs baroques malgré tout.

Après la visite, prendre un verre à la terrasse d'un bar de la plaza de la Constitución (en particulier le petit bar sous le kiosque à musique). Place fleurie.

Jardines Victoria del Marquesado de la Quinta Roja *(plan B2-3) : pl. de la Constitución. Tlj 9h-20h, w-e et j. fériés.* Bien joli jardin organisé en terrasses, adossé à une colline. Grande variété de plantes semi-tropicales. Ce jardin a été conçu pour abriter le monument funéraire maçonnique du 7e marquis de la *Quinta Roja*.

Liceo de Taoro *(plan B2)* **:** *pl. de la Constitución.* ● *liceodetaoro.es* ● Édifiée en 1928, cette jolie bâtisse saumon, précédée par un jardin bien entretenu et pentu, s'ouvre sur un large balcon-terrasse. Elle accueille aujourd'hui une association culturelle et sportive. Dans le grand hall, remarquables boiseries vernies et bel escalier. Le lieu abrite un bar. De la terrasse, vue extra (voir « Où boire un verre ? »).

MAÇON, MAÇONNE TON TOMBEAU AILLEURS !

Si la dépouille du 7e marquis de la Quinta Roja se situe dans les jardines Victoria qui portent son nom, c'est que l'Église catholique refusa de l'accueillir au cimetière, du fait de son appartenance à la franc-maçonnerie. Le marquis fit alors bâtir un superbe jardin en plein cœur de la ville, sur une colline au sommet de laquelle trône son caveau, qui fait toujours parler de lui.

Iglesia de la Concepción – Museo de Arte sacro *(plan A2-3)* **:** *pl. Patricio García. ☎ 922-32-69-24. Tlj 9h-21h. Pour le musée, lun-ven 10h-13h, fermé le w-e. Entrée : 2 €.* Église baroque espagnole, datant du XVIIIe s, à la façade austère, gris et noir, élevée sur les ruines d'une précédente église, détruite par un tremblement de terre en 1769. Triple nef assez courte. Voir, dans la nef centrale, le tabernacle néoclassique en marbre de Carrare, dédié à l'agneau et encadré par des retables en bois sculpté.

Petit musée d'art religieux situé à droite de la nef, à côté du retable, qui renferme de belles pièces. On débute la visite par le 1er étage et cette impressionnante collection de vêtements religieux de soie brodés. Admirez au passage le superbe plafond de bois à structure hexagonale, vestige de l'église primitive, et, en vitrine, l'ostensoir en or du XVIe s, serti d'émeraudes et de perles. On passe ensuite derrière l'autel pour visiter la ***sala del plata*** (« chambre d'argent »), qui n'a pas volé son nom... On en prend plein les mirettes ! Au centre de cette salle remplie d'objets en argent, les 3 « trônes » utilisés pour les processions locales : le baldaquin et le lit de la vierge, ainsi que le siège du *Corpus Christi.* À l'étage, maquette de l'église et un cercueil en bois du XVIIIe s, qui servait à exposer le corps des prêtres avant leur mise en bière. D'une simplicité étonnante pour des catholiques espagnols du XVIIIe s !

Plaza del Ayuntamiento – Casas Consistorales *(plan A3)* **:** *c/ carrera del Escultor Estévez, face au nº 10.* C'est sur le vaste parvis de l'hôtel de ville, long bâtiment très classique, que l'on compose le tapis de sable et de fleurs pour le *Corpus Christi.* 50 jours de travail !

Casa de los Balcones *(plan A3)* **:** *c/ San Francisco, 3-4. ☎ 922-33-06-29.* ● *casa-balcones.com* ● *Tlj 8h30-18h30. Entrée : 5 €, 6 € avec audioguide.* Bel édifice du XVIIe s, transformé pour partie en boutiques d'artisanat local, et à l'étage en musée. Ce qui frappe, c'est la belle façade, avec ses nombreux balcons fleuris et finement sculptés. Au rez-de-chaussée, boutiques de souvenirs, d'artisanat et de produits locaux. On entre dans le ***musée*** par un tourniquet, puis un escalier en colimaçon. De cette maison caractéristique de l'architecture insulaire, édifiée en 1632, on ne visite que le 1er étage dont la galerie en bois ajouré, donnant sur le patio-jardin planté de palmiers, s'ouvre sur quelques salles où est reconstitué un intérieur traditionnel des XIXe et XXe s : salon, salle à manger, cuisine (avec son four à pain et sa vaisselle d'époque), salle de bains. Sur les murs de la galerie, nombreuses photos anciennes, reproductions et quelques toiles.

Centro de Arte Efimero – Alfombras de la Orotava *(musée des Tapis de sable et de fleurs ; plan A3)* **:** *c/ San Francisco, 5. ☎ 922-33-63-45. Lun-ven 9h30-13h30, 15h30-18h ; sam 9h30-13h. Fermé dim. Entrée : 2 €.* Installé dans une belle demeure XVIIe s, ce musée célèbre une curieuse coutume locale qui consiste à composer, à l'aide de sables colorés et de fleurs, des images de Jésus. C'est sur le parvis de l'hôtel de ville de La Orotava que s'activent les catholiques artistes de l'éphémère, travaillant plusieurs semaines pour terminer leur impressionnant et saint tableau, le jour du *Corpus Christi* exactement. Cette célébration, connue aussi sous le nom de Fête-Dieu ou du Saint-Sacrement, a lieu 60 jours après Pâques. Le jour dit (entre fin mai et mi-juin), les rues se couvrent de fleurs et les processions se succèdent jusqu'à l'hôtel de ville.

🚶 ***Les moulins à* gofio** *(hors plan par A3) : c/ Domingo González García.* Dans cette rue très pentue, quelques moulins à *gofio* sont encore en activité. Une petite dizaine en tout, dont certains sont visibles. Rappelons que cette fine farine brune, mélange de céréales grillées et broyées, est un aliment préhispanique, base de la nourriture des Guanches, encore très populaire sur les îles Canaries. On faisait du *gofio* avec du maïs principalement, mais le blé, le millet ou l'orge étaient également utilisés.
En face du nº 2 de la rue, à côté d'un ancien lavoir, on voit l'aqueduc qui apportait l'eau de la montagne et la colonne qui la faisait descendre pour faire tourner la roue. Si l'électricité a remplacé la force hydraulique, l'odeur caractéristique des graines moulues persiste.

🚶 Dans la ***calle Tomás Zerolo*** *(plan A2),* aux n°s 13, 22 et 19 notamment, plusieurs maisons anciennes, aux volets ouvragés. Dans une perpendiculaire, ***calle Viera,*** au nº 2, autre vénérable demeure avec beau porche en pierre et galerie couverte.

🚶 ***Casa Torre Hermosa*** *(plan A2) : c/ Tomás Zerolo, 27. ☎ 922-32-22-85. Lun-ven 10h-17h ; fermé w-e.* Encore une grosse maison édifiée à la même période que l'***église San Domingo,*** située juste en face. Et puisque vous êtes là, allez donc jeter un œil à l'intérieur, dans l'autel, au retable de la Passion, évocation des dernières heures terrestres du Christ. La maison abrite une boutique de produits locaux et une galerie avec expos, textiles, etc. Y pénétrer permet de jeter un œil à cette intéressante demeure avec sa galerie du XVIIe s, donnant sur un petit jardin, agréable pour une pause. À l'étage, des dames brodent des étoffes typiques (jusqu'à 13h). C'est aussi un des magasins officiels de l'artisanat de Tenerife. La plupart des artisans de l'île présente leurs travaux ici (céramique, bois, broderies, coutellerie...).

🚶🚶 ***Museo de Artesanía-Iberoamericana*** *(plan A1) : c/ Tomás Zerolo, 34. ☎ 922-32-81-60. • artenerife.com • mait@tenerife.es • Lun-ven 10h-14h30, sam 10h30-13h30 ; fermé dim. Entrée : 4 €.* Dans l'ancien couvent de San Domingo, juste à côté de l'église. Très intéressant musée consacré à l'art et l'artisanat hispaniques, de la péninsule de manière générale et de l'Amérique latine (Pérou, Venezuela...) en particulier. On débute la visite par la ***salle des instruments de musique,*** d'une grande richesse. La plupart des pays sud-américains disposent de leur vitrine, avec échantillons d'instruments typiques. Noter, à l'entrée, les jolies petites *timple,* guitares à 5 cordes et instrument traditionnel des Canaries. Superbe guitare en bambou dans la vitrine colombienne, également de belles flûtes peintes et sculptées du côté bolivien. La 2e salle présente une large collection de ***poteries et céramiques*** de la péninsule Ibérique. Là encore, beaucoup de jolies choses, notamment les pièces andalouses. Mais le plus intéressant, c'est sans conteste la ***salle des Premios,*** au fond du cloître. Sont exposées ici des pièces de créateurs primées lors de différentes éditions de la *Feria Iberoamericana,* festival qui se tient chaque année à Santa Cruz de Tenerife. Mobilier, objets décoratifs, céramiques, sculptures... de beaux exemples de rencontres entre artisanat traditionnel et design moderne. À l'étage, une salle consacrée à l'art de la rosette, très populaire aux Canaries (qui ne nous a pas passionné, il faut bien l'avouer !).

LE CENTRE DE L'ÎLE

PARQUE NACIONAL DEL TEIDE

• Plan *p. 271*

« Je regrette d'avoir découvert si tard ces zones ultra-sensibles de la terre. »

André Breton, *L'Amour fou*

Inscrit au Patrimoine mondial de l'humanité, le parque nacional del Teide est une merveille. Il reçoit chaque année 3 millions de visiteurs, record de fréquentation pour un parc national en Espagne. C'est une zone unique en Europe de haute montagne subtropicale. Si le volcan du Teide est le point culminant du territoire espagnol (3 718 m d'altitude) et que l'on peut y grimper, c'est l'ensemble du parc qu'il faut considérer, car d'incroyables paysages le composent. En arrivant par le nord, on a tout d'abord le sentiment d'un désert ennuyeux, succédant à une forêt de pins, quand, au détour d'un virage, le panorama change du tout au tout. D'un chaos rocheux on passe à une sombre mer de lave, qui elle-même laisse la place à des strates de terre de différentes couleurs, faisant le grand écart entre les reflets jaune-vert et le chocolat noir, en passant par toutes les nuances de brun, tantôt lisse et brillante comme de la soie, ailleurs rugueux et mat telle une toile émeri. Plus loin, quelque canyon rappelle les paysages de l'Ouest américain, façon John Ford, complétés par d'étranges cheminées de fée. Une poignée de kilomètres encore et le désert partage le terrain avec une maigre végétation de bosquets, ponctuée de-ci, de-là, par d'autres visions lunaires. Parfois la longue tige de fleurs rouges d'un *tajinaste rojo* offre le spectacle de la vie dans cet univers aride.

Et régulièrement le panorama s'ouvre sur l'incroyable Teide, le volcan des volcans, qui rappelle qu'il domine le parc de toute sa hauteur, de toute sa majesté et donne le *la* à ces espaces uniques. Son accès par le téléphérique est véritablement un must. À tel point qu'il est impératif de réserver (voir encadré) par Internet pour être certain de pouvoir y grimper. De là-haut, on aperçoit nettement l'immense caldera, gigantesque cratère dans lequel s'inscrit le pico del Teide. À côté, son vieux complice de toujours, le *pico Viejo,* qui s'élève quant à lui à 3 134 m seulement. Assurément, le Teide ne laisse pas indifférent.

Il vous faudra prévoir une bonne journée pour visiter le parc en voiture. Mais le top, c'est d'aller l'explorer à pied. De nombreux sentiers de randonnée très bien balisés permettent de découvrir le parc en profondeur, et c'est la seule vraie porte d'entrée pour accéder à ce monde particulier.

UN PEU D'HISTOIRE ET DE LÉGENDE

Lors d'une grosse éruption du volcan, les Guanches, aborigènes des Canaries, manquant d'explications rationnelles, convoquèrent leurs dieux. Ils accusèrent Guayota, dieu du Mal, vivant à l'intérieur du volcan, d'avoir enlevé le Magec, dieu de la Lumière et du Soleil, et de l'avoir emporté au fond du cratère. Car la fumée et les poussières dégagées par l'impressionnante éruption bouchaient l'horizon et laissaient penser

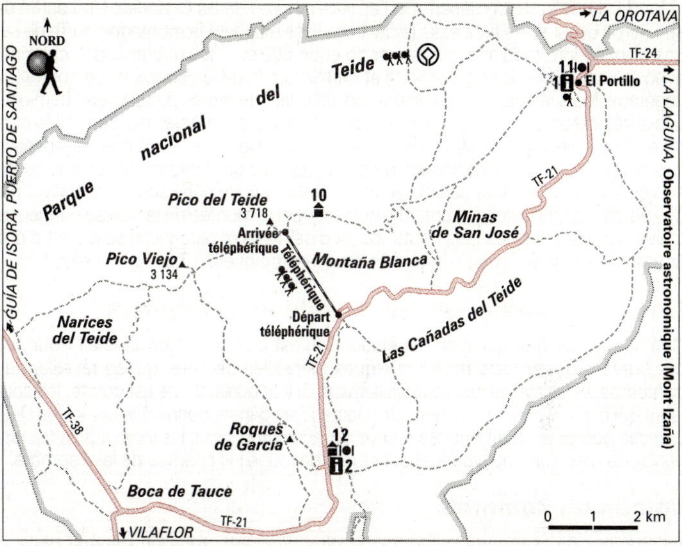

PARQUE NACIONAL DEL TEIDE

Adresses utiles

- 1 Centro de visitantes El Portillo
- 2 Punto de Información Cañada Blanca

Où dormir ? Où manger dans le parc ?

- **10** Refugio Altavista
- **11** Restaurante El Portillo
- **12** Parador Nacional Las Cañadas del Teide

que le soleil avait été avalé. Mais Achamán, le dieu des dieux, eut raison de Guayota et libéra le Soleil.., qui reprit sa place dans le ciel, tandis qu'il boucha le volcan où il enferma le vilain Guyota. Aux dernières nouvelles, il y est toujours. Ouf !

LE TEIDE, UN PARC EXCEPTIONNEL

Quelques chiffres

- ***Parc national :*** depuis 1954.
- ***Surface :*** 18 990 ha.
- ***Situation :*** au centre de l'île.
- ***Altitude maximum :*** 3 718 m, sommet du Teide.
- ***Inscription au Patrimoine mondial de l'humanité :*** 2007.
- ***Taille de la caldera :*** 17 km de diamètre.
- ***Le Teide est la 3e structure volcanique la plus haute et volumineuse du monde.***

Quelques éléments de géologie

Le volcan du Teide se caractérise par sa gigantesque ***caldera,*** d'un diamètre de 17 km. Une caldera, amis curieux, est une dépression la plupart du temps circulaire (plus rarement en forme d'ellipse), que l'on trouve au cœur d'un volcan. Elle se forme à la suite d'une grande éruption volcanique. Bref, un ***très grand cratère*** dont le fond est une sorte de désert. On l'appelle ici *circo de las Cañadas.* Une partie de ses bords dessine les flancs du Teide. Les alizés touchent la montagne du Teide sur une tranche intermédiaire (grosso modo entre 600 et 1 800 m d'altitude), charriant avec eux une forte dose d'humidité et permettant le développement de nombreux végétaux. Mais le parc étant situé plus en altitude, il ne profite pas de cette humidité. Les alizés créent souvent une superbe mer de nuages qui isole visuellement le parc du reste de l'île. Il y a la partie « en dessous des nuages » et le monde « au-dessus des nuages ». La ***faible pluviométrie*** qui règne sous ces latitudes est une autre raison qui explique l'aspect particulièrement désertique du cône sommital, balayé par des vents d'altitude secs et chauds, qui bloquent la montée de la masse nuageuse. L'hiver, les sommets les plus hauts, los pico del Teide et pico Viejo, se parent d'une couronne blanche. Car on a beau être sous les tropiques, à 3 000 m, il neige !

Une flore timide, qui se dévoile au printemps

Bon, il est clair que question végétation, on est loin de la Normandie ! Pourtant, cet ***univers désertique*** recèle quelques merveilles de flore, qui se réveillent au printemps, entre avril et juin essentiellement. Si leur durée de vie est courte, les couleurs qui explosent sont vraiment étonnantes : les genêts donnent le blanc, les *Descurainia bourgaeana* offrent des taches de jaune tandis que les incroyables *tajinastes* (sorte d'echium, ou vipérine) ponctuent de rouge les champs de lave sombre.

Volcan en sommeil

À l'intérieur de la grande caldera (voir plus ci-avant), zone en général plate et composée de matériaux volcaniques, on trouve les 2 sommets les plus élevés de l'île, le ***pico del Teide*** (3 718 m) et son voisin le ***pico Viejo*** (3 134 m). Ces sommets sont encore en activité et des fumerolles sont fréquemment visibles, qui s'échappent d'un cratère de 80 m de diamètre. C'est au Moyen Âge que la dernière grosse éruption creva le sommet pour former le cratère visible aujourd'hui. Le volcan dégueula alors sa lave durant plusieurs décennies (si, si !). En se vidant de l'intérieur, il surélevait ses parois en permanence. ***Dernière éruption, en 1798.*** À la cheminée principale vinrent alors s'adjoindre d'autres cheminées de lave qui percèrent sur les flancs du pico Viejo. Ces cratères secondaires prirent le nom de ***Narices del Teide*** (les « narines du Teide »), d'où une énorme quantité de lave s'échappa encore, formant les vastes champs que l'on peut observer aujourd'hui. En circulant à travers ces ***zones de lave,*** on distingue d'ailleurs assez facilement les plus anciennes formations des plus récentes.

Une réserve astronomique exceptionnelle

La clarté du ciel, la transparence atmosphérique et la lumière cristalline sont autant de facteurs qui ont fait du parc national du Teide un ***site mondialement réputé pour l'observation des étoiles.*** Sa position dans la partie sud de l'hémisphère Nord permet une lecture du ciel sur les 2 parties du globe. La haute altitude du parc (plus de 2 000 m) a permis l'installation d'un observatoire (mais pas ouvert au public, ou sous certaines conditions). Certains des observatoires astronomiques se visitent (voir plus bas rubrique « À voir »). Pour toutes infos : ● *iac.es* ●

ON A (PRESQUE) MARCHÉ SUR MARS

Dans les années 2000, les scientifiques de la NASA ont testé un prototype de robot dans le parc del Teide. Ce paysage dénudé et rocailleux serait, paraît-il, celui qui ressemble le plus au sol de la planète Mars. L'essai fut concluant. Le prototype servit à construire le robot Curiosity, prodige de haute technologie, qui atterrit sur Mars en 2012, et continue toujours à l'explorer.

LA ROUTE DORSALE DEPUIS LA LAGUNA JUSQU'À L'ENTRÉE DU PARQUE NACIONAL DEL TEIDE

Depuis la ville de *La Laguna,* on emprunte la TF-24, superbe artère dorsale qui délivre régulièrement de remarquables panoramas. En route, plusieurs *miradores* (points de vue) permettent de faire halte.

Mirador Montaña Grande : *quelques km après le village de La Esperanza, sur la droite de la chaussée.* De là, vue sur la partie nord de l'île.

Mirador pico de las Flores : un peu plus loin sur la gauche de la route, mais arrêt pas pratique. Un bout de chemin mène au point de vue.

Forestal Park : *630-38-57-42. • forestalparktenerife.es • Ven-dim, j. fériés et vac scol 10h-18h (20h avr-oct) ; dernier accès à 15h (17h avr-oct). Fermé lun-jeu hors vac scol, 1er et 6 janv, et 25 déc. Prix 22 € (2-3h selon circuit), réduc. À partir de 5 ans.* Un parcours pour les accrobranchés, niché dans une jolie forêt, avec quelques tyroliennes vertigineuses. 11 circuits proposés (de familial à très sportif). Après la présentation faite par un moniteur, on fait le parcours tout seul.

➢ ***Sendero El Centeno :*** face au *Forestal Park,* petite balade sympa en forêt.

Mirador de Ortuño : si vous ne deviez vous arrêter qu'à un seul point de vue, ce serait celui-là, à 1 620 m d'altitude. Large panorama sur une forêt immense et dense de pins canariens, espèce endémique, avec en toile de fond le Teide et une partie de la côte (quand celle-ci ne disparaît pas sous une superbe mer de nuages). Un panneau très intéressant montre l'évolution de la forêt, les périodes de déboisement et d'incendies. Curieusement, malgré les turpitudes des siècles, la surface de la pinède est à peu près équivalente à celle d'avant la conquête de Tenerife par les Espagnols au XVe s.

Mirador Chimague : environ 2,5 km après avoir croisé la route qui descend vers Güímar, ce point de vue exceptionnel ouvre sur une forêt de jeunes pins, en partie replantée au milieu du XXe s, pour reverdir ces collines pelées qui subissaient une forte érosion au fil des siècles. *Note :* ne rien laisser d'apparent dans votre véhicule, des vols ont été signalés. Un peu plus loin encore, le ***mirador de Ayosa.*** Vue sur Puerto de la Cruz, La Orotava et le Teide.

La route de crête offre alternativement des ***vues extraordinaires*** sur la côte sud et la côte nord.

Mirador de La Crucita : dernier point de vue avant le parc.

Dès l'entrée du parc, changement radical d'ambiance et de géologie. La terre est noire, la roche volcanique et la végétation rare et rase.

➢ Quelques kilomètres après l'entrée, on parvient au carrefour d'*El Portillo,* où l'on trouve le ***Centro de visitantes El Portillo,*** halte conseillée. De ce carrefour, 2 solutions : pénétrer vers le sud dans le parc et le Teide, ou bifurquer au nord vers *La Orotava* et *Puerto de la Cruz.* Notre itinéraire plonge vers le parc.

Comment circuler dans le parc ?

➢ ***En bus :*** depuis le sud et Playa de las Américas, bus n° 342. Il passe par le *Parador Nacional* (passage vers 10h30 et 16h) et fait halte au niveau du téléphérique puis au carrefour d'*El Portillo.* Depuis le nord, de Puerto de la Cruz, bus n° 348 (résa conseillée en haute saison, • *titsa.com* •). Il passe par le carrefour d'El Portillo (passage tlj à 16h30), puis au niveau du téléphérique, du *Parador Nacional* et fait route vers le sud.

➢ ***En voiture :*** routes TF-21 et TF-23.

Où s'informer sur le parc et sur les randonnées ?

Centro de visitantes El Portillo *(plan Parque nacional del Teide,* ***1****) : situé à 150 m après le carrefour d'El Portillo. Tlj 9h-16h. Pas de tél.* À l'accueil, on parle français et on vous donnera toutes les infos sur les randonnées du parc. On vous aidera à choisir celle qui vous convient le mieux. Doc et carte. C'est aussi là que vous pourrez vous informer sur la météo, y compris vérifier si le téléphérique n'est pas fermé pour cause de « grand vent ». En descendant le long de la rampe, dans la salle annexe, petit centre d'information et d'interprétation. Plusieurs écrans présentent la formation des îles Canaries et particulièrement de Tenerife et du Teide. Demandez le feuillet d'explications en français à l'accueil. Petit film d'environ 10 mn où le dieu (plutôt sorte de démon) du volcan raconte son histoire. Animations plutôt bien faites et quelques expériences interactives comme le fait de soulever différentes densités de lave.

Punto de Información Cañada Blanca *(plan Parque nacional del Teide,* ***2****) : juste à côté du* Parador Nacional Cañadas del Teide*, dans un petit kiosque de bois. Tlj 9h-16h.* On peut y glaner quelques infos sur les balades situées dans les environs. Carte du parc.

Où dormir ? Où manger dans le parc ?

Prix moyens

Refugio Altavista *(plan Parque nacional del Teide,* ***10****) : refuge situé sur le chemin de randonnée Montaña Blanca-pico del Teide (rando n° 7). Voir plus loin la rubrique « Randonner dans le parc ». ☎ 922-01-04-40 (lun-ven 8h-16h). • info@volcanoteide.com • volcanoteide.com • Ouv tte l'année (sauf pour raisons climatiques extrêmes). Hall d'accueil ouv à 11h. Installations ouv dès 17h, accès aux dortoirs dès 19h. 1 seule nuit autorisée. Attention, le mat le refuge ferme à 8h. Lits en dortoir 21-25 €.* ***Résa impérative*** *; apporter son ravitaillement.* Seuls les randonneurs dormiront ici. En effet, il n'y a pas de route ! Situé à 3 260 m d'altitude, voici un beau refuge en pierre construit dès 1892 et rénové depuis. C'est l'occasion de passer la nuit dans le plus haut refuge d'Espagne. La pureté de l'air offre d'incroyables cieux étoilés. Cuisine à disposition mais, attention, pas d'eau potable ailleurs qu'au distributeur (très chère !). Pour ceux qui vont faire l'ascension du sommet du Teide au petit matin (il faut être redescendu avant 9h si vous n'avez pas de permis), possibilité de laisser ses affaires au refuge et de les reprendre au cours de la descente. En revanche, si vous souhaitez redescendre par le téléphérique après votre ascension au sommet, il vous faudra prendre votre sac avec vous.

Restaurante El Portillo *(plan Parque nacional del Teide,* ***11****) : juste au carrefour d'El Portillo. ☎ 922-35-60-06. • nazcanarias@hotmail.com • Tlj 9h-16h30 (on peut y boire un verre jusqu'à 18h). Menu env 12 €, plats 6-8 €.* Touristique certes, mais ce modeste établissement équipé d'une agréable terrasse en surplomb de la route contente bien les visiteurs du parc. Et puis la nourriture (tapas, sandwichs et quelques plats typiques) est tout à fait convenable pour le prix.

Très chic

Parador Nacional Las Cañadas del Teide *(plan Parque nacional del Teide,* ***12****) : dans le parc del Teide, bien indiqué sur la route TF-21, sur la gauche en venant du nord. ☎ 922-38-64-15. • canadas@parador.es • parador.es • ♿ Doubles min 142 €, avec petit déj. Promos régulières sur le site. Au resto, menu 32 €, plats 17-20 €. Également une petite cafétéria (tlj 9h-18h).* Il n'y a pas d'habitations dans cette partie du parc sauf ce grand *parador* moderne mais très bien intégré

TENERIFE

dans le paysage. Une quarantaine de chambres avec clim, de bonne tenue, confortables et classiques. La plupart avec vue sur les collines, les champs de lave ou le volcan. Pas le grand luxe, mais on vient surtout ici pour l'atmosphère particulière du lieu et le plaisir de se retrouver presque seul dans le parc. Idéal pour qui veut vivre une soirée et un petit matin sous les lumières magiques du Teide. Au resto, une salle chic aux généreuses baies vitrées donnant sur la vallée et le volcan. Cuisine soignée et traditionnelle. Salon de montagne avec cheminée et petit bar où l'on sert d'excellents chocolats. Salle de gym et petite piscine, à l'extérieur (couverte et chauffée). Pour ceux qui ne logent pas à l'hôtel, une cafétéria (sandwichs et petits plats de snack). – Soirées astronomiques avec petite conférence tous les vendredis, seulement pour les clients de l'hôtel (inclus dans le prix).

Randonner dans le parc

Faire une petite (ou une grande) rando dans le parc est véritablement le seul moyen d'appréhender ce milieu si particulier. Avec ses ***41 randonnées balisées*** (nous reprenons plus bas la numérotation officielle), le parc offre la possibilité d'une approche pour tout le monde (balades de durée et de niveau très variés). En voici une petite sélection par ordre de difficulté croissante. Avant d'entreprendre une rando, même facile, se rendre impérativement au ***Centro de visitantes El Portillo*** pour prendre les dernières infos sur la météo, une carte du parc où les sentiers sont notés, et vérifier si la rando choisie est ouverte. Des spécialistes pourront aussi vous conseiller. Nos indications ne sont nullement des topoguides. Elles sont là pour vous aider à choisir votre itinéraire, pas pour vous guider.
Pour toutes les randonnées, n'oubliez jamais que vous êtes en haute montagne. Prévoir des vêtements chauds, de bonnes chaussures, des lunettes de soleil, de l'eau, de la crème solaire et un chapeau. En cas de problème : ☎ *112.*

➢ ***Sendero de los Roques de García (rando nº 3) :*** *type de rando, en boucle.* ♿ *Accès : mirador de La Ruleta (prendre la petite route juste en face du* Parador *et faire 200 m). Difficulté : aucune dans la 1re partie (une portion est accessible aux personnes à mobilité réduite), moyenne car plus rocailleux passés les premiers 800 m. Durée : 2h. Distance : 3,5 km. Dénivelée : + 150 m.* S'il n'y avait qu'une rando à faire, ce serait sans aucun doute celle-ci que nous vous conseillerions, superbe et facile. On suit la vallée au milieu de paysages assez extraordinaires, champs de lave, formations rocheuses très Far West américain et hautes falaises dessinant une sorte de défilé au milieu d'un ensemble de *picos* (fines aiguilles rocheuses, sorte de cheminée de fée). Une des formations est appelée la cathédrale, amas de roches ayant résisté à l'explosion volcanique. Vue panoramique quasi permanente sur le Teide.

➢ ***Sendero de la Fortaleza (rando nº 1) :*** *type de rando, linéaire. Accès : départ du* Centro de visitantes El Portillo. *Difficulté : facile. Distance : 11 km A/R. Dénivelée : + 170 m en descente. Durée : env 3h.* L'avantage de cette balade réside dans son accessibilité à tous. Autre avantage, on peut voir le sommet du Teide en permanence. Le point d'arrivée se situe à la *cuesta de la Fortaleza,* en limite du parc. Connexions avec de nombreux autres sentiers.

➢ ***Sendero de Arenas Negras (rando nº 2) :*** *type de rando, en boucle. Accès : départ juste en face du* Centro de visitantes El Portillo, *de l'autre côté de la route. Difficulté : moyen/facile. Distance : 7,6 km. Dénivelée : + 250 m. Durée : 3h.* Une rando très prisée, car elle présente peu de difficultés, si ce n'est une dernière descente assez exigeante. On profite de superbes vues sur le Teide et de beaux panoramas sur la côte nord et La Palma, à moins que ce ne soit sur une mer... de nuages.

➢ ***Sendero de Siete Cañadas (rando nº 4) :*** *type de rando, linéaire. Accès : départ du* Centro de visitantes El Portillo *et arrivée au* Parador Nacional. *Pour le retour, bus nos 342 ou 348 (pour Puerto de la Cruz ou Costa Adeje) à 16h devant l'hôtel (calculez bien votre coup !). Difficulté : aucune. Distance : 16,6 km. Dénivelée : + 175 m. Durée : 4-5h (aller).* Une agréable balade qui peut se faire dans les 2 sens. Déjà fréquenté par les Guanches, c'est un chemin traditionnel. On circule sur la partie orientale de la caldera. L'intérêt de cette rando, outre les points de vue, réside dans la diversité des paysages et la présence de végétation par endroits. On découvre de-ci, de-là, quelques vestiges d'anciens refuges. Belles formations géologiques sur la fin du parcours et nombreuses vues sur le Teide. Certains la font la nuit, avec une lampe électrique et sous un manteau d'étoiles.

➢ ***Sendero Teide-Pico Viejo (rando nº 9) :*** *type de rando, linéaire. Accès : départ au niveau du mirador Narices del Teide. Difficulté : très élevée. Distance : 9,2 km. Dénivelée : + 1 400 m. Temps de marche estimé : 8h (aller !). Point le plus haut : Teide (3 718 m).* Certainement la plus difficile, mais peut-être aussi la plus belle des randos du parc. Réservée aux marcheurs aguerris. Montée bien raide (et bien longue) jusqu'au superbe cratère du pico Viejo (3 134 m), avant de prolonger le chemin (de crête !) jusqu'au Teide. Un combiné des 2 stars du parc, en quelque sorte. Pour redescendre, 2 options. Soit le téléphérique, soit la nuit au refuge, puis faire le chemin en sens inverse le lendemain (possibilité de prendre le sentier nº 23 depuis le pico Viejo pour arriver à l'*hôtel Parador*).

➢ ***Montaña Blanca-pico del Teide (rando nº 7) :*** *type de rando, linéaire. Accès : sur la TF-21, au km 40,2. Indiqué en bord de route. Difficulté : élevée. Distance : 9,5 km. Dénivelée : + 1 350 m. Temps de marche estimé : 5h30-6h. Point le plus haut : Teide (3 718 m).* La rando des randos puisqu'elle permet d'accéder aux portes du sommet du Teide, mais pas tout à fait. Elle s'arrête à 3 555 m, au *mirador de la Fortaleza,* soit 163 m avant le sommet.

Pour accéder au sommet du pico del Teide, au niveau du cratère, il faut demander un permis, à réserver environ 2 mois à l'avance sur le site • *reservasparquesnacionales.es* • On choisit alors la date et l'heure de son ascension. 4 horaires sont distribués chaque jour : de 9h à 11h, de 11h à 13h, de 13h à 15h et de 15h à 17h, car seulement 200 personnes sont autorisées par jour.

La randonnée passe devant le *Refugio Altavista* (situé à 3 270 m), où l'on vous conseille de passer la nuit. C'est une bonne idée si on veut couper la rando en 2. Pour réserver un lit au refuge • *volcanoteide.com* •, voir le texte le concernant dans « Où dormir dans le parc ? ». ***À réserver longtemps (au moins 1 semaine) à l'avance.*** Le refuge est réservé aux marcheurs. Si vous y passez la nuit, vous avez la possibilité d'accéder au sommet du Teide (à 3 718 m) tôt le matin, sans avoir besoin d'autorisation, à condition d'être redescendu au refuge avant 9h. L'avantage de passer la nuit au refuge, c'est que cela donne l'occasion de grimper au sommet du cratère pour le lever du soleil (compter 1h30-2h de marche pour arriver là-haut). Prévoir une lampe frontale (on part à la nuit). Assez exceptionnel. Si vous souhaitez y monter plus tard, l'autorisation est alors obligatoire. Cette randonnée nécessite d'être en bonne santé car la dénivelée, le froid, plus l'altitude la rendent difficile.

– À noter que les randonneurs pour le *pico* (le sommet) peuvent redescendre par le téléphérique (achat du ticket en haut). Si vous descendez à pied, comptez 3h30.

– *Info importante :* si vous décidez de redescendre par le téléphérique, la station d'arrivée se trouve à 3 km du point de départ de la rando (là où vous avez sans doute garé votre voiture). 2 bus (nº 342 à 11h, nº 348 à 16h) passent sur la route devant la station du téléphérique et s'arrêtent sur demande au parking.

– ***Variante pour les moins courageux :*** ceux qui veulent tout de même faire l'ascension au sommet du pico del Teide mais ne se sentent pas le courage de le faire à pied pourront prendre le téléphérique. Une fois là-haut, emprunter le ***sentier de rando nº 10*** jusqu'au sommet. Compter 40 à 50 mn de grimpette (163 m de dénivelée). Toujours depuis la station supérieure du téléphérique, on peut également emprunter le ***sentier de rando nº 11*** pour se rendre au *mirador de la Fortaleza* (50 mn de marche, A/R). Puis redescente à pied par le même chemin pour récupérer le téléphérique. On rappelle que pour cette dernière portion, à savoir l'ascension jusqu'au sommet du Teide, une autorisation est obligatoire, à prendre au moins 2 mois à l'avance (en haute saison) par Internet (bis repetita), sur le site • *reservasparquesnacionales.es* • En revanche, pour le *mirador de la Fortaleza,* nul besoin de permis.

Et encore

➢ Parmi les autres belles randonnées, on aime bien le ***sendero Alto de Guamaso, rando nº 14*** (en boucle ; facile ; durée : 1h30, départ sur la TF 24, au km 42, à 300 m du resto *El Portillo*) et le ***sendero Sámara, rando nº 13*** (en boucle ; facile ; durée : 2h30). Intéressante pour ses vues sur le ***pico del Teide*** et le ***pico Viejo*** en toile de fond. On est au bord de la caldera et on profite au loin de la vue sur La Palma, La Gomera et El Hierro... en fonction de la météo.

L'ascension du Teide en téléphérique

*** ***Teleférico del Teide*** *(plan Parque nacional del Teide) : sur la route principale qui traverse le parc. ☎ 922-01-04-40. • volcanoteide.com • Fonctionne tlj 9h-16h ou 18h juil-sept (dernière montée), 16h50 (18h50 juil-sept) pour la dernière descente. Départ ttes les 10 mn. Trajet : 8 mn. Prix : 27 € A/R (13,50 € l'aller), réduc. Cafétéria (chère). Toilettes (au départ et à l'arrivée). Rappel :* ***résa impérative à l'avance*** *sur • volcanoteide.com • !* Un must ! Inutile d'être un grand sportif pour gravir le Teide. Le téléphérique est là pour vous hisser de 2 356 m à 3 555 m d'altitude. Température à l'arrivée : 3-5 °C (selon la saison).
La montée offre une vue extraordinaire sur la caldera et ses arêtes clairement dessinées, et en arrière-plan, l'océan. En haut, vaste champ de lave figé. À la sortie du téléphérique démarrent 2 sentiers : les ***sentiers de rando nº 10 et nº 11*** (voir les détails plus haut dans la rubrique « Randonner dans le parc »). ***Attention, le téléphérique est parfois fermé*** par grand vent, si le temps est mauvais ou pour maintenance : toujours vérifier par téléphone : *☎ 922-01-04-45/44, sur Internet via le site • volcanoteide.com • ou auprès des points d'info.*

TENERIFE

Visiter un observatoire astronomique *(observatorio del Teide)*

Avec le Chili et Hawaii, les Canaries sont considérées comme l'un des meilleurs lieux du monde pour l'observation du ciel et des étoiles. Cet observatoire astronomique est situé à 7 km du Centro de visitantes El Portillo, sur la TF-24 en direction de La Laguna. C'est un des plus grands observatoires solaires du monde, qui fait partie d'un groupe d'observatoires, tous situés au sommet d'une montagne dénudée (Izaña) à 2 390 m d'altitude. Ils servent aux scientifiques de plusieurs pays d'Europe. Le parc organise des soirées d'observation d'étoiles, ainsi que des visites diurnes de l'observatoire. Veillez à bien réserver votre visite avec l'organisme officiel (via le site ci-dessous), sinon risque d'arnaque.
– ***Informations et réservations :*** *📱 637-36-54-29. • volcanoteide.com • Visites diurnes en français dim à 10h : 21 €/pers. Le reste de la sem en anglais ou*

espagnol. Soirées observation (anglais ou espagnol) : 35 €/pers (62 € avec transferts depuis les stations balnéaires du sud). Rdv 30 mn avt le début de la visite, à l'entrée de l'observatoire.
– ***Obligatoire :*** apporter carte d'identité ou passeport (et des vêtements chauds pour la visite de nuit).

À voir dans le parc

Tout le long de la route TF-24 et de la TF-21, entre le carrefour d'*El Portillo* et le *Parador Nacional,* on découvre moult ***points de vue spectaculaires*** sur les coulées de lave, vallées aux teintes chamoirées, zones arborées qui alternent avec de curieux déserts proposant toute la gamme des bruns. Des paysages martiens ! Certains secteurs du parc présentent des aspects géologiques bien curieux où d'immenses plaines semblent avoir été labourées par des tracteurs géants, laissant derrière eux de gigantesques mottes de lave. D'autres régions sont moins tourmentées, avec des paysages plus lisses.
– Face au *Parador Nacional,* sur la droite (quand on vient du nord), prendre la petite route qui mène aux ***roques de García.*** Même si vous ne souhaitez pas entreprendre la ***rando nº 3*** qui explore superbement cette zone (voir le texte « Randonner dans le parc »), il faut aller voir de près cet ensemble d'étranges cheminées, pitons acérés, petits canyons et colonnes rocailleuses dressées fièrement vers le ciel dans une vallée lunaire. La vue sur le Teide complète joliment ce panorama. Plusieurs mini-sentiers permettant d'embrasser des points de vue différents sur ces formations rocheuses, aux lumières changeantes au coucher du soleil.

➢ On poursuit la route vers ***Boca de Tauce.*** Arrêt au point de vue-mirador ***las Narices del Teide.*** Surnommé « les narines du Teide », on y fait arrêt pour observer les 2 *picos* les plus célèbres du parc, que l'on embrasse d'ici ensemble : pico Viejo et pico del Teide. Belle vision des 2 cratères béants sur leur flanc ouest. C'est d'ici que l'on observe le mieux la dernière coulée de lave du volcan (1798). Lors de cette éruption, des orifices s'ouvrirent sur les versants du volcan. Pendant 3 mois ils déversèrent d'énormes quantités de lave, donnant naissance à une sorte de mer de lave solidifiée, à l'ouest du parc.

➢ À ***Boca de Tauce,*** au croisement des routes TF-38 et TF-21, ***petit kiosque d'info*** sur le parc. *Lun-ven 9h-16h.* Carte du parc et infos sur les randonnées.

➢ ***La route TF-38 vers Puerto de Santiago et Santiago del Teide :*** le ruban d'asphalte descend ensuite sévèrement. On passe au milieu d'étranges champs de lave noire où quelques pins sont parvenus de-ci, de-là, à planter leurs racines dans un univers hostile. Impressionnant. Panorama d'une grande force.

➢ Toujours sur la même route, un peu après la sortie du parc, sur la gauche, fléchage pour le ***mirador de Chirche*** (500 m plus loin). De ce point de vue, panorama exceptionnel sur la côte, sauvage par endroits, bien abîmée à d'autres. Petite halte avant la descente finale vers *Puerto de Santiago* ou *Santiago del Teide.*

Cafétéria Mirador de Chirche : *sous le mirador du même nom.* *671-20-22-23. Tlj sauf sam 9h-19h. Plats 7-10 €.* Si l'on fait halte par ici en sortant du parc, on pourra y casser une petite graine ou simplement y prendre un verre. En fin d'après-midi, lumière magnifique et vue imprenable.

AU SUD DU PARC DU TEIDE

Après *Boca de Tauce,* la route TF-21 descend vers deux charmants villages, Vilaflor et Granadilla.

VILAFLOR

(38613) 1 900 hab.

À 15 km au sud du parc national del Teide, sur la route TF-21 qui descend vers la mer (sud de l'île) après avoir traversé la forêt de pins. Perché à 1 466 m d'altitude, Vilaflor est la localité la plus haute de Tenerife (et d'Espagne dit-on). Le village ne manque pas de charme avec sa place centrale et ses rues bordées de quelques demeures coloniales.

Adresse utile

Point info : *sur la place du village, dans un petit kiosque de bois, ou dans la mairie juste derrière, selon les saisons. ☎ 922-70-90-02. Lun-ven 8h30-15h, fermé le w-e.* Infos sur les balades et les hébergements du village.

Parking : *grand parking au-dessus de la place principale.*

Où dormir ? Où manger ?

De bon marché à prix moyens

Pensión Germán : *c/ Santo Domingo, 1. ☎ 922-70-90-28. • pensiongermanvilaflor@gmail.com • Ouv tte l'année. Doubles avec sdb 40-55 €.* Une pension sise à l'étage d'un troquet de campagne. Un établissement modeste, propre, tenu par une gentille famille. 10 chambres à la déco banale : demandez celles au 2e étage, qui possèdent une terrasse.

El Sombrerito : *c/ Santa Catalina, 15. ☎ 922-70-90-52. • info@hotelelsombrerito.es • Ouv tte l'année. Doubles 35-65 €, sans ou avec petit déj. Resto fermé jeu. Menu déj en sem 8,50 €, plats 8-12 €.* À 5 mn à pied du centre, un hôtel champêtre tout jaune, avec sa véranda verte à l'étage. Une vingtaine de chambres très agréables et sobres, tranquilles et confortables, certaines avec un bout de terrasse (mais sans vue). Au rez-de-chaussée, petit bar d'habitués et très bon resto, où l'on déguste une savoureuse cuisine traditionnelle. Noter la belle salle à manger, transformée en musée d'objets anciens éclectiques (vieilles radios, projecteur ciné, outils agricoles...). Accueil aux petits oignons.

Casa Pana : *c/ Los Castaños, 7, en contrebas de la place principale. ☎ 922-70-90-70. Mar-sam 12h-19h, dim 12h-17h. Fermé lun. Plats 8-16 €.* La plus réputée des tables de la ville, bien dans la tradition canarienne, très fréquentée par les locaux. Parmi les classiques on retrouve une excellente *carne de cabra,* un *bacalao encebollado,* ainsi que le *pringo* (viande de porc en sauce et *gofio*). Au fond du resto, terrasse couverte donnant sur la campagne. Service un peu sec, dommage.

Où dormir ? Où manger dans les environs ?

Chic

Hotel El Nogal : *camino Real, 38614* ***La Escalona.*** *☎ 922-72-60-50. • nogal@hotelnogal.com • hotelnogal.com • Dans un village à 5 km au sud de Vilaflor, en direction d'Arona, sur la TF-51. Bien indiqué sur la gauche. Ouv tte l'année. Doubles éco 65-85 €, standard 80-100 € et jusqu'à 120 € pour les supérieures, petit déj-buffet inclus. Au resto, repas 20-25 €.* Superbe hôtel édifié autour d'une vénérable bâtisse du XVIIIe s et agrandie au fur et à mesure, dans le même style et le même esprit. Grandes maisons rouge et ocre, tourelles avec appareillage de vieilles pierres, marbre, colonnes, patio et sa structure en bois... Piscine extérieure sur une terrasse, avec vue plongeante sur la côte, et, sur le côté, une petite place arborée avec transats. On y trouve une autre adorable petite piscine intérieure (avec jacuzzi et sauna), entourée de larges baies vitrées. À l'intérieur, salons vénérables, et petits patios, où le moderne se mêle sans heurts à l'ancien. On a tendance à préférer les chambres de la partie ancienne, mais elles sont toutes de qualité. Du luxe, de la chaleur et du bon goût, que l'on retrouve à la table du resto, ouverte à tous. La carte décline les classiques canariens, dans une salle aux belles voûtes de pierre. Excellent service et belle carte des vins.

GRANADILLA DE ABONA (38600) 42 500 hab.

À 15 km au sud de Vilaflor, à flanc de montagne, et à seulement 11 km de la mer. À l'approche de celle-ci, le climat s'adoucit, la terre devient plus fertile, les 1res vignes apparaissent. Granadilla de Abona dégage l'atmosphère d'une bourgade tranquille même si elle subit déjà l'influence de la côte. Quelques-unes de ses paisibles ruelles respirent l'esprit village. Pas grand-chose à voir, mais il règne le soir une atmosphère délicieuse, et la ville abrite une excellente adresse qui peut servir de base pour explorer aussi bien le parc national, situé un peu plus au nord, que les plages de la côte sud.

– ***Marché agricole de Granadilla :*** *pl. González Mena. Le w-e 8h-14h.* Sympathique et animé.

TENERIFE

Où dormir ?

Chic

🏠 🍽 ***Hotel rural Senderos de Abona :*** *c/ de la Iglesia, 5, juste devant l'église du village. ☎ 922-77-02-00. • info@senderosdeabona.es • senderosdeabona.es • Doubles 52-76 €, petit déj compris. Résa pour 3 nuits min en général. Resto fermé midi, ouv le soir 18h-22h. Plats 9-13 €.* Une grosse maison toute jaune du XVIIe s, qui se décline sur l'arrière en plusieurs autres bâtisses accolées, formant une enclave protégée, sorte de minivillage avec placettes, patios, couloirs savamment décorés, courettes ombragées et passages donnant toute sa chaleur au lieu. Une petite vingtaine de chambres de très bon confort, à l'ancienne, avec meubles patinés, parquet ciré et beaucoup de vieux objets. Au creux du petit jardin, piscine de poche encadrée de transats. Fait aussi resto : cuisine du pays, pas toujours convaincante.

LA CÔTE NORD-OUEST

Une région passionnante, car elle abrite sur un espace finalement assez réduit de nombreux sites touristiques et culturels, d'une très grande diversité. Garachico, jolie bourgade historique ayant conservé de belles demeures et des adresses de charme, puis la vertigineuse route du valle del Palmar, qui nous mène sur les hauteurs au parc rural Teno, d'une richesse remarquable. Dans le parc vous attend une bonne douzaine de randonnées bien balisées. La route, vertigineuse à certains endroits, progresse vers le croquignolet

village de Masca. Autre point notable, un peu plus au sud, Los Gigantes, sympathique port et point de départ d'une réjouissante excursion en bateau pour aller voir les baleines et les dauphins.

ICOD DE LOS VINOS

(38430) 24 000 hab.

À une quinzaine de kilomètres à l'ouest de Puerto de la Cruz, voici une mignonne petite bourgade, étendue sur le versant oblique de la montagne, dominant de haut l'horizon marin infini. Sa principale attraction touristique se concentre autour... d'un arbre ! Un dragonnier, censé être vieux d'un millénaire.

DRAGONNIER MILLÉNAIRE

Le dragonnier des Canaries que l'on peut observer dans certaines villes (La Laguna, notamment) est un arbre originaire de la région. Il est arborescent, à savoir qu'il se ramifie en de nombreux troncs et en bouquets de palmes épineuses. Mais ce qui le caractérise, c'est sa longévité. On évoque l'existence d'un arbre vieux de 5 000 ans (emporté par un ouragan au XXe s) ! Le dragonnier d'Icod aurait plus de 1 000 ans, mais de solides études ne lui attribuent que 6 siècles d'existence. Seulement !

LE SANG DU DRAGON

La substance grasse et rouge qui s'écoule des blessures du dragonnier a rapidement été qualifiée de « sang du dragonnier » au fil du temps. De là à attribuer à cette résine des vertus thérapeutiques, il n'y a qu'un pas que l'on a franchi aisément au cours des siècles. Cette résine de couleur rouge est évocatrice d'une légende liée à Hercule et à l'alchimie. Les Romains, pragmatiques, l'utilisaient plus prosaïquement comme colorant.

➢ Pour y aller, de ***Puerto de la Cruz,*** bus n° 363. Liaisons ttes les 20-30 mn. *On prend le bus c/ Francisco Miranda.*

Adresse utile

🅸 ***Centro de iniciativas y turismo (CIT) :*** *c/ San Sebastián, 6. ☎ 922-81-21-23 et 922-86-96-00. • turismoicoddelosvinos.com • Lun-ven 10h30-13h30. Fermé w-e.* Carte de la ville et infos sur les choses à voir.

– Un *Centro de visitantes* est en projet. Il sera situé à côté du parc du dragonnier *(parque del Drago).*

Où dormir ?

Chic (70-100 €)

Hotel San Agustín : *c/ San Agustín, 18. ☎ 922-81-31-94. • info@hotelsanagustin.es • hotelsanagustin.es • Double 95 € (même prix tte l'année), avec petit déj. Promos régulières sur Internet. Parking gratuit proche.* Une maison de 1736 aux chambres très confortables, réparties le long d'une coursive en bois, à l'étage d'un patio fleuri où glougloute une petite fontaine. Ensemble de qualité, bonne literie et salles de bains modernes. On profite d'un lieu de charme et d'une atmosphère zen. Le patio accueille une cafétéria où l'on peut manger quelques tapas (ferme à 21h). Pensez à préciser votre heure d'arrivée, cela vous évitera de poireauter !

Où manger ?

De bon marché à prix moyens (moins de 25 €)

|●| ***Restaurante Agustín y Rosa :*** *c/ San Sebastián, 15. ☎ 922-81-07-92. • agustinyrosa1950@hotmail.com • Tlj sauf lun 12h-23h (dim 16h). Menu midi et soir 13 €, repas 8-15 €.* Dans une rue piétonne, tout proche du centre historique. Si la salle est banale, le patio est agréable. Ce resto sert depuis 1950 une cuisine canarienne classique certes, mais bien faite. Les locaux ne s'y trompent pas, qui viennent ici comme à la cantine.

Restaurante-bar Tierra de Campos : *pl. de la Constitución, 2. 📱 634-34-42-74. Tlj sauf sam 9h-17h.* Petite terrasse sur la jolie place coloniale, proposant d'honnêtes plats canariens et internationaux, mais on vient surtout pour boire un verre sur la terrasse !

À voir

Plaza de la Constitución : adorable placette arborée de longilignes palmiers et bordée de demeures coloniales élégantes, modestes pour certaines, plus nobles pour d'autres. Certaines sont dotées de fenêtres en bois décorées de motifs géométriques. Une autre est parée d'un remarquable balcon.

Iglesia San Marcos et museo de Arte sacro : *pl. de Andrés de Lorenzo-Cáceres. Lun-sam 9h-13h30, 16h-18h30 ; fermé dim. Entrée : 2 €.* La visite de l'église est obligatoirement liée à celle du musée d'Art sacré. On débute d'ailleurs par celui-ci, en descendant un étroit escalier. Quelques toiles, sculptures, coffre de bois et icônes. Vitrines de vêtements liturgiques. Malheureusement aucune explication. En remontant, autre salle avec d'autres vêtements liturgiques et la plus grande croix de l'île en argent ciselé. L'église quant à elle s'avère trapue, aux flancs généreux, et présente quelques retables intéressants, baroque ou rococo, dorés ou en bois brut. Noter qu'on entre par une boutique et on ressort par une autre. On ne perd pas le nord !

Parque del Drago : *à 2 pas de la pl. de la Constitución. Bien fléché. Tlj 9h-19h30. Entrée : 5 € ; réduc.* Bon, inutile de payer une somme que l'on trouve trop élevée pour aller rendre hommage au plus vieux dragonnier de l'île. On peut très bien le voir gratuitement depuis la plaza de Andrés de Lorenzo-Cáceres. En surplomb de la rue, depuis le petit kiosque on a une vue plongeante sur cet arbre au ramage superbe : 20 m de hauteur et 10 m de diamètre tout de même ! Ceux qui auront choisi de payer l'entrée verront en complément de l'arbre un jardin planté de palmiers, de cactus variés, d'autres petits *dragos, tabaibas* et *cardos.* Ils jetteront également un œil à la *casa del Drago* qui se résume à un ensemble de... boutiques autour d'un beau patio.

Dans la ***calle San Antonío,*** face au nº 15, un autre dragonnier, visible de près celui-ci. Gigantesque et élégant, il est toutefois maintenu par 3 câbles. Dans la rue, vous noterez quelques vénérables demeures coloniales.

TENERIFE

GARACHICO (38450) 5 400 hab.

Un vrai coup de cœur ! Située dans une petite région surnommée Isla Baja (pointe au nord-ouest de l'île) cette charmante bourgade est la 3e ville « coloniale » de Tenerife, avec La Laguna et La Orotava. Petite cité de caractère, Garachico a conservé un côté gros village presque en décalage avec le luxe

de ses palais, ses rues pavées et sa jolie place entourée de vénérables édifices. Les diables du progrès n'ont laissé ici aucune marque outrancière. La ville compte quelques beaux hôtels de charme (pas donnés, forcément) et une poignée de bonnes tables. Beaucoup de visiteurs ne s'y arrêtent que pour déjeuner, on vous conseille fortement de prolonger la visite !

UN PEU D'HISTOIRE

Garachico fut fondée en 1496 par ***Cristobal de Ponte,*** un banquier génois qui aida les Rois Catholiques en finançant la conquête de Tenerife. En récompense, le roi d'Espagne lui donna des terres en 1507 et le noble conquérant s'y installa. Ses descendants firent souche à Garachico. Parmi eux, on compte l'illustre *libertador* ***Simón Bolívar,*** qui émigra au Venezuela où il prit la tête du mouvement d'indépendance des colonies espagnoles.
Garachico devint l'une des cités portuaires les plus actives commercialement de l'île. On exportait du sucre mais aussi les vins produits dans la région, vers l'Europe et les Amériques. Une catastrophe naturelle mit brutalement fin à sa prospérité au tout début du XVIIIe s. La soudaine éruption du volcan Trebejo en 1706 cracha sa lave sur la ville et le port, détruisant sur son passage la plupart des édifices. Tout fut anéanti, sauf un portique encore visible sur une petite place. Les vignes en prirent également un sacré coup, mais il n'y eut aucune perte humaine. De superbes édifices, toujours visibles aujourd'hui, furent reconstruits au cours du XVIIIe s. La ville ne retrouva cependant jamais son faste passé, surtout qu'entre-temps Puerto de la Cruz en profita pour développer son emprise commerciale.

Arriver – Quitter

➢ ***De/vers Puerto de la Cruz :*** bus nº 363. Liaisons env ttes les 30 mn. Le bus s'arrête au bord de la route.

➢ ***De/vers Icod de los Vinos :*** se rendre d'abord à Puerto de la Cruz, puis changer.

TENERIFE

Adresses utiles

🛈 ***CIT Garachico – Oficina de turismo :*** *avda República de Venezuela, s/n.* ☎ *922-13-34-61.* • *turismo.garachico.es* • *Ce petit kiosque est situé un peu à l'ouest du centre, à env 500 m, sur la route côtière, sur un grand parking. Lun-ven 10h-17h, w-e 10h-15h.* Plan de la ville payant (3 €).

🅿 ***Parking :*** *avda República de Venezuela, s/n.* Grand parking gratuit bien pratique, situé un peu à l'ouest du centre, sur la route côtière.

■ ***Distributeurs :*** *à côté de la Casa Ramón, près de la pl. Juan Gonzáles de la Torre. Également à l'angle c/ Esteban de Ponte et c/ Venus.*

Où dormir ?

Difficile de loger à Garachico sans dépenser une petite fortune... Dommage.

Bon marché (20-40 €)

🏠 ***Trevejo Hostel :*** *c/ Francisco Martínez de Fuentes, 5.* • *trevejoreception@gmail.com* • *Lits en dortoir 15-20 €/pers, sans petit déj.* C'est simple : voici la seule adresse bon marché du centre-ville ! Hostel moderne et assez clinquant. On aime bien la grande cuisine, le patio avec son gazon synthétique et la déco, épurée et lumineuse. En revanche, zéro intimité dans les dortoirs, alignés les uns derrière les autres et simplement séparés par des cloisons. Emplacement hyper central, au pied de l'église Santa Ana.

De plus chic à très chic (115-200 €)

Hotel La Quinta Roja : *pl. de la Libertad, au cœur de la ville. ☎ 922-13-33-77. • hotelquintaroja@quintaroja.com • quintaroja.com • Doubles 138-192 €, petit déj-buffet compris.* Superbe maison du XVIe s, dotée d'un généreux patio plein de plantes, et aménagé en plusieurs petits coins salon. Une partie ancienne et une autre plus récente. Le parquet lambrissé et le bel escalier en pierre contribuent au charme du lieu. Une vingtaine de chambres en tout, soignées et modernes, vraiment très agréables. Déco distinguée et confort total. Excellent accueil. Petit sauna (gratuit) et transats sur la terrasse du dernier étage. Bon resto sur place (voir « Où manger ? »).

Isla Baja Suites : *c/ Esteban de Ponte, 3. ☎ 922-83-00-08. 📱 607-33-61-75. • info@islabajasuites.com • islabajasuites.com • Réception dans le patio du resto* Le Pâtissier. *Doubles 130-150 €.* Une demeure du XVIIIe s avec des chambres immenses et très classes : belle hauteur de plafond, déco à mi-chemin entre le design et le tradi, vue sur mer pour la moitié d'entre elles. La plus chère dispose de sa terrasse face à l'océan. Une adresse de grand standing, assurément.

Très très chic (plus de 200 €)

Hotel San Roque : *c/ Esteban de Ponte, 32. ☎ 922-13-34-35. • info@hotelsanroque.com • hotelsanroque.com • Doubles 186-251 €.* Bâtisse du XVIIIe s de style colonial abritant une vingtaine de chambres confortables (avec clim), la plupart autour d'un remarquable patio, les autres autour de la piscine. Intéressant mélange entre cadre historique et déco très actuelle. Murs de plâtre ciré couleur corail. On préférera celles à l'étage, plus isolées. La plus chère *(junior suite)* a vue sur la mer. Bon restaurant assez chic, au bord de la piscine.

Où dormir dans le coin ?

De chic à plus chic (70-150 €)

Hotel rural El Patio : *Finca Malpaís, 11, El Guincho, Garachico. ☎ 922-13-32-80. • info@hotelpatio.com • hotelpatio.com • À env 4 km à l'est de Garachico, par la TF-42, vers Icod de los Vinos, prendre une route à gauche après le tunnel, c'est indiqué. Chambres 80-140 €, petit déj inclus. Séjour min 3 nuits.* Vieux manoir de 1565 (près de 500 ans) au cœur d'une vaste bananeraie de 60 ha, entre la montagne et la mer. Difficile de trouver cadre plus agréable ! La demeure et le domaine appartiennent à la même famille depuis 17 générations. Chambres réparties dans des pavillons autour d'un patio ombragé par des palmiers. Style rustique sobre et chic, sans éclat particulier, mais environnement vraiment superbe. Randonnées possibles sur les chemins de la bananeraie jusqu'à la mer.

Hotel rural Casamarilla : *La Caleta de Interián, ctra TF-42, km 13, Los Silos. ☎ 922-84-01-18, 📱 696-98-76-01. • info@fincacasamarilla.com • fincacasamarilla.com • À 3 km à l'ouest de Garachico, et 500 m de La Caleta de Interián. Dépasser la route vers La Caleta sur la droite, continuer env 500 m et prendre un autre chemin sur la droite (panneau) à travers une bananeraie. Congés en août. Doubles 75-85 €, petit déj inclus.* Au cœur d'une plantation de bananes, une charmante demeure du XVIIIe s. Intérieur meublé avec beaucoup de goût, portant la marque et le style de la vieille bourgeoisie canarienne. Excellent accueil. Les jolies chambres (avec ventilo, pas de clim) se répartissent entre la maison principale et un pavillon dans le jardin. Petite piscine. La plage est à 3 mn à pied. À La Caleta, 2 restos. Bicyclettes à disposition.

Où manger ?

Sur le pouce

|●| ***Le Pâtissier :*** *c/ Esteban de Ponte, 3. ☎ 922-83-09-61. Tlj sauf mer 10h-18h (20h en fin de sem). Menu du jour 12 €.* Coquette pâtisserie offrant un choix de gâteaux frais et un peu de salé (*tortillas*, *bocadillos*, etc.). Savoureux gâteaux aux amandes et à la cannelle. Petite carte de pizzas également. Bien aussi pour un thé dans l'après-midi, avec ses quelques tables installées dans l'agréable patio.

De bon marché à prix moyens (moins de 25 €)

|●| ***Bodegón Plaza Casa Juan :*** *c/ Francisco Martínez de Fuentes, 7. ☎ 922-13-34-03. En contrebas de la place centrale et de la statue de Simón Bolívar. Tlj sauf jeu 12h-17h. Plat env 5 €, menu env 12 €.* Modeste resto aux murs blanchis à la chaux avec un petit patio intérieur abrité sous les canisses. Cuisine familiale fraîche et copieuse (thon *al salmojero*, coq en sauce...). Accueil jovial. Difficile de trouver plus économique.

|●| ***Tasca-Restaurante Los Pinos :*** *c/ Pérez Zamora, 6. ☎ 922-83-01-34. • carmenseguridadmaestra@hotmail.com • Congés : juin et sept. Tlj sauf ven et sam. Menu du jour 15 €, plats 15-17 €. Café offert sur présentation de ce guide.* L'ensemble est niché dans une maison ancienne, éclairée par un lustre impressionnant. Salle crépie de jaune et pierre de lave, sous une charpente typique de l'île. Cuisine typiquement canarienne : *rancho canaria,* sélection de tapas, poisson frit ou *a la plancha* (selon type de poisson et arrivage), servi avec les belles *papas canarias* et un excellent *mojo.* Très bon lapin *salmorejo*. Service souriant. Un super rapport qualité-prix.

|●| ***La Almena de San Miguel :*** *avda República de Venezuela, 3. ☎ 922-13-33-03. • almenadesanmiguel@gmail.com • Tlj sauf lun 12h-20h (17h30 dim). Congés 15 j. en déc. Menu env 13 €, plats min 7 €.* Poissons grillés, sépioles, filet de mérou en sauce, sole à la canarienne, calamars à la romaine. C'est surtout du poisson que l'on vient déguster ici, soit dans la grande salle fermée du 1er étage, soit sur la terrasse ouverte qui surplombe la route (assez passante, malheureusement). De là, large vue sur la mer. Service zélé et efficace.

Chic (25-40 €)

|●| ***Mirador de Garachico :*** *c/ Esteban de Ponte, 28. ☎ 922-83-02-94. • miradordegarachico@miradordegarachico.com • ♿ Angle c/ Francisco Martínez de Fuentes. Tlj 12h30-16h30, 18h30-22h30 (dim 12h-17h). Plats 20-30 €. Apéro de la maison ou café offert sur présentation de ce guide.* Ancienne demeure coloniale restaurée avec une agréable cour intérieure. On y confectionne une savoureuse cuisine traditionnelle, revisitée par le chef qui a de l'imagination. La carte des suggestions varie selon le marché et les saisons. Délicieux champignons à l'ail avec du jambon Serrano et des petits piments, dorade à la vinaigrette, bar aux épinards et aux fruits secs... Assiettes très joliment dressées et service impeccable.

|●| ***La Quinta Roja :*** *pl. de la Libertad. ☎ 922-13-33-77. • hotelquintaroja@quintaroja.com • Tlj 18h-22h. Plats 13-17 €.* Dans le très chic hôtel *Quinta Roja,* un excellent resto à la carte courte (3 poissons, 3 viandes) et aux recettes travaillées. Porc ibérique au soja et miel de palme, risotto de pagre au cresson... Atmosphère cosy dans la salle et sur la terrasse, qui donne sur la plaza Libertad. Seul bémol : portions parfois un peu chiches.

Où boire un verre ?

🍸 ***Kiosque sur la plaza de la Libertad :*** *au cœur de la bourgade. Tlj 10h-22h.* Sympathique petit kiosque où l'on vient prendre le frais et un verre à toute heure de la journée. Emplacement royal, entouré par les plus belles façades historiques de la cité.

À voir

Parroquia Matriz Santa Ana et museo de Arte sacro : *c/ Francisco Montesdeoca y García. Tlj 10h30-16h. Entrée : 1 €. Demander le feuillet en français à l'entrée.* Dans l'église, plusieurs chapelles ornées d'intéressants retables des XVIIe et XVIIIe s. Une chapelle dans la nef de droite accueille des fonts baptismaux en marbre. On verra le retable de *Nuestra Señora de Fatima* (nef de droite), ainsi que le retable du Seigneur attaché à la colonne (XVIIe s), situé à droite de l'autel. Le musée est situé au fond de l'église, sur la gauche. On traverse la sacristie, puis c'est à l'étage. Une salle unique entourée de vitrines qui présentent essentiellement des vêtements sacerdotaux ainsi que quelques objets liturgiques. Voir notamment ce christ en ivoire du XVIIe s des Philippines, ces reliques de san Celestino, de nombreux calices, croix de procession, série de porte-bannières, ostensoirs, candélabres et des petites boîtes d'huile d'extrême-onction.

Plaza de la Libertad : elle est bien belle cette place, généreuse et entourée d'anciens palais du XVIIIe s. Elle fut créée de toutes pièces après l'éruption du volcan, lors de la réorganisation de la cité. On notera la *parroquia Santa Ana,* ainsi que l'ancien *palacio de los Condes de La Gomera,* au lourd appareillage de pierre et au porche à doubles colonnettes. Toujours sur la place, la ***statue de Simón Bolívar*** *(1783-1830)* pensif, icône politique et militaire, *Libertador* de nombreuses colonies espagnoles d'Amérique du Sud, dont la famille était originaire de Garachico. Son père ne s'appelait-il pas Juan Vicente Bolívar y Ponte (descendant de Cristóbal de Ponte, fondateur de la ville) ? Au fond de la place, large façade de l'*iglesia de Nuestra Señora de los Ángeles,* à double porte et fronton en pierre. Plafond de style mudéjar.

FRANCO DE PORC

La plaza de la Libertad, au cœur de la ville, était autrefois connue sous le nom de General Franco. Mais le nom du dictateur devint dur à porter, surtout après sa mort (1975). Il est vrai qu'habitants et touristes grinçaient un peu des dents en prononçant ce nom. On préféra la nommer Libertad, en référence à la statue de Bolívar. C'est vrai que ça sonne mieux.

Ex-convento de San Francisco : *pl. de la Libertad, à côté de l'église Nuestra Señora de Los Ángeles.* ***Fermé pour travaux.*** Édifié à la fondation de la ville au début du XVIe s, il fut reconstruit après l'éruption volcanique. Cet ancien couvent de frères abrite 2 superbes patios, en partie transformés en musées (expos de fossiles et de minéraux). Noter le pavement fait de petites pierres, dessinant des motifs floraux. Beaux balcons en bois soutenus par de fines colonnettes.

Castillo San Miguel : *au bord de la route côtière, au niveau du centre. ☎ 922-83-00-00.* ***Fermé pour travaux de réhabilitation.*** Mignon petit fortin édifié en 1575 puis détruit par un grand incendie en 1697. Reconstruit au cours du XVIIIe s, il arbore un bel appareillage en pierre. Une coquette échauguette blanche lui donne du caractère. Il abrite un petit musée retraçant les grandes étapes historiques de la ville. Assez peu pédagogique et sans grand intérêt. À l'étage, la terrasse permet d'embrasser la vue sur la côte.

Piscina natural El Caletón : *c/ Esteban del Ponte, 2. Ouverture variable, en général seulement l'ap-m 13h-18h.* Au pied du fortin *castillo San Miguel,* petit réseau de minipromenades sur les rochers volcaniques. Accès à une sorte de minifjord, appelé *piscina natural.* Agréable quand les eaux sont calmes. À éviter quand la mer est forte car les vagues rentrent avec puissance dans le goulet.

Plaza Juan Gonzáles de la Torre : en contrebas de cette place, les restes d'une porte en pierre noyée dans les palmiers, que l'on vénère comme seul vestige épargné par le volcan.

DANS LES ENVIRONS DE GARACHICO

À l'ouest de Garachico, la côte présente une physionomie sauvage et abrupte avec, côté terre, un massif aux pics acérés et couvert d'une végétation rase. Ensemble très découpé, au relief tourmenté. Les flancs de ces collines pentues sont souvent ponctués de grottes inaccessibles. La vallée, côté mer, est couverte d'immenses bananeraies cachées sous de gigantesques toiles protectrices. Ces plantations s'étirent jusqu'à ***Buenavista del Norte,*** autre petite ville loin de l'agitation balnéaire. On peut s'arrêter à la pâtisserie *El Aderno* *(c/ La Alhóndiga, 8, rue principale vers l'église, tlj 9h-20h),* pour y déguster de savoureux gâteaux et pâtisseries.

PARQUE RURAL TENO

• Plan *p. 289*

De Buenavista del Norte, la route TF-436 monte en lacets serrés vers la valle del Palmar et pénètre dans le *parque rural Teno.* Il couvre 8 063 ha, se situe à la pointe nord-ouest de l'île et descend vers le sud en englobant une partie côtière. C'est une région encore méconnue, très sauvage et d'une grande richesse, facile à explorer à pied grâce à de beaux sentiers de tous niveaux de difficultés et balisés impeccablement. Ce massif a subi une forte érosion qui ravina durant des siècles le travail des volcans, créant d'incroyables crêtes effilées comme des dents de requin qui plongent vers des ravins profonds. Resté quasiment intouché depuis 2 millions d'années, le Teno est en partie couvert de *laurisilva* (laurisylve), cette dense végétation composée notamment de lauriers et bruyères géantes, que l'on retrouve dans le *parque rural Anaga,* au nord-est de l'île, ainsi que sur les îles de La Palma et La Gomera. C'est au milieu de cet espace protégé que l'on trouve le balbuzard pêcheur ou le lézard géant de Teno.

Le parc abrite quelques villages, qui se résument souvent à un bouquet de maisons dispersées sur les collines ou accrochées à flanc de montagne. Ils ont pour nom *El Palmar, Las Lagunetas, Las Portelas* et enfin *Masca,* le plus fameux de tous pour sa position stratégique et son panorama remarquable.

DU SENTIER MULETIER AU SENTIER DE RANDONNÉE

Si les chemins sont si nombreux dans le parque rural Teno, c'est qu'ils étaient, il n'y a pas si longtemps encore, les seuls moyens de communication entre les villages. Ils étaient parfaitement entretenus quand on les transforma en sentiers de randonnée, lorsque le trekkeur prit le relais des bergers.

➢ Après ***Las Portelas,*** la végétation se fait de plus en plus rase. On passe un col et l'on découvre un paysage de plus en plus aigu, pointu, acéré, brutal et désertique, composé de pitons rocheux gris, quelques buissons et plantes grasses qui s'accrochent vaillamment entre les roches et la vue qui plonge vers la mer. On aperçoit parfois, au détour d'un virage, l'île de La Gomera. Superbe descente jusqu'à Masca (lacets serrés et route pas bien large, prudence !). En chemin, à gauche en allant vers ce village, faire halte au ***mirador de la Cruz de Hilda.*** Vue extra sur un massif volcanique ponctué de grottes, sauvage et abrupt. Quelques maisons blanches ponctuent le paysage.

TENERIFE

Arriver – Quitter

➢ ***De/pour Buenavista del Norte :*** le bus nº 366 va jusqu'à El Palmar et Las Portelas 7 bus/j. 5h25-19h35. Durée : 20 mn. Le bus nº 365 continue jusqu'à Masca (2 bus/j. à 6h25 et 14h20).

Adresses utiles

Oficina del parque rural Teno *(carte Parque rural Teno)* **:** *à Los Pedregales, bien fléché sur la droite juste en arrivant à El Palmar (38489), quand on vient de Los Silos. ☎ 922-44-79-70/74. • teno parque@tenerife.es • Tlj 10h-16h.* On peut y obtenir toutes les infos sur les balades dans le parque rural Teno et les cartes nécessaires pour s'y retrouver. Accueil excellent, personnel compétent et disponible.

■ ***Agence El Cardón Naturexperience*** *(carte Parque rural Teno,* ***10****)* **:** *agence basée à* **Buenavista del Norte,** *dans l'hôtel* Meliã Hacienda del Conde, *c/ la Finca. On peut également les trouver à l'*Albergue Bolico *(voir « Où dormir ? »). ☎ 922-12-79-38. • elcardon.com •* Cette agence propose des randonnées guidées assez variées, selon les jours. À pied, à vélo, en bateau (observation des baleines).

Où dormir ? Où manger dans le parc ?

De bon marché à prix moyens

Albergue Bolico *(carte Parque rural Teno,* ***10****)* **:** *sur la TF-436, passer Las Portelas et prendre à gauche vers El Bolico (38489) et faire env 1 km. Bien indiqué. ☎ 922-12-79-38 (lun-ven 10h-14h). • info@alberguebolico.com • alberguebolico.com • ♿ Ouv tte l'année. Attention : réception ouv seulement ven-sam. Le reste du temps, appeler auparavant. Lits en dortoir 14 € dispos seulement ven-sam (réservés aux groupes en sem, 12 €/pers). Chambre double 45 €. Loc de draps et couverture 3 €. Utilisation de la cuisine 1 €/pers.* Très belle auberge moderne, rouge brique, avec de larges baies vitrées offrant un panorama superbe sur la montagne. 3 dortoirs de 10 à 12 lits, plus une poignée de chambres doubles. Terrasse (avec vue, évidemment). Une auberge de qualité, excellente halte pour les randonneurs souhaitant explorer le parc rural Teno, car on pourra y obtenir plein d'infos sur les différents sentiers. Pas de repas servi. Cuisine à disposition.

|●| ***Mesón del Norte*** *(carte Parque rural Teno,* ***20****)* **: Las Portelas** *(38489). Sur la route TF-436, à la sortie de Las Portelas, sur la gauche en allant vers Masca. ☎ 922-12-80-49. • meson delnorte@msn.com • Tlj sauf dim soir et lun, 12h-17h, 18h30-23h. Congés : juil. Plats 8-15 €.* Une grande auberge de montagne avec ses solides tables couvertes de nappes à carreaux, son bar et sa grande cheminée. Les solitaires mangeront au bar, les autres en salle. Spécialités de viandes grillées, généreuses et tendres, comme ce très fondant *secreto iberico.* Accueil jovial.

|●| ***Bodegón Patamero*** *(carte Parque rural Teno,* ***21****)* **:** *c/ Lomo Olivera, Las Lagunetas nº 22, entre El Palmar et Las Portelas, le resto est indiqué sur la gauche de la route, à 200 m de la route principale. ☎ 922-12-78-27. • elpatamero@hotmail.com • Tlj sauf mar 12h-16h (16h30 dim), et aussi ven-sam 19h-22h30. Congés : de mi-août à fin sept. Plats 8-12 €, menu 12 €.* Dans une montée assez raide, difficile de se garer. Voici une autre adresse intéressante, dans un genre plus intime que *Mesón del Norte,* un peu plus chic également. Carte courte, miniterrasse abritée, petite salle proprette avec fruits et légumes rangés dans des petites caisses fixées aux murs. En cuisine, pas mal de bonnes viandes (un fameux jambon de montagne, notamment). Service pro et agréable.

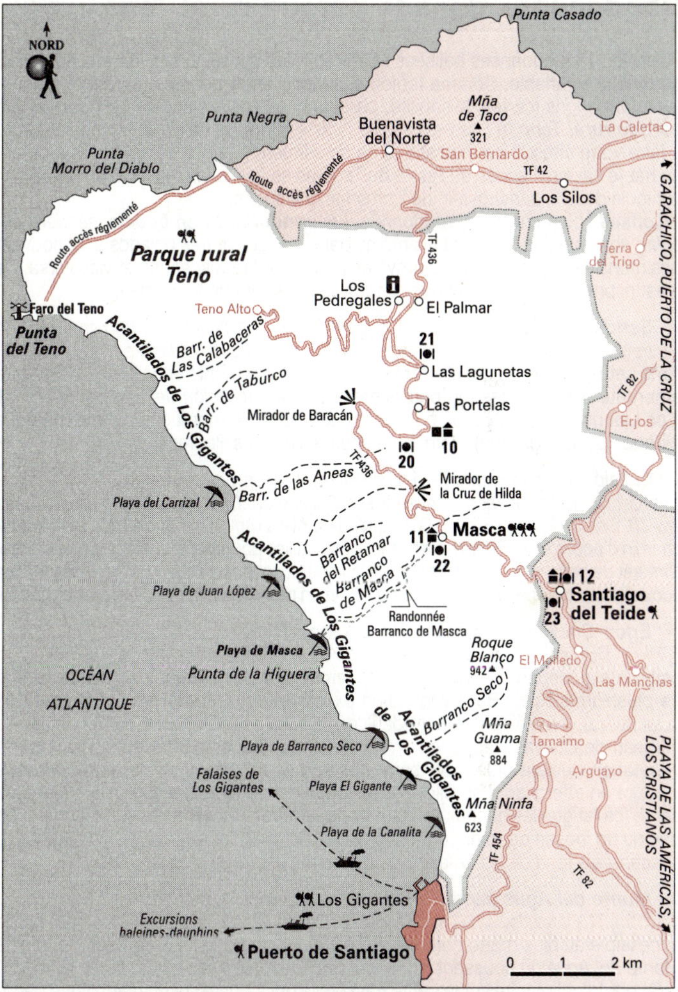

PARQUE RURAL TENO

■ **Adresses utiles**

- Oficina del parque rural Teno
- 10 Agence El Cardón Naturexperience

Où dormir ? Où manger ?

- 10 Albergue Bolico
- 11 Casa rural Morro Catana
- 12 Hotel Casona del Patio et Resto La Tasca
- 20 Mesón del Norte
- 21 Bodegón Patamero
- 22 Restaurant La Piedra
- 23 Restaurante Santiago del Teide

Randonnées dans le parque rural Teno

Parmi les 13 randonnées balisées et entretenues qui sillonnent le parc, en voici 3 de difficulté variable. Comme toujours, avant d'entreprendre une rando, prendre les informations (cartes, faisabilité, parcours... et météo) auprès de l'***Oficina del parque rural Teno,*** à *Los Pedregales* (voir « Adresses utiles »). Ils vous aideront à faire votre choix. Nos indications ne constituent pas un topoguide. Et à noter : en haute saison, l'accès du Punta de Teno ne se fait qu'en minibus (on laisse son véhicule dans le parking) afin de limiter les nuisances.
– ***Conseil :*** bien choisir sa randonnée. Les ***randonnées en boucle*** *(sendero circular)* sont les plus faciles et les moins pénibles. Les autres balades sont souvent des montées rudes et une fois arrivé en haut, il faut redescendre, et vice versa. Ce n'est ni pratique, ni très enthousiasmant pour un randonneur amateur.

➢ ***Sendero Circular*** *(sentier en boucle)* **:** *départ à l'office de tourisme de Los Pedregales. Durée : 3h30. Dénivelée : faible, 200-300 m. Difficulté : moyenne.* On aime cette randonnée car elle forme une boucle par monts et par vaux. L'itinéraire emprunte des tronçons (un peu raides) du TF-57 *(callejón de Teno)* et du TF-51 (Los Llanos-Punta de Teno), puis continue à flanc de montagne pour atteindre le mirador La Tabaiba (vue). Remontée ensuite vers Los Pedregales.

➢ ***Callejón de Teno*** *(rando TF-57)* **:** *départ du petit embranchement qui mène à l'Oficina del parque rural Teno. Arrivée à Los Bailaderos. Distance : 4,1 km aller. Durée : env 2h. Dénivelée : env 250 m. Difficulté : de facile à moyenne.* Autrefois c'était le seul chemin d'accès entre El Palmar et Teno. Il était utilisé pour aller d'une ferme à une autre. L'intérêt de cette rando est la variété de la végétation rencontrée au rythme des vallées accueillantes qu'il parcourt. Premières 40 mn un peu raides, après, c'est plus tranquille.

➢ ***Erjos-Cuevas Negras-Los Silos*** *(rando TF-53)* **:** *départ d'Erjos. Distance : 5,7 km. Durée : env 3h. Dénivelée : 900 m en descente. Difficulté : élevée.* On emprunte au départ du village d'Erjos, perché dans la montagne, un sentier datant de plusieurs siècles. Belle végétation exubérante du Monteverde (autre nom de la *laurisilva*), avec régulièrement des zones cultivées. On passe par le minuscule hameau de Cuevas Negras où vivent encore quelques agriculteurs. Plus bas, la végétation devient plus rase, semi-désertique en fait, avant de retrouver de la verdure en atteignant Los Silos. Attention, c'est un itinéraire seulement à la descente (ça fatigue les genoux !). Il faut donc se faire déposer à Erjos et récupérer un bus ou un moyen de transport à Los Silos *(bus nº 363 direction Puerto de la Cruz, descendre à Icod de los Vinos ; puis bus nº 360 jusqu'à Erjos).*

➢ ***Monte del Agua*** *(rando TF-52)* **:** *départ d'Erjos. Distance : 10,7 km. Durée : env 5h A/R. Dénivelée : 100 m en montée. Difficulté : moyen/facile.* Une belle rando accessible au plus grand nombre (sur piste). On traverse la belle forêt humide de *Monte del Agua* où poussent lauriers et bruyères géantes. 1,5 km après le départ, arrêt photo obligatoire sur la petite passerelle qui s'ouvre sur un magnifique panorama. Les plus sportifs pourront combiner, à mi-chemin, avec le TF-54, qui descend jusqu'à Los Silos (2h de descente).

MASCA (38489) 150 hab.

Un charmant village de montagne, situé à 5 km à l'ouest de Santiago del Teide, dans le massif de Teno. Adossé à une falaise vertigineuse, solitaire et haut perché, Masca fut longtemps coupé du monde. Il fallut attendre les années 1960 pour qu'il soit relié au reste de l'île autrement que par des chemins muletiers.

Possibilité de se garer au-dessus du village (grand parking sur la route principale, mais souvent plein en saison). Vu la pente sur laquelle est bâti le village, la visite s'avère un peu sportive, mais la récompense est à la hauteur de l'effort. Les ruelles de Masca, sortes de sentiers improbables, étroits et empierrés, semblent tenter de s'accrocher à la montagne comme ils peuvent. Les maisons à l'architecture typique sont éparpillées sur les 2 versants abrupts, face au plus célèbre *barranco* (ravin) de l'île : *el barranco* de Masca. Cet impressionnant ravin est une étonnante coulée rocheuse, une phénoménale cassure du relief, un coup d'épée gigantesque dans la croûte de la montagne. Il descend jusqu'à l'océan, et constitue l'une des randonnées les plus prisées de l'île.

Arriver – Quitter

➢ ***Par la route en voiture :*** restez prudent ! La route est bonne, mais elle est étroite et très sinueuse. De Los Silos à Masca (env 20 km) elle passe par Buenavista del Norte, sur la côte nord-ouest. De là, suivre la TF-436 qui gravit la montagne en décrivant de nombreux virages. Paysage superbe. Passer par El Palmar (office de tourisme du parc de Teno) et Las Portelas. Le tronçon reliant Las Portelas à Masca est encore plus sinueux et vertigineux. On conseille l'arrêt au ***mirador de la Cruz de Hilda,*** juste avant d'arriver à Masca. Sur place, petit café qui dispose d'une belle terrasse dominant toute la vallée *(tlj sauf ven 10h-18h).* Enfin, de Masca à Santiago del Teide (5 km), les virages sont si nombreux et si serrés que certains cars de tourisme sont obligés de faire marche arrière dans les tournants en épingle à cheveux.

➢ ***De/vers Buenavista del Norte :*** la ligne n° 355 passe par Masca et continue jusqu'à Santiago del Teide, 4 bus/j. (9h30, 12h, 15h45, 17h55). Attention, route vertigineuse ! Également le n° 365, 2 bus/j. à 6h25 et 14h20.

Où dormir ? Où manger ?

Prix moyens

Casa rural Morro Catana *(carte Parque rural Teno,* ***11****) : c/ El Lomito, 15. ☎ 922-86-34-09. 696-46-58-38. • ruralmorrocatana@hotmail.com • morrocatana.com • Ouv tte l'année. Maisonnettes 2-4 pers 60-95 €. Café ou apéro maison offert sur présentation de ce guide.* En contrebas du restaurant *La Piedra,* une maison de caractère, en pierre du pays au cœur du village avec une terrasse à flanc de colline. On est reçu par l'aimable Pedro. Il met à la disposition des touristes 4 maisonnettes, dont 2 possèdent une grande terrasse commune, équipée de transats et tables, s'ouvrant sur un panorama superbe sur la montagne et la mer. Déco toute simple mais bon équipement, avec cuisine, frigo, vaisselle, etc.

Prix moyens

Restaurant La Piedra *(carte Parque rural Teno,* ***22****) : c/ El Lomito, 1 ; juste en contrebas du parking, sur une placette (pl. de Masca !). ☎ 922-86-31-13. Tlj sauf dim 9h-18h. Plats 10-15 €.* On y vient autant pour le site et l'emplacement que pour la bonne et franche cuisine locale servie sur une terrasse surplombant le village. Soupe, calamars à la romaine, gambas à l'ail, *conejo al salmorejo.* On y vend également quelques produits locaux (miel, huiles, etc.). Vue saisissante sur la vallée et les montagnes.

À voir. À faire

Randonnée du Barranco de Masca : incroyable et magnifique randonnée, mais jusqu'à il y a peu, il s'agissait d'une balade non officielle. Ce qui signifie que le parc de Teno ne la recommandait pas. Elle était dangereuse, il y a eu des accidents provoqués par des chutes de blocs de rocher. ***L'accès est désormais réglementé,*** afin de réguler l'accès à un nombre maximum de randonneurs par jour. Se renseigner sur place. Quoi qu'il en soit, ***cette randonnée s'adresse à des randonneurs expérimentés.*** Évitez les jours de pluie. Le sentier part de Masca, il est jalonné de marches en pierre et en bois, il suit le ravin (*barranco* de Masca), se glisse entre des parois abruptes, hautes parfois de 600 m. Étroit au début, le canyon s'élargit progressivement et au bout de 5 km on atteint la playa de Masca. De là, des bateaux-taxis assurent la navette vers Los Gigantes. Le billet coûte 10 €/personne (réduc de 20 % pour un achat en ligne) et s'achète dans les bars de Masca. Les compagnies s'appellent *Masca Express* (● *mascaexpress.com* ●) et *Masca Trekking* (● *maritimaacantilados.com* ●).

SANTIAGO DEL TEIDE (38690) 12 000 hab.

À 23 km de Garachico (côte nord-ouest), et 16 km de Puerto de Santiago (côte sud-ouest), cette bourgade d'altitude a l'avantage d'être située à la lisière sud du parc rural Teno. Entouré de champs et de monts boisés, le village forme un îlot tranquille et plat, où l'on est bien content d'arriver après la route vertigineuse depuis Masca ! Une bonne base pour rayonner dans la région. On peut aussi se contenter d'y faire une petite pause-déjeuner en cours de route, avant de redescendre vers la côte.

TENERIFE

Adresses utiles

Oficina de turismo : *avda de la Iglesia, 64, sur la route principale. ☎ 922-83-92-20. ● santiagodelteide.org ● Juste à côté de l'église. Lun-ven 8h-14h30 ; fermé w-e.* Bon accueil. Vente d'une carte des sentiers de randonnée locaux (1 €).

– ***Au bourg :*** une station-service, une banque avec distributeurs, et les commerces de base.

Parada de guaguas *(arrêt de bus) : le principal arrêt de bus se situe sur la route principale, sur la place de l'église.* Le bus nº 462 assure la liaison entre Guía de Isora et Los Gigantes en passant par Santiago del Teide. Attention seulement 4 bus/j. Le bus nº 355, lui, rejoint Buenavista en passant par Masca (on déconseille cette ligne aux personnes sujettes au vertige). Enfin, le bus nº 460 relie Icod de los Vinos à Costa Adeje en s'arrêtant aussi à Santiago del Teide.

Où dormir ?

De chic à très chic (90-170 €)

Hotel Casona del Patio *(carte Parque rural Teno,* ***12****) : avda de la Iglesia, 68. ☎ 922-83-92-93. ● eventos@ginestarhotels.com ● ginestarhotels.com ● ♿ Sur la gauche en arrivant en ville depuis Masca. Fermé de mi-juil à début sept. Doubles 98-170 € avec petit déj-buffet. Sur présentation de ce guide, réduc de 10 % sur les doubles et apéritif maison offert.* Très bel établissement, alliant charme, luxe et une certaine intimité. C'est une vieille bâtisse remise au goût du jour, avec une base de grosse pierre volcanique, mélangée au béton brut et aux grandes baies vitrées. Baldaquin en bois, grandes salles de bains en marbre gris, literie de grande qualité...

Les chambres sont magnifiques, lumineuses et contemporaines. Les *supérieures* ont une immense terrasse avec vue sur les monts et le volcan Teide, les *standard* (moins chères) donnent sur le village. Même atmosphère dans le patio, moderne et minéral. Excellent resto *La Tasca* (voir « Où manger ? »).

Où manger ?

Bon marché (8-12 €)

I●I ***Restaurante Santiago del Teide*** *(carte Parque rural Teno,* ***23****)* ***:*** *ctra General del Norte, 46. ☎ 922-86-41-90. • djas1972@hotmail.com • Tlj sauf mer-jeu 6h-22h. Menus du jour 9-15 € (servi lun-ven), plats 8-16 €.* Petit resto de bord de route, sans prétention. Cuisine rustique et franche, à prix sages : viandes grillées et poissons en sauce se partagent équitablement la carte. Large choix de tapas à grignoter également.

Prix moyens (12-25 €)

I●I ***Resto La Tasca – Hotel Casona del Patio*** *(carte Parque rural Teno,* ***12****)* ***:*** *avda de la Iglesia, 68. ☎ 922-83-92-93. Sur la gauche en arrivant en ville depuis Buenavista del Norte. Ouv seulement mar-dim au déj, fermé lun et le soir. Plats 11-16 €.* Niché dans une belle et ancienne demeure, sorte d'hacienda bien conservée, juste à côté de l'hôtel. Cuisine soignée à prix raisonnables comme ce *bacalao al horno,* ce *pulpo de costa* ou ces bonnes paellas (3 recettes différentes). Plusieurs salons avec planchers et plafonds en bois contribuent à l'ambiance chaleureuse du lieu. Avant de manger, jetez un œil à la cuisine du XVIIe s, laissée dans son jus rustique. Également une superbe *bodega* dans le bâtiment annexe, où l'on peut boire un coup sur des vieilles barriques de vin.

Petites randonnées à partir de Santiago del Teide

Bonnes infos à l'office de tourisme, très efficace. Y prendre un plan pour les randos suivantes.

➢ ***Balade circulaire :*** une boucle de 1h qui passe par la *valle de Arriba* et les vignobles. Départ à l'arrière de l'office de tourisme. Facile.

➢ ***Balade linéaire SL/TF-60 :*** *départ à l'arrière de l'office de tourisme. Durée : 3h30-4h (+ 2h avec la montée au volcan). Difficulté : de facile à moyenne.* Un sentier de 9 km qui mène au volcan Chinyero, puis se poursuit vers le village d'Arguayo. Ce volcan est le dernier à avoir été en activité sur l'île, en 1909. Possibilité de combiner avec le TF-43 qui monte jusqu'au pied du volcan (interdiction de faire le tour du petit cratère). Arrivée au village d'Arguayo. De là, on peut prendre le bus nº 462 pour revenir à Santiago del Teide ou Los Gigantes (passe à Arguayo à 14h30 et 16h30). Attention, pas de bus le week-end.

Où faire du cheval ?

➢ ***Randonnées équestres à l'*****Hotel La Casona del Patio** ***:*** *avda de la Iglesia, 72. ☎ 922-83-92-93. 📱 628-08-69-67. Sur la gauche en arrivant en ville depuis Buenavista del Norte. Compter 40 €/h.* Infos à l'hôtel. Balade sympa dans les environs de Santiago.

PUERTO DE SANTIAGO

(38689) 5 500 hab.

À 16 km au sud de Santiago del Teide, Puerto de Santiago et Los Gigantes constituent 2 stations balnéaires modernes dont les structures immobilières, pas toujours de très bon goût, s'étagent à flanc de colline. Après le ciel bleu des montagnes, voici le soleil étincelant du tourisme balnéaire. Un point de chute plutôt agréable si on cherche ce type de lieu. Si vous n'y résidez pas, il faudra tout de même y faire halte car c'est le point de départ des excursions pour aller voir les baleines pilotes et les dauphins. À ne manquer sous aucun prétexte !

➢ Sur la ligne 473 Los Cristianos-Los Gigantes : 1-2 bus/h 5h20-22h15 (plus 1 bus vers minuit), trajet env 55 mn.

Où dormir dans les environs ?

Puerto de Santiago est une station balnéaire de moyenne importance et ses côtes sont couvertes d'hôtels. On a dégoté une adresse sympa et tranquille, un peu à l'écart de l'animation de la station.

De chic à plus chic (85-115 €)

Hotel rural El Navío : *Prolongación avda Los Pescadores, s/n ; situé à 3 km au sud de Puerto de Santiago. ☎ 922-86-56-80. 653-23-90-03. • hotelrural@elnavio.es • elnavio.es • En venant de Puerto de Santiago par la TF-47, avt le village d'Alcala, juste avt le panneau « km 16 », prendre à gauche et continuer env 700 m. Panneau « Hotel Rural ». Congés : en juil. Résa min 2 nuits. Doubles 75-140 €, petit déj-buffet compris.* Au cœur d'une immense bananeraie, un *hotel* de campagne tenu par l'aimable Gustavo. Agréables et confortables, les chambres se trouvent dans un petit bâtiment bas et blanc égayé par des cactus. Terrasse pour toutes et vue sur les champs de bananes et la mer au loin. Jolie piscine sur la grande terrasse avec transats. Quelques bicyclettes à louer. Espace barbecue à disposition des clients. Et en cadeau de bienvenue... des bananes évidemment !

TENERIFE

Où manger ?

De bon marché à prix moyens (moins de 25 €)

El Barco de Nino : *c/ La Hondura, 10. 642-97-92-62. En bord de mer, suivre les panneaux en direction de l'hôtel* Barcelo Santiago. *Tlj 12h-23h. Résa conseillée.* Menú del día *servi en permanence env 17 €. Poisson au poids 3-10 €/kg.* Dans un immeuble moderne abritant un supermarché au rez-de-chaussée, ce resto est réputé pour la fraîcheur de ses poissons. Vitrines pour choisir ses produits, quelques bouts de filets ici, là une barque en bois, et une salle plutôt coquette qui s'ouvre sur la mer. Belle *zarzuela mixta* (pour 2 personnes) ou *filete de lenguado el Barco.* Excellent rapport qualité-prix malgré un service parfois lent.

Plage

Playa Arena : *juste au sud de Puerto de Santiago.* La plus grande et la plus touristique des plages de sable noir de cette partie de la côte, en contrebas de la route côtière cernée par les bananeraies sous serres. Plutôt tranquille pour la baignade.

DANS LES ENVIRONS DE PUERTO DE SANTIAGO

LOS GIGANTES *(38683)*

Immenses falaises rocheuses, géantes même (d'où le nom de la station), colonnes altières comme des orgues de basalte (la pierre volcanique la plus commune), sable et roche volcanique sur la plage, voilà le cadre naturel de Los Gigantes, station balnéaire très fréquentée en été. Dommage que les barres d'immeubles tout autour gâchent un peu le paysage. C'est de ce port situé à 2 km au nord de Puerto de Santiago que partent les excursions pour aller observer les baleines et dauphins au large. Une belle occasion d'en voir de près en toute sécurité. Pour la plongée, un gros avantage : les fonds marins y sont d'une grande richesse.

Où manger ?

Plus chic (plus de 40 €)

Rincón de Juan Carlos : *pasaje de Jacaranda, 2. ☎ 922-86-80-40. • reservas@elrincondejuancarlos.es • Mar-sam, seulement le soir, 19h-22h. Fermé dim-lun. Congés : juil. Résa conseillée. Menu dégustation 95 €, plats 21-60 €.* Adresse au-dessus de la moyenne, mais à prix raisonnables pour la qualité proposée. Cuisine créative et raffinée, qui suit les saisons et le marché, avec une influence terrienne évidente. La courte carte (signe que tout est frais) tourne régulièrement et propose essentiellement des plats de viande franchement succulents. Également un poisson du jour. La terrasse est plus vivante que l'intérieur, installée qu'elle est sur une placette piétonne autour d'un grand ficus.

TENERIFE

Excursions pour observer les baleines et les falaises de Los Gigantes

Excursion d'observation des baleines et dauphins : de nombreuses compagnies proposent cette excursion. Les sorties en mer pour voir les baleines et les dauphins durent entre 3 et 4h et s'organisent toujours de la même manière. La recherche puis l'observation des bestiaux durent environ 1h30 à 2h. Puis on longe les côtes pour se mettre à l'abri devant la *playa de Masca,* c'est le moment idéal pour manger et piquer une tête.

Excursions vers les falaises de Los Gigantes *(acantilado de Los Gigantes)* **:** outre la sortie baleines-dauphins, les compagnies proposent cette balade le long des falaises gigantesques. Juste au nord de la station balnéaire de Los Gigantes, l'urbanisation s'arrête brutalement et laisse place à ces cathédrales de basalte, hautes de plusieurs centaines de mètres (jusqu'à 600 m !) et qui s'étirent vers le nord sur 8 km jusqu'à la *Punta de Teno.* Cette partie-là n'est accessible qu'en bateau (à moteur ou voilier), qui longe la côte au plus près. Spectacle impressionnant que ces orgues d'un noir charbon.

■ ***Marítima Acantilados :*** *juste avt le port de Los Gigantes, sur la droite au niveau de la barrière du parking. ☎ 922-86-19-18. • maritimaacantilados.com • Souvent des promos sur Internet.* 4 bateaux : *Nashira* (47 personnes), *El Gladiator* (36 personnes), *Punta Umbria V* (12 personnes) ainsi qu'un beau voilier, *Lady Elsie* (10 personnes). Pour les baleines, 3 sorties/j. et par bateau, de 2 ou 3h *(30-50 € avec ou sans déj ; réduc 5-12 ans).* Également une balade de 1h le long de la côte *(15 €)* : en général, sorties à 11h et 14h, avec repas compris ou non. Guide de qualité, bonne atmosphère et sérieux dans l'observation des baleines. La compagnie propose aussi une sortie le long des falaises de Los Gigantes *(tlj, 15 €/pers)*.

■ ***Autres activités :*** *sur le port de Los Gigantes.* La plupart des compagnies proposent location de jet-skis, parachute ascensionnel, etc.

Où plonger à partir de Los Gigantes ?

Voici une côte proposant de très belles immersions, sur des sites de grande qualité, due au fait que les falaises tombent en à-pics dans l'océan. La richesse de la flore donne vie à une faune riche et diverse.

■ ***Los Gigantes Diving Centre :*** *sur le port. Entrée discrète juste à gauche du restaurant* La Paella Rustica. *☎ 922-86-04-31. • divingtenerife.co.uk • plongee-tenerife.com • Bureau ouv tlj sauf dim 9h30-16h. Compter 60 € la plongée, équipement compris. Baptême de plongée 75 €. Forfaits. Cours (en anglais) et passage de diplômes.* Un club, tenu par des Anglais, dont la réputation n'est plus à faire. Plongées mémorables au pied des falaises de Los Gigantes, dans des eaux limpides et vivantes.

Quelques sites de plongée

Octopus Cove : *env - 12-15 m. Plongeurs ts niveaux.* Une plongée facile et très colorée où se niche une vie microscopique qu'il faut prendre le temps d'observer. Coraux superbes, anémones délicates, éponges multicolores. Et entre les branches protectrices de cette faune et de cette flore, une centaine d'espèces de petits poissons qui viennent se mettre à l'abri. Les plus chanceux apercevront peut-être un hippocampe. Site superbe, au pied des falaises.

Masca Bay : *env - 10-15 m. Plongeurs ts niveaux.* Au pied des gigantesques falaises de basalte, une plongée facile où l'on découvre, entre les roches volcaniques, de belles murènes, poulpes et anémones. Luminosité impressionnante.

Punta Barbero : *env - 15-20 m. Plongeurs ts niveaux.* Encore des à-pics vertigineux qui poursuivent leur course sous l'eau. On circule autour d'une sorte de cirque dans lequel s'animent des anémones, poissons colorés comme le poisson scorpion, poulpes et de très nombreux nudibranches. Il n'est pas rare d'y croiser quelques belles murènes.

Los Chuchos : *env - 20 m. Plongeurs ts niveaux.* L'une des plus connues des plongées du secteur. Une immersion facile où l'on aura l'occasion de rencontrer de nombreuses raies, notamment la *stingray* et l'*eagle ray,* mais aussi des petits bancs de barracudas et de temps en temps des thons.

Atlantis : *env - 25 m. Plongeurs confirmés.* Intéressante plate-forme volcanique et morceaux de falaises basaltiques écroulées sur les fonds. Impression étrange de visiter les ruines d'une cité engloutie, d'où le nom du site. Belles gorgones multicolores.

LA CÔTE SUD

La désertique et sauvage côte sud de l'île, tranquille durant des millénaires, s'est transformée en quelques décennies en un vaste terrain de jeu pour promoteurs immobiliers, axés sur le tourisme à grande échelle. Historiquement, c'est Franco qui eut le 1er l'idée de développer le tourisme dès la fin des années 1950, afin de redynamiser une économie essouflée.

Quelques décennies plus tard, 3 stations balnéaires tentaculaires s'étirent ici, concentrant plusieurs centaines d'hôtels. Les ramifications des programmes immobiliers n'ont, depuis lors, cessé de se déployer, tout d'abord entre la mer et la voie rapide, puis au-delà de l'autoroute en grignotant les collines, sur une bande d'une dizaine de kilomètres. On ne vous gâchera pas la surprise en vous disant que tout cela n'est pas toujours (attention, euphémisme !) du meilleur goût...

Topographie des lieux

On trouve d'abord la station balnéaire de ***Los Cristianos,*** la station historique, la 1re à s'être développée. Dans un second temps on édifia ***Playa de las Américas,*** qui n'est en fait que sa continuation, et enfin ***Costa Adeje*** qui ferme le banc avec ses hôtels les plus luxueux.
3 « villes » aujourd'hui quasiment fondues les unes dans les autres, majoritairement composées de grandes structures (souvent plus de 300 chambres), de vastes groupes d'appart-hôtels dévorant les collines avec appétit. Au milieu de tout cela, de larges artères avec des centaines de restos de toutes nationalités, des centres commerciaux gigantesques et des dizaines de bars en tout genre.
Côté plages, le sud de l'île offre de grandes étendues comme à *Los Cristianos* et *Playa de las Américas.* Sable noir ou sable blond, tranquilles ou houleuses, vastes ou de poche, elles sont parfois artificielles, ou en tout cas redessinées, et la plupart du temps protégées des vagues par des digues de roches volcaniques qui permettent la baignade par tous les temps.

QUI VIENT ICI EN VACANCES ?

Les vacanciers espagnols avant tout, mais également une clientèle européenne plutôt âgée. Ces touristes de l'Europe du Nord (Allemands, Hollandais et Britanniques, principalement) cherchent ici un soleil d'hiver qui fait défaut chez eux, à des prix défiant toute concurrence. On est souvent en demi-pension, ou en appart-hôtel pour limiter les frais, voire en *time-share* (appartement en temps partagé). Beaucoup de vacanciers y ont leurs habitudes et viennent pour 1, 2 ou 3 mois.

UN PEU D'HISTOIRE

Tout commence dans les années 1950 à *Los Cristianos,* où l'on décide de faire sortir de terre une station balnéaire autour du petit port déjà existant. Si cette côte est choisie, c'est que son climat est propice. Quasiment pas de précipitations et un ensoleillement annuel exceptionnel. Par ailleurs, la côte est quasi déserte. Les villages se situent à mi-altitude, là où la culture est plus aisée. Puis c'est le tour de *Las Galletas,* mais la mayonnaise ne prend pas vraiment. Avec l'explosion du tourisme de masse, dans les années 1960-1970, *Playa de las Américas* se développe. Les 1ers grands ensembles voient le jour (comme sur les côtes espagnoles et françaises, d'ailleurs). Les 3 et 4-étoiles hissent leurs tours en hauteur et en longueur.
Dès le retour à la démocratie en 1975, l'Espagne a le vent en poupe et on décide de faire les choses en grand. En 2 décennies, le sud de Tenerife devient le site touristique le plus important de toutes les Canaries. Durant les années 1980, la pression touristique ne se relâche pas et c'est au tour de *Costa Adeje* de voir le jour. On choisit d'y bâtir des grandes structures, des hôtels à thème de 300 chambres et plus, autour de vastes piscines, équipées de plusieurs restaurants. En bord de mer, on trouve des promenades en bois longeant des plages protégées par des petites digues, équipées de transats et parasols.

COMMENT CHOISIR SA STATION ?

Pas facile de choisir l'hôtel qui vous conviendra le mieux parmi les centaines d'hôtels qui se mènent une rude concurrence. Autant le savoir, ce n'est pas là que vous rencontrerez l'âme des Canaries et vous y réviserez plus votre allemand et votre anglais que votre espagnol.
Ceux qui opteront pour cette région trouveront sur Internet des dizaines de propositions et de promotions pour tous les hôtels. C'est en fait la seule vraie manière de procéder pour réserver, ou de passer par une agence.
Voici quelques-unes des chaînes hôtelières qui proposent plusieurs établissements de qualité dans ce secteur : *Iberostar (● iberostar.com ●), h10 hotels (● h10hotels.com ●), Adrian Hoteles (● adrianhoteles.com ●), Dream Place Hotels and Resorts (● dreamplacehotels.com ●).*
– ***Los Cristianos,*** la plus ancienne des stations balnéaires, où l'on trouve des constructions à taille humaine. C'est aussi le port de départ pour La Gomera. C'est la seule station qui propose des petits hébergements simples et pas chers, et de chouettes restos installés depuis longtemps. C'est celle que nous avons choisi de développer dans ce guide.
– ***Playa de las Américas*** est une longue litanie d'hôtels de toutes tailles. Sa grande plage constitue son attrait principal... quand on parvient à voir le sable tellement elle est bondée. Cette station, tout comme *Costa Adeje,* n'a pas forcément besoin de vous pour faire le plein.
– ***Costa Adeje :*** c'est la dernière-née des stations. Le terrain est devenu tellement prisé qu'on n'a le droit d'y bâtir que des hôtels 4 ou 5 étoiles ! Série d'édifices gigantesques, hyper modernes, mais entièrement tournés sur eux-mêmes, avec piscines, plusieurs restos, boîtes de nuit, salle de gym, etc.

LOS CRISTIANOS (38650)

● Plan *p. 301*

Autrefois minuscule port de pêche d'à peine 200 âmes, planté sur une côte désertique, *Los Cristianos* est aujourd'hui la plus petite des stations balnéaires du Sud, moins gigantesque que *Playa de las Américas* et moins cossue que *Costa Adeje.* Le centre de Los Cristianos conserve son caractère agréable, avec quelques rues piétonnes dans le centre, des immeubles qui dépassent rarement 5 étages et une grande plage aux eaux tranquilles, sans doute la plus accessible à la baignade de cette partie de la côte. Autre point positif, c'est la seule à proposer des petites pensions pas chères, sur une côte où les établissements de luxe font désormais la loi.
C'est aussi de Los Cristianos que l'on prend le bateau pour La Gomera et El Hierro, et que l'on peut effectuer des excursions variées en bateau. Si l'on doit prendre un ferry pour une autre île le matin, on peut donc y passer une nuit.

Comment circuler à partir de Los Cristianos ?

En bus

Estación de guaguas *(plan B3) : avda Juan Carlos I, à 10 mn à pied du port. ☎ 922-53-13-00. ● titsa.com ●* Les bus s'alignent tout le long de l'avenue. Pratique. Kiosque d'infos et d'achat de billets *(tlj 8h-19h)*.
➢ ***Vers Playa de las Américas :*** bus n°s 447 et 473.

➢ ***Vers Costa Adeje :*** bus nº 477.
➢ ***Vers les aéroports (nord et sud) et Puerto de la Cruz :*** bus nº 343. Nombreux départs quotidiens.

En taxi

Station de taxis : *juste en face de la station de bus, avda Juan Carlos I. Compter 25-30 € pour l'aeropuerto Sur et 90-100 € pour l'aeropuerto Norte.*

En bateau : pour La Gomera, La Palma et El Hierro

■ ***Fred Olsen*** *(plan zoom,* ***1****) :* *bureau à la gare maritime, au port. ☎ 902-10-01-07 (central de résas). • fredolsen.es • Bureaux ouv lun-ven 7h-19h, sam 7h-14h, dim et j. fériés seulement 1h30 avt le départ du bateau.* Pour *La Gomera* : en général 3 bateaux/j. Durée : 50 mn. Pour *Santa Cruz de La Palma,* 1 bateau/j., tlj sauf sam. Départ à 19h, sauf le dim à 9h. Durée : 3h.
■ ***Naviera Armas*** *(plan zoom,* ***1****) :* *bureau à la gare maritime, au port. ☎ 902-45-65-00 (central de résas) ou 922-79-61-78. • navieraarmas.com • Lun-ven 7h30-18h45 (20h30 mer et 19h45 ven) ; le w-e, bureau ouv 1h30 avt chaque départ.* Compter env 70 € l'A/R pour *La Gomera,* avec 3 bateaux/j. Durée : 1h. Pour *La Palma,* 1 bateau/j., tlj sauf sam. Durée : 4h. Pour *El Hierro,* 1 ou 2 bateaux/j., mais aucun le sam ! Durée : 2h30.

Adresses utiles

Oficina de turísmo *(plan B3) :* *pl. del Pescador (dans le Centro cultural). ☎ 922-75-71-30. • arona.travel • Ouv en théorie lun-ven 9h-16h ; fermé le w-e.*
■ ***Services :*** on trouve une ***pharmacie*** et de nombreux ***distributeurs*** autour de la plaza Virgen del Carmen *(plan zoom)* au cœur de la ville, où se situe la petite église.
■ ***Location de voitures Cicar*** *(plan zoom,* ***1****) :* *sur le port, dans la gare maritime. ☎ 928-82-29-00. • cicar.com • Tlj 8h-20h (horaires variables selon saison).* Pratique pour louer un véhicule si vous arrivez de La Gomera en bateau.

Où dormir ?

Bon marché (20-45 €)

Pensión Playa *(plan zoom,* ***11****) :* *c/ Paloma, 9, à l'angle de la c/ Berlin. ☎ 922-79-22-64. 📱 670-47-00-95. Double env 40 € (25 € pour 1 pers), sans petit déj.* Pension tenue par la gentille Loli, originaire de Cuba. Ses chambres, avec salles de bains à partager (sauf une) sont réparties entre les 4 étages de ce petit immeuble. Simplissime, mais très bien tenu et vraiment pas cher. Bon plan : les chambres au dernier étage, plus lumineuses, se partagent une salle de bains à 2.
Dive Resort Ocean Dreams *(plan zoom,* ***14****) :* *c/ Coronel, 7. S'adresser au club de plongée Ocean Dreams Tenerife. ☎ 922-75-23-62. • oceandreamstenerife@gmail.com • oceandreamstenerife.com • Lits en dortoir 20-22 €, doubles sans sdb 40-45 €, sans petit déj.* Un bon petit hostel bien situé, plein centre et à 50 m de la plage. Dortoirs (6-8 lits) nickel, bien qu'un peu sombres, grande terrasse avec vue, billard, baby-foot... Également 2 doubles, spacieuses et agréables. Seuls bémols : la cuisine, vraiment sous-équipée (un micro-onde... et c'est à peu près tout !), et l'insonorisation intérieure, trop légère.
Pensión La Paloma *(plan zoom,* ***10****) :* *c/ Berlin, 7. ☎ 922-79-01-98. 📱 682-67-75-71. Doubles 35-40 €, sans petit déj. Quelques triples.* Une pension dans un petit immeuble moderne au bord d'une rue piétonne. Une dizaine de chambres simples et propres, avec 1 salle de bains

TENERIFE

commune par étage. 2 d'entre elles ont des sanitaires privés. Une bonne petite adresse à prix doux. Accueil un peu expéditif, dommage.

Prix moyens (40-80 €)

Hotel Andrea's (plan zoom, **12**) : *avda del Valle Menéndez, 6. ☎ 922-79-00-12. • hotelandreas@hotelesreveron.com • hotel-andreas.com • Doubles 60-78 €, sans petit déj.* C'est l'un des plus anciens hôtels de la station, élevé dans les années 1970. Entre la façade verdâtre et la déco minimaliste des chambres (carrelage, murs vierges, etc.), l'ensemble ne respire pas franchement la joie de vivre, mais c'est propre, confortable et d'un bon rapport qualité-prix.

De plus chic à très chic (min 130 €)

Labranda Reverón Plaza (plan zoom, **13**) : *Los Playeros, 26, juste sur la pl. Virgen del Carmen. ☎ 922-75-71-20. • reception.reveronplaza@labranda.com • labranda.com • Doubles 152-167 €, avec petit déj.* Au cœur de la station, à 5 mn à pied de la plage. Une quarantaine de chambres, toutes avec balcon et clim, sises dans un immeuble assez massif mais bien situé. Excellent service et chambres de bon confort, impeccables et classiques. Demandez-en une dans les étages élevés (plus claires, plus calmes). Piscine découverte et chauffée au 5e étage, avec transats et vue circulaire.

Où manger ?

De bon marché à prix moyens (moins de 25 €)

Panaria Con Mucho Gusto (plan zoom, **22**) : *c/ Amalia Alayón, 24. ☎ 922-79-88-29. Tlj 7h30-21h. Plat env 5 €.* Un café-boulangerie à la salle lumineuse et agréable, toute de bois vêtue, où l'on sert de bons petits déj à prix doux. Fait aussi bien l'affaire à l'heure du déjeuner pour avaler une salade, un *wrap* ou une petite soupe.

Fortuna Nova (plan zoom, **20**) : *avda del Valle Menéndez, 16. ☎ 922-79-51-92. ♿ Tlj midi et soir, sauf dim. Congés : fêtes de fin d'année. Menus 9 € le midi, 11 € le soir.* Bonne petite adresse internationale qui brasse large (pâtes, *spare ribs*, légumes au gril, poisson du jour, canard à l'orange...). Terrasse avec lourdes tables de bois et fer forgé, agréable et tout près du centre piéton et de la plage. Menu très correct à un prix vraiment imbattable.

La Paloma (plan zoom, **23**) : *c/ Paloma, 4. ☎ 922-79-22-49. Tlj sauf mar, 12h-22h en continu. Congés : juil. Plats 8-17 €.* Dans une des agréables ruelles piétonnes du centre, un resto familial mettant à l'honneur la cuisine espagnole en général. *Sardinas fritas, pulpo a la gallega*, champignons *(setas)* à l'ail... Et aussi un assortiment de tapas pour 2 personnes à 20 €, notre plat préféré. Quelques poissons également. Bonne atmosphère familiale, dans la chaleureuse salle ou en terrasse.

À faire à Los Cristianos et dans les environs

L'activité principale dans le secteur est surtout le bronzage sur plage. Une fois que vous êtes doré des 2 côtés, quelques parcs à thème vous attendent. Uniformisés, plutôt rigolos mais souvent hors de prix.

Jungle Park : *urbanización La Águilas del Teide, s/n,* ***Arona.*** *☎ 922-72-90-10. • junglepark.es • Pour y aller, sortie 72 depuis l'autoroute qui longe la côte sud. Tlj 10h-17h30 (dernière admission à 16h30). Entrée : 28 € ; enfant 11-20 € ; réduc sur Internet.* Voici un parc animalier d'une grande variété, à cheval entre le zoo et

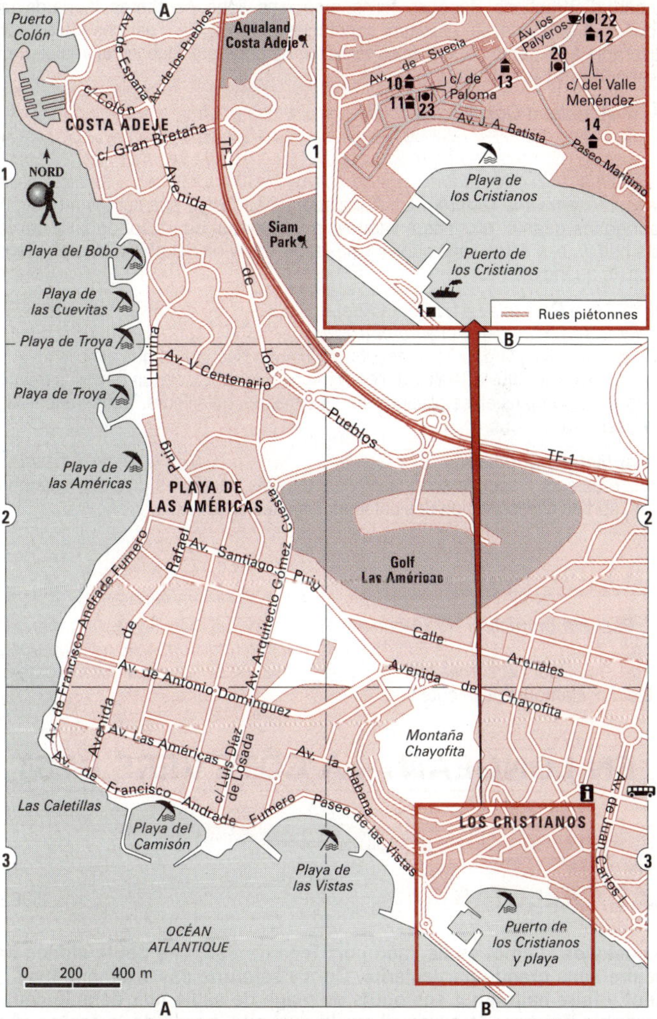

LOS CRISTIANOS, PLAYA DE LAS AMÉRICAS ET COSTA ADEJE

Adresses utiles

- Oficina de turísmo (B3)
- **1** Compagnies maritimes Fred Olsen et Naviera Armas, location de voitures Cicar (zoom)

Où dormir ?

- **10** Pensión La Paloma (zoom)
- **11** Pensión Playa (zoom)
- **12** Hotel Andrea's (zoom)
- **13** Labranda Reverón Plaza (zoom)
- **14** Dive Resort Ocean Dreams (zoom)

Où manger ?

- **20** Fortuna Nova (zoom)
- **22** Panaria Con Mucho Gusto (zoom)
- **23** La Paloma (zoom)

le parc d'attractions. Rapaces, félins, pingouins, lions, panthères, léopards, crocodiles et on en passe. Plusieurs spectacles par jour. On n'est pas toujours très favorable à ce genre de lieu, mais force est de constater que les animaux ont de l'espace et qu'ils ont l'air bien traités.

Aqualand Costa Adeje *(plan A1)* ***:*** *avda de Austria, 15 ; San Eugenio Alto,* ***Costa Adeje.*** *☎ 922-71-52-66. • aqualand.es • Système de navette gratuite A/R en fonction de votre lieu de résidence. Tlj 10h-17h (18h juil-août). Entrée : adulte 29 € ; enfant 12-21 € ; réduc sur Internet. Nombreux suppléments qui alourdissent dangereusement la facture...* Un Aqualand qui ne lésine pas sur les attractions : toboggans géants, piscines à vagues, piscines tout court, toboggans qui font des huit, jeux d'eau... sans oublier l'inévitable show de dauphins. Un peu piège à touriste quand même.

Siam Park *(plan A1)* ***: Costa Adeje.*** *☎ 822-07-00-00. • siampark.net • Pour y aller, sortie n° 28 depuis l'autoroute qui longe la côte sud. Tlj 10h-17h (18h mai-oct). Entrée : 38 € (arghh !) ; enfant 26 € !* Un autre parc aquatique avec le royaume de Siam (aujourd'hui la Thaïlande) pour thème central. Décor un peu plus travaillé, mais les toboggans et les piscines sont les mêmes qu'ailleurs. Tarifs franchement excessifs selon nous.

➢ ***Activités nautiques :*** *à Los Cristianos, sur la droite de la plage, à l'angle du port.* Plusieurs kiosques proposent des activités nautiques diverses : pêche au gros, sorties d'observation des baleines, balades en jet-ski...

Où plonger ?

Escuela municipal de Buceo : *sur le port de Los Cristianos, à droite de la plage. ☎ 922-79-73-61. 📱 685-15-10-91 (accueil en français). • divingaronatenerife.es •* Cours et sorties plongée avec ce club de bonne réputation. Nombreux sites aux alentours de la côte sud.

EN LONGEANT LA CÔTE VERS L'EST

LAS GALLETAS (38631)

À quelques kilomètres de l'aéroport Tenerife Sud, une petite station balnéaire sans grande particularité. On n'y séjourne pas vraiment, mais on peut y faire halte pour ses bouts de plage de sable noir dans le centre. Agréable promenade au soleil sur le quai sud, bordé de terrasses et de restos.

Où manger ?

Café del Puerto : *sur la digue de la marina c/ Dionisio González, à 200 m du quai principal. 📱 615-95-93-53. Tlj sauf mar 10h-21h (bar jusqu'à 22h). Congés : 15 j. fin juin-début juil. Plats 7-12 €.* Sur la jetée, une maison bleue avec vue sur les bateaux du port de plaisance. Bons petits plats de la mer servis avec le sourire. Calamars et poulpes frits. On n'y vient pas exprès, mais si vous êtes dans le village et que vous avez un petit creux...

LOS ABRIGOS

(38618)

À 15 km à l'est de Los Cristianos, proche de l'aéroport de Tenerife Sud (Reina Sofia), Los Abrigos résiste tant bien que mal à l'envahisseur balnéaire. Son petit port, abri idéal pour les bateaux, constitue une étape agréable pour un dîner ou un déjeuner. La réputation de Los Abrigos, ce sont ses excellents restos de poisson (et non les abricots !). La promenade piétonne le long du port est bordée par une quinzaine d'établissements où le poisson frais et les fruits de mer sont à l'honneur. On y vient même exprès depuis Costa Adeje pour profiter d'un pur moment de tranquilité.

Où manger ?

De bon marché à prix moyens (moins de 25 €)

El Mirador de los Abrigos : *avda La Marina, 7. ☎ 922-74-94-48. • restelmirador@yahoo.es • En entrant dans le village, au-dessus du port, sur une placette à droite, dans une maison bleue. Tlj, sauf mer-jeu, 12h30-22h30. Congés : 20 j. en juil, 10 j. en déc. Poisson au poids, 15-20 €/kg.* Certainement une des plus jolies terrasses dominant la mer à l'ombre d'un vénérable ficus. De beaux poissons, mollusques et crustacés attendent d'être choisis dans les vitrines réfrigérées. On pointe son poisson du doigt, on le fait peser, on détermine le type de cuisson et hop... dans l'assiette. Poulpe, calamars, gambas... Spécialité : la *parrillada* (grillade) de poissons et de fruits de mer (avec, pour la plus chère, des couteaux et des langoustines). Servi avec le sourire, *papas y mojos,* c'est un délice.

Perlas del Mar : *casa Alejo, c/ La Marina. ☎ 922-17-00-14. • francisarquero@gmail.com • À l'extrémité est du port, en surplomb. Tlj sauf lun-mar, 12h-minuit en continu. Plats 7-10 €, poisson env 20 €/kg.* Des perles en mer, il n'y en a pas par ici... mais 25 poissons différents frétillent sur la carte et la plupart patientent en vitrines. Une terrasse et une salle aux baies vitrées dominent le petit port. Un resto pour faire le plein de poisson frais, rien que du frais. Connaissez-vous le mostelle *(brota),* le grondeur *(burro),* le saupe *(salema)* ou le *pez perro* (poisson-chien) ? Frit ou grillé, c'est tout bon. Bien vérifier la pesée. Spécialité de la maison : le ragoût de la mer.

EL MÉDANO

(38612)

Petite station balnéaire à 23 km à l'est de Los Cristianos qui a conservé la taille et le style des ensembles d'avant l'ère du tourisme de masse. El Médano abrite quelques hôtels, des petits restos sympas, mais surtout 2 jolies plages, intéressantes à plus d'un titre. Une 1re assez petite, dans le centre-ville, où la baignade est aisée et tranquille, et une autre immense, composée de sable gris-blond à l'ouest de la ville, sauvage et très ventée, où l'on pratique la planche à voile et le *kitesurf.* C'est l'un des sites les plus prisés de l'île pour ces activités. La plage est longée par une promenade en bois et épargnée par les constructions. Elle se termine au pied de la *Montaña Roja*, « petit » volcan de 171 m de haut à l'étrange couleur vermeil.

Adresses utiles

■ ***Location de kites, Azul Kite-surf School :*** *paseo de las Mercedes de Roja, 26, sur la promenade de bois au-dessus de la plage. ☎ 922-17-83-14. • azulkiteboarding.com • Tlj 10h-19h. Cours particulier de kite env 85 €/2h.* Location et cours de *kite* (en anglais). Très bon matériel. Possibilité de cours en français sur résa à l'avance.

■ ***Location de planches à voile, TWS :*** *paseo de las Mercedes de Roja, au bout de la promenade de bois au-dessus de la plage. ☎ 922-17-94-01. • tws-windsurf.com • Tlj 10h-17h.* El Médano est un site connu des véliplanchistes. Location de planches, utilisées pour des tests de matériel.

Où dormir ?

Prix moyens (40-70 €)

Hostal Carel : *avda Principes de España, 22. ☎ 922-17-68-98. Double env 45 €, pas de petit déj.* Situé en retrait de la plage, à 5 mn à pied, un édifice banal de 4 étages, dans une rue calme. Pas de charme donc mais des prix sages pour un confort suffisant. Une vingtaine de chambres en tout, fonctionnelles, propres et correctes, mais à la déco un peu vieillote. Elles donnent sur 2 rues. En choisir une dans les étages élevés (plus calme). Peut dépanner si vous souhaitez séjourner dans le secteur une nuit.

Plus chic (100-150 €)

Hotel Médano : *paseo Picacho, 2. ☎ 922-17-70-00. • reservas@medano.es • medano.es • Doubles 99-150 €, petit déj-buffet compris.* Au bout d'une ruelle piétonne, face à la plage, un petit immeuble de 1963, offrant des chambres, impeccables, lumineuses et très bien équipées (mais sans clim). Salles de bains soignées. Superbe terrasse au-dessus de l'eau, telle une proue de navire (escalier directement dans l'eau), et une autre équipée de transats au dernier étage, avec une vue sur la *Montaña Roja*.

TENERIFE

Où manger ? Où boire un verre ?

Imperio del Pintxo : *paseo Marcial García, 23. ☎ 922-17-63-04. Dans la rue piétonne, 50 m à gauche de l'hôtel* Médano *quand on regarde la mer. Tlj 11h-23h. Tapas 4-10 €. Plats 9-17 €.* Tapas originales (tempura de légumes, gambas sauce mangue...) et plats aux saveurs exotiques (poulet satay, boulettes de bœuf au pesto...), tel est le crédo de ce resto à la carte réduite, située en face de la bien nommée *playa chica*. Portions généreuses et recettes inventives.

Agua Café : *paseo Mercedes de Roja, s/n. ☎ 922-17-84-67. ♿ Tlj sauf lun, 9h-23h en continu. Plat env 10 €.* Une jolie salle ouverte sur la promenade, avec gazon synthétique, plafonds voûtés et murs indigo. On y sert une cuisine fraîche et bien tournée, notamment de bonnes salades et un plat du jour à prix doux. Également des supers jus frais. On peut aussi se contenter de boire un verre face à l'océan, en admirant le ballet des kitesurfeurs.

Où manger sur la route de Santa Cruz ?

Agua y Sal : *c/ Callao Hondo, 22, à* ***San Miguel de Tajao.*** *☎ 922-17-11-76. À 15 km au nord de El Médano, par l'autoroute TF-1, sortie n° 46. Tlj sauf mar 12h-22h30 (16h lun). Repas 15-30 €, poisson env 18 €/kg.* Dans ce village au bord de la mer, des tonneaux peints en bleu signalent ce resto de fruits de mer. Une très bonne adresse. La patronne propose (en français) un choix de poissons, de poulpe ou de seiche, exposés dans les vitrines de l'entrée. Un régal de fraîcheur dans un lieu tranquille et confidentiel.

Les plages

La plage d'El Médano : *au cœur de la bourgade.* Un lieu familial et agréable pour un petit bain tranquille. Son avantage : l'eau est calme la plupart du temps.

La grande plage de la Tejita : *à l'ouest du centre.* Elle s'étire au pied de quelques rochers blonds. Blond est le sable également, suffisamment rare pour être souligné. La plage est sauvage et sans construction (quasiment pas). De la promenade en bois, on peut admirer les véliplanchistes et les kitesurfeurs virevolter dans les vagues et le vent. Pour pratiquer, voir nos adresses de location dans la rubrique « Adresses utiles ».

Petite playa de Abades : *à 5 km au nord de San Miguel de Tajao, et 20 km d'El Médano. Accès par l'autoroute TF-1, sortie n° 42 pour Villa de Arico/Abades.* Puis petite route qui conduit à une plage discrète et ignorée par le tourisme de masse. On peut s'y baigner en toute sécurité.

LA GOMERA

• Carte *p. 308-309* • Randonnées à la Gomera *p. 318-319*

ABC de la Gomera

- ***Superficie :*** 369 km² (env 3,5 fois la surface de Paris).
- ***Population :*** 22 120 hab. (2019).
- ***Ville principale :*** San Sebastián de La Gomera.
- ***Nombre de palmiers :*** entre 100 000 et 150 000 !
- ***El silbo :*** langage sifflé unique en son genre, inscrit sur la liste du Patrimoine culturel immatériel de l'humanité par l'Unesco depuis 2009, et enseigné à l'école.
- ***Particularité touristique :*** la randonnée. Plus de 60 sentiers balisés, de tous niveaux.
- ***Point culminant :*** le mont Garajonay (1 487 m).
- ***Climat :*** les côtes sont quasiment toujours au soleil, tandis que la montagne est souvent plongée dans les nuages. Parfois près de 15 °C de différence entre le bord de mer et 800 m d'altitude.
- ***Culture en terrasses :*** La Gomera est l'une des îles où la culture en terrasses s'est le plus développée depuis la conquête espagnole.
- ***Événement historique :*** dernière étape de Christophe Colomb et de ses 3 caravelles avant de partir à la découverte des Amériques.

Comme ses voisines, La Gomera est avant tout une montagne aride d'origine volcanique, dont le centre, le *parque nacional de Garajonay,* est coiffé par une remarquable forêt de lauriers (la laurisylve) qui fait la spécificité de l'île. Et qui dit montagne dit randonnée. Allons droit au but : si l'on vient à La Gomera, c'est avant tout pour pratiquer la randonnée, pas vraiment pour les plages. Voici une des plus petites des 7 îles de l'archipel canarien (la plus petite est El Hierro). Proche de Tenerife (35-50 mn en bateau, 30 mn en avion), elle semble si discrète et si éloignée du « surtourisme » !

Pour dessiner La Gomera, il vous faudra tracer un rond presque parfait. En mettant la pointe du compas approximativement sur le sommet le plus haut de l'île, l'*Alto de Garajonay,* à 1 487 m d'altitude. Pour la coupe transversale, faites une pyramide ! Voilà pour l'idée de base. Mais rien n'est vraiment si simple. Car cette île volcanique, semi-désertique (surtout dans sa partie sud), est creusée de larges entailles, de ravins rocailleux et inhospitaliers *(barrancos),* qui la découpent en profondes vallées offrant des paysages extraordinaires, des perspectives vers l'océan et les horizons lointains. Chaque vallée est comme un coup de couteau qui aurait tranché le gâteau en parts inégales, en partant du centre, mais en ayant pris le soin de bien séparer les tranches.

Résultat de ce relief tourmenté, La Gomera ne possède pas de route côtière, mais un réseau en étoile, où l'on relie une vallée à une autre en repassant par le centre ou peu s'en faut, et à chaque fois en remontant à plus de 1 000 m au-dessus du niveau de la mer.
En altitude, on découvre un autre monde. C'est le royaume de la forêt, immense et étrange, qui forme comme un couvercle au-dessus de l'île. Son existence est due à la forte humidité qui y règne, distillée par un voile nuageux créé par les alizés frappant l'île à partir de 800 m d'altitude. C'est un formidable secteur pour les randonneurs qui pourront s'en donner à cœur joie sur des sentiers bien balisés.
Et les plages, alors ? Il y en a très peu. Celles qui sont accessibles à la baignade sans danger se comptent sur les doigts d'une seule main, ce qui a sans aucun doute tenu à distance les promoteurs à la truelle légère.
La Gomera est une île à l'écart des grands flux touristiques, authentique, modeste et tranquille. Ceux qui la découvrent en marchant en repartent les mollets musclés, les poumons pleins d'un air sain et la tête remplie de belles images.

CULTURE EN TERRASSES

Les profondes vallées et les flancs très pentus des montagnes constituent une des caractéristiques géologiques de l'île. Au fond de ces vallées volcaniques et minérales, les sols se sont transformés au cours des millénaires en une terre riche, nourrissante et fertile. Les Espagnols ont organisé les flancs des vallées en terrasses, les faisant remonter le plus haut possible afin de profiter du maximum de surface cultivable. Ils y firent pousser des légumes, notamment les célèbres ***pommes de terre,*** mais aussi à partir de la fin du XIXᵉ s d'excellentes ***tomates*** et des ***bananes,*** dont la culture tapisse encore tout le fond des vallées. Si les terrasses les plus haut perchées ont aujourd'hui été abandonnées, on en devine toujours les jolies courbes, les ondulations régulières marquées par les murs en pierre sèche. Imaginons l'incroyable énergie humaine qu'il a fallu déployer pour les construire et les empierrer.

EL SILBO, UN LANGAGE SIFFLÉ UNIQUE

À La Gomera, siffler n'est pas impoli. Bien au contraire, c'est un langage. Pas parlé donc, mais sifflé. Il fut développé par les Guanches pour communiquer d'une vallée à une autre, et faire franchir ainsi reliefs et ravins aux nouvelles importantes. On pense que le *silbo* est d'origine berbère et que les 1ers habitants l'importèrent du Sahara. Après la disparition des Guanches, les bergers espagnols utilisèrent à leur tour ce mode de communication. On estime que près de 4 000 mots composent ce langage extraordinaire, impossible à décrypter pour les néophytes. Sa portée pouvait aller de 4 à 6 km selon la géographie, en l'absence de toute contamination acoustique (voitures, rumeurs, etc.).
Le *silbo* est basé sur une grande variété de tonalités, mais aussi sur la longueur de celles-ci. Il permet de condenser le langage en un très petit nombre de voyelles et consonnes. Les phrases sont courtes mais l'on peut toutefois tenir une petite conversation. Bon, on ne parle pas philosophie, mais on dit où l'on est, on s'informe d'une situation météo, on demande des nouvelles de la famille, du petit dernier et l'on se donne un rendez-vous au troquet. Une sorte de SMS à moyenne portée en quelque sorte (en plus écolo !).
Le *silbo* a été inscrit en 2009 sur la ***liste du Patrimoine culturel immatériel de l'humanité de l'Unesco,*** et protégé à ce titre. Cette décision a permis à la population de comprendre le caractère exceptionnel de ce langage, qui tombait

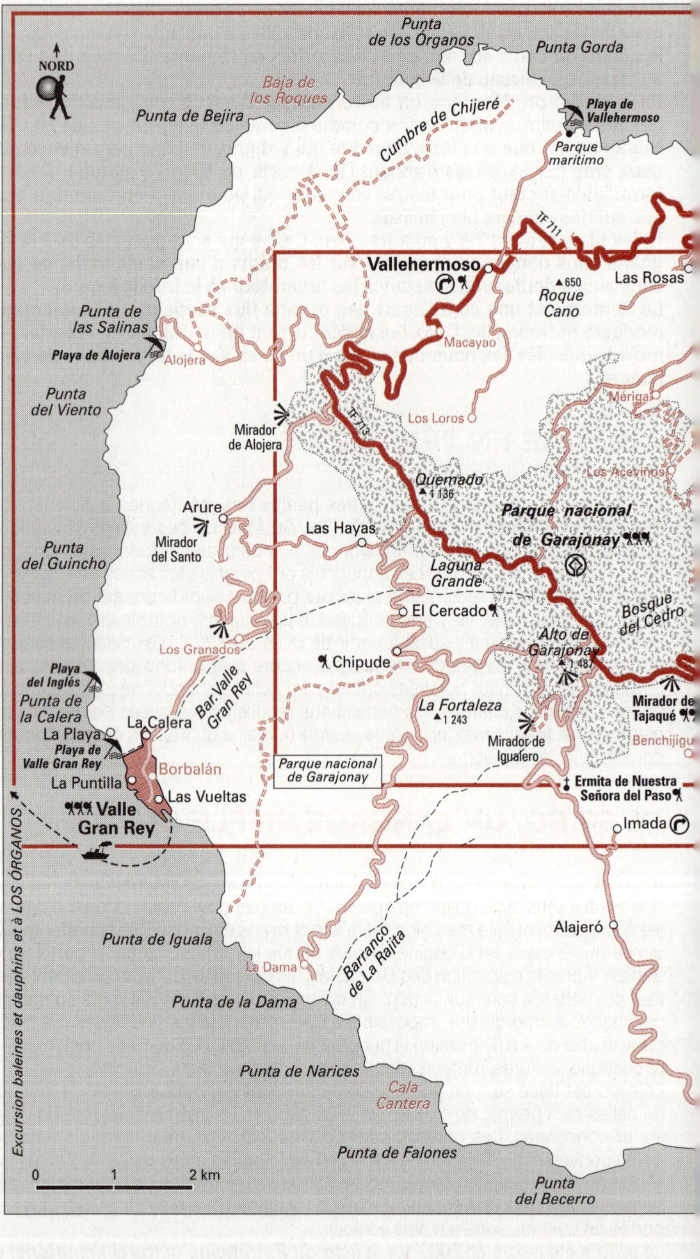

NORD
Punta de los Órganos
Punta Gorda
Baja de los Roques
Punta de Bejira
Cumbre de Chijeré
Playa de Vallehermoso
Parque marítimo
TF 711
Vallehermoso
Las Rosas
650
Roque Cano
Punta de las Salinas
Macayao
Playa de Alojera
Alojera
Punta del Viento
Mériga
Mirador de Alojera
TF 713
Los Loros
Los Acevinos
Quemado
1 136
Arure
Parque nacional de Garajonay
Mirador del Santo
Las Hayas
Punta del Guincho
Laguna Grande
El Cercado
Bosque del Cedro
Los Granados
Chipude
Alto de Garajonay
1 487
Playa del Inglés
Bar. Valle Gran Rey
Punta de la Calera
La Fortaleza
1 243
Mirador de Tajaqué
La Calera
La Playa
Mirador de Igualero
Benchijigua
Playa de Valle Gran Rey
Borbalán
Parque nacional de Garajonay
La Puntilla
Ermita de Nuestra Señora del Paso
Las Vueltas
Valle Gran Rey
Imada
Excursion baleines et dauphins et à LOS ÓRGANOS
Alajeró
Punta de Iguala
La Dama
Barranco de La Rajita
Punta de la Dama
Punta de Narices
Cala Cantera
Punta de Falones
0
1
2 km
Punta del Becerro

LA GOMERA

Randonnées à La Gomera
Sites inscrits au Patrimoine mondial de l'Unesco
Pas de côté
Roque de Álvarez
Roque de Tierra
OCÉAN ATLANTIQUE
Agulo
Playa de Santa Catalina
Mirador de Abrante
Playa de la Caleta
Punta de Lorenzo
TF 711
Hermigua
Punta Majona
Mirador de la Carbonera
Túnel de la Cumbre
Montaña Quemada
Nuestra Señora de Guadelupe
Punta Llana
SANTA CRUZ DE LA PALMA (LA PALMA)
El Atajo
Barranco de la Villa
GM - 1
Punta del Roquilo
Mirador de Los Roques
GM - 2
Punta de San Cristóbal
GM - 3
Barranco Juan de Vera
San Sebastián de La Gomera
Tejiade
Pastrana
Bar. de Chinguarime
LOS CRISTIANOS (TENERIFE)
Bar. de Santiago
Punta Gorda
Punta Gaviota
Playa de Santiago
Punta del Espino
Valle Gran Rey
50 km
San Sebastián de La Gomera

LA GOMERA

doucement dans l'oubli. Considéré sur place comme une évidence culturelle, il n'était que mollement défendu et de moins en moins utilisé. ***Enseigné à l'école de manière obligatoire depuis 1999*** à raison de 30 mn par semaine, il reprend fièrement du service, alors que seuls quelques bergers l'utilisaient encore dans la quasi-solitude des vallées jusqu'à la fin du siècle dernier. Aujourd'hui, quelques profs-bergers tournent dans les écoles de l'île pour en assurer la survie, avec succès puisque c'est désormais une matière optionnelle jusqu'au niveau du bac.

Il n'est pas rare que sur la place des villages de Hermigua, Agulo, Chipude ou Vallehermoso, on entende siffler des mômes pour s'appeler ou raconter quelque histoire drôle, au vu (mais pas au su) de tous.

Le *silbo gomero* n'est pas la seule langue sifflée au monde. Il existe des langages comparables au Mexique, en Thaïlande et en Turquie, entre autres. Le chanteur Féloche a sorti en 2013 une chanson, simplement intitulé *El Silbo,* qui raconte, avec des mots, l'histoire de ce sifflement.

SIFFLEMENT SECRET

Durant la guerre d'Espagne, les franquistes interdirent le silbo, ne pouvant pas comprendre ce langage sifflé. Il servait en effet à passer des messages au nez et à la barbe de la guardia civil venant du continent. Mais comment empêcher des résistants cachés dans les montagnes de siffler ? Eh ben, on peut pas ! Cette vaine interdiction n'empêcha donc pas les républicains de continuer à siffler sur les collines.

Sorti sur les écrans en 2019, le film *Les Siffleurs,* de Corneliu Porumboiu, un talentueux cinéaste roumain, met en scène un policier véreux et corrompu qui doit apprendre le langage sifflé de La Gomera pour aider un malfrat à s'évader de prison. Tourné en Roumanie et sur l'île de La Gomera, ce long métrage, véritable hommage au film noir américain, devait à l'origine s'appeler « La Gomera ».

***Quelques videos de Youtube montrent des démonstrations de* silbo. *Il suffit de taper :* « El Silbo Gomero ».**

– ***Bon à savoir :*** pour être certain d'entendre siffler, le visiteur n'a guère le choix. Il doit se rendre dans un des restos touristiques qui reçoit des groupes, où un *silbador* vient faire le show (on vous donne quelques noms de restos au cours du texte).

FÊTES ET MANIFESTATIONS

Même si les nuits de La Gomera ne ressemblent guère à celles d'Ibiza, les traditions festives sont malgré tout bien vivantes. Quelques fêtes continuent à mobiliser une bonne partie de l'île.

– ***Fiesta de San Sébastián :*** *20 janv.* On y fête le saint patron de la ville avec force manifestations musicales et défilés.

– ***Día de San Juan :*** *fin juin, le soir du solstice d'été.* Cette fête est également célébrée à la Grande Canarie et à Tenerife. Le soir du 23 juin, on illumine toute l'île par de très grands feux de joie autour desquels tout le monde se réunit. Musique et danse évidemment.

– ***Fêtes Colombines*** *(Colombinas)* ***:*** *autour du 6 sept. Essentiellement à* ***San Sebastián.*** Ces fêtes, qui peuvent s'étaler sur une semaine, rendent hommage à Christophe Colomb dont La Gomera fut la dernière halte avant d'aller découvrir les Amériques (qu'il nommera les Indes jusqu'à sa mort pensant les avoir atteintes). Manifestations culturelles et concerts de musique traditionnelle.

– ***Fiesta del Paso :*** *sept.* Même si cette fête est particulière au village d'Alajeró, elle rassemble une bonne partie des Gomériens. Le point fort de la fête est une impressionnante procession où tous les habitants portent leurs habits traditionnels. Elle part du sommet d'une haute colline dominant la bourgade et descend au fond de la vallée.

– ***Bajada de la Virgen de Guadalupe San Sebastián :*** *cette fête a lieu en oct, mais seulement ts les 5 ans (les prochaines en 2023 et 2028).* Fête qui célèbre la patronne de la ville de San Sebastián, durant laquelle on promène la statue de la Vierge jusqu'à la capitale de l'île, entourée de nombreux bateaux.

GÉOGRAPHIE : UNE ÎLE SEMI-DÉSERTIQUE, SEMI-BOISÉE

Si une bonne partie de La Gomera présente un visage sauvage et particulièrement aride (surtout le Sud), la ***partie centrale,*** en altitude, est couverte d'une ***extraordinaire forêt,*** constituée d'une épaisse couverture de lauriers mélangés à d'autres essences comme les bruyères géantes, que l'on découvre dans des brumes étranges, des nuages épais et des brouillards fantomatiques. C'est une sorte de tonsure de moine inversée. La moumoute est sur le dessus, et tout le reste de la tête est rasé. On est là au cœur du *parque nacional de Garajonay.* Si ce secteur est si vert, ce n'est pas un hasard. C'est que l'humidité est omniprésente. Elle est due aux alizés qui s'accrochent à partir de 800 m d'altitude sur les éperons rocheux, et constituent une réserve d'eau inépuisable qui nourrit abondamment cette végétation. L'hiver, quand l'horizon est bouché, on est baigné dans une atmosphère étrange. De nombreux sentiers permettent d'explorer les sous-bois de cet univers particulier.
Le reste de l'île, notamment ***le Sud,*** offre un visage différent. Sur les flancs des parois rocheuses et brunes s'accrochent des plantes grasses comme les agaves, cactus et figuiers de Barbarie. De hauts pitons rocheux présentent la forme de grandes orgues basaltiques *(roques).* Dans le ***fond des vallées,*** c'est le royaume des ***palmiers,*** endémique des Canaries, et des ***bananeraies,*** qui donnent de la couleur à cet ensemble minéral.

HÉBERGEMENT À LA GOMERA

Comme dans les autres îles, on trouve ici un bon éventail de propositions pour se loger. Petites pensions (de moins en moins nombreuses), *casas rurales,* hôtels de tous niveaux (du simple hôtel rustique – hotel rural – au parador 5 étoiles), mais aussi un très grand nombre d'appart-hôtels souvent loués pour 1 semaine ou plus (il y a une cuisine), mais également à la nuit.
Dans les petites stations de bord de mer comme Valle Gran Rey ou Playa de Santiago, c'est le type d'hébergement le plus courant. On vous donne une sélection de logements, sachant que, pour les appartements, il est souvent préférable de réserver par Internet, ou de s'adresser aux offices de tourisme locaux qui en possèdent la liste. Pour ceux qui souhaitent séjourner 1 semaine dans un endroit particulier, voici un site de qualité • *lagomera.travel* • qui peut vous aider. Bonne sélection de maisons de qualité et d'appartements situés dans ou à proximité des sites balnéaires les plus importants de l'île. Voir aussi le site • *gomera-individual.com* • On y trouve une sélection d'hôtels et d'appart-hôtels un peu partout dans l'île.

HISTOIRE

L'historien grec Ptolémée ainsi que Pline l'Ancien mentionnent déjà l'île au début de notre ère. Mais la véritable histoire de La Gomera commence, comme pour le reste de l'archipel, avec la venue des conquérants qui cherchent à se l'approprier au début du XVe s. C'est d'abord le Normand ***Jean de Béthencourt*** qui tente une approche. La géographie difficile met ses espoirs en berne et les Guanches remettent facilement l'explorateur et ses troupes à l'eau. Quelque temps plus tard, ils résistent aux assauts des premiers Espagnols (fin XVe-début XVIe s). Si les Guanches accueillent finalement les conquistadors, c'est parce que ceux-ci changèrent de tactique. Les hommes de ***Hernán Peraza l'Ancien*** (dont le nom est déjà lié aux îles de Lanzarote et de Fuerteventura) utilisent finalement la persuasion religieuse plutôt que le tranchant de l'épée. Ils vivent dans les premiers temps en bonne entente avec les autochtones, leur permettant de conserver leur culture et leurs traditions. Cela ne durera pas bien longtemps.

Conquérants, découvreurs et navigateurs

Hernán Peraza le Jeune prend le relais et s'oppose plus frontalement aux Guanches. Il met en coupe réglée les 4 chefs guanches qui se partagent l'île, et intègre celle-ci à la couronne castillane. Il est tué en 1488 lors d'une violente rébellion durant laquelle les Espagnols sont contraints de se réfugier dans la *torre del Conde* à San Sebastián. Ce coup de force provoquera des représailles de la part des Espagnols sur la population. La veuve d'Hernán Peraza le Jeune appelle au secours et demande du renfort pour se défendre. Arrive ***Pedro de Vera,*** homme fort de l'île de la Gran Canaria, qui débarque sur La Gomera. Il utilise les mêmes recettes qui firent son succès à la Gran Canaria. Violent, brutal, il combat les Guanches et massacre plusieurs centaines d'hommes.
L'île conquise par les Espagnols, les indigènes soumis, La Gomera retrouve ensuite un certain calme. Elle rentre dans le rang si l'on peut dire, et devient une escale maritime et stratégique pour les navires espagnols. ***Christophe Colomb*** s'y arrêta pour remplir ses cales de vivres et d'eau. Ce sera sa dernière étape, en septembre 1492, avant de traverser l'Atlantique à la recherche des Indes (il trouvera un nouveau continent, l'Amérique). Lors de ses 2 autres voyages vers l'Amérique, il s'arrêtera encore à La Gomera avant la grande traversée.
Durant les siècles suivants, un certain équilibre s'installe entre les conquistadors et les Guanches, qui finiront malgré tout par s'éteindre à force d'unions avec l'occupant. Le développement d'une agriculture en terrasses permet à la population d'être quasiment autosuffisante et de vivre pratiquement en autarcie. La ***canne à sucre*** puis ***le vin*** s'exportent jusqu'en Angleterre, et à partir de la fin du XIXe s, la ***monoculture de la banane*** prend le relais. La banane s'exporte d'ailleurs bien, la pêche également.
Près de 30 000 personnes résident sur l'île avant la Seconde Guerre mondiale. Miel de palmier, bananes, l'île ne manque de rien, mais les conditions de vie sont pénibles et la misère le lot de tous : son développement est somme toute limité, et l'horizon pour les jeunes générations un peu bouché.

La soif d'ailleurs

Après la Seconde Guerre mondiale, l'île connaît un exode sans précédent, notamment vers l'Amérique latine. Le Venezuela et Cuba seront les 2 destinations étrangères favorites des émigrants. Dans les décennies 1950 et 1960, près de la moitié de la population prendra le bateau. C'est Tenerife et son explosion touristique des années 1970 qui vont attirer en nombre les jeunes Gomeros à la recherche de travail. Il faut dire que depuis les villages du sud de l'île et ceux perchés en montagne, quand le temps le permet, on voit les lumières de la Grande Île, là-bas, de l'autre côté du bras de mer. Si proche, et déjà un tout autre monde.

MIEL DE PALME

De l'archipel des Canaries, La Gomera est l'île qui compte ***le plus grand nombre de palmiers*** (et même plus de palmiers que toutes les autres îles réunies !). Environ 150 000 palmiers *Phoenix canariensis* ponctuent le paysage. Ils font intimement partie de l'économie locale. On en tire un sirop appelé miel de palme *(miel de palma)*. Cette production épaisse, collante et semi-liquide, est un peu le *Canada Dry* du miel. Il en a la couleur, la texture, et pas loin d'en avoir le goût, en un peu plus rustique tout de même. On élève les palmiers et on les bichonne depuis des siècles. Les branches sont régulièrement coupées et le tronc cerclé d'un bandeau de métal pour protéger les arbres des rats (ils cherchent à manger le nectar) ! C'est par la présence de cette bande métallique que l'on distingue un palmier productif d'un autre mis à la retraite.

MIEL OU SIROP ?

Depuis 5 siècles les Gomeros nomment « miel » le sirop qu'ils tirent des palmiers... Mais depuis 2001, cette appellation de « miel » n'est en réalité plus autorisée, ainsi en a décidé une directive européenne (dans le noble but, cela dit, de protéger la production des apiculteurs). On doit donc théoriquement appeler sirope *ou* jarabe*, traductions de sirop, ce nectar de La Gomera. Au grand dam des Gomeros, qui continuent de réclamer, jusqu'à présent sans résultat, une dérogation pour conserver ce nom de miel qui n'a « que » 500 ans...*

On en extrait la sève *(guarapo)* en coupant à leur base les feuilles du sommet de l'arbre (on décapite le palmier, en quelque sorte) une fois le soir venu (la sève n'aime ni la chaleur, ni la lumière), et on vient dès le matin récolter le « miel » qui aura dégouliné tranquillement dans un seau toute la nuit. L'opération est répétée chaque soir durant les mois les plus chauds et secs. On laisse ensuite le palmier se reposer quelques années. Le miel de palme est commercialisé sur toute l'île et on en trouve facilement. Il constitue un petit souvenir typique de La Gomera. Il existe par ailleurs du vrai miel d'abeilles, très bon également.

Parmi les spécialités de La Gomera, signalons également l'***almogrote*** ; à base de fromage dur mélangé à du *mojo rojo*. Tartiné sur un bon pain, c'est un régal.

PLONGER À LA GOMERA

Si El Hierro est sans doute la plus réputée des îles pour la plongée, La Gomera n'est pas en reste et propose de très belles immersions, aussi bien pour les plongeurs débutants que pour les plus expérimentés. Parmi la vingtaine de sites explorables et explorés, voici une petite sélection de plongées. De bien belles bulles en perspective.

Un des clubs les plus fiables de l'île (qui n'en compte pas beaucoup) est ***Dive Art.*** Il se situe à San Sebastián. Pour plus d'infos, voir la rubrique « Où plonger ? » dans cette ville ou • *dive-art.com* •

Playa La Cueva : *niveau facile. Profondeur max : env 20 m.* Dans le port de San Sebastián. Courant léger, la plupart du temps dans le sens dans lequel on plonge. Voici le récif « maison ». L'immersion se fait à partir de la plage ou depuis le bateau. Les poissons sont ici habitués à voir des plongeurs de toutes sortes. Ils sont extrêmement confiants et laissent les plongeurs s'approcher jusqu'à une distance de quelques centimètres seulement, ce qui permet des perspectives insolites pour l'observation comme pour la photo. Plongée de nuit possible.

Punta de Juan Daza : *pour plongeurs niveau 1 ou équivalent. Plongée dérivante. Profondeur max : 19 m.* Située à proximité de la sortie du port de San Sebastián (env 2 km au sud), et au point presque le plus oriental de l'île, La Punta offre de beaux courants laminaires à toutes phases de la lune, qui ne se distinguent que par leur force. La profondeur modérée de cette plongée rend ce site intéressant tant pour les plongeurs débutants que pour les plus expérimentés. Grandes volées de poissons grogneurs, sardines, bonites et parfois des thons. Les raies s'y abritent des courants dans les nombreuses grottes, et les octopodes et calmars aiment à y frayer. Idéal pour faire ses 1res bulles dans le courant.

Roque del Herrero : *pour plongeurs niveau 2. Profondeur max : 24 m. Courant léger à moyen.* À 4,5 km à vol d'oiseau au nord-est de Playa de Santiago, aucune route n'y accède. On y va seulement par la mer. Cette plongée magnifique offre tout ce qu'un plongeur peut espérer. Ce rocher solitaire planté non loin de la côte est peuplé de rascasses, d'araignées de mer et de crabes des neiges. Dans les multiples brèches se cachent diverses espèces de murènes, dont la murène tigrée, assez rare. Le *roque* est entouré de petites et grandes marmites en pierre dans lesquelles se cachent coraux mous et anémones, et parfois un poulpe ou un poisson lézard. À partir de 20 m, les fonds sablonneux permettent d'observer des colonies d'anguilles jardinières.

Punta Guincho : *niveau moyen. Profondeur max : 22 m. Courant faible à moyen.* À près de 6 km au nord-ouest de la station Valle Gran Rey, voici une plongée passionnante. Une grotte, un tunnel de lave, un trou dans la mer, différentes corniches et des brèches profondes où se développe une vie sous-marine d'une grande richesse. Crevettes vivant dans des grottes obscures, raies pastenagues qui profitent de la protection du tunnel de lave, volées de bonites et parfois un requin. Également des cigales de mer, anémones et coraux colorés.

Roque abajo de Avalo : *plongeurs expérimentés uniquement. Profondeur max : 40 m.* Courants forts et plongée dans le bleu. La situation exposée de la *Punta de Avalo* (à 4 km au nord de San Sebastián) et du *roque abajo de Avalo* offre des conditions idéales pour l'observation de gros poissons. Avec un peu de chance, on peut y voir raies, barracudas, thons et dauphins, en petits groupes ou en solitaire.

Roque Colorado : *plongeurs expérimentés uniquement. Niveau technique élevé pour cette plongée à 26 m. Courant moyen à fort.* Il s'agit d'un canyon situé entre 6 et 8 m de profondeur et long de 30 m, mais large de 1 m seulement. L'entrée ou la sortie (dépendant du sens dans lequel on plonge) se fait par un pertuis de 8 m à la verticale. Au fond du canyon, sous les nombreuses corniches, on voit des mérous, poissons-ballons et murènes. À 10 m de profondeur, petite grotte qui offre la vision de superbes coraux durs et un pêle-mêle de poissons colorés. Des percements dans le plafond de la grotte permettent l'entrée à la lumière.

RANDONNER À LA GOMERA

La Gomera, on y va et on y revient pour randonner passionnément, entre montagne et océan, loin des foules. C'est indiscutablement le ***paradis des marcheurs,*** offrant des paysages pleins de contrastes, avec des températures agréables toute l'année. Au long de ravins et vallées, au milieu d'une forêt humide dense et verte, ou au pied de monolithes volcaniques tranchant sur le bleu du ciel, on n'y rencontre ni serpents, ni tarentules, ni moustiques ! Seules quelques chèvres vous accompagneront du regard aux abords des villages et vous laisseront volontiers la place sur les plages noires installées entre des falaises aux couleurs de résiné. Les paysages de La Gomera sont marqués par l'érosion qui effrite ses roches depuis plus de 2 millions d'années. L'action volcanique ne s'y retrouve que sous forme de relique du temps jadis.
La Gomera compte ***plus de 650 km de chemins balisés*** et bien entretenus, qui montent jusqu'à 1 487 m au sommet du Garajonay, et qui descendent jusqu'à la mer. Ces chemins ancestraux, souvent pavés de larges pierres, étaient les uniques voies de communication qui reliaient ravins *(barrancos),* vallées et villages jusque

très tard au XXe s. Depuis les années 1970, le réseau routier se développe constamment, et l'état actuel des routes est excellent. On accède aux chemins de rando en voiture, mais aussi très facilement en bus et même en stop.

Randonner à La Gomera n'est pas compliqué, car les sentiers sont très bien balisés. Il y en a de toutes sortes. Voici quelques infos pratiques, quelques recommandations, ainsi qu'une sélection de randonnées allant de facile à moyenne, et de durée variable.

> **POUCE !**
>
> *Alors que le stop est devenu ringard et désuet dans la plupart des pays d'Europe, à La Gomera, on est un peu hors du temps. Les randonneurs, qui ne souhaitent pas toujours louer une voiture, ratent parfois le dernier bus. Alors, on tend le pouce, et il faut rarement longtemps pour qu'un véhicule s'arrête. Un mode de déplacement solidaire qui fonctionne de manière naturelle, sans chichis. Tout cela est normal après tout. Si vous êtes en voiture, à votre tour, arrêtez-vous.*

- ***Climat :*** le climat printanier connaît des variations géographiques aussi bien que saisonnières. Le nord de l'île est plus nuageux et plus vert que le sud, et plus on s'élève en montagne, plus il y fait frais : la forêt pluvieuse de laurisylve, installée sur le plateau au centre de l'île, vit grâce à cette humidité et s'épanouit sous des températures comprises entre 10 et 20 °C. Pour randonner, prévoir une veste imperméable type coupe-vent, un chapeau, une protection solaire et des chaussures de rando avec de bonnes semelles. Les vestes sans manches sont très bien adaptées.
- ***La meilleure période pour randonner :*** entre octobre et avril. Pendant la saison d'été, on privilégiera les balades dans la forêt plutôt que sur terrains ensoleillés, comme dans l'est ou le sud de l'île, et on profitera des quelques plages accessibles à San Sebastián, Playa Santiago ou Valle Gran Rey.
- ***Difficultés des randos :*** débutants ou marcheurs chevronnés, vous avez le choix. Il faut juste savoir que La Gomera n'est pas plate. Beaucoup de chemins ressemblent à des escaliers et les montées ou descentes de 400 m ou 800 m de dénivelée ne sont pas rares. De 1 à 6h de temps de marche ou plus, vous choisissez sur une bonne carte ce qui vous convient.
- ***Organiser sa rando tout seul :*** si vous randonnez seul, il est fortement conseillé de faire un tour dans l'un des offices de tourisme ou au *centro de visitantes* du parc avant d'entreprendre votre balade. Ils vous donneront toutes les infos sur les bus pour y aller et en revenir si votre balade n'est pas en boucle. Avoir les horaires du dernier bus pour rentrer au bercail est non seulement pratique, mais indispensable ! Bon, sinon le stop marche plutôt bien par ici. Par ailleurs, on vous donnera les ***dernières infos météo, indispensables avant de partir.***
- ***Cartes de rando :*** *Goldstat Wanderkarte/Hiking Routes/Mapa senderismo* ; échelle 1/35 000. 57 randos y sont indiquées et commentées en espagnol, anglais, allemand. Très bien faite et petit budget ! *La Gomera Tour & Trail,* échelle 1/35 000, avec 34 randos expliquées en anglais. Très fiable. Les offices de tourisme proposent aussi des cartes gratuites, bien faites, mais bien plus sommaires.
- ***Topoguides :*** pour les randos, il n'existe pas actuellement de bon topoguide en français. On conseille le *Rother,* en anglais (existe aussi en allemand). Disponible dans certaines librairies de l'île.
- ***Balisage des sentiers :*** on distingue 2 types de sentiers et de marquage :
- ***Les GR*** *(Gran Recorrido, grande randonnée)* **:** il y a 2 GR sur l'île. Le GR 131 qui va de San Sebastián à Vallehermoso en 2-3 jours (43 km), et le GR 132 (142 km) qui fait le tour de l'île en 5 à 8 jours. Marquage blanc-rouge.
- ***Les SL*** *(Senderos locales)* **:** tous les anciens sentiers marqués PR (Pequeño Recorrido, petite randonnée – marquage blanc-jaune) ont été requalifiés en SL. Ce sont des chemins locaux, d'une longueur de 10 km max. Marquage blanc-vert, mais l'ancien balisage blanc-jaune des PR est encore parfois visible aussi.

Quelques randonnées...

L'ASTIA, BÂTON DE BERGER

Avec le silbo, *langage sifflé, les bergers de La Gomera possèdent une autre particularité, celui de la descente en bâton. Il s'agit en fait d'une longue tige de bois bien solide, longue de plus de 3 m et agrémentée d'un pique à son extrémité. Dans les vallées escarpées, pour descendre à travers les rochers, les bergers plantaient la pointe dans le sol en contrebas et utilisaient le bâton comme une colonne, en se laissant glisser le long de celle-ci, à la manière des pompiers, ou comme d'une perche. Cette technique faillit disparaître, avant que certaines agences ne la transforment en une véritable activité sportive, proposée aux touristes.*

– ***Petit rappel :*** nos descriptifs ne sont qu'indicatifs et destinés à vous permettre de choisir votre rando, mais ne remplacent en aucun cas un guide, une carte ou un topoguide.

➢ ***Jardín de Las Creces*** *(carte Randonnées à La Gomera ; rando n° **I**) :* *type de rando, balade en boucle. Accès : route principale GM-2 (« carretera dorsal ») à 35 mn de Valle Gran Rey en voiture. Arrêt sur le parking « Las Creces ». Difficulté : très facile ; veste imperméable recommandée. Point le plus haut : Las Creces, 1 055 m d'altitude. Dénivelée : +/- 50 m. Temps de marche : 1h.*

– ***Pourquoi on aime :*** belle clairière et aire de pique-nique en pleine forêt dans le parc national. Balade très accessible qui permet sans peine de découvrir le domaine protégé du parc national. On y respire une odeur particulière, celle d'une bonne terre, de feuilles, de mousses et de fougères, en se promenant dans ce que les Gomeros appellent leur « jardin ». L'aire de pique-nique est fréquentée surtout le dimanche et l'été. On y trouve un robinet d'eau non traitée très bonne à boire. Les *creces* sont les fruits comestibles d'un des arbres les plus courants du parc, le *haya (Myrica faya).* Par temps de pluie, le chemin peut être glissant mais pas dangereux.

– ***Description :*** on descend les 700 m de piste jusqu'à l'aire de pique-nique. De là, on emprunte le 1er chemin le plus étroit (à droite des jolies poubelles en bois !). En route, 2 intersections, l'une après 20 mn, puis 15 mn plus tard. Il suffira à chaque fois de tourner à gauche pour revenir au point de départ. On peut très bien faire le chemin dans l'autre sens.

– ***Variantes :*** faire la boucle plus grande en commençant par le village de *Las Hayas* (durée de marche : 1h30), ce qui permet d'arriver et repartir en bus (lignes n° 1, 4 et 6). Arrêt sur la place aux eucalyptus où se trouve le restaurant traditionnel de la señora Efigenia, *Restaurante La Montaña.* On trouve le GR 131 (marquage blanc-rouge) en montant la route, dans le virage suivant, sur la gauche. Au bout de 25 mn on arrive à l'aire de *Las Creces* où l'on quitte le GR pour prendre le chemin le plus étroit comme décrit précédemment. Environ 20 mn après, on ignore la bifurcation possible sur la gauche et l'on va en direction d'*Arure.* Arrivé à une piste, prendre à gauche et 5 mn plus tard encore à gauche (marquage blanc-vert) jusqu'à *Las Hayas.*

➢ ***La forêt d'El Cedro*** **(Alto d'El Contadero-ermita de Lourdes-Cruce de La Zarcita** *; carte Randonnées à La Gomera ; rando n° **II**) :* *type de rando, linéaire. Accès : parking El Contadero, sur la route GM-2, ou « carretera dorsal ». Difficulté : moyenne ; veste imperméable recommandée. Env 1h de chemin en escalier à descendre. Point le plus haut : 1 350 m. Dénivelée : - 450 m/+ 280 m. Temps de marche : env 2h40.*

– ***Pourquoi on aime :*** c'est le cœur du parc national, au pied du sommet le plus élevé de l'île, le Garajonay (1 487 m d'altitude). On s'enfonce dans une forêt adulte, véritable sous-bois enchanté, où lauriers et bruyères sont des arbres qui

dépassent les 10 m de hauteur, pour rejoindre le ruisseau d'El Cedro, unique cours d'eau de l'île à couler toute l'année sans interruption.
– ***Description :*** on descend le chemin en direction de *Las Mimbreras.* En 30 mn on arrive à un point de vue avec quelques bancs, qui, si le temps le permet, nous montre le toit vert de l'île jusqu'au monolithe du *roque Agando.* On continue à descendre en direction de « Arroyo del Cedro » et 40 mn plus tard, au croisement de *Las Mimbreras,* on ignore la piste sur la gauche. On descend par un chemin plus étroit pour rejoindre le ruisseau, que l'on traversera 3 fois en tout, direction : *ermita de Lourdes,* chapelle que l'on atteint 10 mn plus tard (marquage blanc-vert). Tables et bancs pour le pique-nique et une arrivée de l'excellente eau sortant directement... d'un arbre ! À hauteur de la chapelle, on prend le chemin qui grimpe sur la droite. On arrive à une route pavée que l'on prend en montant jusqu'au parking *Reventón Oscuro.* Une fois sur le parking, monter les escaliers à droite (panneau « La Zarcita ») et suivre pendant 30 mn le chemin jusqu'à La Zarcita.
– ***Variantes :*** variante en boucle possible à partir du parking *Pajarito* (4h30 de temps de marche) en passant par le sommet de La Gomera. Le parking se situe sur la même route GM-2, *carretera dorsal.* Parcours : Parajito-Garajonay-Alto de Contadero-ermita de Lourdes-Cruce de La Zarcita-mirador de Tajaqué-Pajarito. Arrêt de bus ligne 1.

➢ ***Hermigua-cascade d'El Cedro-ermita de San Juan-Hermigua*** *(carte Randonnées à La Gomera ; rando n° **III**) : type de rando, circulaire. Accès : parking au parque etnográfico de La Gomera (PEG), propriété des appartements* Los Telares, *à 100 m du couvent El Convento, en haut de Hermigua. Arrêt de bus ligne n° 2. Difficulté : bonne condition nécessaire, env 2h de montée en escalier puis la même chose en descente ; veste coupe-vent recommandée. Point le plus haut : 1 030 m. Dénivelée : +/- 780 m. Temps de marche : 5h.*
– ***Pourquoi on aime :*** rando complète entre terrasses cultivées, forêt enchantée, cascade d'El Cedro et vues magnifiques sur la vallée de Hermigua ainsi que sur le volcan du Teide. On aime aussi, après la montée, la soupe de cresson typique servie au *Bar La Vista* !
– ***Description :*** on monte la route principale en direction des appartements *Los Telares* et on prend en face de la place du Convento, les escaliers sur la droite (panneau indiquant El Cedro 4,6 km, marquage blanc-vert). On continue tout droit sur la route jusqu'à un petit pont sur la gauche où l'on trouvera un panneau récapitulatif de la rando. On passe sur le pont et l'on suit les marques blanc-jaune. Après avoir passé 2 barrages de retenue des eaux et monté beaucoup de marches on arrive au *Bar La Vista,* installé près de l'unique camping de l'île au village d'*El Cedro.* On monte ensuite la route derrière le bar et l'on suit le chemin qui grimpe en forêt, direction Los Aceviños, Hermigua. 20 mn de montée pour arriver au point le plus haut de la rando et rencontrer une piste : prendre à droite (direction « San Juan 4,3 km ») et poursuivre pendant environ 45 mn. On bifurque alors à nouveau sur la droite en délaissant la piste (suivre le panneau « Ermita de San Juan », 2,3 km).
Au croisement Hermigua San Juan et Hermigua Convento, prendre à droite direction Convento. Une fois arrivé aux 1res maisons, on se retrouve sur une route. Prenez à droite. Après 10 mn on rejoint le petit pont du début de la rando. Vous n'avez plus qu'à faire le chemin à l'envers jusqu'au parking.
– ***Variante :*** à partir du *Bar La Vista,* on peut décider de continuer à monter jusqu'au sommet du Garajonay puis de descendre sur la route principale au parking *El Parajito* où l'on pourra attendre le bus ligne n° 1 ou tenter sa chance en stop. Dénivelée : + 1 230 m ; durée de marche de 3h15.

➢ ***Hermigua-Las Poyatas-Los Alamos-Playa de la Caleta : Camino del Azúcar*** *(le sentier du Sucre ; carte Randonnées à La Gomera ; rando n° **IV**) : type de rando, linéaire. Accès : parking du Parque etnográfico de La Gomera (PEG), des appartements* Los Telares, *à 100 m du couvent El Convento, en haut de Hermigua.*

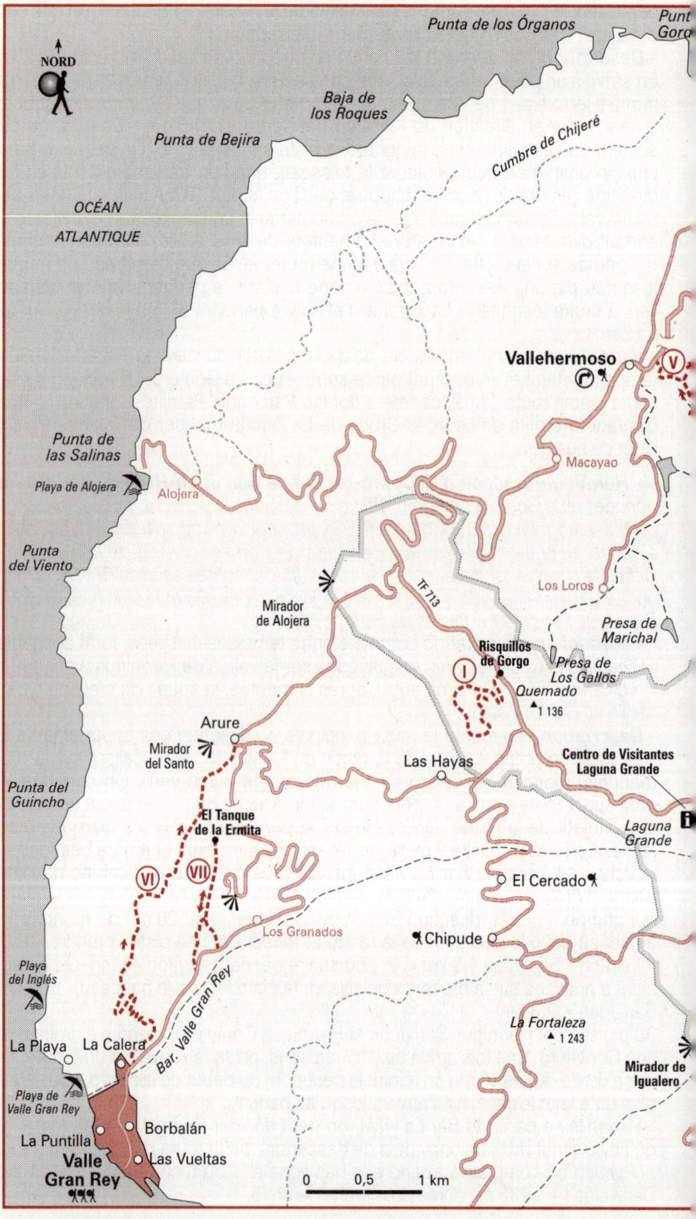
NORD
Punta de los Órganos
Baja de los Roques
Punta de Bejira
Cumbre de Chijeré
OCÉAN ATLANTIQUE
Vallehermoso
Macayao
Punta de las Salinas
Playa de Alojera
Alojera
Punta del Viento
TF 713
Los Loros
Mirador de Alojera
Presa de Marichal
Risquillos de Gorgo
Presa de Los Gallos
Quemado
1 136
Arure
Mirador del Santo
Las Hayas
Centro de Visitantes Laguna Grande
Punta del Guincho
El Tanque de la Ermita
Laguna Grande
El Cercado
Los Granados
Chipude
Playa del Inglés
Bar. Valle Gran Rey
La Fortaleza
1 243
La Playa
La Calera
Mirador de Igualero
Playa de Valle Gran Rey
La Puntilla
Borbalán
Valle Gran Rey
Las Vueltas
0
0,5
1 km

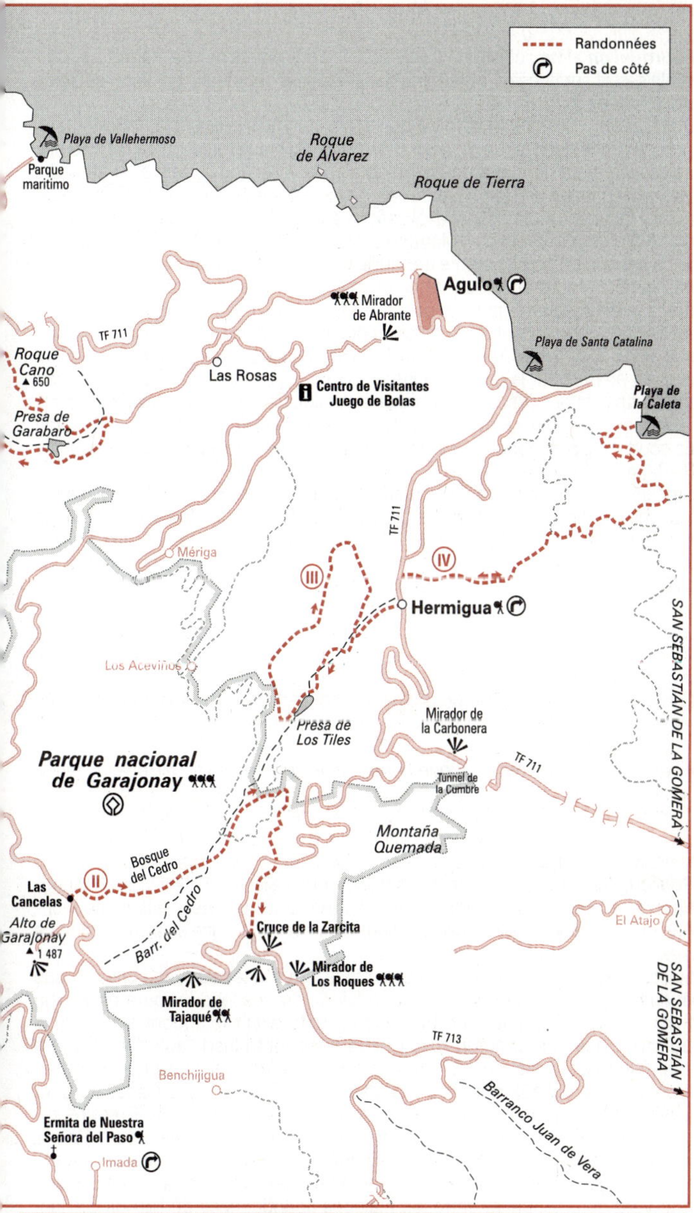

RANDONNÉES À LA GOMERA

Arrêt de bus ligne n° 2. Difficulté : facile ; chapeau et crème solaire recommandés ! Point le plus haut : 250 m. Dénivelée : +/- 250 m. Temps de marche : 3h30.

– ***Pourquoi on aime :*** c'est une rando qui offre des points de vue magnifiques sur les falaises et sur l'océan, et termine dans une jolie crique, où le volcan du Teide sert de toile de fond.

– ***Description :*** descendre la route principale sur 150 m jusqu'au 1er croisement, tourner à droite dans la rue du *Molino de gofio.* Suivre la route qui se fait chemin, puis escalier pour remonter de l'autre côté de la vallée (ou *barranco*) et atteindre la route secondaire de Hermigua au lieu-dit *Las Poyatas.* Le chemin « Camino del Azucar » (panneau indicateur et explications en espagnol et en anglais) commence à droite de la route (direction « Montoro 2,9 km – El Palmar 5,8 km). Il est balisé par une balustrade de bois et monte tranquillement. On passe d'un *barranco* à l'autre (Los Alamos, Montoro) en suivant ce chemin qui monte et descend doucement. Ignorez la bifurcation à gauche, continuez toujours en direction de Montoro. Au bout de 1h30, on parvient à une crête où poussent les pins et d'où on peut observer le Teide. Descendre le chemin environ 10 mn jusqu'à une large piste que l'on suivra en prenant sur la droite (panneau « GR 132 Costas de La Gomera », marquage blanc-rouge, direction Hermigua et Agulo). On ignore au bout de 45 mn le 1er panneau indiquant « Playa La Caleta – 2,3 km » sur la gauche (ce chemin serait plus court mais plus abrupt) pour bifurquer 15 mn plus tard à gauche : rester sur le GR 132, marquage blanc-rouge.

En moins de 5 mn, on arrive à des maisons abandonnées : le chemin ira alors sur la gauche (panneau GR 132 en direction de La Caleta et Hermigua). En 20 mn, on atteint un petit pont en bois : le chemin se poursuit sur la droite, au-dessus de la côte, souvent protégé par une balustrade en bois. On ignore au bout de 10 mn la bifurcation sur la droite (panneau Las Salinas) pour arriver 5 mn plus tard à une plate-forme impressionnante au-dessus de l'océan, d'où l'on voit Playa de la Caleta. Le GR s'éloigne alors de la côte pour aller rejoindre la route goudronnée qui redescend (1 km) jusqu'à la crique. Attention, baignade pas toujours possible sur cette plage. Soyez prudent !

– ***Variante :*** rando en boucle possible en remontant le GR, puis en redescendant vers Hermigua, compter 2h de plus de temps de marche.

➢ **Vallehermoso** *(autour du roque Cano ; carte Randonnées à La Gomera ; rando n° V) : type de rando, circulaire. Accès : parking à côté de la place principale « Plaza de la Constitución », celle de la mairie, en face du magasin Spar. Arrêt de bus lignes nos 2, 4 et 5. Difficulté : moyenne; chapeau, crème solaire et veste coupe-vent recommandés. Point le plus haut : 750 m. Dénivelée : +/- 580 m. Temps de marche : 3h30.*

– ***Pourquoi on aime :*** Vallehermoso signifie « jolie vallée ». Et c'est vrai. Le monolithe roque Cano en est le symbole. Impressionnantes terrasses à flanc de montagne qui, dès la fin du XVe s, permettaient la culture de la vigne et la production de vin exporté jusqu'en Angleterre.

– ***Description :*** panneau GR 132 sur la place : on suit le marquage blanc-rouge (panneau Agulo 13,1 km, Hermigua 15,5 km), on descend la route principale en direction de Hermigua, on bifurque à droite avant le square aux statues modernes, que l'on contourne. On remonte la route jusqu'aux panneaux : à droite Garabato, à gauche GR 132 (le retour se fera par la route de droite). On continue le GR 132 qui nous fera passer au pied du *roque Cano.* Au bout d'environ 2h de montée, on parvient à une route goudronnée. Prendre sur la droite et laisser le GR 132 de côté. On passe devant le restaurant *Roque Blanco* (très bonnes grillades, fermé le lundi). Descendre environ 10 mn la route bordée de châtaigniers jusqu'au parking en cul-de-sac. Le chemin (marquage blanc-vert) commence là, entre les maisons abandonnées du lieu-dit El Tión, et se promène sur la crête avant de redescendre (30 mn) jusqu'à une piste qui mène à Vallehermoso.

– ***Variante :*** très beau détour qui évite de marcher sur la route. Compter 1h de plus pour retrouver le point de départ à Vallehermoso. Au lieu-dit El Tión, continuez tout droit (au lieu de prendre à droite), direction « *presa de la Encantadora* ». Une fois arrivé à la retenue d'eau, suivre le GR 131 (marquage blanc-rouge) à droite jusqu'à Vallehermoso.

➢ ***Valle Gran Rey-La Mérica-Arure*** *(carte Randonnées à La Gomera ; rando nº **VI**) : type de rando, linéaire. Accès : La Calera, parking devant la mairie de Valle Gran Rey, à côté de la station de taxis. Difficulté : moyenne, beaucoup d'escaliers ; prévoir assez d'eau et préférer les heures matinales pour la montée, afin d'éviter l'exposition au soleil. Point le plus haut : 850 m. Dénivelée : + 800 m. Temps de marche : 3h30.*

– ***Pourquoi on aime :*** pour la vue impressionnante sur l'océan et sur Valle Gran Rey. On admire au sommet La Fortaleza, cette montagne en forme de table, sacrée pour les antiques Gomeros qui en avaient fait leur lieu de culte. Vue sur le ravin *(barranco)* de Taguluche, où s'épanouissent les palmiers.

– ***Description :*** prendre les escaliers entre le bar à jus de fruits (excellente adresse !) *Zumería Carlos* et la mairie *(ayuntamiento),* bifurquer immédiatement à droite en prenant les escaliers. Une fois en haut, prendre à droite sur 150 m, puis à gauche en arrivant sur une route asphaltée que l'on montera. Après 5 mn entre les maisons, on arrive au panneau en bois indicateur : *La Mérica, Arure.* On récupère ici le GR 132 (marquage blanc-rouge), à suivre jusqu'à Arure. Le chemin monte en zigzag jusqu'au plateau. À la fin de la montée, bifurcation possible à gauche jusqu'à la crête surplombant *Playa del Inglés* où trône un arbre solitaire (20 mn aller-retour, excellent site pour faire une pause). Ensuite le chemin remonte le plateau jusqu'au point le plus haut, La Mérica, 857 m d'altitude. Continuer en direction d'Arure. Vous rencontrerez beaucoup de chèvres avant d'arriver à un chemin qui va jusqu'au point de vue *La Ermita del Santo* (bifurcation à gauche, aller-retour 10 mn). On quitte là le GR 132 pour continuer en direction de la route principale (GM-2). Prendre cette route sur la droite pendant 10 mn jusqu'au bar *El Jape,* en face d'un parking. De là, retour en bus lignes nos 1 et 6 vers Valle Gran Rey.

– ***Variante :*** faire la rando en montant ou en descendant en fonction de l'état de vos genoux ! Le grand tour de Valle Gran Rey en passant par Arure, Las Hayas, El Cercado, La Vizcaina et retour à La Calera peut se faire en 8h de marche.

➢ ***Valle Gran Rey, la cascade d'El Guro*** *(carte Randonnées à La Gomera ; rando nº **VII**) : type de rando, A/R. Accès : parking d'El Guro à 2,5 km de la playa de Valle Gran Rey. Arrêt de bus lignes nos 1 et 6. Difficulté : moyenne, avec difficultés ponctuelles demandant une bonne sûreté dans le déplacement. Les bâtons de rando ne sont pas d'une grande aide, comptez plutôt sur de bonnes chaussures non glissantes et sur vos mains pour vous agripper. **Ne pas entreprendre cette rando en cas de pluie ou de grand vent.** Très agréable en été où l'on est bien protégé du soleil. Point le plus haut : 300 m. Dénivelée : +/- 150 m. Temps de marche : 2h30.*

– ***Pourquoi on aime :*** on suit le lit d'un ruisseau, on saute de pierre en pierre pour éviter de marcher dans l'eau jusqu'à la cascade encastrée dans un ravin ou *barranco.* La plus belle rando (fréquentée) de Valle Gran Rey ! Au retour, on s'arrête avec plaisir dans le lieu-dit El Guro, aux maisons décorées par différents artistes.

– ***Description :*** on remonte le long de la route jusqu'à un grand virage à droite, on traverse la route et l'on emprunte un chemin cimenté entre des maisons (on y trouve un panneau sommaire en métal aux bords rouges « Cascada – Wasserfall »). Au bout de 50 m, sur la droite, on prend en montant des escaliers taillés dans la pierre rouge. Un symbole jaune sera à partir de là votre fil conducteur : 3 lignes en forme de vagues surmontées d'une flèche directionnelle. Il n'y a pas de chemin concret, il faut simplement croiser et recroiser le ru pour le remonter, entre les roseaux et l'abondante végétation, en s'aidant parfois des mains et même d'une corde pour monter à un étage

supérieur. Vers la fin de la rando, ce sont des points rouges peints (l'ancien marquage, des années 1990) qui indiquent le chemin.
Vous arriverez en 1h15 à la cascade. Retour par le même chemin jusqu'à l'indication El Guro sur votre droite. Encore quelques minutes de quasi-escalade (marquage de ronds, jaune et bleu) pour suivre le chemin qui vous mènera à El Guro, un petit hameau où de nombreux artistes et artisans ont rénové avec amour les maisons délaissées par les Gomeros car trop éloignées de la route. On l'appelle « le village des artistes », mais attention, plusieurs chemins privés ! 2 longs escaliers parallèles redescendent sur le parking de la route principale.

Avec qui randonner ?

Si vous ne devez faire que 1 ou 2 randos et que vous n'êtes pas des spécialistes, nous vous conseillons vivement de vous faire guider. 3 avantages : on est en totale sécurité, on prend son temps (pas de stress de se perdre) et on profite des explications géologiques et historiques narrées par le guide. Il saura attirer votre œil sur un détail, vous faire sentir les essences de la forêt et vous raconter plein d'anecdotes. En plus, les tarifs sont raisonnables.

■ ***Ipalan :*** *basée à Alajeró.* 📱 *630-57-99-41.* • *ipalangomera@gmail.com* • *ipalan.com* • Petite structure sérieuse et dynamique, dirigée par la charmante Audrey, une Française qui connaît par cœur les sentiers de La Gomera. Elle propose des randonnées guidées ou audioguidées, pour individuels (à partir de 2 personnes) ou petits groupes, de 3 ou 6 jours. Ipalan s'occupe de transport des bagages et de la réservation des hébergements. Propose aussi des randos à la journée *(55 €/pers)* avec guide, et transport inclus si le départ se fait de Playa de Santiago.

■ ***Agence Timah :*** *La Puntilla, en bord de mer, à* ***Valle Gran Rey.*** ☎ *922-80-70-37.* 📱 *616-47-22-50.* • *info@timah.net* • *timah.net* • Pour les infos, voir « Adresses utiles » à Valle Gran Rey.

ITINÉRAIRES À LA GOMERA

En 3 jours

– ***1er jour :*** route vers le centre de l'île et exploration du *parque nacional de Garajonay* ***(1).*** Rando à la ½ journée ou à la journée dans ce sublime parc, à la température modérée été comme hiver, unique en son genre.
– ***2e jour :*** visite des villages de la côte nord : *Hermigua* ***(2),*** *Agulo* ***(3),*** *Vallehermoso* ***(4)...*** Nuit dans l'un des villages de montagne.
– ***3e jour :*** randonnée le matin à partir de *Valle Gran Rey* ***(5).*** L'après-midi, excursion pour aller observer les baleines et les dauphins.

En 1 semaine

– ***1er jour :*** visite de *San Sebastián* ***(1),*** ses rues et ses petits musées, puis route vers Playa Santiago.
– ***2e jour :*** exploration du *parque nacional de Garajonay* ***(2).*** Rando à la journée dans ce parc unique en son genre.
– ***3e jour :*** plongée dans les superbes fonds de l'île (de débutants à confirmés) ou excursion en kayak de mer.
– ***4e jour :*** visite de la côte nord : *Hermigua* ***(3),*** *Agulo* ***(4),*** *Vallehermoso* ***(5)...*** Pour une vue admirable sur la côte nord de l'île, grimper jusqu'au *mirador de Abrante* ***(6),*** au-dessus d'Agulo. Nuit dans l'un des villages de montagne.
– ***5e jour :*** randonnée ***(7)*** à partir de *Valle Gran Rey* ***(8),*** à la journée.

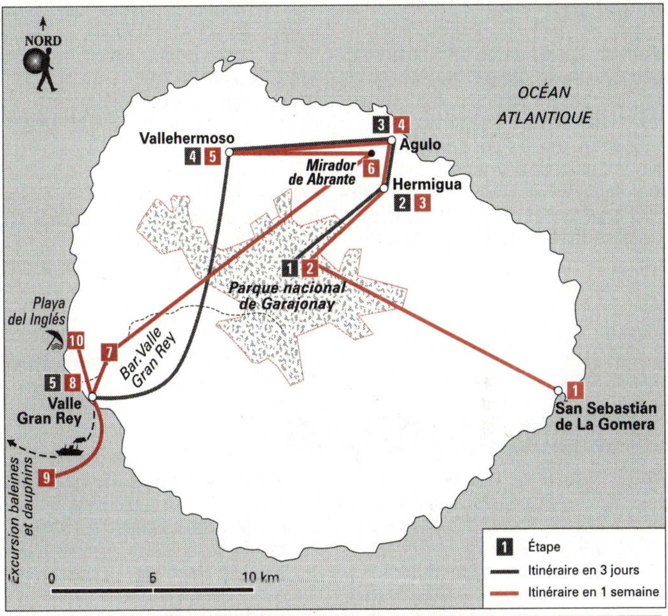

ITINÉRAIRES À LA GOMERA

– **6ᵉ *jour :*** excursion pour aller observer les baleines et les dauphins ***(9)*** à partir de Valle Gran Rey.
– **7ᵉ *jour :*** route vers Valle Gran Rey et journée plage ***(10)*** – *playa del Inglés* ou *playa El Puerto*.

Arriver – Quitter La Gomera

L'île est reliée à Tenerife par 2 compagnies de ferries (2-3 bateaux/j.), ainsi que par avion.

En ferry

Les 2 compagnies de ferries mentionnées plus bas assurent 2-3 liaisons/j. pour La Gomera depuis Tenerife selon saison. Départ de la station de Los Cristianos, au sud de l'île de Tenerife. Arrivée à San Sebastián à La Gomera. Trajet : 35-50 mn.
– ***Bon à savoir :*** lorsque l'on embarque avec une voiture, arriver au minimum 1h avant l'heure de départ.

■ ***Fred Olsen*** *(plan San Sebastián de La Gomera, B3,* ***1****)* **:** *bureau à la gare maritime, au port de San Sebastián. ☎ 902-10-01-07 (central de résas). • fredolsen.es • Bureaux ouv lun-ven 6h30-20h et parfois simplement 1h avt le départ des bateaux. Compter 36-53 € aller simple pour 1 pers sans voiture (résa en ligne ; réduc en hiver).* En général, 4 bateaux/j.

■ ***Naviera Armas*** *(plan San Sebastián de La Gomera, B3,* ***1****)* **:** *bureau à la gare maritime, au port. ☎ 902-45-65-00 (central de résas). • navieraarmas.com • Lun-ven 6h-7h, 9h-13h, 15h-17h et 20h-20h45 ; le w-e : 1h avt le départ. De Tenerife (Los Cristianos) à La Gomera (San Sebastián), compter env 138 € l'A/R, pour 2 pers sans véhicule. Durée : 1h.*

En avion

Attention, l'aéroport de La Gomera ne se trouve pas à côté de San Sebastián mais à Playa de Santiago, à 33 km au sud-ouest de San Sebastián (bonne route entre les 2). Pour construire cet aéroport en bord de mer sur une île au relief encaissé, il a fallu déplacer des millions de tonnes de terre ! On y trouve 2 loueurs de voitures et une cafétéria.

Petit bureau d'info à l'aéroport mais pas toujours ouvert.

■ ***Binter Canarias :*** *à l'aéroport. ☎ 922-87-30-24 (central de résas). • bintercanarias.com • Ouv 8h30-11h, 16h-18h.* Cette compagnie assure une liaison Tenerife-La Gomera et retour 2 fois/j. Durée du vol : env 30 mn. Billet simple à partir de 72 €.

■ ***Location de voitures :*** *dans le hall de l'aéroport, 3 loueurs.* ***Cicar,*** *☎ 928-82-29-00. • cicar.com • Tlj 8h-13h, 15h-18h.* ***Plus Car,*** *☎ 922-87-24-37 (San Sebastián) et 928-82-70-55 (résas) • autospluscar-lagomera.com • Tlj 8h-18h.* ***Rentacarpinero****, ☎ 922-89-57-64.* ***Avis/Budget*** *n'a pas de comptoir à l'aéroport mais un bureau à Playa de Santiago. ☎ 922-89-57-64. Tlj 8h-12h, 16h-19h.* Ce loueur peut fournir la voiture à l'aéroport, à la demande, ou à votre hôtel.

Comment circuler sur l'île ?

Le réseau de bus ***GuaguaGomera*** assure des liaisons dans toute l'île. *☎ 922-14-11-01. Infos sur • guaguagomera.com • Tarifs : 1-5 € selon le trajet.* Ces 8 lignes parcourent les excellentes routes de l'île. Chaque bus fait halte dans tous les villages qu'il rencontre sur sa route. Les chauffeurs s'arrêtent également sur demande si vous devez descendre entre 2 arrêts.

– ***Ligne 1 :*** Valle Gran Rey-San Sebastián (et retour). Lun-sam, 5 bus/j. en moyenne (10h30-20h30) et 2 le dim.

– ***Ligne 2 :*** San Sebastián-Hermigua-Agulo-Vallehermoso (et retour). Lun-sam, 5 bus/j. en moyenne (10h30-20h30 – 21h30 sam) et 2 le dim.

– ***Ligne 3 :*** San Sebastián-Playa de Santiago-Alajeró-Imada (et retour). Lun-sam, 6 bus/j. (7h-20h30 – 21h30 le sam) et 2 le dim. Attention, le bus de 7h a son terminus à Playa Santiago.

– ***Ligne 4 :*** Vallehermoso-Epina-Las Hayas-El Cercado-Chipude-La Dama (et retour). Lun-ven seulement, 2 bus/j. Connexion avec la ligne nº 1 à Chipude.

– ***Ligne 5 :*** Vallehermoso-Epina-Alojera (et retour). Lun-ven seulement, 2 bus/j. Connexion avec la ligne nº 2 à Alojera.

– ***Ligne 6 :*** Valle Gran Rey-aeropuerto (à Playa de Santiago). 2 bus/j. pour l'aéroport, départs de Valle Gran Rey à 8h30 et 15h50. Dans le sens aéroport-Valle Gran Rey, on trouve ce même bus à l'arrivée de l'avion.

– ***Ligne 7 :*** San Sebastián-aeropuerto. Liaison tlj, 1h45 avt le départ du vol (soit 1 départ de la station de guaguas de San Sebastián à 8h45 et le 2nd à 16h05). Liaison aéroport-San Sebastián à l'arrivée de l'avion.

– ***Ligne 8 :*** Vallehermoso-Valle Gran Rey. Lun-sam 3 bus/j., 2 le dim.

Les 2 compagnies maritimes (voir ci-dessus « Arriver – Quitter La Gomera. En ferry ») proposent aussi env 2 liaisons/j. entre San Sebastián de La Gomera et Valle Gran Rey ; horaires variables selon les saisons, voir sur leurs sites *• fredolsen.es •* et *• naviearaarmas.com •* Parfois escale à Playa de Santiago, à mi-chemin.

L'EST ET LE SUD DE L'ÎLE

Nous débuterons notre circuit par la ville principale, San Sebastián, port d'arrivée des ferries. Puis direction le sud de l'île, vers l'agréable village de Playa de Santiago, où l'on trouve l'aéroport. Pour cela on emprunte une superbe route, la TF-711, qui grimpe dans la montagne pour offrir des panoramas extraordinaires.

SAN SEBASTIÁN DE LA GOMERA

(38800) 8 700 hab.

• Plan *p. 327*

Port d'arrivée des ferries depuis Tenerife, ville principale de l'île, San Sebastián est une bourgade bien tranquille. Située dans le creux d'une vallée encaissée, aux versants abrupts, elle possède quelques monuments et demeures anciennes (d'époque coloniale) mais c'est surtout pour son calme et sa nonchalance que l'on s'y arrête. Une halte agréable et loin de l'agitation du monde, puisque même Christophe Colomb, qui n'avait pas mauvais goût, y fit un dernier arrêt avant sa grande traversée de l'Atlantique en 1492. Alors pourquoi pas vous ?
Depuis le port, on atteint en quelques minutes une placette aux terrasses agréables et ombragées. La ville s'organise autour de 3 rues parallèles qui forment le cœur de la petite cité. Hébergement de tous niveaux, bons petits restos, quelques petites visites, et même un club de plongée de qualité !

Arriver – Quitter

Estación de guaguas *(station de bus ; plan A2) : à l'angle des avda del Quinto et de Colón. ☎ 922-14-11-01. • guaguagomera.com • À 5 mn à pied du centre.* Pratique. Pour les lignes et les fréquences, se reporter à la rubrique « Comment circuler dans l'île ? ».

Voir aussi ci-dessus, rubrique « Comment circuler dans l'île ? », les liaisons en bateau avec Valle Gran Rey.

Adresses utiles

Oficina de turismo *(plan A2) : dans la Casa Bencomo, c/ Real, 32. ☎ 922-14-15-12. • lagomera.travel • Ouv lun-sam 10h-16h, dim 10h-13h. Juil-sept, lun-sam 9h-15h.* Plan de l'île, doc bien faite avec la liste de tous les hébergements, infos transports, etc. L'office est situé dans une maison historique que l'on peut visiter (lire la rubrique « À voir »).

– ***Station-service Disa*** *(plan B2,* ***4****) :* bien pratique.

Port de San Sebastián *(Estación Marítima ; plan B2-3) :* dans la gare maritime, on trouve les 2 compagnies de navigation, ***Fred Olsen*** et ***Naviera Armas*** (voir la rubrique « Comment y aller ? », en intro de « La Gomera »).

■ ***Loueurs de voitures*** *(plan B3,* ***1****) :* on trouve à la *Estación Marítima* plusieurs agences de location de voitures : ***Rentacarpinero,*** *(☎ 922-14-15-34),* ***Plus Car,*** *(☎ 922-87-24-37),* ***La Rueda,*** *(☎ 922-87-20-48. • autoslarueda.es •),* ***Avis/Budget,*** *(☎ 922-97-98-27).*

■ ***Farmacia Fernández Galván*** *(plan A2,* ***2****) : c/ Real, 34. ☎ 922-87-01-57. Lun-ven 9h-22h, sam 9h-14h, fermé dim.*

■ ***Distributeurs automatiques :*** *sur la place principale, pl. de las Américas (plan B2,* ***3****) et dans la rue centrale, c/ Real.*

■ ***Club de plongée Dive Art*** *(plan B3,* ***1****) : bureau à la gare maritime. 📱 660-65-90-98. • info@dive-art.com • dive-art.com • Fermé déc-mars.* Propose de nombreuses plongées sur toute la côte sud de l'île. Voir dans l'intro « Plonger à La Gomera » et, plus loin, la rubrique « Où plonger ? ».

Où dormir ?

Bon marché (20-40 €)

Pensión Victor *(plan A2,* ***10****)* **:** *c/ Real, 23. ☎ 922-87-13-35. • pensionvictorlagomera@gmail.com • pensionvictor.com • Doubles 25-30 € tte l'année, avec sdb commune.* Petite pension sise dans une demeure du XVIIIe s, donnant dans la rue piétonne. C'est un peu vieillot certes, mais les chambres sont propres et situées le long d'une coursive de bois, à chaque extrémité de laquelle on trouve les sanitaires. Pas bien grandes, plutôt sombres, elles sont arrangées simplement. Fait aussi resto, cuisine à prix sages. On mange dans la petite salle ou dehors dans la rue.

Prix moyens (40-70 €)

Hotel Villa Gomera *(plan A2,* ***12****)* **:** *c/ Ruiz de Padrón, 68. ☎ 922-87-00-20. • info@hotelvillagomera.com • hotelvillagomera.com • Doubles 62-65 €, petit déj inclus (petit buffet).* Un hôtel moderne, propre, net et fonctionnel à la trentaine de chambres de confort suffisant. On n'y vient pas pour le charme mais pour le côté pratique. Certaines chambres donnent sur rue mais pas d'inquiétude, c'est calme le soir. Bon rapport qualité-prix.

LA GOMERA

Chic (70-100 €)

Hotel Torre de Conde *(plan A2,* ***13****)* **:** *c/ Ruiz de Padrón, 17-19. ☎ 922-87-00-00. • reservas@hoteltorredelconde.com • hoteltorredelconde.com • ♿ Doubles 100-130 €, petit déj inclus. Plus cher à Pâques et à Noël.* Sur la rue principale de la ville, piétonne donc très calme. Cet hôtel des années 1980 très bien situé et accueillant abrite des chambres aménagées avec soin, agréables et bien équipées (clim). On préfère celles donnant sur le parc Torre del Conde à l'arrière. La terrasse sur le toit (avec jacuzzi), très plaisante, offre une belle vue sur la ville.

De plus chic à très chic (plus de 100 €)

Parador Colombino Conde de la Gomera *(plan B2,* ***14****)* **:** *perché sur la colline au-dessus du port. ☎ 922-87-11-00. • gomera@parador.es • parador.es • ♿ Doubles 150-220 € selon saison. Menus 35-40 €.* Le plus bel hôtel de l'île, le plus charmant sans aucun doute, installé dans un édifice des années 1970, reproduction fidèle d'une vieille demeure d'époque coloniale. Charmant patio fleuri, plusieurs salons à l'ancienne avec meubles d'époque, chaleureux et cosy, et superbe jardin (cactus, palmiers) organisé comme un grand balcon surplombant la baie et offrant une vue remarquable sur la côte. Selon le temps, vue sur le Teide au loin. Abrite une soixantaine de chambres arrangées avec goût, disséminées dans le jardin et proposant tout le confort digne d'un *parador* (parquet, lit en bois, mobilier choisi). On conseille également l'excellent resto (voir « Où manger ? »).

Où manger ?

Bon marché (8-12 €)

El Pejín *(plan B2,* ***21****)* **:** *c/ Real, 14. ☎ 922-87-15-30. Tlj sauf jeu, seulement le soir, 18h-minuit. Plats 10-15 €.* Outre la vente de produits locaux typiques sur les étagères, on mange très bien dans cette petite salle rustique et chaleureuse. Poisson du jour, calamars, gambas à l'ail, langoustines, thon, viandes (bœuf, porc). Bonne atmosphère générale puisque l'adresse est fréquentée aussi bien par les locaux que par les touristes. Agréable terrasse dans la rue piétonne.

La Tasca *(plan A2,* ***20****)* **:** *c/ Ruiz de Padrón, 36. ☎ 922-14-15-98. Tlj sauf dim, midi et soir jusqu'à 22h45. Congés : juin. Plats 4-10 €.* Derrière la façade blanche et verte de cette

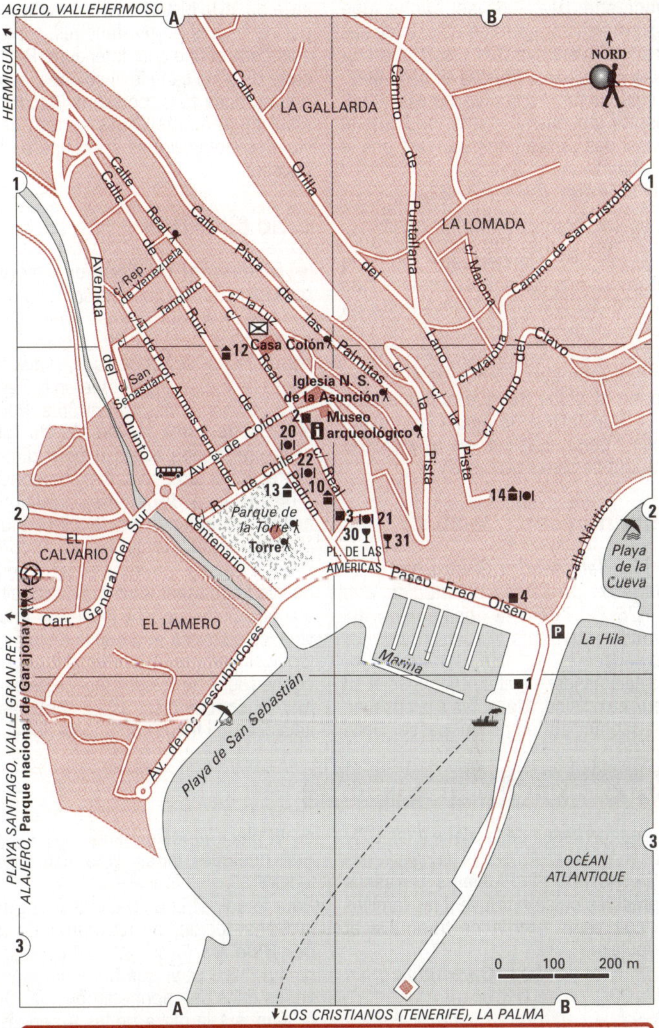

SAN SEBASTIÁN DE LA GOMERA

Adresses utiles

- Oficina de turismo (A2)
- 1 Fred Olsen, Naviera Armas, Magmar Sport, club de plongée Dive Art et loueurs de véhicules (B3)
- 2 Farmacia Fernández Galván (A2)
- 3 Distributeurs automatiques (B2)
- 4 Station-service Disa (B2)

Où dormir ?

- 10 Pensión Victor (A2)
- 12 Hotel Villa Gomera (A2)
- 13 Hotel Torre de Conde (A2)
- 14 Parador Colombino Conde de la Gomera (B2)

Où manger ?

- 14 Restaurant du Parador Colombino (B2)
- 20 La Tasca (A2)
- 21 El Pejín et La Salamandra Gastro-bar (B2)
- 22 El Pajar

Où boire un verre ?

- 30 Kiosco Las Carabelas (B2)
- 31 Bar Blue Marlin et El Ambigu (B2)

ancienne demeure se cache une taverne au comptoir de bois, avec ses 2 salles rustiques. On y sert une cuisine canarienne, franche et sans fard : poissons (thon *a la plancha* excellent), risotto aux champignons, poulpes, et aussi des pizzas (mais ce n'est pas le meilleur).

El Pajar (plan A2, **22**) : *c/ Ruiz de Padrón, 26. ☎ 922-14-13-35. Tlj sauf lun, 12h30-15h30, 18h30-23h. Plats 3-12 €.* On peut être modeste et servir une cuisine correcte à bas prix. C'est le cas de cette « botte de foin », traduction de *El Pajar,* un bon petit resto local, typique, installé dans une maison basse ornée de carrelage rouge et d'une fresque rustique côté rue. Spécialités : la *paella valenciana* (min 2 pers), et la *cazuela de pescado* (ragoût de divers poissons).

Prix moyens (12-25 €)

La Salamandra Gastro-bar (plan B2, **21**) : *pl. de la Constitución, 14. 626-22-33-01. • gbsalamandra@gmail.com • Plats 7-15 €. Tlj midi et soir (jusqu'à 23h), sauf lun midi et dim.* La salamandre survit aux flammes et au feu ! La cuisine, elle, survit à la crise, en s'adaptant au temps qui passe. Belle salle de style bistrot ouvrant sur la rue par de hautes portes-fenêtres, tables espacées et une cour intérieure. Petite carte de plats canariens soignés, avec des produits frais, poissons (*bacalao,* c'est de la morue), mais surtout des viandes *(solomillo),* la spécialité de la maison.

Chic (25-40 €)

Restaurant du Parador Colombino (plan B2, **14**) : *perché sur la colline au-dessus du port, dans l'hôtel éponyme. ☎ 922-87-11-00. • gomera@parador.es • Tlj midi et soir, mais on conseille d'y venir plutôt le soir. Plats 18-23 €, menu complet env 35 €.* Pour une gastronomie au-dessus du lot, voici une bonne adresse pour dîner. Carte courte (un bon signe) composée d'un mélange de recettes traditionnelles canariennes et de plats plus internationaux, toujours en accord avec la saison. Paysans et pêcheurs de l'île fournissent leurs bons produits au chef. Outre la pêche locale, on trouvera les poissons et produits de la mer (poulpes, seiches...), des viandes et une bonne soupe de cresson *(potaje de berros).* Et comme c'est assez chic, baskets cirées et tenue correcte de rigueur.

Où boire un verre le soir ?

Les terrasses de la place (plan B2) : *sur la pl. de las Américas (la place centrale du bourg).* Plusieurs terrasses agréables où se retrouvent les familles le soir venu. Ambiance tranquille et populaire.

Kiosco Las Carabelas (plan B2, **30**) : *pl. de la Constitución, 132. ☎ 922-87-07-00. Tlj jusqu'à 23h30.* Grand café prolongé par une terrasse agréable sous les vieux et beaux arbres de la place (appelés lauriers d'Inde). Sert quelques tapas. Une institution locale.

Pour le soir et la nuit, sur la plaza de la Constitución, on recommande le **bar Blue Marlin** *(tlj 20h-2h du mat ; plan B2, **31**)* pour ses bons cocktails variés dans une bonne ambiance. Ou à 50 m, sur la plaza de las Américas, au nº 10, le bar **El Ambigu** *(ouv tlj 9h-2h).*

À voir. À faire

Calle Real (plan A1-2-B2) : c'est la rue principale de la bourgade, bien agréable à parcourir à la recherche des quelques maisons anciennes et coloniales encore debout. Les constructions, même modernes, ont su rester modestes en taille. Tant mieux. Ici un balcon de bois, là une fenêtre protégée par une grille de bois ajourée. Au nº 26, un édifice en pierre du XIXe s... Puis on arrive à l'*iglesia de la Asunción,* sur la droite.

Iglesia Nuestra Señora de la Asunción (plan A2) : *dans la c/ Real, sur une placette juste après le n° 32.* De l'extérieur on découvre une façade large, d'inspiration gothique, à 3 portails dédiés à la Vierge. Celui du centre offre un décor à colonnettes torses. À l'intérieur, sous le porche d'entrée, beau claustra de bois. Puis on découvre une église basse, à 3 travées, soutenue par d'épaisses colonnes en pierre rouge. Intéressante tribune en bois au-dessus de l'entrée. L'église, malgré une certaine modestie architecturale, abrite plusieurs beaux retables peints et dorés, datant des XVIIe et XVIIIe s. Les plus intéressants se situent dans la nef de gauche. Sur le mur de gauche, près du chœur, la **capilla del Pilar** abrite une fresque où apparaissent les navires de l'amiral anglais Charles Windham, repoussés à la mer en 1743 par des Gomeros peu nombreux mais très déterminés !

COLOMB LE COLON

Christophe Colomb est, dit-on, venu prier dans l'iglesia Nuestra Señora de la Asunción de San Sebastián avant son départ pour les Amériques en septembre 1492.

Museo arqueológico de La Gomera (plan A-B2) : *pl. de la iglesia de la Asunción, juste à droite de l'église. ☎ 922-14-15-86. • museos.lagomera.es • Lun-ven 9h30-13h30, 15h-17h ; fermé le w-e. Entrée : 2,50 € ; réduc. Visites guidées en espagnol, à la demande.* Dans une ancienne bâtisse coloniale d'un étage, aux jolies fenêtres en bois, présentation de l'histoire de La Gomera depuis les origines (les Guanches) jusqu'à l'époque moderne. Panneaux descriptifs (en espagnol). Évocation de l'agriculture, travail de la pierre, éléments sur les divinités. Quelques crânes et tessons...

Torre del Conde (plan A2) : *parque Torre de la Conde.* ***Actuellement fermé pour rénovation.*** Imposante tour carrée édifiée au milieu du XVe s, plutôt élégante avec son appareillage en pierre aux angles et sise au milieu d'une grande pelouse, ce qui la met bien en valeur. Elle fut bâtie en 1450 sur l'ordre de Hernán Peraza l'Ancien, le premier conquistador espagnol qui s'appropria La Gomera. En 1571, la tour fut attaquée et détruite par des huguenots, puis reconstruite en 1579. Ensuite l'Anglais Charles Windham l'endommagea sérieusement en 1743. C'est aujourd'hui tout ce qui reste des fortifications espagnoles.

Casa Colón (plan A1-2) : *c/ Real, 56. Lun-ven 9h30-13h30, 15h-17h30 ; fermé le w-e. GRATUIT.* Modeste maison où Colomb aurait passé la nuit en septembre 1492 avant de prendre la mer vers les Amériques à bord de l'une de ses 3 caravelles. Bien que petit en taille (2 salles seulement), ce musée présente une intéressante collection de poteries *chimú*, civilisation précolombienne qui s'implanta en Amérique du Sud, notamment en Équateur et au Pérou. Objets de tous les jours en terre cuite, s'étalant du IXe au XVe s. Superbes pots décorés, vases à 2 corps et à têtes d'oiseau, assiettes et cruches d'une grande finesse décorative... Des œuvres témoignant d'une civilisation complexe.

Casa Bencomo (plan A2) : *c/ Real, 32, dans l'office de tourisme. ☎ 922-14-15-12. Tte l'année, lun-sam 9h-13h30, 15h30-18h ; dim 10h-13h. GRATUIT.* Cette maison historique abrite une expo au rez-de-chaussée sur l'histoire de l'île et sa formation géologique et volcanique. Évocation de la création du volcan, l'architecture locale, la faune et la flore, etc.

Les plages : on peut se baigner sur la ***playa de San Sebastián*** *(plan A3)*, à côté du port. Les eaux sont tranquilles et sans danger, ce qui n'est pas si fréquent sur l'île, mais elle n'est pas plus agréable que ça (sable noir comme partout à La Gomera). On préfère de loin la petite ***playa de la Cueva*** *(plan B2)*, située à l'est du port. Agréable et populaire.

Où plonger ?

■ ***Dive Art :*** *• dive-art.com • info@dive-art.com • 660-65-90-98. Ouv tte l'année, sauf déc-mars. Compter env 35 € la plongée (snorkelling), équipement compris. Initiation plongée : env 70 €. Prévoir son pique-nique.* L'un des clubs les plus sérieux de l'île, tenu par Steffy et Andy, des Allemands parlant anglais, très compétents. Départ en général à 10h pour une journée en mer. Au programme, 2 plongées. Retour en fin d'après-midi selon l'éloignement du site choisi. On compte près de 25 sites dans la partie sud de l'île, entre Playa de Santiago au sud, et Punta Llana à l'est. Voir notre sélection de plongées dans la partie « Plonger à La Gomera » dans l'intro sur l'île.

Autres activités à La Gomera

■ **Magmar Sport** *(Dive Art ; plan B3,* ***1****) : Marina deportivo, paseo de Fred Olsen. • magmar-sport.com •* Outre la plongée, cette agence dirigée par des sportifs allemands, adeptes du plein air, propose différentes activités. Une bonne manière d'appréhender l'île sous des formes diverses et originales. ***Kayak de mer*** (de 2h à la journée, départ du port de San Sebastián). Excursion guidée le long des côtes, avec baignade sur des sites déserts. ***Tour en PMT*** (palmes-masque-tuba) : départ en bateau puis mise à l'eau et rando aquatique. Durée : env 2h. ***Sorties guidées à VTT*** (3 tours de niveaux différents). Durée : 4-6h selon les parcours. Prix : 28-44 €. Et, assez rare, des descentes appelées ***Salto del Pastor,*** technique de descente des versants escarpés en bâtons, utilisée par les bergers de La Gomera. Plusieurs types de descente, 2-4h (env 25 €/pers). Une manière concrète et amusante d'entrer en contact avec la culture de l'île.

LA ROUTE DE SAN SEBASTIÁN À PLAYA DE SANTIAGO

On emprunte une route sinueuse, la GM-1, qui traverse des paysages abrupts, semi-désertiques (et même aux ¾ désertiques), parfois dessinés en innombrables terrasses par l'homme. Cultivées jadis, abandonnées aujourd'hui, elles laissent des traces indélébiles du passage des courageux agriculteurs d'autrefois.

SUR LA ROUTE

De San Sebastián, la route s'élève rapidement vers les hauteurs. Plusieurs ***miradores*** (points de vue) permettent de laisser la voiture reprendre son souffle et d'admirer d'époustouflantes visions vers les profondes vallées et l'océan. On peut prendre la 1re route que l'on rencontre sur la gauche (la GM-3) pour descendre plus directement vers ***Playa de Santiago,*** mais si vous disposez de temps, on conseille de pousser sur quelques kilomètres et d'aller récupérer la 2e bifurcation, au carrefour de Pajarito, où la route descend vers ***Alajeró,*** puis poursuit vers Playa de Santiago.

Mirador de Los Roques : parmi les nombreux points de vue, ce belvédère offre une plongée sur les grandes failles, les *barrancos,* ces incroyables canyons, secs et pelés. Vue également sur l'un des monolithes rocheux les plus imposants de l'île, sorte de gros pain de sucre dressé vers le ciel, composé d'orgues basaltiques.

Mirador de Tajaqué : *3 km après le mirador de Los Roques.* Ce point de vue présente un panorama complémentaire au premier, c'est pour cela qu'il mérite un arrêt. Au carrefour de ***Pajarito*** (d'où partent de nombreux sentiers de rando), la route plonge à nouveau dans la profonde vallée qui mène à Playa de Santiago.

Ermita del Paso : à mi-chemin de cette route, sur la gauche, nouvelle halte à cet ancien ermitage, bien indiqué. Situé en surplomb de la route, accessible par une volée de marches, on y trouve un belvédère, une chapelle, un bel eucalyptus, quelques tables de pique-nique et même des barbecues (mais on n'a vu personne faire cuire un steak !). On y embrasse un panorama rude mais de toute beauté. Descente finale vers ***Playa de Santiago,*** village du bout du monde.

PLAYA DE SANTIAGO (38810) env 1 200 hab.

• Plan *p. 333*

À 33 km au sud-ouest de San Sebastián (1h de voiture), voici Playa de Santiago, le 2e village le plus touristique de l'île, mais c'est un bien grand mot. Niché au fond d'une profonde vallée plantée de bananeraies, Playa Santiago (on oublie rapidement le « de ») est un petit port de pêche à l'écart de tout. Ses maisons cubiques et blanches lui donnent un certain caractère. Le village n'est pas vraiment beau au sens esthétique du terme, mais il est encadré par de jolies falaises rocheuses et s'intègre bien à la nature. Le secteur n'a pas été défiguré par les constructions sauvages et c'est tant mieux. Il y a une plage noire, sablo-caillouteuse, et une jetée le long de laquelle on se promène. Un aller, un retour, et on a tout vu. Quelques pensions, des appart-hôtels et un hôtel de luxe...

LA GOMERA

Adresses et infos utiles

Oficina de turismo *(plan A2) : edificio Las Vistas, avda Marítima, s/n. ☎ 922-89-56-50. • lagomera.travel • lagomera.es • Sur la gauche en arrivant au bord de mer, à 200 m de la place. Lun-ven 9h-14h, sam 9h-13h, fermé dim.* Plan de la ville, liste des hébergements et infos détaillées sur les bus et les bateaux.

Station de bus *(plan A2) : pl. del Carmen, dans le centre.* Env 5 bus/j. pour San Sebastián (et autant dans l'autre sens).

Distributeur *(plan A2,* ***1****) : sur l'avda Marítima, à gauche de la petite place.* Banque *Caixa Bank.*

Farmacia *(plan A1-2,* ***3****) : c/ Santiago Apóstol, 35. ☎ 922-89-50-03. Lun-ven 9h-13h, 17h-20h ; sam 9h-14h ; fermé dim.*

Où dormir ?

Chic (70-100 €)

Apartamentos Tapahuga *(plan A2,* ***10****) : avda Marítima, s/n. ☎ 922-89-51-59. • info@tapahuga.es • tapahuga.es • À env 100 m sur la droite quand on arrive sur le bord de mer. Ouv tte l'année. Studios 2 pers 70-90 €, sans petit déj.* Une très bonne adresse, accueillante, avec une vraie réception. Sur le front de mer, une trentaine de studios pour 2 ou 3 personnes, avec cuisine et salon, dont une dizaine avec balcon en bois donnant sur l'océan.

Celles donnant sur le patio sont moins agréables. Les prix varient selon la vue (mer, montagne, ou intérieur). Certains appartements ont la clim, ça peut servir en été... Sur la terrasse, quelques tables, et autour de la piscine des transats vous attendent.

Très chic (plus de 125 €)

■ ***Hotel Jardín Tecina*** *(plan B1,* ***11****) : c/ Lomada de Tecina, tt en haut de la colline, à gauche quand on regarde la mer. ☎ 922-14-58-50, ou 922-24-51-01 (résas). • tecina@fredolsen.es • jardin-tecina.com • Ouv tte l'année. Doubles 160-300 € selon saison, petit déj-buffet compris. ½ pens (dîner) conseillée.* L'un des hôtels les plus chics de l'île, perché sur une colline. Malgré ses 430 chambres, ce grand complexe hôtelier, de loin le plus important de La Gomera, n'a rien de démesuré ! Il ne défigure pas le paysage, possède beaucoup de caractère et de personnalité. Tout a été bien pensé, agencé avec réflexion ! Il se compose de bungalows disséminés dans un jardin superbement entretenu. Les parties communes rappellent l'architecture d'une hacienda meublée avec goût. Pour le plaisir, 3 piscines, une salle de fitness, sauna, spa, tennis... et on en oublie !

Où manger ? Où boire un verre ?

De très bon marché à bon marché (moins de 12 €)

|●| ***Bar Terraza La Chalana*** *(plan A2,* ***22****) : avda del Almirante Colón, s/n. ☎ 922-89-59-69. Tlj, sauf mar et mer, 10h-21h. Plats 6-11 €.* Un peu à l'écart du village, petite baraque de bord de mer avec une terrasse au calme. Rien de spectaculaire mais que du bon et du frais sur une courte carte, et c'est tant mieux. Salades, sardines, thon, gambas, poisson du jour et aussi du poulet. Très bon rapport qualité-prix.

|●| ***Restaurante-pizzería Don Tomate*** *(plan A2,* ***20****) : avda Marítima, 56. ☎ 922-89-55-45. Tlj, sauf lun, midi et soir jusqu'à 22h. Pizzas et pâtes 6-9 €.* Pour changer de la cuisine espagnole, on sert ici d'excellentes pizzas et pâtes. À l'origine tenu par un Italien qui a transmis son savoir-faire aux cuistots espagnols venus à sa suite.

Prix moyens (12-25 €)

|●| ***La Cuevita*** *(plan A2,* ***21****) : au bout de l'avda Marítima, juste avt le petit tunnel. ☎ 922-89-55-68. Tlj 12h-22h. Congés : de mi-juin à mi-juil. Plats 6-18 €.* Le resto est niché dans une grotte naturelle sombre, mais il reste fort élégant avec ses nappes en tissu et ses plantes vertes accrochées au plafond. Il a d'ailleurs eu la visite autrefois d'Angela Merkel, en vacances à La Gomera. On y déguste avant tout du poisson frais (demandez ce qu'il y a ce jour-là) comme le *filete de pargo*... et pour la viande, un classique *cabrito* ou un non moins traditionnel *conejo al salmorejo.*

🍷 Les ***restos le long de la promenade de bord de mer*** sont autant de terrasses où l'on peut prendre un verre et le frais tout à la fois.

LA GOMERA

IMADA

(38812) 150 hab.

« *Pour vivre heureux vivons cachés* », loin du vacarme du monde, telle pourrait être la devise d'Imada. À 14 km au nord de Playa de Santiago, isolé dans son cirque de montagnes, c'est un minuscule village en cul-de-sac, accessible par une route sinueuse au départ d'Alajeró. Les maisons s'accrochent à la pente raide, au-dessus du vertigineux canyon de Guarimiar. Les

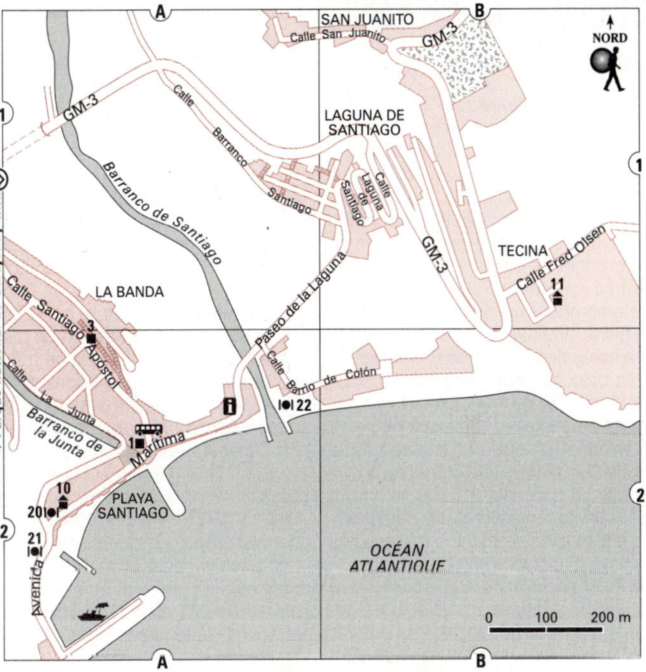

PLAYA DE SANTIAGO

Adresses utiles

- Oficina de turismo (A2)
- 1 Distributeur (A2)
- 3 Farmacia (A1-2)

Où dormir ?

- 10 Apartamentos Tapahuga (A2)
- 11 Hotel Jardín Tecina (B1)

Où manger ? Où boire un verre ?

- 20 Restaurante-pizzeria Don Tomate (A2)
- 21 La Cuevita (A2)
- 22 Bar Terraza La Chalana (A2)

versants abrupts et rocailleux piqués de cactus, de figuiers de barbarie et de palmiers se parent de la couleur rose des amandiers en fleurs, chaque année fin janvier-début février. Magnifique !

Arriver – Quitter

La ligne de ***bus n° 3*** assure des navettes régulières entre San Sebastián, Playa de Santiago, aeropuerto, Alajeró et Imada. De San Sebastián à Imada, 6 bus/j., 7h-20h30. Dans le sens Imada-San Sebastián, 5 bus/j. lun-sam, 5h30-19h, et 2 bus/j. le dim. Durée : 1h30.

– Autre solution si vous êtes plusieurs et chargés, taxi au départ de Playa de Santiago jusqu'à Imada (env 20 € la course). ***Taxi Aurelio,*** *639-65-39-41.* ***Taxi Alajeró,*** ☎ *922-89-50-22.*

Où dormir ? Où manger ?

2 adresses remarquables.

Hotel Rural Imada : *c/ Imada, 156. 655-48-69-28. • info@hotelruralimada.com • hotelruralimada.com • Double avec sdb 60 €, petit déj inclus. Petit parking gratuit à côté. CB refusées.* Une adresse remarquable ! Impossible de la manquer dans ce petit village. Cette ancienne école rurale a été transformée en hôtel rural de charme. La métamorphose est réussie : vieux murs de pierre, aménagement contemporain, chambres de bon confort (bonne literie) avec balcons offrant une vue superbe sur la vallée et les montagnes. Les charmants propriétaires habitent à Agulo où ils tiennent un autre et superbe hôtel rural. Sur place, une aimable dame du village accueille les clients, fait le ménage et prépare les petits déjeuners. On a bien aimé la chambre nº 4 avec sa terrasse triangulaire et sa vue.

El Mesón de Clemente : *ctra General Las Cruces, 6,* ***Alajeró.*** *À 4 km au sud d'Imada. ☎ 922-89-57-21. 679-45-32-89. Tlj sauf mer, 10h-23h. Plats 6-16 €.* Sur le côté droit de la route principale en descendant vers Playa de Santiago. Tout est bien ici, rien ne sonne faux, c'est l'une des meilleures adresses de l'île. Sans fard, toute en modestie, il s'agit d'une bonne auberge rustique à la déco chaleureuse, prolongée par une terrasse surplombant un vaste paysage. L'excellent accueil, le bon service, la qualité des produits et le savoir-faire du chef, autant de raisons de s'y arrêter. On sent la conscience professionnelle et la passion du métier dans tous les plats : salade de poulpe, poissons de la côte, viandes grillées (leur spécialité), steaks de bœuf (savoureux)... Admirable rapport qualité-prix.

Bar Arcilia : *sur la place du village, en face de l'*Hotel Rural Imada. *☎ 922-89-53-95. On y sert à manger jusqu'à 18h30. Plats 4-10 €.* C'est le bar-resto-épicerie du village tenu par une gentille dame et sa fille. Les randonneurs s'y arrêtent souvent. *Bocadillos* et petits plats familiaux comme la soupe de légumes ou le poulet en sauce.

À faire

Randonnées au départ d'Imada : *compter 3h de marche, 900 m de dénivelée.* Difficulté moyenne, avec des passages plus délicats. Le sentier commence au niveau des escaliers situés près du stade de foot (couvert) d'Imada. Le sentier passe par l'impressionnant canyon de Guarimiar, sans doute le plus beau des canyons du sud de l'île. La partie la plus vertigineuse est équipée de barrières. Après 1h30 de descente, on atteint un groupe de maisons, prendre tout droit direction Rumbazo. Une fois arrivé là (après 45 mn), continuer sur la route jusqu'à Playa de Santiago (encore 45 mn). Pour revenir à Imada, prendre le bus (ligne nº 3) ou un taxi local. Il existe une ***variante*** à cette randonnée (5h de marche au total) qui passe par le hameau de Targa et le village d'Alajeró.

– ***Bon à savoir :*** rando à éviter si vous êtes sujet au vertige.

LA ROUTE DE SAN SEBASTIÁN À LA CÔTE NORD

La route GM-1 depuis San Sebastián s'élève rapidement dans les montagnes, frôle le parc national de Garajonay pour replonger vers les vallées fertiles de Hermigua, porte d'entrée de la région nord de l'île, et poursuivre vers les villages d'Agulo et de Vallehermoso. C'est dans cette région que l'on trouve le plus de témoignages du *silbo,* ce langage sifflé utilisé par les bergers dans les montagnes de l'île.

Où écouter siffler les *silbadores* ?

Comme il y a peu de chances que vous alliez en quête d'un berger au fond d'une vallée pour lui demander gentiment : « *Por favor,* siffle-moi un petit air ! », vous allez faire comme tout le monde, à savoir fréquenter un des restos à grande capacité où un *silbador* se produit durant le déjeuner, à la demande des agences de tourisme. Pas très romantique, mais vous n'aurez pas le choix. Avantage : on profite des explications données au cours de la prestation.

– ***À Hermigua :*** *le resto* El Silbo, *ctra General, 102. Au bord de la route en montant vers Agulo après la plage d'Hermigua.* ☎ *922-88-03-04.* • *restauranteelsilbo.com* • *Tlj 14h-21h30.* Surtout fréquenté par les groupes mais les individuels ont aussi leur place. Les démonstrations de *silbo* ont lieu normalement les mardi et mercredi vers 20h. Elles sont faites par 2 serveurs du resto. Durée : 30 mn. Mieux vaut réserver.

– ***À Las Rosas :*** au resto *Las Rosas,* une grosse maison blanche, sur la droite de la route. Accueille souvent des groupes le midi.

– ***À Agulo :*** au resto *La Zula.* Là, c'est la jeune serveuse qui siffle pour vous ! Il y a souvent des groupes à déjeuner, mais même en l'absence de ceux-ci, demander si la *silbadora* est là. Elle se fera un plaisir de vous siffler quelques mots d'amour. Et aussi, perché à 625 m au-dessus du village, au *Bar-restaurante El Mirador de Abrante.*

HERMIGUA

(38820) 2 100 hab.

La vallée de Hermigua surnommée « le cœur vert » de l'île commence à 13 km au nord-ouest de San Sebastián, après avoir grimpé jusqu'à un col. Arrivé là-haut, la vue sur la vallée est extraordinaire. Étagé sur les versants des montagnes rocheuses, le grand village de Hermigua consiste en un morcellement de hameaux établis de chaque côté de la route *(carretera General)*. L'habitat est dispersé, avec des maisons blanches couvertes de tuiles. Dominé par des pics impressionnants, ce vaste paysage en forme d'entonnoir est ponctué de bosquets, de palmiers, et marqué par les cultures vivrières en terrasse. En descendant vers la côte, les bananeraies sont plus nombreuses en raison de la douceur du microclimat.

Au bord de l'océan, la plage sauvage de *Santa Catalina,* composée de gros cailloux, n'est pas la plus sûre de l'île en raison de ses dangereux rouleaux. En revanche, à quelques kilomètres plus à l'est, la petite *playa de la Caleta* peut accueillir les baigneurs (quand il n'y a pas trop de vent !). Un univers rude et sauvage, où l'homme a réussi à se faire une place en harmonie avec la nature.

Adresses utiles

✉ ■ La ***poste*** et la ***pharmacie*** se trouvent le long de l'unique route qui traverse la bourgade *(ctra General).*

Où dormir ?

Bon marché (20-40 €)

🏠 ***Casa Creativa :*** *ctra General, 56, dans la partie la plus basse du village, sur la droite en descendant.* 📱 *637-19-72-49.* • *c.creativagomera@gmail.com* • *À env 1 km de la plage. Doubles avec sdb 35-40 €, petit déj 8 €.* On passe par le bar-resto *Terraza Pedro* (voir « Où manger ? ») pour accéder aux chambres situées en contrebas de la demeure principale, distribuées sur 2 niveaux le long d'une coursive. Elles sont spacieuses et disposent toutes d'une petite terrasse. Et d'une vue sur le fond verdoyant de la vallée, plantée de bananeraies ! Petit bout de jardin sur le devant. Une adresse à prix doux, très pratique car on peut y manger.

Prix moyens (40-70 €)

Los Telares Suites & Villas : *ctra General, sur la droite de la route, quand on vient de San Sebastián. ☎ 922-88-07-81. • hola@lostelaresgomera.com • lagomera.apartments • Réception ouv 8h30-14h30, sauf dim. Apparts standard ou supérieur 62-85 €.* Difficile de rater cette grande demeure blanche aux toits de tuiles avec des fenêtres à l'anglaise. Elle abrite des appartements de qualité *(1-3 pers),* vraiment spacieux, élégants et chaleureux, avec salle de bains bien conçue, cuisine tout équipée, coin salon et grande baie vitrée donnant sur la vallée. Les plus grands sont au bas de l'immeuble, et les studios dans la partie haute. Grand salon commun agréable. Excellent accueil en espagnol et en anglais. De l'autre côté de la route, piscine à disposition des hôtes. Loue aussi une maison indépendante *(Casa El Patio)* et 2 villas (*Delfines* et *Aloe*).

Chic (70-90 €)

Hotel rural Ibo Alfaro : *dans le hameau* **Ibo Alfaro.** *☎ 922-88-01-68. • info@hotel-gomera.com • hotel-gomera.com • Depuis la ctra General, prendre à gauche après la farmacia du bourg de La Hermigua, monter sur env 300 m puis 1re à droite. Parcourir encore env 200 m et c'est sur la gauche. Difficile de se garer sur cette route étroite ! Ouv tte l'année. Doubles 65-90 €, petit déj compris. Familiales également. Attention, réception ouv seulement jusqu'à 18h.* Une allée de cactus mène à la réception qui n'est pas tenue en permanence mais à certaines heures affichées. Autrefois propriété d'une famille aisée, ce petit manoir du XIXe s, à flanc de montagne, possède une vingtaine de chambres de caractère. Elles sont de bon confort, parquetées et bien équipées, la plupart avec vue sur la vallée, d'autres profitant en plus d'une petite terrasse. Il y a aussi des suites plus chères, dont 1 avec terrasse.

Où manger ?

De bon marché à prix moyens (moins de 25 €)

Casa Creativa – Bar Terraza Pedro : *ctra General, 156, dans la partie la plus basse du village, sur la droite en descendant. 637-19-72-49. Voir également « Où dormir ? ». Tlj 9h-22h. Plats 8-10 €.* La belle terrasse est située en bord de route et domine la vallée. Bien agréable, tout comme la cuisine de ce resto qui sert des tapas, de la viande et des petits plats végétariens. Malgré son nom, ce n'est pas de la cuisine créative mais fraîche et traditionnelle. Parfait pour grignoter un morceau.

Tasca Telemaco : *pl. de la Encarnación, 2 ; sur la ctra General, dans la ruelle en contrebas de l'église principale (facile à repérer, elle est tte jaune). ☎ 922-88-08-12. • tascatelemaco@gmail.com • Tlj 13h-16h, 18h-22h (jusqu'à 2h du mat ven-sam). Congés : juin-juil. Plats et salades 8-16 €. Cours de salsa et música en vivo sam soir.* Restaurant de cuisine locale (tous les classiques) qui propose une petite carte : aubergines au miel de palme, champignons à l'ail, poulet au cidre, poissons et viandes. On sert aussi de la paella. Salle sans artifice mais c'est sur la terrasse, ombragée par des cannisses, qu'on en profite le mieux. Très bon service et accueil avenant.

El Faro Pescado y Más : *ctra Playa, 15 ; dans la partie basse du village, presque au bout, sur la droite, juste avt d'arriver à la mer. ☎ 922-88-00-62. 648-88-96-59. Tlj sauf mer et*

LA GOMERA

jeu midi, 13h-22h. Plats 4-14 €. Tout est frais dans ce petit resto simple arrangé avec soin, tenu par une joviale Allemande, rendez-vous des randonneurs. Elle confectionne de jolies salades composées, des plats de pâtes revigorants, sans oublier les produits locaux comme le poisson du jour ou le poulpe au citron.

Las Chácaras : *c/ El Cabo, 2 ; dans la partie haute du village. ☎ 922-88-10-39. • laschacaras_hermigua@gmail.com • ♿ Prendre à gauche juste au rond-point situé après le pont en arrivant de San Sebastián. Panneaux indiquant Lomo San Pedro, El Estanquillo. Tlj sauf dim, 12h-16h, 19h-23h. Menu 15 €, plats 8-12 €.* À flanc de montagne, au bord d'une route étroite, voici une bonne maison tenue par un homme très communicatif et jovial. La patronne est aux fourneaux et lui au service. Cuisine canarienne fraîche et très soignée, tant pour les poissons que pour les viandes. Potage au cresson *(berros), garbanzos* (pois chiches), *cabra en salsa* (chèvre en sauce), *lapas* (coquillages)...

À voir

Le village s'étirant sur près de 2 km, le centre se niche près de l'église de Hermigua, bien visible en bord de route.

Convento de San Pedro Apóstol : *en arrivant dans le village, sur la droite un peu avt le pont. Parking juste au niveau du pont.* Ensemble conventuel sur une placette qui semble désertée. Quelques demeures ont conservé une architecture coloniale. Ensemble assez rustique qui ne manque pourtant pas de cachet.

Museo etnográfico de La Gomera : *ctra General, 97. ☎ 922-88-19-60. Tlj sauf lun, 10h-18h. Entrée : 2,50 € ; réduc.* Sur 2 étages, ce musée est sans doute le plus pédagogique de l'île, mais explications en espagnol uniquement. Des vitrines d'objets viennent illustrer les nombreux thèmes abordés : l'agriculture en terrasses, les moulins, la sylviculture, la saignée des palmiers (pour en extraire le « miel »), la vie quotidienne, la pêche. Voir notamment la *ratonera,* un outil tranchant en bois de hêtre, naguère utilisé par les paysans pour empêcher les rongeurs (rats) d'accéder au cœur du palmier. Le *silbo* (le language sifflé de l'île) est également en bonne place, tout comme la viticulture, la vannerie et les céramiques (poterie), autant de pratiques ancestrales issues des traditions des Guanches.

El Parque Etnográfico de La Gomera : *ctra General, km 17, s/n. ☎ 922-88-07-81. • lostelaresgomera.com • Juste au niveau du pont, sur la gauche, là où l'on trouve un grand parking. Bien indiqué. Tlj sauf dim 9h30-17h30. Entrée : 4,50 € (audioguide inclus).* On entre par une boutique (produits locaux, snack-bar), puis on découvre plus loin le système mécanique d'un moulin à gofio fonctionnant à l'eau. On rappelle que le gofio est une céréale grillée, puis moulue. Il peut s'agir de maïs (le plus souvent), mais on peut aussi utiliser de l'orge, du blé ou du millet. Attenant au moulin, un petit musée où sont présentés des outils agricoles et des ustensiles de toutes sortes : mortiers, meules en pierre, métier à tisser, jougs, socles de charrue et quelques poteries anciennes... La balade continue dans un jardin où cohabitent chèvres et poules, qui rappellent l'économie paysanne et autarcique de cette région.

Où se baigner dans les environs ?

Playa de la Caleta : *située à 3 km à l'est du bord de mer de Hermigua, par une petite route étroite, sinueuse et bien indiquée. Soyez très prudents, roulez lentement. Parking juste au-dessus de la plage, puis on descend à pied par une rampe bordée de cactus.* Parmi les plages les plus jolies de l'île, celle de la Caleta arrive en tête. Pas bien grande certes, très sauvage et encadrée par de hautes falaises, avec vue sur le Teide (mont le plus haut d'Espagne, sur l'île de Tenerife). Une partie de cailloux noirs, une autre de sable, tout aussi noir. Quelques tables de pique-nique sous des tamaris, 2 ou 3 barques de pêcheurs, 3 paillotes et une minuscule chapelle.

– ***Bon à savoir :*** selon les périodes, cette plage peut être accessible sans danger à la baignade, mais peut s'avérer très dangereuse. ***Bien observer le drapeau*** et demander aux gens sur place avant de piquer une tête.

AGULO

(38830) env 900 hab.

Agulo est un de nos villages préférés à La Gomera, pour son site exceptionnel entre montagne et océan, sa beauté authentique à l'écart de l'agitation, et son patrimoine bien conservé. À 3 km de la côte et de La Hermigua, voici un remarquable village étalé sur les versants de la montagne, au-dessus de la mer. Ses bourgs et hameaux dispersés s'appellent *La Montañeta, Las Casas* et plus haut *El Charco.* C'est dans ce dernier (au-dessus du terrain de foot) que l'on découvre un superbe lacis de ruelles et de placettes adorables, bordées par des maisons traditionnelles, certaines d'origine coloniale. Entre chacun des hameaux, comme dans tous les villages de ces vallées fertiles, des cultures en terrasses et des bananeraies offrent un tapis vert qui contraste avec les falaises austères.

Adresse utile

Oficina municipal de turismo : *dans la rue centrale, quartier El Charco, dans la mairie. • agulo.es • Lun-ven 9h30-13h30.* Une table avec des brochures et quelques infos à glaner, dans le hall d'accueil de la mairie.

Où dormir ?

Hotel rural Casa Lugo : *c/ Pintor Aguiar, 33. ☎ 922-14-61-30. 655-48-69-28 ou 670-81-55-67. • info@hotelruralcasalugo.com • hotelruralcasalugo.com • Doubles 65-85 €, petit déj 8 €. Réception ouv lun-dim 9h-14h, mais parfois les aimables propriétaires sont présents tard dans l'ap-m.* Un des plus charmants hôtels ruraux de La Gomera. Dans cette vieille demeure restaurée avec soin les chambres se répartissent autour d'un paisible patio intérieur. Dans un style rustique-chic, décorées avec goût (certains meubles sont des antiquités), colorées et gaies, elles sont d'un bon confort. Elles donnent sur la rue (calme) ou sur le patio.

Où manger ?

Bon marché (8-12 €)

Bar El Mío-Casa Luis : *sur la droite au bord de la route principale, dans un virage en venant d'Hermigua. Ne pas entrer dans le village. ☎ 922-80-07-79. Tlj sauf lun, 8h-22h (dim 17h). CB refusées. Plats 3-9 €.* Bistrot-resto villageois avec un coin épicerie où l'on sert une cuisine familiale simple et fraîche à prix doux. Excellents jus d'orange.

Tasca Las Cruces : *c/ Pedro Bethencourt, 15B. ☎ 922-14-61-51. 605-56-09-42. À 150 m de la place de l'église et de la mairie. Nov-mars, tlj sauf lun, 10h30-22h30. Fermé dim le reste de l'année. Plats 6-12 €.* L'emplacement au bord d'une ruelle pavée,

LA GOMERA

la petite terrasse au dehors, la carte courte (peu de choix), les plats simples et goûteux en font une bonne adresse. Planches de jambon et fromage, sandwichs, salades, omelettes, et d'autres petits plats de la mer.

Prix moyens (12-25 €)

Restaurante La Vieja Escuela : *c/ Poeta Trujillo Armas, 2, El Charco, dans les rues piétonnes. ☎ 922-14-60-04. Tlj sauf dim, midi et soir pour manger, 11h-21h pour boire un verre. Plats 4-12 €.* Resto installé dans l'ancienne école du village. On se sent bien dans cette petite salle tranquille tenue par Miguelina et Francisco. Cuisine classique, franche et sans triche : poissons et viandes (bœuf, lapin). Certains plats sont servis en demi-portion. On a bien aimé le filet de thon *(atún)*. Et aussi des plats végétariens. Quelques tables dehors dans la ruelle avec vue en contrebas sur le village et son terrain de foot.

La Zula : *ctra General, La Montañeta. ☎ 922-14-71-75. • restaurante lazula@gmail.com • Dans le hameau de La Montañeta, sur la droite en contre-haut d'un virage, quand on va vers Vallehermoso en venant d'Agulo. Tlj sauf dim, 9h-16h. Fermé le soir. Repas 15-20 €.* Si l'on vous indique ce resto de 320 couverts ce n'est pas pour sa cuisine canarienne quelconque mais pour ses serveurs qui pratiquent (à la demande) le *silbo*, l'art de siffler des îliens. Adresse surtout fréquentée par les groupes arrivant en bus, donc si vous voyagez en individuel pensez à réserver.

– Voir aussi le Bar-restaurante ***El Mirador de Abrante*** un peu plus bas (« Parque Nacional de Garajonay. Où manger au nord du parc ? »), déjà sur la commune de Agulo, et à la situation spectaculaire (et on peut aussi y entendre du *silbo* !)

À Las Rosas, entre Agulo et Vallehermoso

Restaurante Roque Blanco : *c/ Cruz de Tierno, s/n. ☎ 922-80-04-83. À 3 km du village de Las Rosas, gros bourg à 5,5 km ouest d'Agulo. Prendre une petite route qui part de Las Rosas vers Cruz de Tierno (bien indiqué). Tlj sauf lun 10h-17h30. Fermé le soir. Repas env 20 €, plats min 8 €.* La route qui y mène est belle (mais étroite et sinueuse) et la vue remarquable depuis la petite terrasse. Grande salle claire près des baies vitrées, mais plus sombre dans le fond. Spécialité de la maison : les viandes *a la brasa* (grillées), mais à la carte on trouve aussi les classiques de l'île, pois chiches, soupe de cresson... Une excellente adresse à fréquenter plutôt après une randonnée qu'avant.

Restaurante Las Rosas : *ctra General, env 1 km après le carrefour de Las Rosas (qui n'est pas un hameau mais se compose seulement de maisons éparpillées), sur la droite en direction de Vallehermoso. ☎ 922-80-09-16. Tlj le midi 12h-15h, sauf dim. Fermé le soir.* Nous indiquons ce grand resto tout blanc, un peu à la manière d'une hacienda, parce qu'il reçoit régulièrement des groupes. La démonstration de *silbo* se fait seulement pour ces derniers, après le repas, mais plus difficilement pour les individuels.

À voir

– ***Bon à savoir :*** de grands panneaux ont été disposés dans les ruelles, agrémentés de textes et de photos témoignant de l'histoire et des traditions passées du village. Une bonne initiative (mais seulement en espagnol).

Balade dans le village d'Agulo : *dans le barrio El Charco. Se garer à l'entrée du village mais ne pas y entrer en voiture. Petit parking avant l'hôtel rural Casa Lugo.* Une petite balade bien agréable à travers le dédale des ruelles pavées et piétonnes autour de la mairie et de l'église. Quelques jolies maisons blanches à un étage, couvertes de tuiles, des venelles au calme et de beaux points de vue.

Architecture traditionnelle et simple à la fois. Au cœur du village, l'*iglesia San Marcos,* du début du XXe s, n'a pas beaucoup de caractère mais la place est charmante.

***Casa del Pintor Aguiar** (Museo Los Filichristi)* : *callejón de la Seda, 3. Tlj, sauf w-e, 9h-14h. GRATUIT.* Cette belle et vieille maison à 200 m de la place de l'église fut habitée par le peintre José Aguiar, un artiste local qui faisait partie d'une secte nommée *Los Filichristi.* Un petit musée rappelle l'existence de ces oubliés de l'histoire et leur étrange destin fait de foi, d'isolement et de persécution. Au début du XXe s des intellectuels quittèrent le monde civilisé et se retirèrent à Agulo pour suivre leur idéal mystique, mélange de théosophie et de christianisme primitif. Chaque adepte vivait chez lui dans une maison du village mais des réunions avaient lieu la nuit au cimetière. La règle communautaire imposait le port des cheveux longs, des habits pauvres, le renoncement aux passions humaines et le dévouement à des causes charitables. Sous Franco, les *Filichristi* furent assimilés à la franc-maçonnerie, organisation maudite par le régime dictatorial. Des arrestations et des condamnations furent prononcées mais personne ne fut jamais torturé ni tué. Le mouvement affaibli se désintégra après les années 1960.

VALLEHERMOSO (38840) 2 900 hab.

La poursuite de la route mène vers cet autre village isolé, à 14 km à l'ouest d'Agulo. Vallehermoso ! Son nom signifie la vallée magnifique ! La commune s'étend sur 109 km², ce qui en fait la plus grande de La Gomera par sa superficie. L'environnement agricole et vert, les terrasses cultivées sur les versants, les bananeraies de ci-de là, les pics escarpés autour et la longue vallée descendant comme un toboggan vers la mer (Parque Maritimo) : Vallehermoso, archétype du gros village remarquable, mérite vraiment une étape.
Le centre du village quant à lui est bien petit, ramassé au pied des monts rocheux et de l'imposant roque Cano (massif monolithique).
Sur le plan historique, ce fut l'une des rares communes des Canaries à s'opposer fermement au coup d'État du général Franco en 1936. Il a gardé sa tradition politique républicaine. Même si Vallehermoso a perdu les ⅔ de sa population depuis les années 1960 il conserve un vrai dynamisme, grâce à une population qui couvre encore toutes les classes d'âge.

Adresses utiles

■ ***Ymaguara :*** *645-92-76-50.* • *ymaguara.com* • Petite agence tenue par un jeune adepte du tourisme vert et durable. Propose des randonnées guidées (en anglais), des haltes chez les petits producteurs de miel ou chez les dernières potières de l'île.

Où dormir ?

Prix moyens (40-70 €)

Hostal Casa Amaya : *pl. de la Constitución, 2. 660-61-77-00.* • *alfgomera@hotmail.com* • *Double 60 €.* Adresse à prix sages dans un immeuble moderne au-dessus de l'épicerie *Spar.* De bon conseil pour les randonnées, le propriétaire Alfredo parle anglais et n'habite pas loin. Les chambres sont agréables, gaies, propres et d'un confort suffisant. Certaines ont un balcon donnant sur la place du village. À l'arrière, un jardin bio pour se détendre au calme et goûter aux légumes et aux fleurs comestibles qu'Alfredo cultive avec passion.

De chic à plus chic (min 80 €)

Hotel Rural Triana : *c/ Triana, 30. ☎ 922-96-69-40. 683-58-25-66. • info@hotelruraltriana.es • hotelruraltriana.es • Réception ouv tlj 7h-22h. Double env 100 €, petit déj inclus ; triple aussi.* En contrebas d'une route calme, adossé à un versant rocheux de la montagne, cet hôtel rural est installé dans une demeure ancienne restaurée avec intelligence et goût. On accède aux chambres par des coursives disposées dans le patio intérieur. Impeccables, avec une déco contemporaine et tout le confort, elles ont une vue sur le patio ou sur la vallée (3 d'entre elles). Il y a aussi des chambres en duplex (pour 3 personnes). Petit snack-bar au rez-de-chaussée (*montaditos*, omelettes, salades). Accueil excellent et attentionné.

Hotel rural Tamahuche : *c/ La Hoya, 20. ☎ 922-80-11-76. • info@hoteltamahuche.com • hoteltamahuche.com • En arrivant d'Agulo et de la côte, une fois sur la place centrale du bourg, prendre la route de La Playa (TF-712), faire 300 m et tourner à gauche au niveau d'un terrain de basket. Réception ouv à certaines heures. Double 87 €, petit déj-buffet et parking compris.* Belle demeure ancienne bien restaurée, tenue par un couple accueillant. Architecture réussie, faite de brique et de pierre, mobilier rustique, parquets en bois, dans la partie ancienne. Chambres assez spacieuses, confortables, réparties sur 3 terrasses, à des niveaux différents. Celles de la partie supérieure se prolongent d'une terrasse commune avec vue sur la vallée et les monts.

Où manger ?

Bon marché (8-12 €)

– Sur la ***place centrale*** du village, quelques bars avec terrasses pour boire un verre ou manger des sandwichs *(bocadillos)* et des petits plats simples.

|●| ***Tasca Restaurante El Carraca :*** *c/ Nueva Creación, s/n. ☎ 922-80-10-21. • tascaelcarraca@hotmail.com • À 150 m de la place centrale. Tlj sauf lun, 8h-minuit. Plats 6-12 €.* De loin le meilleur restaurant de Vallehermoso et du nord-ouest de l'île ! À déguster au bar à l'entrée sur des tables hautes ou dans une salle attenante. L'accueil jovial et dynamique est à l'image de la cuisine simple mais goûteuse et copieuse. Bien sûr, il y a des tapas, des sandwichs et des hamburgers, mais aussi des choses plus raffinées comme ces croquettes à la confiture de bleuet ou celle boule de fromage de chèvre servie sur du pain grillé *(almorgo)*. En dessert : la mousse de *gofio*.

|●| ***Bodegón-restaurante Agana :*** *avda Guillermo Ascanio, 5. ☎ 922-80-08-43. • bodegonagana@hotmail.com • Tlj sauf mar 8h-minuit. Plats 6-12 €. En principe fermé le mar, et durant les vac scol, mais pas mal de congés impromptus, affichés sur la porte.* Bref, c'est une bonne adresse quand même. On y sert des vins de l'île, de bonnes tapas et une savoureuse charcuterie (*jamón Serrano, salchichas,* bons *quesos,* tortillas...).

À voir

Parque marítimo : *du bourg de Vallehermoso, suivre la route TF-712 sur 4 km pour atteindre la mer. Piscine ouv tlj sauf mer, 10h-19h. Fermé de mi-janv à début fév. Entrée : 4 € ; réduc, consommation incluse. Pizzeria sur place.* Si la plage de Vallehermoso n'est pas vraiment propice à la baignade, juste au-dessus de celle-ci on trouve un *parque marítimo,* soit tout simplement une piscine municipale d'eau de mer. Le plaisir de se baigner sans le danger des vagues.

PARQUE NACIONAL DE GARAJONAY

• Plan *p. 343*

Le cœur de l'île de La Gomera, sa partie la plus haute, est chapeautée par une incroyable forêt humide (appelée *laurisilva*) composée de plusieurs variétés de lauriers d'une densité étonnante. Pour protéger cet environnement exceptionnel, un parc national de près de 4 000 ha (10 % de l'île) a été créé en 1981. Il est inscrit depuis 1986 au Patrimoine mondial naturel de l'humanité par l'Unesco. Entre 800 m d'altitude et 1 487 m (point culminant de l'île) s'étend la partie la plus verdoyante, appelée le *monteverde,* soit 85 % de la surface totale du parc.

L'absence d'éruption volcanique depuis plus de 2 millions d'années a permis la création de cette forêt épaisse, touffue et étrange tout à la fois. C'est un univers où règnent une humidité constante et une brume quasi permanente, automne comme hiver, sans gelées persistantes (sauf en haute altitude). Ce taux d'humidité élevé, présent toute l'année grâce aux alizés qui viennent frapper la montagne à partir de 800 m, a donné vie à ce mélange de plantes et d'arbres composant une sorte de jungle subtropicale. La persistance des brumes permet de limiter l'évaporation et contribue à cet écosystème complexe et fragile à la fois, où l'eau en suspension joue un rôle déterminant.

C'est un monde singulier, où l'homme est le bienvenu, mais seulement sur 10 % de la surface du parc. Le reste est tout simplement inaccessible, et c'est tant mieux. Heureusement, de nombreux sentiers permettent d'explorer cet univers où l'imagination peut s'envoler. Inutile d'être un grand randonneur, les sentiers sont accessibles à tous, très aisément. Venir à La Gomera sans pénétrer cet univers constituerait une sérieuse faute de goût.

FLORE ET FAUNE

Le cœur du parc est couvert par cette épaisse forêt de lauriers décrite plus haut. Elle se compose de différents types de lauriers (mais non, pas de lauriers-roses ni lauriers-sauce !). C'est l'une ***des plus denses et plus vastes forêts*** de ce genre qui subsiste encore en Europe et en Afrique du Nord, proche de ce qui existait durant l'ère tertiaire, grâce au fait que les Canaries n'ont pas connu la dernière glaciation.

Rappelons que c'est une forêt de cette nature qui couvrait également une bonne partie de la France il y a fort longtemps. L'espèce la plus présente est une ***variété de laurier,*** le *Laurus novo canariensis* (ou *loro* en espagnol), espèce endémique, de même les hautes ***bruyères arborescentes*** que l'on trouve dans les lieux un peu plus secs et qui peuvent atteindre près de 15 m de hauteur. Citons encore le *palo blanco (Picconia excelsa),* le *viñatigo (Persea indica), ou* l'*acebiño (Ilex canariensis).* Les botanistes chevronnés nous en voudraient si l'on passait sous silence le *tejo (Erica platycodon),* endémique, et le *til (Ocotea foetens).* ***Les mousses et les lichens*** qui couvrent les troncs des arbres au sol et les superbes fougères qui tapissent les sous-bois contribuent à l'étrangeté et à la richesse de ce milieu.

Corollaire naturel à cette flore, la faune se distingue ici par plus de ***150 espèces endémiques,*** qu'il est rare de pouvoir observer malheureusement.

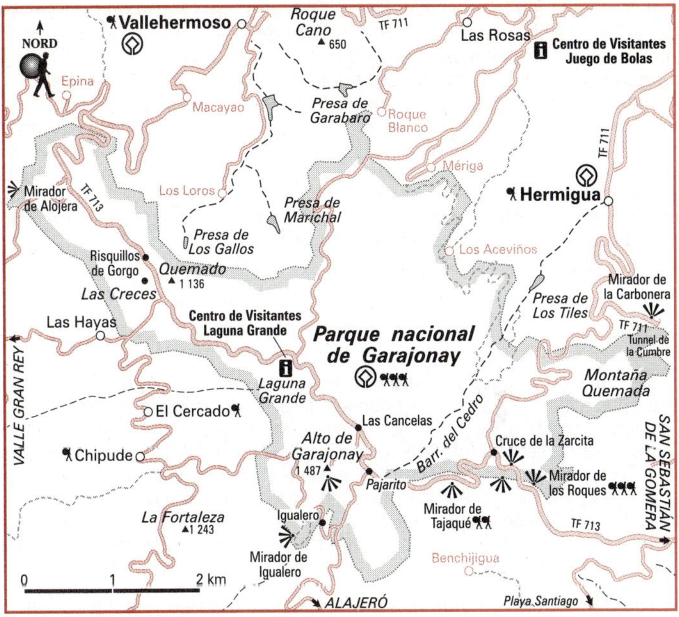

PARQUE NACIONAL DE GARAJONAY

La faune vertébrée est en revanche relativement limitée, conséquence de l'éloignement du continent. Avec une quarantaine d'espèces, elle se limite surtout aux oiseaux : citons le *pigeon des lauriers* et le *pigeon de Bolle,* les 2 espèces les plus notables, auxquels on pourra ajouter 4 espèces de chauves-souris. Concernant les invertébrés, il faudra se pencher un peu et grattouiller la terre pour observer nombre d'insectes étranges comme les coléoptères (scarabées), ainsi que quelques araignées propres à l'île.

GARAJONAY ET L'AMOUR ÉTERNEL

Le nom de ce parc proviendrait des amours contrariés de Gara, la princesse d'Agulo, où l'eau règne, et Jonay, le fils d'un roi de Tenerife, fils du feu. Ils se rencontrent lors des moissons, mais opposés à leur union (classique !), les parents de l'un et de l'autre font tout pour séparer les amoureux. Ils gagnent ensemble le sommet de l'île, se fichent un pieu de bois dans la poitrine (ben voyons) et se jettent du haut de la falaise. C'est de la réunion de leurs noms et de leur suicide que l'on créa le parc, Garajonay.

Adresses utiles dans le parc

ℹ ***Centro de visitantes de Juego de Bolas :*** *dans la partie nord du parc, sur une petite route secondaire que l'on emprunte depuis Las Rosas (bien fléché depuis ce village).* ☎ *922-80-09-93.* ● *gobiernodecanarias.org* ● *Tlj 9h30-16h30.* Au fond d'un jardin botanique bien tenu et fort plaisant, le centre d'info abrite un musée bien fait (lire plus loin la rubrique « À voir »). Une halte dans ce centre est vivement conseillée avant toute randonnée dans le parc. On pourra y rencontrer des guides du parc. Ils vous indiqueront les balades les plus adaptées à vos envies et vos capacités. À noter que, pour quelques-unes des randos, on peut télécharger sur le site ci-dessus des audioguides (en espagnol et en anglais uniquement).

Punto de información Laguna Grande : *dans la partie sud du parc, sur la GM-2, route entre Vallehermoso et le carrefour de Pajarito, quelques km avt celui-ci. Tlj sauf lun 8h30-16h30.* Petit point d'info mais rien à voir avec le *Centro de visitantes.* C'est avant tout un lieu de pique-nique et d'agrément, où l'on peut faire halte. On y trouve également un resto *(ouv tlj).*

Comment choisir sa randonnée dans le parc ?

– Faire tout d'abord halte au ***Centro de visitantes de Juego de Bolas*** (voir plus haut). Pas moins de 18 sentiers sillonnent le parc, d'une durée de 30 mn à 7h. Demander la carte appelée *Garajonay* (carte en français, c'est la seule que l'on trouve). Tous les sentiers y sont indiqués. Prendre aussi le feuillet *Red de Senderos del parque nacional de Garajonay.* Ce document fort bien fait indique les noms, les numéros des randonnées (correspondant à la carte), les niveaux de difficulté, les temps moyens de marche, les distances et les dénivelées. On y distingue les sentiers en boucle et ceux qui sont linéaires. Voici notre classement par ordre croissant de durée.

➢ ***Los Barranquillos, rando nº 4*** *(en boucle)* **:** *difficulté, aucune.* Petite balade tranquille de moins de 1 km, d'une durée de 30 mn maxi, avec belvédère offrant une belle vue sur la côte ouest de l'île.

➢ ***Las Creces, rando nº 5*** *(en boucle)* **:** *difficulté, aucune. Durée : 2h. Distance : 4,2 km. Dénivelée : 100 m.* Voir « Randonner à La Gomera. Quelques randonnées » plus haut.

➢ ***Laguna Grande-Alto de Garajonay-Laguna Grande, rando nº 14*** *(en boucle)* **:** *difficulté moyenne. Durée : 5h. Distance : 11 km. Dénivelée : 230 m.* On aime bien cette rando, car elle permet de s'approcher au plus près du point culminant de l'île. Le sentier passe à travers un secteur d'arbres calcinés suite à l'incendie de 2012.

➢ ***Entre Contadero et El Cedro, rando nº 9*** *(sentier linéaire)* **:** *difficulté moyenne. Durée : env 5h A/R. Distance : 9,6 km. Dénivelée : 530 m.* Voir « Randonner à La Gomera. Quelques randonnées » plus haut.

Où dormir ? Où manger au nord du parc ?

Camping La Vista : *au village de El Cedro, sur le versant nord du parc national de Garajonay. ☎ 922-88-08-04. • campinglavista@gmail.com • camping-lavista.jimdofree.com • À 15 km au sud d'Hermigua, et à 3 km au nord du mirador del Baladeiro. Accès à pied par un chemin empierré qui part de la route CV-14 et descend à flanc de montagne. Tlj 9h-19h.* Petit camping privé situé à l'extérieur du parc (car le camping est interdit à l'intérieur de celui-ci). Situé à 800 m d'altitude, dans un environnement verdoyant (la forêt), il offre 84 emplacements pour les tentes, sur des petits terrains plats en terrasse. Sanitaires sommaires mais propres (douches chaudes). Pour manger, le restaurant *La Vista (tlj 9h-19h)* se trouve juste à côté du camping. Sommaire mais pratique.

Bar-restaurante El Mirador de Abrante : *ctra El Mirador, s/n, La Palmita, commune d'Agulo. 638-66-14-90. • mirador.abrante@fredolsen.es •*

LA GOMERA

Pour l'accès, voir plus bas la rubrique « À voir ». Tlj 11h-19h. Repas 15-20 €. Dans cet incroyable site haut perché jouissant d'une vue époustouflante sur l'Atlantique (et d'une passerelle spectaculaire au-dessus du vide – en rénovation dernièrement), on peut profiter d'un bar qui fait aussi restaurant. Tapas, plats soignés... et serveurs adeptes du *silbo,* qui ne se font pas prier pour siffler en travaillant, comme les 7 nains !

Où dormir ? Où manger au sud-ouest du parc ?

Si vous souhaitez séjourner à proximité du parc, on conseille de le faire dans la partie sud-ouest de celui-ci, dans un secteur où l'on trouve quelques adresses bien pratiques, et ce non loin de la station balnéaire la plus fréquentée de l'île, Valle Gran Rey.

De bon marché à prix moyens

À Chipude (38869)

Hotel-restaurante Sonia : *pl. de Chipude, au cœur du village du même nom. ☎ 922-80-41-58. • info@chipude.es • chipude.es • Double 52 €, avec petit déj. Au resto, plats 8-10 €.* On est bien content de trouver ce petit hôtel familial dans ce village de montagne. La longue bâtisse blanche abrite une vingtaine de chambres, bien arrangées et propres, toutes avec balcon. En demander une donnant sur l'arrière, avec vue sur la montagne. Cela dit, la vue sur la place du village est très bien également. Au bar-resto, cuisine locale et copieuse, on profitera d'un bon ragoût de bœuf, ou d'un steak de thon *a la plancha,* servis avec amabilité.

À Las Hayas (38869)

Casa Efigenia-Jardín Las Hayas : *au-dessus d'une petite place (bien indiquée) qui sert aussi de parking à l'hôtel-restaurant. ☎ 922-80-42-48 ou 📱 659-80-74-58. • info@efigenialagomera.com • efigenialagomera.com • Doubles 45-60 €, sans petit déj. Également 7 maisonnettes 2-4 pers 70-100 €, entièrement équipées. Au resto (tlj), menu 10 €, plats 10-12 €.* Malgré son grand âge, la señora Efigenia Borges, bon pied, bon œil, véritable mémoire du village, accueille les touristes depuis bien longtemps. En Allemagne, c'est une star auprès des randonneurs (voir les articles de presse sur les murs). Elle propose, avec son fils Sergio, des hébergements variés à tous les prix. Les chambres et les gîtes ruraux se trouvent à l'extérieur de la maison principale, à environ 200 m plus bas (accès à pied). Ce sont des maisonnettes en pierre pour certaines, fonctionnelles et assez charmantes, avec un bout de jardin. Chambres agréablement arrangées et jolies (il y a même la clim). Les gîtes ont une cuisinette, un salon et 1 ou 2 chambres, chaleureuses et équipées avec soin. Le cadre est fort agréable et très tranquille. Le soir, on profite du resto où on ne mijote que du végétarien, la tradition de la famille. Les légumes viennent du jardin, tout est frais et naturel. Une adresse parfaite pour les marcheurs, les amateurs de montagne en général et tous les autres. Bref, tout le monde. Excellent rapport qualité-prix.

À voir dans le parc

Au nord-ouest

Mirador de Abrante : *à 14 km d'Agulo par une route sinueuse assez large qui passe d'abord par Las Rosas. De là autre route, plus petite, jusqu'au lieu-dit Juego de Bolas* (Centro de visitantes *du parc de Garajonay). Sur la* *droite de celui-ci, prendre une route qui devient très étroite (sur env 4 km) où les voitures ont du mal à se croiser.* Gaffe ! Ne pas y aller avec un camping-car ! On arrive enfin au mirador, nid d'aigle idéal dominant d'une manière vertigineuse le village d'Agulo et la mer. Sur place, grand parking, bar et restaurant. Le clou de la visite, c'est ce couloir vitré qui s'avance sur 5 m dans le ciel, au-dessus du vide (accès gratuit depuis la salle du restaurant) Pour amateurs de sensations fortes ! Abrante est aussi une plate-forme d'envol idéale pour les parapentes.

Au sud-ouest

Les villages au sud-ouest du parc peuvent constituer de bonnes petites haltes pour se balader ou grignoter un morceau. C'est dans celui d'***Arure*** que se situe l'une des coopératives qui réunit les producteurs de vins de l'île (l'autre est à Vallehermoso), et dans celui d'***El Cercado*** que l'on trouve les dernières potières de La Gomera. La route entre ces 2 villages longe un plateau semi-désertique et offre quelques superbes perspectives sur la vallée et les canyons. Entre *Las Hayas* et *Chipude,* on découvre une sorte de large plateau rocheux appelé la ***Fortaleza de Chipude,*** évoquant une forteresse perchée dans le ciel.

CANARDÉS PAR LES CANARIENS

Durant la conquête espagnole, au XIVe s, quelques conquistadors, attaqués par les Gomeros, se réfugièrent tout en haut de la forteresse de Chipude. Lorsque les Gomeros arrivèrent au sommet, ils se jetèrent du haut de la falaise, préférant le suicide à l'esclavage, car cette montagne sacrée était un haut lieu de communion entre la terre et les cieux.

La Tienda del Vino : *à* ***Arure*** *(38892), à la sortie du village en direction de Valle Gran Rey, sur la gauche. ☎ 922-80-40-79. Tlj 10h30-17h.* Une des seules *bodegas* de l'île qui représente quasiment tous les petits producteurs de vin de La Gomera. Il y en a à peine une quinzaine et ils possèdent tous la *Denominación de Origen,* classement créé au début de ce siècle. Possibilité de dégustation (payante). On y découvre des vins rustiques, francs du collier, qui sentent le soleil et la puissance de la terre volcanique sur laquelle ils sont nés.

La poterie traditionnelle : *à* ***El Cercado*** *(38389), à l'entrée du village, sur la gauche. En général, les boutiques des 2 potières sont ouv tlj 10h-20h.* Le village d'El Cercado est bien tranquille, perché entre ciel et mer. C'est le seul endroit où l'on trouve encore des fabriques de *ceramica tradicional.* Ce sont des poteries réalisées avec la terre locale, uniquement par des femmes, et selon les techniques ancestrales des Guanches, sans tour, puis cuite au feu de bois à 700 °C. Il reste 4 potières (et 1 potier) dans le village, dont 3 possèdent un atelier-magasin où on peut les voir à l'œuvre... ***Ceramica Tradicional Maria*** *(tlj 10h-20h),* juste à côté ***Ceramica Rufina,*** et un peu plus loin ***Ceramica Tradicional del Mar*** *(mêmes horaires).* Vente de produits tels que petites cruches, pots et récipients rustiquement décorés.

Voir aussi le ***Centro de Interpretación Las Loceras*** (consacré à la poterie) : *sur la place principale, 500 m en dessous des ateliers ; ☎ 922-80-41-04 ; ouv en général mer-dim 10h30-17h30, fermé lun-mar ; GRATUIT ; brochure en français sur demande.*

Au village, proche des ateliers de poterie, le ***resto Victoria*** *(ouv tlj sauf mer).* Petite cantine villageoise, simple et rustique, servant une cuisine locale à prix très doux.

LA ROUTE DE VALLE GRAN REY

La descente à partir du village d'Arure vers la plus grande station balnéaire de l'île, Valle Gran Rey, emprunte une route (la GM-1) vertigineuse sur 10 km. Celle-ci sinue dans une vallée profonde, bordée de majestueuses falaises, qui rappelle les canyons d'Amérique du Sud. Sur ces flancs, des terrasses naturelles dévalent en escalier, formant un paysage unique. Agaves, cactus et figuiers de Barbarie s'accrochent comme ils peuvent sur les parois rocheuses. Plusieurs *miradores* (belvédères) permettent de rythmer la descente.

Mirador El Palmarejo (ou mirador César Manrique) **:** à env 2 km au sud d'Arure, c'est un arrêt inévitable à ce point de vue extraordinaire avant la dernière plongée vers la « vallée du Grand Roi » *(Valle Gran Rey).* On pouvait naguère profiter pleinement du paysage depuis l'ancien resto dessiné par l'artiste César Manrique, désormais fermé : on se contentera de l'architecture du lieu qui s'harmonise avec la nature. On découvre la multitude de lacets qui ouvrent le dernier verrou permettant d'accéder au fond de cette vallée. Sur les versants de ces terrasses ondulantes et verdoyantes de nombreuses maisons blanches éparpillées, des hameaux nichés entre palmiers et bananiers... Et tout en bas apparaît le gros village balnéaire de Valle Gran Rey qui s'étire sur quelques kilomètres avant d'atteindre la mer.

***Mirador de la Curva del Queso* :** à 3,5 km au sud d'Arure, ce mirador, à l'écart de l'entrée d'un tunnel, domine le fond d'une vallée fertile où l'on découvre les terrasses multiples, façonnées par l'homme, puis des jardins de palmiers. Ce mirador se distingue aussi depuis 2016 par une sorte d'arc métallique qui s'élève au-dessus d'escaliers en amphithéâtre... à l'esthétique peu appréciée des Gomeros, surtout vu le coût des travaux.

VALLE GRAN REY

(38870) env 5 100 hab.

• Plan *p. 349*

La plus grande station balnéaire de l'île a su conserver un visage humain. C'est ici que se retrouvent une bonne moitié des touristes de La Gomera, les autres faisant étape dans les hameaux de montagne, souvent dans le cadre d'une randonnée, ou à Playa de Santiago. Il faut dire que ce grand village a des atouts. Il propose suffisamment d'activités pour satisfaire le désir balnéaire de chacun, et reste assez calme pour ne pas qu'on se sente oppressé. La bourgade dispose de plusieurs plages très différentes les unes des autres, où tout le monde trouve son compte. Si la plage arrive en 1re place, il ne faut pas oublier les excursions en mer pour voir les baleines et les dauphins. Valle Gran Rey constitue également un excellent camp de base pour les randonnées les plus proches.

CANARIES SALVATEURS

C'est dans la maison devenue aujourd'hui le Bar Cacatua *(voir « Où boire un verre le soir ? ») qu'au début des années 1970, un jeune Américain est venu se cacher, refusant la loterie qui l'avait sélectionné pour le Vietnam. Il serait sans doute ravi de voir son refuge transformé en bar super cool.*

Sur le plan architectural, rien ne défigure vraiment le paysage. Il y a bien des groupes d'appart-hôtels qui s'étirent un peu sur la côte, mais franchement, rien de scandaleux. Le village a du cœur, mais pas vraiment de centre. Il se compose de différents hameaux, assez éclatés. On s'y balade sans problème à pied, ou à vélo.

LES DIFFÉRENTS QUARTIERS

Valle Gran Rey s'organise en hameaux assez éclatés. Ils sont parfois distants les uns des autres d'un bon kilomètre. En arrivant par l'unique route, on rencontre tout d'abord ***La Calera,*** la partie la plus ancienne, à environ 300 m en retrait de la plage, à flanc de colline, sur la droite. Puis, en bord de mer, ***La Playa*** où se concentrent de nombreux appart-hôtels, tandis que le long de la plage, on aboutit à un secteur appelé ***La Puntilla.*** Le long de la route de la plage, beaucoup de possibilités de logement. Un peu plus au sud de la grande plage principale, voici ***Vueltas,*** le quartier du port.
Compte tenu des distances, on peut soit marcher (rien n'est très loin), soit louer un vélo, ce que font pas mal de visiteurs (voir « Adresses utiles »).

LES BALEINES DE LA GOMERA

L'une des attractions les plus prisées est d'aller voir les baleines et les dauphins, 2 espèces résidantes et donc visibles toute l'année dans ce secteur. Il s'agit des *calderones tropicales* ou ***baleines pilotes*** *(Globicephala macrorhynchus),* une des plus petites espèces de baleine globicéphale, cétacé très proche des dauphins. Comme eux, elles sont dotées d'une belle série de dents. Les baleines pilotes sont assez facilement indentifiables grâce à leur grosse tête toute ronde et leur sourire permanent. Il existe 3 lieux au monde où elles sont sédentaires : les Canaries, le Japon et Hawaii.
On estime qu'environ 400 baleines vivent dans les eaux au large de la station. 2 raisons à cela : les eaux sont tièdes toute l'année (différentiel de plus ou moins 5 °C), et la fosse que l'on trouve à environ 3 miles des côtes, qui descend entre 1 000 et 1 500 m, fournit une nourriture suffisante à ces baleines. Elles se nourrissent surtout des bébés des calamars géants (de 4 à 13 m !), qu'elles trouvent en nombre par ici. Particulièrement sociables, elles vivent en groupe

Adresses utiles

- 1 Oficina de información turística del Ayuntamiento (B1)
- 2 Oficina de información turística (A1)
- 3 Distributeurs automatiques (A2, B1, B2)
- 4 Farmacia Celina (B2)
- 5 Rent a Car Piñero (A2)
- 6 La Rueda (A1)
- 7 Rent a Car Garajonay (B3)
- 8 Agence Timah (A2)
- 9 Bike Station Gomera (A2)
- 10 Gomera Bikes et supérette Spar (A1)
- 60 Excursiones Amazonia (B3)
- 61 Oceano (B3)
- 62 Excursiones Tina (B3)

Où dormir ?

- 20 Pensión Candelaria (B3)
- 21 Apartamentos Casa Humberto (B2-3)
- 22 Hotel Jardín Concha (B1)
- 23 Apartamentos Residencial El Conde (B2)
- 24 Apartamentos Bája del Secreto (B2)
- 25 Apartamentos Las Tres Palmeras (A1)
- 26 Hotel Gran Rey (A2)

Où manger ?

- 40 Pizzeria Pinocchio (A2)
- 41 El Puerto (B3)
- 42 Abraxas (A2)
- 43 El Pescador (B3)
- 44 Cofradía de Pescadores Nuestra Señora del Carmen (B3)
- 46 Paraíso del Mar (A1)
- 47 Restaurante El Mirador (B1)

Où boire un verre ?

- 50 Bar Cacatua (B3)

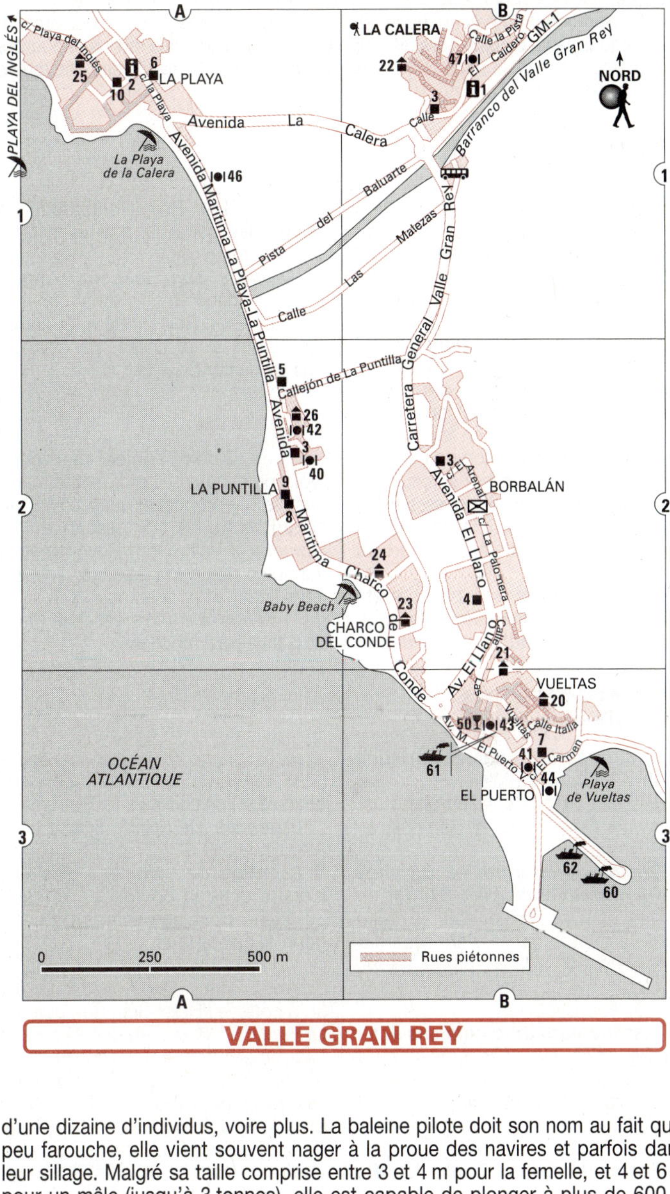

VALLE GRAN REY

d'une dizaine d'individus, voire plus. La baleine pilote doit son nom au fait que, peu farouche, elle vient souvent nager à la proue des navires et parfois dans leur sillage. Malgré sa taille comprise entre 3 et 4 m pour la femelle, et 4 et 6 m pour un mâle (jusqu'à 3 tonnes), elle est capable de plonger à plus de 600 m de profondeur !

Concernant les dauphins, ceux que l'on pourra observer ici quasiment à coup sûr sont le ***delfín mular*** *(tursiops truncatus),* qui vit en bande, et un peu moins souvent le ***delfín común*** (dauphin commun), mesurant de 2 à 4 m. Parfois le ***dauphin***

tacheté, mais c'est plus rare. Le 1er est un animal joueur et sociable, qui n'hésite pas à s'approcher du bateau, nager juste devant la proue et parfois vous gratifier de quelques sauts du plus bel effet. Superbe ! La période la plus favorable pour les voir, même s'ils sont là toute l'année, reste le printemps. Inutile de dire que toutes ces espèces sont protégées.

Arriver – Quitter

En bus

Estación de guaguas *(station de bus ; plan B1)* **:** *dans le quartier de La Calera, sur la gauche de la grande route en arrivant au village.*

➢ ***De /vers l'aéroport (ligne n° 6) :*** 2 liaisons/j., 1 le mat, l'autre l'ap-m. Le bus part en général 2h avt le départ des vols. Durée : env 1h15. Pas d'inquiétude, il est en liaison avec l'aéroport, et aucun avion ne part tant que le bus n'est pas arrivé (ça, c'est de la coordination !). Il passe par les villages d'Arure, Las Hayas, El Cercado, Chipude, Igualero, Alajeró et l'aéroport.

– *Attention :* même si le bus s'arrête dans les villages indiqués plus haut, il faut savoir qu'au point de départ de Valle Gran Rey il embarque en priorité les gens qui ont un avion à prendre (normal !).

➢ ***De/vers San Sebastián (ligne n° 1) :*** en général, 5 liaisons/j. 5h-18h de Valle Gran Rey lun-sam, et seulement 2 bus le dim. Durée : env 1h45. Le bus passe par Pajarito.

En bateau

Les 2 compagnies maritimes (voir plus haut « Comment circuler sur l'île ? ») proposent aussi env 2 liaisons/j. entre San Sebastián de La Gomera et Valle Gran Rey ; horaires variables selon les saisons, voir sur leurs sites • *fredolsen.es* • et • *navieraarmas.com* • Parfois escale à Playa de Santiago, à mi-chemin.

Adresses utiles

Oficina de información turística *(plan A1,* ***2****)* **:** *c/ La Noria, La Calera. ☎ 922-80-54-17. • vallegranrey.es/turismo • Ouv lun-ven 8h-15h (14h en été). Fermé le w-e.*

Oficina de información turística del Ayuntamiento *(plan B1,* ***1****)* **:** *en arrivant au village, kiosque sur la droite dans la grande ligne droite, quartier La Calera. ☎ 922-80-54-17. • vallegranrey.es • Ouv lun-ven 8h-15h (14h en été). Fermé le w-e.*

■ ***Distributeurs automatiques :*** *ctra General (plan B1,* ***3****). Un autre en bord de mer, dans le quartier La Puntilla, au niveau de la grande statue du chef guanche (plan A2,* ***3****), et un autre dans celui de Borbalán (plan B2,* ***3****).*

■ ***Farmacia Celina*** *(plan B2,* ***4****)* **:** *c/ La Palomera, quartier Vueltas (près du port). ☎ 922-80-59-19. Tlj 8h30 (9h dim)-21h.*

■ ***Supérette Spar*** *(superette ; plan A1,* ***10****)* **:** *angle c/ La Noria et c/ Normara, en face du resto* Shiva. *Lun-sam 8h30-20h30. Fermé dim.* Pour faire ses courses si l'on cuisine en appartement.

Urgences, Centro de Salud : *c/ La Alameda, 4. ☎ 822-17-11-87.*

■ ***Location de voitures :*** plusieurs loueurs dans la bourgade. Compter 30-35 €/j. pour une voiture de catégorie A. *Bureaux en général ouv lun-sam 8h30-13h, 16h-19h et parfois le dim mat.* ***Rent a Car Piñero*** *(plan A2,* ***5****)* **:** *à côté de l'*Hotel Gran Rey, *quartier La Puntilla ; ☎ 922-87-22-26 ; • rentacarpinero.com •* ***La Rueda*** *(plan A1,* ***6****)* **:** *c/ La Playa, dans le quartier La Playa ; ☎ 922-80-51-97 ; • autoslarueda.es •* ***Rent a Car Garajonay*** *(plan B3,* ***7****)* **:** *c/ El Carmen, 1, quartier Vueltas ; ☎ 922-80-70-57 ; • rentacargarajonay.es •*

■ ***Ipalan :*** *basée à Alajeró. 📱 630-57-99-41. • ipalangomera@gmail.com • ipalan.com •* Petite structure sérieuse et dynamique, dirigée par la charmante

LA GOMERA

Audrey, une Française qui connaît par cœur les sentiers de La Gomera. Elle propose des randonnées (treks itinérant) guidées ou audioguidées, pour individuels (à partir de 2 personnes) ou petits groupes, de 3 ou 6 jours. Ipalan s'occupe du transport des bagages et de la réservation des hébergements. Et aussi des randos à la journée (55 €/pers) avec guide, et transport inclus si le départ se fait de Playa de Santiago.

■ ***Agence Timah*** *(plan A2,* ***8****) : La Puntilla n° 12, en bord de mer. ☎ 922-80-70-37. 📱 616-47-22-50. • info@timah.net • timah.net • Tlj sauf sam, 10h30-13h, 17h-20h.* Agence sérieuse, tenue par un Allemand, qui propose toutes sortes de tours dans l'île, visites et également de belles randonnées guidées.

■ ***Bike Station Gomera*** *(plan A2,* ***9****) : avda Maritíma, 10, La Puntilla, en bord de mer. ☎ 922-80-50-82. • bike-station-gomera.com • Lun-sam 9h-13h, 17h-20h ; fermé dim.* Location de VTT.

■ ***Gomera Bikes*** *(plan A1,* ***10****) : camino Playa del Inglés, La Playa. ☎ 922-80-53-36. • gomera-bikes.com • Lun-sam 9h30-13h, 17h-19h ; fermé dim. Compter env 18 €/j. E-bikes 28 €/j.* Location de VTT et de scooters.

Où dormir ?

De bon marché à prix moyens (20-50 €)

🏠 ***Pensión Candelaria*** *(plan B3,* ***20****) : c/ Italia, 18 ; dans une ruelle piétonne, quartier Vueltas. 📱 670-80-50-89. • info@pensioncandelaria.de • pensioncandelaria.com • Doubles et apparts 30-43 €, tte l'année.* Certainement une des bonnes adresses de pensions de la ville, et une des rares ! Autant il est relativement facile de louer une chambre en basse saison à la nuit (entre mai et octobre), autant en haute saison les habitués y séjournent plusieurs semaines. Petit immeuble jaune et moderne, avec une dizaine de chambres équipées de salle de bains et cuisinette. La moitié dispose d'une vue dégagée. Terrasse commune au 2e étage, avec transats.

🏠 ***Apartamentos Casa Humberto*** *(plan B2-3,* ***21****) : c/ La Rodadera, 7, quartier El Puerto. 📱 606-08-50-52 (Humberto parle anglais). • info@apartamentoscasahumberto.com • apartamentoscasahumberto.com • Compter 45-50 € pour 2 pers. Aticos 55-60 € (séjour min 1 sem).* L'emplacement au cœur des ruelles non loin du port, de la mer et du secteur des restos, l'accueil aimable et professionnel de Humberto et sa mère la joviale Conchita (ils vivent sur place), voilà autant de raisons pour y venir. Tout est impeccable ! On choisit entre les studios, les appartements *(plus grands, pour 4 pers)* et les 2 *aticos (penthouse)* situés au sommet de l'immeuble. L'un dispose de 2 terrasses privatives avec vue sur la ville et la mer et l'autre (*atico* n° 2), encore mieux (avec coin cuisine). Notre meilleure adresse.

Un peu plus chic (50-80 €)

🏠 ***Hotel Jardín Concha*** *(plan B1,* ***22****) : c/ La Orquidea, dans le quartier La Calera, dans une ruelle au calme. ☎ 922-80-60-63. • hotelconcha@telefonica.net • hotelconcha.net • Doubles env 65-70 €, petit déj en plus.* À flanc de colline, dans une ruelle piétonne, dans le quartier le plus ancien de Valle Gran Rey, voici une adresse de caractère si le fait d'être à l'écart de la mer ne vous dérange pas. Les 8 chambres s'étagent sur différents niveaux, autour d'un enclos fleuri égayé par les plantes vertes. Arrangées avec soin, lumineuses et calmes, elles disposent de balcons en bois pour prendre le frais, ce qui leur donne un style hacienda. Belle vue sur la mer depuis certaines terrasses. Une bonne adresse.

🏠 ***Apartamentos Baja del Secreto*** *(plan B2,* ***24****) : avda Marítima, 11, quartier Charco del Conde. ☎ 922-80-57-09. • info@residencialelconde.com • bajadelsecreto.es • Réception 9h-23h (fermé 13h-17h en hiver). Apparts 2-4 pers 65-100 €*

selon saison et nombre de pers. Un ensemble moderne et bien conçu qui ressemble à une grosse maison qui s'échelonne doucement en terrasses successives, avec pierres apparentes aux angles. Les fenêtres et baies vitrées sont fermées par des volets ajourés style moucharabieh. Chaque appart possède salon, cuisine, coffre et balcon, mais pas de clim. Piscine au 5e étage, et bar-resto *Charco del Conde* au bas de l'immeuble côté route *(tlj sauf dim, 12h-22h).* Un excellent rapport qualité-prix, situation et tranquillité.

Apartamentos Las Tres Palmeras *(plan A1,* ***25****) : camino Playa del Inglés, quartier La Playa. ☎ 922-80-58-88. • reservas@trespalmeras.com • trespalmeras.com • Réception tlj 9h-13h30, 15h30-23h (dim 8h-10h, 16h-22h). Apparts 3 adultes ou 2 adultes + 2 enfants, 70-75 €.* Environ 80 appartements organisés en épi autour d'une piscine. Ils sont très bien équipés, spacieux, modernes et propres, et disposent d'une petite terrasse ou d'un balcon (plus cher pour avoir la vue sur la mer). Une adresse pratique, fonctionnelle, avec une grosse capacité d'accueil : en haute saison, on peut avoir une chance d'y trouver de la place.

Apartamentos Residencial El Conde *(plan B2,* ***23****) : avda Marítima, quartier Charco del Conde, face à Baby Beach. ☎ 922-80-61-26. • info@residencialelconde.com • residencialelconde.com • Doubles 50-70 € selon saison, tte l'année. Pas de petit déj.* Bâtiment moderne couleur terre de Sienne brûlée (une couleur fréquente en Italie mais aussi aux Canaries), abritant une vingtaine de chambres-apparts, avec coin cuisine et salon. Toutes avec terrasse ou balcon, et certaines avec vue sur la mer. Occupation maximum 2 ou 3 adultes et 2 enfants de moins de 12 ans. Bon confort pour cet ensemble relativement intimiste et pas trop anonyme. Sur la terrasse, piscine avec transats et vue circulaire sur l'océan et la montagne.

Plus chic (90-160 €)

Hotel Gran Rey *(plan A2,* ***26****) : avda Marítima, 1, quartier La Puntilla. ☎ 922-80-58-59. • info@hotelgranrey.es • hotelgranrey.es • Doubles 126-160 € selon saison, confort et vue sur la mer (ou pas !).* Le plus grand hôtel de la station étale sa façade tout en longueur, sur 2 étages seulement. Chambres très confortables (avec clim), fonctionnelles, toutes avec balcon, sans recherche décorative particulière. Pour la faible différence de prix, préférez celles donnant sur la mer. Sur la terrasse au sommet de l'immeuble, une jolie piscine avec transats. C'est là qu'est servi le petit déjeuner. Fait aussi resto, qui se révèle de bonne qualité (possibilité de ½ pension).

Où manger ?

Dans le quartier du port et de Vueltas

Bon marché (8-12 €)

Pizzeria Pinocchio *(plan A2,* ***40****) : dans le quartier La Puntilla. Au niveau de l'immeuble El Molino, proche de l'hôtel Gran Rey, le resto est situé dans une impasse. ☎ 922-45-48-94. • pinocchiovallegranrey@hotmail.com • Tlj sauf lun-mar, ouv seulement le soir 18h-22h30. Pizzas 5-8 €.* Dans une impasse, un modeste resto tenu par un Italien. On y sert près d'une quarantaine de sortes de pizzas cuites au feu de bois, dans une salle toute simple et accueillante, à l'image du patron. Quelques salades, lasagnes et en dessert : *panna cotta* et tiramisú.

Prix moyens (12-25 €)

El Puerto *(plan B3,* ***41****) : c/ Vueltas, 1. ☎ 922-80-52-24. Tlj jusqu'à 23h. Plats 7-24 €.* Ce pourrait être notre resto préféré sur le port. Murs blanc et bleu azur, une entrée côté ruelle, une autre à l'opposé jouxtant une terrasse extérieure, un style rappelant les tavernes des îles grecques. L'océan est en vedette sur la carte avec les classiques canariens (thon, poulpe, seiche), mais aussi la paella aux fruits de mer. Pas de sectarisme maritime dans cette bonne maison, il y a aussi une vingtaine de plats de viande.

Abraxas (plan A2, **42**) **:** *près de l'hôtel Gran Rey, quartier de La Puntilla. 642-56-32-95. • info@abraxas-la-gomera.com • Tlj sauf sam 18h-22h. Fermé à midi. Plats 8-17 €.* On est reçu par un Canarien de caractère, à l'image de sa cuisine authentique et sans artifice. Il a nommé son resto *Abraxas* en souvenir d'un groupe de pop latino des années 1970. Le mot lui-même viendrait d'un cryptogramme hébraïque qui signifie « Dieu nous protège »... et aurait donné abracadabrant. Mais ici rien d'abracadabrant car tout est soigné, honnête et naturel, la carte courte, avec des poissons, des viandes, des pâtes fraîches (gnocchis, tagliatelles), et quelques plats végétariens.

El Pescador (plan B3, **43**) **:** *cuesta de Abisinia, 5, dans le quartier Vueltas (juste à côté du port). ☎ 922 80 50 03. • dominique_lecroc@hotmail.com • Tlj sauf sam, seulement le soir, 17h-22h. Congés : juin-août. Menu 8 €, plats 8-10 €. Digestif offert sur présentation de ce guide.* Cette petite adresse tenue par Dominique (une Française aimable installée depuis longtemps ici) fait franchement l'affaire. Carte courte où le poisson domine, et aussi savoureux poulet rôti à la broche, la spécialité de la maison. Quelques tables en terrasse dans la ruelle piétonne.

Cofradía de Pescadores Nuestra Señora del Carmen (plan B3, **44**) **:** *muelle Las Vueltas, sur le port. ☎ 922-80-56-81. Tlj jusqu'à 23h. Bocadillos et sandwichs 2-3 €, plats 6-14 €.* Situé sur le quai du port, ce restaurant géré par une association de pêcheurs est une garantie de fraîcheur. Sardines, poulpes, thon, dorade... mais on y sert aussi des salades, du poulet et de la viande. Une cuisine copieuse, simple et bonne. À déguster en terrasse ou dans la grande salle animée.

Dans les quartiers (au nord) de La Puntilla, La Playa et La Calera

Paraíso del Mar (plan A1, **46**) **:** *avda Marítima, s/n, quartier La Playa. ☎ 922-80-54-47. Tlj 12h-22h. Plats 6-12 €.* Ce n'est pas le paradis mais un lieu à l'écart du tumulte, tenu par le jovial Daniel et sa mère Mariluz. Le soir, sur la terrasse face à la mer éclairée par des lampes à pétrole, ou à midi sous les arbres, ce resto est une belle adresse. Cuisine canarienne familiale sincère et sans tricherie, tout comme l'accueil. Notre plat préféré est aussi le plus demandé : le filet de thon *(filete de atún).*

Prix moyens (12-25 €)

Restaurante El Mirador (plan B1, **47**) **:** *c/ La Hurona, 13, au cœur du quartier La Calera. ☎ 922-80-50-86. Accès par des ruelles piétonnes en pente, au départ du kiosque de l'office de tourisme. Garer son véhicule au bas de la pente. Tlj sauf jeu, 13h30-21h30. Plats 7-13 €.* Au sein du quartier de La Calera, le plus ancien de la ville. Pour vivre heureux, vivons perchés ! Ce resto de référence propose une carte variée où pâtes, *lasaña, pescado* et différents steaks complètent la liste des salades. Outre la cuisine, c'est le panorama depuis la terrasse qui vaut le détour. Le patron organise des projections de vidéos et de photos des Canaries.

Où boire un verre le soir ?

Coucher du soleil* :** les soirs d'hiver, une bonne partie des touristes se réunit au ***bord de la plage pour assister au coucher du soleil, une bière à la main (à prendre au resto-caféteria de *La Playa*). Un groupe de percussions et jongleurs rythme agréablement ce moment de communion. Ça fait vieux baba, mais on s'en fout, c'est vraiment sympa. L'été, le soleil se couche plus au sud, donc pas de cérémonie.

Bar Cacatua (plan B3, **50**) : *dans le quartier Vueltas (juste à côté du port). Tlj sauf dim, lun-ven 10h-2h (sam 14h-2h). Congés : 10 juin-15 juil.* Derrière des murs jaunes, une courette ombragée par un bel arbre où l'on se retrouve avec plaisir le soir venu pour boire un verre, un cocktail ou grignoter (*bocadillos*, sandwichs, hamburgers).

À voir à Valle Gran Rey

Pas de monuments particuliers à visiter, mais on peut faire un petit tour dans le plus vieux quartier de la ville, ***La Calera,*** situé en retrait du bord de mer, légèrement sur les hauteurs (au-dessus de l'office de tourisme). Balade pas désagréable dans ce petit réseau de ruelles piétonnes.

Les plages de Valle Gran Rey

Plusieurs plages dans et autour de la bourgade.

Playa de Vueltas (plan B3) : *juste derrière le port.* Petite plage de sable noir bien agréable, aux eaux tranquilles, au pied d'imposantes et impressionnantes falaises dressées à la verticale. Elle partage ses eaux avec les petits bateaux de pêche.

Playa del Inglés (hors plan par A1) : *à 1 petit km au nord du village, en poursuivant la route après le quartier La Playa.* La plus belle plage du secteur, sans conteste, et l'une des plus intéressantes de l'île. Facilement accessible à pied, à vélo ou en voiture. Son sable fin et noir, au pied de hautes falaises, lui donne tout son caractère.
– ***ATTENTION :*** les vagues et le courant peuvent être particulièrement dangereux. Plusieurs baigneurs sont morts de noyade. Bien vérifier la couleur du drapeau et se renseigner auprès des habitués avant de se mettre à l'eau.

La Playa de la Calera (plan A1) : *dans le centre du village, juste au sud du quartier La Playa.* C'est la très grande plage de sable et de gros cailloux noirs située au cœur de Valle Gran Rey. Assez sûre mais, là encore, en fonction du vent, il peut y avoir des vagues traîtres. Bien se renseigner. Selon les périodes, la plage est couverte d'énormes galets... ou de sable, en fonction des tempêtes.

Playa Charco del Conde (Baby Beach ; plan A-B2) : *dans le quartier La Puntilla.* Minuscule plage de sable noir, assez fermée sur elle-même, aux eaux très peu profondes, ce qui la rend parfaite pour les très jeunes enfants, d'où son nom de *Baby Beach.*

Où randonner à partir de Valle Gran Rey ?

Allez d'abord faire un tour à l'office de tourisme pour obtenir les dernières infos sur la météo, c'est indispensable. En effet, les conditions climatiques sont très différentes entre le bord de mer et la montagne. Vent, température, pluie... tout change très vite à La Gomera. Votre sécurité est en jeu. Une belle rando à entreprendre à partir de Valle Gran Rey.

➢ ***Valle Gran Rey-La Mérica-Arure :*** *difficulté moyenne. Durée : env 3h30. Distance : 7 km. Dénivelée : env 850 m (en montée).* Point de départ sur la route principale de La Calera, 100 m plus haut que l'office de tourisme *(plan B1, **1**),* sur la gauche en montant. Cette rando peut être faite dans le sens de la montée, mais aussi en descente à partir d'Arure (c'est le GR 132).

Où observer les baleines et les falaises de Los Órganos ?

Comme dans la partie sud de Tenerife, on peut observer les baleines pilotes et les dauphins *mular* au large des côtes de La Gomera. Les excursions partent du port de Valle Gran Rey. 4 compagnies assurent cette balade de 3-4h.

■ ***Excursiones Amazonia*** *(plan B3,* ***60****) : résas par tél seulement ou rdv directement sur le port. ☎ 922-80-55-15. 📱 616-47-22-65. En général, 2 sorties/j. (à 9h30 et 15h). Compter env 42 €/pers tt inclus (réduc enfants).* On aime bien ce petit bateau de pêche traditionnel qui accueille une dizaine de personnes seulement (mais 6 pers min). Bon accueil et guide compétent. Déjeuner et baignade le long des côtes, compris dans le tarif.

■ ***Oceano*** *(plan B3,* ***61****) : pas de kiosque sur le port. Bureau c/ Quema, 7, dans le quartier du port (ouv tte la journée). ☎ 922-80-57-17. 📱 649-28-88-52. • whalewatching-gomera.com • Lun-ven 9h30-13h, 17h-19h. Excursion 2 fois/j., mat et ap-m, et parfois aussi des sunset tours. Compter 40 €/pers (réduc enfants).* On fait l'excursion sur un bateau traditionnel canarien, bateau de pêche reconverti dans le tourisme. Cette petite agence allemande travaille avec une association de chercheurs à Berlin. *Oceano* respecte scrupuleusement le code de bonne conduite d'approche des cétacés. Toujours quelque chose à grignoter à bord selon les excursions. Conférences régulières sur les baleines et dauphins (se renseigner pour les horaires). Au sous-sol, expo sur les baleines en général, et plus particulièrement sur celles que l'on voit dans le secteur.

■ ***Excursiones Tina*** *(plan B3,* ***62****) : kiosque sur le port. ☎ 922-80-54-14. 📱 629-99-06-43. • excursiones-tina.com • Bureau ouv tlj 9h30-13h30, 17h-19h. Excursions presque tlj, de 3-4h, mat et/ou ap-m, tapas ou lunch compris selon les cas. Compter 35-40 €/pers (réduc enfants).* Manuel Jesus, le capitaine, n'est pas le bon Dieu mais il a du savoir-faire et la passion de la mer. On embarque soit sur le bateau *Tina* (environ 60 pers) ou sur le *Speedy Adventure* (bateau semi-rigide rapide de 12 places). Organise aussi plusieurs fois par semaine une excursion vers **Los Órganos,** ces hautes falaises d'orgues basaltiques majestueuses, et seulement visibles depuis la mer. *Mêmes tarifs que pour l'excursion baleines.*

LA PALMA

• Carte *p. 358-359*

ABC de La Palma

- ***Superficie :*** 708,32 km².
- ***Population :*** 84 786 hab. (2019).
- ***Capitale :*** Santa Cruz de La Palma.
- ***Villes principales :*** Santa Cruz de La Palma (15 700 hab.) et Los Llanos de Aridane (20 171 hab.).
- ***Point culminant :*** le Roque de los Muchachos (2 426 m).
- ***Particularité géographique :*** proportionnellement à sa largeur, c'est l'île la plus haute du monde.
- ***Particularité naturelle :*** l'île la plus boisée de l'archipel (34 000 ha de forêt), classée « Réserve de la biosphère » par l'Unesco.
- ***Particularité touristique :*** la randonnée, avec 80 sentiers balisés de tous niveaux (1 080 km).
- ***Économie :*** surtout agriculture (banane, vigne et autres fruitiers, légumes) et tourisme.
- ***Climat :*** températures assez stables sur les côtes (15-25 °C selon le lieu et la saison), mais il peut neiger l'hiver en altitude.

La plus grande des petites îles occidentales est aussi parmi les plus attachantes. Aussi volcanique que ses voisines, elle offre une grande diversité de paysages. Aux *malpaís* (coulées de lave) du Sud répondent ainsi les pinèdes altières des hauteurs et la foisonnante laurisylve, cette forêt primaire de lauriers et de fougères qui prend pied dans les ravines du versant nord-est, plus arrosé. Sur l'essentiel de son pourtour – au nord plus encore –, l'île se ceint d'une herse de falaises entrebâillées sur de rares plages de sable noir et des criques intimes où flotte parfois un parfum affirmé de bout du monde... Ajoutez 3 000 ha de bananeraies en terrasses, saupoudrez de vignes, de sentiers, de cônes volcaniques et creusez une profonde caldera... Dessinez enfin un cœur, la pointe bien en bas pour faire tenir le tout... Voilà La Palma, alias Isla Bonita – la belle île.

On dit volontiers que La Palma est l'île la plus escarpée du monde, avec une largeur maximale d'à peine 28 km pour une hauteur atteignant 2 426 m au *Roque de los Muchachos.* L'affirmation n'est pas vraiment corroborée, mais une certitude s'impose à l'œil : oui, La Palma est très accidentée. D'ailleurs, la ligne droite est presque inconnue ici en dehors des tunnels ! Souvent héritées des sentiers muletiers restés en usage jusque dans les années 1960, les routes, parfois à voie unique, se contorsionnent inlassablement au mépris du vide – les barrières sont rares. Chaque port, chaque

havre, chaque plage est bien souvent un cul-de-sac vers lequel on dévale depuis les hauteurs, avant (d'essayer) de remonter...
Le vaste réseau des sentiers d'autrefois connaît aujourd'hui une nouvelle vie. Fort de 1 080 km d'itinéraires bien balisés et entretenus, il attire de nombreux randonneurs à la journée ou au long cours.
Et puis il y a... le ciel étoilé des nuits palmeras. Encadrant strictement l'éclairage public et le survol de l'île pour réduire la pollution lumineuse, la *ley del cielo* (loi du ciel) a fait de La Palma une destination de choix pour les passionnés d'astronomie. Les scientifiques du monde entier s'y retrouvent à l'observatoire du Roque de los Muchachos, tandis que les amateurs sortent leur télescope sur 16 zones spécifiquement aménagées (avec planisphère céleste) réparties autour de l'île. Nombre de *casas rurales* sont équipées d'instruments d'observation de bonne qualité et d'ouvrages d'initiation, tandis que plusieurs agences proposent des sorties en compagnie de spécialistes.
Enfin, il y a les habitants de La Palma. Chaleureux, accueillants... Pétris à l'aune des va-et-vient maritimes entre l'Europe et l'Amérique, ils mêlent dans leurs veines bien des origines. Qui, ici, n'a pas parmi ses ancêtres ou ses cousins quelque affinité avec Cuba ou le Venezuela – plus une touche, souvent, de sang flamand ? Entre ailleurs, arpents de montagne et océan, les *Palmeros* se sont forgés une identité bien à eux, où triomphe le goût des autres et du bien-vivre, le plaisir de la bonne chère et du bon vin. Oui, on l'avoue, on a eu un gros coup de cœur pour l'île-cœur.

UN PEU D'HISTOIRE

Les Benahoaritas (ou Auaritas), les 1ers habitants, semblent être arrivés des côtes nord-africaines en plusieurs vagues (voir « Population » dans « Hommes, culture, environnement » en fin de guide). Ils vécurent probablement 1 500 à 2 000 ans sur La Palma sans être dérangés outre mesure par d'autres peuples... Éleveurs (chèvre, cochon) et cueilleurs (plantes et céréales leur permettaient de fabriquer le *gofio*), ils avaient probablement des habitudes semi-nomades, se déplaçant sur un territoire donné au gré des saisons. Au moment de la conquête, l'île semble avoir été divisée en 12 « royaumes », taillés des crêtes vers la mer – comme si La Palma avait été une tarte coupée en différentes parts. Chacun répondait à l'autorité d'un chef *(mencey)* et les guerres intestines semblent avoir été fréquentes. Au XVe s, la population est estimée selon les sources à 4 000-6 000 personnes.
Laissée de côté dans un 1er temps, La Palma est l'avant-dernière île de l'archipel à être conquise, dans le sillage du grand essor des Rois Catholiques. Le 29 septembre 1492, jour de la San Miguel (l'île y gagne le nom de San Miguel de La Palma), ***Alonso Fernández de Lugo*** aborde sur la côte ouest, dans l'actuel Puerto de Tazacorte, accompagné de 900 hommes. Sa motivation est grande : les monarques espagnols lui accorderont 700 000 maravédis s'il parvient à se rendre maître de l'île dans l'année !
Lugo parvient assez aisément à conclure des accords avec les différents *menceyes* de l'île, dont il respecte l'autorité. Seuls lui résistent un temps le comté de Tigalate (actuel Villa de Mazo) et surtout celui d'Aceró (caldera de Taburiente), dont le *mencey,* Tanausú, se replie dans sa forteresse naturelle, repoussant 2 offensives. En mai 1493, il accepte une rencontre avec Lugo. Bien mal lui en prend : il tombe dans une embuscade et est embarqué à destination de l'Espagne, où le Castillan veut l'exposer pour prouver sa victoire aux Rois Catholiques. L'histoire raconte que Tanausú préféra se laisser mourir sur le bateau...
Désormais maîtres de La Palma, ***les conquistadors se partagent l'île.*** Les terres agricoles les plus fertiles se couvrent de canne à sucre et des fortunes se bâtissent rapidement – avant que la concurrence américaine, vers le milieu du XVIe s, ne

NORD
El Roque
La Fajana de Franceses
Santo Domingo (Garafía)
El Tablado
Franceses
LP 114
Llano Negro
Roque Faro
Buracas Dragos
El Castillo
Hoya Grande
La Zarza y la Zarcita
Punta Gorda
Mirador d'Izcagua
Las Tricias
Las Moradas
Ermita San Mauro
LP 1
2 028
Mirador Los Andes
Puntagorda
Observatoire d'astrophysique
LP 111
2 426
Roque de los Muchachos
Parque nacional de la Caldera de Taburiente
Aguatavar
Playa de la Veta
Zona de acampada
Tijarafe
Mirador de Los Brecitos
Bar. de Las Angustias
Cueva Bonita
Mirador de Las Chozas
Mirador El Time
Los Llanos de Aridane
Argual
El Paso
Puerto de Tazacorte
Tazacorte
LP 212
Todoque
LP 2
OCÉAN ATLANTIQUE
Las Manchas
Puerto Naos
Charco Verde
El Remo
Playa La Zamora et Zamora Chica
Las Indias
LP 207
Volcán San Antonio
Punta Larga
Volcán de Teneguía
Playa Nueva
Punta de Fuencaliente
Santo Domingo (Garafía)
62 km
44 km
Los Llanos de Aridane
31
Santa Cruz de La Palma
22 km
31 km
Fuencaliente

Pas de côté
La Fajana
Mirador La Tosca
Piscines naturelles
Barlovento
LP 1
LP 109
Puerto Espíndola
Laguna de Barlovento
Charco Azul
San Andrés
Bosque de los Tilos
Los Sauces (San Andrés y Sauces)
Mirador de San Bartolo
Mirador de Las Barandas
Playa de Nogales
La Galga
ico de La Cruz
351
LP 4
Cubo de la Galga
LP 1
Casa Luján
Puntallana
ador de Los Roques
Cumbrecita
287
Nuestra Señora de las Nieves
Santa Cruz de La Palma
Mirador de La Concepción
Centro de visitantes
LP 2
San Pedro (Breña Alta)
Los Cancajos
Breña Baja
Caldera de Taburiente
LP 301
El Pilar
Villa de Mazo
arque natural de Cumbre Vieja
Cueva de Belmaco
Malpaíses
Tigalate
Playa de la Salemera
LP 2
LP 206
Ruta de los Volcanes
Monte de Luna
Las Caletas
Los Canarios (Fuencaliente)
LP 207
Playa Las Cabras
El Faro Las Salinas
SAN SEBASTIÁN DE LA GOMERA
VALVERDE (EL HIERRO)
0
5
10 km

LA PALMA

pousse les colons à se tourner vers la vigne (malvoisie). Les Benahoaritas qui n'ont pas été vendus en esclavage se convertissent de gré ou de force au christianisme... L'année 1514 les voit bénéficier des mêmes droits que les Castillans, mais l'histoire ne dit pas s'il en reste alors encore beaucoup...

La Palma sur la route du Nouveau Monde

La Palma fut le ***1er port des Canaries*** autorisé à commercer avec les Indes (l'Amérique). Ce privilège dura jusqu'en 1565. À cette époque des grandes découvertes, La Palma était le 3e port le plus important de l'empire espagnol après Séville et Anvers. Au cours des XVIe et XVIIe s, riche en eau, c'est une ***escale prisée des navires croisant vers le Nouveau Monde*** – dont elle devient un peu le marchepied. Les navigateurs y embarquent victuailles, plantes, animaux, matériel, matelots et passagers. La traversée de l'Atlantique durait 1 mois et les périls, nombreux, obligeaient les marins à rédiger leur testament. Marchands et colons espagnols, portugais, français, génois font escale à Santa Cruz, voire s'installent à demeure. C'est le cas des ***Flamands,*** qui furent les 1ers à y débarquer après la conquête de l'île. Ils se lancèrent dans le commerce de la canne à sucre. Les richesses qui y transitent attirent naturellement les convoitises des pirates basés au Maroc et en Algérie, mais aussi des Européens : on se souvient encore, à La Palma, de la furie dévastatrice du pirate français François Leclerc (1553)... Des fortifications sont alors bâties, qui permettent de repousser Francis Drake en 1585. L'ouverture de l'ensemble des ports espagnols au commerce américain, en 1778, met fin à la prépondérance de l'île. Sucre et vin ne s'exportent plus comme avant. Cela n'empêche pas les émigrants catholiques irlandais de s'y réfugier ainsi que des Français déportés pendant les guerres napoléoniennes. Au XIXe s l'île vit de la ***soie,*** puis de la ***cochenille*** (après 1830), avant de se tourner vers la ***banane*** – aujourd'hui omniprésente. La vie y est rude et entre 1850 et 1930 quelque 30 000 Palmeros choisissent d'émigrer pour rejoindre ***Cuba.*** C'est la plus importante ***période d'émigration*** pour l'île.
Certains émigrés canariens n'y restent que pour la saison de la canne, d'autres y bâtissent des fortunes et reviennent enrichis (près de 6 000) sur leur île natale : ***les Indianos.*** Dans les années 1930, cap sur le Venezuela. Nombreux sont ceux qui fuient alors clandestinement le franquisme et sa conscription, à bord des *barcos fantasmas* (bateaux fantômes)... La Palma est incidemment la seule île canarienne à résister – un petit peu – aux putschistes durant ce que l'on a appelé la *Semana Roja* (Semaine rouge)...

UNE GÉOGRAPHIE VOLCANIQUE

Impossible, pour comprendre La Palma et sa diversité, de faire abstraction de sa géographie. Formée de 3 grands ensembles volcaniques apparus au fil du temps, elle est l'une des plus jeunes de l'archipel : 1,7 à 2 millions d'années. Une broutille à l'échelle géologique ! Large de 28 km pour 42 km de longueur, l'île culmine à 2 426 m au Roque de los Muchachos.
Au nord se creuse la ***caldera de Taburiente.*** Cela ressemble à un cratère, mais pas tout à fait : c'est plus profond encore – près de 1 800 m de dénivelée au maximum pour 9 km de diamètre ! 2 théories se sont longtemps opposées avant que la 2de ne finisse par s'imposer. Pour les uns, la caldera serait née de l'effondrement du principal stratovolcan de l'île, en raison de l'explosion d'une énorme poche de gaz souterraine constituée lors des éruptions. Pour les autres, c'est l'érosion – et elle seule – qui a fait le travail, entaillant peu à peu le cratère d'origine pour former cette vaste marmite où les forêts de pins ont repris pied. Elle a aussi creusé un débouché naturel pour les eaux d'écoulement : le ***barranco de las Angustías,*** une profonde ravine orientée à l'ouest, qui débouche à Puerto de Tazacorte, où s'est constituée l'une des plus belles plages (de sable noir) de l'île.

Les flancs extérieurs de la caldera sont, eux, largement influencés par le régime des pluies. Bloquées par la haute ligne des crêtes, les nuées portées par les alizés du nord-est s'accrochent ainsi au relief entre 800 et 1 800 m d'altitude, formant une masse mouvante baptisée « mer de nuages » ou « cascade de nuages » – qui alimente un extraordinaire réseau de sources et rivières souterraines, nourrissant la ***riche laurisylve.***

Au sud, la caldera de Taburiente est prolongée par le volcan effondré de la ***Cumbre Nueva*** et par l'épine dorsale de la ***Cumbre Vieja.*** Malgré son nom, cette dernière est en fait la plus jeune. Elle-même constituée d'une enfilade de cratères, elle descend jusqu'à la pointe sud de l'île. Là, juste au-dessus de la mer, sommeillent le ***San Antonio,*** dont la dernière éruption remonte à 1677 et le ***Teneguía*** (439 m), le plus jeune des volcans canariens, qui a « offert » à La Palma 2 km^2 supplémentaires lors de son éruption en 1971...

RANDONNER À LA PALMA

On pourrait presque se contenter d'aligner les chiffres... La Palma déroule quelque ***1 080 km de sentiers aménagés*** de tous niveaux : 2 chemins de grande randonnée (*Gran Recorrido* – GR), l'un de 159,5 km qui fait le tour de l'île, l'autre de 86 km qui en épouse toutes les crêtes ; 38 sentiers de promenade et randonnée (*Pequeño Recorrido* – PR) et variantes ; et 24 sentiers locaux (*Senderos locales* – SL) officiellement recensés... Plus important encore, La Palma offre des paysages d'une incroyable diversité, superbement préservés. Non seulement l'île tout entière est classée « Réserve de la biosphère » par l'Unesco, mais les zones protégées couvrent plus de 35 % de sa surface. Nature à tous les étages, donc, sur ces tracés millénaires que Benahoaritas, conquistadors et Palmeros ont déroulés et patinés au fil du temps. Une petite précaution à prendre néanmoins : il est conseillé de vérifier sur le site • *senderosdelapalma.es* • l'ouverture et l'état des sentiers. En plus de l'Ultramarathon Transvulcania (voir encadré), l'île fête également la rando lors d'un festival, chaque année fin avril • *dianacionaldelsenderismolapalma.com* •

PRENDRE SON PIED !

Il y a ceux qui marchent sur les crêtes, et ceux qui courent sur les volcans. Organisé tous les ans en mai depuis 2009, l'Ultramarathon Transvulcania (• transvulcania.info •) réunit quelque 3 600 coureurs, qui parcourent en une journée près de 77 km de volcan en volcan, depuis le phare de Fuencaliente jusqu'au mirador del Time en contournant la Caldera de Taburiente, avant de redescendre à Puerto de Tazacorte et de remonter à Los Llanos de Aridane... En gros, le GR 131 que les bons marcheurs avalent en 3 jours... Un cumul de dénivelée de plus de 8 000 m !

– ***Climat et équipement :*** si le climat reste subtropical, doux et printanier toute l'année, la géographie de l'île impose des nuances. L'écart de température entre la côte et le point le plus haut, le Roque de los Muchachos, peut dépasser les 20 °C. Le Nord, plus arrosé, notamment dans la forêt humide de laurisylve, affiche des températures oscillant entre 10 et 18 °C. Là s'imposent veste chaude coupe-vent, chapeau et chaussures de rando... imperméables – avec des semelles adaptées à la boue et l'humus glissant. Sur la dorsale sud (Cumbre Vieja), plus exposée et venteuse, la protection solaire est absolument indispensable. Quant à la zone du parc national de la Caldera de Taburiente, elle cumule le tout !

– ***Meilleure période :*** toute l'année ! Si le Nord et la laurisylve sont légèrement plus pluvieux en plein hiver, les déluges sont rares et ne durent guère que le temps d'un grain. Le bon sens dicte de privilégier les balades en forêt, à couvert, en plein été, et de garder pour l'automne et l'hiver le Sud plus ensoleillé.

– ***Difficultés :*** il y en a pour tous les niveaux, depuis la balade de 1h au tour complet de l'île (GR 131) en 9 jours. La Palma étant très escarpée, la plupart des sentiers présentent des dénivelées importantes, à la descente comme à la montée (rarement moins de 300 m) – souvent sous forme d'escaliers ou de successions de terrasses.
– ***Choisir sa randonnée :*** si vous partez sans guide, il est ***impératif*** de rendre visite à l'un des offices de tourisme de l'île ou au *centro de visitantes* du parc concerné. On vous y donnera toutes les infos importantes : sentiers ouverts et fermés (notamment en hiver), horaires des bus, contacts et tarifs des taxis pour atteindre le point de départ de la rando ou en revenir, et surtout les ***dernières infos météo, à bien vérifier avant chaque départ.***
– ***Transports pour les randonneurs :*** la plupart des randos sont accessibles depuis une route ou un parking, et plusieurs d'entre elles sont desservies par les bus. Dans le cas contraire, ou si l'itinéraire se termine au milieu de nulle part, on trouve généralement sur place un panneau « Taxi » ou « Taxi verde », qui comporte un numéro de téléphone ainsi que, en général, un numéro de station. Donc, on n'oublie pas son portable avant de partir, on part avec assez de liquide et on révise son espagnol pendant la pause pique-nique ! Autre solution : certaines agences de guides proposent juste une option transport, soit vers le point de départ, soit pour le retour, soit les deux. C'est entre autres le cas de l'agence *Natour* (☎ 922-43-30-01 ; ● natour.travel ●).

Cartes, topoguides et autre doc

– ***Cartes de rando :*** le dépliant *La Palma – Red de Senderos,* distribué gratuitement par les offices de tourisme, donne une bonne vision d'ensemble des sentiers mais n'est pas suffisant pour organiser une randonnée. La carte *Freytag & Berndt : La Palma/Wander und Freizeitkarte/Hiking and Leisure map* est la plus précise (échelle 1/30 000, env 10 €) et couvre tous les sentiers de l'île, en anglais et en allemand, mais elle n'a pas été revue depuis un moment. *La Palma Tour & Trail,* au 1/40 000, par *David Brown* (env 15 €), très résistante à l'humidité et aux pliages et dépliages... Voir aussi les cartes incluses dans les guides plus bas.
– ***Topoguides : Topoguía Isla de La Palma – Red de Senderos de La Palma,*** 2005, est édité par le Cabildo de La Palma en espagnol, anglais et allemand ; vendu 23 € avec une carte au 1/40 000, on le trouve dans certains offices de tourisme (Santa Cruz) et *centros de visitantes* ; il détaille tous les sentiers de l'île – indispensable pour les vrais accros.
Les Parcs nationaux espagnols éditent ***Guía de visita del parque nacional de la Caldera de Taburiente*** (2008), un gros guide sur le parc de la Caldera, qui couvre tout depuis l'histoire jusqu'à la géologie et la faune, avec bien sûr les différents sentiers expliqués façon topoguide ; en vente au *centro de visitantes* du parc. ● miteco.gob.es/es/red-parques-nacionales/nuestros-parques/taburiente ●
Plus léger, le ***Guía del parque nacional de la Caldera de Taburiente*** (2001) se consacre uniquement aux sentiers de randonnée, avec une très bonne carte.
– ***Site internet :*** ● senderosdelapalma.es ● senderosdelapalma.es/fr ● Le site officiel du réseau des sentiers de rando, avec possibilité de télécharger la carte générale des chemins de l'île, ainsi que certains itinéraires avec les coordonnées GPS (fichiers gpx). En espagnol, français (partiellement), anglais et allemand. Relaie également les alertes météo et les infos sur les sentiers fermés. Infos sur l'unique refuge et les zones de camping accessibles.

Randonner seul ou accompagné ?

Partir seul en balade, avec ses cartes, sa gourde et son chapeau, c'est chouette, mais si on choisit de se faire accompagner, on est libéré de la logistique (acheminement, etc.) et de la préparation. En plus, on profite des explications du guide sur la flore, le volcanisme, les habitants préhispaniques... Cela peut donc valoir le coup, en particulier pour les randonneurs occasionnels. Seul hic, à La Palma, rares sont les agences à proposer ce service en français (les germanophones, en revanche, seront bien servis).

■ ***Natour :*** *☎ 922-43-30-01. • natour.travel •* Cette agence emploie une équipe de guides qui connaissent l'île comme leur poche. Ils proposent de belles randos guidées (groupes de 8 à 15 personnes), de tous niveaux, depuis la rando familiale facile de 3h jusqu'à la journée sur la *ruta de los Volcanes.* Ils organisent aussi à la demande des itinéraires plus longs, sur les GR ou autre, avec transports et hébergements (plutôt en gîte ou hôtel).

L'ÎLE AUX ÉTOILES

En 2007, un panel d'astronomes et spécialistes internationaux s'est réuni à La Palma, dans le cadre de l'initiative *Starlight,* pour affirmer haut et fort l'importance de préserver les cieux nocturnes de la pollution lumineuse pour l'observation. L'île a suivi et, avec elle, tout le gouvernement des Canaries, faisant de l'île une destination prisée d'astrotourisme ! ***Une douzaine de télescopes*** sont installés près du sommet du Roque de los Muchachos, dont le ***plus grand télescope optique du monde,*** le *GranTeCan,* doté d'un miroir de... 75,7 m^2 ! S'il est réservé aux professionnels, il est néanmoins possible de le visiter de jour avec *La Palma Stars* (voir ci-dessous).

– ***Les visites accompagnées :*** cette agence et 2 autres compagnies, vraiment compétentes, proposent aussi des initiations à l'observation des étoiles, sur différents sites répartis autour de l'île. Même lorsqu'on a déjà quelques notions, se faire accompagner par un guide spécialisé peut vraiment changer la donne ! Elles s'adressent à tous les publics, novices notamment, mais organisent aussi régulièrement des sorties à thème qui intéresseront les initiés : spécial photographie, spécial lune, etc. Seul bémol : il n'existe à ce jour aucune visite programmée en français. Attention aussi au froid : venez chaudement équipé(e) !

– ***Les sites d'observation libres et gratuits :*** vous avez aussi la possibilité d'observer le ciel de nuit en toute liberté depuis un ***site d'observation.*** La Palma compte une quinzaine de sites d'observation du ciel, plus ou moins faciles d'accès. Certains, isolés, ne sont accessibles que par des routes étroites et tortueuses, ce qui n'est pas rassurant si on roule de nuit. Ces sites d'observation sont libres d'accès, gratuits, et ne nécessitent aucune réservation. Vous pouvez y venir avec votre télescope.

– ***L'application SkyView :*** si vous l'avez téléchargée sur votre smartphone, pointez celui-ci vers le ciel étoilé, et l'appli vous indiquera la constellation que vous observez avec l'aide d'un schéma sur l'écran.

– Un ***site officiel*** recense les différentes activités liées aux étoiles et à l'observation astronomique : *• starsislandlapalma.es •*

– ***Bon à savoir :*** toutes les visites d'observatoires se font de jour, jamais de nuit. Les visites nocturnes sont réservées aux scientifiques.

■ ***La Palma Stars :*** *edificio Las Olas, c/ Cancajos,* ***Los Cancajos.*** *☎ 922-43-35-64. 📱 622-80-56-18. • lapalmastars.com • À l'entrée sud de Los Cancajos sur la droite. Lun-ven 9h30-13h30, plus 17h-19h en été, mais on les contacte surtout via Internet. La Palma Stars* organise *(tte l'année, 3 fois/sem, en général lun, mer et sam)* des sorties de nuit de 4h (2h d'observation) en compagnie de spécialistes chevronnés, en groupes de 10 à 15 personnes *(env 37 €/pers avec transport depuis Los Cancajos, 27€/pers en venant avec son propre véhicule).* Explications en espagnol ou anglais (en français sur demande, mais cher). Et régulièrement des sorties thématiques ou sur mesure pour les amateurs éclairés. Ils louent aussi du matériel de haute qualité.

■ ***AdAstra La Palma :*** 📱 696-18-66-33. • adastralapalma.com • C'est via cette agence privée très pro que l'on peut visiter, de jour et en groupe *(max 25 pers)*, l'*observatoire Roque de los Muchachos :* • *iac.es* • *Compter 9 €/pers hors transport et réserver bien à l'avance sur Internet. Visites le mat tlj de mi-juin à mi-sept et 2-4 visites/sem (en général mar, jeu, ven, sam et dim) le reste de l'année. Interdit aux moins de 6 ans.* Il s'agit d'une visite des installations, donc plutôt technique, et non d'une observation, puisque tout se fait en plein jour. Sinon, même type de prestations que *La Palma Stars*, par groupes de 2 à 15 personnes, à partir de 6 ans, en espagnol, anglais et italien ; propose aussi des observations du soleil.

■ ***Cielos La Palma :*** 📱 607-59-21-75. • cielos-lapalma.es • Sorties d'observation en compagnie du guide Antonio González (à partir de 25 €) et location de matériel.

FÊTES ET MANIFESTATIONS

La Palma est volontiers festive. Voici la liste (non exhaustive) des principaux rendez-vous insulaires !

– ***Bajada de la Virgen :*** *du dernier dim de juin au 5 août, ts les 5 ans* ***(la prochaine en 2025)****.* C'est LE rendez-vous de La Palma. Tout commence en 1680 alors que l'île souffre d'une grave sécheresse. Pour s'attirer les bonnes grâces du ciel, les insulaires organisent une procession de la Vierge-des-Neiges, depuis son sanctuaire des hauteurs jusqu'au port de Santa Cruz. Et, bien sûr, il pleut... L'événement devient régulier. Au fil du temps, des manifestations de plus en plus nombreuses s'ajoutent : danse des géants et des grosses têtes, défilé aux lanternes de soie de La Pandorga précédant un grand feu de joie, démonstrations d'acrobatie, chars allégoriques, festival XVIIIe (avec bal du menuet en costumes !). Enfin vient la tant attendue *danza de los Enanos* (« danse des Nains »), sur des airs de polka. Mais comment font les 24 figurants, grimés en bergers, pour revêtir en quelques secondes à peine ce costume à l'énorme bicorne napoléonien qui leur tombe jusqu'au nombril ? Le secret est bien gardé. Le 5 août, enfin, la Vierge regagne en procession son sanctuaire.

– ***Fiesta del Almendro :*** *fin janv ou début fév à Puntagorda.* C'est la fête des amandiers en fleur – une grosse kermesse.

– ***Carnaval :*** La Palma fête dignement le Carnaval, avec défilés, concours de costumes et élection d'une reine. Mais tous attendent en fait le lundi, jour du *Desembarco de los Indianos.* Costumes de lin blanc, *guayaberas* (chemises à 4 poches), panamas, tulles et mousselines plongent alors Santa Cruz un siècle en arrière, lorsque les Palmeros enrichis s'en revenaient de Cuba, valises en main et ombrelle en tête. Pour être sûr que tout soit bien blanc, on se jette du talc à qui mieux mieux...

– ***Semana Santa :*** les confréries défilent encagoulées dans la vieille ville de Santa Cruz.

– ***Día de la Cruz :*** *3 mai.* C'est la fête des croix ! Elle commémore l'arrivée sur l'île en 1493 du conquistador Alonso Fernández de Lugo qui planta une croix en terre. Lors de cette fête, les croix sont décorées de fleurs et de motifs minutieux en papier. Certains y accrochent même leurs bijoux... et veillent la nuit entière pour s'assurer qu'on ne les leur piquera pas ! Quel quartier aura la plus belle ?

– ***Corpus Christi :*** *en juin, à Villa de Mazo.* Pour l'occasion, les rues pentues du village se couvrent de tapis de fleurs, de graines, de mousses et autres aiguilles de pin, composant autant de tableaux religieux ou simplement esthétiques.

– ***Moros y Cristianos :*** *en août, ttes les années qui se finissent en 0, 3, 5 et 8 à Barlovento (la prochaine a priori en août 2023).* Pour la fête de Notre-Dame-du-Rosaire, reproduction de la bataille de Lépante en 1571 opposant *Moros* (Turcs en fait) et *Cristianos*. Pour l'anecdote, Cervantes, auteur de Don Quichotte, y perdit un bras.

– ***Caballos fuscos y Fufos :*** *à Fuencaliente le dernier dim du mois d'août (ts les 2 ans, années paires) et à Tazacorte en sept.* Au programme : danses des chevaux et girafe !
– ***El Diablo :*** *à Tijarafe, dans la nuit du 7 au 8 sept.* Crachant le feu, le diable, aux yeux brillants, déambule dans les rues sur fond de pétards, de musique et de feux d'artifice. Le sens de cette fête est de rappeler que le diable rôdait dans le monde la veille du jour de la Nativité (naissance de la Vierge Marie). Finalement c'est le bien (la Vierge) qui triomphe sur le mal (le diable). Ouf, une fin hereuse !

HÉBERGEMENT À LA PALMA

L'offre hôtelière est très restreinte à La Palma : on trouve un éventail de petites pensions, d'hostels bon marché ou d'hôtels essentiellement à Santa Cruz ou à Los Llanos de Aridane, quelques hôtels-clubs à Los Cancajos, Puerto Naos ou Fuencaliente, et c'est à peu près tout… Le nord de l'île, en particulier, ne compte qu'un hôtel et une pension ! Résultat : il est difficile pour un touriste itinérant de loger une nuit ici, une nuit là, une autre nuit plus loin.
À défaut d'une offre hôtelière suffisante, d'autres types d'hébergement s'avèrent intéressants.
– ***Les appartements*** *(apartamentos)* **:** du studio à l'appart de 2 chambres, en ville comme en bord de mer, on peut les louer à la journée (parfois des séjours minimum de 2 ou 3 nuits sont imposés en pleine saison). Généralement bien tenus et équipés, y compris côté cuisine, ils manquent en revanche passablement de charme ! La réservation s'impose, car la réception n'est pas forcément sur place, ou a des horaires limités.
– ***Les casas rurales :*** très développées, en particulier dans les secteurs isolés comme la côte nord. À de rares exceptions, elles s'apparentent plus à des gîtes, à louer en entier, qu'à des maisons d'hôtes, avec une location chambre par chambre. Draps et serviettes sont fournis, et le ménage généralement compris. La réservation préalable est obligatoire, car les propriétaires habitent rarement sur place. Petit bémol : le séjour minimum varie entre 3 et 7 jours selon la maison et la saison.
Même si elle ne regroupe pas toutes les *casas rurales* de l'île, l'association de propriétaires ***Isla Bonita*** *(• islabonita.com •, voir aussi « Adresses utiles » à Santa Cruz de La Palma)* en gère plus de 80, avec beaucoup de sérieux et de fiabilité, dans les descriptifs comme dans les réservations. La plupart sont des petites maisons anciennes bien rénovées (dans le style canarien rustique) et bien équipées, depuis la *casa* de poupée avec 1 seule chambre pour 2 personnes jusqu'à la grande demeure bourgeoise (petit manoir-ferme parfois) pour 8 pers avec piscine et barbecue.
– ***Les hostels privés pour petits budgets :*** on en trouve quelques-uns comme par exemple à Los Llanos de Aridane, à El Paso et à Fuencaliente. Logement en dortoirs ou en chambre privative. Prix très sages.
– ***Les albergues*** *(auberges)* **:** principalement destinées aux randonneurs, il n'en existe que 2 sur l'île : l'*Albergue San Antonio del Monte* à Garafia et l'*Albergue Puntagorda* à Puntagorda. Au programme : dortoirs 4-12 lits, cuisine, sanitaires et espaces communs. *Infos sur • senderosdelapalma.es/uso-publico/albergues/ • Résas : 📱 634-75-89-76 (lun-ven 9h-14h, résa min 24h avt). Compter 11-15 €/pers selon saison, petit déj, dîner, draps et serviette en plus.* Mentionnons aussi l'existence du refuge du Roque de los Muchachos.
– ***Campings et aires de camping :*** là aussi l'île est sous-équipée ce qui semble étonnant vu le nombre de randonneurs sac à dos. Un vrai manque bien qu'il existe quelques aires de camping, version rustique, surtout destinées aux randonneurs, donc souvent situées au cœur d'un environnement vert et paisible. Certaines

aires sont vraiment sommaires et réduites à leur plus simple expression ! Peu de camping-cars et pas de mobile homes dans ces campings-là. Dans les zones protégées, il faut en général demander un permis. Infos sur • *senderosdelapalma.es* •, rubrique « Loisirs » (ou « *Uso público* » dans la version espagnole, souvent plus à jour).

ITINÉRAIRES À LA PALMA

En 3 jours

– ***1er jour :*** matinée dans la vieille ville de *Santa Cruz de La Palma* ***(1).*** Puis direction le sud pour une boucle : Villa de Mazo ***(2),*** *Casa Roja* et éventuellement l'atelier de céramique, puis *Cueva de Belmaco* ***(3),*** *Fuencaliente* ***(4),*** *volcán San Antonio* ***(5),*** les salines ***(6)*** et, pourquoi pas, une pause baignade à la *playa Nueva* ***(7).*** Enfin retour vers Santa Cruz par l'ouest avec arrêt dégustation aux *Bodegas Tamanca* ou à la *Casa-Museo del Vino* à Las Manchas ***(8).*** En option : un détour par la plage de Puerto Naos.

– ***2e jour :*** direction le centre de l'île et le *parque nacional de la Caldera de Taburiente* ***(9)*** pour une petite rando (1h) au départ du mirador de La Cumbrecita ***(10).*** On rejoint ensuite Los Llanos de Aridane ***(11)*** – joli centre colonial et *Museo arqueológico Benahoarita* – avant de finir la journée devant un plat de poisson ou de fruits de mer à Puerto de Tazacorte ***(13).*** Ceux que ça intéresse ajouteront au passage la visite du *musée de la Soie* à El Paso ***(12).***

– ***3e jour :*** exploration de la côte nord, via la LP4 qui passe au Roque de Los Muchachos ***(14),*** le point culminant de l'île, dans des paysages splendides ; arrivé sur la LP1, cap à l'est : site archéologique de *La Zarza y la Zarcita* ***(15),*** baignade à La Fajana ***(16)*** sur la côte de Barlovento ou au *Charco Azul* ***(17)*** à San Andrés y Sauces, puis courte balade jusqu'à La Cascada *au bosque de Los Tilos* ***(18)*** *et* visite du musée ethno *Casa Luján* à Puntallana s'il reste du temps avant la fermeture.

En 1 semaine

– ***1er jour :*** Santa Cruz de La Palma ***(1),*** sa vieille ville, le *Museo Insular* et l'incontournable *Santuario Nuestra Señora de las Nieves* ***(2).*** À San Pedro ***(3)*** – Breña Alta – voir les *Museos del Puro* (cigare) et de *las Cruces.* Baignade à Playa Bajamar ou à Los Cancajos ***(4).***

– ***2e jour :*** exploration du *bosque de Los Tilos* ***(5),*** formidable forêt de laurisylve primaire. Rando à la grosse demi-journée, avant de rejoindre l'une des charmantes piscines naturelles de La Fajana ***(8)*** à Barlovento ou du Charco Azul ***(7)*** à San Andrés y Sauces. Sans oublier la visite de la *Casa Luján* ***(6)*** en chemin. En soirée, en option : excursion d'observation astronomique ***(9).***

– ***3e jour :*** visite (sur résa, le prévoir à l'avance !) de l'observatoire de *Roque de Los Muchachos ;* puis descente vers Garafía : site archéologique de *La Zarza y la Zarcita* ***(10)*** puis, pour ceux qui ne craignent pas les routes étroites et tortueuses, plongée jusqu'au village semi-abandonné de La Fajana de Franceses ***(11),*** sur la côte nord. Ensuite, on rejoint la côte ouest : Puntagorda ***(12)*** – *mercadillo* le week-end – puis Tijarafe ***(13),*** avec sa descente plus folle encore jusqu'au vieux *proís* (port de pêche). Route vers Los Llanos de Aridane ***(15)*** via le mirador del Time ***(14).***

– ***4e jour :*** découverte du *parque nacional de la Caldera de Taburiente* ***(16).*** Rando à la journée, et visite en chemin d'El Paso ***(17)*** pour son *museo de la Seda* (musée de la Soie).

– ***5e jour :*** excursion en bateau depuis Puerto de Tazacorte ***(18)*** pour observer baleines et dauphins, et baignade au passage. Il faut aussi découvrir Los Llanos de Aridane, au joli cœur ancien, son église et son *Museo arqueológico Benahoarita.*

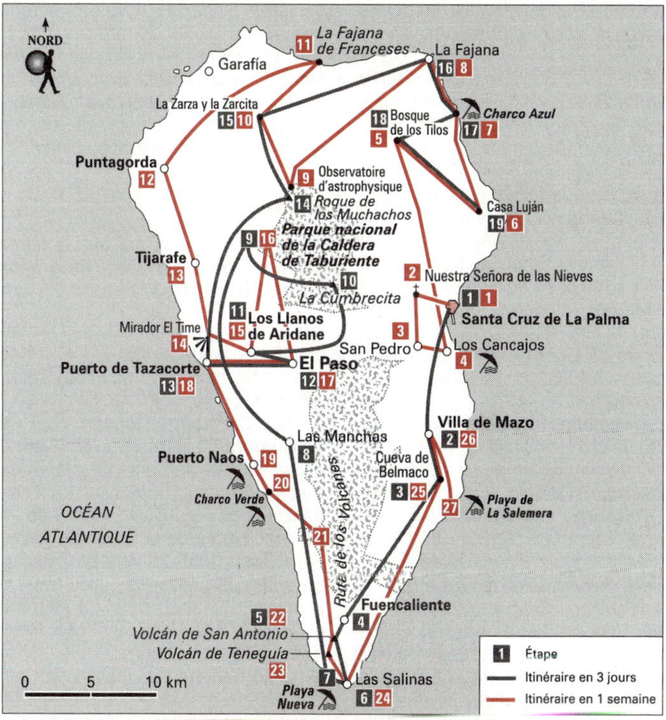

ITINÉRAIRES À LA PALMA

– *6e jour :* baignade à Puerto Naos ***(19)*** ou sur la mignonne plage de Charco Verde ***(20),*** dégustation aux *Bodegas* (caves) *Tamanca* ou à la *Casa-Museo del Vino* à Las Manchas, avant de rejoindre Fuencaliente, au sud, où l'on peut visiter d'autres *bodegas.* Les marcheurs s'offriront plutôt une rando à la journée sur la route des volcans ***(21),*** d'El Pilar à Fuencaliente.
– *7e jour :* aux portes de Los Canarios, visite du *Centro de visitantes du Volcán San Antonio* ***(22),*** ascension du *volcán Teneguía* ***(23)*** – 1h30 environ –, éventuellement prolongée d'une rando jusqu'aux jolies Salines ***(24)*** – où l'on déjeune volontiers. L'après-midi : site archéologique de la *Cueva de Belmaco* ***(25),*** *Casa Roja* et atelier de céramique à Villa de Mazo ***(26),*** et fin de la journée en beauté sur la *playa de La Salemera* ***(27),*** pour un dernier bain...

LA PALMA

Comment y aller ?

En avion

✈ ***Aéroport de La Palma :*** *à env 9 km au sud de Santa Cruz, en bord de mer.* ☎ *902-404-704.* • *aena.es* • Assez grand et moderne, il accueille des vols directs depuis les autres îles, Madrid, Barcelone, Bruxelles, Amsterdam, l'Allemagne et l'Angleterre, mais rien depuis la France pour l'instant. Petit ***bureau d'infos touristiques*** ouvert selon les vols, accès depuis le hall d'arrivée et aussi depuis l'extérieur, location de voitures (**Europcar,** ☎ 922-42-61-92, ● europcar.es ● ; **Avis,** ☎ 928-09-23-30, ● avis.es ● ; **Hertz-Thrifty,** ☎ 922-42-85-94, ● hertz.es ● ; **Cicar,** ☎ 928-82-29-00, ● cicar.com ●). Distributeur à l'extérieur.

➢ Pour rejoindre Santa Cruz (et Los Cancajos), bus nº 500 (face à la cafétéria), ttes les 30 mn en sem, 7h15-22h45 (ttes les heures 7h45-22h45 w-e et j. fériés). Sinon, en taxi, compter 10-11 € : ne pas s'en priver à plusieurs.

➢ ***Madrid :*** a priori tlj (env 3h de vol), sinon tlj via *Tenerife Norte* ou *Las Palmas de Gran Canaria,* avec *Iberia Express* (☎ 901-11-15-00 ; ● iberiaexpress.com ●).

➢ ***Barcelone :*** 2 vols directs/sem (env 3h30 de vol) avec *Vueling* (☎ 807-200-100 ; ● vueling.com ●). La compagnie dessert aussi ***Bilbao.***

➢ ***Tenerife :*** env 10-17 vols/j. avec *Binter Canarias* (☎ 902-39-13-92 ; ● bintercanarias.com ●). *Durée du vol : 30 mn.* 5 vols/j. avec la Cie *Canary Fly.* (☎ 928-01-85-00 ; ● canaryfly.es ●). Seul 1 vol de *Binter* dessert l'aéroport de Tenerife Sur, tous les autres rejoignent Tenerife Norte – ce qui n'est franchement pas pratique si vous avez une « correspondance » vers l'Europe depuis Tenerife Sur.

➢ ***Gran Canaria :*** 4 vols directs/j., avec *Binter.* Durée : 50 mn.

➢ ***La Gomera :*** 2-4 vols/j., via *Tenerife Norte* ou *Gran Canaria,* avec *Binter.*

➢ ***Lanzarote, El Hierro et Fuerteventura :*** vols fréquents via *Tenerife Norte* ou *Gran Canaria*, avec *Binter*.

En bateau

Le port de Santa Cruz de La Palma *(plan A3)* accueille aussi de grands navires de croisière.

⛴ 2 compagnies se partagent le marché, ***Naviera Armas*** (☎ 922-41-14-45 ● navieraarmas.es ●) et ***Fred Olsen*** (☎ 902-10-01-07 ; ● fredolsen.es ●).

➢ ***Los Cristianos*** *(Tenerife Sur) via* ***La Gomera :*** 1 liaison/j. avec *Naviera Armas* (départ de Santa Cruz à 4h du mat, sauf le dim à 13h30), et 1 à 2 liaisons/j. avec *Fred Olsen*, en soirée en général. Durée de la traversée : avec *Fred Olsen,* 1h50-2h vers La Gomera, 1h pour Los Cristianos ; avec *Naviera Armas,* 2h15-2h30 pour La Gomera et 4h pour Los Cristianos (plus long, donc, mais moins cher).

➢ ***Gran Canaria*** *(Las Palmas de Gran Canaria)* ***:*** avec *Naviera Armas,* via un changement de bateau (et même de port, en bus) à Tenerife... Ça prend la journée !

Comment se déplacer sur l'île ?

En bus

Les *guaguas* sillonnent efficacement l'île. Les fréquences ne sont pas très élevées (ttes les 1-2h pour la plupart des lignes), mais les bus sont globalement à l'heure. Une carte magnétique rechargeable (bono guagua, *1 € le support, et rechargeable pour 10, 20 ou 30 €)* permet de sillonner l'île (trajet 1,50 à 2,60 € selon distance). On l'achète auprès du chauffeur en début de voyage.

Les abribus se repèrent de loin. On trouve 2 terminus principaux sur l'île, l'un à Santa Cruz, en plein centre, l'autre à Los Llanos de Aridane. Très facile de trouver un plan dans les offices de tourisme qui distribuent aussi une fiche des horaires. Sinon : ☎ 922-41-19-24. ● tilp.es ●

Voici les lignes principales, qui desservent toute l'île :

– ***Línea 100 :*** Santa Cruz de La Palma-Barlovento, via Puntallana et Sauces. Dans les 2 sens, ttes les heures 6h15 (7h15 depuis Los Llanos le w-e)-22h40 ; ttes les 2h w-e et fêtes. La ligne devient ***120*** de Barlovento à Puntagorda (via Gallegos, Franceses, Santo Domingo et Las Tricias), puis ***110*** de Puntagorda à Los Llanos de Aridane, (via Tijarafe, Tazacorte). En gros, mêmes horaires pour les lignes 100, 120 et 110, qui font ainsi le tour de l'île par le nord.

– ***Línea 200 :*** Santa Cruz de La Palma-Breña Baja-Fuencaliente (via Villa de Mazo). Dans les 2 sens, ttes les 2h, 6h15 (8h15 le w-e)-21h (plus 22h40 depuis Santa Cruz jusqu'à Fuencaliente). Durée du trajet complet : env 1h.

Sinon, même trajet (mais via El Hoyo) avec la ligne ***201,*** moins fréquente.
- ***Línea 210 :*** Los Llanos de Aridane-Fuencaliente, 6 bus/j. 6h (8h15 le w-e)-20h15 ; depuis Fuencaliente, 7h (9h le w-e)-21h.
- ***Línea 300 :*** Santa Cruz de La Palma-Los Llanos de Aridane, en direct par le tunnel et El Paso, plus court. Depuis Santa Cruz, ttes les 30 mn, 6h10-20h40 en sem (puis encore 2 bus de nuit, le dernier à 22h40). Le w-e, bus ttes les heures 6h10-22h40. Mêmes fréquences depuis Los Llanos de Aridane, 5h35-20h35, puis jusqu'à 22h35. À noter un service plus tardif les ven et sam soir, à 0h40 depuis Santa Cruz et 23h35 depuis Los Llanos. Durée du trajet : env 50 mn.

En voiture

Pour explorer les recoins les plus isolés, c'est encore ce qu'on a trouvé de mieux. Les routes sont en bon état, mais parfois très étroites (voie unique) et pleines de lacets bien corsés, en particulier dans le Nord. Attention, il n'y a presque jamais de rambarde ! Gaffe aussi aux raidillons bétonnés qui descendent quasi direct vers la mer... certains y ont laissé des pneus !...
La signalisation n'est pas mauvaise, mais peut prêter à confusion : en effet, les panneaux indiquent parfois la commune, parfois les villages qui en dépendent. Exemple : Fuencaliente au sud, qui s'articule en fait surtout autour de Los Canarios.
Côté pratique, outre les grands loueurs internationaux, pas mal de petites agences proposent des tarifs raisonnables *(dès 25 €/j. pour 1 sem, ou autour de 30 €/j. pour des loc plus courtes).* On en trouve plusieurs notamment à Los Cancajos.

SANTA CRUZ DE LA PALMA (38700) 15 700 hab.

• Plan *p. 371*

Étendue à flanc de montagne, descendant en oblique jusqu'à la mer, cette ville de taille moyenne est la capitale historique de La Palma. Étagé en un lacis de ruelles largement piétonnes ponctué d'escaliers et de raidillons, son cœur ancien révèle un remarquable patrimoine architectural hérité de l'époque coloniale. Santa Cruz de La Palma n'est pas une grande ville mais elle a beaucoup de caractère et résume assez bien la beauté des villes canariennes chargée d'histoire. Nobles demeures entourant un patio central aux balcons de bois, églises baroques, placettes romantiques et gros pavés, blanc de la chaux ou façades colorées soulignées du noir de la pierre volcanique. Plaisante, facile à découvrir à pied, très bien desservie par les transports en commun, Santa Cruz est aussi une base très pratique pour rayonner sur toute la partie nord-est et centrale de l'île – un atout supplémentaire pour les petits budgets.

Arriver – Quitter

En bus

Pas de gare routière, mais tous les bus passent par les arrêts *(plan A3)* de l'avenida de Los Indianos, à l'entrée de Santa Cruz, en gros devant la *Casa Indianos*. Outre ceux qui desservent toute l'île (voir plus haut « Comment se déplacer sur l'île ? »), voici les lignes des environs proches (plus d'infos sur : • *tilp.es* •).
- ***Ligne nº 22 :*** dessert les différents hameaux de ***Breña Baja*** et ***Breña Alta,*** dont ***San Pedro.*** Ttes les 2h,

6h30-21h15 (seulement 4 départs le w-e, 9h15-21h15).

– ***Ligne nº 33 :*** dessert l'hôpital via le ***Real Santuario de Nuestra Señora de las Nieves.*** En sem, ttes les heures 7h15 (8h15 le w-e)-21h15 ; le w-e, ttes les 2h.

– ***Ligne nº 500 :*** dessert l'***aéroport*** (20-30 mn) via ***Los Cancajos.*** Ttes les 30 mn, 6h30 (7h le w-e)-22h15 ; ttes les heures le w-e.

En bateau

Voir plus haut en intro « Comment y aller ? ». Chaque compagnie maritime dispose d'un guichet au port *(plan A3, **2**).*

Adresses utiles

CIT – Oficina de turismo *(plan A3)* ***:*** *Casa Cristal, pl. de la Constitución. ☎ 922-41-21-06. ● lapalmacit.com ● Dans le kiosque vitré sur le terre-plein à l'entrée sud de la ville. Lun-ven 9h-14h, 15h-18h (16h30-19h30 été) ; sam 9h-14h ; fermé dim.* De la doc sur l'île et sur la ville, plan et horaires de bus. Carte de l'île et guide des sentiers de l'île en vente. Brochures à télécharger à l'adresse : *● francais.lapalmacit.com/guides.html ●* Voir aussi *● santacruzdelapalma.es ●*

Isla Bonita *(plan A2-3, **1**)* ***:*** *c/ O'Daly, 50. ☎ 922-43-06-25. ● islabonita.com ● Bureau lun-ven 9h-13h, 16h-19h, et sam mat, mais les résas se font sur Internet. Fermé dim.* C'est cette association qui gère le plus de *casas rurales* de l'île, avec beaucoup de sérieux (voir « Hébergement à La Palma »).

Parking : vaste parking gratuit *(plan A3)* à l'entrée du port, face à l'office de tourisme (attention, 1er et 3e dimanches du mois, occupé par un marché aux puces). Sinon, emplacements payants le long de l'avenida de las Nieves, à proximité du *Museo naval (plan B1).*

Où dormir ?

Prix moyens (40-70 €)

Apartamentos La Fuente *(plan B1, **11**)* ***:*** *c/ Anselmo Pérez de Brito, 49. ☎ 922-41-56-36. ● info@la-fuente.com ● la-fuente.com ● En plein centre, dans la rue piétonne. Apparts 2 pers (35 m²) 43-52 €, suite 60 m² avec grande terrasse 67 €. Pas de petit déj. Réception 9h-12h, 17h-20h (sam 9h-12h).* Si l'entrée se cache derrière une jolie façade ancienne, les appartements étagent leurs cubes modernes sur 4 niveaux à l'arrière (pas d'ascenseur). Récents et bien équipés (cuisine aménagée, petit salon, chambre mais pas de clim), ils ont, pour les plus agréables, un balcon dominant la ville, ce qui génère

Adresses utiles

- CIT – Oficina de turismo (A3)
- **1** Isla Bonita (A2-3)
- **2** Guichets des compagnies maritimes (A3)

Où dormir ?

- **11** Apartamentos La Fuente (B1)
- **12** Casa emblemática San Sebastián (A2)
- **13** Hotel San Telmo (A2)
- **14** Aparthotel El Galeón (hors plan par A3)
- **15** Hotel El L'Hotelito 27 (A2)
- **16** Hotel Holiday Time (B2)

Où manger ?

- **20** Arepera El Encuentro (B1)
- **21** Cinnamon Bar et Rincon del Enano (A2)
- **22** La Placeta (B2)
- **23** Siete Islas Burger Bar (A2)
- **24** El Coral (hors plan par A3)
- **25** Chipi-Chipi (hors plan par B1)
- **26** Enriclai (B2)
- **27** La Isla de Goya (B1-2)

Où boire un bon café ou un thé ?

- **27** El Café de Don Manuel (A2)
- **28** Casa Tey (A2)

Où boire un verre ?

- **21** Cinnamon Bar (A2)
- **22** La Placeta (B2)
- **30** Sputnik (A2)
- **32** Tasca El Cuarto de Tula (B2)
- **33** Tasca La Cuatro (A2)

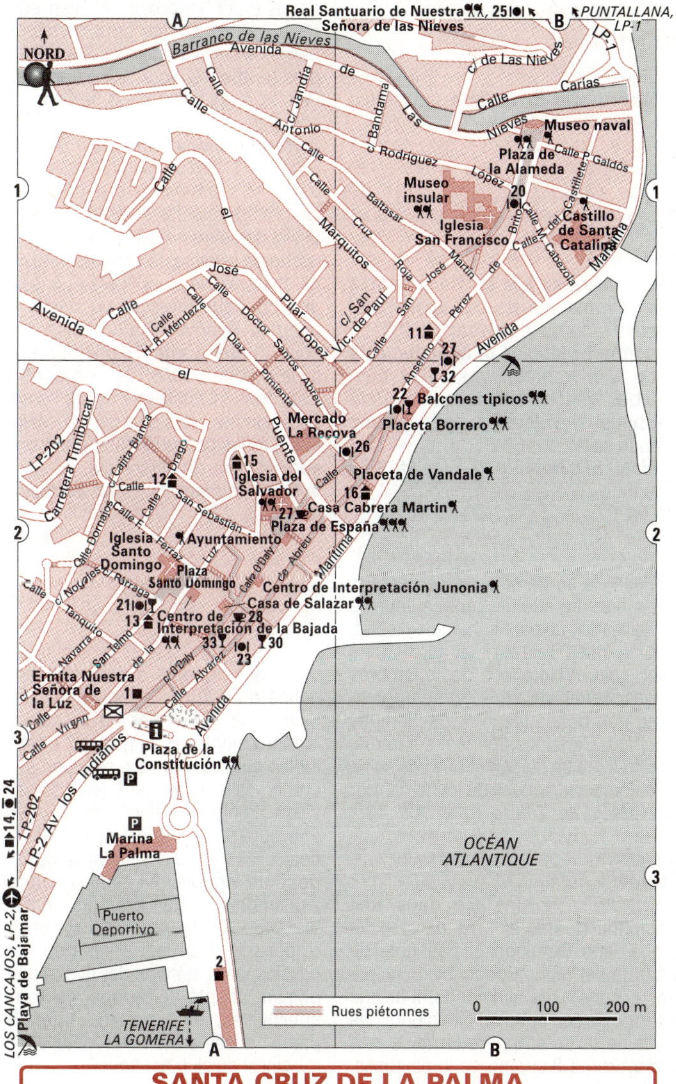

SANTA CRUZ DE LA PALMA

parfois quelques nuisances sonores. Nos préférés ? Les 2 plus grands, haut perchés, avec une grande terrasse privative. Sinon, on partage un grand toit-solarium aménagé avec douche d'été. Excellent accueil et des conseils pour découvrir la ville. Le propriétaire, un homme jovial toujours présent, gère aussi plusieurs apparts et maisonnettes à louer à Santa Cruz. En cas d'arrivée tardive, il organise ce qu'il faut pour aller chercher ses clients au bateau.

De prix moyens à chic (60-100 €)

Aparthotel El Galeón *(hors plan par A3, **14**) : c/ Galeón, 10. ☎ 922-41-10-00. • reservas@hotelelgaleon.com • hotelelgaleon.com • Un peu excentré, sur les hauteurs, à 10 mn à pied du centre (en voiture, accès simple, mais il n'est pas aisé d'en repartir). Double env 82 €. Parking souterrain gratuit (étroit !).* Tel un vaisseau à la pointe sud de la ville, l'immeuble de cet apart-hôtel épouse la forme d'un virage à 180° ! Il renferme 25 studios et appartements (1 ou 2 chambres), vastes et bien équipés (ventilo, cuisine, salon). Petit déj buffet servi au sous-sol dans une grande salle.

Hotel El L'Hotelito 27 *(plan A2, **15**) : c/ Adolfo Cabrera Pinto, 27. ☎ 922-04-84-97. 📱 664-46-70-06. • info@elhotelito27.com • elhotelito27.com • Doubles 60-85 €, petit déj buffet 8 €.* Difficile de se garer dans ce secteur. Dans une rue étroite, à mi-hauteur de la vieille ville, un petit immeuble discret, ancien mais restauré et modernisé avec soin. À l'intérieur, des chambres impeccables, de style contemporain avec une bonne literie et des lampes pour lire. Certaines donnent sur la rue, d'autres ont un balcon et une vue sur la ville. Excellent accueil du jeune patron.

Hotel San Telmo *(plan A2, **13**) : c/ San Telmo, 5. ☎ 922-41-53-85. • info@hotel-santelmo.com • hotel-santelmo.com • Doubles 90-110 €, petit déj 10 €.* Installé dans une ancienne demeure, près de la belle place Santo Domingo, ce petit hôtel de charme est tenu impeccablement par ses propriétaires allemands. Il allie le charme de son patio où glougloute une fontaine et de sa petite terrasse perchée. Abrite 8 chambres lumineuses, de style contemporain, et bien équipées (ventilo et clim pour certaines). Salles de bains modernes. Aussi 2 studios (pratiques pour 3-4 personnes). Pensez à réserver : c'est très souvent complet.

Hotel Holiday Time *(plan B2, **16**) : avda Marítima, 33. ☎ 822-90-74-63. • info@holidaytime-hotel.es • holidaytime-hotel.es • Doubles 80-85 €.* Vieille demeure historique sur l'avenue qui borde la plage de sable noir. Au rez-de-chaussée, le propriétaire a conservé une boutique, vestige du passé du quartier. Rénové et modernisé avec soin, l'hôtel abrite 16 chambres de style contemporain, de bon confort. Elles donnent sur la mer ou sur l'arrière (plus sombre, mais plus calme). Malgré son nom inapproprié, c'est une bonne adresse dans de vieux murs.

Casa emblemática San Sebastián *(plan A2, **12**) : c/ San Sebastián, 28. ☎ 922-43-06-25. • reservas@islabonita.es • islabonita.com • alojamientoslapalma.com • Sur les hauteurs du vieux centre (proche, mais ça grimpe !). Compter 80-96 € pour 2, 100-120 € pour 4. Séjour 3 nuits min en hte saison.* Dans cette belle demeure canarienne du XVIIIe s, la rénovation, respectueuse, a fait place à 3 « suites » (appartements en fait) aussi confortables que charmantes, chacune avec cuisine-salle à manger (bien équipée), salon et salle de bains. « Yaiza », avec son superbe parquet en *tea* et ses beaux volumes, est vraiment séduisant pour un couple. « Lolina » compte 2 chambres, parfait pour une famille. Vrai plus, les propriétaires mettent à disposition des iPad, et sont de vrais passionnés d'astronomie, avec l'équipement adapté (télescope, ouvrages spécialisés, etc.) pour s'initier. En prime : accès gratuit aux installations (piscines) du club nautique.

Où manger ?

De très bon marché à bon marché (moins de 12 €)

Arepera El Encuentro *(plan B1, **20**) : c/ Anselmo Pérez de Brito, 87 (angle pl. de la Alameda). ☎ 922-41-10-44 ou 09-51. Tlj 8h30-1h.* On y vient pour les *arepas*, ces sandwichs typiquement vénézuéliens fabriqués à partir d'une galette de maïs croustillante. C'est goûteux, très bon marché et la terrasse aux tables et chaises en fer forgé est bien plaisante.

Siete Islas Burger Bar (plan A2, **23**) : *c/ Álvarez de Abreu, 65. ☎ 922-42-05-61. Ouv tlj 19h30-2h (3h30 ven-sam et j. fériés). Burgers et sandwichs 3-7 €.* Les noctambules et les habitués y font halte dès qu'une grosse faim les saisit. Ici, rien que du costaud, du calorique, à commander au comptoir. On vous conseille le *Canary Burger* (copieux) ou les sandwichs tièdes au poulet ou au steak, avec tomate, laitue et mayonnaise.

La Isla de Goya (plan B1-2, **27**) : *avda Marítima, 51. ☎ 922-42-03-89. Tlj sauf dim et lun, 11h-23h. Plats 6-13 €.* Ce bar à tapas est tenu par un homme jovial originaire d'Aragon, la province natale du peintre Goya, d'où le nom du lieu. On y sert des tapas bien sûr, des salades composées, et des petites cassolettes appelées *cazuelicas,* avec par exemple des escargots ou des gambas. Et aussi quelques plats canariens classiques.

Cinnamon Bar (plan A2, **21**) : *c/ San Telmo, 2 (angle pl. Santo Domingo). ☎ 922-41-02-24. • hola@cinnamongastrobar.com • Tlj sauf dim-lun, 13h-15h30, 20h-22h (bar en terrasse jusqu'à minuit). Plats 7-12 €.* Sur la ravissante place Santo Domingo, ce resto moderne, à la déco rouge, noir et blanc, offre un accueil jovial. La cuisine utilise des produits frais, souvent issus de l'agriculture locale (voire bio). Au menu : des miniburgers au fromage de l'île, des plats végétariens et sans gluten, etc. Tout ici est fait pour être convivial, jusqu'à cette belle terrasse étendue sur l'esplanade de l'église San Domingo...

El Rincón del Enano (plan A2, **21**) : *c/ San Telmo, 1. ☎ 922-41-13-71. Tlj sauf dim, 13h-16h, 19h30-23h. Plats 6-13 €.* À côté du *Cinnamon Bar*, ce resto dont le nom signifie « le coin du nain » dispose d'une belle terrasse au calme sur la place. Des petits plats comme les croquettes de poisson ou de fromage, ou des plus grands comme le *pulpo frito* ou le risotto de veau aux champignons, et les plats canariens typiques. Service diligent mais parfois un peu lent. Au final, une bonne soirée et une addition raisonnable.

El Coral (hors plan par A3, **24**) : *avda Bajamar, 149, au port de pêche. ☎ 922-69-60-96. Tlj, lun-jeu jusqu'à 17h, ven-dim jusqu'à 23h (22h30 le dim). Plats 6-9 €, menu déjeuner 10 €.* À l'étage d'un bâtiment du port de pêche, ce resto géré par la confrérie des pêcheurs. Pour ce genre d'endroit, la déco est assez soignée. On y vient avant tout pour son poisson frais, débarqué en contrebas, et pour le menu du midi à prix super éco. Juste à côté, *El Puertito* grille ses propres prises dans une sorte de kiosque avec véranda bâchée.

Prix moyens (12-25 €)

La Placeta (plan B2, **22**) : *placeta Borrero, 1. ☎ 922-41-52-73. • info@restaurantelaplaceta.com • Tlj sauf dim 10h-23h. Plats 7-18 €.* Que ce soit sur la très agréable placette piétonne ou dans les élégantes salles du 1er étage, Palmeros et touristes se croisent ici pour simplement boire un verre (un p'tit *barraquito* ?), ou s'attabler plus sérieusement devant les copieuses et délicieuses spécialités maison (morue sauce safran, thon en ratatouille, lapin aux amandes), plus raffinées que dans bien des restos voisins. Serveurs agréables et diligents même s'ils sont débordés. Une de nos adresses préférées.

Enriclai (plan B2, **26**) : *c/ Dr Santos Abreu, 2. 📱 680-20-32-90. Tlj sauf dim et lun midi, 12h30-15h30, 19h30-22h30. Repas 20-30 €. Résa indispensable le soir.* La sympathique Carmen vous accueille, sourire aux lèvres. Y aura-t-il de la place ? Perché au coin d'une rue grimpant vers les hauteurs, son mini-resto-vigie doit être le plus petit des îles Canaries. Petit par la taille, il n'a que 5 tables, mais remarquable par son style ! Pas de carte écrite, elle décline oralement la carte, comme au théâtre : des viandes de l'île, du thon frais, du poulpe, des légumes grillés... bref, des produits locaux, choisis en fonction des arrivages, cuisinés aussi simplement qu'avec élégance. Les prix sont un peu plus élevés qu'ailleurs, mais vous ne risquez pas de repartir avec le ventre creux !

Où manger aux environs ?

Chipi-Chipi *(hors plan par B1, **25**) : c/ Juan Mayor, 42, Velhoco. ☎ 922-41-10-24. • info@chipichipi.es • Sur les hauteurs de la ville, à mi-chemin entre le santuario de Nuestra Señora de las Nieves et le mirador de la Concepción, bien visible de la route. Tlj lun-sam, 12h30-23h (dim 17h30). Repas 8-15 €. Évitez le sam, c'est plein.* Autour d'une grande terrasse se serrent plusieurs petites salles privées de 6 à 8 places, et quelques-unes plus vastes pour les réunions de famille. Le lieu est très apprécié des Palmeros, qui viennent s'y régaler d'une cuisine canarienne familiale et plantureuse : viandes grillées (excellent *cabrito* ou *conejo* grillés) accompagnées de *papas arrugadas, ali-oli* et autres *mojos.* Les aventuriers du goût tenteront les *chicharrones al gofio*... bon, vous n'êtes pas obligé de finir... Une expérience vivante, sans danger pour le portefeuille.

Où boire un bon café ou un thé ?

El Café de Don Manuel *(plan A2, **27**) : c/ Pérez de Brito, 2. Lun-ven 8h-20h30, sam 9h-14h. Fermé dim.* Grand et charmant patio intérieur avec des fougères suspendues aux balcons en bois. Construite en 1864, la *Casa Cabrera Martín* fut la demeure et le bureau d'un riche armateur canarien. Son vieux coffre sommeille dans un coin et ses livres de compte sont exposés aux regards. Les habitués s'y éveillent devant le meilleur café de l'île, importé tout spécialement de Colombie, en grignotant une crêpe ou un gâteau (riche !).

Casa Tey *(plan A2, **28**) : c/ Álvarez de Abreu, 57. ☎ 922-35-26-56. • casatey@hotmail.com • Tlj sauf dim de 10h à 23h-minuit selon affluence.* C'est ici qu'est née la grande fête des Indianos, il y a une cinquantaine d'années. La demeure (XVIIIe s) s'organise autour d'un sombre patio au balcon en bois très ancien, avec une autre petite salle cosy au fond. Un cadre rêvé pour une escale devant une part de tarte et un bon thé – noir, rouge, vert, blanc, rooibos, vaste choix. On peut aussi s'installer en terrasse, dans la ruelle.

Où boire un verre ?

Santa Cruz n'est pas une ville très vivante au regard des cités espagnoles moyennes. Quelques terrasses s'alignent néanmoins le long du front de mer, où l'on trouve notamment la ***Tasca El Cuarto de Tula*** *(plan B2, **32** ; avda Marítima, 48 ; ☎ 922-41-10-11),* recommandable aussi pour ses tapas bon marché et de bonne qualité. Plus bas, le ***Sputnik*** *(plan A2, **30** ; avda Marítima, 11, à l'angle avec la c/ Apurón ; ☎ 922-41-84-55, tlj sauf dim 8h-minuit, 2h du mat ven-sam)* est plutôt apprécié des vieux Palmeros. Le soir mieux vaut mettre le cap, en retrait du front de mer, sur le carrefour des rues Álvarez de Abreu et Blas Simón, connu des habitués sous le nom de *Cuadrilatero.* Vous trouverez là notamment la ***Tasca La Cuatro*** *(plan A2, **33** ; ☎ 922-41-16-08 ; tlj sauf dim, 9h (16h sam)-2h).* Sinon, aux heures chaudes, la terrasse ombragée de ***La Placeta*** *(plan B2, **22** ; voir plus haut « Où manger ? »)* s'avère un refuge sûr. Enfin, n'oublions pas, à la belle saison, l'agréable terrasse du ***Cinnamon Bar*** *(plan A2, **21** ; voir plus haut « Où manger ? »),* sur l'esplanade en balcon de l'*iglesia Santo Domingo*.

À voir

Assez compact, largement interdit aux véhicules et entravé d'escaliers, le ***vieux Santa Cruz*** s'explore résolument à pied. Depuis la ***plaza de la Constitución*** *(plan A3),* 2 rues piétonnes, parallèles au front de mer, s'enfoncent entre les élégantes façades canariennes, basalte anthracite et chaulage éclatant de blancheur, ou bleu pervenche, tendre vert amande et saumon pâle relevés de boiseries... La très commerçante ***calle O'Daly,*** couramment nommée « calle Real » constitue l'axe principal de la vieille ville.

★★ *Casa de Salazar* *(plan A2)* **:** *c/ O'Daly, 22. Tlj 9h-21h (14h sam). Fermé dim. GRATUIT. Abrite souvent des expos temporaires.* Façade élégante avec ses colonnettes en basalte salomoniques (torsadées) typiquement baroques. Elle est surmontée du blason en marbre de la famille Salazar. Le patio, emblématique de l'architecture intérieure de l'île au XVIIe s, est encadré de colonnes en pierre volcanique et de galeries en bois de *tea* (cœur du pin) sur 3 niveaux. Une salle à l'étage présente un splendide plafond sculpté aux éléments mudéjars.
Au nº 29 de la même rue, entrez dans le patio de la ***Casa García Carballo*** (1811), décoré d'azulejos et de galeries vitrées en bois blanc.

★ *Centro de Interpretación Junonia* *(plan A2)* **:** *c/ O'Daly, 11. ☎ 922-41-41-22. • centrumlapalma.com • Tlj sauf dim 9h30-13h30. Entrée : 2,50 € ; réduc.* Né d'une initiative privée, ce lieu présente un panorama complet des caractéristiques géologiques, naturelles, historiques et culturelles de l'île au fil d'une grande collection de panneaux explicatifs en espagnol, anglais et allemand. Tout cela manque de vie, mais la demeure est jolie (voir le filtre à eau en pierre volcanique d'origine).

★★★ La balade mène tout naturellement à la délicieuse ***plaza de España*** *(plan A2),* considérée comme l'un des plus beaux ensembles d'architecture Renaissance civile des Canaries. Centre névralgique des pouvoirs politiques et religieux de la ville, on y trouve, côté rue, l'***ayuntamiento*** *(casas consistorlales),* datant de 1559-1587. Précédé d'arches en pierre travaillées, l'édifice s'ouvre sur un escalier décoré de fresques évoquant la vie sur l'île jadis ; surmonté d'un plafond en bois à caissons, il conduit à la salle du conseil (coup d'œil possible). En face, la placette en elle-même, tout en recoins biscornus, est veillée par l'*iglesia del Salvador* (voir ci-dessous).
Au centre trône la ***statue du padre Manuel Díaz,*** figure majeure de l'histoire de l'île au XIXe s, qui a remplacé la ***grosse fontaine*** blasonnée du XVIe s, déplacée au fond de la place. Admirez aussi, au nº 1, la belle ***Casa Monteverde*** (1618), à la façade blanche soulignée de pierre volcanique et ponctuée d'un bel oriel en bois. Et, juste après l'*ayuntamiento,* le beau patio de la ***Casa Cabrera Martín*** : encore un exemple typique de l'architecture palmera, où s'est niché le meilleur café de la ville (voir *El Café de Don Manuel,* « Où boire un bon café ou un thé ? »).

★★ *Iglesia del Salvador* *(plan A2)* **:** sa superbe façade, donnant sur la plaza de España, s'orne de gargouilles et masques grotesques baroques. Si l'édifice remonte au XVIe s, les siècles l'ont largement remodelé. Cela dit, avec ses 3 nefs séparées par des colonnes en pierre de lave, et sa charpente apparente aux décorations inspirées des géométries mudéjares, elle est très représentative de l'architecture des églises de l'île. La tribune du fond, surmontée d'un orgue, fait écho aux trompe-l'œil du chœur.

➢ **★** Passé la plaza de España, la *calle O'Daly* devient ***calle Anselmo Pérez de Brito,*** mais garde le même caractère, avec de belles façades. Voyez notamment, au nº 4, la *Farmacia El Puente* (beau décor 1900) puis, passé l'avenida El Puente, les sièges du *Real Nuevo Club Náutico* (au nº 9) et de la *Sociedad La Investigadora* (au nº 15). Surnommé le « Casino », ce dernier bâtiment, greffé de bustes et gargouilles, abritait un club culturel issu des sociétés savantes et philosophiques très influentes sur l'île au XVIIIe s. Juste en face, se dessine la ***placeta de Vandale*** *(plan B2),* pavée de galets et ombragée de flamboyants. Le nom de celle-ci n'honore pas un quelconque vandale mais les Van Dalle, une des plus vieilles familles de l'île originaire des Flandres.

➢ ★★ Peu après, on atteint la jolie ***placeta Borrero*** *(plan B2).* En empruntant l'étroite ruelle qui longe la façade du resto *La Placeta* (une de nos bonnes adresses, voir « Où manger ? »), on gagne l'*avenida Marítima* au niveau du plus bel ensemble de ***balcones típicos*** *(plan B2)* de la ville. En bois, parfois à double galerie (et alors inspirés de leurs semblables portugais), ces beaux balcons très fleuris ornaient l'arrière des nobles demeures de la calle Real, qui donnaient à l'époque directement sur la mer, avant les remblaiements qui ont permis de dérouler l'avenida Marítima. En levant les yeux, on remarque encore, sous certains, l'emplacement d'une trappe, qui servait de latrines...

➢ ★ Remontant l'*avenida Marítima* vers le nord, on tombe très vite sur le ***Castillo de Santa Catalina*** *(plan B1),* un bastion défensif bâti en urgence en 1554, au lendemain de la dévastation de la ville par le pirate français François Clerc. L'édifice actuel, carré et tout en basalte, a été reconstruit à la fin du XVIIe s sur un design italien, avec des murailles intégrant des panneaux de bois destinés à mieux encaisser le choc des boulets de canon – un modèle qui s'est ensuite répandu en Amérique. Du côté de l'entrée, calle Castillete, on aperçoit encore le blason des Rois Catholiques. L'intérieur abrite une petite expo historique *(lun-sam 9h (10h sam)-14h, dim 16h-18h s'il y a un bateau de croisière ; GRATUIT).* Ne manquez pas de vous offrir une pause sur la terrasse de café située juste devant, à l'ombre d'un grand *ombú* (raisinier) vieux de 450 ans, ramené du Paraguay (toxique, attention !).

RÉVOLUTION À SANTA CRUZ

En 1773, les hommes adultes de Santa Cruz de La Palma se virent accorder par Charles III un droit rarissime à l'époque : celui d'élire leurs représentants – maire excepté. Il n'en faut pas plus à certains historiens locaux pour suggérer que c'est ici, grâce à la pensée de Diderot popularisée par les navigateurs, qu'aurait germé l'idée même de la révolution américaine, exportée au Nouveau Monde par les immigrants palmeros !

★★ ***Plaza de la Alameda*** *(plan B1)* **:** à l'orée du *barranco* de las Nieves, cette vaste et élégante place marque l'extrémité nord de la vieille ville. Aménagée au milieu du XIXe s, elle est plantée de palmiers des Canaries, d'araucarias, de lauriers des Indes (l'une des multiples espèces de ficus) et du sympathique *Kiosko Alameda,* niché dans la base d'un vrai kiosque à musique aux arabesques orientalisantes. De part et d'autre se dressent 2 fontaines ; celle côté nord est coiffée d'un nain au gigantesque chapeau « napoléonien », personnage indissociable de la *Bajada de la Virgen* (voir « Fêtes et manifestations »).

★ ***Museo naval – Barco de la Virgen*** *(plan B1)* **:** *avda de las Nieves, s/n. ☎ 922-41-17-87. Lun-ven 10h-18h, w-e 10h-14h. Entrée : 4,50 € ; billet jumelé avec le Museo de la Bajada : 7 €.* Demander à l'accueil la ***brochure en français*** très bien faite. Installé à l'orée de la plaza de La Alameda, dans une réplique de la caravelle de Christophe Colomb, la *Santa María,* ce petit musée est tout naturellement tourné vers la mer. Il démontre l'importance de La Palma sur la route du Nouveau Monde. Santa Cruz fut le 1er port autorisé par la couronne à commercer avec les Indes (Amérique) jusqu'en 1565. Cartes anciennes, maquette de la caravelle de Christophe Colomb (il ne fit pas escale à La Palma mais à La Gomera et à Gran Canaria), outils de marine, instruments de mesure, histoire des routes transatlantiques, du commerce maritime, de la migration vers Cuba (les *Indianos*). On y découvre aussi la belle histoire du 3-mâts *La Verdad*, un voilier ultra rapide qui mettait 19 jours à rejoindre La Havane. Il fit naufrage. On retrouva sa cloche, symbole de sa gloire passée. Un collectionneur américain, Thomas Cox, en fit don à La Palma en avril 2018. Jamais le retour d'une pièce rescapée d'un naufrage ne suscita tant d'émotions sur l'île. La ***cloche de La Verdad*** est exposée dans une vitrine.

– ***Bon à savoir :*** tous les 5 ans, le *Barco de la Virgen* est une étape importante de la *Bajada de la Virgen,* la fête majeure de l'île.

Museo insular *(plan B1)* **:** *pl. de San Francisco, 3. ☎ 922-42-31-00. Lun-ven 9h30-20h (19h en été), sam 10h-14h. Fermé dim. Entrée : 4 € ; réduc ; gratuit moins de 18 ans. Demander le billet donnant droit, pour le même prix, à la visite du Museo Arqueológico Benahoarita de Los Llanos de Aridane (validité 1 an). Panneaux explicatifs en espagnol et anglais.*
– ***Bon à savoir :*** ce musée n'est pas un musée d'histoire de l'île de La Palma. Il est consacré aux sciences naturelles, à l'ethnographie et aux beaux-arts.
Installé dans le superbe et vieux convento San Francisco, édifié à partir de 1508, ce musée regroupe plusieurs collections un peu vieillottes et d'autres plus récentes. On commence, à droite de l'entrée, par le charmant patio de los Naranjos, dont les orangers ont été plantés par des chefs d'État (dont les rois du Danemark et de Suède) en 1985, lors de l'inauguration du 1er observatoire du Roque de los Muchachos. Sur ses flancs s'organisent les 3 salles très très rétro (vintage ?) de la section ***sciences naturelles,*** en grande partie héritée des collections de *La Cosmológica,* l'une des sociétés savantes les plus actives de l'île autrefois. Remarquer les anomalies génétiques comme ce cabri à 7 pattes ou cet insolite *pez luna*, gros poisson boursouflé. Quelques vitrines illustrent parallèlement l'histoire des chantiers navals locaux et de la marine marchande.
Une salle peinte en rouge est dédiée à ***San Mao,*** une artiste chinoise (écrivain, elle est morte à Taiwan) qui vécut longtemps sur l'île avec son époux canarien. Une route San Mao à La Palma a été créée par l'office du tourisme.
Au 1er étage s'ouvrent les salles dédiées aux ***beaux-arts,*** exposant principalement des œuvres d'artistes canariens des XIXe-XXe s – rien de spectaculaire. Au bas de quelques marches, un peu cachée, une modeste salle se consacre aux ***textiles.***
Au-dessus de la grande cour, le ***fonds Urs Baerlocher*** regroupe sculptures, gravures, lithographies et peintures du XXe s (dont Joan Miró, Antoni Tàpies, August Puig ou Jacques Pajak, entre autres), offertes en 2009 à La Palma par le collectionneur suisse. Une autre salle est dédiée à l'artiste canarienne ***Carmen Arozena*** qui a donné son nom à un prix international de la gravure décerné chaque année par la mairie de Santa Cruz.
En sortant, essayez de voir l'***iglesia de San Francisco,*** ne serait-ce que pour le superbe plafond à caissons Renaissance de la chapelle de Montserrat, ou son retable principal. Elle n'est en général ouverte que le soir pour la messe.

➢ Pour poursuivre la découverte du vieux Santa Cruz, rejoignez l'avenida del Puente pour jeter un œil à l'attachant ***mercado municipal La Recova*** *(plan A2 ; avda de El Puente, 14 ; lun-ven 9h-14h, sam 9h-15h, fermé dim)* et vous y offrir un petit jus de canne frais ! Cap, ensuite, vers la belle esplanade de la ***plaza Santo Domingo*** *(plan A2),* dominée par le couvent du même nom (aujourd'hui un établissement scolaire). L'***iglesia Santo Domingo,*** attenante, abrite quelques-unes des plus belles pièces du baroque palmero, mais l'accès en est très limité *(a priori seulement mar 17h-18h et sam à 17h pour la messe).*
Pousser ensuite jusqu'au mignon ***ermitage de Nuestra Señora de la Luz*** *(plan A2)* qui offre un panorama splendide sur l'océan mais reste, lui aussi, généralement hermétiquement fermé.

Centro de Interpretación de la Bajada *(plan A2)* **:** *c/ Virgen de la Luz, 13. Lun-ven 10h-14h, fermé w-e. Mêmes tarifs que le Museo naval.* Inauguré à l'automne 2015 dans le sillage des célébrations de la *Bajada de la Virgen,* le musée, bien fait, se consacre en détail à cette fête, la plus importante de l'île, organisée tous les 5 ans depuis 1680 (voir « Fêtes et manifestations »). Les différents petits espaces passent en revue les diverses manifestations apparues au fil du temps, images à l'appui. Au rez-de-chaussée, il y a aussi 2 salles d'art contemporain.

Où se baigner ?

Le front de mer de Santa Cruz de La Palma, le long de l'avenida Marítima *(plan B2)*, est aménagé (douches, etc.) : une aubaine, une ***vraie plage*** (de sable noir) en pleine ville. Sinon, à 800 m au sud, après le port marchand, au pied des falaises, on trouve la ***playa de Bajamar*** *(hors plan par A3)*, noire elle aussi et bien aménagée (avec douche, *kiosko* et jeux pour enfants).

DANS LES ENVIRONS DE SANTA CRUZ DE LA PALMA

Real Santuario de Nuestra Señora de las Nieves *(hors plan par B1)* **:** *à env 4 km de Santa Cruz par la LP-101. Juste après le tunnel, au rond-point, prendre à gauche. Bus n° 33 (ttes les heures, 7h15-21h15). Tlj 8h-20h. GRATUIT.*
Le sanctuaire emblématique de l'île abrite la *Virgen* fêtée tous les 5 ans avec une grande procession jusqu'à Santa Cruz. L'extérieur austère laisse mal présager du ***foisonnement baroque*** de l'intérieur, où les boiseries du superbe plafond à caissons en *tea,* d'inspiration mudéjare, sont rehaussées par des tentures rougeoyantes. Trônant sur le très riche maître-autel, la Virgen de las Nieves, soutenue et entourée par une nuée de chérubins rose bonbon, a été réalisée en terre cuite au milieu du XVe s par un artiste nord-européen. À ses pieds, le « trône » d'argent transporté en pièces détachées durant la *Bajada.*
Juste à droite de la porte latérale, se tient la Virgen del Buen Viaje, un bateau dans une main et une étoile en argent dans l'autre afin de guider les voyageurs. Côté gauche, c'est Nuestra Señora de los Angeles, en pur style flamand (grande délicatesse du drapé). Sous la mezzanine qui soutient l'orgue, de nombreux tableaux ex-voto témoignent de l'importance de la dévotion à la Virgen de las Nieves : l'un d'eux évoque le sort d'un bateau français parti de Martinique à destination de Cadiz, « sauvé » d'une effroyable tempête par la dame...
La charmante placette du sanctuaire, où glougloute une fontaine, est flanquée d'une petite cafétéria, mais, pour casser une vraie croûte, allez plutôt jusqu'au *Chipi-Chipi* (voir « Où manger dans les environs ? ») plus haut, sur la même route, en direction du sud.

BREÑA ALTA et BREÑA BAJA (38710 ; 7 170 hab.)

Le centre de cette commune se trouve à 11 km au sud-ouest de Santa Cruz de La Palma. Assez étendue, étagée entre la mer et la Cumbre Nueva, Breña Alta compte 23 hameaux et villages éclatés. Le plus important, San Pedro, est la capitale du *puro,* le cigare de La Palma, développé sur l'île par les immigrés de retour de Cuba au XIXe s. Un musée se consacre au sujet. L'autre hameau important est Breña Baja (la partie basse de la commune).
➢ ***De/vers Santa Cruz :*** bus nos 22 et 33 à destination de Los Llanos (ttes les 30 mn à 1h, 5h50-22h20, env 10 mn de trajet). L'arrêt final s'appelle Hospital.
P ***Parking*** gratuit à San Pedro, en contrebas de l'église, derrière le commissariat *(policia local).*

Où dormir ? Où manger ?

À Breña Baja (38712)

Casa Rural Carlota : *Camino El Brezal, 27, hameau de San José. Gérée par Isla Bonita. • islabonita.com • ☎ 922-43-06-25. Compter 80-96 € pour 2 pers, 90-108 € pour 3 pers (min 5 nuits).* À 345 m d'altitude, sur un versant de la montagne tourné vers l'est, au-dessus d'un petit vignoble, cette maison rose saumon abrite 2 chambres, une cuisine et un salon. Intérieur chaleureux et de bon goût, terrasse extérieure jouissant d'une vue étendue. Les amateurs d'astronomie seront contents : un télescope planté dans le champ de vigne est à disposition des hôtes. Et aussi : barbecue, jacuzzi.

Villas Los Pajeros : *c/ El Socorro, 91-93. ☎ 922-43-52-91. 676-39-66-68. • info@villaslospajeros.com • villaslospajeros.com • Env 300 m au-dessus du parador, en direction de San Pedro (à droite en montant). Compter 85-100 € pour 2-3 pers selon saison, 100-120 € pour 4-5 pers.* On serait tenté de parler d'oasis, tant les 4 appartements, occupant 2 villas attenantes, sont entourés de verdure. Ils donnent sur une large terrasse dominant de haut la mer, sans aucune entrave au regard. Sous votre nez : un verger d'orangers. Très spacieux (145 m²), chaque appart est composé de 3 chambres et 2 salles de bains en duplex, avec une cuisine très bien équipée, un salon avec cheminée (bois fourni) et une machine à laver. Piscine bien au calme.

Parador de La Palma : *ctra El Zumacal, s/n. ☎ 922-43-58-28. • lapalma@parador.es • parador.es • Entre San Pedro et Los Cancajos. Depuis la côte, prendre la LP-2, puis tourner à droite à San Antonio de Breña (bien fléché). Doubles 105-160 € selon saison, petit déj-buffet (copieux) 18 €.* À flanc de colline dans un environnement peu urbanisé, ce bel hôtel à l'architecture moderne (construit autour d'une tour ancienne) répond à tous les critères de la chaîne : grand confort des chambres, avec vue jardin ou mer, finitions soignées, service disponible, efficace et souriant, piscine, petit sauna, agréable salle de restaurant... Qui plus est, un vaste parc botanique l'entoure, avec cascade, petit pont de bois, et surtout un éventail riche et varié de la flore de l'île, depuis les cactus et euphorbes jusqu'aux palmiers et dragonniers (demander la brochure). Seul bémol : l'insonorisation pas excellente.

À Breña Alta

El Chinchal de El Arco : *c/ Atlantida, 2,* ***San Pedro.*** *☎ 922-43-80-03. • elchinchaldeelarco@gmail.com • Juste en face de l'église. Tlj sauf lun, 12h-22h30 (23h ven-sam), mar et dim 12h-16h30. Plats 8-18 €.* Le *chinchal,* c'est le petit atelier à cigares que les Palmeros avaient à domicile... Rien à voir ici avec le tabac, si ce n'est le soin et la délicatesse apportés à la cuisine, une fête des saveurs. Les spécialités de l'île sont revues et corrigées avec une vraie touche de modernité et de légèreté, sur une carte qui change au fil des saisons. La terrasse, certes un peu proche de la route, est bien pour boire un verre aussi. Une des meilleures adresses de La Palma.

Restaurante Casa Osmunda : *subida La Concepción, 2. ☎ 922-41-26-35. 609-62-39-70. Tlj sauf dim soir et lun, 13h-23h. Plats 7-17 €.* À un carrefour de la LP 202, au pied du mirador de La Concepción (très belle vue). Belle demeure de style colonial (on dirait une maison antillaise) avec une salle en haut (agréable) et une autre au sous-sol (moins bien). Cuisine canarienne classique et soignée servie dans un décor plaisant.

Helados Artesanos Taburiente : *c/ La Habana, 18, à* ***San Pedro.*** *☎ 922-42-93-34. Tlj 10h-21h. À côté du parque de Los Álamos.* Ce petit glacier ne paie pas de mine, mais ses parfums maison sont excellents – en particulier l'amande, pleine de morceaux !

À voir

Museo del Puro palmero : *parque de Los Álamos, à la sortie nord de* ***San Pedro*** *(bien indiqué), à* ***Breña Alta.*** *☎ 922-42-95-67. • museodelpuropalmero.com • Mar-sam 10h-13h (dernière entrée à 12h30). Fermé dim-lun. Entrée : 3 € (Museo de la Fiesta de las Cruces inclus) ; gratuit moins de 12 ans ; réduc.*

L'architecture est celle d'une hacienda aux murs blancs et aux toits de tuiles. L'intérieur est moderne, bien agencé, doté de bornes interactives en plusieurs langues (mais pas en français). Une collection de panneaux se consacre entièrement au tabac, à son histoire, à sa place dans les croyances à travers le monde, mais aussi à l'importance qu'il revêt pour La Palma en général – et San Pedro en particulier. Dès le XVIIe s, époque où existait un monopole d'État, l'île fut un lieu de transit et de contrebande. Les 1ers plants furent introduits dans les années 1730, mais c'est bientôt à Cuba que les Palmeros s'investirent le plus dans cette activité : vers 1850, un habitant de Cuba sur 10 était d'origine canarienne et la plupart y cultivaient le tabac ! Les *chinchales* (ateliers de cigares domestiques) se développèrent surtout à La Palma dans les années 1900 après la fin du monopole... jusqu'à ce qu'une maladie, en 1967, ne décime les plantations.
Au cœur du musée, un petit atelier a été créé, où ont lieu des démonstrations. L'occasion d'en apprendre un peu plus, aussi, sur le séchage (1 à 2 mois), la fermentation des feuilles humides (idem) et la technique du roulage de cigares. La main-d'œuvre ne manque pas : l'île compte une dizaine de fabriques familiales, artisanales et traditionnelles. Enfin, petite boutique.

Museo de la Fiesta de las Cruces : *même adresse et horaires que le Museo del Puro palmero ; inclus dans le ticket d'entrée.* Ces 2 petites salles (vidéo également) sont consacrées à un rite singulier, commun à toute l'île mais suivi avec une ferveur toute particulière à Breña Alta : chaque année, le 3 mai, jour anniversaire de la conquête de l'île et de la fondation de Santa Cruz, chaque hameau (et Breña Alta en compte 23) commémore un miracle survenu en 1622. C'est à qui produira alors la croix la plus travaillée et la plus richement ornée. La confection débute dès l'automne, car c'est un minutieux et patient travail qui réunit tout le hameau, des plus jeunes aux plus âgés.
Les croix, qui évoquent toujours un thème précis, sont composées essentiellement de matériaux naturels : papier délicatement découpé, fleurs, herbes, mousses ou feuillages séchés, plumes, copeaux et lamelle de bois, dentelle... Mises en place dans la nuit du 2 mai, les croix sont accompagnées dans chaque *barrio* d'un petit buffet... Et le 3, c'est le défilé des voisins... Le musée récupère ensuite les installations, jusqu'à... l'année suivante ! Voir aussi nos infos dans « Fêtes et manifestations ».

Iglesia de San Pedro : *au centre, entre la c/ de la Cura et la c/ de la Constitución.* Bien des fois agrandie et modifiée depuis sa fondation au XVIe s, elle révèle un intérieur surtout baroque, avec un maître-autel rouge et or. Les fonts baptismaux, en céramique verte, seraient les plus anciens de l'île et auraient servi à convertir une bonne partie des aborigènes...

Un atelier traditionnel, petit, se visite : ***Puros Julio,*** *c/ Cabaiguán, 14, à* ***Buenavista de Arriba.*** *☎ 922-42-93-48. • purosartesanosjulio.com • Du Museo del Puro, prendre la direction du mirador de la Concepción. Lun-ven 8h-13h, 15h-18h ; fermé le w-e. Entrée gratuite.* Visite de la fabrique et de la plantation.

LOS CANCAJOS *(38712)*

À 5 km au sud de Santa Cruz, au bord d'une anse de sable anthracite (avec douche et toilettes), la station balnéaire de Los Cancajos, agrandie dans les années 1980, reste plutôt modeste, familiale et bon enfant, malgré quelques immeubles laids. La quinzaine de résidences et hôtels s'alignent entre la rue principale et la mer, bordée d'une longue promenade en bois éclairée de nuit qui surplombe les rochers. On trouve ici plusieurs services touristiques, dont les bureaux de *La Palma Stars* (tourisme astronomique).
➢ ***De San Cruz et de l'aéroport :*** bus circulaire n° 500, ttes les 30 mn à 1h, 6h30 (7h le w-e)-22h15. Le bus descend jusqu'au niveau du *CIT – Oficina de turismo,* en bord de mer.

Adresses utiles

CIT – Oficina de información turística : *c/ Punta del Arenal, 4. ☎ 922-18-13-54. • lapalmacit.com • En surplomb de la plage. Lun-ven 9h-13h30, 15h-18h ; sam 9h-13h, 16h-18h ; dim et j. fériés 9h30-14h.* Riche documentation et excellent accueil (anglophone, rarement francophone).

Farmacia : *à l'entrée sud de Los Cancajos, sur la gauche, à côté des restos.*

Banque : *ATM* devant l'office de tourisme et dans le hall de l'hôtel *H10 Taburiente* (mais il est parfois vide).

Location de vélos – Isla Verde Bikes : *c/ Los Cancajos. ☎ 922-18-11-28. 616-41-88-28. Lun-sam 8h-20h ; dim et j. fériés 8h-14h. Compter 3-4 €/h, ou 15-17 €/j. (19 €/j. pour un vélo électrique).*

La Palma Stars – Astronomy Tours : *edificio Las Olas, c/ Los Cancajos. ☎ 922-43-41-16. 622-80-56-18. • lapalmastars.com • À l'entrée sud de Los Cancajos sur la droite. Lun-ven 9h30-13h30, plus 17h-19h en été, mais on les contacte surtout via Internet. Fermé le w-e.* Cette agence privée propose toutes sortes d'observations de nuit. Voir les détails en introduction dans « L'île aux étoiles ».

Où dormir ?

Plus chic (plus de 100 €)

La Caleta Apartamentos : *c/ San Antonio del Mar. ☎ 922-43-31-70. • lacaleta@acoron.es • lacaletaapartamentos.com • Apparts 2 pers (1 chambre) à partir de 100 € selon saison, 4 pers (2 chambres) 150 €, hors petit déj. En hte saison, min 2-3 nuits.* Les bâtiments de 2-3 niveaux, abritant une soixantaine d'apparts fonctionnels et bien tenus, cernent une piscine centrale entourée de verdure – un cadre plutôt agréable. Tous ont un balconnet ou une terrassette, ainsi qu'une cuisine équipée (micro-ondes, plaques et frigo). Le canapé du salon peut accueillir un 3e adulte ou 2 enfants. Pour la vue mer, le choix est limité aux nos 226, 227 ou 229. Laverie. Accueil fort aimable. Particulièrement intéressant en basse saison.

Cancajos Apartamentos : *c/ Los Cancajos, s/n. ☎ 922-41-63-29. 606-95-61-37. • info@apartamentoscancajos.com • apartamentoscancajos.com • Un peu à l'écart, au-dessus de la* Hacienda San Jorge. *Apparts 3 pers 80-90 € selon saison, hors petit déj.* Comme à la maison ou presque ! Portant des noms de fleurs, les 8 appartements, construits en escalier à flanc de colline, sont à la fois intimes, accueillants et bien conçus (avec cuisine et salle de bains impeccables). Tous ont une vraie terrasse privée tournée vers la mer (à distance) avec transat et table, et sont meublés de bois massif un peu rustique relevé de touches blanches ou colorées vivifiantes. En prime : une piscine (et un petit bain enfants) se perchent sur la terrasse supérieure... Avec la végétation qui l'entoure, une vraie petite oasis.

Hacienda San Jorge : *playa de Los Cancajos, 22. ☎ 922-18-10-66. • reservas@hsanjorge.com • hsanjorge.com • Face à la plage, mais accès au fond d'une impasse. Apparts 2-3 pers 98-117 € (ce dernier tarif avec le petit déj). Min 4 nuits en hte saison. Parking 10 places pour ceux qui réservent en direct uniquement.* Encore des appartements, vastes et bien aménagés, confortables et sans déco particulière ! Équipement : cuisine, salle de bains, vrai salon, balcon pour tous et vue sur la mer pour ceux du 2e étage. L'intérêt, outre sa grande capacité, c'est ce luxuriant jardin tropical en cuvette, évoquant un peu un volcan dont le fond du cratère serait occupé par... la piscine. Évitez les apparts du bâtiment d'accueil et ceux donnant sur le parking, et privilégiez les pavillons nichés dans la verdure. Copieux petit déj-buffet et vue sur la plage depuis le resto.

Où manger ?

El Pulpo : *à l'extrémité nord de la plage.* ☎ *922-43-49-14.* • *ropesitosl@gmail.com* • *Tlj, sauf mar et mer 12h30-16h30, 18h-21h. Repas 12-15 €.* Un resto de plage simple et rustique, spécialisé dans les produits de la mer (quoique peu de poulpe à la carte !), servis copieusement. Agréable terrasse les pieds dans le sable.

LA CÔTE NORD

L'imposante couronne de la caldera de Taburiente domine tout le nord de l'île, aux flancs escarpés entaillés par de profonds *barrancos.* À mesure que la route principale, la LP-1, en fait le tour, elle s'accroche de plus en plus haut ! Côté nord-est s'étend la partie la plus arrosée et boisée de La Palma, tapissée des sous-bois denses et touffus de la laurisylve (comme dans la superbe réserve de Los Tilos). On y trouve aussi quelques criques agréables pour dérouler sa serviette. Passé Barlovento, les pentes s'accentuent ; descendre jusqu'à la mer devient dès lors plus hasardeux. Peu à peu les pinèdes prennent le pas sur toute autre végétation, en alternance avec les amandiers à partir de Garafía, quand le relief redevient plus propice aux activités agricoles. Les hôtels étant rares dans cette région où la nature fait la loi, on loge surtout en *casa rural.*

PUNTALLANA (38715) 2 370 hab.

À une dizaine de kilomètres au nord de Santa Cruz, la commune de Puntallana, en bonne partie côtière, s'éparpille en de multiples *barrios* (hameaux) agrippés à flanc de montagne, qui descendent jusqu'à la mer au milieu d'un océan de plantations de bananes en terrasses. Pas très joli, le village principal, Puntallana, s'amarre autour de l'église sur un à-plat qui se rompt de manière abrupte vers l'océan.

LA PALMA

Infos pratiques

➢ La ***ligne nº 100*** dessert la route du Nord, la LP-1, jusqu'à Barlovento. De Santa Cruz (20 mn), départ ttes les heures 6h15-22h30 (ttes les 2h w-e et j. fériés).

– Pas d'office de tourisme à Puntallana, mais quelques infos disponibles à la *Casa Luján,* ou sur • *puntallana.es* • On y trouve aussi *ATM* et petit supermarché *Spar.*

Où dormir ? Où manger dans le coin ?

Si la campagne vous attire, on trouve plusieurs *casas rurales* dans la région.

Casa Lina : *c/ Los Lirios, 14A, El Granel. Géré par* • *islabonita.com* • *Entre la LP-1 et la mer, accès par une piste bétonnée bien pentue env 1 km au nord de Puntallana. Compter 60-72 € pour 2 pers, 70-84 € pour 4 pers. Min 3 nuits.* Isolée au milieu des champs en terrasses, avec 2 chambres aux murs vert pistache, un salon bleu pastel et une cuisine ocre rose ! Belle vue sur la mer depuis la terrasse (carrelée) où se creuse une petite piscine, et barbecue extérieur pour faire les grillades !

Casas rurales Cha Miquela : *c/ Llano Molino, 88, à* ***Llano Molino.*** *678-52-52-70. • contacto@chamiquela.com • chamiquela.com • Accès par la route qui monte, juste après l'arrêt de bus qui fait face au resto Casa Asterio, à La Galga (fléché) ; 55-70 € pour 2-3 pers selon saison (min 5 nuits).* Pour ceux qui préféreraient un style rustique plus élaboré. On choisit parmi les 4 maisonnettes attenantes de couleur (la rouge, la bleue) et de taille différentes (la petite ou la grande), dominant une ravine. Toutes ont cuisine bien équipée, salon avec poêle et machine à laver. Bon, on n'est en revanche pas super fans de la fausse herbe sur les terrasses... De là, on peut rejoindre le sentier du Cubo de La Galga (laurisylve). À noter que le propriétaire habite à côté.

Casa Asterio - La Galga : *sur la LP-1, juste avt La Galga, env 5 km après Puntallana sur la droite. ☎ 922-43-01-11. Tlj sauf mar 10h-23h. Plats 3-10 €.* Posé en bord de route (on compte facilement les voitures depuis la terrasse), c'est une des seules options – et heureusement bonne – pour casser la croûte sur cette route. Énorme salle à l'ancienne où les tables sont bien espacées, pour déguster une cuisine typique canarienne (*papas arrugadas, conejo, queso* et *cerdo,* etc.), copieusement servie.

– ***Aire de pique-nique*** équipée de barbecue, sous les pins, au niveau du parking supérieur de la *Casa Luján,* à Puntallana.

À voir. À faire

À Puntallana

Iglesia San Juan Bautista : *au centre du village. Fermée, on ne sait pas où est la clé.* Cette église des XVIe-XVIIIe s s'enorgueillit, au-dessus du chœur et du transept, d'un beau plafond en bois aux motifs mudéjars rehaussés de bleu et blanc. Le 24 juin, le saint patron de la paroisse (Jean-Baptiste) est porté en procession jusqu'à la ***fuente de San Juan,*** la source qui abreuvait tout le village, proche de la *Casa Luján.*

Casa Luján – Museo etnográfico : *juste en contrebas du village, par une route sur la droite (bien fléché). Parking. ☎ 922-43-02-26. Lun-ven 10h-13h, 16h-19h ; sam 10h-13h. Fermé dim. Donation demandée. La visite est guidée (en anglais ou espagnol selon jour), s'adresser à la maison-boutique.* ***Fermée pour travaux en 2020, se renseigner sur la réouverture.*** Cette maison seigneuriale rustique, avec ses murs chaulés et sa structure en bois et pierre, en L autour d'une cour fermée, s'avère exemplaire de l'architecture coloniale palmera des XVIe-XVIIe s. Tour à tour mairie, siège de la *guardía civil* et école de garçons, c'est aujourd'hui un musée ethnographique assez riche, qui évoque les différentes vies du lieu et les traditions locales.

Dans les autres barrios

Playa de Nogales : *à env 4,5 km de Puntallana, par la LP-102 (bien fléché). Arrivé au parking, il reste env 10 mn à pied (15-20 mn pour remonter) par un sentier entrecoupé de marches.* Au pied d'une falaise striée de couches volcaniques multicolores, cette longue plage de sable noir est l'une des plus belles et des plus sauvages de l'île. Le lieu idéal pour venir passer une journée au bord de l'eau, mais ***la baignade est déconseillée : courant vraiment dangereux,*** y compris par mer calme. Les Palmeros viennent volontiers y pique-niquer.

Mirador de San Bartolo : *à 6 km au nord de Puntallana par la LP-1, env 800 m après le resto* Casa Asterio, *fléché sur la droite.* À côté de l'ermita de San Bartolomé, une belle esplanade avec une vue panoramique sur une bonne partie de la côte.

Randonnée

➢ ***Cubo de La Galga (PR/LP-5 et PR/LP-5.1) :*** le *barranco* de La Galga, profondément encaissé, offre un abri privilégié à la laurisylve, cette forêt endémique foisonnante de lauriers, fougères et tilleuls, nourris par les alizés du nord-est. Le seul moyen de s'en approcher est une petite rando.

– ***La version courte :*** *départ sur la LP-1, au niveau du km 16, à la sortie du 1er tunnel après La Galga, au niveau d'une cahute d'info en bois (lun-ven 8h-15h30).* La piste, goudronnée au début, mène en 45 mn à 1h (2,3 km) vers le fond du *barranco,* jusqu'au *bosque encantado* – une sorte de combe noyée sous les fougères et les grands arbres où chantent les pigeons et les pinsons des Canaries (tous 2 endémiques). Ça monte un peu de prime abord, mais la balade est facile et bien agréable : on est environné pendant vraiment tout le parcours par la forêt.

– ***La version longue :*** du *bosque encantado,* le sentier se poursuit (passez sous l'arche en pierre), ramenant directement (par la branche de gauche) vers La Galga (2,8 km) ou en faisant un détour (branche de droite, 1,9 km) par le ***mirador de Somada Alta,*** à 790 m d'altitude. Là, ça se corse et, bien souvent, c'est boueux et glissant. Du mirador, le sentier PR LP-5.1 permet de rejoindre ensuite La Galga – au niveau du resto *Casa Asterio*. En partant de ce dernier, on peut aussi effectuer une boucle vers le mirador par les sentiers PR LP-5 et PR LP-5.1 *(difficulté moyenne, dénivelée +/- 480 m, durée env 3h),* mais elle ne fait qu'effleurer La Galga et la 1re grimpette manque d'intérêt.

SAN ANDRÉS Y SAUCES (38720) 4 265 hab.

LA PALMA

Cette vaste commune du nord-est de l'île s'étend entre mer et montagne, autour du « noyau » central formé par le gros village perché de Los Sauces (à 23 km au nord de Santa Cruz de La Palma). Ses attraits sont ailleurs. Au ras de l'eau, en dévalant vers le délicieux petit village de San Andrés, le micro-port de Puerto Espíndola et les piscines naturelles aménagées à même les rochers du *Charco Azul...* Ou à hauteur des nuages, dans la fameuse forêt de Los Tilos, classée « Réserve de la biosphère » par l'Unesco dès 1983 pour son incroyable et dense laurisylve de toute beauté, ses sources et ses étonnants tunnels. Un terrain de jeu très prisé des randonneurs.

➢ La ligne nº 100 dessert la route du nord, la LP-1, jusqu'à Barlovento, via Puntallana et Los Sauces. Départ de Santa Cruz (35 mn) ttes les heures (2h le w-e) 6h15-22h30.

SAN ANDRÉS ET PUERTO ESPÍNDOLA

Dévalant vers la mer depuis la LP-1 entre les plantations de bananiers en terrasses, la LP-104 rejoint rapidement le charmant hameau de San Andrés (250 habitants à peine), agrippé à flanc de pente, autour d'une large place piétonne en balcon et de sa grosse église. Un lieu bien agréable pour une pause ! Un peu plus avant, un embranchement mène aux piscines (presque) naturelles du Charco Azul

et à la poignée de maisons de Puerto Espíndola, nichées au pied d'une falaise, qui s'épanouit entre un petit éventail de sable et un port de pêche toujours très actif.
➢ **Bus** nº 4 Los Sauces-San Andrés, 3 fois/j. lun-ven, vers 9h, 12h et 17h ; retour 10 mn plus tard. Le dernier arrêt est à la fourche qui mène d'un côté à Puerto Espíndola, de l'autre au *Charco Azul,* à 5 mn à pied de l'un comme de l'autre.

Où manger ? Où boire un verre ?

Restaurante San Andrés : *sur la place de l'église, à* ***San Andrés.*** *☎ 922-45-17-25. • info@restaurantesanandres.com • Tlj sauf mer 12h-20h (22h ou 23h jeu-dim). Plats 6-11 €.* À un emplacement remarquable, sur une place plantée de quelques palmiers, au pied de l'église. Choisir la charmante terrasse ombragée de parasols ou la salle rustique. Dans ce bar-resto de village on propose une cuisine canarienne servie généreusement. À la carte, des poissons (au kilo) et des crustacés, des produits de la mer d'une belle fraîcheur. L'occasion aussi de s'offrir une *paella de mariscos* pour 2 ou de... goûter la murène !

La Placita : *La Plaza, 5,* ***San Andrés.*** *☎ 922-10-63-34. • laplacitadesanandres@gmail.com • Sur la place de l'église, sur la terrasse supérieure. Tlj sauf dim-lun, 12h-21h (22h30 ven-sam). Tapas et plats 6-14 €.* Petite salle jaune et bleu coquette, accueil attentionné, et carte copieuse avec des plats canariens rehaussés parfois de saveurs exotiques (thaï) : poissons *a la plancha,* gambas à l'ail, poulet au gingembre... Très agréable terrasse veillée par un gros palmier et bordée de *casas* aux couleurs vives, idéale pour entamer l'apéro (bières de l'île, jus frais) dans une bonne ambiance musicale.

La Cantina El Charco Azul : *camino El Melonar, 15. Au-dessus des piscines du* Charco Azul. *☎ 922-45-01-79. Tlj 11h-17h (hiver), 12h-18h (été). Fermé lorsqu'il pleut ou que la piscine est fermée ! Plats 6-11 €.* Bar-snack enfoncé dans la falaise de pierres volcaniques, avec sa terrasse qui déborde en surplomb de la côte, endroit idéal pour boire un verre et manger des petits plats simples et bons. Excellent *frangolio,* un dessert à base de farine de maïs, de cannelle et de citron.

Mesón del Mar : *Puerto Espíndola. ☎ 922-45-03-05. Tlj sauf mar, 10h-22h (17h dim). Plats 6-15 €.* Petit port dans une crique secrète en semaine, un peu plus fréquentée le w-e. Face à la mer (plage de sable noir), se tient ce bon resto installé dans une maison blanche et bleue de caractère. Cuisine franche et sans triche, à base de produits de la mer.

LA PALMA

À voir. À faire

Iglesia de San Andrés : *si c'est fermé, frapper à la porte du nº 20, c/ de... la Iglesia (la grande maison blanche à soubassement gris et boiseries rouges). Une vieille dame vous ouvrira, mais éviter l'heure de la sieste, que diable !* Si une 1re église occupait déjà les lieux en 1515, l'édifice actuel date du XVIIe s – et son campanile à balcon du XVIIIe s. Les chapelles et le chœur, qui s'ouvre par-delà une séparation matérialisée par des rideaux rouges (très théâtral !), sont coiffés par un superbe toit de style mudéjar, patiné par le temps. À gauche de l'autel, san Andrés caracole sur son char de procession, tandis que des retables flamands occupent les chapelles latérales. Voyez aussi, sur le mur de droite, les étonnants ex-voto accrochés à un panneau : petits personnages ou membres – bras, jambes – de cire, dédiés au Christ de *gran poder,* très vénéré sur l'île dans les années 1960.

➢ Au bas de la rue pavée qui borde l'église (calle de la Iglesia), sur la gauche, part un ***chemin côtier bien pavé*** et bordé de murets, qui conduit en 25-30 mn au Charco Azul. Une balade vraiment facile et agréable, entre bananiers et écume de la grande bleue.

Charco Azul : *env 1 km au nord de San Andrés, en poursuivant par la LP-102 (ou à pied par le sentier côtier).* La côte nord s'avérant plus riche en falaises qu'en longues plages, les Palmeros se sont adaptés, et ont aidé la nature. Là où les rochers formaient comme des vasques naturelles, ils ont complété l'œuvre de la nature, fermé ces anses et aménagé les abords. Résultat : des piscines alimentées naturellement en eau de mer à marée haute, gratuites et à l'abri des caprices de l'océan. Très agréable snack-bar *La Cantina* sur la terrasse (voir « Où manger ? Où boire un verre ? »).

Destilerías Ron Aldea (distillerie de rhum canarien) **:** *c/ El Melonar, 83, à Puerto Espíndola. ☎ 922-45-05-68. • nueva.destileriasaldea.es • Tlj 9h (10h le w-e)-14h, 15h-18h. Entrée : 2 € (3 € avec visite guidée de 15 mn, à 10h et 12h) ; gratuit avec achat (demander).* Fondée en 1936 par Don Manuel Quevedo Alemán, ingénieur sucrier ayant vécu à Cuba, à Saint-Domingue et à Madère. On y découvre pour commencer une courte vidéo, puis la grande salle, agrémentée de quelques panneaux explicatifs, où une unique grande presse broie la canne à sucre de mars à juin. Ensuite les bassins de fermentation, la salle de l'alambic (centenaire) et... la boutique où déguster le rhum élaboré ici (dès 8 € la bouteille). Le plus vieux, l'*Azul Tradición,* a 25 ans d'âge.

Parque archeológico El Tendal : *ctra LP1, km 19, camino de San Juan. À 3 km au sud de Los Sauces. ☎ 922-42-31-00. Mar-sam 10h-18h (15h dim-lun). Entrée : 4 €. Brochure en français.* Impossible de rater ce musée bien signalé au bord de la route. C'est le musée d'archéologie le mieux agencé de l'île. Installé au-dessus d'un ravin rocheux abritant une grotte où se sont déroulées les fouilles. Superbes panneaux explicatifs illustrés de photos et de dessins, en espagnol et anglais. Petit film de 6 mn où l'on découvre la vie scénarisée des 1ers habitants de l'île (les Benahoritas). Les salles modernes sont éclairées par de grandes baies vitrées. L'ensemble est organisé par thèmes : la recherche archéologique (les fouilles), les techniques de travail (bois, pierre, peau, céramique). On apprend ainsi que les berniques étaient utilisées pour le polissage des vases. Plus loin, la vie quotidienne, la chasse, la pêche, l'alimentation (poissons, coquillages, lentilles, haricots...), le monde magique et religieux (pratique de la momification).
– ***Bon à savoir :*** dans le futur, les visiteurs pourront se rendre à pied dans le fond du ravin par un sentier aménagé.

LA PALMA

BOSQUE DE LOS TILOS

C'est pour la richesse de sa laurisylve que cette superbe forêt et ses 91 ha ont été classés « ***Réserve de la biosphère*** » par l'Unesco dès 1983 – bien avant que le reste de l'île ne le soit à son tour. Il faut dire que la forêt est ici prolixe, d'un vert brillant, mêlant différents lauriers (dont le fameux *tilo* qui donne son nom à la réserve), des fougères géantes, des *barbuzanos,* des *viñatigos* et des *fayas,* des futaies de 15 à 25 m de hauteur. Le tout est arrosé par les alizés et par de multiples sources qui jaillissent des rochers à même le fond du *barranco.* Les plus abondantes, *los Nacientes de Marcos y Cordero,* furent canalisées au début du XXe s afin d'irriguer les terres en aval, et sont aujourd'hui le but de l'une des randos les plus appréciées et fréquentées de l'île. Un univers d'eau, de fraîcheur et de verdure vraiment dépaysant.

Adresses et infos utiles

Centro de Interpretación Los Tilos : *en venant du sud par la LP-1, prendre à gauche juste avt le grand pont menant à Los Sauces (fléché), puis grimper dans la forêt jusqu'au dernier parking. ☎ 922-45-12-46. Nov-juin 9h-17h, juil-oct 9h-17h30. GRATUIT.* Complétée d'une vidéo (en espagnol, anglais ou allemand), l'exposition présente les écosystèmes, faune et flore de la réserve, ainsi que l'importance de la zone pour l'alimentation en eau de l'île. Ce centre est aussi une escale importante pour ceux qui veulent randonner : on vous y donnera les dernières infos météo et on vous présentera (en espagnol) les différents itinéraires accessibles. Vente sur place *(uniquement par CB)* du *Red de Senderos de La Palma,* le gros bouquin qui répertorie tous les sentiers de l'île, accompagné d'une carte détaillée.

Taxis collectifs à La Portada : *env 500 m avt le* Centro de Interpretación, *sur la gauche, au niveau d'une piste qui monte (fermée par une chaîne). Parking. 15 €/pers.* Ces taxis 4x4 fonctionnent de 9h à 13h ou 14h, et grimpent en 1h env (14 km) jusqu'à la *Casa del Monte,* point de départ privilégié de la rando des *Nacientes de Marcos y Cordero.* Il n'y a que 4 véhicules, pas toujours présents sur place. On peut préférer les réserver : ***José Tomás Izquierdo,*** *629-21-34-35 ;* ***Domingo Fernández Perez,*** *649-94-54-81 ;* ***Luis Alberto Batista Perez,*** *616-41-88-48.*

➢ Attention, ***pas de transports en commun*** pour venir à Los Tilos. Seule solution : la marche (4 km) depuis Los Sauces. Dans ce cas, pour faire au plus court, prenez la route en sens unique à la sortie sud de la ville, au niveau de la station-service *Disa* ; c'est plus court que par l'autre versant du *barranco.* On peut aussi prendre un taxi au centre de Los Sauces.

Où dormir dans le coin ?
Où manger dans la réserve ?

Casa rural Los Nacientes – Marcos y Cordero : *camino La Orotava, 24,* ***Las Lomadas.*** *Gérée par* Isla Bonita *(☎ 922-43-06-25 ; • islabonita.com •). Depuis Los Sauces, passer le pont direction Puntallana, puis à env 500 m, prendre une petite route qui grimpe bien raide sur la droite, c'est à env 700 m. Pour 2-3 pers, compter 45-54 € en bas* (Cordero), *50-66 € en haut* (Marcos). *Min 3 nuits.* 2 *casas rurales* en une, puisque chaque étage de cette maison traditionnelle jaune rénovée, à l'angle de 2 petites routes, est un logement indépendant. Celui du bas est un peu plus petit et plus sombre, mais les 2 sont bien équipés et se partagent un barbecue extérieur, une buanderie et des terrasses... de même que l'accès à la cave du jovial maître des lieux, Nestor, qui fait son propre vin (à volonté pour les clients !). Le sentier PR LP-6 menant à Los Tilos passe tout près et un télescope performant est à disposition, ainsi que toute une documentation sur l'astronomie.

Los Tilos – Casa Demetrio : *juste en-dessous du* Centro de Interpretación. *☎ 922-45-05-19. Tlj (sauf mar en hiver) 9h-18h25. Tapas 4-6 €, plats 5-15 €.* Niché sous les frondaisons de la laurisylve, ce resto d'esprit rustique consiste en une grande salle chauffée par une cheminée en hiver. On s'y nourrit simplement d'un lapin, de viandes grillées, d'ignames, de fromage fumé au *mojo verde* et autre *escaldado de gofio...* De la cuisine campagnarde, rustique, où les poissons sont quasiment absents mais tout à prix raisonnables et de qualité correcte. On peut aussi juste prendre un verre, une boisson chaude ou un bon gros sandwich.

Aire de pique-nique ombragée avec barbecue, point d'eau, poubelles et tables en contrebas du *Centro de visitantes,* accessible par quelques volées d'escalier.

Randonner dans le bosque de los Tilos

– ***Bon à savoir :*** pour la rando des Nacientes, s'équiper de vêtement vraiment imperméable, chaussures antidérapantes, chapeau (imperméable aussi) ou casque, et surtout ne partez pas sans une ***torche*** ou une ***lampe de poche.*** Rappel :

munissez-vous d'un topoguide avant d'entreprendre toute randonnée, nos descriptifs sont simplement destinés à vous aider à en choisir une !

➢ **Casa del Monte-Nacientes de Marcos y Cordero-Centro de Interpretación (PR LP-6) :** *niveau moyen-fort. Durée : 5-6h. Env 11 km. Dénivelée : +/- 100/970 m. Se garer 600 m avt le* Centro de Interpretación *et prendre l'un des taxis 4x4 jusqu'à la Casa del Monte (altitude 1 350 m).* Dans toute sa 1re partie (1h30), le chemin, bordé dans ses quelques parties délicates par une rambarde, longe un étroit canal d'irrigation creusé à flanc de montagne – rappelant les *levadas* de Madère – qui passe sous une succession de 12 tunnels (le plus long mesure 400 m !) généreux en humidité et en gouttelettes. Sous le 12e, c'est même douche garantie ! On rejoint ainsi successivement les jolies cascades des Nacientes (sources) de Marcos, puis 15 mn après, les Nacientes de Cordero (à 1 400 m). Commence alors la longue descente (8 km), raide par endroits et exigeante pour les genoux, en suivant grosso modo le fond du *barranco,* tantôt sur une rive, tantôt sur l'autre, au cœur de la laurisylve. Plus bas (vers 730 m d'altitude), une petite déviation permet d'atteindre le mirador de l'Espigón Atravesado, d'où on a une superbe vue. La fin de la rando suit une piste forestière, au milieu de magnifiques fougères, avant de retrouver la route au parking des taxis 4x4.

➢ **La Portada (parking des 4x4)-mirador del Espigón Atravesado-La Portada :** *niveau facile. Durée : 1h30-2h A/R. Env 4,3 km A/R. Dénivelée : +/- 319/96 m aller (et l'inverse au retour).* La balade, plutôt facile avec des enfants, offre déjà un très bel aperçu de la laurisylve – expliquée au gré de quelques panneaux d'info. Partant du parking de La Portada, 600 m avant le *Centro de Interpretación,* le sentier est un peu raide sur la 1re portion, entrecoupée par un passage sous un tunnel, mais elle est régulière et complètement abritée sous la laurisylve. La suite est relativement aisée, puis se finit par un nouveau raidillon et un escalier (sécurisé par des rambardes en bois) dans un environnement assez spectaculaire. Depuis le mirador, très chouette vue sur le *barranco.* Retour par le même chemin.

➢ **La Cascada :** *départ dans le virage, à 200 m en contrebas du* Centro de Interpretación. Cette très courte (5 mn) et charmante balade longe un petit canal d'irrigation taillé sur le flanc du torrent, traversant un court tunnel avant d'atteindre une gorge où s'épanouit une fort jolie cascade dans un décor de grandes fougères (bon, elle est parfois à sec au cœur de l'été...).

BARLOVENTO ET LA CÔTE SAUVAGE (38726)

À 11 km au nord de San Andrés y Sauces et à 34 km (min 1h de voiture) à l'est de Garafia, Barlovento est une des localités les plus au nord de La Palma. Après Los Sauces, la route LP-1 traverse un paysage plus aride, entaillé d'abord de terrasses plantées de bananiers, puis tranché bientôt par un profond *barranco.* C'est la pointe nord-est de l'île, accidentée, venteuse et peu hospitalière, où les euphorbes, cactus et autres plantes grasses sont reines. La commune de Barlovento s'adosse directement à la crête nord-est de la caldera de Taburiente et descend jusqu'à la mer, réservant une étape sympathique en chemin.

➢ La ligne no 100 dessert la route du nord, la LP-1, jusqu'à Barlovento. De Santa Cruz, départ ttes les heures 6h15-22h40 (ttes les 2h le w-e) ; à partir de 19h15, terminus à Los Sauces. Pour poursuivre vers l'ouest, ligne no 120 jusqu'à Puntagorda (mêmes fréquences). De Barlovento, Santa Cruz est à 1h, Los Sauces à 30 mn et Puntagorda à 1h25 !

LA FAJANA

À mi-chemin de Los Sauces et Barlovento, au niveau d'un arrêt de bus *(ligne n° 100, arrêt « Llano Abreu », demander au chauffeur « las piscinas de La Fajana »),* une petite route (fléchée) déroule 1,5 km d'asphalte vers la mer. Au bout, une jolie surprise au milieu de pas grand-chose : les *piscinas de La Fajana,* une série de jolis bassins (1 grand et 2 petits) et de terrasses aménagées dans le littoral rocheux. Un lieu de baignade bien agréable, à l'abri des courants et pourtant alimenté par la mer, comme au *Charco Azul.* Et un presque bout du monde, avec ses quelques appartements alignés le long d'une promenade, face à l'océan.

La Fajana Cafetería Apartamentos : *au bout de la promenade. ☎ 922-18-61-62. 646-61-81-36. Apparts 2-3 pers 43 €/pers/nuit. Cafét' (en demi-sous-sol) très bon marché.* C'est le seul hébergement de ce secteur ! Alors, à ce prix-là et vu la gentillesse de l'accueil, on se satisfait des apparts sans aucun luxe mais suffisamment confortables, avec cuisine et salle de bains. De petite taille certes, mais bien tenus et avec tout ce qu'il faut. Préférez ceux de l'étage pour mieux profiter du balconnet côté grand bleu. Parasol sur la promenade pour le petit déj ou l'apéro. Au resto, poissons frits et autres *papas* au *mojo.*

Restaurante La Gaviota : *c/ de la Fajana. Juste au-dessus des piscines, sous la promenade. Tlj 10h-22h (ou plus tard selon affluence). Plats 6,50-20 €.* On ne peut qu'apprécier la terrasse ombragée par des parasols, la grande salle en rotonde aux vastes baies vitrées, le bar en proue de paquebot et la déco bleue et blanche. Pour ce qui est de la cuisine, privilégiez la salade de poulpe, les poissons frais (présentés sur un plateau) et la très bonne *bacalao* (morue) dans sa sauce au safran. Très bien également pour une pause boisson ou glace, à contempler l'écume qui gronde.

BARLOVENTO *(38726 ; env 1 910 hab.)*

Déjà à 540 m d'altitude, ce gros bourg donne son nom au *municipio* et s'étale le long des virages de la route... pas grand intérêt en soi, mais on y trouve quelques hébergements, ce qui en fait un point de chute intéressant pour rayonner dans le Nord, à pied par les chemins de randonnée comme en voiture.

– ***Petit kiosque d'infos touristiques*** au bord de la route principale, à la hauteur de la lanterne de phare, mais horaires restreints.

Où dormir ?

Parque recreativo Laguna de Barlovento : *Laguna de Barlovento. 639-83-79-36. À env 3 km de Barlovento : à la sortie du bourg, au niveau du resto* El Campesino, *prendre la LP-109 tt droit, puis fléchage sur la gauche. À proximité des sentiers PR LP-7, 8 et 20, et à 3 km du GR 130. Accueil (théoriquement !) tlj 9h-13h, 15h-19h. Tente ou caravane env 5 € (9 € le w-e), cabane en bois 6 places env 20 € (30 € le w-e).* On s'attend à un lac, on trouve une réserve d'eau artificielle cernée par un haut grillage, ce n'est pas très beau même si le tout est dominé par les montagnes. C'est néanmoins l'une des rares aires de camping de l'île, rustique mais pas désagréable, sous les pins, avec sanitaires (douches chaudes) bien tenus. Les cabanes permettent de loger à moindre coût sans trimballer la tente. Resto (voir plus bas), zone de BBQ, jeux pour enfants.

Casas rurales Facundo A et B : *c/ Lomo Machin Alto, 4. Gérées par* Isla Bonita *(☎ 922-43-06-25 ; • islabonita.com •). Du centre, prendre la direction de Las Cabezadas (LP-107), faire 500 m, puis c'est fléché à droite. Compter 50-60 € pour 2 pers, jusqu'à 96 € pour 5 pers. Min 4 nuits. Pas de* *wifi.* Posées sur un belvédère naturel, avec une terrasse panoramique dominant le nord et l'océan, ces 2 maisons indépendantes – mais accolées – sont adorables. Basses, des murs blancs, avec quelques pierres volcaniques apparentes, des tuiles sur le toit, elles peuvent accueillir respectivement jusqu'à 3 et 5 adultes. Bien aménagées, dans l'esprit rustique qui sied à ces maisons paysannes traditionnelles, il n'y a alentour que des champs. On a aimé la vaste table noyée sous la végétation, et le calme de l'endroit. La propriétaire, Rosa, habite au village.

Hotel La Palma Romántica : *Las Llanadas, s/n. ☎ 922-18-62-21. • reservas@hotellapalmaromantica.com • hotellapalmaromantica.com • De la LP-1, prendre la LP-109, c'est à env 800 m sur la gauche, en direction de La Laguna. Doubles et familiales 67-100 €, petit déj-buffet inclus. Wifi dans les parties communes.* Seul hôtel de cette région nord, entouré d'un grand jardin verdoyant, *La Palma Romántica* se compose de quelques bâtiments étagés sur plusieurs niveaux et de styles différents. Abrite des chambres confortables décorées dans le style des années 1990, avec terrasse ou balcon jouissant d'une vue sur la montagne, certaines jusqu'à la mer. Au resto (cuisine classique) s'ajoutent 2 piscines (dont une intérieure), un spa avec jacuzzi, une salle de sport (antique), un observatoire astronomique (sans télescope, juste une petite plate-forme), un salon avec cheminée, un sauna et un hammam (ces deux-là en supplément) ! En option : transfert vers les départs de randos, pique-nique sur demande, etc.

Où manger ?

El Campesino : *travesía del Casco Urbano, 34. ☎ 922-18-69-06. À la sortie de Barlovento, au croisement de la LP-1 et de la LP-109. Tlj, sauf lun et mar, 12h-21h (22h ven-sam). Plats 6-12 €.* Ce resto de village ne paie pas de mine avec son bar d'habitués animé à l'entrée, sa salle très classique et sa grande véranda, mais il sert une bonne cuisine canarienne soignée.

Las Goteras : *parque recreativo Laguna de Barlovento. ☎ 922-69-64-56. À env 3 km de Barlovento (voir ci-dessus). Tlj, sauf mar et mer, 11h-23h. Plats 7-13 € et viandes au kilo.* Entre les arbres du *parque recreativo,* voilà une grosse maison en pierre, abritant une auberge campagnarde, avec tables en bois en salle (un peu morne le soir) ou en terrasse et bar pour *tapear.* Cuisine locale faite avec application, déclinant les classiques canariens (bon *pulpo,* viandes grillées, etc.). Service aimable (le *chupito* est souvent offert) et vente de pains de glace pour les campeurs.

LA ROUTE DE BARLOVENTO À GARAFÍA

Passé Barlovento, la LP-1 continue à sinuer sur les flancs extérieurs de la caldera de Taburiente, épousant tant bien que mal les courbes de niveau, hésitant entre les excroissances lunaires d'une végétation rase, les profondeurs des *barrancos* et les frondaisons des grands pins canariens lorsqu'elle flirte avec les hauteurs. De loin en loin, les routes et chemins qui descendent vers la côte, bardée de falaises, semblent plonger à pic ! Ce qui est parfois presque le cas... au prix de quelques sueurs froides. Mais ce coin à l'extrême nord-ouest de l'île est cependant loin d'être désert : ce relief sculpté et abrupt, qui protège naturellement la zone d'une quelconque velléité d'urbanisation, est prisé de nombreux Anglais et Allemands. Ils y trouvent un soleil réparateur et un grand calme. Ils sont nombreux à y avoir acheté une maison.

Mirador La Tosca : à 1 km après Barlovento, ce mirador flanqué de 2 dragonniers offre un vaste panorama sur le relief de la côte, jusqu'à la pointe de Gallegos.

Franceses et La Fajana de Franceses : *fléché env 11 km à l'ouest du mirador La Tosca (par la LP-110).* Comme figé dans le temps, ***Franceses*** est un ancien village d'agriculteurs aux terrasses largement reconquises par la végétation. Il doit son nom à un petit groupe de Français débarqués en contrebas, sur la route de l'Amérique, et qui firent souche. En bas justement, tout en bas, après 4,5 km de lacets étroits et de vertiges, les quelques maisons de ***La Fajana*** se posent entre terrasses plantées de bananiers et *proís* (une simple jetée taillée dans les rochers) abandonné. Partant vers la droite, un petit chemin bute sur une ruine ouverte aux 4 vents, face à un décor dantesque : une palissade de falaises mangée par les vagues rugissantes... Il ne devait pas être facile tous les jours d'embarquer le *tea* et les produits de la terre à destination de Gran Canaria... Le basalte volcanique et les euphorbes vertes, rouges ou presque bleutées forment des tableaux d'un graphisme saisissant. À l'ouest du hameau, se déroule un tout petit bout de plage de galets et rochers battue par les vagues (baignade déconseillée).

La Quinta del Tarajal : *à La Fajana de Franceses. 653-52-53-94. • laquintadeltarajal@hotmail.com • Compter env 55 € pour 2 selon période. Min 2 nuits.* Envie de vous retirer loin de tout, dans l'écrin serein d'un monde bercé par le seul ressac et la sauvagerie d'une côte endiablée ? Venez ici. Unique hébergement du microscopique hameau de La Fajana de Franceses, la *Quinta* dispose d'appartements carrelés au mobilier classiquement rustique (avec cuisine, salle de bains et 2 chambres), nichés derrière de hauts murs enserrant aussi une piscine, une pincée de gazon, de gros palmiers et une vaste terrasse avec barbecue. En vis-à-vis : l'océan qui dessine une plage rocheuse encadrée par de hautes falaises.

Parque arqueológico La Zarza y la Zarcita : *sur la LP-1, à 21 km à l'ouest de Barlovento, déjà sur la commune de* ***Garafía.*** *☎ 922-69-50-05. • pclazarza@hotmail.com • Au km 59, à env 1 km à l'ouest du hameau de La Mata (fléché). Tlj sauf lun 11h-17h (19h de mi-juin au dernier w-e d'oct). Entrée : 2 € ; réduc.* Ce site archéologique, parmi les plus importants de La Palma, éclaire un peu la vie quotidienne et la culture des habitants préhispaniques de l'île, les Benahoaritas. On commence au *centro de visitantes* par une vidéo de 20 mn (en français s'il vous plaît) très bien faite, et un musée qui mériterait d'être mis au goût du jour c'est à dire modernisé et mieux aménagé. Le plus intéressant est ce petit circuit pédestre de 1,5 km de long (en boucle sur la fin) qui permet de découvrir les pétroglyphes des Benahoaritas à même les roches où ils furent gravés.

Compter environ 30 mn de marche tranquille, avec quelques escaliers par-ci par-là, progressant dans une jolie forêt d'altitude. Si la découverte des 1res gravures rupestres sur la côte est (Belmaco) date de 1752, c'est en 1941 que ceux de La Zarza, puis de la Zarcita, furent mis au jour. Ils figurent toujours des lignes courbes, spirales, cercles et autres méandres. Ces motifs seraient à la fois liés à l'activité pastorale et à des rites de fécondité : ils sont toujours proches de sources ou de points d'eau – ô combien précieuse sur cette île.

Où dormir ? Où manger dans le coin ?

Albergue San Antonio del Monte : *c/ Los Guanches, s/n, à* ***San Antonio del Monte.*** *Résa (obligatoire) : Cooperativa Andén Verde, ☎ 922-40-04-44. • alberguesanantonio@gmail.com • À 800 m à l'ouest du parque arqueológico, prendre la route face à la station-service, direction San Antonio, puis tt de suite à droite, c'est au bout. À proximité du sentier PR LP-9.* Une grande auberge (tous les âges y sont admis) dans un bâtiment en béton, sobre et fonctionnel, sans aucun caractère mais pratique et propre. En pleine nature à 950 m d'altitude, cet endroit est destiné aux groupes de randonneurs. On y trouve des dortoirs (de 4 ou 12 lits), avec sanitaires collectifs. Cuisine à disposition des hôtes. Plusieurs activités : randonnées, initiations à l'escalade, au rappel, au canyoning et grimpette dans les arbres...

Restaurante La Mata : *au lieu-dit* ***El Pino de la Mata,*** *au km 58, 1 km* *à l'est du* parque arqueológico *(arrêt de bus ligne n° 100).* ☎ *922-40-06-17.* • *cm.lamata.restaurante@gmail.com* • *Jeu-dim 11h-19h, cuisine jusqu'à 17h30. Fermé lun-mer. Plats 6-14 €.* Petit resto aux murs violets, isolé dans la campagne, au bord de la route. Il a le mérite d'être là où il n'y a aucun concurrent ! Sert une cuisine traditionnelle copieuse, façon cabri, lapin ou filet de bœuf à la crème de châtaigne. Agréable terrasse sous les orangers.

GARAFÍA (SANTO DOMINGO)

(38787) 1 626 hab.

2e commune de l'île par la taille, 103 km² (presque la taille de Paris !), Garafía est aussi l'une des moins peuplées, avec 1 626 habitants disséminés sur plus de 10 *barrios* (hameaux)... Il est bon de savoir que la route côtière n'arriva à Santo Domingo, le bourg principal, que dans les années 1960. Cette commune enclavée du nord-ouest constitue une île dans l'île, en quelque sorte...

Parmi les régions les plus pauvres de La Palma, dépourvue de port, la vie fut longtemps rude ici. Il semble qu'au début du XVIe s une bonne partie des habitants étaient des juifs portugais, à la recherche d'une nouvelle terre d'adoption après leur expulsion du Portugal – d'où le nom de *callao de Portuguese* d'une portion du littoral. Cet isolement est aujourd'hui un atout. Ce qui fit sa solitude dans le passé nourrit aujourd'hui la béatitude touristique ! Que d'atouts naturels ! L'ensoleillement et l'environnement remarquables attirent nombre de Nord-Européens – et d'Allemands en particulier. Certains sont installés depuis plusieurs décennies, d'autres ont ouvert restaurants, cafés, pensions et maisons d'hôtes, ou se sont mis eux aussi à élever des chèvres ou fabriquer du fromage. L'autre atout majeur de la commune, c'est le fameux observatoire du *Roque de los Muchachos* (pour la visite, se reporter à l'introduction de La Palma, rubrique « L'île aux étoiles »).

AU BON VOULOIR DU ROI

Le roi Philippe II céda en 1576 aux serfs, paysans et métayers de Villa de Garafía les bonnes terres ensoleillées du coin, en échange d'un cinquième de toutes les récoltes. Il fallut attendre 1987 pour que le gouvernement autonome des Canaries supprime enfin cet impôt d'un autre temps !

Arriver – Quitter

➢ La ***ligne n° 120,*** au départ de Barlovento (et qui prolonge la ligne n° 100 Santa Cruz-Barlovento), dessert la route du nord, la LP-1, jusqu'à Puntagorda, en faisant un détour par Santo Domingo. Lun-ven, 8 bus/j. 5h30-19h30, w-e 3 bus seulement. Durée : 1h10 Barlovento-Santo Domingo.

Adresses utiles

ℹ ***Oficina de información turística de Llano Negro :*** *au carrefour des routes LP-1 et LP-112 (celle descendant à Santo Domingo, situé 8 km plus bas), à* ***Llano Negro.*** ☎ *922-40-05-07.* • *lapalmacit.com* • *garafia.es* • *Lun-ven 9h30-16h30, w-e et j. fériés 10h30-14h30.* Très bien documenté, et excellent accueil.

ℹ ***Oficina de información turística de Las Tricias :*** *pl. S. José Mata, s/n, à* ***Las Tricias.*** ☎ *922-40-00-92.* • *lapalmacit.com* • *Lun-ven 10h-17h, w-e et j. fériés 10h30-14h30.*

Où dormir ? Où manger dans le coin ?

Autour de Santo Domingo

Casa rural Panchita : *Cueva de Agua. Gérée par Isla Bonita (☎ 922-43-06-25 ; • islabonita.com •). À 4 km au sud-ouest de Santo Domingo et de la mer, sur la LP-114 au km 10, bifurquer à gauche vers Cueva de Agua, c'est 2 km plus haut, sur la gauche. Compter 45-54 € pour 2 pers (min 3 nuits). Pas de wifi.* Cette maison de poche rouge et bleu se perche dans la montagne (déjà à 524 m d'altitude), sur le bord d'une petite route. Un salon-cuisine, une chambre, une salle de bains (douche cabine), et voilà. Le tout est plutôt confortable et bien équipé, mais manque d'espace (il n'y a aucun jardin). L'hiver, le vent s'infiltre volontiers sous les toits...

À El Castillo

Si Santo Domingo est un gros bourg, El Castillo n'est qu'un hameau de quelques maisons, perdu dans la montagne au milieu des amandiers. Leur admirable floraison, fin janvier-début février, embaume l'air de senteurs de miel. On y trouve pourtant un très bon resto tenu par un Allemand.
Accès : de Santo Domingo, suivre la route LP-114 sur env 8 km. Vous verrez le panneau « restaurante Azúl » sur la gauche, tourner donc à gauche et monter sur 3 km en empruntant une route étroite et sinueuse. Venant de Puntagorda en voiture, compter env 15 mn.

Restaurante Azul : *sur la place du hameau. 627-61-24-58. Ouv seulement le ven 17h-22h et le dim 13h-22h (passer un coup de fil avt pour vérifier, résa conseillée). Menu env 25 €, carte 25-40 €.* L'ancienne épicerie du village a retrouvé sa vocation nourricière, entre les mains d'un couple allemand. La maison a été joliment rénovée, dans un style bistrot mêlant matériaux traditionnels, couleurs bleutées et mariages de textures plus contemporains. En prime : une belle terrasse avec une vue splendide et une cheminée en hiver. Dans l'assiette rien que du bon, du frais et du fait maison, avec une utilisation généreuse et inventive des produits du terroir, en particulier poisson, bœuf, agneau et lapin, au gré d'une carte qui change au fil des saisons. Accueil détendu et polyglotte. Une belle adresse, où l'on oublie volontiers le temps qui passe.

À Las Tricias

À environ 13 km au sud de Santo Domingo par la LP-114, ce hameau se niche autour de son église, prolongée par une esplanade qui offre une vue dégagée jusqu'à la mer. C'est aussi le départ d'une belle balade (une portion du GR 130) vers la combe de Buracas.

Los Cardones : *La Pelada, s/n. Gérée par Isla Bonita (☎ 922-43-06-25 ; • islabonita.com •). Sur la LP-114 en direction de Santo Domingo, à 2,5 km de Las Tricias. Compter 70-84 € pour 2 pers, jusqu'à 108 € pour 4 pers (min 6 nuits).* Avec ses murs chaulés où affleurent d'énormes pierres, cette belle maison paysanne de la fin du XIXe s, fut construite par un Canarien de retour de Cuba. Assez isolée, utilisant des matériaux nobles et naturels, dans un style rustique traditionnel. Ici un vieux tonneau, là des chardons séchés. Les familles y trouveront une grande chambre parentale et 2 petites chambres individuelles, ainsi qu'une agréable piscine prolongée d'une cuisine-barbecue. Le panorama est splendide, avec la nature à perte de vue jusqu'à l'océan et un jardin tout autour. Un de nos coups de cœur.

À voir. À faire

Museo de Interpretación del Gofio (MIGO) **:** *c/ El Polvillo, à* **Las Tricias.** *☎ 922-40-02-77. Lun-sam 10h-18h, dim 10h-16h, j. fériés 10h30-14h30. Entrée : 2,50 €, gratuit moins de 12 ans.* Intéressant petit musée pour tout découvrir du *gofio,* cette farine de céréales composée de blé, maïs, millet, ou orge. Le *gofio* est utilisé au quotidien dans l'alimentation des familles canariennes, hier comme aujourd'hui. On y découvre comment étaient cultivées ces diverses céréales jusqu'à leur passage sous le poids de la meule. Depuis la terrasse, sous les ailes du moulin, belle vue vers la combe de Buracas.

➢ ***Randonnée Las Tricias-Buracas et retour (sur le GR 130) :*** *niveau facile ; 6 km ; env 2h45 ; dénivelée cumulée 380 m.* De Las Tricias, descendre d'abord la route (LP-114) sur 1 km environ jusqu'à trouver, dans un lacet, le panneau « Buracas », le long de vieilles maisons traditionnelles. Le but de la balade est la combe de Buracas, avec ses grottes, sa fontaine et ses pétroglyphes.

PUNTAGORDA (38789) 2 073 hab.

Sur la côte ouest de l'île, à 28 km au nord de Tazacorte et 15 km au sud de Santo Domingo, Puntagorda offre un visage plus vivant que Garafía. Cette commune s'étale sur plusieurs niveaux à flanc de montagne. Bien qu'aujourd'hui désenclavée, la commune, longtemps repliée sur sa tradition paysanne, entre élevage, agriculture et économie de subsistance, reste agricole. Vergers, potagers, orangers et amandiers parsèment le paysage, ce n'est pas encore l'aridité austère du grand sud.
Le marché local (week-end) est réputé et, vers fin janvier-début février, le paysage déploie un tapis blanc et rosé à la floraison des amandiers (l'occasion d'une gentille *fiesta*).

Arriver – Quitter

➢ La ***ligne nº 120,*** au départ de Barlovento (et qui prolonge la ligne 100 Santa Cruz-Barlovento), dessert la route du nord, la LP-1, jusqu'à Puntagorda, via Las Tricias. Durée du trajet : min 1h30.

La ligne nº 110, au départ de Puntagorda, poursuit jusqu'à Los Llanos (trajet env 1h). ***Pour rejoindre Santa Cruz,*** il peut être un peu plus rapide de passer par Los Llanos, puis changer pour la ligne nº 300.

LA PALMA

Adresse et infos utiles

ℹ ***Oficina de información turística :*** *avda de la Constitución, en face de la mairie* (ayuntamiento). ☎ *922-49-30-77.* • *puntagorda.es* • *Tlj 9h-16h.* Infos et carte de la région (randonnées) et vente de produits locaux (miel, amandes, fromage, confitures, vin). Liste des *casas rurales*. Horaires des bus (*guaguas*) affichés à l'extérieur.

– Autour de la place de la mairie (celle avec l'horloge), on trouve la poste, la *Caixa Bank* (avec ATM), une supérette *Spar.*

Où dormir ?

Bon marché (moins de 20 €)

⛺ ***Centro de Naturaleza La Rosa*** (*Asociacion Aire Libre*) **:** *camino Real de la Rosa, 4.* ☎ *922-49-33-06.* 📱 *649-90-62-64.* • *airelibrelapalma.org* • *Camping sous tente 7,50 €/nuit,* cabaña *15 €/pers. Réservation* *obligatoire avt de venir. La sympathique responsable habite non loin et passe à la réception dès qu'un visiteur s'annonce.* À flanc de colline, sous les pins, cette aire de camping est dirigée par une association très impliquée dans l'écologie et la protection de l'environnement. On y trouve quelques cabanes en bois (simples et propres) pouvant loger de 3 à 10 personnes sur des lits superposés (couvertures fournies). Sanitaires collectifs et toilettes sèches par souci d'écologie. Plusieurs services : location d'un télescope, excursions astronomiques guidées (sur résa, 90 € pour un groupe jusqu'à 10 personnes).

Albergue Punta Gorda : *c/ Cuatro Caminos, 3. 689-69-88-40 ou 669-66-63-61. • alberguepuntagorda@gmail.com • Lit en dortoir 15 €, tarif dégressif à partir de la 4e nuit.* Petit bâtiment en béton, aux chambres et dortoirs propres mais sommaires. Éclairés par des néons, avec des lits superposés en bois (pas de rideaux), et des sanitaires collectifs. Petite terrasse sur le toit. Au moins, cette auberge a le mérite d'exister, il y en a si peu sur l'île !

De prix moyens à plus chic (40-90 €)

Pensión Mar y Monte : *c/ Pino de la Virgen, 7. ☎ 922-49-30-67. 699-54-39-18. • info@la-palma-mary monte.de • la-palma-marymonte.de • Dans le village. Fermé en général 2 sem en août. Résa conseillée. Double 65 €, petit déj-buffet (bio) env 10 €. Pas de wifi.* Voilà la seule pension de la côte nord, par chance aussi accueillante que sa propriétaire allemande, avec son jardinet, sa cuisine commune et sa grande terrasse sur le toit. Les 5 chambres au joli parquet, pas très grandes mais impeccablement tenues, sont équipées d'un lavabo et se partagent 2 salles de bains. Petit déj copieux, frais et maison. Bons conseils sur les randos à faire dans le coin.

Casa rural La Verada : *camino de la Verada Baja, 7B. Gérée par Isla Bonita (☎ 922-43-06-25 ; • islabo nita.com •). De la LP-1 (km 75,5), prendre la direction du mercadillo del Agricultor (1,5 km), le dépasser et, au rond-point d'après, prendre à droite, puis encore à droite à 100 m (fléché). Compter 75-90 € pour 2 pers, 95-114 € pour 4 pers (min 5 nuits).* Retirée dans un secteur tranquille, la maison rouge vermillon perchée à 648 m domine la mer, qui scintille 2 km plus bas. Elle dispose d'une petite piscine posée sur une terrasse bordée d'orangers. Salon au haut plafond, cuisine, 2 chambres, zone barbecue extérieure, l'ensemble est spacieux et bien arrangé, presque cosy – parfait pour une petite famille. Réservez bien à l'avance !

Vous pouvez aussi consulter le site de **La Palma Ferien,** *camino del Hondito, 11.* Le propriétaire allemande loue 4 maisons charmantes dans le secteur, toutes noyées sous la végétation et décorées sur des notes moins rustiques qu'à l'accoutumée. *☎ 922-49-33-83 ; • casaserel@gmail.com • lapalmaferien.com • (site en allemand). Compter 40-75 €/j. selon maison (2-4 pers) et saison, et 30-75 € de ménage.*

Où manger ? Où boire un verre ?

Pizzeria Smile : *c/ del Pino de la Virgen, 2. 655-43-25-91. Au centre du bourg, près de la mairie. Tlj 18h-22h. Pizza 9 €.* Cette petite pizzeria tenue par des jeunes Canariens porte bien son nom. C'est avec le sourire que l'on y sert de délicieuses pizzas, aussi bonne qu'en Italie. Chaleureuse petite salle décorée de peintures, avec une cuisine ouverte et un coin bibliothèque. Excellente adresse.

Restaurante Jardín de los Naranjos : *camino del Pinar, 33,* **El Pinar.** *☎ 922-49-31-14. 619-57-11-25. • bellacil1400@gmail.com • Dans le barrio El Pinar, à mi-chemin entre Puntagorda et le mercadillo del Agricultor. Mer-ven 13h-16h, 18h-22h ;*

le w-e 12h-23h. Fermé lun et mar midi. Plats 7-15 €. Voilà l'une des meilleures adresses de Puntagorda. Oh, rien de spectaculaire, juste une cuisine copieuse qui tient la route, puisée dans une carte courte, qui offre cependant un éventail varié de poisson, viande et même de plats végétariens. La salle principale sans fenêtre n'est pas des plus attractives mais l'espèce de véranda de l'entrée, avec vue sur le jardinet est plus avenante.

Coffee & Cake : *camino del Pinar, 43A,* ***El Pinar.*** *660-88-64-05 ou 619-79-10-66. Lun-sam 8h (ou 9h)-20h (14h sam). Fermé dim.* Pour le petit déjeuner servi avec un bon café et de succulents croissants, c'est ici que l'on vient. Mais aussi pour le goûter : les pâtisseries sont exquises. Fait aussi épicerie fine de produits allemands.

Café Ítaca : *avda Los Almendros, 2. À 100 m de la mairie. Lun-ven 7h30-14h, 17h-22h ; sam 9h-14h, 19h-23h. Fermé dim.* Maison bleue abritant cet agréable café tenu par 2 femmes. Il est fréquenté aussi bien par les locaux que par les touristes, de l'heure du petit déj à celle de l'apéro – à accompagner de *montaditos.* Certains vendredis, les musiciens débarquent et les habitués viennent guincher.

À voir. À faire

Ermita San Mauro : *face à la* Pensión Mar y Monte, *prendre la route qui descend (fléché) jusqu'au grand bassin de retenue, à 2 km, puis sur la droite ; c'est à 300 m.* Voici le plus ancien édifice religieux de Puntagorda, fondé au début du XVIe s – et rebâti en 1707, puis au début du XIXe s. Son nom initial, « Santo Amaro Abate », révèle les origines portugaises d'une partie des 1ers immigrants, comme à Garafía. Tout simple et rarement ouvert, c'est aujourd'hui une pause bucolique, au croisement de plusieurs sentiers de randonnée.

Mercadillo del agricultor : *à 2 km au nord du centre, après le barrio El Pinar, fléché aussi depuis la LP-1. Sam 15h-19h, dim 11h-15h.* Le rendez-vous hebdomadaire de toute la région, voire d'une bonne partie de l'île. Les producteurs de la région viennent y vendre leurs spécialités sur une quarantaine de stands : fromages, vins, sirop de canne, miel, conserves, jus de fruits, plantes et fleurs, etc. On peut aussi y manger, et même acheter sa viande fraîche et la faire griller !

Mirador d'Izcagua : *à côté du* mercadillo, *dans l'Area recreativa El Fayal (belle forêt de pins).* Il est prolongé par 3 courts planchers de verre, offrant un vaste panorama sur les profondeurs du *barranco,* les pins et la mer au-delà.

Fête

– ***Fiesta del Almendrero en flor*** *(fête des Amandiers en fleurs)* **:** *ven-dim, dernier w-e de janv ou 1er w-e de fév.* C'est la fête la plus gaie, la plus colorée de l'année. Une grosse kermesse, en fait, avec danses folkloriques, festival de musique, dégustations d'amandes grillées et de vins de pays. Toujours du monde et une chaude ambiance.

DE TIJARAFE À LOS LLANOS DE ARIDANE

Éparpillée sur le flanc nord-ouest de l'île, la vaste commune de Tijarafe regroupe pléthore de bourgades et hameaux agrippés aux pentes de la caldera de Taburiente. La montagne pique ici de manière très raide vers une côte escarpée, aux falaises dentelées livrant de rares échappées.

➢ La ***ligne n° 110,*** au départ de Puntagorda, dessert la route du nord, la LP-1, jusqu'à Los Llanos de Aridane. De Tijarafe, départ ttes les heures (ttes les 2h le w-e) 7h (8h le w-e)-21h40 pour Tazacorte (trajet 30 mn) et Los Llanos (40 mn). ***Pour relier Tijarafe à Santa Cruz,*** mieux vaut en fait passer par Los Llanos, puis changer pour la ligne n° 300 (40 mn), qui circule ttes les 30 mn à 1h, 5h35-22h35. Moins long malgré le changement de bus, sauf parfois le week-end lorsque les horaires se combinent mal.

TIJARAFE *(38780 ; 2 600 hab.)*

À 19 km à l'ouest de Los Llanos de Aridane, Tijarafe ressemble plus à un gros village qu'à un hameau. Accrochée à la montagne, la bourgade bâtie comme un balcon surplombe un vaste paysage dévalant vers la mer. Consiste en quelques ruelles aux gros pavés bordées de maisons aux façades pastel serrées autour d'une vénérable église. Du centre du bourg, une petite route acrobatique plonge littéralement jusqu'à un vieux *proís* et ses maisonnettes de pêcheurs nichées sous un auvent rocheux, au défi des vagues. On adore !

Où dormir ? Où manger ?

Casa Rural Fide : *hameau El Jesús, à* ***Tijarafe.*** *Géré par* Isla Bonita *(☎ 922-43-06-25, • islabonita.com •). Compter 85-102 € pour 2 pers, 95-114 € pour 3 pers.* À 2 km du bourg de Tijarafe, à 670 m d'altitude, cette petite maison en pierre volcanique surplombe un vaste paysage avec la mer en contrebas. Seulement une chambre et une cuisine-salon dont les fenêtres ouvrent sur ce remarquable environnement, mariage de montagne et d'océan. Le plus : cette petite piscine dans le jardin semé de cailloux gris.

Kiosco El Diablo : *ctra General,* ***Tijarafe.*** *619-05-16-65. Tlj sauf dim 10h-minuit.* Ce n'est qu'un kiosque au bord de la route, au cœur du village, dont la forme évoque un pagodon chinois. Le panorama qu'il offre de sa terrasse et ses bonnes tapas bien fraîches en font une étape incontournable. Son nom rappelle que le village célèbre chaque année une fête du Diable, très haute en couleur.

La Muralla : *ctra LP-1, km 83,* ***Aguatavar.*** *☎ 922-69-53-71. • info@restaurantelamuralla.eu • Entre Puntagorda et Tijarafe, après Tinizara. Tlj, 13h-22h (22h30 ven et sam ; 21h ou 21h30 en hiver). Plats 8-17 €.* Restaurant moderne bâti comme un nid d'aigle avec une vue plongeante sur l'océan : vastes baies vitrées, déco contemporaine de bistrot épuré et 2 balcons en surplomb. On ne s'arrête pas seulement pour la vue mais surtout pour la qualité de la cuisine toujours copieuse et bien présentée. Savoureuses viandes grillées et délicieux *costillar* (poitrine de porc fraîche au miel). Au final : excellent rapport qualité-prix et service efficace. Le coin café permet de profiter de la vue.

Où boire une bière artisanale ?

Cervecería Isla Verde : *ctra LP-1, n° 41,* ***El Jesús.*** *☎ 922-49-06-25. 691-44-51-53. • info@cervezaislaverde.com • Env 2,5 km au sud de Tijarafe. Tlj sauf mar (et mer en été), 12h (10h w-e)-22h. Tapas 4-7 €, repas env 15 €.* Cette microbrasserie artisanale fondée et dirigée par un Allemand concocte sur place une brune presque noire, la *Danza del Diablo,* une rousse, la *Pícara,* et une blanche, l'*Indiana.* Les habitués débarquent de toute l'île pour repartir avec un tonnelet ! On peut aussi faire halte sur le petit bout de terrasse fleuri, sous un palmier dominant la campagne. Quelques établissements de l'île distribuent aussi la production : demander leur la liste ! Visite possible de la brasserie sur rendez-vous.

À voir. À faire

Iglesia de Candelaria : *au centre du village, en surplomb de la LP-1.* Si elle est ouverte, vous pourrez voir son beau retable de style baroque canarien (unique par son style), qui occupe tout le fond du chœur, et sa petite chaire en bois peint haut perchée. La proche bibliothèque abrite, à l'étage, le tout petit ***Museo etnográfico José Luis Lorenzo Barreto*** *(c/ Real ; lun-ven 16h-20h, sauf pdt les vac 10h-13h en général ; GRATUIT)* : costumes traditionnels aux jolies broderies de palmes et accessoires. Il y a aussi la ***Casa del Maestro*** *(mêmes horaires),* toute proche, aménagée dans l'ancienne école.

La ***côte de Tijarafe*** offre aussi de jolies surprises, en particulier la ***playa de la Veta,*** un étroit tapis de sable noir coincé au pied des falaises, qui se forme au printemps et disparaît pour l'essentiel à la fin de l'automne. Cette plage est accessible par une route étroite mais bitumée ou à pied en 15 mn depuis le parking le plus proche. Plus au sud la ***Cueva Bonita,*** une grande grotte marine, se découvre depuis un bateau, au départ de *Puerto de Tazacorte* (voir plus bas).

Proís de Tijarafe : ceux qui ont une voiture assez puissante et n'ont peur de rien au volant se hasarderont à descendre vers l'ancien petit port, nommé le *Proís de Tijarafe.* Compter 30 mn pour faire 4 km ! Prudence ! Partant du *Kiosco El Diablo,* au centre du village, sur la LP-1, la route, tantôt asphaltée ou bétonnée, semble un temps plonger à pic vers la mer... avant de consentir enfin à faire quelques lacets. Étroite, vertigineuse, sans rambarde, elle fait craindre tout croisement... Arrivé au parking, en bas, il reste environ 10 mn à pied pour atteindre cette incroyable anfractuosité de la falaise, où une dizaine de maisonnettes de pêcheurs se niche sous la falaise. Ces petites maisons en béton, peintes en blanc, défient tout autant les chutes de pierre que les vagues balayant méchamment l'étroit mouillage. Cet endroit unique fut utilisé pendant 3 siècles comme port. Aujourd'hui les pêcheurs et leur famille reviennent volontiers pour y vivre en été (parfois le temps d'un w-e). Imaginez les conditions lorsqu'il s'agissait de transborder des marchandises et leur faire grimper la pente jusqu'à Tijarafe... La balade peut aussi se faire à pied (épuisant et en plein soleil !).

MIRADOR EL TIME

À 11 km à l'ouest de Los Llanos de Aridane, sur la route LP-1, ce mirador au point de vue fantastique marque une vraie frontière, entre la rugosité de la côte nord et le « monde d'en bas », ce sud de l'île que l'on découvre, 500 m en dessous, au-delà de la profonde fracture du ***barranco de las Angustias.*** Ces 594 m de dénivelée qui séparent El Time de la mer, la LP-1 les descend par une série de larges lacets taillés à même la roche, jusqu'au fond du *barranco* griffé de terrasses où poussent les bananiers – avant de remonter vers Los Llanos de Aridane.

Bar El Mirador El Time : *au bord de la LP-1, km 93,5, dans un virage.* ☎ *922-48-90-83. Tlj 9h-20h (22h w-e).* Emplacement exceptionnel pour ce bar situé comme une vigie au-dessus d'un vaste et vertigineux paysage. Ancien policier reconverti dans la restauration, le jovial Juan Carlos sert des jus de fruit naturels et toutes les boissons possibles. Il est surtout renommé pour ses pâtisseries et ses tartes au point que le prix Nobel de littérature Vargas Llosa et le chanteur Julio Iglesias ont fait le détour. Goûtez à la *Linzer* ou à l'*Engadiner* ou encore celle faite avec des graines de pavot d'Afghanistan *(semillas de Amapola).* Sur place, on sert aussi le *barraquito*, boisson canarienne mêlant lait concentré, liqueur de mandarine, café et cannelle.

LE CENTRE DE L'ÎLE

Côté sud, les flancs de la caldera de Taburiente, plus secs et tapissés de pins canariens, montrent un relief un peu plus clément – ce qui ne veut pas dire plat non plus ! Disons que les terrasses des bananeraies s'y font un peu moins serrées, les routes un peu moins tortueuses, la côte moins abrupte et l'océan un peu plus accessible. C'est probablement la raison du dynamisme de Los Llanos de Aridane, qui ferait presque de l'ombre à Santa Cruz avec son vieux centre largement piéton et sa charmante place plantée de lauriers des Indes. C'est par ce versant sud que se fait en général la découverte de la caldera de Taburiente, accessible au niveau du mirador de La Cumbrecita (au-dessus d'un *centre des visiteurs*) et du large *barranco de las Angustias,* qui débouche sur la côte ouest et en constitue une sorte d'accès naturel.

LOS LLANOS DE ARIDANE (38760) 20 467 hab.

• Plan *p. 400-401*

Située presque au centre de l'île, au point de jonction entre la culture montagnarde du Nord et l'univers plus volcanique du Sud, à 340 m d'altitude, Los Llanos est à la fois plus peuplée et plus dynamique que Santa Cruz, la capitale de La Palma. Son joli centre colonial aux élégantes maisons seigneuriales, longtemps vouées au commerce, et ses larges et belles places se prêtent à la flânerie. Un musée intéressant, des adresses accueillantes, la proximité de la plage de Puerto de Tazacorte comme du parc national de la Caldeira en font un excellent point de chute pour rayonner dans le coin.

Arriver – Quitter

***Estación de guaguas** (plan A1) : c/ Ramón Poll, s/n. ☎ 922-46-02-41. • tilp.es • À 5 mn à pied du centre colonial. Lun-ven 8h-20h30, sam 8h-15h.*

➢ ***Ligne n° 200** (Santa Cruz de La Palma via Fuencaliente) :* ttes les 2h, 6h15 (8h15 le w-e)-22h30, de ***Santa Cruz*** (durée totale 1h30), via ***la côte sud-est,*** dont Villa de Mazo (17 mn).

➢ ***Ligne n° 300** (Santa Cruz de La Palma-Los Llanos de Aridane) :* ttes les 30 mn (ttes les heures le w-e) 5h35 (6h le w-e)-17h30, puis ttes les heures jusqu'à 22h35. Le bus prend la route LP-3 qui passe par le tunnel de la Cumbre (durée 16 mn), le ***centro de visitantes du parc national de Taburiente*** (20 mn), et ***El Paso*** (23 mn).

➢ ***Ligne n° 110** (Los Llanos de Aridane-Puntagorda) :* ttes les 2h, 6h15 (7h15 le w-e)-18h15 vers ***les grandes localités de la côte nord :*** Tazacorte (durée 15 mn), Tijarafe (35 mn), Puntagorda (1h15). De Puntagorda, la ***ligne n° 120*** continue vers Barlovento (durée 1h30) via Las Tricias, Santo Domingo, La Zarza y Zarcita, et Franceses. Avec la n°120, 7 bus/j., 7h30-19h.

➢ ***Ligne n° 210** (Los Llanos de Aridane-Fuencaliente) :* 8 bus/j., 6h-20h15. Sam et dim, 6 bus/j., 8h15-20h15. Durée : env 30 mn.

➢ ***Ligne n° 29** (Los Llanos de Aridane-Puerto de Tazacorte via La Laguna) :* 2 bus/j., 1 le mat, un autre dans l'ap-midi. Durée : 20 mn. Il y a aussi la ***ligne n° 27*** qui assure cette liaison.

➢ ***Ligne n° 24** (Los Llanos de Aridane-Puerto Naos-El Remo) :* 24 bus/j., 6h30-21h30. Sam et dim, 9 bus/j, 6h30-20h30. Durée : env 22 mn.

■ Adresses utiles

- CIT – Oficina de turismo (A1)
- 11 Magic Bike La Palma (B1)

Où dormir ?

- 10 Hostel Vagamundo
- 11 El Porvenir Bed & Bike (B1)
- 12 Hotel Edén (B1)
- 13 Hotel Benahoare (B2)
- 14 Valle Aridane Hotel (A1-2)
- 15 La Palma Jardín (hors plan par C2)

Où manger ?
Où boire un verre ?

- 12 Café Edén (B1)
- 20 Kiosko Aridane (B1)
- 21 Pérgola Casino Aridane (B1)
- 22 Tasca La Luna (B1)
- 23 Restaurante El Hidalgo (B2)
- 24 Tasca Er Sevillano (A1)
- 25 Restaurante El Geco Libero
- 26 El Duende del Fuego (B2)
- 27 Restaurante Don Escaldón

Où prendre un petit déj tardif, une glace ou un 4-heures ?

- 30 Frida (B1)

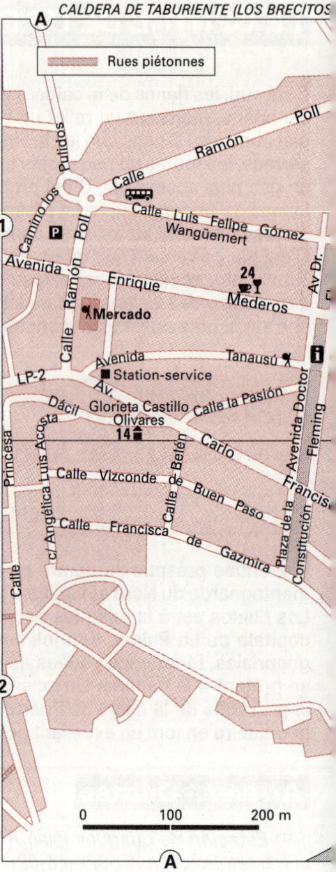

Adresses utiles

CIT – Oficina de turismo *(plan A1) : avda Dr Fleming, s/n. ☎ 922-40-25-83. • oficina.turismo.losllanos@gmail.com • lapalmacit.com • En sous-sol, au milieu du terre-plein de l'avenue. Lun-ven 9h30-14h, 16h-19h ; le w-e 9h30-15h30. Dim, jour de marché, stand sur l'avenida à la place.* Beaucoup d'infos, et bon accueil.

■ ***Magic Bike La Palma*** *(plan B1, **11**) : c/ Fernández Taño, 33. ☎ 922-46-16-49. • magic-bike-lapalma.com • De mi-sept à mi-juil, lun-ven 16h30-20h, sam 18h-20h, fermé dim ; le reste de l'année, lun-sam seulement sur résa. Loc de vélos électriques et de VTT de bonne qualité de 20 à 55 €/j. selon le type.* Sigi, grand passionné de *mountainbike* et de montagne tout court, propose toutes sortes de balades (y compris sur plusieurs jours), guidées ou non, pour découvrir les paysages de La Palma en toute liberté. On peut aussi n'utiliser que son service de navette (plate-forme spéciale pour les vélos) pour 12-30 €.

LOS LLANOS DE ARIDANE

Parkings : *grand parking extérieur gratuit* *(plan A1) derrière le mercado municipal, à l'angle de la c/ Ramón Poll et de l'avda Enrique Mederos... lorsque la fête foraine ne s'y installe pas. Sinon, on trouve des places gratuites derrière le Museo Benahoarita (plan B2). Ou, plus proche du centre mais payant et en sous-sol (1,25 €/h), au bout de l'avda Dr Fleming (plan B1).*

Où dormir ?

Bon marché (moins de 40 €)

Hostel Vagamundo *(plan B1,* ***10****) : c/ Fernandez Taño, 15. 622-64-98-41. • vagamundohostel.lapalma@gmail.com • Réception ouv tlj 8h-22h30. Lits en dortoir 18-20 €/pers, double 42 €.* Quelle surprise ! Enfin une auberge de jeunesse à prix doux dans cette île de La Palma où ce genre d'hébergement est si rare. Tenu par une jeune femme aimable et dynamique, l'*hostel* abrite des dortoirs (4 ou 6 lits) avec des lits superposés en bois, équipés de rideaux, de prises électriques, de casiers. Sanitaires collectifs propres. Et aussi 3 chambres privatives, simples et de confort suffisant, avec salle de bains. Cuisine commune. Une excellente adresse économique et conviviale pour les randonneurs et les routards.

Prix moyens (40-60 €)

🏠 ***El Porvenir Bed & Bike*** *(plan B1, **11**) : c/ Fernández Taño, 33. ☎ 922-46-16-49. • sigi@el-porvenir.info • el-porvenir.info • En plein centre. Double avec sdb commune 45 €, petit déj-buffet 9 €.* Après avoir voyagé dans le monde entier, Sigi et Annemarie, tous deux Allemands, ont aménagé cette maison typique. Elle comprend une cour ombragée et quelques petites dépendances, qui en font une sorte d'auberge conviviale. Les 10 chambres, de tailles diverses, avec ou sans balcon, affichent des tonalités ocre jaune et rouge. Chacune est décorée autour d'un thème voyageur et toutes se partagent 3 salles de bains aux *trencadis* évoquant Gaudí. Le tout bien propre, avec cuisine à disposition et accueil à la bonne franquette. Bon, c'est sans doute un peu cher, d'autant que les chambres ne sont faites que sur demande...

🏠 ***Hotel Edén*** *(plan B1, **12**) : c/ del Angel, 1 (angle pl. de España). ☎ 922-46-06-98. • hotel-eden@terra.es • lapalmahoteleden.com • Doubles 50-55 €, petit déj 6 €. Réception au 1er étage, 8h-22h.* D'abord les points négatifs : un hôtel tout en hauteur mais sans ascenseur, une déco datée et le bruit éventuel des bars en contrebas. Et maintenant les points positifs : une situation idéale sur la place centrale (piétonne), une propreté impeccable, pas de TV dans les chambres, et une patronne anglophone. Du 4e étage (le plus cher), belle vue sur la ville ou les montagnes, mais pas de balconnet ! Il y a aussi des chambres simples avec salle de bains commune pour les voyageurs solo.

De prix moyens à chic (60-100 €)

🏠 ***Hotel Benahoare*** *(plan B2, **13**) : c/ Las Adelfas, 12. ☎ 922-40-30-13. • info@hotel-benahoare.com • hotel-benahoare.com • En face du* MAB, *dans une rue semi-piétonne. Doubles 70-100 €, petit déj 8 €.* Même s'il n'affiche que 2 étoiles, cet établissement moderne dispose d'une vingtaine de chambres confortables (clim), assez vastes et très bien entretenues, au mobilier standard mais choisi. Celles avec balcon sont un peu plus grandes (et tout aussi calmes). Agréable salle lumineuse prolongée d'une terrasse pour le petit déj, café *Idafe* au rez-de-chaussée, et un joli toit-terrasse bien aménagé avec mini piscine de la taille d'une grosse baignoire.

🏠 ***Valle Aridane Hotel*** *(plan A1-2, **14**) : glorieta Castillo Olivares, 3. ☎ 922-46-26-00. • recepcion@hotelvalleаridane.com • hotelvallearidane.com • À l'entrée de l'avda Carlos Francisco Lorenzo Navarro, presque en face de la station-service. Réception au 1er étage (ascenseur). Doubles 70-80 €.* Un peu bruyant côté pile en raison de sa situation sur l'artère centrale de la ville, cet hôtel abrite pas moins de 43 chambres impeccables, assez spacieuses. Les plus calmes donnent sur l'arrière côté montagne. Attention cependant : ni clim ni chauffage. Accueil professionnel.

🏠 ***La Palma Jardín*** *(hors plan par C2, **15**) : urbanización Celta, c/B-20. ☎ 922-46-35-67. 📱 666-58-14-62. • info@lapalmajardin.com • lapalmajardin.com • Fléché à l'angle du restaurant* Franchipani, *à env 1,5 km du centre de Los Llanos sur la LP-2, en direction d'El Paso ; grimper jusqu'en haut de l'urbanización. Bungalows 1-2 chambres 70-80 € pour 2, villa 95-100 €.* Difficile de ne pas aimer l'immense jardin en terrasses, d'une rare luxuriance, mêlant grands palmiers, dragonniers, hibiscus et autres cactus. Les appartements (« bungalows »), contigus et néanmoins assez intimes, disposent d'une ou 2 chambres (60-70 m²), d'une cuisine équipée, d'un salon et d'une terrasse privée. On

LA PALMA

peut aussi opter pour les « villas » familiales (4 personnes) de 120 m², avec parking. Pour se divertir : des tennis, un sauna et pas moins de 2 piscines, dont une intérieure, splendide, chauffée, très vaste et noyée elle aussi dans la végétation, avec son coin relaxation.
– Si vous voulez dîner dehors, le *Franchipani,* au bas de la rue *(ctra General. Empalme dos Pinos, 57 ; • info@franchipani.com •, ☎ 922-40-23-05 ; tlj sauf lun-mer, 18h-22h30, dim 13h-22h30) ; repas env 25 €).* Ce restaurant sert une cuisine canarienne très bien préparée, dans un cadre agréable. Salle contemporaine ouvrant sur un jardin.

Où manger ? Où boire un verre ?

Bon marché (moins de 12 €)

Tasca Er Sevillano *(plan A1,* ***24****) : avda Enrique Mederos, 26. Ouvert tard.* Petit bar à tapas, tenu par un sévillan, un endroit idéal pour grignoter un *montadito* en buvant un verre, dans une ambiance plutôt animée le soir en particulier.

Les terrasses de la ***plaza de España*** *(plan B1),* sous l'ombrage de ses grands lauriers, sont animées du petit déj jusqu'au cocktail en soirée notamment au très agréable ***Kiosko Aridane*** *(plan B1,* ***20****),* au centre de l'esplanade, au ***Café Edén*** *(angle c/ Ángel ; plan B1,* ***12****)* et à la ***Pérgola Casino Aridane*** *(plan B1,* ***21****),* juste au pied de l'église. Endroit idéal pour les petites faims à petits prix : *bocadillos* et *montaditos* sont à la carte.

Tasca La Luna *(plan B1,* ***22****) : c/ Fernández Taño, 26. ☎ 922-40-19-13. • lalunalapalma@gmail.com • Tlj sauf dim 19h-22h30. Plats 5-6 €. Buffet de tapas le mer à 19h, 12,50 €/pers. Café offert sur présentation de ce guide.* La pimpante maison traditionnelle possède du caractère avec son enfilade de petites salles chaleureuses disposées autour d'un charmant patio fleuri. La carte mêle aux produits locaux des touches exotiques, (gingembre, curry, quinoa), couscous et autres influences maghrébines. Quant aux tapas variées, elles peuvent être végétariennes à la demande. Régulièrement des concerts, en général le jeudi.

Prix moyens (12-25 €)

Restaurante Don Escaldón *(plan B1,* ***27****) : c/ Real, 25. ☎ 922-09-51-63. • info@donescaldon.com • Tlj, sauf dim et lun, 12h-16h, 19h-1h du mat. Plats 6-15 €, menus 15-16 €.* Le chef-patron Baltasar a baroudé dans le monde entier avant de revenir au pays et d'ouvrir ce resto dans une vieille maison restaurée avec soin. La cuisine s'inspire à la fois de la tradition canarienne et de l'Espagne : aubergines au miel, saucisses de León, tripes de Madrid, et un grand choix de plats à base de viande (porc, bœuf, lapin, chèvre...). Très jolie salle aménagée avec goût, ouvrant sur 2 rues calmes. Belle terrasse sur le toit.

Restaurante El Geco Libero *(plan B1,* ***25****) : c/ Aridane, 2. ☎ 922-46-26-96. Tlj 13h-16h, 19h-23h. Plats 7-11 €.* Sans doute un des meilleurs restos italiens de l'île. Pour changer de la cuisine canarienne, voici le « gecko en liberté » c'est son nom, une trattoria-pizzeria installée dans une maison aux murs rouge, avec une salle chaleureuse. Tout est frais, délicieux, cuisiné comme à Rome : pizzas moelleuses, pastas, raviolis, et le reste, sans oublier les desserts comme la *panna cotta* aux fruits de la passion, aussi bonne qu'à Bologne ou Modène. Service attentionné. Excellent rapport qualité-prix.

Restaurante El Hidalgo *(plan B2,* ***23****) : c/ La Salud, 21. ☎ 922-46-31-24. • rudolfporth@yahoo.de • Tlj sauf dim-lun : mar-jeu 12h30-16h, ven-sam 12h30-23h. Plats 7-18 €.* Aux marges du coquet centre historique, ce resto tenu par des Allemands cache une adorable courette-jardinet encadrée de végétation. Il y a aussi 2 salles assez sombres, avec un bar où l'on s'offre volontiers *copa* et *montaditos.* Le menu, complété par les plats du jour à l'ardoise, propose des salades fraîches, des plats végétariens, et des viandes.

El Duende del Fuego (plan B2, **26**) : *c/ Teniente General G. del Yerro, 11. ☎ 922-40-10-02. • reservas@elduendedelfuego.com • Lun 19h-23h ; mar-sam 14h-16h, 19h-23h. Fermé dim et lun midi. Menu midi et soir 15 €, plats 6-17 €.* À l'écart du centre animé, au pied d'un immeuble moderne, dans une rue calme, ce *gastrobar* aime les associations de saveurs. On y pratique la « nourriture lente » c'est-à-dire une inventive *slow food,* toujours faite avec des produits sains bien sélectionnés. Morue aux amandes, saumon au miel de palme, des viandes, une dizaine de plats à base de riz comme *l'arroz verde, vida, vivo* avec des épinards, du cresson et de la spiruline (une algue pleine de vertus !). La *tortilla del duende* (omelette du chef) a même remporté un prix national. Bref une cuisine diététique de gourmet, originale et créative.

Où prendre un petit déj ou une glace ?

Frida (plan B1, **30**) : *c/ Calvo Sotelo, 24. Lun-ven 11h-18h (sam 15h), fermé dim.* Frida, comme Frida Kahlo – la peintre mexicaine –, dont un portrait réinterprété orne le salon à l'anglaise. Idéal pour le petit déj (3 options santé) servi toute la journée, une gaufre au goûter, une quiche ou un sandwich le midi, une glace maison lorsque la canicule frappe, une tarte, un bon café ou un chocolat chaud à toute heure (8 options, dont l'une au piment !). En prime : les tables dans la rue et une petite terrasse sur le toit.

À voir

Le centre historique (plan B1) **:** la balade sur la ***calle Real*** et ses voisines (rues *Calvo Sotelo* et *Fernández Taño*), aux vieilles façades mêlant couleurs vives ou pastel, linteaux en pierre volcanique et galeries en bois pour les plus anciennes, s'avère d'autant plus plaisante qu'une bonne partie est exclusivement piétonne. Elles conduisent à l'harmonieuse ***plaza de España,*** plantée de 11 majestueux *laureles de Indias* (d'immenses ficus !), rapportés de Cuba en 1863 par des émigrants de retour au pays. L'*ayuntamiento* (*casas consistoriales,* la mairie) se dresse côté sud et l'*iglesia Nuestra Señora de los Remedios* (voir ci-dessous) au nord. Juste derrière se niche la *plaza de Elías Santos Abreu,* surnommée *plaza Chica* pour sa petite taille – mignonne tout plein avec sa fontaine glougloutante, ses 8 très hauts palmiers, ses frangipaniers et ses buissons taillés.

Iglesia Nuestra Señora de los Remedios (plan B1) **:** *pl. de España (ou c/ Fernandez Taño). Tlj 8h-13h, 16h30-20h.* Cette belle église du début du XVIe s est typique de l'architecture religieuse de l'île, d'inspiration mudéjare. Ses murs d'un blanc éclatant contrastent avec les linteaux et le clocher d'un anthracite tout volcanique. Dotée de 2 portes latérales, mais aucune principale, elle s'ouvre sur un intérieur où le *tea* est omniprésent – jusqu'au plancher usé par les passages. On remarquera en particulier la charpente mudéjare du chœur, qui a conservé sa polychromie, et l'ensemble de style flamand (XVIe) de la *Virgen de los Remedios,* sainte patronne de la ville. Une curiosité également : un christ en croix *(Cristo de la Salud)* grandeur nature, réalisé en « pâte à papier de maïs » au Mexique au XVIe s. Il ne pèserait que 14 kg ! Sinon, belle chaire en bois sculptée rouge et or, et fonts baptismaux sous la galerie.

– Dans la venelle reliant la plaza de España à la *plaza Chica,* juste à côté de l'église, le petit ***Museo de Arte sacro*** *(c/ Fernandez Taño, 4 ; mar et ven, 11h30-13h30, 17h30-19h30 ; sam seulement le mat ; fermé lun, mer et dim).* Il occupe une belle demeure avec un patio à la fontaine cachée sous les fougères : importante collection de textiles (beaucoup de soie de La Palma), ainsi que des pièces rapportées du Nouveau Monde par la diaspora palmera.

LA PALMA

👁👁 ***Museo arqueológico Benahoarita*** *(MAB ; plan B2)* **:** *c/ de las Adelfas. ☎ 922-46-46-09. Sur une place piétonne, juste en face de l'*Hotel Benahoare. *Lun-sam 9h-20h, dim 9h-14h. Entrée : 4 € (incluse dans le ticket du Museo Insular de Santa Cruz).* Ce musée déroute par son grand bâtiment à l'architecture moderne. Présentation de la géologie, du milieu naturel local (volcanisme, écosystèmes), de l'histoire ancienne (les Benahoaritas), des rituels religieux et funéraires et du peuplement de l'île. Les grands panneaux informatifs sont un peu fastidieux à lire (en espagnol, anglais et allemand). Ensuite artisanat, poterie, vannerie, travail de la pierre et du bois, utilisation des coquillages ou de l'os. Reconstitution d'un habitat rupestre. Le rez-de-chaussée accueille régulièrement des expos temporaires et abrite une boutique d'artisanat gérée par le *Cabildo.*

👁 Les amateurs de balades urbaines descendront l'***avenida Tanausú*** *(plan A1)*, qui aligne, dans une atmosphère déjà presque campagnarde, quelques belles villas postcoloniales (fin XIXᵉ-début XXᵉ s) derrière des jardins soignés. Une curiosité en chemin : le fortin blanc de la *guardia civil* !

👁 **Mercado** *(plan A1)* **:** *entre l'avda Tanausú et l'avda Enrique Mederos. Tlj sauf dim 6h-14h.* On vend surtout des fruits et légumes dans ce petit marché alimentaire couvert aux murs ocre jaune, plutôt animé. Vous y trouverez sans doute un sachet de *gofio* ou de quoi confectionner un sandwich...

👁 👪 ***Parque Antonio Gómez Felipe - Centro botánico*** *(plan B2)* **:** *à 500 m du centre, de l'autre côté du barranco Tenisca par la LP-213 (direction Puerto Naos). Tlj sauf lun 10h-20h. GRATUIT.* C'est un petit jardin de rocailles présentant quelque 300 types de plantes endémiques et exotiques. Panneaux de mosaïques multicolores aux thèmes floraux, grilles et ponts déroulant leurs volutes en fer forgé réalisés par Luis Morera, un artiste palmero prolifique et polymorphe, également peintre, poète et chanteur, évoquent joyeusement les modernistes catalans (Gaudí...).

TAZACORTE ET PUERTO DE TAZACORTE

(38770) 4 770 hab.

À 6 km au sud-ouest de Los Llanos, Tazacorte s'accroche sur un promontoire dominant la mer et les bananeraies. La bourgade est un peu éclatée, entre sa partie moderne sur les hauts et son centre ancien en contrebas, glissant au fil de la pente – l'occasion d'une courte balade. 2 km plus bas, la route atteint le port, où Alonso Fernández de Lugo débarqua en 1493, initiant la colonisation de l'île. La culture de la canne à sucre, favorisée par les eaux du profond barranco de las Angustias, en fit longtemps un concurrent de Santa Cruz.
Si, aujourd'hui, l'activité économique s'est déplacée vers Los Llanos de Aridane, le vieux port demeure, avec ses quelques maisons colorées qui abritent quelques excellents restos de poisson... et une belle plage de sable noir assez protégée. C'est de là que partent les excursions en bateau pour observer baleines et dauphins, ou pour longer les falaises qui bordent la côte nord-ouest en direction de la playa de la Veta (voir plus haut « Tijarafe »).

Arriver – Quitter

➢ ***Ligne nº 27 :*** de/vers ***Los Llanos de Aridane,*** tlj ttes les heures 8h45-21h45, vers ***Tazacorte*** et ***Puerto de Tazacorte.*** Trajet en 15 mn. Également la ***ligne nº 29,*** mais il n'y en a que 2/j.

➢ La ***ligne nº 110,*** qui dessert Puntagorda-Los Llanos et inversement, passe aussi par Tazacorte.

Adresse utile

Oficina de turismo : *avda del Emigrante, s/n ; kiosque sur la promenade, face à la plage de Puerto de Tazacorte et à l'arrêt de bus. 610-17-04-11. • tazacorte.es • Lun-ven 10h-13h30, 16h-18h ; sam 10h-13h ; fermé dim.*

Où dormir dans un incroyable hôtel-musée ?

Hotel Hacienda de Abajo : *c/ Miguel de Unamuno, 11, El Charco, à Tazacorte. ☎ 922-40-60-00. • info@hotelhaciendadeabajo.com • hotelhaciendadeabajo.com • Juste après l'esplanade en corniche, en face de l'église, prendre la ruelle qui descend à gauche, fléchée « Casco historico » ; c'est env 200 m plus bas par une allée sur la gauche. Doubles 222-500 € ; petit déj inclus. Prix très élevés en hiver mais plus bas en été (basse saison).* Une adresse unique en son genre ! Au XVIIe s, la belle époque de la canne à sucre, c'était rien moins que la plantation la plus prospère de l'île, propriété d'une noble et riche famille aux ramifications galiciennes, andalouses et flamandes. Ses descendants ont hérité du manoir familial, enfoui dans une grande bananeraie allant vers la mer. Ils l'ont restauré et décoré d'œuvres d'art authentiques, de véritables pièces de musée issues de la collection familiale (et complétée par des acquisitions). De la trentaine de grandes chambres et suites, pas 2 ne sont identiques ! Délicates porcelaines chinoises ici, tapisserie flamande là, mobilier précieux partout digne des plus beaux antiquaires de Madrid, jusque dans les salles de bains, les salons et l'accueil. Un très beau jardin entoure la piscine protégée des regards, un spa invite à se détendre et le restaurant *El Sitio,* installé sous une longue et impressionnante charpente pleine de caractère, à s'attabler. On peut aussi juste venir prendre le thé, servi dans de la porcelaine ! Seul – minuscule – bémol, quelques chambres n'ont ni balcon ni terrasse.

Où manger ? Où boire un verre ?

À Tazacorte

La Marmota : *avda de la Constitución, 1. 664-13-97-50. • yele_1987@hotmail.com • Lun-jeu 10h-23h ; ven-sam 10h30-15h, 17h-2h ; fermé dim.* C'est minuscule mais l'endroit est tenu par une délicieuse personne, aimable, souriante, et dynamique. Sa terrasse plantée sur le *paseo* en corniche de Tazacorte rallie tous les suffrages. Attention quand même en traversant la route. Coucher de soleil, cocktail ou gin tonic en main (28 choix !), tapas et *copas* à gogo (dont vins bio). Une fois par mois, soirées musicales.

Restaurante Re-Belle : *pl. de España, 1. 680-69-81-74. Tlj sauf w-e, 17h-22h. Plats 7-18 €.* Central, il donne sur une petite place. Le menu change toutes les semaines (un bon signe), les plats sont soignés, la cuisine raffinée, les produits bien choisis, et la salle agréable (déco sobre) : autant de raisons pour y venir dîner. Rien de rebelle ici, même l'addition reste sage.

À Puerto de Tazacorte

– Le petit port de Puerto de Tazacorte, toujours en activité, reste un rendez-vous incontournable des Palmeros amateurs de poissons et fruits de mer fraîchement sortis de l'eau.

Kiosco Teneguia : *c/ La Esplanada, Puerto de Tazacorte. ☎ 922-40-61-36. Au bout de la promenade, au-dessus de la plage. Tlj sauf mar 10h30-minuit. Plats 5-10 €, menu env 11 €. Le ven, paella de mariscos à prix sages !* Parmi les plus anciens restos de poisson du port, le *Kiosco* a conservé son esprit brut de décoffrage, avec des prix tout en retenue et des produits toujours aussi frais, nappés de *mojos* maison. Ça débite, ça tourne, ça valse, ça rissole dans la cuisine semi-ouverte... On s'oublie bien volontiers sur la terrasse, à l'ombre des grands parasols, avant de retourner s'installer sur la plage, 2 m plus bas...

Restaurante Casa del Mar : *avda del Emigrante, 2, Puerto de Tazacorte.* ☎ *922-48-01-84. À la hauteur de l'arrêt de bus, côté montagnes. Tlj sauf lun-mar, 12h30-16h, 18h30-22h30. Plats 4-13 €, menu du jour 11,50 €.* Les barreaux aux fenêtres du bar du rez-de-chaussée ne sont guère affriolants... Grimpez plutôt à l'étage jusqu'à la petite salle aux murs bleu outremer et tables en bois brut. Au menu : sardines, calamars, seiches, gambas, coquillages (moules), et bien sûr du poisson (prix au kilo), le tout très frais, très bon et à prix contenus. Choisissez entre la *ración* et la demi-*ración*, ce n'est pas la même quantité ni le même prix.

À voir. À faire

El Charco (*casco histórico*) **:** *à Tazacorte. Juste après l'esplanade en corniche, en face de l'église, prendre la ruelle qui descend à gauche entre 2 maisons anciennes (fléché). Mieux vaut se garer vers l'église ou au parking un peu plus bas sur la gauche de la LP-2.* Une fois dépassé les petites maisons basses sur la gauche, le gros pavement descend vers de plus amples demeures, des *casas solariegas,* celles des nobles et des notables. Sur la gauche, la *Casa Massieu-Van Dalle* (XVIIe s), au porche surmonté d'un large blason de marbre blanc, accueille régulièrement des expos d'art, ce qui permet d'en visiter une partie. De manière traditionnelle, le rez-de-chaussée, aux hauts plafonds, était utilisé comme entrepôts et magasins, et c'est au 1er étage que vivaient les propriétaires. Plus bas, par la 1re à gauche, on atteint le fastueux *Hotel Hacienda de Abajo* (voir « Où dormir dans un véritable musée ? »).

Museo del Plátano (*musée de la Banane*) **:** *c/ Miguel de Unamuno, 13, El Charco, à Tazacorte. Passer l'*Hotel Hacienda de Abajo*, c'est juste après.* ☎ *922-48-08-03. Lun-ven 16h-18h, sam 10h-13h, fermé dim. Entrée : 2 € (dégustation incluse).* On découvre l'univers de la banane, qui fit – et fait encore – la richesse de Tazacorte, après l'abandon de la canne à sucre fin XVIIIe s. Les différentes espèces, les outils utilisés dans les plantations, l'empaquetage, le mode d'exportation, les étiquettes et les campagnes publicitaires. Nombreux panneaux explicatifs, mais rien en français. On est au cœur du sujet ici : le musée est cerné, entouré, encerclé par les bananiers ! Bienvenue à « Bananaland » !

Playa de Puerto de Tazacorte : à env 1 km au nord-ouest de la petite ville de Tazacorte, cette plage de sable noir et de galets, protégée par une digue, est bordée par l'agréable *paseo* où s'alignent les petits restos (douche et toilettes). La section la plus proche du *puerto deportivo* est naturiste.

➢ Les amateurs de navigation à la voile pourront caboter le long des côtes ou imaginer une croisière dans les îles de la Macaronésie (groupe géographique incluant les Canaries, Madère et les Açores) avec **La Palma Sailing** (● *la-palma-sailing.com* ●), tenu par un couple franco-allemand, Patrick et Silke. Sortie à la ½ journée depuis Tazacorte à partir de 95 €/pers (min 2 pers). Croisière de 3 jours, 320 €/pers.

Où observer les baleines et les falaises de la côte nord ?

Comme à La Gomera ou Tenerife, les baleines pilotes et les dauphins *mular* cinglent au large de la côte ouest de La Palma, toute l'année. En mai, on voit parfois des baleines à bosse et, entre décembre et février, de rares cachalots. Pour les observer, direction le ***puerto deportivo de Puerto de Tazacorte.*** 2 compagnies, aux kiosques immédiatement voisins, proposent ces excursions. Attention, si la mer est mauvaise, mieux vaut remettre au lendemain, elles n'aiment pas trop annuler...

■ ***Fancy II :*** *609-531-376. • fancy2.com •* Le catamaran à fond transparent permet de transporter jusqu'à 60 personnes. 1 à 2 sorties commentées tlj (en espagnol et allemand), selon 2 itinéraires. Le *Aventura al Norte* *(durée 2h30 ; adulte 35-50 €, 4-12 ans 20 ou 40 €, selon le bateau choisi)* navigue le long des falaises de la côte nord-ouest, avec visite de la Cueva Bonita et de celle de Candelaria, pause baignade à la playa de la Veta (prendre le maillot !) et observation des dauphins. *L'Aventura Safari* *(durée 4h ; adulte 45 €, 4-12 ans 25 € ; repas compris)* est davantage dédiée aux baleines, mais inclut aussi une chevauchée fantastique sur une banane pour ceux que ça intéresse... Drôle de mélange. Sorties en petit bateau aussi (le *Fantasy*), ou au coucher du soleil. Équipe compétente et accueillante.

■ ***Ocean Explorer :*** *644-16-10-03. • oceanexplorer.es • 1-4 sorties/j. selon saison (sauf sam en hiver), réduc de 50 % pour une nouvelle sortie si on ne voit rien (mais 90 % de succès).* Gérée par des Allemands, la compagnie assure ces excursions à bord de 2 bateaux différents. Le *Flipper* est utilisé pour l'observation des baleines et dauphins lors de sorties de 2h *(adulte 27-45 €, moins de 12 ans 14-27 €).* L'autre embarcation est le *Bussard,* un bateau en bois traditionnel (à moteur) avec mât, pour des balades de 4h jusqu'à la playa de la Veta et le port de Puntagorda *(adulte 45-59 €, moins de 12 ans 27-35 € ; repas de tapas inclus, masques et tubas fournis, douche à bord)* – avec jamais plus de 10 et 12 personnes à bord respectivement. Il existe des tarifs famille. Commentaires en allemand, espagnol et anglais.

EL PASO (38750) 7 560 hab.

À 3 km à l'est de Los Llanos, El Paso est un village haut perché, et la plus grande commune de l'île. C'est la seule aussi sans accès à l'océan, intégrant aussi bien la caldera de Taburiente (l'ancien et énorme volcan) que la dorsale volcanique de la Cumbre Vieja filant vers le sud. Plutôt montagnarde, donc, et abondante en pins canariens ! Le centre du petit bourg s'organise autour de l'*Iglesia Vieja.* Randonneurs : à vos marques, prêts, partez !

– ***Parking :*** petit mais près de l'office de tourisme, au pied du gigantesque centre commercial *HiperDino* (encore la mégalomanie des élus !).

Arriver – Quitter

➢ ***Ligne n° 300 :*** la ligne Los Llanos-Santa Cruz via la LP-3 dessert en chemin ***El Paso,*** ttes les 30 mn de 5h35 à 20h35 vers Santa Cruz (durée : 30 mn), puis ttes les heures jusqu'à 22h35 (ttes les heures le w-e) ; ttes les 30 mn de 6h10 à 20h40 vers Los Llanos (15 mn), puis ttes les heures env jusqu'à 22h40 (ttes les heures le w-e). Également le ***bus n° 8*** qui fait une boucle Los Llanos-El Paso-Los Llanos, mais seulement 3 bus/j.

Adresse utile

CIT – Oficina de turismo : *c/ Antonio Pino Pérez, s/n. ☎ 922-48-57-33. • lapalmacit.com • Lun-ven 9h30-17h30, w-e et j. fériés 10h-14h.* Sur la place centrale, proche de l'église neuve et du centre commercial *HiperDino*. Documentation et vente de produits du terroir.

Où dormir ?

Bon marché (moins de 40 €)

Hostel Albergue La Casa Encantada : *c/ Salvador Miralles Pérez, 2. 661-92-49-72. • lacasaencantada.lapalma@gmail.com • hostellacasaencantada.es • Lits en dortoir 12-16 €/pers, doubles 28-30 €.* À 250 m de l'église et de l'office de tourisme, dans le centre historique riche de plusieurs belles demeures anciennes. Cette auberge de jeunesse (privée) est installée dans une vieille maison de caractère du début du XXe s. Abrite 2 dortoirs (6 et 12 lits) simples et propres et 3 chambres privatives (pour 2 ou 4 pers), avec fenêtres ouvrant sur la rue piétonne (calme). Salles de bain communes sur le palier. Cuisine équipée à disposition des hôtes. Agréable terrasse sur le toit avec vue sur la chapelle N.S. de Bonanza. Excellente adresse économique pour les randonneurs.

Albergue Juvenil Casa Jurado : *c/ Manuel Taño, 13. ☎ 922-10-62-52. 603-75-40-72. • info@casa-jurado.com • casa-jurado.com • Lits en dortoir 18-20 €/pers, doubles 40-59 € (dégressifs si séjour de plus de 3 j.).* Au bord d'une rue piétonne, une maison du XIXe s à la façade ocre rouge. Restaurée avec soin par un Allemand, elle abrite une auberge de charme qui dispose de 2 dortoirs (3 ou 4 lits) avec salle de bains commune et de 3 chambres privatives (dont 1 avec clim), également avec salles de bains communes. Le propriétaire a mis en valeur le charme ancien de la bâtisse : vieux planchers, mobilier élégant et choisi, et ici et là des lustres au plafond. Coin bibliothèque, cuisine à disposition, jardin à l'arrière. Superbe adresse d'un bon rapport qualité-prix.

De prix moyens à chic (plus de 50 €)

Casa Rural La Higuerita : *hameau de La Rosa. Gérée par* Isla Bonita *(☎ 922-43-06-25 ; • islabonita.com •). Depuis le bourg d'El Paso, prendre la c/ de la Rosa, la suivre sur env 2 km. Compter 60-72 € pour 2 pers, 70-84 € pour 4 pers (min 4 nuits).* Dans un site superbe, sur le flanc sud de la caldera de Taburiente, voici une charmante maison bleue, au sein d'un environnement vert et calme. Intérieur bien arrangé, avec 2 chambres impeccables. Il y a le chauffage car à 813 m d'altitude, les nuits peuvent être fraîches. Le sentier se dirigeant vers le mirador de la Cumbrecita est tout proche, ainsi que le centre d'information du parc national de la Caldera de Taburiente.

Casa rural El Morro : *c/ La Rosa, 19. Gérée par* Isla Bonita *(☎ 922-43-06-25 ; • islabonita.com •). Sur la LP-2, au km 21,5, prendre la c/ Ugranfir face au resto La Cascada, puis à gauche au bout (c/ La Rosa). Compter 55-66 € selon saison pour 2 pers. Parking.* Pas bien grande, cette maisonnette de ville est arrangée comme une suite comprenant la chambre et la cuisine communicante. Elle se distingue par sa déco : pas rustique pour une fois, mais cosy et dans le vent, avec ses meubles cérusés (quasi blanc) et ses tons grèges. Ajoutons un jacuzzi plastic dans le microjardin et le chauffage (la maison est à 758 m d'altitude).

Où manger ?

Tapas y Trekking : *c/ Sagrado Corazón, 4A. ☎ 922-48-55-99. • tapasytrekking@gmail.com • Derrière l'*Iglesia Vieja. *Mer-sam 11h-23h (21h en hiver). Fermé dim-mar. Tapas 4-7 €, planches* (tablas) *et plats 8-15 €.* Cela ressemblerait à un bar de quartier s'il n'y avait cette super petite terrasse à même le parvis de la vieille église et si la cuisine n'était aussi savoureuse et fine pour un prix bien contenu – *ajustado,* comme on dit ici. Goûter à ces étonnantes *tomates aliñados* préparées avec du fromage, de l'huile d'olive et de l'origan. Tenu par 2 femmes de caractère qui connaissent les goûts des randonneurs : après le trekking, rien de tel que de bonnes tapas, ou une salade ou encore une planche de jambon ou de fromage !

À voir

AINSI SOIE-T-IL !

Savez-vous faire un fil de soie ? Chaque cocon dévidé en donne environ 1 km, mais pour que le fil soit assez résistant, il faut en assembler 20 à 30 en les torsadant.

Museo de la Seda Las Hilanderas (musée de la Soie) : *c/ Manuel Taño, 6. ☎ 922-48-56-31. • lashilanderaselpaso.com • Lun-ven 10h-14h, fermé le w-e. Entrée : 3 € ; gratuit moins de 14 ans.* Cet atelier-musée explique l'importance de l'artisanat de la soie sur l'île – qui compta jusqu'à 24 ateliers spécialisés vers 1800. Pas trop de panneaux ici (en espagnol seulement), mais des choses à voir, notamment de très belles étoffes, des teintures naturelles (dont l'incontournable cochenille) et les démonstrations quotidiennes de l'atelier, fonctionnant selon les techniques des XVIIe-XVIIIe s. L'une des guides parle très bien le français.

Iglesia Vieja (Nuestra Señora de Bonanza) : *en haut de la c/ Manuel Taño.* Cette mignonne petite église nichée sur sa placette s'enorgueillit d'un beau plafond mudéjar en bois brut dans le chœur. Dans les quelques ruelles alentour, la partie la plus ancienne du village, avec quelques jolies façades et des rues pavées (mais c'est vraiment minuscule !).

Centro de Interpretación « Benehauno » de los Petroglifos : *c/ a Paso de Abajo, 90. ☎ 822-25-52-64. À 2 km ouest du bourg, sur la vieille route descendant vers Los Llanos de Aridane. Tlj sauf dim, 9h-17h, sam 9h30-13h30.* Ce petit musée moderne présente les divers vestiges archéologiques de l'époque des Benahoaritas, dans l'île de la Palma.

Palmex Cactus : *c/ Santa Ana, 8, El Paso Abajo. ☎ 922-46-48-62. • palmex55@gmail.com • palmex-cactus.business.site • De Los Llanos, prendre la LP-2 en direction d'El Paso sur 3 km env, puis la petite montée à gauche (fléché) au km 46, et encore 2 fois à gauche. Mar-jeu 10h-16h, fermé ven-lun. Donation libre.* Venus en vacances sur l'île, Karl et Véronique, les propriétaires francophones, sont tombés amoureux de ce superbe jardin. Passionnés par leur sujet qu'ils connaissent par coeur, ils y font pousser une collection de plus de 1 200 variétés de cactus, aloès, euphorbes, agaves et autres sédums. Et le chiffre ne cesse de grimper, car ils ne cessent de planter...

PARQUE NACIONAL DE LA CALDERA DE TABURIENTE

• Carte *p. 412-413*

Elle marque l'île de son empreinte monumentale. Née d'une succession d'éruptions et d'effondrements, longuement façonnée par l'érosion, l'énorme caldera de Taburiente dessine une véritable forteresse naturelle de 9 km de diamètre ! Les Benahoaritas, qui avaient nommé le territoire Aceró (« place forte et invulnérable »), y résistèrent vaillamment, en 1493, aux assauts des troupes d'Alonso de Lugo, avant de tomber victimes d'une ruse des Espagnols... Habitant la caldera, ils dressèrent sur ses crêtes supérieures des autels païens en forme de monticules de pierres, où ils s'adonnaient sans doute à des rituels de l'eau.

Des hauteurs du Nord, culminant à 2 426 m au *Roque de los Muchachos,* les pentes dévalent bien raides vers le cœur de l'ancien volcan, près de 2 000 m plus bas. Ses flancs, modelés par le ruissellement en *barrancos,* conduisent comme un entonnoir les multiples sources et résurgences jusqu'au débouché des gorges de las Angustias.

Classée parc national en 1954 sur 4 690 ha (5 956 ha si l'on inclut la zone périphérique de protection), la caldera révèle des paysages qui marient plusieurs types de végétation, depuis le *matoral* (maquis) des crêtes où prospère le genêt jusqu'au *sauzal* dominé par le saule canarien, dans les fonds humides des failles. Mais le vrai roi de la caldera, c'est le pin canarien, que l'on trouve partout ailleurs, en bosquets plus ou moins denses, sauf sur les parois trop abruptes, domaine des plantes grasses et du laiteron (qui n'est pas si moche que ça !).

Adresses utiles

i ***Centro de visitantes Caldera de Taburiente :*** *sur la LP-3, env 3 km après El Paso en direction de Santa Cruz, sur la gauche. ☎ 922-92-22-80. • reservasparquesnacionales.es • infcalde.cmayot@gobiernodecanarias.org • Tlj 9h-18h (14h les 24, 25 et 31 déc).* Arrêt ***indispensable*** : on s'y renseigne sur les sentiers fermés et la météo, on y trouve de la doc (plan en français gratuit, cartes détaillées payantes) et on y obtient les permis permettant de camper dans la caldera et de garer sa voiture au parking de La Cumbrecita si on n'a pas fait sa réservation sur Internet (voir ci-dessous). Les gardes forestiers sont pros, efficaces, et parlent bien anglais. Le centre abrite aussi une exposition plutôt bien faite (en espagnol, anglais et allemand) consacrée à la géologie de l'île et de la caldera, sa faune, sa flore et ses principaux sentiers. Un petit film (20 mn) est diffusé à la demande en français (ttes les heures, à la demie).

i À l'intérieur du parc, ***3 autres points d'info,*** où les prévisions météo sont également affichées : à ***La Cumbrecita*** *(tlj 9h-18h30),* au ***Lomo de los Caballos*** *(tlj 8h-19h25 – 18h oct-avr)* et au ***Roque de los Muchachos*** *(tlj 9h-20h25 10h-18h oct-avr).* Il y a aussi toujours quelqu'un au *Centro de Servicios* de la *zona de acampada* (zone de bivouac) dans le cœur du cratère *(en principe tlj 9h-20h30).*

Où manger dans le secteur ?

|●| ***Restaurante Parrilla El Bailadero :*** *Lugar Hoya Grande, 20. Au bord de la route LP-4, en montant vers la caldera de Taburiente et les observatoires, exactement entre la Oficina de información turística de Llano Negro (à moins de 3 km de celle-ci) et l'intersection de la LP-4 et de la LP-1. ☎ 922-40-02-57. Tlj jusqu'à 22h. Plats 5-10 €.* Un des rares restos sur le versant nord-ouest de la Caldera de Taburiente. Cette petite bicoque discrète sert une cuisine locale simple et sans fard. C'est une gentille dame qui fait le service. Plus de viandes que de poissons à la carte, et pour les végétariens, pain et olives, potage aux légumes, ou *papas arrugadas* (patates au sel).

Les différents points d'accès

– ***Le mirador de la Cumbrecita :*** sur le rebord sud-est du cratère, c'est le mirador le plus proche du *Centro de visitantes Caldera de Taburiente,* situé à 15 mn (6 km) par la LP-302. On peut l'atteindre en taxi depuis ce *Centro de visitantes* pour 9-10 €/pers *(📱 697-91-42-29).* Pour y monter avec son propre véhicule, comme le parking ne compte que 16 places là-haut, il est ***obligatoire*** de réserver, soit sur Internet *(• reservasparquesnacionales.es • ; fortement conseillé en hte saison ; gratuit ; imprimer le permis*

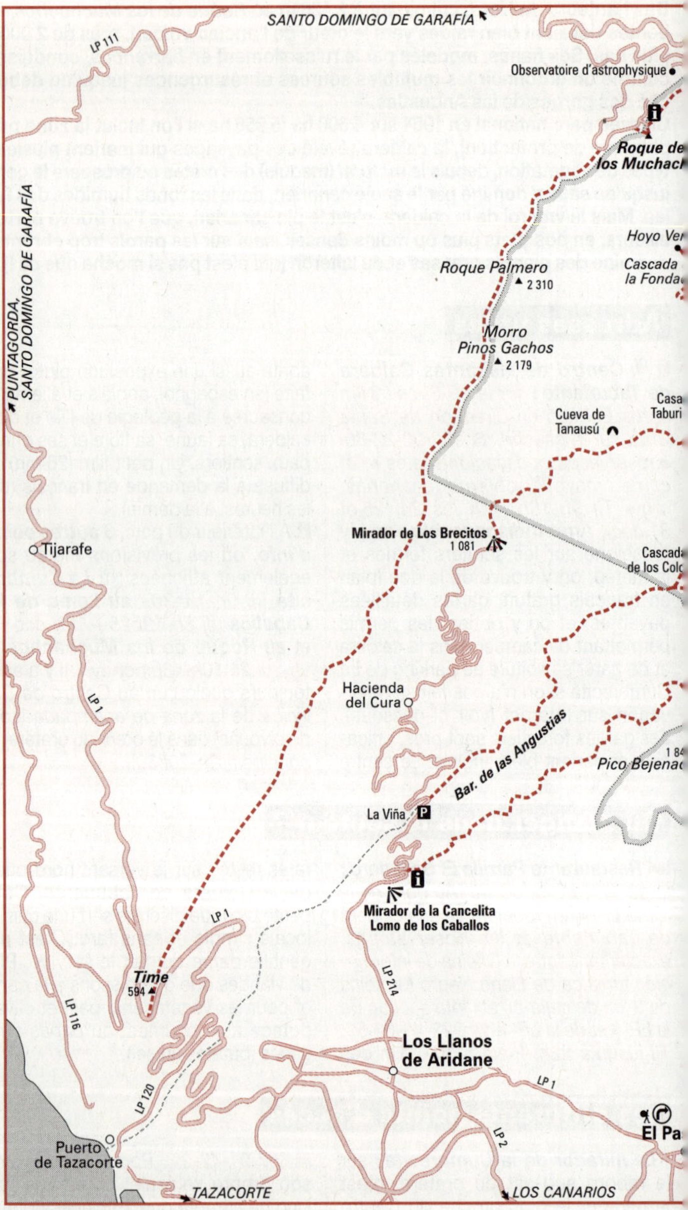
SANTO DOMINGO DE GARAFÍA
LP 111
Observatoire d'astrophysique
Roque de
los Muchac
PUNTAGORDA, SANTO DOMINGO DE GARAFÍA
Hoyo Ver
Cascada
la Fonda
Roque Palmero
2 310
Morro
Pinos Gachos
2 179
Casa
Taburi
Cueva de
Tanausú
Mirador de Los Brecitos
1 081
Tijarafe
Cascada
de los Colo
LP 1
Hacienda
del Cura
Bar. de las Angustias
1 84
Pico Bejena
La Viña
Mirador de la Cancelita
Lomo de los Caballos
LP 1
Time
594
LP 214
LP 116
Los Llanos
de Aridane
LP 120
LP 1
LP 2
El Pa
Puerto
de Tazacorte
TAZACORTE
LOS CANARIOS

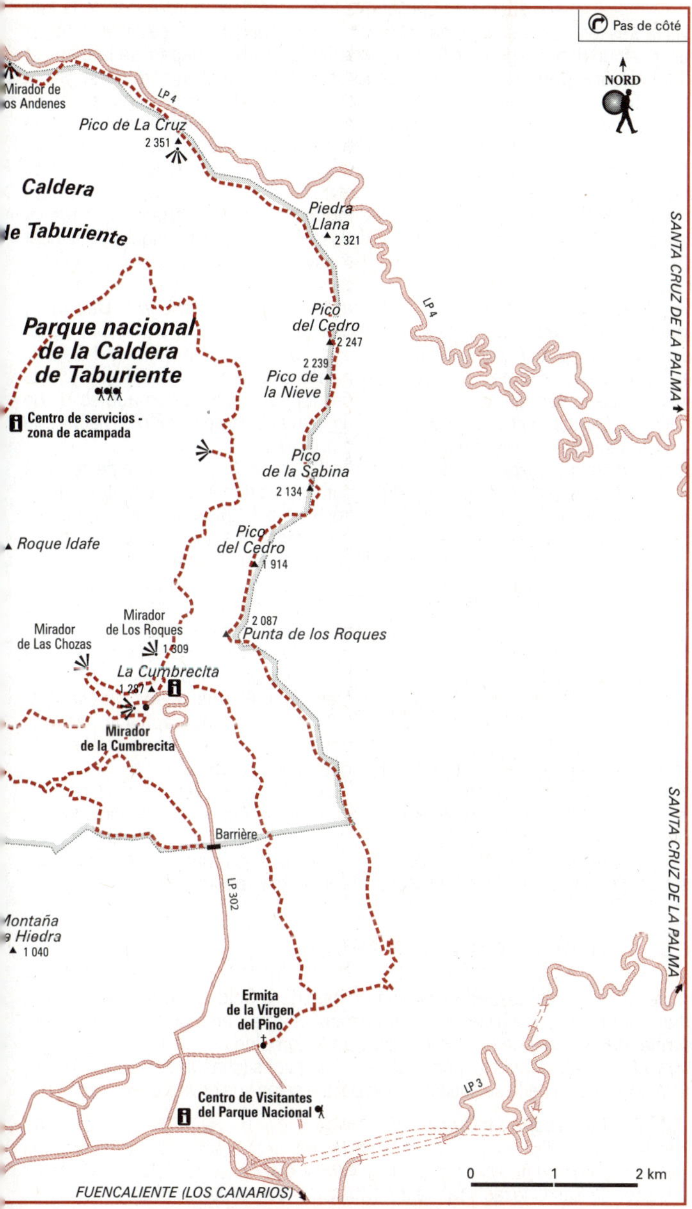

CALDERA DE TABURIENTE

en 2 exemplaires) soit auprès du *Centro de visitantes* (en basse et moyenne saisons : c'est un risque à prendre !). Autre option encore pour les marcheurs, gagner la barrière située sur la route LP-302 à 2 km du *Centro de visitantes,* puis continuer à pied jusqu'au mirador en longeant la route. Du site haut perché de La Cumbrecita on peut faire une petite randonnée (voir plus loin).

– ***Bon à savoir :*** un conseil, venir avant 8h30 ou après 16h pour pouvoir grimper en voiture sans réservation.

– ***Le mirador de Barranco de las Angustias – Los Brecitos :*** le plus proche de Los Llanos de Aridane (bien fléché), sur le flanc. La route, longue, tortueuse et assez vertigineuse (15,8 km depuis Los Llanos), est asphaltée jusqu'au mirador de Los Brecitos, mais il est ***interdit de s'y garer*** plus de quelques minutes, le temps de profiter du point de vue ou de se faire déposer (en saison, les gardiens du parc veillent). Pour ceux qui veulent entreprendre la randonnée vers le fond de la caldera de Taburiente, il faut donc se garer au parking de La Viña, en bas, un peu difficile d'accès, et prendre un taxi collectif jusqu'à Brecitos *(tlj jusqu'à 14h env, 51 € le taxi complet pour 4-8 pers ; en saison, on attend rarement plus de 15-20 mn).* Du parking de La Viña, on peut éventuellement remonter à pied vers la Cascada de los Colores.

– ***Le mirador Roque de los Muchachos :*** à 28 km au sud-est de Santo Domingo de Garafia, et à 44 km au nord-ouest de Santa Cruz de La Palma, il est situé sur le flanc nord-ouest de la caldera de Taburiente. Accessible donc par la route LP-4, au départ de la côte est (Santa Cruz) ou de la côte ouest (Santa Domingo de Garafia). Dans les 2 cas, attention car la route asphaltée est en bon état mais étroite et très sinueuse. Celle venant de Santo Domingo de Garafia offre une vue extraordinaire mais requiert toute votre attention. Plusieurs observatoires astronomiques ponctuent le paysage aride et rocailleux en montant vers le sommet. Le plus grand observatoire, le ***Gran Telescopio Canarias,*** grosse boule couleur aluminium, surgit comme dans un film futuriste ! Celui-ci ne se visite qu'en groupe, de jour jamais de nuit, sur réservation auprès d'une agence spécialisée (voir plus haut « L'île aux étoiles »).

Quitter la LP-4 et suivre une petite route sur 2 km encore avant d'atteindre le sommet (à 2 426 m, attention il peut faire froid et le vent souffle souvent). C'est un cul-de-sac splendide mais étroit, avec un parking limité à 20 places (gratuit). Là se tient le modeste centre d'info, petite bicoque affichant la météo et les précautions d'usage pour les randonneurs. Des panneaux explicatifs jalonnent le sentier menant au ***Roque de los Muchachos*** (10 mn de marche depuis le parking), dans un paysage lunaire digne de la guerre des étoiles...

– ***Bon à savoir :*** les sentiers de randonnée qui partent de ce mirador sont parmi les plus spectaculaires mais aussi les plus ardus, réservés aux randonneurs expérimentés.

LA PALMA

Les randonnées dans le parc

Il existe 12 itinéraires de randonnée dans le parc de la Caldera de Taburiente, mais certains sont fermés en hiver, lorsque les éboulements s'enchaînent – notamment le sentier descendant de La Cumbrecita vers le camping.

– ***Rappel :*** nos descriptifs ne sont pas des topoguides (chacun son boulot !), mais sont là pour vous aider à sélectionner une balade selon vos envies et vos capacités.

➢ ***La Cumbrecita-La Cumbrecita :*** *niveau facile-moyen ; 2,6 km, 45 mn à 1h. Dénivelée : 130 m. Sentier en boucle. Départ et retour au mirador de La Cumbrecita (réserver sa place de parking, voir plus haut, ou y grimper en taxi).* La balade mène au mirador de Las Chozas (vraiment facile), puis revient par celui de Los Roques (sentier étroit et plus vertigineux), à travers les pins. Avec des jeunes enfants, mieux vaut peut-être revenir de Las Chozas par le même chemin qu'à l'aller.

➢ ***Roque de los Muchachos*** *(2 426 m)* ***– Pico de la Nieve*** *(2 239 m)* ***:*** *niveau facile-moyen ; 12,5 km, 6h à 7h aller-retour. Dénivelée : 139 m.* Très beau parcours qui fait le tour de la caldera par les sommets, avec des vues superbes. Pas de difficultés techniques, mais attention il peut faire chaud. Prévoir suffisamment d'eau car il n'y a aucun point de ravitaillement. On recommande de partir le plus tôt possible.

➢ ***Mirador de Los Brecitos-zona de acampada-barranco de las Angustias-parking de La Viña (PR LP-13) :*** *niveau moyen-difficile ; 13,6 km, 5h à 6h30. Dénivelée cumulée à la descente : - 850 m. Ne pas s'y aventurer par temps pluvieux, car le retour suit le lit du barranco de las Angustias, dont le torrent gonfle alors dangereusement (et le sentier est alors fermé).* Le parcours, presque uniquement en descente, permet de dévaler jusqu'au cœur de la caldera depuis le mirador de Los Brecitos (s'y faire déposer ou y monter en taxi collectif – voir plus haut). Longeant d'abord les flancs couverts de pins altiers et les parois griffées par moments de cascades, de *barranco* en *barranco,* on rejoint d'abord (5,7 km ; 1h30 à 2h) la ***playa de Taburiente,*** sa *zona de acampada* (camping) et son *Centro de Servicios.* La 2de partie du trajet, la plus ardue, suit bientôt le lit du *barranco* de las Angustias, passant régulièrement d'une rive à l'autre. Là, un détour s'impose vers la ***Cascada de los Colores*** : une chute plus ou moins fournie selon les saisons s'y jette dans un petit amphithéâtre rocheux badigeonné de rouille par ses eaux ferrugineuses. Enfin, on ressort au niveau du parking de La Viña. La randonnée peut aussi se faire en partant de Los Llanos (28 km, env 9h30).

PUERTO NAOS (38760) env 1 000 hab.

Moins escarpée que la couronne nord de l'île, la côte ouest offre quelques havres de sable et de farniente. Principale station balnéaire du littoral, créée de toutes pièces dans les années 1980, à 10 km au sud de Tazacorte, Puerto Naos reste néanmoins à taille humaine avec ses 3 avenues parallèles à la plage et ses 4 rues perpendiculaires. Très soigné, le tapis de sable noir, en partie planté de palmiers, est bordé d'une promenade bien aménagée, avec douches, toilettes, et terrasses de cafés et restaurants. Tout ce qu'il faut pour une journée à la mer en toute quiétude, dans une ambiance familiale ! Difficile en revanche d'oublier les affreux immeubles d'appartements en *secunda linea de playa* et les étages pyramidaux de l'*Hotel Sol Palma...*

Adresse et infos utiles

➢ ***Ligne n° 24 :*** depuis Los Llanos de Aridane, bus ttes les heures 6h30 (7h30 le w-e)-21h30 vers ***Puerto Naos*** (durée : 22 mn). Quelques 8 bus/j. poursuivent jusqu'au Charco Verde. 3 bus/j. lun-ven seulement jusqu'à El Remo. Trajet Puerto Naos-El Remo : 5 mn.

ℹ ***CIT – Oficina de turismo :*** *kiosque sur le parking à l'entrée de Puerto Naos. 📱 618-85-65-16. Lun-ven 9h-13h30, 15h-18h ; sam 9h-13h, 16h-18h ; dim 9h30-14h.*

– À Puerto Naos, on trouve aussi locations de vélos, spécialistes du kayak de mer, de la plongée et même du parapente, sans oublier un bureau de l'agence *Natour.*

Où dormir ?

De prix moyens à chic

🏠 ***Apartamentos Playa Delphin :*** *avda José Guzmán Pérez, 1 (à l'angle de l'avda Marítima). ☎ 922-40-81-94. • info@playadelphin.com • playadelphin.com • Réception lun-ven 10h-13h, 17h-19h et sam mat ; fermée dim.*

En saison, studios 2 pers env 62 €, apparts 2-3 pers 69-90 €. Séjour min 3 nuits. Empilés dans un bâtiment curviligne de 5 étages, les apparts, de taille variable, ont tous une cuisine-salon, ainsi qu'un balcon (plus ou moins grand) ou une terrasse tournés vers la mer toute proche. Ensemble fonctionnel, pratique, bien tenu et propre.

Residencia Las Norias : *Las Norias de Abajo, 26. ☎ 922-40-19-78. 📱 699-08-98-44 (Celia). • mail@residencia-lasnorias.com • residencia-lasnorias.com • Sur la route de Todoque à Puerto Naos, au km 6,3 (fléché), juste après le resto* La Mariposa *en venant de Los Llanos de Aridane. Réception 9h-13h, 16h-18h. Apparts 2 pers 40-92 € selon taille, saison et durée du séjour ; villas 100-200 €.* Plusieurs appartements (1 ou 2 chambres, cuisine-salon), répartis sur plusieurs niveaux, dominant un jardin verdoyant et la mer au loin en contrebas. Ils disposent tous d'un coin de terrasse ou d'un balcon et d'une certaine intimité. La maison principale (120 m²), la plus chère, abrite 3 chambres, et elle a même sa propre piscine encadrée de gazon ! Bonne literie et déco d'une blancheur lumineuse, aux sols carrelés. Une petite faim ? Le proche resto **La Mariposa** *(☎ 922-46-41-45 ; tlj sauf jeu et ven midi, 13h-16h, 18h-23h)* mérite l'escale.

Où manger ? Où boire un verre à Puerto Naos et alentour ?

Quelques bars et restos s'alignent sur la promenade piétonne (avenida Marítima), face à la mer.

Restaurante Playa Chica : *Paseo marítimo, 2, à* ***Puerto Naos.*** *☎ 922-40-84-52. Tlj sauf mer 12h-23h. Plats 6-15 €.* Des nombreux restaurants de la station, celui-ci est notre préféré. Petite salle, et dehors des tables disposées au long de la terrasse en fer à cheval dominant une petite anse sablonneuse cachée à l'œil. On y sert les classiques de l'océan : coquillages (berniques), poulpe, gambas et des poissons frais C'est là qu'il faut venir. Remarquable rapport qualité-prix.

Kiosco La Charca : *c/ Remo à* ***El Remo.*** *📱 673-25-40-21. Tlj, sauf mar et mer, 10h-22h. Plats 5-14 €. À 6 km au sud de Puerto Naos, El Remo est un cul-de-sac de la route.* Souvent plein le soir, mieux vaut réserver. Petite maison en bois plantée sur une butte face à la mer, et prolongée par une terrasse agréable au crépuscule. Savoureuse cuisine de la mer, faite avec attention. Petite carte où tout est frais, et accueil jovial du patron. Un des meilleurs desserts de la côte (le flan au café). Attention, s'il y a trop de vent, le *kiosko* est fermé.

Bar El Bucanero : *Paseo marítimo, 23, à* ***Puerto Naos.*** *📱 663-84-80-08. Tlj sauf lun (et mar selon affluence), 9h30-1h.* Le bar le plus animé de la promenade. Petite salle ou terrasse extérieure pour siroter un bon cocktail. Goûter à l'excellent cocktail maison au rhum et au miel. Tous les soirs, un musicien local s'y produit.

À voir à Puerto Naos et dans les environs

Ecofinca Platanológico : *ctra Puerto Naos-El Remo, nº 20. Accès à gauche de l'*Hotel Sol *en venant par la promenade. 📱 679-99-93-43. • platanologico.es • Visite guidée (espagnol/anglais) les mer, jeu et sam à 10h30 (durée 2h ; 20 €, réduc).* On connaît la paléontologie (science des fossiles) mais la platanologie ? C'est la science des bananes et de sa culture (banane en espagnol se dit *platano*). Ceux qui sont au régime (et les autres !) pourront parcourir ici une plantation (bio) de bananes (mais pas uniquement) et en apprendre davantage sur cette culture. L'accent est particulièrement mis sur l'agriculture biologique.

Charco Verde : *à 2-3 km de Puerto Naos en continuant la LP-213 vers le sud, entre les plantations de bananes.* Une belle anse de sable noir, ponctuée par un éperon rocheux, et bien aménagée : parking, douche/w-c et *chiringuito*.

El Remo : *à env 6 km au sud de Puerto Naos, au bout de la LP-213.* Avec ses quelques maisonnettes coincées entre côte rocheuse, coulée de lave et serres à bananes, El Remo semble comme figée entre 2 époques, dans une sorte de nature sauvage à visage humain, avec son bout de plage de galets. Pour manger dans ce village, quelques *kioscos* comme le *Kiosco La Charca* (voir plus haut « Où manger ? ») et aussi le *Kiosco 7 Islas* et le *Kiosco Reme*.

LAS MANCHAS *(env 660 hab.)*

À 3 km à vol d'oiseau de la mer, ce village est une étape intéressante sur la route du sud (LP-2). Le paysage garde ici les stigmates de l'éruption du volcan San Juan en 1949, avec coulées désolées en surface et tunnel de lave en sous-sol. Au cœur du village, en retrait de la carretera El Hoyo-Todoque, le ***Centro de Interpretación Caños de Fuego y Cueva de Las Palomas*** est ouvert à la visite. *Tlj 10h-18h (dim-lun 10h-15h). 690-63-49-93.*
Il abrite une exposition consacrée au volcanisme et à l'éruption de 1949. Construit sur une coulée de lave, ce centre communique à l'extérieur avec un tunnel de lave volcanique que le visiteur découvre à pied sur une passerelle métallique. La balade s'arrête juste à l'entrée du tunnel de lave dans lequel on ne pénètre pas (sécurité oblige).
Pour plus d'information consulter • *visitlapalma.es* •

Où manger dans le coin ? Où déguster du vin ?

Bodegón y bodegas Tamanca : *ctra Las Manchas-Fuencaliente. ☎ 922-49-41-55. Sur la LP-2, 200 m après la sortie de Las Manchas en direction de Fuencaliente. Tlj sauf lun : resto 11h-22h30 (17h dim), cave 11h-18h. Repas 10-20 €.* C'est avant tout pour le cadre étonnant que l'on vient ici. Cette cave est creusée dans la roche volcanique, comprenant 2 salles souterraines, la 1re accueille le bar et ses habitués, et la 2de, encore plus profonde, est aménagée dans un tunnel de lave, les tables réparties sous les tonneaux et les jambons ! Côté cuisine, on reste dans le classique de bon aloi : des viandes grillées avant tout, que se partagent les grandes tablées familiales le week-end. Sur la droite, visitez la partie *bodega* (cave) et goûtez au moins la malvoisie ou le *sabro* maison, de bonne réputation.

LA PALMA

À voir

Casa-Museo del Vino Las Manchas : *camino del Callejón, 98, Las Manchas Abajo. ☎ 922-49-43-20. Bien fléché (« Museo ») depuis la LP-2 et la LP-211 (qui relie la LP-213 à la LP-2). Lun-ven 9h30-15h30 (14h30 juil-sept), sam 9h30-14h. Entrée : 1,50 € ; gratuit moins de 12 ans.* Ce petit musée offre un panorama de l'histoire viticole de l'île depuis l'introduction de la vigne en 1505 et de la vingtaine de *bodegas* de la DO *(denominación de origen)* de La Palma – blancs secs au Nord, malvoisies et *sabros* (doux) au sud, sans oublier le fameux *vino de tea* (au léger goût de résine). Beaucoup de panneaux, comme souvent, plus quelques outils et, dans le jardinet, les différentes variétés de cépages. Une *bodega* y a été reconstituée, avec son vieux pressoir et ses paniers de collecte du raisin. Une petite dégustation est comprise dans le prix d'entrée.

À 50 m en dessous du musée, la ***plaza de la Glorieta*** a été, comme le *parque Antonio Gómez Felipe* de Los Llanos, imaginée par Luis Morera, artiste palmero polymorphe et leader du groupe *Taburiente.* Cactus, euphorbes et autres cycas y prospèrent entre les mosaïques florales et les lampes champignons, avec une assez jolie vue en prime.

LE SUD DE L'ÎLE

PARQUE NATURAL DE CUMBRE VIEJA

Couvrant 7 500 ha, le parc englobe toute la ligne de crêtes volcaniques du centre-sud de l'île. Il couvre 5 communes : El Paso, Mazo, Fuencaliente, Breña Alta, et Breña Baja. Plusieurs sentiers y ont été aménagés, mais c'est surtout la fameuse *route des Volcans* que les randonneurs apprécient, dans des paysages alternant pins canariens, *malpaís* volcanique et cônes d'éruption.

Infos utiles

– Le ***Centro de visitantes El Pilar*** se trouve sur la LP-301, à 13 km au sud-est de la petite ville d'El Paso. On peut aussi y accéder de Santa Cruz, par la LP-3 ou en grimpant depuis San Isidro (Breña Alta). C'est de ce *centro de visitantes* que partent la rando de la *ruta de los Volcanes,* ainsi que plusieurs itinéraires spécialement conçus pour les VTT. On trouve à côté une ***zone de pique-nique*** avec barbecues et une ***aire de camping*** sous les très grands pins, agréable même s'il y fait frisquet (w-c et douches froides). Le permis, obligatoire mais gratuit, s'obtient auprès du bureau du *Medio Ambiente (☎ 922-48-52-78),* situé dans le bâtiment blanc, à côté du *Centro de visitantes* du parc national de la Caldera de Taburiente, juste à l'est d'El Paso.

➢ Impossible d'atteindre El Pilar en *guagua...* Il faut venir en taxi (env 18 € depuis El Paso). En fin de randonnée, arrivé à Los Canarios (Fuencaliente), on peut revenir en bus par la ***ligne nº 200*** vers Santa Cruz (dernier départ vers 21h) ou ***nº 210*** (ligne Fuencaliente-Los Llanos) vers Los Llanos (jusqu'à 21h15).

Randonnée

➢ ***Ruta de los Volcanes (Refugio El Pilar-Los Canarios) :*** *niveau difficile ; 17,1 km, 5h30 à 6h30. Dénivelée cumulée : +/- 500/1 207 m.* Cette randonnée, parmi les plus connues et les plus spectaculaires de l'île, n'est pas de tout repos : l'itinéraire est long et à éviter par temps chaud (pas d'eau en chemin). Le sentier, une portion du GR 131, chemine essentiellement dans un univers volcanique de lave, de scories, de cendres et de cratères (que l'on croise dans leur ordre d'apparition géologique), avec de temps à autre quelques pinèdes. Vraiment beau, mais les descentes comme les montées sont très raides, et l'ensemble très peu ombragé. On peut s'arrêter à Los Canarios ou décider de poursuivre son chemin jusqu'au phare de Fuencaliente, à l'extrémité sud de l'île. Dans ce cas, compter env 24 km en tout et 7h à 8h de marche. Attention, ne traînez pas en route, le dernier bus de retour depuis le phare est à 17h45... (plus tardif depuis Los Canarios, voir ci-dessus). Voir, pour cette dernière section de la rando, nos informations dans « Fuencaliente. À voir. À faire ».

FUENCALIENTE (38740) 1 730 hab.

À 30 km au sud de Santa Cruz, occupant l'extrême sud de l'île, la vaste commune de Fuencaliente montre un visage assez austère et rural, modelé par les volcans et leurs coulées de lave pétrifiée dévalant avec grandeur vers la mer. Son chef-lieu, Los Canarios, peuplé par moins de 700 habitants, est une sorte de village balcon, à proximité immédiate du cratère du San Antonio et du cône de scories du Teneguia. Celui-ci est le dernier-né des volcans canariens, formé en 1971 ! Si, sur les hauteurs, les pins canariens dominent, en contrebas, ce sont les plantes grasses et la vigne – rampant au sol – qui s'imposent. Cette terre viticole possède plusieurs *bodegas* (caves), dont certaines se visitent. À l'extrémité sud de la commune de Fuencaliente et donc de l'île se dresse le phare de Fuencaliente dominant ses salines, quadrillage géométrique de bassins éclatant de lumière sous le soleil du grand sud.

Arriver – Quitter

Les bus desservent le village de Los Canarios, sur la LP-2.

➢ ***Ligne n° 200 :*** la ligne Fuencaliente-Santa Cruz, via Villa de Mazo. Départ de Los Canarios ttes les 2h, 6h40 (9h le w-e)-21h vers Santa Cruz (durée : 50 mn) via Villa de Mazo (30 mn).

➢ ***Ligne n° 201 :*** elle relie Los Canarios (Fuencaliente) à ***Santa Cruz*** (45 mn) via ***Villa de Mazo*** (15 mn). C'est une alternative à la ligne n° 200. Bus ttes les 1 à 2h, 6h-20h (seulement 4 liaisons le w-e, 8h-18h). Avec les 2 lignes, n°s 200 et 201, c'est donc 1 bus/h qui relie Los Canarios à Santa Cruz.

➢ ***Ligne n° 210 :*** la ligne Fuencaliente-Los Llanos. 9 bus/j. de Los Canarios (Fuencaliente) : 7h15 (9h15 le w-e)-21h15.

➢ ***Ligne n° 23 :*** ligne locale très utile entre ***Los Canarios (Fuencaliente)*** et ***el faro de Fuencaliente*** (salines). Tlj, 5 bus/j., 9h15-17h15 depuis Los Canarios jusqu'au phare *(faro)* avec arrêt à l'hôtel *Princess*.

Adresse utile

Oficina de turismo : *pl. Minerva, s/n, face au n° 62 de la ctra General,* ***Los Canarios.*** *615-39-06-16. • lapalmacit.com • fuencalientedelapalma.es • Au niveau de l'arrêt de bus. Tlj sauf w-e, 9h-14h, 15h-17h.*

Où dormir ?

Bon marché (moins de 40 €)

La Palma Hostel – Pensión Central : *c/ Yaiza, 4,* ***Los Canarios.*** *692-47-95-06. • info@lapalmahostel.com • lapalmahostel.com • Au centre, dans la rue qui monte vers l'ermita de San Antonio Abad, puis tourner sur la droite. Double env 33 € selon durée du séjour, apparts 2-3 pers 35-40 €. Résa obligatoire. On n'y arrive pas à l'improviste car la réception n'est pas toujours ouverte.* Entre pension et *hostel,* cette grande maison blanche, dans une rue en pente, est gérée par un Italien (Marco). Pas de dortoirs mais des chambres de taille variable, toutes avec salle de bains, un studio (avec cuisine-placard et grande terrasse !) et des petits apparts carrelés et équipés. Cuisine commune et laverie à disposition. Terrasse sur le toit.

LA PALMA

Apartamentos y Pensión Los Volcanes : *ctra General del Sur, 86,* ***Los Canarios.*** *696-64-89-04. • apartamentoslosvolcanes@hotmail.com • pensionlosvolcanes.com • Sur la rue principale (la LP-2), presque en face de l'arrêt de bus. Doubles 35-40 €, studio 2 pers 40 €.* Les chambres, impeccables, ont toutes salle de bains, et les studios, plutôt récents, une cuisine bien équipée. Propose aussi, à Las Indias, 2 petites *casas rurales* pour 2 personnes dominant la mer de haut.

Prix moyens (40-70 €)

Casa rural Rincón de Mercedes : *pista El Somadero,* ***Las Caletas.*** *Gérée par* Isla Bonita *(☎ 922-43-06-25 ; • islabonita.com •). Sur la LP-207 en direction des salines, juste avt le km 4, prendre une rue bien raide à gauche ; c'est 150 m plus loin sur la droite. Compter 50-60 € pour 2 pers, 60-72 € pour 3 pers (min 3 nuits). Pas de wifi.* Perchée à 500 m au-dessus de la mer, entre rocailles et vignes, cette jolie maison traditionnelle toute chaulée de blanc abrite 2 chambres (une double et une simple), un petit salon et une cuisine à la décoration plutôt soignée. Agréable terrasse aux plates-bandes fleuries avec vue plongeante.

Casa rural Los Llanos Negros : *c/ La Time,* ***Los Quemados.*** *☎ 922-41-14-34, 696-45-59-22. • info@casallanosnegros.es • casallanosnegros.es • Dans le hameau de Los Quemados, descendre par la c/Virgen del Cobre (suivre le fléchage des* Bungalows Eva et Colon*) ; au petit rond-point à droite, puis 1re à gauche jusqu'en bas. Compter 60 € pour 2 pers, 80 € pour 4 pers ; 7 nuits min.* Posée sur une terrasse au pied du hameau, entre vignobles rampants et cône du San Antonio, cette maison en pierre volcanique – une ancienne *bodega* – domine allègrement la mer (de très haut !). Le grand salon-cuisine et les 2 vastes chambres, joliment rénovées, sont un peu moins rustiques que souvent et disposent de tout le confort moderne.

De chic à plus chic (80-140 €)

La Palma & Teneguía Princess : *ctra de la Costa (LP-209), Cerca Vieja, 10. ☎ 922-42-55-00. • reservas.lapalma@princess-hotels.com • À env 10 km au sud-ouest de Los Canarios, par la LP-209, puis la LP-207 en direction du phare. Doubles 81-140 € avec petit déj selon saison, 120-174 € en pens complète. Fréquentes promos sur Internet. Min 2 nuits.* En bord de mer, cerné de bananeraies, voici le plus gros complexe hôtelier de l'île, avec 625 chambres (!) réparties dans un grand parc privé, essentiellement sous la forme de petites résidences de 2 ou 3 étages. La plupart ont vue sur la mer ou sur l'une ou l'autre des... 11 piscines, tressées en une enfilade de lagons turquoise, avec bars et restaurants attenants. Bon confort général, mais c'est vrai que ça en fait, du monde, devant les buffets, à l'heure des repas ! Tennis, spa, club pour enfants, minigolf, animations et pléthore de services (vérifier les tarifs avant !).

Où manger ? Où boire un verre ?

À Los Canarios

Bar Parada : *ctra General, 96. ☎ 922-44-40-02. Sur la route principale, au milieu du village. En principe, tlj 7h-21h.* Bar de village fréquenté par les habitués avec quelques vieilles photos en noir et blanc sorties de la mémoire villageoise. Endroit connu dans toute l'île pour ses *almendrados* – de succulents biscuits aux amandes vendus en petits sachets (un régal avec le café !). Le *bollo de centeno* (une sorte de pain d'épice) est aussi délicieux, à déguster avec un *sabro* ou une malvoisie locale.

La Casa del Volcán : *c/ Los Volcánes, 23. ☎ 922-44-44-27. • info@lacasadelvolcan.es • Sur le chemin d'accès au* Centro de visitantes *de*

LA PALMA

San Antonio. Tlj, sauf dim et lun, 13h-16h, 18h-21h (22h ven-sam). Fermé juin. Menu env 15 €, tapas 2-4 €, plats 7-13 €, vins au verre 2-6 €. Un peu chic, cette *bodega*-resto en pierre de lave, tenue en famille, ne produit guère que 1 000 bouteilles par an, bien vite écoulées ! Mais elle propose un grand (et judicieux) choix de vins au verre, tous issus des cépages de La Palma, que l'on accompagnera, selon l'heure, d'excellentes tapas maison ou d'un vrai repas. On a bien apprécié les petits boudins aux noix caramélisés, le ragoût de lapin confit aux pommes de terre (week-end seulement) et la mousse de *gofio* en dessert... Bouteilles en vente sur place.

La Taberna del Traka : *c/ San Antonio, nº 1, juste au-dessus du bar Parada. Tlj sauf lun 17h-23h.* Légendaire parmi les insulaires, la très festive terrasse du *Trakanizo* a été fermée par les autorités. Pour en maintenir l'esprit, le boss, Eduardo, a rouvert ce bar – aisément reconnaissable au grand *mural* (fresque) qui en recouvre le mur extérieur.

À Las Salinas et sur la pointe sud

El Jardín de la Sal : *☎ 922-97-98-00. • info@salinasdefuencaliente.com • Caféteria tlj 11h-18h (20h en été et même 21h ven-sam) ; resto tlj 12h-18h (22h ven-sam d'été). Fermé 15 j. en juillet. Tapas 6 € côté cafét' ; plats 10-19 € côté resto. Poissons plus chers. Menu dégustation 40-50 € selon boisson.* Moderne et bien intégré au paysage, le bâtiment principal des salines abrite à la fois une caféteria au 1er étage, et un excellent restaurant au rez-de-chaussée. Côté cafét' on sert boissons, tapas et petits plats rapides. Au resto, salle climatisée vitrée et terrasse ensoleillée (comme à la cafét'). Carte courte avec des plats à base de produits locaux, ce qui donne une cuisine très soignée, même raffinée, dans un esprit *slow food*. Une des meilleures tables de l'île ! Et en prime : un plateau dégustation de sels maison.

Voir aussi le ***Kiosco Zamora,*** à la *playa Zamora Chica,* pour ses fruits de mer *a la plancha.*

À voir. À faire

Los Canarios *(Fuencaliente)* **:** haut perché, à flanc de montagne, ce village traversé par la LP-2 vous retiendra surtout le temps de jeter un coup d'œil à l'***ermita de San Antonio Abad*** (XVIe-XXe s), en surplomb de la route, avec ses murs chaulés et son clocher en pierre de lave. Sur la place, devant, un vieux pressoir du XIXe s.

Centro de visitantes y Volcán San Antonio : *à Los Canarios, un peu en contrebas de la route principale par la LP-209 (bien fléché). 691-59-35-84. Tlj 9h-18h (plus tard en juil-sept). Entrée : 5 € ; réduc ; gratuit moins de 12 ans.* L'expo reprend les grandes phases de la formation de l'archipel des Canaries et de La Palma, en mettant en avant la Cumbre Vieja et, naturellement, l'éruption du volcan San Antonio en 1677. Beaucoup de panneaux ici aussi, ainsi qu'une vidéo de 10 mn (avec version française) montrant les fontaines de lave de l'éruption du Teneguía en 1971. Une courte balade (20-30 mn aller-retour) mène ensuite au long du premier tiers du cratère du San Antonio jusqu'à son point le plus haut. D'un diamètre d'environ 300 m, il a été en partie reconquis par les pins. Belle vue sur le cône du Teneguía.

LA SOURCE PERDUE

Fuencaliente tire son nom d'une « source chaude » qui se trouvait quasiment au niveau de la mer, à l'ouest du phare actuel. Mais, en 1677, les laves du volcan San Antonio l'ensevelirent, et il fallut plus de 3 siècles pour la retrouver, finalement, en 2005 ! Un tunnel a été creusé pour l'atteindre, et elle devrait, à terme, être aménagée pour accueillir à nouveau des visiteurs.

➢ ★★★ Depuis le ***Centro de visitantes*** (juste avant en fait), une superbe ***rando emprunte la fin de la* ruta de los Volcanes** (GR 131), et permet de rejoindre les ***salines*** dans un univers complètement minéral. *Dénivelée en descente de 605 m en 1h30-2h, 5,9 km ; balisage rouge et blanc.* La pente est raide par endroits et le sentier constamment exposé au soleil : mieux vaut donc éviter de s'y lancer aux heures chaudes. Il descend d'abord en lacets sur le flanc ouest du San Antonio, jusqu'à rejoindre le GR 131. Alternativement, on peut partir de là, en gagnant en voiture le hameau de Los Quemados (garez-vous dans le virage à 180° juste avant d'y arriver). Un peu plus bas sur votre droite, se présente un intéressant détour (20-30 mn A/R) : le cône du ***volcan Teneguía,*** aux scories tantôt chocolat, rosées ou noir corbeau – que l'on escalade facilement pour bénéficier, de l'arête sommitale, d'un panorama à 360°. C'est le ***dernier volcan des Canaries*** à être entré ***en éruption,*** en 1971 : il déroula sa lave vers la pointe sud et la côte ouest, donnant naissance à la playa Nueva (voir plus bas). On peut aussi choisir de ne venir que jusque-là (comptez alors 45 mn l'aller depuis Los Quemados).
– ***Bon à savoir :*** un vent souvent violent souffle au sommet du volcan Teneguia. Il est difficile de tenir debout. À déconseiller aux personnes âgées et aux enfants.
De retour sur l'itinéraire principal, on dévale ensuite vers la mer, traversant plusieurs fois la route avant d'arriver au phare (*Faro de Fuencaliente*) et aux salines. Là, le resto ou la cafét' des salines, *El Jardín de la Sal,* n'attendent que vous ! Retour par le bus nº 23.

★★★ 👪 ***Las Salinas :*** *à la pointe sud de l'île, à 9 km au sud de Los Canarios, accès par la LP-209 puis la LP-207, ou par le bus nº 23.* ☎ *922-69-60-02.* ● *salinasdefuencaliente.es* ● *Tlj, de 10h30 à la tombée de la nuit. GRATUIT.* Les salines marquent l'extrême sud de l'île. En face, au loin, on ne distingue plus qu'El Hierro et, tout autour, le grand bleu de l'océan... Voisines du phare à la tour rayée rouge et blanc, les salines furent créées en 1967 par 2 entrepreneurs visionnaires, inspirés par le modèle des salines de Lanzarote. Elles occupent 3,5 ha du plateau de lave littoral léché par les vagues. On peut se promener librement entre les bassins principaux, où ont été installés des panneaux explicatifs. Si le gros de la production se fait de mai à octobre, le site reste actif toute l'année, et produit environ 600 t par an, dont 4 à 5 t de fleur de sel. Au final, voilà un paysage vraiment surprenant, entre le blanc des camels (les petits tas de sel), l'anthracite de la lave alentour et le bleu de l'océan. Boutique (la fleur de sel parfumée au *mojo* !) et excellent resto (voir plus haut).

★ ***Centro de Interpretación de la Reserva Marina de la Isla de la Palma y Museo del Mar :*** *dans le phare (faro).* ☎ *922-48-02-23. Ouv 1er oct-fin juin, tlj sauf dim-lun, 9h-17h. En été, mer-dim 10h-18h. Entrée : 2 €, réduc.* Petit mais informatif, consacré à la mer.

★ ***Playa Las Cabras :*** *à 1,5 km à l'est des salines par une petite route cabossée.* On traverse la coulée de 1971, puis on dépasse 3 éoliennes avant d'atteindre cette toute petite plage de sable noir encadrée de gros rochers.

★★ ***Playa Nueva*** *(ou playa Echentive) : sur la LP-207, env 1 km à l'ouest des salines. Bus nº 23. Arrêt Echentive.* Nichée dans le basalte, cette plage de sable et de galets a des airs de bout du monde, en bordure d'un désert minéral face à l'océan. C'est l'éruption de 1971 qui l'a formée.

★ ***Punta Larga :*** *sur la LP-207, au km 14,7, env 3 km après la playa Nueva. Bus nº 23 (à l'embranchement).* D'un côté, les bananeraies et leurs serres (avec des bâches énormes pour les protéger du vent) installées au milieu de la coulée de lave. De l'autre, un minuscule village de pêcheurs, aux cabanons amarrés devant une anse de galets où l'on tire encore les barques (on peut s'y baigner, mais ouille les pieds !). Dans son jus !

Tamaragua 2 : *dans le village de Punta Larga, on ne peut le manquer. ☎ 922-44-43-01. Tlj sauf mar, 9h-19h30.* Petit *chiringuito* avec terrasse servant la cuisine locale, en majorité des plats de la mer (poissons). Frais et copieux.

Playa Zamora Chica et playa La Zamora : *env 8 km au nord-ouest de Los Canarios, par la LP-209 puis à droite (fléché) en arrivant sur la côte, un peu avt le* Princess Hotel. *Bus nº 23, puis 500 m à pied.* Ces 2 charmantes criques de sable engoncées dans la falaise sont séparées par un éperon rocheux. La *Zamora Chica* est mieux aménagée, avec un escalier creusé dans la roche et une douche.

Kiosco Zamora : *playa Zamora Chica. 676-86-72-64. Tlj sauf lun-mar 12h-20h en hiver, tlj jusqu'à 22h en plein été. Repas env 15 €.* Modeste baraque de plage où l'on débite poisson du jour, calamars et crevettes *a la plancha* face à un beau paysage.

VILLA DE MAZO

(38730) 4 860 hab.

À 12 km au sud de Santa Cruz de La Palma, sur la côte est, beaucoup plus verte et fertile que le sud aride et minéral, Villa de Mazo est une commune échelonnée à flanc de montagne. Surplombant la mer, les villages et hameaux éparpillés dans la campagne partagent une longue tradition d'artisanat. Broderie, vannerie, poterie sont des arts ici toujours vivaces, protégés, voire entretenus puisque, outre un musée dédié, on y trouve même une école d'artisanat. C'est aussi sur la commune que se situe la Cueva de Belmaco, témoignage du mode de vie des habitants préhispaniques de l'île.

Arriver – Quitter

➢ ***Ligne nº 201 :*** ligne ***Santa Cruz-Fuencaliente,*** via ***El Hoyo de Mazo*** et ***Mazo,*** env ttes les 2h, 7h15-21h15 vers Los Canarios (Fuencaliente), 6h-20h vers Santa Cruz. Seulement 4 bus/j. le w-e.

Adresses utiles

Oficina de turismo : *c/ Enlace Dr Morera Bravo. ☎ 922-44-00-52. • villademazo.com • artesaniadevillademazo.es • Tlj sauf sam-dim, 10h-15h30.* Situé à 50 m de l'église paroissiale, petit bureau attenant à l'école d'artisanat (*Escuela Insular de Artesanía*).

Où dormir ?

Casa rural El Molino : *camino Monte de Pueblo, 29. Gérée par* Isla Bonita *(☎ 922-43-06-25 ; • islabonita.com •). Dans le hameau de Monte Pueblo, en contrebas de Villa de Mazo, accès depuis la LP-2 (fléché « Ceramica El Molino » vers km 9,3). Compter 60-72 € pour 2 pers, 90-108 € pour 5 pers (min 3 nuits).* L'adresse appartient au maître-potier Ramón du centre artisanal *El Molino,* qui est la mémoire du hameau. Située dans un jardin à la végétation foisonnante, cette maison traditionnelle indépendante, garnie de camélias et de bougainvillées, a été restaurée dans un style rustique. Elle comprend 3 chambres (dont 2 doubles), un agréable salon (cheminée) aux parquets qui craquent, une cuisine et une salle à manger. Bref, un bon rapport qualité-prix. Barbecue et belle terrasse sur le toit, aussi agréable pour parler à la lune et aux étoiles que pour se dorer au soleil.

Hotel Rural Finca Arminda : *ctra Hoyo de Mazo, 181. 638-06-85-67. • fincaarminda@gmail.com • fincaarminda.com • Depuis Villa de Mazo, rejoindre la LP-2 et prendre vers Santa Cruz, c'est vers le km 8,3 – une maison blanche (sans indication) sur la droite de la route, aux murets blancs conduisant à une grille. Doubles 100-150 € selon taille et saison, très bon petit déj inclus. Séjour min 2-3 j. hors saison, 1 sem en hte saison. Wifi dans un salon commun uniquement.* Petit hôtel de charme installé dans une belle demeure traditionnelle toute blanche, coiffée de tuiles. Elle a été rénovée et meublée avec soin pour conserver son caractère. Ses 6 chambres, de tailles diverses, ont un accès direct à la terrasse, ce qui leur confère une certaine intimité. C'est là que l'on prend l'excellent petit déj, à côté de la piscine, avec vue plongeante vers la mer.

À voir. À faire à Villa de Mazo et dans les environs

Museo Casa Roja : *c/ Maximiliano Pérez Díaz. ☎ 922-42-85-87. Dans le centre de Villa de Mazo, une noble demeure rouge et blanc, bien fléchée. Lun-sam 10h-14h. Fermé dim. Entrée : env 2 €.* Cette imposante bâtisse reconnaissable à sa façade rouge carmin, renferme un superbe escalier en *tea* et des pièces de belle hauteur sous plafond. La « Maison rouge » fut édifiée en 1911 pour un *Indiano,* l'un de ces émigrés canariens ayant fait fortune au Venezuela. À peine revenu dans son île natale, le riche Canarien mourut sans profiter de sa belle maison qui fut léguée à sa nièce. Dans les années 1970 ce fut un hôtel tenu par un Allemand. Aujourd'hui c'est un bien de la commune. Le rez-de-chaussée se consacre aux étonnantes compositions de papiers et palmes confectionnées pour la fête du *Corpus Christi* (la Fête-Dieu), célébrée avec enthousiasme à Villa de Mazo. Au 1er étage, c'est la broderie et la dentelle qui sont à l'honneur, sur lin, sur coton ou sur soie, en relief ou en points savants – un travail d'une grande précision. Petite boutique.

Mercadillo : *c/ Dr Morera Bravo. Dans le centre. Sam 11h-19h, dim 9h-13h.* C'est un marché où, tous les week-ends, les agriculteurs et producteurs de la région viennent vendre produits frais et artisanat local, en particulier dentelles et broderies. Le village, bien calme en semaine, s'anime alors.

LA PALMA

Taller de Cerámica y museo El Molino : *camino Monte de Pueblo. ☎ 922-44-02-13. Dans le hameau de Monte Pueblo, en contrebas de Villa de Mazo. Accès depuis la LP-2, au km 9,3 (fléché). Tlj sauf dim 9h-13h, 15h-19h. GRATUIT mais contribution appréciée.* Depuis les années 1970, maître Ramón travaille l'argile (sans tour) et invente des outils pour tenter de retrouver les techniques des potiers Benahoaritas. Au fil du temps, il a réalisé des copies de toutes les pièces existant dans les musées de l'île – celui de Los Llanos le met d'ailleurs à l'honneur en vidéo ! Chacune est différente par sa décoration ! La visite de l'atelier permet d'assister à différentes étapes de la fabrication, avant de jeter un coup d'œil au petit musée ethnographique installé à côté, dans l'ancien moulin à *gofio* (outils anciens, mesures, etc.). Un petit film y présente aussi le travail de Ramón (version française un peu approximative). Enfin, boutique, pour qui veut rapporter une belle poterie de style préhispanique à la *casa.*

Cueva de Belmaco (grotte de Belmaco) **:** *sur la LP-2, au km 13,2, à env 4 km au sud de Villa de Mazo. Bus nº 201 (demander l'arrêt au chauffeur).*

☎ *922-44-00-90. Tlj sauf dim 10h-15h. Entrée : env 2 €.* Les 2 salles du petit musée présentent le matériel archéologique trouvé dans la grotte même et sur différents sites alentour : essentiellement des poteries et des outils. La suite se passe en plein air, au gré d'une balade de 20 mn qui conduit dans le barranco de Belmaco, juste sous la LP-2. On y voit des pétroglyphes (lignes concentriques et spirales entremêlées) et une grotte où vécut un clan benahoarita – sans doute 15 à 20 personnes. Le parcours est ponctué de panneaux sur la culture aborigène, la flore et l'agriculture.

Playa de La Salemera *(ou Playa Arenas Blancas)* **:** *à 9 km au sud-est de Villa de Mazo, par la LP-2 puis route secondaire sur la gauche.* Un hameau comprenant quelques maisons de pêcheurs au bord d'une crique rocheuse où s'alanguissent une poignée de barques. Vraiment tranquille pour une baignade. Le ***Kiosco Playa Salemera*** *(tlj sauf mar 12h-20h, jusqu'à 22h30 ven-sam ; bon marché)* permet de déjeuner de poisson frais à bon compte.

EL HIERRO

• Carte *p. 428-429*

ABC d'El Hierro

- ***Superficie :*** 268 km².
- ***Population :*** 10 968 hab. (2018).
- ***Dimensions :*** 29 km de long sur 15 km de large.
- ***Point culminant :*** le pico de Malpaso (1 501 m).
- ***Capitale :*** Valverde.
- ***Dernière éruption volcanique :*** du 22 juillet 2011 au 5 mars 2012, juste au large du port de La Restinga.

Longtemps El Hierro marqua la fin du monde connu. Il fallut 3 caravelles et un commandant génois pour imaginer que, au-delà de l'océan, existait un continent. Que la terre ne s'arrêtait pas à ce bout de rocher noir déchiqueté par le tumulte des vagues, à cette montagne austère et sauvage, perdue au milieu de l'océan. Aujourd'hui, la plus petite île des Canaries n'est plus tout à fait au bout du monde. Pourtant, lorsqu'on arpente ses crêtes volcaniques battues par les vents ou engluées dans la brume, lorsqu'on traverse ses villages assoupis dans leur isolement, lorsqu'on s'égare entre les murets en pierres sèches de ses pâturages âpres, hérissés d'arbres auxquels le vent fait courber l'échine, le tumulte de la planète paraît bien loin. Découvrir El Hierro, c'est faire connaissance avec une facette méconnue des Canaries. C'est faire l'expérience de balades entre fraîcheur des hauteurs et sécheresse des côtes, sur les pas des bergers *herreños* d'hier et de leur vie de labeur, entravée par le manque d'eau – pas une seule vraie source ici ! C'est sauter de *mirador* en *mirador* pour embrasser l'île sous toutes ses coutures, catalogue de champs de lave et de falaises rêches que viennent trancher forêts de pins ou de lauriers, et l'immense amphithéâtre d'El Golfo, taillé dans les montagnes par l'érosion. C'est profiter, à défaut de plages, d'un chapelet de piscines naturelles creusées dans le basalte. C'est, enfin, explorer les fonds sous-marins exceptionnels de la réserve marine de la Mar de las Calmas, encore peu fréquentés. L'île n'est pas grande, on en fait vite le tour, aussi rapidement qu'on succombe à son charme discret et sauvage. Visiter El Hierro, c'est se sentir privilégié.

UN PEU D'HISTOIRE

El Hierro fut d'abord habitée par un peuple néolithique d'origine sans doute berbère, les Bimbaches, arrivés il y a environ 2 000 ans. Installés dans les grottes de l'île, ils vivaient d'élevage (chèvres, moutons et porcs) et d'un peu d'agriculture. Placés sous l'autorité d'un chef unique, ils vénéraient, semble-t-il, un couple sacré (bénéfique) et un cochon (maléfique), tout en accordant une importance primordiale aux rituels de l'eau. Ils opposèrent peu de résistance à la conquête espagnole, menée par le Normand Jean de Béthencourt en 1405. D'abord réduits en esclavage, ils se mêlèrent ensuite à la nouvelle population de paysans normands, castillans, français et galiciens venus du continent, dans une société féodale qui perdura jusqu'au XIXe s. À partir de 1850, nombre de Herreños émigrèrent vers les plus grandes îles de l'archipel et vers l'Amérique du Sud ; seuls quelques-uns en revinrent... Aujourd'hui, El Hierro vit principalement d'agriculture (élevage, vigne, fruitiers), de pêche et du tourisme.

PERFIDE ALBION

Au IIe s de notre ère, le géographe grec Ptolémée fixa le passage du méridien 0 à la pointe occidentale d'El Hierro. L'île était alors la terre la plus à l'ouest du monde connu. La découverte de l'Amérique n'y changea rien – jusqu'à ce que, en 1884, Greenwich s'impose finalement comme méridien de référence.

UN VOLCAN TAPI SOUS L'EAU

Dernière-née de l'archipel, apparue il y a environ 1,1 million d'années, El Hierro est la plus petite île des Canaries et la plus volcanique : quelque 500 cônes la parsèment d'un bout à l'autre, 300 autres ont été enfouis sous les coulées pétrifiées et 70 tunnels de lave ont été identifiés – dont un long de 6 km ! Modelée par les éruptions, les séismes et l'érosion rapide, El Hierro glisse parfois par pans entiers dans la mer. Résultat : des à-pics vertigineux, dépassant 1 000 m entre le littoral de l'amphithéâtre d'El Golfo et les crêtes qui le dominent.

Ici, les alizés déchargent leur vapeur d'eau en vain : l'île est si jeune que sa croûte est encore perméable aux pluies. El Hierro présente donc un visage plutôt désolé, tout juste verdi, sur les hauteurs, par des pâturages pauvres et quelques pans de forêt primaire et de pins nourris par les brumes. Les côtes de basalte, soumises aux coups de boutoirs de l'océan, offrent, elles, un incessant spectacle de lutte : pinacles, arches trouées, piscines naturelles...

UN SÉISME... LONG D'UNE ANNÉE !

Entre le 16 juillet 2011 et le 5 mars 2012, l'île entre dans une phase d'activité sismique inégalée jusqu'ici. Résultat, des séismes quotidiens (jusqu'à plus de 70 !), dont certains flirtent avec les 5 sur l'échelle de Richter, et surtout, une éruption volcanique sous-marine au large de la Restinga qui va durer près de... 6 mois ! Les eaux de surface ont même bouilli ! Quand El Hierro se réveille, elle ne fait pas les choses à moitié...

EL HIERRO, L'ÎLE ÉCOLO

En 1996, les habitants d'El Hierro s'opposent à l'installation sur leur île d'une base de lancement de fusées. Dès l'année suivante, ils prennent leur destin en main et se mettent au développement durable. 2 axes sont définis : conversion de l'agriculture insulaire au bio et autosuffisance énergétique. Sur la côte sud est créée la réserve marine de la Mar de las Calmas (750 ha), où seule la pêche à la ligne traditionnelle est autorisée. En l'an 2000, l'île entière est classée « Réserve de la biosphère » par l'Unesco.

En juin 2015, première mondiale, El Hierro se dote d'une centrale hydroéolienne destinée à assurer son autonomie totale en électricité grâce aux énergies renouvelables – un modèle du genre ! 5 éoliennes alimentent l'île en l'électricité et utilisent, en période favorable, l'excédent d'énergie produit pour dessaler l'eau de mer (l'île en manque cruellement) et l'acheminer (par pompage) jusqu'à un bassin creusé en altitude. Quand il n'y a pas de vent, les vannes de ce bassin sont ouvertes, entraînant des turbines qui prennent le relais pour alimenter l'île en électricité. Une

EL HIERRO

bien belle idée même si, lorsque le vent tarde à revenir (les bassins n'offrent que 2 jours d'autonomie), il faut relancer la bonne vieille centrale à fioul... En 2018, environ 70 % de l'électricité de l'île est tout de même fournie par ce système et l'empreinte écologique s'est nettement améliorée. Les autorités ont parallèlement pour objectif de remplacer le parc automobile à essence par des véhicules électriques, alimentés grâce à des bornes de recharge photovoltaïques – peu à peu réparties sur l'île.

RANDONNER ET PLONGER À EL HIERRO

– ***La randonnée :*** El Hierro est sillonnée par 260 km de sentiers, distribués en 15 circuits de différents niveaux, tous très bien balisés. Ils sont classés en 3 ***catégories*** : les *senderos locales* (SL, balades relativement faciles, balisage blanc et vert), les *senderos de pequeño recorrido* (PR, un peu plus longs ; balisage jaune et blanc) et enfin 1 seul *sendero de gran recorrido,* le *camino de la Virgen* (GR 131 ; balisage blanc et rouge), qui traverse l'île par les crêtes. Une carte bien fichue (la *Red de Senderos*), distribuée gratuitement par l'office de tourisme, répertorie tous ces sentiers, avec temps de parcours, niveau de difficulté et courbes de dénivelées. Nous vous indiquons au fil des pages les plus intéressants. • *elhierro natural.com* •

– ***Important :*** il n'existe pas, à proprement parler, de randonnées « faciles » sur El Hierro. Outre les dénivelées, souvent importantes, c'est surtout l'aridité des sols (pierres, gravier, etc.) qui rend les marches fatigantes. Le circuit le plus accessible est certainement le *Camino circular de la Llanía* (voir plus loin « À voir. À faire » dans le centre de l'île). Et bien évidemment, quelle que soit sa condition physique, prévoir de bonnes chaussures, de l'eau et bien se renseigner sur les conditions météorologiques.

On peut également faire appel à Enrica et Paolo de l'***agence Atlantidea.*** Ils organisent des randonnées guidées (en anglais, espagnol ou italien) en petits groupes, adaptées aux envies et au niveau de chacun, et nourrissent la promenade de riches infos culturelles sur El Hierro. De quoi marcher intelligent ! *Compter 30-55 €/pers (2 pers min). 📱 649-65-09-13.* • *atlantidea.net* •

– ***La plongée :*** on compte une dizaine de clubs de plongée sur l'île (liste complète à l'office de tourisme), dont quelques-uns tenus par des Français ou des francophones. Voir le chapitre « La Restinga ».

– ***Le parapente :*** vols accompagnés au-dessus de l'amphithéâtre naturel d'El Golfo. *Compter 80-100 € le vol. Rens :* Ferro Fly, *📱 684-29-76-72.* • *flyelhierro.com* •

– ***La pêche :*** à la ligne, depuis la côte. Permis obligatoire (15 €), valable 2 ans sur tout l'archipel. S'achète à Valverde auprès des services de l'Agriculture (paiement dans une banque).

FÊTES ET MANIFESTATIONS

– ***Bajada de la Virgen de los Reyes :*** *1er sam de juil, ts les 4 ans ; la prochaine fois en 2026.* Le grand pèlerinage de l'île rend hommage à la Vierge conservée dans le vieux sanctuaire établi tout à l'ouest de l'île. Le jour J, les croyants se rassemblent pour la messe dès 5h30 du matin, avant d'entreprendre la longue pérégrination par les crêtes jusqu'à Valverde (en gros, le GR 131 !), où ils arriveront vers 21h. Une pause pique-nique est marquée à la Cruz de los Reyes. D'autres manifestations égayent l'île durant tout le mois.

– Les autres ***romerías*** (pèlerinages) et ***fiestas*** les plus populaires ont lieu le ***25 avril*** (fête des Bergers de La Dehesa), le ***3 mai*** (Fiesta de la Cruz à El Pinar), le ***15 mai*** (San Isidro à Valverde), le ***1er dimanche de juin*** (La Apañada à San Andrés), le ***24 juin*** (Saint-Jean à La Restinga et Las Puntas), le ***16 juillet*** (fête de la Vierge del Carmen à La Restinga), le ***15 août*** (à La Frontera), le ***12 septembre*** (Fiesta de La Paz à El Pinar), les ***23 et 24 septembre*** (à la Cruz de los Reyes, rejointe à pied, de nuit, aux flambeaux), le ***28 octobre*** (Saint-Simon à Sabinosa).

– ***Lava circular :*** *début nov, annuel.* Circuit culturel et itinérant qui a vu le jour en novembre 2017 pour sa 1re édition. Pendant 3 jours, concerts, installations, happenings, conférences et débats se partagent l'île. Le public y participe librement et arpente El Hierro dans des bus qui suivent les itinéraires proposés par le festival.

La découverte de la culture traditionnelle et contemporaine des Canaries à travers l'art, l'échange et le voyage – mais aussi la gastronomie locale –, semble être l'objectif principal de cette organisation collective et innovante ! Programme et infos : • *lavacircular.com* •

ITINÉRAIRES À EL HIERRO

En 3 jours

– ***1er jour :*** courte balade dans *Valverde* ***(1),*** puis découverte du panorama sur El Golfo depuis le *mirador de la Peña* ***(2)*** et/ou celui de *Jinama* ***(3).*** Une fois dévalé jusqu'au pied de l'amphithéâtre rocheux, visite de l'*ecomuseo de Guinea* ***(4)*** et baignade dans les piscines naturelles de *La Maceta* ***(5)*** ou du *Charco Azul* ***(6).***
– ***2e jour :*** exploration de l'ouest sauvage de l'île, entre plagettes de sable noir et randonnée dans les paysages fantastiques et désolés de la *Dehesa* ***(8)*** et du *Sabinar* ***(9).*** Au passage : visite du joli et très vénéré *ermitage de Nuestra Señora de los Reyes* ***(7).*** Retour vers la civilisation par la *forêt d'El Pinar* ***(10).***
– ***3e jour :*** le matin, petite rando sur le très accessible *sentier de la Llanía* ***(11),*** au cœur d'une belle forêt de lauriers et tamaris. Passage au *pico Malpaso* ***(12),*** le point culminant d'El Hierro, voire à l'arbre *Garoé.* Ajoutez le petit port de pêche de *La Restinga* ***(13),*** avec baignade à la *cala de Tacorón* ***(14)*** et visite en chemin de l'intéressant *Centro del Interpretación del Geoparque* ***(15).*** Autre option : dédier ce 3e jour à la plongée, au départ de *La Restinga* (mais attention, n'oubliez pas les 12h de délai minimum entre une plongée et un vol en avion !).

En 1 semaine

La même chose, en prenant davantage votre temps et en profitant des multiples itinéraires de randonnée qu'offre l'île !

Comment y aller ?

Attention : les fréquences de rotation sont données à titre indicatif, elles changent souvent.

En avion

✈ Le minuscule ***aéroport*** est situé à 9 km de Valverde, sur la côte est. Dans le hall de livraison des bagages, bureaux des ***agences de location de voitures*** *Cicar, PlusCar* et *Europcar* (lire plus loin « Comment se déplacer sur l'île ? »). *Avis* est situé un peu plus loin, au-dessus de l'aéroport, mais vient livrer la voiture à l'aéroport (rdv au bout du parking, sur la droite en sortant). Également un ***kiosque d'infos touristiques*** ouvert à l'arrivée et au départ des vols. On peut y récupérer une carte de l'île et de ses sentiers, et les horaires des sites à visiter. Pour rejoindre Valverde (trajet 15 mn), bus n° 10 (1,16 €), 6 fois/j., 9h-18h45. En taxi, compter env 15 €.

Les liaisons aériennes sont assurées par *Binter Canarias* : ☎ *902-39-13-92 (central de résas).* • *bintercanarias.com* • *Bureau à l'aéroport tlj 7h30-11h30, 14h-18h.*

➢ ***Tenerife Norte :*** 4-5 vols/j. selon la saison. Durée : 40 mn.

➢ ***Gran Canaria :*** 1 vol/j. Durée : 50 mn.

En ferry

Départ et arrivée au ***Puerto de la Estaca,*** à 9 km à l'est de Valverde (bus n° 11 en fonction des horaires de bateau). Sur place : cafétéria et bureau des agences de location de voitures *Cicar* et *Autos Bamir.* La liaison est assurée par *Naviera Armas* : ☎ *902-45-65-00, central d'appel tlj 8h-20h.* • *navieraarmas.com* •. *Bureau ouv lun 6h-15h ; mar, jeu et ven 9h-15h ; mer 3h30-5h, 9h-17h ; dim 12h30-16h ;*

fermé sam. Horaires à confirmer, car ils évoluent régulièrement :

➢ ***De/vers Los Cristianos** (Tenerife) :* départ d'El Hierro tlj sauf sam ; mar, jeu et ven à 14h, lun à 7h, mer à 4h30 et 17h30, dim à 15h30. Dans l'autre sens, lun, mar, jeu et ven à 17h30, mer à 7h55 et 20h15, dim à 19h30. Durée : env 2h30. Compter env 100 €/pers l'A/R, plus 20 €/véhicule.

Comment se déplacer sur l'île ?

En bus

Quelque 12 lignes de ***guaguas*** (bus) relient tous les villages de l'île, la plupart au départ de Valverde. Cependant, les fréquences sont faibles, et les bus ne desservent pas la partie ouest de l'île, où se trouvent certains des sites naturels les plus impressionnants. Pas de bus non plus pour la plupart des piscines naturelles, des miradors ou des départs de rando, ni pour rejoindre l'unique camping. *Compter 1,16 € le trajet (par tronçon, on repaie si l'on change de bus ; carte 15 trajets* Bono viajero *à 13 €, disponible dans chaque station guaguas). Horaires à l'office de tourisme ou sur • transhierro.es • ; ☎ 922-55-11-75.*

En taxi

Le taxi peut se révéler pratique, notamment pour retourner à son point de départ après une rando, d'autant que les tarifs sont raisonnables. *Charge min env 3,40 €, puis 0,60 €/km. Majoration d'env 0,30 €/km la nuit. Pour commander un taxi, appeler le ☎ 922-55-07-29.*

En voiture de location

Vu la rareté des transports publics locaux, c'est de loin le moyen le plus pratique de sillonner l'île, notamment pour découvrir ses coins les plus reculés. *Compter env 40 €/j. pour une petite voiture avec assurance de base, dégressif (env 30 €) dès 2-3 j.* Les routes et la signalisation sont bonnes, mais certains passages sont assez vertigineux. Attention, l'île ne compte que 3 stations-service, à Valverde, El Pinar et El Golfo/La Frontera.

■ ***Autos Bamir :*** *bureau principal à* ***Valverde*** *(c/ Dr Quintero, 27 ; ☎ 922-55-01-83 ; • autosbamir.es • Antenne à* ***El Golfo/La Frontera*** *(sur les ramblas de Tigaday, en montant vers le centre du village).* La compagnie locale, correspondant d'*Europcar*. Livre la voiture à l'aéroport en cas de réservation.

■ ***Cicar :*** *à l'aéroport et au port. ☎ 928-82-29-00. • cicar.com •*

■ ***Plus Car :*** *à l'aéroport. ☎ 922-55-00-76. • autospluscar.com •*

■ ***Avis :*** *bureau au-dessus de l'aéroport. ☎ 922-97-98-28. 📱 630-43-91-15. • avis.es •* Peut venir vous livrer la voiture à l'aéroport.

■ ***Autos Cruz Alta :*** *c/ San Francisco, 1, à Valverde. ☎ 922-55-03-49. • cruzaltarentacar.com • Un poil moins cher (dès 28 €/j.) et viendra vous livrer le véhicule à l'aéroport.*

Infos utiles

– Le ***site internet*** de l'office de tourisme est très complet : *• elhierro.travel •* Ceux qui possèdent un smartphone trouveront sur chaque site remarquable de l'île un « QR code » à flasher pour obtenir plus d'informations.

– ***Se loger :*** El Hierro ne compte qu'un ***seul camping,*** près d'El Pinar, et à peine une douzaine d'hôtels et pensions. En revanche, l'île regorge de ***casas rurales*** (gîtes), dont 7 sont représentées sur le site *• elhierro-rural.com • Loc pour 3 j. min, dès 60 €/j. pour 2 pers.* Autre option, la ***location d'appartements,*** surtout à La Restinga et à El Golfo/La Frontera. *À partir de 30-35 €/j. pour 2 pers.* La ***haute saison*** s'étend en gros de juillet à septembre, avec un autre temps fort de janvier à mars-avril – périodes auxquelles il vaut mieux réserver. Les tarifs ne bougent pas trop. Tous les établissements sont répertoriés sur le site de l'office de tourisme.

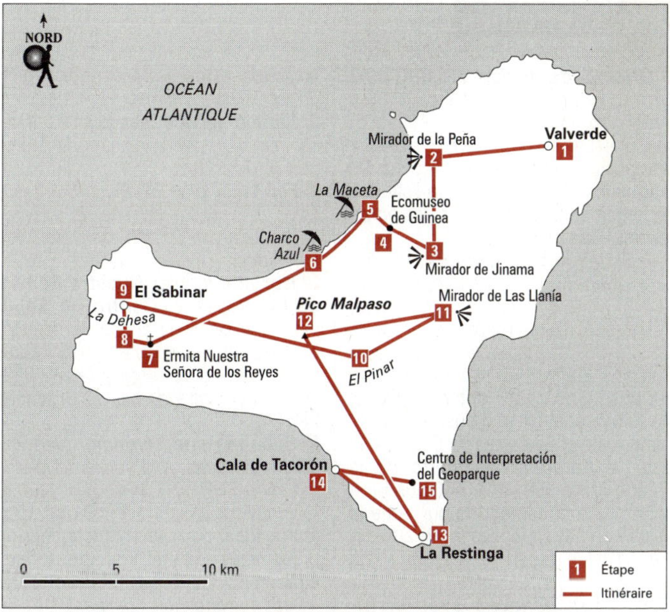

ITINÉRAIRES À EL HIERRO

– ***Visiter :*** il existe un passeport, vendu 17,95 €, comprenant l'entrée de tous les musées et centres des visiteurs de l'île, sans exception. Pour le rentabiliser, il faut en voir au moins la moitié. On se le procure sur chacun des sites ou dans les offices de tourisme (dispo également au kiosque d'infos de l'aéroport).

– ***Se connecter à Internet :*** le wifi est théoriquement accessible gratuitement sur presque toute l'île grâce à des bornes solaires, mais ça marche souvent mal et la connexion est très lente. La plupart des hôtels disposent d'une connexion wifi mais là encore, ne pas s'attendre à du très haut débit.

VALVERDE (VILLA DE VALVERDE)

(38900) env 1 800 hab. (4 870 hab. sur la commune)

• Plan *p. 435*

À Valverde, c'est un peu tous les jours dimanche. Étagée à 600 m d'altitude sur les flancs de collines pelées dominant l'océan, la modeste capitale locale est si tranquille qu'on la croirait endormie. Pas grand-chose à y faire, mais elle constitue un bon camp de base pour visiter le nord et le centre de l'île. D'autant qu'on y trouve un large choix d'hébergements et tous les commerces et services indispensables.

Adresses utiles

Oficina de turismo (plan A2) : c/ Dr Quintero, 6. ☎ 922-55-41-09. • elhierro.travel • Lun-ven 10h-18h, sam 9h-15h (16h en hiver), fermé dim. Bon accueil, avec plein de doc sur les randos (carte), la plongée, la liste des hébergements et des restos, les horaires des sites à visiter, etc.

Estación de guaguas (gare routière ; plan B2) : c/ El Molino, à la sortie sud de la ville (direction El Pinar), derrière le supermarché Terencio. ☎ 922-55-11-75. • transhierro.es • Bus pour El Pinar via San Andrés (nº 2, 5-6 bus/j.), pour La Frontera (El Golfo) via El Mocanal (nº 3, 6 bus/j.), pour El Tamaduste et La Caleta (nº 6, 6 bus/j.), pour le *Parador* via Puerto de la Estaca (côte est ; nº 7, 5-6 bus/j.) et enfin bus à la demande pour Echedo et le Pozo Las Calcosas (nº 9 ; appeler min 1h avt le départ ☎ 922-55-07-29, 7h-18h).

■ Plusieurs **banques avec distributeurs automatiques :** dans la rue principale (c/ Dr Quintero, plan A2), notamment **Banco Santander,** à côté de l'office de tourisme.

■ **Station-service Disa** (plan B1, **1**) : à l'entrée de la ville en venant de l'aéroport. Tlj 7h-22h.

■ **Farmacia** (plan B2, **2**) : c/ San Francisco, 8. En cas d'urgence, ☎ 922-55-44-97. Lun-ven 9h-21h ; sam 9h-14h ; fermé dim.

Hospital insular Nuestra Señora de los Reyes et Centro de Salud (hors plan par B1) : c/ Los Barriales, à la sortie de la ville direction El Mocanal. ☎ 922-55-35-00 (hôpital) ou 922-55-35-90 (centre de soins). Urgences 24h/24.

■ **Supermarché Terencio** (plan B2, **3**) : c/ San Juan, à la sortie de la ville direction El Pinar. Lun-sam 9h-20h30 (20h nov-fév le sam) ; fermé dim. Bien fourni, idéal pour se confectionner un pique-nique ; vins et fromages locaux également.

– **Petit marché** (hors plan par B1) : sam 8h-14h, en face de l'hôpital (à la sortie de la ville direction El Mocanal).

Où dormir à Valverde et dans les environs ?

Bon marché (env 40 €)

Hostal-residencia Casañas (plan B2, **10**) : c/ San Francisco, 9, à Valverde. ☎ 922-55-02-54. • hostalcasanas@gmail.com • Double 40 €. Pas de petit déj. Cette pension installée dans un petit immeuble du centre abrite des chambres modestes, mais d'un bon rapport qualité-prix. Bien tenues, elles sont assez grandes, avec salle d'eau, lits individuels et petit radiateur. Les plus agréables, au 2e étage, s'ouvrent sur une terrasse-véranda donnant côté océan. Accueil à l'image de la déco : un peu morne.

De prix moyens à chic (50-90 €)

Hotel Boomerang (plan B2, **11**) : c/ Dr Gost, 1, à Valverde. ☎ 922-55-02-00. • reservas@hotel-boomerang.com • hotel-boomerang.com • En voiture, descendre la rue qui passe devant la mairie (c/ Pérez Galdos) et contourner l'église. Double 62 €. Pas de petit déj. Cette longue bâtisse blanche regroupe une vingtaine de vastes chambres au carrelage clinquant, un poil désuètes et pas très riantes (éclairage au néon...), mais impeccables (pas de chauffage cependant). Seule une, s'ouvrant sur une terrasse (la nº 101), bénéficie d'une vue. Loue également des apparts à El Tamaduste (min 65 €/j. pour 2 pers).

Casa rural Tía Lucila : juste à la sortie ouest d'**Erese** (38916), à 6 km à l'ouest de Valverde direction Mirador de la Peña. ☎ 922-55-14-88. 📱 696-37-77- 84. • vacacioneselhierro@gmail.com • vacacioneselhierro.com • Compter 63 €/j. pour 2 pers (3 nuits min). Classée 4 épis, cette coquette maisonnette en pierre de lave s'amarre

EL HIERRO

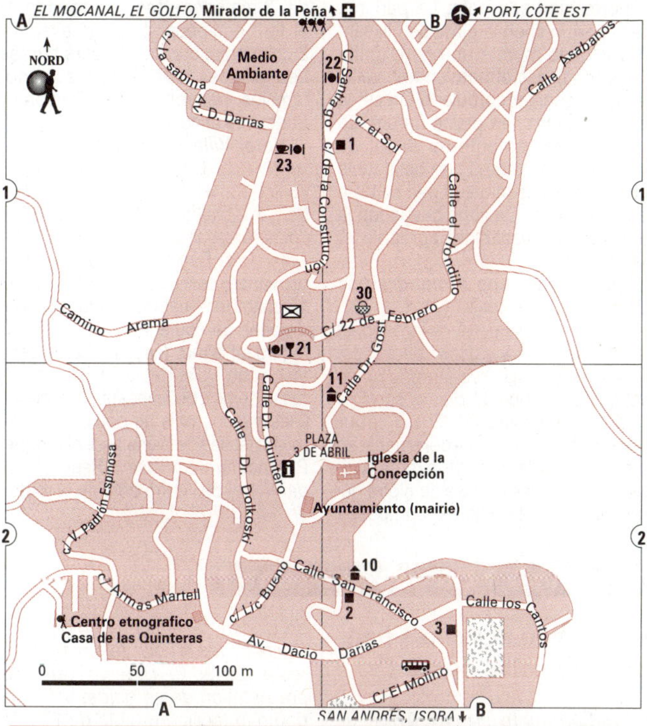

VILLA DE VALVERDE

Adresses utiles

- Oficina de turismo (A2)
- 1 Station-service Disa (B1)
- 2 Farmacia (B2)
- 3 Supermarché Terencio (B2)

Où dormir ?

- 10 Hostal-residencia Casañas (B2)
- 11 Hotel Boomerang (B2)

Où manger ? Où boire un verre ?

- 21 El Charquete (A1)
- 22 La Mirada Profunda (B1)

Où prendre le petit déj ?

- 23 Coffeplus (A1)

Achats

- 30 Fábrica de quesadillas Adrián Gutiérrez e hijas (B1)

à flanc de colline, juste en contrebas de la route. Elle est bordée d'un jardinet dominant l'océan, avec 2 chaises longues nichées sur un terrasson herbeux. Intérieur rustique comme il se doit, avec carrelage, dessus-de-lit fleuris et mobilier en bois sombre. Une seule chambre, avec lit double, et un salon-cuisine. Barbecue.

Casa rural Gran Drago : *à Erese (38916), à 6 km à l'ouest de Valverde. 630-39-06-28. • casaruralgrandrago@gmail.com • casaruralgrandrago.es • À la sortie ouest d'Erese, grimper (sur 500 m) par la c/ Erese Alto, puis à droite sur la c/ Los Palos (fléché). Compter 50-60 €/j. pour 2 pers (min 3 nuits). Pas de wifi.* Voici une maison qui porte bien son nom. Le parking, atteint par un chemin étroit se glissant entre 2 hauts murets en pierre (gaffe aux rétros !) est effectivement veillé par un dragonnier corpulent. On est là sur les hauteurs, en pleine nature. La maison, ocre, remonte au début du XIXe s. Cuisine dotée d'une belle table en bois massif et salon un peu sombre (pas de fenêtre). On aime beaucoup la chambre en mezzanine, agréable et spacieuse.

Casa rurales Los Almendreros : *à* ***El Mocanal*** *à 6 km à l'ouest de Valverde. 608-22-56-64. • info@losalmendreros.com • losalmendreros.com • Prendre la 1re rue à droite après* l'Hotel Villa El Mocanal, *puis descendre sur 50 m. Compter 60-70 €/j. pour 2 pers (min 3 nuits).* Légèrement en contrebas du village (et de la route passante), une grosse bâtisse de pierre qui fait face à l'océan. Elle est composée de 3 maisonnettes indépendantes et tout équipées, chacune avec 1 ou 2 chambres, cuisine et petite terrasse. Les groupes d'amis ou les grandes familles peuvent louer l'ensemble. Super vue et calme absolu.

Hotel Villa El Mocanal : *c/ Barlovento 18, 38916* ***El Mocanal.*** *☎ 922-55-03-73. • reservas@villaelmocanal.com • villaelmocanal.com • À 3 km à l'ouest de Valverde. Doubles 60-90 €. Dîner 15 €.* Bâti contre la HI-5 (un peu bruyant), cet hôtel récent compte 15 chambres, vastes et plutôt sobres, drapées de couleurs chaudes. Toutes regardent la mer, les plus chères depuis un balcon, voire depuis une longue terrasse semée de transats. Bon confort, 2 lits *queen,* mais un peu cher tout de même (salles de bains assez basiques). Piscine *(fermée l'hiver).* Resto *(Mesón del Norte)* de l'autre côté de la route *(tlj 7h-10h, 19h30-22h30).*

Où manger ? Où boire un verre ?

De très bon marché à bon marché (moins de 12 €)

El Charquete *(plan A1,* ***21****) : c/ de la Constitución, 4. ☎ 922-55-06-04. • elcharquete@hotmail.com • Tlj sauf lun 13h-23h. Tapas 3-10 €.* Une petite *tasca* chaleureuse aux murs corail, grande comme un mouchoir de poche (1 bar, 3 tables... *nada mas* !). Un des rares endroits animés le soir à Valverde. Cuisine toute simple : quelques bonnes tapas à accompagner d'un petit cru du coin.

Prix moyens (12-25 €)

La Mirada Profunda *(plan B1,* ***22****) : c/ Santiago, 25. ☎ 922-55-17-87. 608-10-08-70. À 150 m de la station-service. Tlj midi et soir. Congés : fév. Menu déj en sem 14 €, repas 20-25 €. Digestif offert sur présentation de ce guide.* Voilà sans doute la meilleure table de l'île. Pas de carte ici, le chef, Antonio García Corujo, vient en personne énoncer les propositions du jour, en français s'il vous plaît. Un artisan, ce chef formé en France, d'où il n'a pas rapporté que la langue, mais aussi le roquefort, le magret et l'art de la vinaigrette. Pas de quoi lui faire oublier pour autant les produits d'El Hierro et ses légumes de saison, qu'il sait rendre si fondants. Parmi les classiques du patron, un succulent cochon de lait... Cuisine d'amoureux du métier, à déguster dans une salle intime et chaleureuse, pleine de plantes. Service soigné. Mais n'oubliez pas de demander les prix.

Où manger dans les environs ?

Restaurant Mirador de la Peña : *au mirador du même nom, à 8 km à l'ouest de Valverde (fléché). ☎ 922-55-03-00. • miradorelhierro@hotmail.com • Tlj 9h-22h30 ; service 12h30-15h30, 19h-22h30. Plats 12-21 €, menu 17 €.* Dessiné par César Manrique, ce superbe restaurant en pierre rongée par la mousse épouse si bien le paysage qu'on le croirait taillé dans la montagne. Salle garnie de plantes, chic et feutrée, ouverte sur une immense baie vitrée et une petite terrasse panoramique (réservée aux buveurs) pour ne rien perdre de la vue. Dans l'assiette, tous les classiques *herreños* (chevreau, lapin, fromage) et quelques suggestions de saison. Une cuisine travaillée en finesse, s'appuyant sur des produits qui ont du goût, en partie bio et majoritairement locaux. Prix sages pour la qualité et le standing des lieux.

Guachinche Aguadara : *dans le hameau* ***Las Montañetas,*** *à 10 km de Valverde en direction de San Andrès. 629-56-34-33. • miguelpadronmorales@gmail.com • Après le hameau, prendre à gauche la HI-110 vers El Mocanal, puis à nouveau à gauche à 200 m (fléché). Mer-sam 13h-17h, 19h-23h ; dim seulement le midi. Repas complet env 15 €.* La maison, en pierre de lave, est paumée en pleine brousse, sur les hauteurs de la côte ouest. On y afflue pour les barbecues et les plats locaux, bien sentis et ultra-copieux, à dévorer sur la petite terrasse ou dans la grange, décorée d'une myriade d'objets insolites (vaisselle, outils et même... un pistolet !). Chouette ambiance.

Où prendre le petit déj ?

Coffeplus (*plan A1,* **23**) **:** *avda Dacio Darias, 60. ☎ 922-55-40-14. Lun-ven 8h-21h ; le w-e 9h-14h, 17h-21h.* Avec sa déco moderne en noir et rouge, ses lampes danoises, sa silhouette de Big Ben au mur et du pop-rock dans les oreilles, le lieu a tout du *coffee shop* urbain. Bonnes pâtisseries, café et thés de qualité. Et à midi, les *empanadas* valent aussi l'escale.

Achats

Fábrica de quesadillas Adrián Gutiérrez e hijas (*plan B1,* **30**) **:** *c/ 22 de Febrero, 2. ☎ 922-55-02-27. Lun-ven 8h-20h, w-e 9h (10h dim)-20h.* Dans cette fabrique familiale, on produit depuis 1900 des *quesadillas,* des petits gâteaux épais préparés avec du *queso herreño* (fromage), parfumés à l'anis, au citron et à la cannelle. À acheter à l'unité, en boîtes de 6 ou 12, ou en version XXL (la *familiar*), au boulanger en blouse blanche caché derrière son étroit comptoir.

À voir

Le centre-ville : axé autour de la *calle Doctor Quintero,* pavée, il ne vous retiendra pas bien longtemps. Un coup d'œil, en contrebas de l'office de tourisme, à la ***plaza 3 de Abril*** *(plan A-B2),* à la jolie ***place de la mairie*** *(ayuntamiento)* et à l'***iglesia de la Concepción,*** et le tour est joué. Cette dernière, imposante, a été bâtie à la fin du XVIIIe s en gros blocs de basalte et partiellement chaulée. Un petit clocher à bulbe la coiffe. L'intérieur, sobre, n'est pas inoubliable...

Centro etnográfico Casa de las Quinteras (*plan A2*) **:** *c/ Armas Martell. ☎ 922-55-20-26. Du centre, accès à pied par la c/ Licenciado Bueno, qui grimpe à l'angle de la c/ San Francisco, face à Caja Canarias. Lun-sam 10h-18h ; fermé dim. Entrée : 4 €.* Ce petit musée ethnographique est installé dans une belle maison en pierre volcanique entourée de jardins en terrasses. Seules 3 salles se visitent, évoquant, à travers quelques objets, l'artisanat et le quotidien au siècle dernier : soufflet de forge géant, métier à tisser, lainages, costumes, ustensiles de cuisine en bois, céramique... Explications (sommaires) en espagnol seulement. Dans le genre, mieux vaut visiter l'*ecomuseo Casa Guinea* à El Golfo.

➢ Arrêt possible au ***point de vue*** sur les 5 éoliennes d'El Hierro, à 1 km de Valverde sur la route de San Andrés (HI-1). Un schéma y explique le fonctionnement de la centrale hydroéolienne de l'île (lire plus haut « El Hierro, l'île écolo »).

LE NORD, DANS LES ENVIRONS DE VALVERDE

Charco Manso : *à env 7 km au nord de Valverde. Bus nº 9 (sur demande) jusqu'à Echedo (après, il faut marcher !).* On atteint d'abord le village rural d'***Echedo,*** étalé dans un labyrinthe de cultures en terrasses dont la plupart sont désormais en friche. Puis la route dévale sur 2 km la colline tapissée de *tabaibas* (euphorbes), jusqu'à rejoindre une dentelle de criques de basalte. La plus longue d'entre elles, bien protégée du ressac, a été aménagée pour la baignade, avec échelles, terrasses pour étaler sa serviette et emplacements pour barbecue. À Echedo, petit resto familial traditionnel, *La Higuera de la Abuela (c/ Tajaniscaba, ☎ 922-55-10-26 ; ouv jusqu'à fin nov).* Joli patio.

Pozo de las Calcosas : *à 9 km au nord-ouest de Valverde via El Mocanal. Bus nº 9 (sur demande au ☎ 922-55-07-29 ; 4 liaisons/j. en sem, 2 le w-e).* La route glisse sur les pentes en contrebas d'Echedo pour finir par buter sur une corolle de falaises en amphithéâtre. Là, à leur pied, on atteint une petite baie rocailleuse (10-15 mn de marche) bordée de 2 grandes piscines naturelles que l'océan se charge d'alimenter, et une poignée de modestes bungalows en grosse pierre noire et toit de paille – réminiscence d'un ancien village de pêcheurs reconverti l'été en un lieu de villégiature populaire.

Mirador de la Peña : *à 8 km à l'ouest de Valverde (fléché). Bus nº 5 (6/j. en sem ; 5 le w-e).* La vue panoramique, vertigineuse, découvre toute la côte ouest, avec les îlots des *roques* de Salmor aux avant-postes dans l'océan et la superbe plaine d'El Golfo, étendue au pied d'un rempart de montagnes culminant à 1 000 m d'altitude. Par beau temps, au loin, se détachent le village de Sabinosa agrippé au roc et, en dessous, au bord de l'eau, le Pozo de la Salud. Super resto sur place (voir « Valverde. Où manger dans les environs ? »).

➢ Passé le mirador (à 2,5 km env), en direction de San Andrés, on atteint le hameau de ***Las Montañetas,*** avec ses quelques maisons traditionnelles en pierre de lave, joliment restaurées et encadrées de figuiers de Barbarie. Là encore, une bonne table (voir « Valverde. Où manger dans les environs ? »).

LA CÔTE EST

Pas la partie la plus charmante de l'île, mais bel exemple de paysages sauvages et austères. Basalte, cactus et végétation rase dominent ces collines rugueuses, au pied desquelles court la route HI-30 sur une quinzaine de kilomètres, avant de se terminer en cul-de-sac. Partout, des entrelacs de murets en pierre témoignent qu'on s'est longtemps échiné, ici, à faire pousser quelque chose. Le long du parcours, criquettes, anses et plagettes de sable noir invitent à la trempette.

➢ À 1 km de Valverde en allant vers l'aéroport, coup d'œil en passant, au bord de la route, à la drôle de sculpture en matériaux recyclés nommée ***Homenaje a la Bajada,*** réalisée par Rubén Armiche à l'occasion de l'édition 2013 de la grande fête locale de la *Bajada de la Virgen* (voir « Fêtes et manifestations »).

El Tamaduste : *à l'extrémité nord-est de l'île, à 6,5 km de Valverde. Prendre la direction de l'aéroport, puis à gauche. Bus nº 6 (6/j.).* Ce village balnéaire, endormi une bonne partie de l'année, est coincé au pied d'un amphithéâtre de falaises, sur un magma de lave solidifiée enserrant une crique aux eaux cristallines, où les habitants de Valverde viennent volontiers se baigner (échelles).

EAU BÉNITE

C'était une année de sécheresse accablante. Les bergers voulaient transporter la Virgen de los Reyes de son sanctuaire, à la pointe ouest de l'île, jusqu'à la capitale, mais les autorités refusaient. Alors ils le firent durant la nuit et, quand ils arrivèrent à Valverde, il se mit à pleuvoir. Quelques années plus tard, nouvelle sécheresse, nouvelle traversée, et même succès. Depuis, qu'il pleuve ou pas, la procession de la Bajada de la Virgen emprunte le même itinéraire tous les 4 ans. La prochaine aura lieu en 2021. Prenez votre parapluie.

➢ Au bout du village démarre un ***court sentier*** (fléché « El Tamaduste-La Fortaleza », SL-EH2) longeant le bord de mer dans un paysage volcanique de fin du monde. La côte déchiquetée multiplie criques, falaises, arches sous lesquelles s'engouffre l'océan. Après 30 mn de marche relativement facile – mais sans un pet d'ombre –, on atteint un promontoire dominant le *roque de Las Gaviotas,* énorme roc taché de guano planté au milieu de l'eau. Entre les 2, de bons gros rouleaux appréciés des surfeurs.

La Caleta : *à 6,5 km de Valverde direction l'aéroport, puis à droite juste avt celui-ci. Bus nº 6 (6/j.).* Dans cette autre microstation balnéaire, 3 bassins-piscines de différentes profondeurs ont été aménagés dans les rochers littoraux – ils sont nourris à l'eau de mer, plus une pincée de chlore (le petit supplément du chef). *GRATUIT.* Des échelles permettent d'accéder à l'océan, mais ***attention aux courants,*** dangereux. En saison, petite gargote au-dessus des bassins.

En revenant sur la HI-2, on atteint, à 9 km de Valverde, ***Puerto de la Estaca,*** la rade où accostent les ferries. On peut s'y baigner mais, bon, on a connu plus riant comme environnement... Plus avant apparaît le hameau de ***Timijiraque,*** encadré de lave, avec sa ***petite plage de sable noir*** juste au débouché du tunnel.

Un 2d tunnel, à voie unique, débouche sur une majestueuse parenthèse minérale, où les collines se font falaises, coiffées d'une couronne de pins annonçant la forêt d'El Pinar. Le regard accroche d'abord l'emblématique ***roque de la Bonanza,*** formant plusieurs arches. On arrive ensuite à la ***plage de galets de Las Playas,*** avec jeux pour enfants, tables de pique-nique ombragées, point d'eau et coin barbecue (apportez votre bois). Enfin, 1 km plus loin, la route se termine en cul-de-sac peu après le *Parador. Secteur desservi par le bus nº 7 (6/j. en sem, 5 le w-e).*

Parador El Hierro : *Las Playas, 15. ☎ 922-55-80-36. • hierro@parador.es • parador.es • Doubles 85-165 €, petit déj 18 € (voir offres sur Internet). Au resto (tlj 13h30-15h30 ; 19h30-22h), menu 28 €.* Isolé au bout de la route, au pied des falaises et au bord de l'océan, le seul établissement vraiment chic de l'île a les défauts de ses qualités. Le site est superbe mais très, très reculé : il faut rouler 15 bornes pour rejoindre Valverde et, de là, rayonner vers le reste de l'île. En contrepartie, l'hôtel déroule son parquet lustré jusque dans les chambres ornées d'aquarelles. Vastes, bien équipées (minibar, clim, grande salle de bains), elles s'ouvrent pour les plus chères sur un balcon regardant l'océan... et pour d'autres sur le parking. Les parties communes sont agréables, avec terrasses bercées par le ressac, salon cosy, grande piscine d'eau salée dominant les flots, spa, sauna et hammam. Bon resto.

LE CENTRE

Au croisement des 3 dorsales volcaniques de l'île, la région ne compte qu'une poignée de bourgades, dispersées entre des pâturages striés de murets en pierres sèches et quelques bois. C'est dans cette région austère qu'est fabriqué le *queso herreño,* au sein d'une coopérative installée à Isora. On randonne ici sous la surveillance placide des faucons crécerelles. Le petit village montagnard de *San Andrés* est le point névralgique de la zone.

➢ Les villages de San Andrés et Isora sont desservis par la ligne nº 5 depuis Valverde (6/j., 5 le w-e) via El Mocanal, Erese et Guarazoca. La ligne nº 2, elle, relie Valverde à El Pinar via San Andrés (6 bus/j., 5 le w-e).

Où manger ?

Casa Goyo : *dans la rue principale de* ***San Andrés.*** *☎ 922-55-12-63. Tlj sauf lun 12h30-22h. Plats 8-11 €.* Une petite auberge montagnarde, bien dans son jus. 4 petites salles à manger avec rideaux fleuris, nappes rouge pinard et murs vert bouteille. Cuisine rustique qui tient bien à l'estomac (côte de porc, morue aux oignons ou ce bon *pechuga de pollo rellena*, sorte de cordon bleu au fromage de chèvre et au poulet). Ambiance conviviale.

À voir. À faire

Mirador de Isora : *au village d'****Isora,*** *à 4 km au sud de San Andrés.* Panorama plongeant sur la baie de Las Playas (côte est), 800 m plus bas. En contrebas du village, se trouve un 2d mirador, moins spectaculaire, ***La Fuente*** (fléché). Du parking, un raidillon rocailleux descend en 5 mn jusqu'à une source et une citerne (rien de spectaculaire).

El Garoé : *à 3,5 km de San Andrés par une bonne piste (fléché). Tlj 10h-18h (19h juin à mi-sept). Entrée : 2,50 €, réduc.* Au creux d'une jolie alcôve rocheuse lovée dans le flanc d'une colline s'est longtemps dressé l'arbre *Garoé,* un tilleul légendaire au pied duquel venaient jadis s'abreuver hommes et animaux. Formées entre 800 et 1 400 m d'altitude, les masses de brume poussées par les alizés viennent se condenser ici sur les feuilles des végétaux, avant de s'écouler dans des réservoirs creusés dans la colline – par les Bimbaches, affirment certains. On dit qu'à lui seul *El Garoé* pouvait « produire » ainsi 2 000 l d'eau par jour ! Parmi les rares « sources » de l'île, il en fut quasi divinisé (ce serait en partie grâce à lui que les 1ers habitants d'El Hierro auraient survécu). Las, l'arbre a été arraché par un ouragan en 1610 et celui que l'on voit désormais n'a été replanté qu'en 1949.

➢ **Ruta del Agua :** *départ à côté de l'école et de l'église de San Andrés.* Cette randonnée en boucle de 16 km (PR EH-11), balisée à l'effigie de l'arbre Garoé, est assez tranquille sur les 9 premiers kilomètres, avec seulement 100 m de dénivelée ascendante. On passe par les ruines du hameau de La Albarrada, un des plus anciens de l'île, abandonné dans les années 1960, puis par El Garoé, avant d'entamer la descente, plutôt facile, à travers une jolie végétation, jusqu'à Valverde. Le retour vers San Andrés (sur le tracé du GR 131, blanc, rouge et jaune), monte assez dur en revanche (+ 400 m). On pourra donc choisir de s'arrêter à Valverde (env 3h de marche) et revenir à San Andrés en bus (ou l'inverse). Pour la boucle complète, compter 5h de marche.

Mirador de Jinama : *à 3,3 km à l'ouest de San Andrés, en direction d'El Golfo (fléché).* Juché au sommet d'un paysage de pâturages qu'on croirait échappé des Highlands écossais, ce mirador dévoile un point de vue grandiose sur l'immense cirque d'El Golfo. De là, on peut rejoindre en voiture le *mirador de la Peña* (lire plus haut « Le Nord, dans les environs de Valverde »).

➢ **Camino de Jinama :** balisage blanc et jaune (PR EH-8), 4,4 km. Départ au niveau du mirador, à côté de la petite chapelle *Virgen de la Caridad,* sous le tronc courbé telle une porte. Belle descente panoramique enlevée (850 m de dénivelée), traversant un rare pan de laurisylve, mène à l'iglesia de la Candelaria, à Tigaday. Compter environ 1h30 de descente ou 4h aller-retour. À mi-chemin, on passe la Fuente de Tincos, où les femmes d'El Golfo allaient laver leur linge... On peut aussi débuter ce même parcours à San Andrés, on traversera alors les pâturages avant d'entamer la descente (7 km en tout pour 3h30-4h aller).

➢ **Camino circular de la Llanía** *(SL EH-1)* **:** *parking à 7,3 km à l'ouest de San Andrés, au croisement de la HI-1 pour El Golfo et de la HI-45 pour l'ermita Virgen de los Reyes.* 3 variantes bien balisées (3 couleurs) sont possibles, toutes en boucle et plutôt faciles (peu de dénivelée) : 4,2 km (vert, env 1h30), 5,6 km (orange, env 2h) et 7,4 km (bleu, env 3h). La majeure partie du temps, on serpente dans une forêt touffue et humide de lauriers et de tamaris dévorés par la mousse. Après le réservoir de la ***Fuente del Lomo,*** on passe sous la route pour changer de versant et grimper jusqu'au ***Mirador de Fireba,*** impressionnant point de vue sur un cratère où naissent les 3 dorsales volcaniques d'El Hierro. Le chemin revient ensuite par le ***mirador de la Llanía*** (court raidillon), offrant un panorama grandiose sur El Golfo et, sur la gauche, coiffé d'une antenne, le pico Malpaso. On peut aussi y grimper directement depuis le parking (env 10 mn) et, de là, continuer 15 mn de plus jusqu'au mirador de Fireba.

Pico Malpaso : *à 14 km de San Andrés par la HI-1 direction El Golfo, puis la HI-45. Piste (praticable) sur les 3-4 derniers km.* Du croisement de la HI-1 et de la HI-45, on atteint d'abord, en 3 km, la ***Cruz de los Reyes,*** dont l'esplanade accueille le repas et la messe de la procession de la *Bajada de la Virgen* tous les 4 ans. En continuant vers l'ouest, puis en grimpant sur la droite (fléché), on rejoint le Malpaso, point culminant de l'île à 1 501 m. Autre option : laisser son véhicule à la *Cruz de los Reyes* et emprunter le GR-131 qui conduit au sommet en environ 40 mn. De là-haut, si le temps est dégagé, beau panorama à 360° sur El Golfo et les 3 dorsales formant El Hierro. On déconseille la piste caillouteuse qui se poursuit vers l'ouest (HI-45) depuis le pied du Malpaso, vous risqueriez d'abîmer votre voiture de location.

Hoya del Pino : *sur la HI-1 en descendant vers El Golfo, 4 km après l'embranchement El Pinar/El Golfo.* Aire aménagée dans une belle et grande clairière tapissée d'herbe. Pour une courte expédition digestive, départ de plusieurs sentiers non balisés mais bien tracés, au milieu des lauriers.

EL GOLFO

• Plan *p. 443*

Gigantesque amphithéâtre ouvert sur les côtes déchiquetées de l'Atlantique, la « plaine » d'El Golfo est délimitée par des falaises si hautes (plus de 1 000 m) et abruptes qu'on l'a longtemps cru formée par l'effondrement cataclysmique de la partie nord de l'île... Son climat plus chaud lui vaut de rassembler près de la moitié des *Herreños* dans ce que l'on nomme ici la commune de La Frontera – une guirlande de bourgs en réalité, éparpillés

entre vignes et cultures d'ananas, de mangues et de bananes. Avec son soleil et ses falaises spectaculaires, cette partie de l'île est sans doute la plus agréable pour séjourner. On trouve à El Golfo pas mal de solutions d'hébergement (apparts à louer notamment), ainsi que tous les services indispensables, regroupés dans le village principal, Tigaday.

Arriver – Quitter

➢ ***En bus :*** la ligne n° 3 (6 bus/j.) relie ***Valverde*** à ***Tigaday*** via El Mocanal (HI-5). La ligne n° 4 *(circunvalación de Frontera)* part de la gare routière de ***Tigaday,*** fait le tour du village puis continue jusqu'à ***Las Puntas,*** à l'est (6 bus/j. ; 4 le sam ; dim seulement en été), passant pas trop loin des piscines naturelles. La n° 12 dessert le ***Pozo de la Salud*** et ***Sabinosa*** (6/j., 5 le w-e).

Adresses utiles

■ ***Estación de guaguas*** *(gare routière ; plan zoom)* **:** *sur les ramblas de Tigaday. ☎ 922-55-11-75.*

■ Plusieurs ***banques avec distributeur :*** *dans la c/ Tigaday (plan zoom).*

■ ***Station-service Disa*** *(plan zoom,* ***1****)* **:** *au début de la rue principale de Tigaday, au bout des ramblas. Tlj 6h-22h.*

■ ***Supermarchés : Terencio*** *(plan zoom,* ***2****), à Tigaday, au bord de la route pour Los Llanillos. Lun-sam 9h-21h, dim 9h-13h30. Le* ***Supermercado Padrón*** *(plan zoom,* ***3****), lun-sam 9h-21h, dim 9h-13h, sur la c/ Tigaday, en plein centre, est moins cher.*

■ ***Mercado*** *(marché ; plan zoom,* ***4****)* **:** *dim 8h-13h. Monter sur la c/ Matias Padrón à la hauteur de la statue de bronze du carnero (monstre de carnaval).* On peut acheter dans ce petit marché fruits, légumes et quelques objets artisanaux.

Où dormir dans le coin ?

Bon marché (moins de 40 €)

■ ***Pensión El Guanche*** *(plan zoom,* ***11****)* **:** *c/ Cruz Alta, 1, 38913* ***Tigaday.*** *📱 669-07-32-91. • marielacabrerac@hotmail.com • Double 27 €. Pas de petit déj. CB refusées.* Cette minuscule pension familiale aligne le long d'un étroit couloir 7 chambres proprettes et bien nettes, avec 2 lits individuels (1 seule *matrimoniale*), salle d'eau et (un peu) de wifi. La plupart donnent sur la rue, 3 ont un balcon. Café au rez-de-chaussée pour le petit déj *(tlj sauf lun).* Zéro glamour, mais à ce prix-là...

■ ***Apartamentos El Valle*** *(plan zoom,* ***12****)* **:** *c/ Tigaday, 15, 38913* ***Tigaday.*** *☎ 922-55-94-71. • apartamentoselvalle@hotmail.com • elhierro-apartamentoselvalle.com • Réception au 1er étage. Min 40 € pour 2 pers, 71-77 € pour 6 pers.* Occupant un immeuble de 3 étages, ces (très) grands apparts ont chacun salon, 3 ou 4 chambres, cuisine équipée, 1 ou 2 salles de bains et un balcon sur la rue. Déco et éclairage pas hyper gais, mais l'entretien est nickel, l'équipement tient la route et les terrasses (pour ceux du dernier étage) vraiment agréables. Le patron loue également des apparts plus petits (2 chambres, 1 salle de bains), un peu plus haut sur la colline, tous avec vue *(min 40 €/j. pour 2 pers).*

Prix moyens (40-70 €)

■ ***El Sitio*** *(plan B3,* ***13****)* **:** *La Carrera, 26, 38913* ***Tigaday.*** *☎ 922-55-98-43. • info@elsitio-elhierro.es • elsitio-elhierro.es • Dans la rue qui descend au niveau de l'église de la Candelaria (fléché). Réception ouv 10h-13h (sinon téléphoner). Chambres 41-60 €. Réduc*

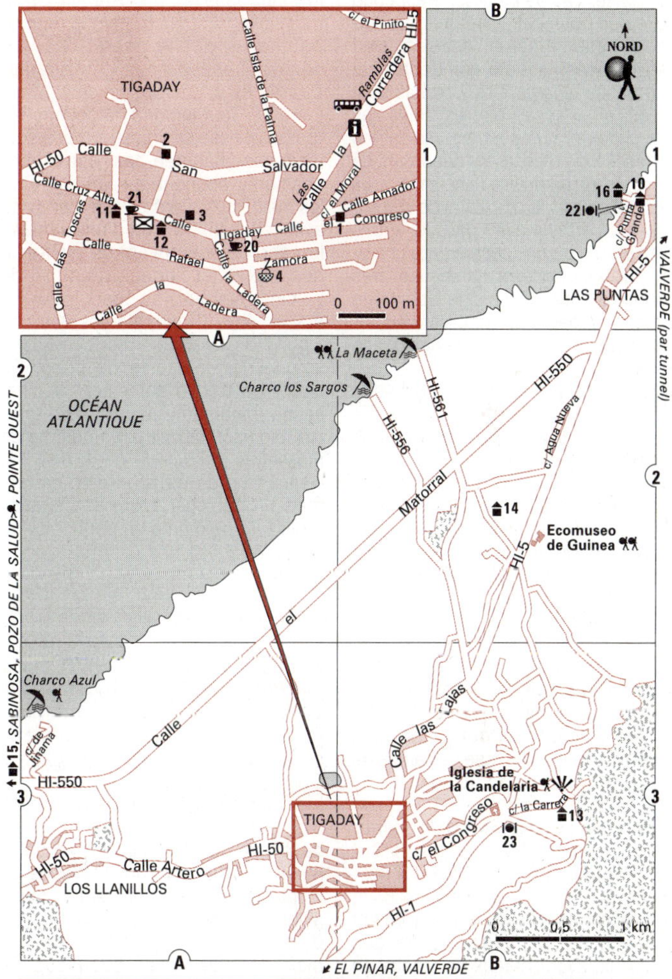

EL GOLFO

Adresses utiles

1 Station-service Disa (zoom)
2 Supermarché Terencio (zoom)
3 Supermarché Padrón (zoom)
4 Mercado (zoom)

Où dormir ?

10 Bungalows Los Roques de Salmor (B1)
11 Pensión El Guanche (zoom)
12 Apartamentos El Valle (zoom)
13 El Sitio (B3)
14 Casa Guinea (B2)
15 Hotel Balneario Pozo de la Salud (hors plan par A3)
16 Hotel Puntagrande (B1)

Où manger ? Où boire un verre ?

20 Pastelería Mi Abuelo José (zoom)
21 La Casa Abajo (zoom)
22 Garañones (B1)
23 Joapira (B3)

sur le site. Pas de petit déj. Petit coup de cœur pour cet ensemble croquignolet posé un peu à l'écart, au pied des falaises, à côté du départ du *Camino de Jinama.* Les 7 *casitas* sont bâties en grosses pierres blanchies à la chaux et grimpent les uns sur les autres le long d'escaliers débordant de fleurs, façon hameau à l'ancienne. Tous sont différents, la plupart avec vue sur l'océan, certains avec patio, d'autres avec le coin cuisine séparé de la chambre. Déco simple et lumineuse, très coquette. Grande cuisine commune où les voyageurs sympathisent autour d'un verre le soir venu. Une très bonne adresse.

Casa Guinea *(plan B2, **14**) : Agua Nueva, 5, 38911* ***Frontera.*** *☎ 922-55-92-90. 📱 646-22-65-28. • artehar@hotmail.com • En arrivant de Las Puntas, 150 m après l'*Ecomuseo, *prendre à droite au niveau du stop (indiqué). 50 € pour 2 pers ; 4 nuits min.* Un ensemble de maisonnettes jaunes qui abritent, d'un côté, 2 chambres coquettes et de l'autre, une grande cuisine-salle à manger. Au milieu, un jardinet équipé de transats, barbecue, tables et d'un petit coin salon abrité, très chouette, avec sa guitare suspendue au mur et ses vieux objets électroniques un peu partout. En prime, à l'arrière, un jardin hérissé de cactus de toutes les couleurs et, au loin, la vue sur l'océan.

Bungalows Los Roques de Salmor *(plan B1, **10**) : c/ Las Puntas, 38911* ***Las Puntas.*** *☎ 922-55-50-83. 📱 689-69-81-07. Pour 2, compter 54-66 €.* Très joliment arrangés et parfaitement équipés, ces 5 bungalows en dur, spacieux, avec linteaux de fenêtre en basalte, encadrent une petite piscine *(ouv juin-sept)* au fond de laquelle se profile un dauphin. Chacun possède son entrée individuelle, un salon-cuisine et 2 chambres. Très bon rapport qualité-prix et situation assez exceptionnelle, à quelques mètres à peine de l'océan.

EL HIERRO

Chic (70-90 €)

Hotel Balneario Pozo de la Salud *(hors plan par A3, **15**) : au* ***Pozo de la Salud*** *(38912), à l'extrémité ouest d'El Golfo. ☎ 922-55-95-61. • hotelbalneariopozodelasalud@gmail.com • À env 8,5 km de Tigaday. Double 82 €, petit déj inclus. Menu env 20 €.* Tout au fond du golfe, cette grosse bâtisse se dresse sur une côte rocheuse chahutée par l'océan. Les chambres donnent sur le large pour les meilleures d'entre elles, certaines avec terrasse. Couvert d'une verrière, le patio central envahi de plantes a des allures (et l'odeur) d'un hall de piscine. Normal, au fond, pour un établissement thermal ! Les eaux du « puits de la santé » sont réputées soigner les maladies de peau. Du coup, on trouve sur place piscine, sauna, hammam, jacuzzi, bain thermal bien sûr, et une large gamme de massages et soins (à partir de 13 €) – sans trop de tralala. Resto correct mais un peu cher. L'ensemble mériterait tout de même un petit coup de neuf.

Très chic (à partir de 150 €)

Hotel Puntagrande *(plan B1, **16**) : à* ***Las Puntas*** *(38911). 📱 611-28-59-83. • info@hotelpuntagrande.com • hotelpuntagrande.com • Fléché à droite en sortant du tunnel. Doubles 150-250 €, 2 nuits min. Repas env 40 €. Resto tlj sauf mer, midi et soir.* Esseulé sur une digue assaillie par le ressac, protégé de la furie de l'océan par de robustes murs de lave, cet ancien repaire de loups de mer a été entièrement remis à flots en 2018. Adresse de haut standing aux chambres pas bien grandes mais décorées avec beaucoup de goût (murs de pierre noire, cadres en bois sculptés...) et toutes avec balcon surplombant l'océan (on peut même pêcher depuis la n° 1 !). La plus chère dispose d'une grande et belle terrasse. Parties communes truffées d'éléments de déco marine (compas, filets de pêche, cordages, etc.). Resto chic sur place, dans une salle très cosy où trône, en plein milieu, une impressionnante sculpture faite de racines d'arbre. Accueil affable du patron italien, David, qui parle très bien français.

Où manger ? Où boire un verre dans le coin ?

Lorsque l'on parle des *ramblas* de Tigaday, il s'agit juste d'un terme urbanistique, désignant une avenue avec, au milieu, une modeste esplanade piétonne. Ne rêvez pas de Barcelone...

Très bon marché (moins de 8 €)

☕ ***Pastelería Mi Abuelo José*** *(plan zoom,* ***20****)* **:** *c/ Tigaday, au centre de* ***Tigaday.*** *☎ 922-55-51-64. • miabuelojose@gmail.com • Tlj 7h30 (8h sam, 8h30 dim)-14h30, 16h30 (17h le w-e)-21h30 (21h dim).* Tout le village y passe pour acheter son pain et s'offrir un *cafe con leche* avec une *dona* (beignet) au chocolat ou une viennoiserie. Il y a aussi des sandwichs *(bocadillos),* quelques tabourets hauts et 2 tables sous les arcades.

☕ ***La Casa Abajo*** *(plan zoom,* ***21****)* **:** *c/ Tigaday, 25, au centre de* ***Tigaday.*** *📱 659-12-55-48. Tlj sauf mar et dim soir 10h-13h, 18h30-20h.* C'est à la fois un salon de thé et un magasin de sports et randonnée ! Le coin canapé est agréable pour déguster un bon café, un jus frais, une part de tarte ou, le midi, un sandwich au fromage *herreño.* Également des bières artisanales de La Palma. Côté déco, petits objets en bois flotté, pouf rouge et frigo US rétro. Service qui prend son temps.

De bon marché à prix moyens (8-25 €)

🍴 ***Garañones*** *(plan B1,* ***22****)* **:** *c/ Cascadas del Mar, 3, à* ***Las Puntas.*** *📱 649-50-96-96. Tlj sauf mer, cuisine 12h30-15h45 et à partir de 19h, fermé de mi-sept à mi-oct. Plats 8-12 €. Dessert offert sur présentation de ce guide.* Face au quai de *Las Puntas,* un resto tout simple qui sert une cuisine... toute simple. Poisson frit ou *a la plancha,* lapin, entrecôte, fruits de mer, le tout accompagné de bonnes *papas* et d'une salade. Petite terrasse avec embrun dans les narines et salle à la déco minimaliste. On apprécie l'honnêteté de la patronne qui précise, sur demande, quels sont les poissons frais ou congelés.

🍴 ***Joapira*** *(plan B3,* ***23****)* **:** *pl. Candelaria, 10, à* ***Frontera*** *(sur les hauteurs de Tigaday). ☎ 922-55-98-03. 📱 609-96-81-07. • barjoapira@hotmail.com • Tlj sauf dim 8h-23h. Menus 15-20 €, plats 8-15 €. Apéro maison offert sur présentation de ce guide.* Une bonne surprise que ce resto situé face à l'église de la Candelaria et tenue par une gentille famille vénézuélienne. Cuisine qui brasse large : un peu d'Italie (risotto, lasagnes), de canarien (*parrillada de pescado*, *chocos*) et même quelques recettes... vegan ! Goûtez le *cachapa*, sorte de pancake fourré au fromage, servi au Venezuela pour le petit déj. Assiettes copieuses et joliment présentées. Salle un peu sombre, mais la longue terrasse abritée est agréable.

À voir. À faire

Les sites sont présentés ci-dessous d'est en ouest, de la sortie du tunnel au Pozo de la Salud.

★★ 👪 ***Ecomuseo de Guinea*** *(plan B2)* **:** *à mi-chemin de Tigaday et Las Puntas. ☎ 922-55-50-56. Bus nos 3 et 4. Tlj 10h-18h. Visite guidée obligatoire pour le Lagartario et le tunnel de lave, visite libre pour le village (env 2h pour la visite complète) ttes les 30 mn 10h30-13h30, puis 16h. Entrée : 5 € (village) ; réduc ; 9,50 € village + tunnel de lave + Lagartario.* Abandonné dans les années 1950-1960 lors des grandes vagues d'émigration vers l'Amérique du Sud, ce hameau a été entièrement restauré pour témoigner du rude mode de vie passé des *Herreños.* Un lacis de ruelles rocailleuses mène à des cahutes en pierre volcanique, torchis et toit de paille, bordées de microscopiques jardins vivriers en partie remis en culture et de citernes dans lesquelles on recueillait l'eau de pluie. On passe les portes pour découvrir les intérieurs d'origine et leur modeste évolution, du XVIIe au XXe s. Qu'importe les époques, l'habitat reste toujours aussi sommaire et rustique. Pour les toilettes, c'est le cochon de la famille qui faisait office de fosse septique. Ça laisse rêveur, quand on pense que la dernière habitante a quitté les lieux en 1974. Le village est établi à l'orée d'un court tunnel de lave, auquel on peut aussi jeter un coup d'œil (seulement dans la visite guidée).

Inclus dans la visite, le ***Lagartario*** sauvegarde les lézards endémiques – des bestioles couleur basalte, semblables à des iguanes, qui se fondent complètement avec la lave, jusqu'aux ocelles jaunes évoquant les lichens... Ces cousins du lézard géant d'El Hierro, aujourd'hui éteint (voir encadré), mesurent 50 à 60 cm pour 500 g. On en compterait environ 200 en liberté sur l'île. Pas de panique, ils sont végétariens et insectivores.

JURASSIC PARK

En 1974, on découvrit un lézard momifié, dernier représentant d'une espèce géante qui peuplait autrefois El Hierro. Ces charmantes bestioles mesuraient jusqu'à 1,50 m de long, de quoi aiguiser l'appétit des Bimbaches, les 1ers habitants de l'île, qui les ont toutes boulottées.

Iglesia Nuestra Señora de la Candelaria *(plan B3)* **:** *au sommet d'une colline dominant Tigaday. Bus n° 4.* Cette sobre église à 3 nefs de 1615, en pierre de lave blanchie à la chaux, a été rebâtie en 1818. Son clocher, séparé, se dresse au-dessus, au sommet d'un mamelon dominant le golfe – et offrant un beau panorama sur 360°. C'est ici que débouche le *camino de Jinama* (lire plus haut « Le Centre »). Bon resto juste en face (voir plus haut « Où manger ? »).

La Maceta *(plan B2)* **:** *fléché entre la sortie du tunnel et Tigaday. Pas de bus.* On s'y baigne dans de beaux bassins aménagés que les vagues se chargent de remplir ; certains pique-niquent sous des cannisses (barbecue, douche). Partant sur la gauche des toilettes, un sentier mène en 5 mn au ***Charco los Sargos,*** où une volée d'escaliers dévale vers une autre échancrure coincée entre les rochers. Sur la droite, la retenue d'eau naturelle, chahutée par le ressac, est impraticable à marée montante. Sur le parking, au fond à droite, la petite terrasse du ***Kiosco Los Arroyos*** est bien sympa pour boire un verre *(tlj 10h-21h)*.

➢ De La Maceta, petite balade facile (30 mn) le long d'un sentier côtier en lattes de bois, jusqu'à Las Puntas *(plan B1-2)*.

Charco Azul *(plan A3)* **:** *à env 3 km à l'ouest de Tigaday, fléché au niveau du hameau de Los Llanillos. Pas de bus.* Un sentier de pierres plates dévale les falaises pour atteindre ce bassin naturel perdu au milieu de la rocaille. Sur la droite, un 2^{d} petit bassin s'est lové sous une arche de basalte. La couleur de l'eau épouse celle du ciel. Autour, les vagues se fracassent sur les récifs. Comme un air de bout du monde... À marée haute, les bassins ne sont pas accessibles.

À l'extrémité ouest du golfe, suspendues à la montagne, les maisons blanches ourlées de fleurs de ***Sabinosa*** *(hors plan par A3)* regardent de haut l'océan. C'est le village le plus à l'ouest d'Espagne ! À son pied, narguant les vagues qui viennent se fracasser sur les roches noires, le ***Pozo de la Salud*** et son hôtel qui vivote de ses eaux thermales, réputées pour soigner les maladies de peau et pour leurs vertus purgatives... On peut y séjourner (lire plus haut « Où dormir dans le coin ? »). *Bus n° 12 (terminus au Pozo).*

LA POINTE OUEST

Coulées de lave attaquant l'océan, cônes volcaniques nus, genévriers pliés par le vent, c'est toute la rudesse d'El Hierro qui s'exprime dans la beauté âpre et sauvage de la pointe ouest de l'île. Un décor lunaire (ou martien !),

franchement bouleversant et impressionnant. Pas d'hommes dans ce morceau de terre qui fut longtemps synonyme de bout du monde, même plus de gardien de phare, seuls de rares bergers venus faire paître leurs troupeaux sur la Dehesa... et de superbes couchers de soleil, là-bas, vers l'Amérique.

➢ Une route goudronnée, par endroits vertigineuse, fait le tour de la pointe (env 30 km en tout). L'itinéraire ci-dessous part d'El Golfo pour rejoindre El Pinar, mais peut bien sûr être suivi dans l'autre sens. Aucun bus ne dessert cette partie de l'île.

À voir. À faire

➢ Passé le Pozo de la Salud, la route se fraie un passage entre les falaises et l'océan jusqu'à atteindre, 3 km plus loin, ***Arenas Blancas,*** une plagette aux rochers mêlés d'un peu de sable clair (ne vous baignez pas, ***les courants sont dangereux***). Le cadre, avec la vue sur la plaine d'El Golfo, est empreint d'une certaine grandeur. Là démarre un ***sentier côtier*** (900 m) serpentant le long du front de mer déchiqueté. Au bout : l'***Arco de la Tosca,*** une arche naturelle, dans un chaos de pitons rocheux éclaboussées d'écume. On peut aussi l'atteindre par un court morceau de piste en quittant la route principale à 1,2 km à l'ouest (sortir au panneau « Puente »).

El Verodal : *piste sur la droite (1,5 km), 2,6 km après Arenas Blancas.* Cette belle plage de sable noir-rouge s'est égarée loin de tout, au pied de falaises menaçant ruine. Ses eaux claires sont trompeuses : ***la baignade, dangereuse, est fortement déconseillée,*** mais le paysage mérite bien l'escale, d'autant qu'un espace a été aménagé pour pique-niquer à l'ombre de cannisses.

La route, franchement aérienne et sans barrière, grimpe ensuite à l'assaut des pentes pour atteindre, à 2 km, le ***mirador de Lomo Negro,*** à l'extrémité de l'une des dorsales volcaniques de l'île. La vue y porte sur le champ de lave d'El Verodal, tranché par des parcelles agricoles rectangulaires où l'on tenta, en vain, de faire pousser des bananiers. Plus haut, un ***2d mirador*** (Lomo Negro II), accessible par un court sentier de 260 m, offre un panorama un peu plus large sur cette partie de la côte.

➢ De Lomo Negro, un ***sentier*** de 4,2 km grimpe jusqu'au Sabinar (lire plus loin). Compter environ 1h30 de marche aller et 400 m de dénivelée.

Faro de Orchilla : *9,5 km après Lomo Negro, par un embranchement goudronné.* Égaré tout au bout d'un désert de lave lunaire constellé de cônes éruptifs, ce petit phare – désormais automatisé – regarde l'Amérique. Face à lui se dresse une grande croix, la ***cruz de los Navegantes,*** à laquelle tournaient le dos marins et émigrants en route pour le Nouveau Monde. Au-delà du phare, la route conduit en 1,3 km à une ***jetée*** où l'on trouve tables, toilettes et barbecue. 1 km avant le phare, ceux qui ont loué un 4x4 pourront s'offrir un détour – pas indispensable – par une mauvaise piste jusqu'au ***petit monument*** en béton érigé là où passait jadis le méridien 0 avant qu'il ne soit déplacé à Greenwich.

Ermita (ou Santuario) Nuestra Señora de los Reyes : *prendre à gauche 3 km après l'embranchement pour le phare. Tlj sauf lun, 10h-17h30 (10h-18h juin-sept). Fermé 25 déc et 1er janv. GRATUIT.* C'est dans cette petite chapelle blanche, bâtie en 1577, qu'est conservée l'image de la sainte patronne de l'île, la *Virgen de los Reyes,* une Vierge aux traits fins, habillée de brocart et entourée des Rois mages.

Juste au-dessus de la chapelle (fléché), la colline est creusée d'une guirlande de grottes, les ***Cuevas del Caracol,*** jadis utilisées par les Bimbaches puis par les bergers. C'est dans l'une d'elles que fut d'abord abritée la Vierge, avant la construction de l'église.

UNE VIERGE… TÊTE DE MULE !

La légende raconte qu'un jour de 1546, un bateau en route pour l'Amérique, en grande difficulté, approcha les côtes d'El Hierro. Des bergers de l'île se portèrent à son secours et découvrirent, dans la cale du navire, une statue de la Vierge qui leur plût beaucoup. Ils la demandèrent au capitaine en échange de leur aide. L'homme refusa, mais à chaque fois qu'il tenta de reprendre la mer, le vent ramena son bateau sur la côte. La Vierge voulait rester. Il finit donc par l'offrir aux bergers et put reprendre sa route…

➢ Un peu au-dessus de la chapelle part un ***sentier en boucle*** de 7 km (PR EH-9, env 3h), balisé en jaune et blanc, qui traverse les paysages irréels de la Dehesa et du Sabinar (lire plus bas). Il emprunte en fait sur sa 1re moitié la piste conduisant au mirador de Bascos (fermé jusqu'à nouvel ordre). On peut éventuellement bifurquer au niveau du mirador de Sabinosa sur le PR EH-9.2, pour rejoindre le village du même nom (2,6 km aller et près de 600 m de dénivelée négative, descente un peu raide).

La Dehesa : passé la chapelle, la route se fait piste (praticable) pour pénétrer sur la *Dehesa* – le « pâturage » en bon français –, un vaste plateau âpre et bosselé, alternant sur 4 000 ha bosquets d'arbres et prairies désolées tranchées par des euphorbes et des murets en pierres sèches piqués de lichens. Après environ 3 km, un embranchement descend sur la gauche vers le ***Sabinar,*** aux pentes dominant l'océan peuplées d'une armée fantasmagorique de genévriers endémiques (les *sabinas*), courbés par la force du vent. Un paysage de poète, fantastique et mélancolique. Entouré d'une corde, l'arbre courbé le plus spectaculaire, attenant au parking, est presque devenu l'emblème d'El Hierro. Au même embranchement, on peut également rejoindre, 1 km plus loin, le ***mirador de Bascos,*** offrant une vue plongeante impressionnante sur El Golfo et Arenas Blancas. Il est toutefois fermé au public jusqu'à nouvel ordre, car fissuré et menaçant à tout moment de s'effondrer…

– ***De retour à la chapelle,*** on peut ensuite rejoindre El Pinar par une route de 16 km traversant le massif d'El Julán. Après 3,5 km, une piste grimpe sur la gauche, rejoignant le pico Malpaso et la Cruz de los Reyes (lire plus haut « Le Centre »). En continuant en direction d'El Pinar, 10 km d'une superbe route à flanc de falaise (prudence dans les virages), à l'ombre des pins.

Centro de Interpretación d'El Julán : *à 10 km à l'est de l'ermita en direction d'El Pinar, puis encore 2 km (fléché). ☎ 922-55-84-23. Tlj sauf lun 10h-18h. Entrée : 5 € ; réduc.* Dominant l'océan de haut, ce petit centre d'interprétation se penche sur la culture bimbache, celle des 1ers habitants de l'île, dont on suppose qu'ils arrivèrent d'Afrique du Nord il y a 2 000 ans. Vivant de cueillette et d'élevage, ils étaient, semble-t-il, regroupés en petites communautés, s'habillaient des peaux de leur bétail et ramassaient des coquillages – on en a retrouvé d'immenses tas. Ils habitaient principalement dans des grottes, où se déroulaient aussi leurs rites funéraires. Les Bimbaches n'ont pas

D'OÙ VIENS-TU BIMBACHE ?

Vikings ? Cro-Magnon ? Phéniciens ? Portugais ? Les historiens ont longtemps hésité sur l'origine des Bimbaches, les 1ers habitants d'El Hierro. On sait désormais qu'il s'agit d'un peuple berbère. Les rares signes épigraphiques découverts sur l'île sont d'ailleurs visiblement inspirés de leur alphabet.

laissé grand-chose. Du coup, le musée doit se contenter de panneaux explicatifs en espagnol (avec traductions en anglais et allemand). Seuls vestiges tangibles : les nombreux *pétroglyphes* découverts en 1873 bien en contrebas du musée. Un ensemble de gravures surtout géométriques, voire zoomorphes ou anthropomorphes (mains, pieds), ainsi que des chiffres et des lettres apparentés à l'alphabet amazigh (berbère), qui valurent aux lieux le nom de *Los Letreros.* On peut en voir photos et reproductions au musée. Sinon, il faut suivre une randonnée (obligatoirement) guidée de 2h : soit à pied soit en 4x4. En passant, on découvrira également les bien maigres vestiges du *Tagoror,* ancien lieu de réunion des Bimbaches. *Départ tlj à 8h (à pied) ou 9h (en 4x4) ; compter 20 €/pers, visite du musée incluse. En été, randonnées nocturnes les nuits de pleine lune (appeler avt pour confirmer).*

LE SUD-EST, D'EL PINAR À LA RESTINGA

Dressée sur un tapis d'aiguilles, une armée de grands pins canariens occupe le versant sud de la dorsale d'El Hierro. Plus bas, à la lisière de la forêt, le village d'El Pinar s'est développé sur un plateau propice à l'agriculture ; les amandiers y abondent. On y fait étape, mais rares sont les voyageurs qui y séjournent, sauf les campeurs (on y trouve le seul camping de l'île). Puis la pente se fait plus raide, et les arbres s'effacent devant un interminable désert de lave dégringolant vers le port de La Restinga et la réserve marine Mar de Las Calmas, paradis des plongeurs.

➢ El Pinar est relié à Valverde par le bus n° 2 (6/j. ; 5 le w-e) via San Andrés, et à La Restinga par le bus n° 8 (6/j. ; 5 le w-e).

Adresses utiles

■ On trouve la plupart des services indispensables dans la rue principale d'***El Pinar,*** notamment 2 ***distributeurs,*** 1 ***pharmacie*** et 1 ***station-service Disa*** *(lun-sam 7h30-15h, 16h30-20h ; dim et j. fériés 7h30-14h30).* Dans le haut du village, ***supermarché Regalado*** *(lun-ven 9h-13h30, 16h-20h ; sam 9h-13h30 ; fermé dim).*

Où dormir ? Où boire un verre ou grignoter une tapa dans le coin ?

Camping de la Hoya del Morcillo : *à env 4 km d'El Pinar (38914 ; fléché). Pas de tél. Résa conseillée auprès de la direction de l'environnement* (Medio Ambiente) *à Valverde, au ☎ 922-55-00-17. • hoyamorcillo@elhierro.org • Ouv tte l'année. Réception ouv en principe 9h30-20h l'été, 7h30-18h le reste de l'année. S'il n'y a personne, installez-vous, vous paierez plus tard. Compter 4,30 €/pers. Loue aussi des cabanes en bois (4 pers), sans meubles (17,28 €/nuit, + 4,30 €/pers supplémentaire jusqu'à 5 pers max). Pas de wifi.* En pleine nature, le seul camping de l'île disperse ses emplacements sur un vaste terrain plat, ombragé par les grands pins canariens. Sanitaires nickel avec douches chaudes *(24h/24, en théorie),* bornes électriques, de nombreux espaces protégés du vent pour faire sa tambouille ou allumer un barbecue, et aire de jeux pour les enfants.

Une petite soif ou une envie de tapas ? Cap sur le ***Mentidero,*** à côté du *Centro de Interpretación Geológica (c/ Travesía del Pino, 50 ; ☎ 922-55-81-51 ; tlj dès 6h30),* le QG des papys et des joueurs de dominos – les 2 n'étant pas incompatibles.

À voir. À faire dans le coin

Centro de Interpretación Geológica : *c/ travesía del Pino, 50,* ***El Pinar.*** *Tlj sauf lun 10h-18h. Entrée : 3 €.* Sans prétention, l'expo présente la géologie de l'île et le volcanisme au gré de panneaux (en espagnol, allemand et anglais) – types d'éruptions, types de formations de lave, etc.

Mirador de Las Playas : *à 3,5 km d'El Pinar, sur la route de San Andrés.* Panorama vertigineux sur la baie de Las Playas, 1 000 m plus bas, fermée à droite par le *Parador* et à gauche par le *roque de la Bonanza* (voir « La côte est »).

➢ ***Au départ d'El Pinar,*** les sentiers PR EH-1 (15 km, env 6h) et PR EH-2 (9 km, env 3h30), balisés en blanc et jaune, permettent de rejoindre El Golfo – le 1er à Sabinosa, le 2d à Tigaday. Dans les 2 cas, on traverse la forêt de pins avant de redescendre sur l'autre versant à travers une forêt humide de lauriers. Le PR EH-1 passe en outre au pied du *pico Malpaso* (petit détour de 40 mn possible pour y grimper, via le GR-131).

LA RESTINGA

env 564 hab. (38917)

Dévalant les collines pelées puis les coulées de lave figées, la route, monotone, semble devoir n'aboutir nulle part. Pourtant, au détour d'un virage, apparaissent les petits immeubles de La Restinga, minuscule port de pêche écrasé de soleil, niché au bord de la réserve marine *Mar de las Calmas.* Si l'on vient jusqu'ici, ce n'est pas seulement pour profiter du microclimat particulièrement estival, mais surtout pour enfiler masque, détendeur et bouteille. Considérée par les puristes comme le meilleur spot de plongée des Canaries, La Restinga offre des fonds d'une richesse exceptionnelle, dans un décor de roches volcaniques baignées d'eau cristalline... Avis aux amateurs ! Le village, en soi, ne déborde pas d'un charme fou. Ceux qui ne plongent pas pourront profiter de sa petite plage centrale et des bons restos de poisson. À la sortie de la ville, intéressant *Geoparque* consacré à l'éruption sous-marine qui eut lieu au large en 2011-2012.

La Restinga est reliée à ***El Pinar*** par la ligne de bus n° 8 (6/j. ; 5 le w-e).

Adresses utiles

Bureau d'infos touristiques : *sur le port. Ouv (en théorie) mer-dim 8h30-13h30, 16h-18h. Fermé lun-mar.* On peut y récupérer la liste des clubs de plongée et des apparts à louer, et un plan du village. Petite expo sur l'éruption de 2011 (mais on vous conseille la visite du Geoparque, bien plus complet).

Oficina de información Reserva marina : *au fond du port, derrière le Sur Restinga Hotel.* ☎ *922-55-71-88. Lun-ven 8h30-14h30, fermé le w-e.*

Distributeur *Caja Canarias* sur le front de mer.

Supérette : *au centre, c/ Monteverde, 25.*

Où dormir ?

Attention : on ne trouve qu'un seul hôtel à La Restinga et même si les offres de locations d'appartements ne manquent pas, on conseille de vous y prendre à l'avance (en toute saison).

EL HIERRO

Sur Restinga Hotel : *à gauche en arrivant sur le port, après la plage. ☎ 922-55-70-34. • surrestingahotel@gmail.com • Doubles 43-73 € ; apparts 2-4 pers env 60 €.* Le seul hôtel du village occupe une bâtisse bleue dominant le port et sa plagette. L'emplacement est idéal et les chambres, tout comme les appartements, absolument nickels. Déco moderne et sobre, dans les blancs et gris avec, pour les plus chères, un beau balcon-terrasse donnant sur l'océan. Une excellente adresse, très prisée (résa fortement conseillée).

La Restinga regorge d'apparts à louer. On peut par exemple opter, sur le front de mer, pour les ***Apartamentos La Marina*** *(avda Marítima, 7 ; ☎ 922-55-90-16. 📱 682-92-06-43. • info@codipehi.es • ; apparts 3-4 pers 39-45 €/j. selon saison).* Bien tenus, ils profitent tous d'une terrasse donnant sur le port, d'un salon-cuisine et de 2 chambres. Autre option semblable, à côté : les ***Apartamentos Mar de Las Calmas*** *(au-dessus du bar du même nom ; 📱 692-20-32-21. • apartamentosmardelascalmas@gmail.com • ; apparts 1-2 chambres 40-60 €/j. selon taille et saison),* plutôt récents et bien tenus.

Où manger ? Où boire un verre ?

Le village compte une demi-douzaine de restos cuisinant la pêche du jour, souvent facturée au poids.

El Refugio : *c/ La Lapa, 1, en retrait du front de mer (fléché). ☎ 922-55-70-29. • el_refugio_restinga@yahoo.es • Tlj sauf lun 13h-16h30, 19h-22h. Plats 10-13 €, poissons du jour 10-13 €.* Les prises du jour, ramenées par le bateau du patron, sont présentées sur un plateau. Y a qu'à choisir, avant de voir le poisson revenir frit ou grillé, accompagné d'un filet de citron et de patates des Canaries, à tartiner de *mojo* ou de crème de fromage. Aussi simple que savoureux, surtout arrosé d'un blanc sec de Frontera. Déco marine tout en bleu, avec photos de poissons plus frétillants qu'une fois passés par le gril... Dommage que la terrasse, sans vue sur la mer, ne soit pas très avenante. Service jovial.

La Vieja Pandorga : *c/ La Lapa, 3, juste en retrait du front de mer. ☎ 922-55-70-64. Tlj sauf mar 11h-23h. Plats 8,50-15 €.* Classique dans ses atours, la *Pandorga* cuisine avec un joli coup de main les poissons et fruits de mer – à l'image de la *parrillada de pescados* pour 2. Les assiettes sont très copieuses, les produits bien frais et le service gentil. Seul bémol : la salle bruyante qui résonne face à la cuisine ouverte.

Mar de las Calmas : *avda Marítima, 16, sur le front de mer. 📱 692-20-32-21. Tlj sauf mar, 11h-23h.* La seule terrasse digne de ce nom sur le port, au soleil une bonne partie de la journée... Incontournable ! Pour casser la croûte, en revanche, on passe notre tour.

À voir. À faire à La Restinga et dans les environs

Le village n'est pas grand. En cas de coup de chaud, petite plagette de sable noir pour se baigner dans la rade.

Centro de Interpretación del Geoparque : *sur la route d'El Pinar, 500 m après l'embranchement vers Tacorón. • elhierrogeoparque.es • Tlj sauf lun, 10h-18h. Visite guidée en espagnol (allemand ou anglais possible selon le guide), env 30 mn, à 10h30, 11h30, 12h30, 15h30 et 16h30 (horaires flexibles selon l'affluence). Entrée : 5 € ; réduc.* Inauguré en 2015, ce centre didactique s'aborde en 2 temps (et se visite très bien sans guide, selon nous). Un 1er édifice présente le volcanisme aux Canaries à travers plusieurs écrans interactifs un peu capricieux (on « clique » sur l'écran avec des mouvements de bras...). On rejoint ensuite le

2e bâtiment, en contrebas, où sont diffusées sur 4 écrans XXL des images de l'éruption sous-marine de La Restinga, qui dura du 22 juillet 2011 au 5 mars 2012. Film un peu grandiloquent (avec effets « hollywoodiens » à la pelle) mais très intéressant (et en français). Ce cône immergé cracha sa lave par une cheminée située à seulement 80 m sous la surface, faisant par moment bouillir l'océan, tandis que les pêcheurs ramassaient à l'épuisette des morceaux fumants de restingolite... Ces drôles de bombes volcaniques, au cœur de silice blanc et carapace de basalte noir, sont si légères qu'elles flottent ! On peut en voir quelques spécimens dans les vitrines de la salle.

Museo Restingolita : *dans la oficina municipal, sur la droite juste avt d'arriver sur le port. Mêmes horaires que le bureau d'info. Participation libre.* Consacré lui aussi à l'éruption de 2011-2012, ce petit musée présente quelques belles pierres volcaniques repêchées, flottant dans l'eau, lors de l'éruption.

Cala de Tacorón : *à 9,5 km de La Restinga. Prendre la route d'El Pinar, puis l'embranchement à gauche (indiqué).* La route (superbe) traverse un désert de scories et d'arbustes ras, avant de finir en cul-de-sac devant cette dentelle de criquettes séchées par le soleil, croquant le basalte au pied de falaises rocailleuses. On descend s'y baigner grâce aux échelles amarrées dans le roc, avant de remonter s'offrir une mousse à la paillote-resto du parking *(ouv seulement en été).* Les bassins naturels sont bien protégés par des récifs mais si la mer est agitée, on vous déconseille de vous baigner. Ne ramassez rien, on est sur le territoire de la réserve marine. En fin de journée, lumière absolument sublime.

La plongée

C'est pour elle que l'on vient à La Restinga – et que l'on y séjourne, l'altitude élevée de l'île induisant des risques pour ceux qui viennent de plonger et voudraient remonter sur les hauteurs (pas de caisson hyperbare ici !). 9 ***clubs de buceo*** (plongée) se partagent la clientèle *(liste complète au bureau d'infos touristiques).* Voici ceux qui nous ont convaincu par leur sérieux :

■ ***Meridiano-Cero :*** *c/ La Orchilla, 19. 697-33-67-67 ou 61. • meridiano-cero.fr • Compter 30 € pour 1 plongée ; forfait spécial 10 plongées ou pour les groupes.* Tenu par Céline et Claude, un couple franco-belge passionné, ce club bénéficie d'un matériel récent et de qualité (Aqualung). Il propose aussi bien plongées seules (réserver à l'avance en été) que formations (en français) et même forfaits comprenant hébergement à La Restinga en appart et transports. Pas de Nitrox. Enfants à partir de 10 ans.

■ ***The Green Shark :*** *c/ La Lajial, 7. 662-92-13-70. • thegreenshark.com • Compter 30 € pour 1 plongée.* Autre club à l'excellente réputation, dirigé par Alexis, franco-suisse très expérimenté.

Nos meilleurs spots

On compte autour d'El Hierro une trentaine de spots de plongée, pour la plupart assez proches des côtes et bénéficiant d'une excellente visibilité. Certains sont situés dans la réserve marine, d'autres en dehors – notamment sur la côte orientale, zone de tombants, où ont aussi lieu les sorties de ***snorkelling*** (PMT). Préparez-vous à un vrai festival : avec 12 espèces de requins répertoriées (petits marteaux, anges, féroces...), des langoustes de 60 cm (la pêche en est interdite), des raies mantas en hiver et des pastenagues toute l'année, du corail noir en dessous de 20-25 m, des poissons-lunes au large du phare et parfois même, pour les chanceux, des requins-baleines, orques et cachalots, El Hierro est un des plus beaux sites de plongée européens.

El Bajón : *sur la côte sud de l'île, dans la réserve marine. Pour plongeurs expérimentés (vents et courants forts, mise à l'eau et sortie sportives).* Le must d'El Hierro, que le capitaine Cousteau *himself* n'hésitait pas à classer parmi les 100 plus belles plongées au monde. El Bajón, c'est une gigantesque tour de roc à 2 pignons, dont l'un grimpe jusqu'à 8 m sous la surface. Entre les 2, par -15 m, se forme un petit cratère de 5-6 m de diamètre ! Plus bas, à 35-40 m, entre les coraux noirs, batifolent mérous, barracudas, sérioles et maquereaux, voire géants pélagiques.

Baja Bocarones : *sur la côte est, hors de la réserve marine. Niveau moyen.* Encore 2 tours de roc volcanique, plus petites, dressées sur un lit de sable, dont l'une est percée de part en part par un étroit tunnel. Autour gravitent mérous, carangues, poissons-perroquets et encore de grands pélagiques. Parfois, dissimulée dans le tunnel, une langouste des Canaries.

El Desierto : *à la limite ouest de la réserve marine. Niveau facile-moyen.* C'est, tout simplement, le plus grand champ d'anguilles jardinières d'Europe ! Elles sont des centaines (sur près de 11 km !), dardant leur tête hors du sable gris, au gré de plusieurs plateaux descendant comme autant de marches (-12 à -40 m). Pour leur tenir compagnie, d'énormes mérous très peu farouches.

Cueva del Diablo : *dans la réserve marine, -10 à -20 m. Niveau facile.* Cette grotte est percée de 2 fenêtres et d'un puits de lumière. On y rencontre poissons porcs-épics, mérous, murènes, langoustes, raies torpilles et des anémones, pas très communes par ici.

El Arco : *pour plongeurs expérimentés (courants forts).* Une plongée profonde, sur la zone la plus exposée de la pointe de La Restinga, à éviter lorsque le courant est fort. Par -40 m, élancée sur le sable et les scories, se dresse une immense arche grignotée par les coraux noirs. Dessous se faufilent mérous et carangues. Avec un peu de chance, une manta passe par là.

Enfin, n'hésitez pas à vous offrir une plongée nocturne dans le port *(max -13 m).* Vous aurez peut-être la chance d'y croiser 2 tortues caouannes (carets) résidentes et de très grosses raies pastenagues qui viennent au contact.

HOMMES, CULTURE, ENVIRONNEMENT

BOISSONS

– Le puits est toujours là. L'eau qui a béni les Amériques, aussi... La source qui a sauvé Christophe Colomb allait inciter ses successeurs à importer de Chypre une plante gourmande : la canne à sucre. Sur les alluvions des embouchures des *barrancos* (ravins), elle ne pouvait que proliférer... C'est ainsi que, au XIXe s, les Canariens développèrent ***le rhum.*** Reste, à Gran Canaria, la rhumerie *Arehucas.* La canne est maintenant importée du continent... Les *Destilerías Aldea,* au nord-est de Santa Cruz de La Palma, cultivent, elles, leur propre canne, élaborant un produit 100 % artisanal. Leur *Azul Tradición* affiche 25 ans d'âge.

– ***Le ron miel,*** quant à lui, est une savoureuse liqueur dans laquelle le miel ramène le rhum vieilli à 20°. Les plus connues sont *Artemi* et *La Indiana* (depuis 1929).

– ***Le guarapo*** de La Palma : un jus de canne à sucre fraîche.

– ***La bière :*** *la Tropical* est née en 1924 à Las Palmas de Gran Canaria, suivie en 1948 par la *Dorada* à Santa Cruz de Tenerife. Les 2 ont été réunies en 1994 au sein d'une même entreprise. En 2008, pour des raisons économiques, la *Tropical* a failli disparaître : tollé chez les habitants de Gran Canaria, et retour de la marque locale ! On trouve aussi désormais quelques microbrasseries locales.

– ***La vigne et le vin :*** les terres volcaniques et le climat confèrent aux cépages force et caractère... La vigne, par le mariage de l'eau des montagnes et l'intensité du soleil, a trouvé un terrain de prédilection, avec autant de variétés qu'il y a de microclimats... Ce sont les Normands qui ont apporté dans leurs soutes les 1ers cépages à Lanzarote, puis les Espagnols les introduisirent à Tenerife et dans tout le reste de l'archipel au XVIe s. Les vins blancs forts, qui se conservaient mieux, entamèrent la marche, suivis des rouges. Dans tous les cas, la production reste largement artisanale : un dixième des chais à peine dépasse les 1 000 hl annuels.

– ***Tenerife,*** avec 9 000 ha de vigne, propose d'intéressants vins, avec des rouges élaborés à base du cépage *malvasía* mais aussi de *listán negro.* On trouve la meilleure sélection de flacons à Sauzal, à la *Casa del Vino,* dans la région de Taraconte-Acentejo, au nord-est de l'île. « Tacoronte », la plus ancienne et la plus étendue *Denominación de Origen,* ne remonte qu'à 1992. Depuis, 4 autres domaines ont suivi. Le « Valle de La Orotava », au pied du Teide produit un *listán negro* rustique et un *negramoll* fin, aux arômes fruités, doux en bouche. Les caves *(bodega)* « Tajinaste » et « Arautava » ont d'ailleurs été couronnées par plusieurs prix.

– À ***Gran Canaria,*** on trouve de la vigne sur toute l'île. Ses 2 AOC, *Monte Lentiscal* et *Gran Canaria,* ont été réunies en 2006 sous l'unique dénomination : *Gran Canaria.* On produit ici surtout du rouge, *listán negro* en tête, suivi du *negramoll,* mais également des blancs, comme l'*albillo.* En raison de la grande variété des sols, des microclimats et des altitudes, les parcelles et les *bodegas* donnent des vins assez différents d'une région à l'autre. Parmi les caves les plus importantes, citons *Bentayga, Las Tirajanas, Mondalón* ou *Los Berrazales.*

– À ***La Palma,*** la création de l'AOC en 1994 a redynamisé la viticulture, et les *bodegas* s'en sortent plutôt bien question qualité. Protégés des ravages du phylloxéra au XVIIIe s (l'isolement a du bon, parfois), les cépages cultivés sur l'île datent des 1ers colons, et certains sont devenus des raretés (comme le *sabro,* un blanc doux cultivé surtout du côté de Fuencaliente). Le *negramoll* est la variété de rouge la plus commune. Côté blanc sec, le *listán blanco* domine, mais on a un faible pour

l'*albillo,* essentiellement lié au nord, et sa fraîcheur fruitée. Impossible aussi de ne pas citer le *vino de tea,* élaboré sur la côte nord-ouest : qu'il soit blanc ou rouge, le vin termine sa maturation pendant au minimum 1 mois dans un fût en *tea,* le bois tiré du cœur du pin canarien – ce qui lui vaut un léger parfum de résine (bien différent du plus connu résiné grec). Enfin, cerise sucrée sur la grappe, la *malvasía* (malvoisie) cultivée à Fuencaliente et Villa de Mazo donne un vin naturellement doux, ambré et très aromatique, issu d'une « vendange tardive ».
L'île compte aujourd'hui 18 *bodegas* (contre seulement 3 en 1993) réparties sur une surface de 537 ha, et employant 983 viticulteurs. Certaines se visitent, en particulier au sud (notamment *Tamanca* à Las Manchas, avec son resto-grotte, mais aussi *Teneguía* à Fuencaliente ou encore *Bodegas Noroeste* à Tijarafe). Voir aussi • vinoslapalma.com • et faire un tour à la *Casa-Museo del Vino* à Las Manchas, qui offre un beau panel des productions de l'île (y compris en dégustation).

– Le *bastardo negro,* appelé *baboso negro* à ***El Hierro,*** fait la fierté des *Herreños.* L'été, chacun y va de son sécateur, cultivant sa parcelle comme on bichonne son jardin. Les pressoirs rustiques et massifs rappellent qu'avant la création de la coopérative *Del Campo,* à Frontera, le pressage était très artisanal. Arôme d'herbes, expression fruitée, balsamique en bouche, riche en tanins... Il s'agit surtout de vins de table : rouges puissants mais assez communs de la coopérative *Viña Frontera* et du domaine *El Tesoro,* et blancs secs à la robe jaune estampillés *Viña Frontera* également. Moins ordinaire, le *Tanajara,* un rouge clair, léger et aromatique, est élevé en fûts de chêne en 2 crus distincts tirés chacun d'un cépage exclusif, le *vijariego negro* et le *baboso negro*.

– ***Lanzarote,*** grâce à ses terres volcaniques noires et à des procédés d'élevage originaux (utilisation du *picón,* ces gravillons noirs volcaniques, et protection des vignes avec des murets en pierre, les *zocos*), produit parmi les plus beaux vins des îles, à partir des cépages *malvoisie* (50 % de la production) et *listán negro* (25 %). Surtout des blancs élevés dans la belle plaine de La Geria qui regroupent les grands vignobles et les plus fameuses *bodegas.* Cependant, pour l'apéro, pensez à rendre visite aux tout petits producteurs passionnés de la montagne de Yé : leurs *moscatels* sont parfumés et doux (rappelant des portos légers) et leurs rouges gouleyants à souhait et pas chers du tout.

UNE BONNE RAISON POUR BOIRE

Le vin des Canaries, en particulier la malvoisie de Lanzarote, avait beaucoup de succès à la cour d'Angleterre. Il est mentionné dans 3 œuvres de Shakespeare : Henri IV, La Nuit des rois *et* Les Joyeuses Commères de Windsor. *Le célèbre auteur le considérait même comme un remède médicinal. Ben voyons.*

– ***Le batido :*** un *shake* de fruits tropicaux, traditionnellement sur une base d'avocat ou de banane. La maturité des mangues, papayes, goyaves, ananas et melons permet d'éviter le sucre.

– ***L'eau,*** enfin ! Malgré la sécheresse apparente des îles, plusieurs disposent de sources exploitables. De Tenerife proviennent la *Vilaflor* (assez salée) et la *Fuentealta,* de Gran Canaria, la *Firgas* (meilleure au goût, naturellement peu gazeuse, même s'il existe une version renforcée), *Aguas de Teror* (gazeuse ou plate) et *Aguas de Roque Nublo.* Et n'oublions pas les *Aguas de La Palma-Manantial Barbuzano* (dégazéifiées et peu minéralisées).

CUISINE

Au commencement était la ***pomme de terre...*** Bien sûr, avant, il y avait le *gofio* (voir ci-dessous) et les rhizomes de fougères... Mais les conquistadors ont eu tôt fait d'importer et d'imposer les *papas* en (re)passant par les Canaries ! Après les Andes, l'archipel est le seul endroit au monde où l'espèce a pu perpétuer son infinie richesse : 28 variétés et sous-espèces antiques, essentiellement andines, se cultivent encore et toujours à Tenerife. Par opposition aux *papas blancas* modernes, on parle de *papas coloradas* : patates noires, patates rosées, patates *bonitas,* tubercules avec des « yeux »... La *melonera* présente les plus grandes qualités culinaires. Depuis 2011, cette production bénéficie même d'une DOP *(Denominación de Origen Protegida).*

– ***Les papas arrugadas :*** ces patates « ridées » peuvent être présentées en ramequin, avec du *mojo,* en tapas. On les trouve sur toutes les cartes de restaurant... Recette : lavez sans éplucher 1 kg de petites pommes de terre, recouvrez-les d'eau à ras dans une casserole, ajoutez-y 2 poignées de sel de mer et faites bouillir. Videz l'eau. Repassez au feu durant 2 mn. Recouvrez d'un torchon quelques minutes. Glissez dans un plat : le sel finit de cristalliser sur la peau.

– ***Le gofio :*** cette farine élaborée à partir de céréales préalablement grillées est l'aliment le plus ancien des Canaries, même s'il a évolué au fil des siècles. Pour le confectionner, les Guanches utilisaient de l'orge, du blé ou même des racines de fougères, additionnés d'eau et de sel. C'était selon toute vraisemblance leur nourriture de base. Nourrissant ! Les marins en partance pour l'Amérique en embarquaient de grandes quantités, car il se conservait longtemps. Résultat, on en trouve aussi à Cuba ou à Puerto Rico. Le seigle et le maïs furent aussi utilisés par la suite. Aujourd'hui, le *gofio* est en général moulu à partir de blé ou de maïs, ou d'un mélange des 2. Souvent utilisé pour épaissir les soupes, ou consommé avec du lait, on le trouve aussi sous forme d'*escaldón de gofio* : un consommé pour les périodes fraîches, dans son bouillon, additionné selon les goûts de morceaux de viande ou de jambon, de légumes façon pot-au-feu, de dés de fromage, d'oignon rouge... On trouve aussi des glaces au *gofio* ou de la mousse de *gofio* : pas mauvais du tout, avec un petit goût de noisette !

– ***Le mojo rojo*** *(picó)* ***:*** cette sauce rouge, parfois très relevée, est servie traditionnellement en accompagnement des *papas arrugadas,* mais aussi de la viande rouge, etc. Allez, encore une recette : dans un mortier, pilez une gousse d'ail, 2 piments, et du gros sel jusqu'à obtenir une pâte molle. Ajoutez des piments *(picona)* et, lentement, 15 cuillères à dessert d'huile d'olive et 4 de vinaigre. Rallongez avec un peu d'eau : votre *mojo* rouge *(picón)* est prêt. Tout aussi courant sur les tables, le ***mojo verde,*** enrichi de coriandre et moins relevé, accompagne joliment poissons, *lapas* (patelles) et viandes blanches.

– ***L'almogrote :*** rappelant le *mojo rojo,* cette pâte à tartiner originaire de La Gomera est élaborée à partir de fromage de brebis sec, d'ail, de poivrons (ou paprika) et de piment. Certains lui ajoutent de la tomate. Sublime sur du pain grillé !

– ***La ropa vieja :*** assez différente de la recette cubaine du même nom, il s'agit ici d'un plat à base de pois chiches, de viande effilochée de bœuf et de poulet, et de... pommes de terre bien sûr. Un plat fort courant, à mi-chemin du ragoût et du sauté, et qui affiche autant de recettes que de cuisiniers... Voisin, le ***guiso de garbanzos*** est une sorte de ragoût de pois chiches, viande de porc et chorizo.

– ***Le puchero canario :*** c'est un pot-au-feu bien costaud, mêlant viande de bœuf (de préférence), porc, poulet, chorizo et lard, auxquels se mêlent chou, courgettes, citrouille, pois chiches, pommes de terre et patates douces... voire des poires !

– ***Le potage au cresson :*** spécialité de La Gomera, il mérite d'être savouré en altitude, là où le légume pousse, dans ce dédale de failles volcaniques, moussues à souhait.

– ***Les viandes :*** dans le ***cochon*** tout est bon, et ce n'est pas aux Canaries que l'on vous dira le contraire : côtes, côtelettes, filets mignons, lard frais ou grattons frits *(chicharrones),* on le retrouve sous toutes ses formes. Le ***poulet*** itou. Plus local, le ***lapin*** *(conejo),* frit ou en ragoût accompagné de *papas,* ou la ***chèvre*** (*cabra* ; voire le ***chevreau*** – *cabrito* – lorsque c'est la saison), en ragoût rustique ou délicieusement grillé.

– ***Les poissons et fruits de mer :*** poulpe, calamar, sardine, bar, cabillaud et poissons divers, sans oublier les grandes moules ou le thon, grillé *a la plancha* par exemple, à déguster tout frais pêchés de la barcasse, dans les ports des différentes îles. Accompagnés traditionnellement de *mojo verde.* Les calamars sont souvent surgelés !
– N'omettez pas les ***fromages,*** surtout celui d'***El Hierro,*** fumé au bois de figuier et de figue de Barbarie, principalement confectionné à base de lait de chèvre, relevé d'un peu de lait de brebis et de vache. Laissez-vous aussi tenter par le *queso majorero,* fameux fromage de chèvre de ***Fuerteventura,*** classé DOP depuis 1996.

Les desserts

– ***La leche asada :*** crème « catalane » à la façon de La Gomera. Renforcée de bâtons de cannelle, elle est passée au four, refroidie, puis nappée de miel de palme, obtenu par cuisson de la sève du palmier, caramélisé, à la saveur légèrement fauve...
– ***Le principe alberto*** (spécialité revendiquée de La Palma) n'abuse pas du sucre mais des amandes, mettant respectivement en valeur la douceur du miel et la subtilité d'une mousse au chocolat sur le léger croustillant d'un biscuit aux amandes. Quant à la ***mousse de gofio,*** elle rend aérienne la farine toastée locale, avec sa note de noisette grillée.
– ***Le bienmesabe*** de Gran Canaria vaut le détour dans les hauteurs de Tejeda. Là où les amandiers et les abeilles se marient pour le meilleur avec l'onctuosité de l'œuf et la pointe de citron ! La version de La Palma, légèrement différente, se défend très bien aussi.
– ***La quesadilla*** d'El Hierro ***:*** petit gâteau au fromage (89 % !), légèrement citronné et relevé d'une pointe d'anis. Honnêtement, c'est un peu lourd, voire pâteux si ce n'est pas bien fait.

Cuisine créative et cuisine fusion : la nouvelle vague canarienne

La société canarienne change, les goûts aussi. Comme dans le reste de l'Europe, une nouvelle génération de cuisiniers tente l'aventure de la cuisine fusion pour redonner de l'élan à la cuisine traditionnelle. Créatifs, inventifs, ces chefs voyagent dans le monde des saveurs pour élaborer des plats originaux et fins. Enracinés dans la culture canarienne, ils utilisent des produits locaux, tant de la mer que de la terre, soigneusement sélectionnés. Et y ajoutent des épices, des condiments, des sauces exotiques. Même le mode de cuisson d'un plat peut s'inspirer d'une autre culture : Moyen-Orient, Asie, Amériques... Le résultat est remarquable ! Cuisson ***tataki*** (grillé légèrement en surface avec un intérieur presque cru) ou relevée au ***yuzu*** (un agrume très en vogue) à la japonaise, utilisation du ***chimichurri*** (un condiment d'Amérique latine à base de persil, d'origan, d'ail, de ciboulette, de piment rouge, de vinaigre et d'huile), travail de l'aigre et du sucré, et on en passe... Et par chance, cette nouvelle vague culinaire ne signifie pas des portions minuscules dans d'immenses assiettes. La présentation est travaillée, certes, mais les plats restent plutôt copieux.

CURIEUX, NON ?

– Les dernières ***maisons-grottes troglodytiques*** de Gran Canaria ont été habitées jusqu'en 1993. Aujourd'hui, les habitants construisent une maison neuve qui est accolée à la grotte et à la falaise. La vieille habitation troglodytique sert encore de chambre à coucher, alors que la partie moderne sert de salon et de salle à manger.

– À Ténérife, la ville coloniale de ***La Laguna*** a servi de modèle pour construire La Havane, capitale de Cuba.
– La ***végétation d'altitude*** de l'île de La Gomera est appelée la laurisylve. Ce maquis dense et touffu a l'effet d'une « éponge écologique » qui retient les nuages et l'eau de pluie mieux que n'importe quelle technologie de pointe.
– Les ***Canariens ont émigré*** en Amérique latine surtout au XIXe s. Les habitants de Gran Canaria à Cuba et ceux de Tenerife au Venezuela. Est-ce un hasard si ce pays est surnommé la 8e île des Canaries ?
– Le ***pin canarien*** est l'arbre endémique de la Gran Canaria. On le plante pour fixer les sols, freiner l'érosion, favoriser la condensation d'eau et la captation des pluies. Sa plus grande qualité est qu'il ne brûle pas entièrement. En cas d'incendie, l'écorce brûle mais pas l'intérieur du tronc, extrêmement résistant. Résultat : après le feu, le paysage canarien se régénère assez vite.
– Le ***dragonnier*** est un arbre étrange qui ne pousse qu'aux Canaries, à Madère, aux îles Açores et au Cap-Vert. Au Moyen-Âge, on utilisait la sève comme remède (le sang du dragon ! Ça fout la trouille). Les scientifiques et botanistes rangent ces îles dans un ensemble appelé la ***Macaronésie.***
– L'île de Gran Canaria est ***le seul endroit d'Europe où l'on cultive le café !*** Des essais ont été tentés ailleurs, mais ils n'ont rien donné de bon. Le site privilégié, où les caféiers acceptent de pousser, est la petite vallée d'Agaete, au nord-ouest de l'île.
– ***Le ciel des Canaries est un des plus purs du monde*** avec celui des Andes au Chili. De grands observatoires astronomiques sont installés à Tenerife et à La Palma. Autour du volcan Teide, le ciel est même classé « Monument naturel protégé ». De nombreux hôtels et *casas rurales* sont équipés de lunettes astronomiques et d'ouvrages scientifiques destinés aux touristes.
– C'est aux Canaries que l'on trouve ***la plus forte concentration de câbles sous-marins en Europe.*** Ici convergent les balises de détresse, qui fonctionnent 24h/24 sous le contrôle du centre du réseau mondial de sauvetage Cospas-Sarsat. Plus de 22 400 vies ont déjà été sauvées !
– Les antennes du ***Centre spatial des Canaries,*** à Maspalomas (Gran Canaria) ont servi à relayer ***la 1re conversation depuis la Lune.*** C'était en 1969... Tenerife, quant à elle, héberge, à l'Institut technologique, le studio d'animation digitale 4D3, technologie qui permet à Las Palmas de rester le QG atlantique de l'agence *Frontex,* en charge pour l'Europe de la surveillance de ses frontières (et donc de la lutte contre l'immigration clandestine).

ÉCONOMIE

Les Canaries se caractérisent par une ***économie à 2 vitesses.*** Elle est florissante et liée au tourisme de masse sur la côte. Par contre, il s'agit d'une économie de subsistance dans les villages reculés. En 2019, les Canaries comptaient 18,8 % de chômeurs. Comme souvent, les jeunes étant les 1res victimes.

Le tourisme : pilier de l'économie de l'archipel

Ce sont entre 14 et 15 millions de visiteurs qui entrent chaque année dans les aéroports de l'archipel : ***le tourisme est le tendon d'Achille de l'économie locale.*** En 2019, on a observé une légère baisse par rapport à 2017 qui fut une année record. L'archipel est la 3e zone touristique d'Espagne juste derrière la Catalogne et les Baléares. Le tourisme canarien génère environ 35 % du PIB et constitue le 1er pourvoyeur d'emplois. C'est un tourisme aux multiples facettes. Les plages sont appréciées des vacanciers en manque de soleil, les rouleaux de l'océan sont connus des surfeurs, tandis que le parc astronomique, à 2 090 m d'altitude dans les hauteurs de Garafía, à La Palma, attire un tourisme scientifique.

– ***Bon à savoir :*** sur Fuerteventura et Gran Canaria ce sont surtout des touristes allemands qui séjournent. Les Anglais fréquentent Lanzarote et Tenerife, alors que les Français sont moins cantonnés à une île en particulier.

L'agriculture : la banane d'abord

Le secteur agricole apporte sa petite contribution à l'économie. L'archipel est ***le 1er producteur européen de bananes*** (près de 400 000 tonnes par an). La production utilise 19 % des terres cultivées et représente près de 67 % des exportations agricoles des Canaries. Elle se concentre dans les grandes *fincas* de Tenerife (près de 150 000 t), de La Palma et de Gran Canaria. La Gomera produit des bananes plus petites et plus goûteuses. Près de 100 % de la production est vendue sur le reste du territoire espagnol.
Autres fruits tropicaux : ***la mangue*** et ***la papaye.*** C'est sur les îles de Tenerife et Gran Canaria que leur culture est la plus développée. La palme de l'avocat va à La Palma. N'oublions pas ***l'orange*** (Gran Canaria, Tenerife et La Palma). Faute d'eau, El Hierro préfère la culture de ***l'ananas.*** Quant à Lanzarote et Fuerteventura, ***la tomate*** et ***le melon*** dominent, auxquels on doit ajouter ***oignon*** et ***chou*** à Lanzarote, ***concombre*** à Fuerteventura. Cerise sur le gâteau : ***la culture des fleurs.*** Tenerife et Gran Canaria s'octroient le pompon en affichant presque le tonnage de la Hollande ! C'est à Fuerteventura que se trouve la plus grande production d'***aloé vera*** d'Europe.
N'oublions pas l'élevage de chèvres et la production de l'un des meilleurs ***fromages*** à El Hierro ainsi que les ***vignobles*** de Tenerife, Gran Canaria, La Palma et Lanzarote.
Ces dernières années, des efforts ont été réalisés pour relancer la production de ***cochenilles*** à l'origine d'un colorant naturel, le carmin.

Économie maritime et industrie

Situé entre l'Europe, l'Amérique et l'Afrique, les Canaries occupent ***une situation stratégique en matière de trafic maritime.*** Elles ont d'ailleurs toujours été une escale indispensable pour les marins et grands voyageurs. Las Palmas de Gran Canaria bénéficie d'un privilège fiscal depuis 1852. L'archipel tout entier a été classé « Zone spéciale des Canaries », ce qui permet d'attirer les investisseurs grâce à un régime de faible imposition. 1er port de l'Atlantique central, ***Las Palmas de Gran Canaria est une plaque tournante pour les conteneurs.*** C'est aussi un port essentiel en matière de congélation des produits au large des côtes de l'Afrique.
Le port de Santa Cruz de Tenerife, quant à lui, conserve l'exclusivité de ***la raffinerie de pétrole.*** Tenerife n'a que 2 autres industries, ***agroalimentaires*** celles-là, avec la *Compañía Cervecera de Canarias* et *Danone Canarias* qui nourrit tout l'archipel en yaourts (même si le lait est à 100 % importé).
Et pour finir sur une note positive : après des tests infructueux, la société *Repsol* a jeté l'éponge, en janvier 2015, pour la prospection d'hydrocarbures au large de Lanzarote et de Fuerteventura, pour le plus grand soulagement des habitants !

ENVIRONNEMENT

L'eau, glace fondue ou eau de mer dessalée ?

Avec l'urbanisation et le réchauffement climatique, les Canaries ont moins d'eau qu'autrefois. Or les besoins sont de plus en plus importants. Qui se souvient qu'à Tenerife, grâce aux hivers du Teide, on consommait des sorbets toute l'année avant même l'invention des réfrigérateurs ? À 3 350 m d'altitude, dans la portion du « tunnel de lave » *Cueva del Hielo* (la bien nommée « grotte de la Glace »), on trouve l'eau et la glace à tous les étages ! Des experts ont imaginé une option, digne d'un film de science-fiction : acheminer par remorqueur des icebergs ! Du Groenland à Gran Canaria, il mettrait presque 6 mois à arriver mais ne fondrait que d'un tiers... Il resterait alors à débiter le glaçon géant puis à le laisser fondre dans une centrale-réceptacle connectée aux canalisations. Dernier gros détail à régler : convaincre les réseaux classiques de distribution d'eau...

LA ROSÉE DE LANZAROTE

Du temps de Jean de Béthencourt (XVe s), l'île de Lanzarote était sèche et sans eau. Pour ne pas mourir de soif, les conquistadors tendaient des toiles sur des pieux. Ils recueillaient la rosée du matin, fontaine modeste mais efficace.

Quoi qu'il en soit, aujourd'hui, on ***dessale l'eau de mer.*** Sur l'île de Gran Canaria, il existe 3 unités de dessalement ultra-sophistiquées. Cette eau est utilisée pour l'usage domestique, mais... on ne la boit pas.

– La désalinisation de l'eau de mer pourrait être un objectif futur sur ***l'île de La Palma*** où l'eau est de plus en plus rare. C'est un vrai sujet de préoccupation pour les habitants. Sur la côte ouest de cette île, il n'a pas plu entre 2013 et 2020, soit 7 années de sécheresse ! La cause : le réchauffement climatique. D'où vient l'eau alors ? Des réserves souterraines contenues dans la nappe phréatique sous la *caldera de Taburiente*. Des experts estiment que ces réserves seraient insuffisantes dans le futur si le manque de pluies perdure.

La préservation des milieux et des espèces

Plusieurs sites naturels fragiles sont classés en parcs ruraux, non constructibles : El Rincón à Tenerife, Veneguera sur Gran Canaria. À cela s'ajoutent les espaces protégés des réserves de la biosphère, des ***4 parcs nationaux*** et des nombreux parcs naturels, espaces protégés et autres réserves marines (voir aussi notre rubrique « Parcs nationaux et espaces protégés »).

En outre, la sensibilisation des jeunes au sort des tortues « *boba* » – atteignant 1,15 m pour 100 kg – permet de mieux collecter les animaux blessés et de les soigner au Centre de récupération de Tarifa (Gran Canaria)...

« *¡ El petróleo es el pasado !* » C'est le cri soudain, en janvier 2014, du président du gouvernement canarien, Paulino Rivero, devenu militant d'une économie la plus « bleue » possible. C'est que l'archipel est une zone essentielle pour la préservation de la biodiversité marine. D'où la forte inquiétude suite à la signature, fin 2017, d'un accord entre les autorités marocaines et la société italienne d'hydrocarbures ENI, pour un projet de prospection pétrolière *off shore,* à une centaine de kilomètres des côtes de Lanzarote et de Fuerteventura.

– ***Bon à savoir :*** en août 2019, un ***violent incendie*** d'origine criminelle a ravagé une grande partie du centre montagneux et boisé de l'île de Gran Canaria. Près de 12 000 ha sont partis en fumée dans la région d'Artenara et du parc naturel de Tamadaba. 1 000 pompiers furent mobilisés, et 9 000 personnes évacuées.

El Hierro, l'île écolo

L'exemple écologique ne vient-il pas d'El Hierro ? On combine ici l'eau et l'air pour en faire de l'électricité ! El Hierro est entourée par l'océan ? Fouettée par le vent ? Toute de montagnes ? Il suffisait de s'inspirer des moulins de Fuerteventura et de mettre au point un système mixte. Bâtir 5 éoliennes, pas plus, pour alimenter l'île en électricité, désaliniser l'eau grâce à leur puissance et profiter du surplus d'énergie pour la pomper jusqu'à un bassin aménagé dans la montagne... puis la lâcher quand Éole prend des vacances. Ainsi, les turbines de la centrale hydraulique (11,3 MW) prennent le relais des éoliennes (11,5 MW) ! Quant à la vieille centrale thermique de Llanos Blancos, elle n'intervient plus que lorsque le vent se fait vraiment trop attendre... ***El Hierro est la 1re île autosuffisante en énergie de l'archipel !***

Le Conseil insulaire et l'Institut technologique des Canaries deviennent de la sorte leaders mondiaux d'un nouveau *mix* : ***l'énergie hydro-éolienne.*** Publique aux ⅔, donc, la société *Gorona del Viento* a, dans son nom, l'ADN du partenariat. Une *gorona* est un muret en arc de cercle que les *Herreños* construisent pour protéger les moutons du vent...

FLORE, FAUNE ET ÉCOSYSTÈMES

Si la différence d'âge de 20 millions d'années entre l'île la plus âgée (Lanzarote) et la plus jeune (El Hierro) est géologiquement très marquée, elle ne l'est guère en ce qui concerne le vivant. Parvenues sur ces îles volcaniques surgies du néant au terme de longs voyages hasardeux, portées par les courants ou par les vents, la flore et la faune se sont implantées ici principalement en fonction du régime des pluies, de l'altitude, de la nature des sols, etc.
1re constatation : la flore prend volontiers ici des airs de géant. Ainsi des joubarbes grandes comme des assiettes et de drôles de plantes évoquant des pissenlits arbustifs *(Sonchus canariensis)* hauts de 1, 2 ou même 2,50 m... 2e constatation : la faune est fort peu présente. La distance à parcourir pour coloniser les îles a limité le nombre d'espèces qui se sont implantées.

Les grandes pinèdes

Prospérant entre 1 000 et 2 100 m, voire dès 800 m, avec quelques variations d'altitude d'une île à l'autre et d'une côte à l'autre (la limite s'abaisse en zone sèche), le ***pinar*** est une pinède qui a appris à se renouveler après les éruptions volcaniques successives. Le ***Pinus canariensis*** endémique, au port majestueux (30-35 m, mais des individus de 60 m existent à Tenerife), est le résultat d'une adaptation exemplaire : la résistance de l'écorce préserve le tronc et les racines des incendies de forêt engendrés par les éruptions. C'est même l'un des rares conifères capable de repartir depuis une souche. Au pire, les graines enfouies dans le sol profitent de la chaleur de ces mêmes incendies pour éclater et germer !

Le *monte-verde,* forêt des origines

Principalement rencontré au nord-est des îles, là où s'abat l'humidité portée par les alizés et se condensent les « pluies horizontales » (brumes), le ***monte-verde*** est un écosystème complexe de forêt subtropicale. Il se compose de 2 entités complémentaires : le ***fayal-brezal*** entre 1 200 et 1 500 m environ, et la ***laurisylve*** entre 500-600 m et 1 200 m. Le 1er, au nombre restreint d'espèces, est surtout caractérisé par les hêtres myricacés *(fayas)* et les bruyères arborescentes *(brezo),* qui atteignent 2 à 4 m de hauteur. Ces espèces tolèrent une certaine sécheresse et des vents un peu forts.
En contrebas s'étend la rare et belle *laurisilva,* une forêt assez

PLUIES HORIZONTALES ET ARBRES À PLUIE

Sur ces îles rares en sources, la moindre goutte d'eau est un trésor. Antonio Pigafetta, le chroniqueur du voyage de Magellan autour du monde (1519-1522), évoque ainsi un « arbre à pluie » qui poussait dans l'île de Fer (El Hierro). Ce tilleul endémique, au feuillage considérable, était capable de condenser l'eau des brouillards et des nuages et de « produire » par ruissellement près de 2 000 litres de précieux liquide par jour – si précieux sur cette île sèche qu'il en vint à être surnommé « l'arbre Saint » ! En fait, partout sur l'archipel, les nuages se condensent ainsi dans les feuillages, permettant à la vie d'éclore.

dense et humide composée principalement de lauriers fossiles et de grandes fougères. Ce type de végétation, qui prospère idéalement par des températures de 15-19 °C, couvrait une bonne partie du Bassin méditerranéen avant la dernière période glaciaire. On ne la rencontre plus aujourd'hui que dans les îles de la Macaronésie (Canaries, Madère, Açores). La *laurisilva* a beaucoup souffert depuis 500 ans des méfaits de l'homme. On la rencontre aujourd'hui surtout à Garajonay (La Gomera), à Los Tilos (La Palma), au Bailadero d'Anaga et au Monte del Agua (Tenerife), avec quelques reliquats plus ou moins dégradés sur les îles de Gran Canaria et d'El Hierro. Souvent, de longs lichens pendent aux branches à la façon de barbes surnaturelles de 40 cm, signes de la pureté de l'air !

La végétation de basse altitude

Le ***cardonal-tabaibal*** désigne une formation végétale propre aux zones côtières des Canaries, qui peut monter sur les collines et falaises jusqu'à 300 m d'altitude, voire davantage. Croissant dans un environnement semi-désertique, ou au moins très sec, c'est le paradis des « plantes grasses » et des euphorbes. Parmi ces dernières, figurent l'incontournable *cardón (Euphorbia canariensis),* dont les branches épaisses dressées en candélabres lui donnent l'apparence d'un cactus, et le *tabaibal,* recouvrant plusieurs espèces aux formes très variées – certaines évoquent des buissons, d'autres des petits choux... Autre plante emblématique de ce milieu, le ***verode*** *(Kleinia neriifolia),* endémique, est notamment adapté au *malpaís* (champ de lave). Ressemblant à un amas tubulaire orné d'inflorescences violacées, la ***Ceropegia fusca*** emmagasine l'eau dans ses tiges. Quant aux ***Æonium,*** ils prennent une drôle de forme tabulaire, avec une collection de petites feuilles épaisses disposées en grosse corolle pouvant atteindre 50 cm de diamètre !

Autres biotopes

Le ***matorral,*** c'est une sorte de maquis qui tend à s'étendre aux dépens des pâturages, où règnent en maîtres les beaux genêts jaunes et les cistes rosés – *amagante de pinar,* en bon canarien, dont les graines dormantes n'attendent que le feu pour germer. Parmi ces pyrophiles, sur les escarpements ensoleillés (entre 800 et 950 m), pointent aussi les épis de la ***vipérine bleue*** de La Gomera, aux fleurs très appréciées des abeilles.

Le ***palmar,*** présent entre 300 et 1 000 m selon l'orientation, sous la laurisylve, est une autre spécificité de La Gomera. Le palmier endémique *Phœnix canariensis* (ou faux dattier) y est roi. Valle Gran Rey est son écrin. Hermigua, aussi. Et il est vrai qu'une île et une ville en portent le nom... Néanmoins, c'est plutôt Vega de Río Palmas, à Fuerteventura, qui rappellerait combien les conquistadors ont pu être impressionnés par le port altier de ces plantes – ce ne sont pas des arbres. La seule île à leur être hostile est El Hierro, trop sèche.

Autre emblème particulier des Canaries, le ***dragonnier*** se rencontre notamment à La Palma et dans le parc naturel de Pilancones à Gran Canaria. Celui d'Icod de los Vinos, à Tenerife, est célèbre : il aurait au moins 250, voire 350 ans ! Plante préhistorique ayant l'aspect d'un arbre, le dragonnier peut atteindre une vingtaine de mètres. Formant une sorte de parasol, il évoque un peu un palmier par son feuillage, mais possède un tronc lisse. Sa résine, rouge, lui a valu le surnom de « sang de dragon » ; elle était jadis utilisée comme colorant (y compris par les Romains).

Toujours en altitude moyenne, mentionnons le ***sabinar,*** un espace ouvert et peu dense de ***sabines*** (sorte de genévriers), à El Hierro, connus pour être fortement déformés par le vent. À Tenerife, on rencontre aussi le ***cèdre canarien*** entre 1 900 et 2 200 m. Sa baie, qui contient une unique graine, met... 20 mois à mûrir avant d'être dispersée par les oiseaux.

Fleurs d'ailleurs

Et le jardin des Hespérides, dans tout ça ? De leurs lointaines explorations, les conquistadors et les voyageurs qui les ont suivis ont ramené un feu d'artifice floral ! Du Brésil : la ***binonia*** ou liane aurore, tout orange. Orange, aussi, mais d'Afrique, le ***tulipier du Gabon.*** Flamboyant, même ! Comme l'arbre éponyme, venu de Madagascar. Orange, encore, le ***petit flamboyant...*** Du Mexique : le ***poinsettia.*** Rouge. Rouge de l'***hibiscus*** de Chine. La ***bougainvillée*** : rose. Combien de passiflores ? De jasmins ? De *daturas* péruviens ? De coupes d'or *(solandra)* ? Le ***strelitzia*** (ou oiseau de paradis), orange toujours, vient lui d'Afrique du Sud. Pour les botanistes en herbe, 2 jardins s'imposent : celui de Viera y Clavijo à Gran Canaria et celui de La Orotava à Tenerife.

La faune

Loin de la richesse animalière des continents, les Canaries n'ont été conquises que par quelques rares espèces ayant dérivé par hasard jusqu'à ces terres isolées. Elles ont ensuite évolué en diverses sous-espèces. Jadis, chaque île de l'archipel possédait ainsi son propre ***lézard géant*** *(Gallotia)* – noir à La Gomera, brun noir à Tenerife, partiellement jaune sur Gran Canaria, aux ocelles turquoise à Lanzarote... un véritable arc-en-ciel de bestioles ! Celui d'El Hierro était le plus grand de tous : il atteignait 1,50 m pense-t-on. « Était », car il n'est plus, dévoré par les Bimbaches, les 1ers habitants de l'île, qui en firent un méchoui facile... Reste un de ces petits cousins, qui atteint 60 cm. Plusieurs autres lézards canariens sont en danger d'extinction, comme la sous-espèce de La Palma, dont on n'est même pas sûr qu'elle vive encore. Celle de Gran Canaria, la plus grande (80 cm), est en meilleure forme.

Outre les lézards géants existent aussi diverses espèces de ***geckos*** et de ***chalcides,*** des petits lézards plus discrets.

Une unique espèce de ***serpent*** se rencontre dans l'archipel, à Gran Canaria. D'origine américaine, elle a été introduite accidentellement et est devenue invasive. Même chose pour les ***mammifères*** : lapin, chèvre, chat, chien, cochon, hérisson, mouflon, dromadaire, écureuil à Fuerteventura... tous ont été amenés par l'homme, volontairement ou non, et sont souvent devenus difficiles à contrôler. Les seuls mammifères autochtones sont 2 types de ***musaraignes*** et 7 espèces de ***chauves-souris*** (dont une seule endémique), inscrites sur la liste des espèces en danger, en voie de raréfaction. Il existait autrefois 3 sortes de ***rats,*** dont 2 géants, sans doute grands comme des lapins, dont on a retrouvé les fossiles.

C'est dans les airs, en vérité, que l'on rencontre le plus d'animaux vraiment canariens. Des 105 ***oiseaux nicheurs*** répertoriés dans l'archipel, 6 espèces et 32 sous-espèces sont endémiques. Parmi les plus communes, citons le ***pigeon*** des lauriers et le pigeon de Bolle, que l'on entend roucouler dans la laurisylve, le peu farouche ***pinson bleu,*** endémique des Canaries, qui apprécie l'ombre des frondaisons, le petit pouillot des Canaries, le roitelet de Tenerife, le *caldereta* (tarier des Canaries) de Fuerteventura... Le célèbre ***serin des Canaries,*** cousin du verdier, a fait le tour du monde sous le nom de canari. Il n'est pourtant pas exclusif à l'archipel et se rencontre aussi à Madère et aux Açores. Le printemps et l'automne amènent parallèlement leur lot de migrateurs.

DÉTOURNEMENT DE MINEURS

Dans les mines de charbon, les mineurs étaient accompagnés de canaris, très sensibles au monoxyde de carbone. Leur mort prévenait de la raréfaction de l'oxygène et du danger. Cette pratique était courante jusqu'en 1987.

Si l'on évite de chercher la ***veuve noire*** (dont la morsure peut être toxique) sous les pierres des versants sud de La Gomera, la petite ***tarentule*** *Eresus crassitibialis* dans les arbustes du Garajonay, le ***mille-pattes géant*** ou, même, un ***scorpion*** importé

sous les troncs et sur les murs, il faut se lever tôt pour croiser une sale bête ! Certes, les ***cucarachas,*** de grosses blattes africaines, se sont fort bien acclimatées...
À La Palma, des excursions en mer permettent d'observer ***dauphins*** et ***globicéphales.*** Parfois, avec beaucoup de chance et selon la saison, on tombe aussi nez à nez avec une ***baleine*** à bosse, un cachalot ou même des orques de passage... Sous l'eau, il y a les ***tortues boba*** (caouannes), les ***raies mantas,*** les ***requins*** parfois et tant d'autres choses. Pour en savoir plus, reportez-vous à la section consacrée à la plongée dans le chapitre La Restinga de l'île d'El Hierro.

GÉOGRAPHIE

Au large de l'Afrique, entre dorsale médio-Atlantique et sud de l'Europe, flotte un monde disparate d'archipels : la ***Macaronésie.*** Le terme, assez peu utilisé, sert à unifier ces bouquets d'îles sortis des eaux au gré d'éruptions volcaniques : les Canaries bien sûr, mais aussi les Açores, Madère et le Cap-Vert. Outre leur héritage géologique et leur fond culturel méditerranéen, tous partagent une flore et une faune analogues.

Un archipel éparpillé

Mais revenons à notre sujet : les Canaries. L'archipel compte ***11 îles et îlots principaux*** : les 7 îles majeures, bien sûr, ainsi que Los Lobos, située entre Fuerteventura et Lanzarote et, au nord de cette dernière, La Graciosa, Alegranza et Montaña Clara. L'archipel s'étend sur près de 500 km d'est en ouest. L'île de Fuerteventura est donc 3,5 fois plus proche des côtes africaines (97 km) que d'El Hierro, à l'extrémité ouest des Canaries !
Les ***disparités*** entre les îles sont grandes. Fuerteventura est ainsi assez plate et aride, Lanzarote davantage marquée par le volcanisme, la grande Tenerife coiffée par le volcan du Teide culminant à 3 715 m, Gran Canaria très escarpée, La Palma plus encore (elle détient le record de la dénivelée la plus raide par rapport à sa petite corpulence !), La Gomera ciselée de vallées encaissées et El Hierro austère et rocailleuse... Pour en savoir plus sur la géographie de chacune, reportez-vous à l'introduction qui leur est propre, en début de chaque chapitre.

Des îles nées de l'océan

À jeter un coup d'œil à la carte, on s'aperçoit que les îles sont plus ou moins alignées d'est en ouest. Comment expliquer ce phénomène ? Par le ***volcanisme*** ! Chaque île des Canaries constitue le sommet d'un volcan immergé géant, apparu sur le plancher océanique, qui a peu à peu grossi au gré des éruptions. Durant plusieurs millions d'années, la lave, coagulée en « coussins » (ou « boudins ») au contact de l'eau froide, s'est entassée comme une gigantesque pile jusqu'à, un jour, percer la surface et donner naissance à une île, dans le fracas des eaux bouillonnantes et de larges colonnes de vapeurs – prémices des pluies de cendres, coulées de lave et explosions à venir.
Oui, mais... pourquoi cet alignement alors ? Tout repose sur le ***mouvement des plaques continentales.*** Les Canaries sont apparues près de la ligne de fracture formée par la divergence des plaques africaine et atlantique. La 1re glisse vers l'est au rythme moyen de 2 cm par an, tandis que la 2de file vers l'ouest à un rythme similaire. Résultat ? L'océan Atlantique s'agrandit, tandis que les continents s'éloignent et que les îles Canaries, arrimées à la plaque africaine, dérivent avec elle vers l'est, comme sur un tapis roulant... Ceci explique pourquoi Fuerteventura, la plus âgée de l'archipel (environ 20 millions d'années), se trouve le plus à l'est et que la plus jeune, El Hierro (environ 1,1 million d'années) se trouve tout à l'ouest. Chaque île montre ainsi un état plus ou moins avancé d'un même phénomène volcanique – différentes en apparence aujourd'hui, mais semblables à un moment de leur vie...

Le lent travail de sape de l'érosion

Depuis les 1ers conquistadors (XVe s), l'archipel a connu une bonne vingtaine d'éruptions, à Tenerife, Lanzarote, La Palma et El Hierro. Certaines ont permis aux îles de s'agrandir en gagnant sur la mer – comme, en 1971, l'éruption du Teneguía, au sud de La Palma. Tous ces soubresauts et bien d'autres auparavant ont contribué à modeler et remodeler indéfiniment les Canaries. Les glissements de terrain, l'érosion quotidienne qui entaille patiemment les pentes tendres des montagnes, les explosions, tout concourt à faire des paysages des îles un catalogue des différents phénomènes liés au volcanisme. La taille des calderas du Teide à Tenerife (la 2e plus grande au monde !), de Taburiente (à La Palma) et de Tejeda (à Gran Canaria) témoignent bien des forces colossales à l'œuvre.

D'une île à l'autre, vous verrez une multitude de ***cônes,*** amas de lave coagulée et de scories (bombes et cendres accumulées) qui présentent des pentes très raides. Le festival de couleurs qui les caractérise parfois s'explique par la grande variété de composants chimiques des matériaux expulsés – comme à Los Azuelos, au sud de Gran Canaria.

Des ***cratères*** se creusent, bien sûr, formés tantôt par les éruptions elles-mêmes (la lave expulsée en fontaines s'est figée autour de la bouche), tantôt par une explosion, tantôt par l'effondrement de la poche de magma nourricière une fois vidée. Sur les pentes extérieures, de véritables torrents de ***lave*** aujourd'hui figée se sont souvent déversés, les dévalant parfois à grande vitesse, parfois au pas de l'escargot. La teneur en gaz de la coulée détermine non seulement son allure, mais aussi son apparence. 2 termes hawaïens, utilisés par tous les vulcanologues du monde, décrivent les 2 principaux types de lave émises : *a'a* cassante et *pahoehoe* fluide, formant comme des vagues, voire des cordeaux alignés – ainsi au sommet du *Teide* (à Tenerife) ou à *Timanfaya* (Lanzarote).

Lorsque la coulée commence à refroidir en surface, le magma continue néanmoins de circuler en dessous. C'est ainsi que se sont formés les nombreux « ***tunnels de lave*** » de l'archipel, dont certains mesurent plusieurs kilomètres de long ! L'un d'eux (à Las Manchas, sur l'île de La Palma) est désormais en partie accessible aux visiteurs (on accède à pied jusqu'à l'entrée du tunnel mais sans pouvoir y entrer pour des raisons de sécurité).

Vous découvrirez partout une multitude d'autres formations, en dômes ou en spectaculaires monolithes par exemple, comme dans le centre de Gran Canaria. Ne manquez pas non plus à cet égard le *malpaís* de la côte nord-est de Lanzarote, avec les extraordinaires sites de *los Jameos de Agua* et de la *Cueva de los Verdes,* tous 2 partie intégrante du tunnel de lave du volcan La Corona... Sinon, 3 lieux de choix permettent aussi d'en apprendre plus sur ces étonnants phénomènes volcanologiques : le ***parc national de Timanfaya à Lanzarote,*** avec son *Centro de visitantes y interpretación* riche en infos, son parcours en bus ou par ses 2 sentiers de randonnée pédestre ; le ***Centro de visitantes y Volcán San Antonio à La Palma*** ; ainsi que le ***Centro de Interpretacíon del Geoparque d'El Hierro,*** près du village de La Restinga.

Les volcans sont-ils vraiment endormis ?

Quand on regarde l'archipel au niveau de la mer, la hauteur des îles diminue globalement d'ouest en est. Les vulcanologues calculent que Fuerteventura et Lanzarote, mangées par l'érosion, disparaîtront un jour (10 millions d'années ?) dans les eaux tandis que La Palma croîtra encore ! Déjà, Fuerteventura et La Gomera sont considérées comme éteintes, tandis que Gran Canaria et Lanzarote semblent assagies pour longtemps.

Plus à l'ouest, à Tenerife, les regards se tournent encore, inquiets, vers le ***Teide.*** Si l'île n'a pas été l'objet d'une actualité récente (la dernière éruption remonte à 1909), le volcan, au flanc nord très instable, fait craindre un réveil aussi subit que cataclysmique, façon *mont Saint Helens* aux États-Unis. Le site est donc surveillé étroitement : déformations, variations de température, taux de CO_2 et moindre secousse sismique...

L'île de La Palma a vu se dérouler la dernière éruption terrestre des Canaries, en 1971, au ***Teneguía.*** Autant dire qu'une nouvelle éruption peut se manifester à tout moment. D'ailleurs, fin 2017, plusieurs petits séismes ont éveillé les soupçons et le volcan Cumbre Vieja, au sud de l'île, fait l'objet d'une étroite surveillance. El Hierro a surpris tous les volcanologues qui n'avaient pas anticipé ***l'éruption sous-marine de La Restinga,*** en 2011-2012, qui a duré près... de 6 mois ! Le cône immergé à 120 m de profondeur mesurait 800 m de diamètre à la base pour 200 m de haut. Il s'est arrêté de grandir à 80 m sous la surface des eaux, mais il n'a pas manqué de provoquer des bouillonnements dantesques. Il a rejeté une importante quantité de matière – d'étranges bombes flottantes (mélange de gaz et de cendres) au cœur blanc et à la carapace noire, baptisées « restingolite » (soit près de 145 millions de m^3). Au plus fort de cette éruption sous-marine, on compta jusqu'à 7 bouches éruptives, dont la plus proche n'était qu'à 1,5 km du port de La Restinga. Bref, les stations sismiques de la *Red de Vigilancia Volcanica de Canarias* sont plus que jamais en pointe et à l'écoute des entrailles de la terre !

HISTOIRE

« Îles fortunées » aux limites du monde connu

En raison de la douceur du climat, de la fertilité de la terre, des pluies et des vents modérés, ***Homère*** pensait (VIIIe s av. J.-C.) que les îles Canaries étaient les ***Champs Élysées.*** Dans ces îles de la région où le soleil se couche à l'ouest du monde connu se trouvaient les demeures et le paradis réservés après cette vie aux hommes vertueux et aux bienheureux. Les Anciens avaient coutume d'appeler les Canaries les îles ***Bienheureuses.*** À la même époque le poète ***Hésiode*** mentionne le « jardin » des Fortunées, mais le situe dans les parages de l'Atlas. ***Aristote*** (IVe s av. J.-C.), dans *Des merveilles du monde,* rapporte que des marchands carthaginois auraient trouvé une île luxuriante à plusieurs jours au-delà des Colonnes d'Hercule (le détroit de Gibraltar). Citons aussi ***Platon,*** plus imaginatif, pour qui les Canaries ne seraient que les vestiges apparents de la fameuse ***Atlantide engloutie*** aux alentours de l'an 9560 av. J.-C. ***Plutarque*** *(Vies parallèles)* avance que Sertorius est – bien après les Phéniciens et même les Carthaginois – le 1er Romain à « (re)connaître » les Fortunées en 80 av. J.-C. ! Mais ne s'agit-il pas de Madère et de Porto Santo ?

Les Grecs transmettent leurs connaissances géographiques aux Romains. Au Ier s, ***Pomponius Mela*** *(De Chorographia)* précise que face à la « côte brûlée » d'Éthiopie (actuelle région de l'Atlas atlantique), « les îles Fortunées abondent en produits de la terre qui viennent d'eux-mêmes » ! Mais le plus pointu fut ***Pline l'Ancien*** (Ier s, *Naturalis Historia*) qui, reprenant les indications de Juba II, roi de Numidie puis de Mauritanie, releva une île, appelée *Canaria* en raison des grands chiens (*canis* en latin) qui la peuplaient ! ***Ptolémée*** *(Geographia)* la mentionnera en grec plus tard... À la fin de l'Empire romain, le décor géographique est planté pour des siècles. Il faudra attendre que des marins arabes, des explorateurs portugais et des conquérants espagnols le rouvrent... Le 1er acte de la pré-*conquista* – et non de la *conquista* – sera néanmoins normand !

XIVe s : découverte par les Européens

Comme le Cap-Vert, comme le Brésil, plus loin encore, les Canaries auraient pu être lusophones et donc parler le portugais, mais les papes et les rois en ont décidé autrement...

En 1341, Alfonso IV, roi du Portugal, entreprend l'exploration des mers du Sud-Ouest. À la barre de la caravelle : ***Niccoloso de Recco,*** un Génois... Les explorateurs ramènent « 4 hommes » à Lisbonne, « forts, intelligents, vifs et plus civilisés que beaucoup d'Espagnols... » Recco écrit le 1er récit détaillé de son exploration.
L'Espagne fait pression auprès de la papauté. Dès 1344, un prince castillan est investi seul et unique « *princeps Fortunæ* » par le pape Clément VI à Avignon. Il doit cependant rallier le roi français Philippe VI (de Valois). La France aurait pu être officiellement la maîtresse des îles Fortunées, au grand dam, alors, du roi du Portugal ! Il en fut autrement : l'Espagne nomme alors capitaine le Majorquin ***Jaime Ferrer.*** Et, après 1346, on n'eut jamais plus de nouvelles du galion affrété par ses soins...
En 1360, 2 navires catalans mouillent en baie de Gando, à Gran Canaria. Coloniser, c'est d'abord convertir ! Les 4 ou 5 moines descendus à terre sont faits prisonniers mais ils sont bien traités. À tel point que nos religieux abusent des autochtones... Secrètement condamnés, ils sont finalement précipités dans un gouffre !
Le hasard aurait-il alors forcé les choses ? Des Basques et des Sévillans y accostent. En fait, nos Espagnols ont appareillé à destination des côtes africaines, et se font détourner sur Lanzarote par une tempête !

Début du XVe s : Jean de Béthencourt et les Normands

Au début du XVe s les royaumes du Portugal, d'Espagne et de France se retrouvent en 1re ligne pour la conquête des Canaries. C'est une discorde internationale ! Pour ces « isles de Canare et d'Enfer », Charles VI, roi de France, est ambitieux. Il va les promettre à son chambellan, ***Gadifer de La Salle,*** et à un seigneur normand, ***Jean de Béthencourt*** (1362-1425)... Armés de vin, de biscuits, de viande salée, de cordes et... d'arbalètes, ils mouillent, en juillet 1402, dans l'anse de La Graciosa et font une excursion sur Lanzarote que Béthencourt nomme l'île de Lancelot (le nom Lanzarote serait une altération de Lancelot). À l'aide de 2 *Mahoreros* christianisés, ils obtiennent la reddition de Guadarfía, alors cacique de l'île. De là, les droits seigneuriaux, la 1re fortification, à Yaysa, déjà aride. Et les draps, donc, tendus la nuit pour récupérer l'eau de la rosée, et avoir à boire.
Plus au sud, encore, ils visitent une île qu'ils appellent « Forteaventure » (Fuerteventura aujourd'hui) ! Ils s'établissent dans une oasis, « Vyen de Palmes » (devenue Vega de Palmas), avant de fonder Sainte-Marie de Béthencourt (l'actuelle Betancuria).
Béthencourt rentre en France pour négocier avec le roi Charles VI. En son absence, il est trahi par son lieutenant ***Berthin de Berneval,*** à qui il avait confié le commandement des îles. Le roi de France est très occupé par la folie du monde (les guerres !), du coup Béthencourt fait appel à Enrique III, roi de Castille, à qui il a prêté serment de vassalité. C'est la rupture définitive entre Béthencourt et son associé, ***Gadifer de La Salle,*** chambellan de Charles VI.
En 1405, pourvu en hommes et en matériel par la Castille, Béthencourt impose des Normands pour convertir et coloniser cette nouvelle terre dont il s'estime le roi ! 160 hommes, 23 femmes, cuisiniers, boulangers, maréchaux, prennent la mer,

BÉTHENCOURT, DE LA NORMANDIE À LA COLOMBIE

Jean de Béthencourt serait l'ancêtre commun et lointain de Liliane Bétancourt (de la famille de L'Oréal) et d'Ingrid Bétencourt, ex-otage des FARC en Colombie. Quel lien entre ces 2 femmes si différentes ? De Normandie, une branche familiale aboutirait en près de 4 siècles à Liliane (par son mari). Des Canaries, une autre branche aurait fait souche au Venezuela et en Colombie, d'où descendrait l'otage franco-colombienne aujourd'hui libre.

depuis ***Grainville-la-Teinturière (Normandie)...*** Mais rappelé dès décembre en France, il laisse à son neveu, Maciot de Béthencourt, le soin de gérer la colonie. Ledit neveu se marie avec la fille de Guadarfía, Teguise, dont le nom est donné à la capitale de Lanzarote.

Jean de Béthencourt devient célèbre en France par sa chronique ***« Le Canarien »,*** pourtant il ne parvient à conquérir ni La Gomera, ni Tenerife, ni Canaria, qu'il affuble de l'épithète « Grande » pour son invincible centralité. Quant à El Hierro, elle ne reste sous le contrôle des Normands que grâce à la diplomatie de Maciot. Celui-ci gère l'excès de violence de ses compatriotes en octroyant aux *Herreños* un traitement plus décent. Abusant de l'absence de Béthencourt, Maciot développe la traite de ceux qu'il ne peut pacifier : les *Canarios* et les *Guanches* !

Roi des 3 Canaries (Lanzarote, Fuerteventura et El Hierro), Jean de Béthencourt meurt en 1422... Avec lui apparaît la fonction d'*Adelantado,* découvreur et gouverneur de nouvelles terres au service de la couronne d'Espagne.

Il faut néanmoins attendre 1479 pour que le ***traité d'Alcáçovas*** permette un partage des nouvelles terres : au Portugal Madère, les Açores et le Cap-Vert ; à la Castille les Canaries ! La discorde cesse. Chaque royaume a sa part du gâteau, du moins sur le papier !

Mais sur le terrain, la résistance ne s'éteint pas ; en 1483, grâce à la protection du roque Bentayga, les indigènes de Gran Canaria infligent une déroute au conquistador ***Pedro de Vera...*** Qui réclame à Isabelle la Catholique une aide digne du royaume. Pire est la situation de La Gomera dont la résistance conduit à un génocide opéré par don ***Diego de Herrera.***

La *conquista* dure un siècle (XVe s)

C'est le 1er voyage de ***Christophe Colomb*** aux Indes qui confère à Gran Canaria, en 1492, son rôle capital au milieu de la partie connue de l'Atlantique. L'objectif de Colomb est d'atteindre les Indes par la route de l'ouest. Il ne sait pas qu'il y a un continent inconnu : l'Amérique. Pour atteindre les Indes, l'Amiral de la mer Océane relâche aux Canaries pour réparer une de ses caravelles et se ravitailler. Le 2 septembre 1492, l'avarie réglée, il regagne La Gomera. Le 6, enfin il cingle au large d'El Hierro vers d'autres aventures... Christophe Colomb fera escale à La Gomera à chacun de ses 4 voyages : 1492, 1493, 1498 et 1502.

À partir de 1493, ***Alonso Fernández de Lugo*** allait terminer le travail de conquête. Gran Canaria finit d'être conquise puis La Palma, ***soumise dès septembre 1493*** – excepté le petit comté d'Acero. En mai 1494, ce dernier est définitivement conquis et son *mencey* (chef), Tanausú, est embarqué sur un bateau pour le montrer à l'Espagne. Celui-ci préfère se laisser mourir en cours de route plutôt que de mourir de honte...

Fin mai, Alonso de Lugo s'attaque à Tenerife. Les chefs rebelles, Beneharo, Bencomo et Acaymo, eux, résistent. Piégé dans le ravin d'Acentejo, Alonso de Lugo est gravement blessé, mais il s'en sort. ***Bencomo*** et son frère l'ont vaincu, lui, le grand conquistador, et ses hommes. Aujourd'hui encore, le lieu de cette bataille s'appelle la Matanza de Acentejo (le « massacre d'Acentejo ») : la tuerie la plus meurtrière de la *conquista...* Mais pas la dernière. En novembre, il revient à la charge. À Aguere, le 10 novembre, puis le 14 à la Cruz de Piedra. 600 Guanches tués, dont le cacique Bencomo, une lance dans la poitrine... Puis à Las Mesas de Guaza, Alonso de Lugo va jusqu'à engager 50 tireurs allemands, qui font de cette victoire la 1re par le feu !

Le 24 septembre 1496, tout rentre dans l'ordre. La difficile ***Tenerife est enfin « pacifiée ».*** Isabelle la Catholique livre alors les 7 îles en pâture aux banquiers, aux grands commerçants, Flamands, Génois... Et elle nomme un seul gouverneur général, 1er *Adelantado Mayor* des Canaries en lui recommandant moins de cruauté... et c'est Don Alonzo de Lugo (toujours lui !), nommé en janvier 1503.

Toutefois, c'est après l'établissement de l'Audience royale à Las Palmas de Gran Canaria en 1527 que Charles Quint attribue le nom de « Canaria(s) » à l'archipel, 2 ans après la mort d'Alonzo de Lugo.

Dernière escale avant la grande traversée

Les Canaries représentent une escale maritime de 1er choix pour les navigateurs portugais et espagnols, préférant La Gomera à Gran Canaria. ***Vasco de Gama*** s'y arrête en 1497 et en 1502, en route pour les Indes par le cap de Bonne-Espérance. La flotte de ***Magellan*** reste 3 jours à Tenerife (septembre 1519) pour se ravitailler avant de se diriger vers le cap Horn et les Moluques accomplissant ainsi le 1er tour du monde de l'histoire. Les autres marins sont plutôt des conquistadors : Pedrarias Dávila (1515), Diego García (1523), ***Francisco de Pizarro*** (1530)... Dans le sillage de Christophe Colomb, ils y embarquent marins et matériel pour aller construire la *castilla del Oro* (Panamá) et alimenter le río de la Plata (Argentine).
Au XVe s, les Canaries constituent la plate-forme stratégique, la tête de pont de la conquête de l'Amérique. On s'y ravitaille, on s'y entraîne au combat contre les autochtones... La conquête de l'Amérique se fait en même temps que celle des Canaries.

L'âge de la Renaissance humaniste...

Au XVIe s, possession espagnole, les Canaries sont de mieux en mieux connues en Europe, tant par les marins que par les explorateurs et les géographes. Cette « sombre montagne [...] lançait parfois de la fumée » ! ***Le Tasse,*** poète italien du XVIe s (Tasso Torquato), en parlant des « pyramides aiguës », évoque, bien sûr, les volcans des « îles de la Fortune ». La Renaissance s'achève : il faut bien que quelqu'un marque les Canaries de son humanisme. C'est ***Bartolomé Cairasco de Figueroa,*** homme de lettres et compositeur, qui s'y colle. Le 1er à s'intéresser aux fondations foncièrement naturelles de la culture préhispanique (leurs arbres, leurs monts, leur mer), à travers le mythe de Doramas, chef canario qui contribua à la pacification.
Mais ce n'est pas cette chimère qui va attendrir les autres prétendants, maintenant que le centre d'intérêt s'est déplacé de l'Afrique aux Indes !
En 1584, le roi Felipe II nomme ***Leonardo Torriani*** ingénieur topographe de La Palma, en réponse à une attaque éclair de 1553, menée par le pirate français ***François Le Clerc.*** Il fallait mettre en place un système de défense. Tenerife, siège du *virrey,* c'est-à-dire de l'intendance royale, suit bientôt, avec ses fortifications. Puis Las Palmas où l'Italien œuvre jusqu'à la fin de 1592... Tours et murailles doivent alors protéger des assauts des corsaires africains, anglais et hollandais... Au *virrey* va progressivement s'imposer un gouverneur militaire : le *Comandante General,* aux pouvoirs élargis. En ligne de mire : piraterie et autres contrebandes ! Se protéger des ennemis, mais accaparer l'« ami » aussi. L'assimilation est en marche.

XVIe-XVIIIe s : renaissance économique et navigation

Entre la 2de moitié du ***XVIe s*** et la fin du ***XVIIe s,*** la viticulture, menée tambour battant par les Anglo-Saxons, obtient la peau des... plantations de canne à sucre, dorénavant concurrencées par les Grandes Antilles ! À la fin du XVIIe s, face au monopole du port sévillan, ceux-ci ont bien compris l'intérêt du commerce triangulaire : produits canariens vers les colonies britanniques d'Amérique, produits indiens vers les îles, vins de La Palma et de Tenerife vers l'Angleterre... Faisant de Lanzarote, de Fuerteventura, et, dans une moindre mesure, de Gran Canaria, les greniers à blé des 2 autres. Toutefois, c'est bien le commerce du vin qui rouvre l'archipel vers l'extérieur. Un peu trop même... Et, à force de spoliation de leur capital vino-viticole, les propriétaires terriens expulsent les Anglais... qui reviendront par la fenêtre : en 1797 arrivent au large de Tenerife 2 000 hommes aux ordres de ***l'amiral Nelson*** (22 juillet). À terre, le général Antonio Gutiérrez de Otero résiste victorieusement. Les Canaries resteront espagnoles ! 700 Britanniques sont tués contre seulement 24 Canariens. Nelson capitule le 25 juillet et perd une main dans la bataille. Opéré par les services de Gutiérrez, il signe l'acte de reddition... de sa main gauche !

Les explorateurs et marins du XVIIIe s y font escale comme leurs prédécesseurs, à Tenerife notamment. ***Bougainville*** en décembre 1766, et ***La Pérouse*** en août 1785. Les savants embarqués sur ses vaisseaux montent au sommet du pico del Teide pour herboriser, et calculer la hauteur du volcan.

Les idées rayonnent, c'est le ***siècle des Lumières*** et de l'*Encyclopédie*. En juin 1799, les naturalistes ***Alexandre de Humboldt*** et ***Aimé Bonpland,*** en route pour l'Amérique du Sud, séjournent 6 jours à Tenerife. Ils admirent « les jardins délicieux de La Orotava » et grimpent au sommet du pico del Teide.

Le savant ***José de Viera y Clavijo,*** ethnobotaniste avant l'heure et traducteur de Racine, influence toute la sphère ibéro-américaine, notamment à travers la somme d'écologie de son *Diccionario de historia natural de las islas Canarias*. Et le vin canarien, quoique de moins bonne qualité, coule à flots aux États-Unis... d'Amérique, fraîchement émoulus !

C'est aussi l'explosion démographique de Gran Canaria, et l'émergence de la vocation portuaire de Las Palmas. Et une bourgeoisie commerçante non plus anglo-saxonne – viticole –, mais canarienne.

En outre, la noblesse se repose encore, au ***XIXe s,*** sur son passé de conquistadors et exploite les paysans jusqu'à forcer leur émigration notamment à Cuba.

Un siècle scientifique : le XIXe s

Sabin Berthelot vient à Tenerife pour inventorier la flore. Il publie, avec ***Philip Barker Webb,*** *Histoire naturelle des îles Canaries* (1836-1844) et effectue de multiples va-et-vient entre l'île et le Museum de Paris. C'est l'époque du lancement de la culture de la cochenille sur les figuiers de Barbarie, dans les îles orientales (1851). Et, dans les îles occidentales, d'une plante introduite depuis l'Asie : ***la banane*** (1855) ! Le statut de port franc obtenu en 1852 permet d'accroître le commerce canario-américain. La nouvelle bourgeoisie, intégrée à la vie politique, attire les capitaux étrangers – et pas qu'anglais.

C'est néanmoins ***l'anthropologue René Verneau,*** dans les années 1880-1890, qui relance l'intérêt pour les investigations sur l'archipel, emboîtant le pas à ce qu'avaient initié Alexandre de Humboldt et Aimé Bonpland avec la botanique, un siècle plus tôt. Dans la fièvre de l'ethnographie naissante, les îles deviennent plus qu'un terrain d'observation du « Sauvage » disparu, mais aussi un terrain de stimulation et de compétition intellectuelle. Et, en 1882, *La Revista de Canarias,* positiviste, a même un correspondant à... Paris !

1936 : base de repli pour le général Franco

Les Canaries sont aussi une terre d'exil au sens premier du terme... Parmi ces exilés, le philosophe ***Miguel de Unamuno...*** et le général Francisco Franco... Le jour et la nuit...

Franco débarque à Santa Cruz de Tenerife d'un bateau nommé le *Dómine*. Un nom prédestiné ? Il appartient au noyau dur des militaires conservateurs, et à ceux qui ont contesté les élections démocratiques de février 1936 ! La politique d'éclatement de la IIe République de Manuel Azaña (Front populaire) le pousse à s'exiler aux Canaries. À la différence de l'écrivain Unamuno, exilé sur Fuerteventura, Franco l'est à Tenerife... Un prêté pour un rendu qui va coûter sa destinée à toute l'Espagne... Car, la veille de son départ (8 mars 1936), les conspirateurs réunis sur le continent fomentent l'inexorable coup d'État jusque-là avorté. ***Emilio Mola*** y est chargé par le général Sanjurjo (qui disparaîtra dans un accident d'avion juste après le putsch) d'élaborer le scénario. Franco hésite à faire le coup de force contre l'anarchie régnante en Espagne. Exaspéré, Mola lui envoie un émissaire, le 30 mai 1936, afin de le convaincre. En vain. Franco, en cas de 2d échec, appréhende d'être écarté de l'armée. Il entend mettre toutes les chances de son côté. En dépit de la surveillance gouvernementale dont il fait l'objet, le 17 juin il convoque cependant clandestinement les hauts gradés de l'archipel pour s'assurer de leur soutien si le putsch devait éclater un jour !

Profitant de l'incurie gouvernementale face au chômage et à la fuite des capitaux, Franco adresse le 23 juin un courrier à son ministre de tutelle, ***Casares Quiroga.*** Il l'implore de se laisser conseiller par les généraux plus réceptifs aux requêtes de l'armée qu'à la chienlit de la rue ! La lettre... reste lettre morte. Elle fait suite, en tout cas, au défi lancé par le député monarchiste ***José Calvo Sotelo*** au ministre, à Madrid : « Le militaire qui ne serait pas disposé à se soulever pour l'Espagne, contre l'Anarchie, serait fou ! »

Le coup d'État est en marche. Un avion est envoyé à Las Palmas de Gran Canaria pour emmener Franco au Maroc le 18 juillet 1936. Le 17, Franco en profite pour passer le relais à son bras droit, ***Luís Orgaz*** !

Dans la nuit du 17 au 18, on lui notifie le succès du soulèvement à Titouan, Melilla, Ceuta...

Le 18 juillet, le général Orgaz neutralise l'opposition à Santa Cruz par la prise militaire du gouverneur civil, et Franco arrive au Maroc où il ***s'autoproclame chef de l'armée du Maroc !*** Le 20 juillet 1936, Las Palmas de Gran Canaria tombe aux mains des *sublevados* (les insurgés phalangistes). Puis La Palma. La Gomera résiste. La *guardia civil,* restée, ici, fidèle à la République, affronte 2 colonnes militaires d'Orgaz.

Cynisme ou ironie du sort, l'un des croiseurs rapides aux mains des troupes franquistes s'appelle... *Canarias* ! La guerre civile espagnole dure jusqu'au 1er avril 1939.

Les Canaries sous le régime franquiste

Sous le régime dictatorial franquiste (1939-1975), contraints à la censure, désespérés, les Canariens n'ont que l'espoir de leurs aïeux : fuir la misère intellectuelle et économique d'un archipel isolé, avec des plantations de canne et des vignes à nouveau exsangues. Nombre de traversées sans passeport, sur des navires clandestins, amènent ces *Majoreros,* les *Gomeros,* les *Herreños...* paysans sans terre, au ***Venezuela, alors appelé « la 8e île ».***

Dans les années 1970, la guerre froide laisse Franco se faire approcher, cette fois, par les Américains... Au point que c'est une station destinée à écouter des sous-marins soviétiques, sise à Puerto Naos (La Palma), qui donne l'alerte de l'éruption du Teneguía !

L'après-Franco : une nouvelle Espagne

Après la ***mort de Franco*** (20 novembre 1975), le retour de la démocratie permet aux insulaires d'accéder à une relative autonomie en 1978. Avec, en contrepartie, une modernisation fulgurante, vidant certaines vallées aux paysages bibliques au profit de pôles urbains et côtes touristiques. Politiquement, l'archipel fut dirigé de 1993 à 2019 par le parti de centre-droit *Coalición Canaria*. C'est depuis le PSOE (socialiste) qui gouverne l'archipel, sous la présidence de ***Ángel Victor Torres.***

Après la crise de 2008 et les mesures d'austérité qui frappent sévèrement l'archipel, les partis politiques canariens décident de faire front commun contre le gouvernement espagnol. Ainsi, depuis 2011, la coalition au pouvoir rassemble les ennemis d'hier, de gauche *(partido socialista canario)* et de droite (parti populaire), sous une bannière commune résolument tournée vers davantage d'autonomie

vis-à-vis de Madrid. Comme dans d'autres communautés autonomes, les problèmes économiques alimentent, de plus en plus, les courants séparatistes et indépendantistes. Mais on reste loin des sommets de défiance observés depuis quelques années en Catalogne...
La sidération économique et médicale, face à l'épidémie de la Covid-19, fige l'Espagne comme tout le reste de l'Europe. Les mesures prises par le gouvernement espagnol à partir de mars 2020 (soutien aux entreprises, chômage partiel, etc.) ont permis au pays de faire plus ou moins le dos rond pendant la 1re vague épidémique. Et la création d'un Revenu Minimum Vital (RMV), qui était dans les tiroirs depuis un moment, permettra probablement de limiter un peu les dégâts sociaux... Par chance, l'archipel des Canaries fait partie des régions les moins durement touchées par l'épidémie en terme de nombre de décès, les autorités locales ayant déployé avec rigueur et vigueur les mesures sanitaires destinées à contrôler l'épidémie. Mais son économie, largement alimentée par le tourisme, aussi bien espagnol qu'étranger, en a pris un sacré coup.

LIRE DANS LES ÉTOILES

Le ciel des Canaries occidentales est – avec ceux du Chili et d'Hawaii – ***le plus pur au monde.*** À La Palma, ou à Tenerife, entre 2 000 et 3 000 m d'altitude, quand la mer des nuages se retire, elle laisse place à une lumière de diamant. Une lumière pour laquelle le Parlement espagnol a créé la *Ley del cielo.* Dès 1994, le Conseil insulaire de La Palma et celui de Tenerife (pour les abords d'Izaña) commencèrent à adapter leur éclairage public et contrôler les mouvements aériens pour protéger de toute pollution lumineuse un certain volume du ciel entourant les télescopes. À proximité, l'éclairage de nuit est interdit. Un peu plus loin, il y est très réglementé : lampes aux vapeurs de sodium focalisées vers le sol. L'observatoire du Roque de los Muchachos, à La Palma, et celui d'Izaña, à Tenerife, sont ainsi devenus une « ***réserve astronomique*** » convoitée. Européens et Américains y sont présents, travaillant dans plusieurs laboratoires, dont le plus récent, le *Gran Telescopio Canarias (GranTeCan)* à La Palma abrite le plus grand télescope optique du monde.
Les autres ***méga-télescopes du monde*** sont le *LBT (Large Binocular Telescope)* installé en Arizona (États-Unis ; le plus avancé du monde sur le plan de la résolution), et les télescopes Keck de Mauna Kea (îles Hawaï) et du Cerro Paranal (Chili). Ainsi, aux Canaries en septembre 2013, on a pu remonter à la plus lointaine – donc la plus jeune – étoile en formation de notre univers, à 4 500 années-lumière. On a détecté, en avril de la même année, une galaxie plus productive d'étoiles que la nôtre. Pour la 1re fois, aussi, on a observé la queue de la comète Hale-Bope. Jamais, enfin, on n'a cartographié avec autant de précision notre Voie lactée, depuis ***l'observatoire du Roque de los Muchachos*** et grâce au superordinateur « La Palma », d'une capacité équivalente à 1 000 ordinateurs domestiques. La clarté de l'atmosphère permet ici de franchir des distances d'observation normalement réservées aux seuls engins spatiaux. De regarder le Soleil en plein dans les yeux.

Explorer le ciel des Canaries !

C'est à Tenerife que se trouve le siège de ***l'Institut d'astrophysique des Canaries,*** promoteur de la conférence internationale *StarLight* pour la défense de la qualité des cieux nocturnes (organisée en 2007). Ses travaux, de portée mondiale, ont contribué à faire de l'archipel un véritable hotspot astronomique, attirant dans un 1er temps des experts, techniciens et doctorants du monde entier, avant que la fièvre ne gagne à leur tour les amateurs. ***L'île de La Palma*** tient à cet égard un rôle particulier, avec sa douzaine de « miradors astronomiques » aménagés pour l'observation, et accessibles à tous.

Plusieurs opérateurs spécialisés proposent des observations guidées et certains louent même du matériel aux vrais passionnés ! Si le *GranTeCan* n'est pas accessible au public pour les observations, il peut néanmoins être visité de jour – tout comme l'Observatoire astronomique du Teide, à Tenerife, qui ouvre également ses portes en soirée. Des hôtels proposent des conférences astronomiques à leurs clients et certaines *casas rurales* se sont équipées de télescopes et livres spécialisés ! Également un *mirador astronómico* sur Fuerteventura.

MÉDIAS

VOTRE TV EN FRANÇAIS : TV5MONDE la première chaîne culturelle francophone mondiale

Avec ses 10 chaînes et ses 14 langues de sous-titrage et sa nouvelle plateforme numérique TV5MONDEplus, TV5MONDE s'adresse à 353 millions de foyers dans 198 pays du monde par câble, satellite et sur IPTV est présent dans plus de 3 millions de chambres d'hôtels. Vous y retrouverez de l'information, du cinéma, du divertissement, du sport, du documentaire... Préparez votre séjour grâce à son site voyage • *voyage.tv5monde.com* • et en voyage, restez connecté avec les applications et le site • *tv5monde.com* • Demandez à votre hôtel le canal de diffusion de TV5MONDE et contactez • *tv5monde.com/contact* • pour toutes remarques.

Presse

À lui tout seul, le vétéran des journaux de l'archipel résume bien le caractère de la presse canarienne : hyper-régionale mais éclatée !
Le *Diario de Avisos* naît en 1890 sur une île jalouse de sa singularité, La Palma... C'est José Esteban Guerra Zerpa qui le fonde avant de lancer, 34 ans plus tard et à Cuba, le Parti nationaliste canarien... Incorporé au quotidien de la propagande franquiste *Accion Social* en 1939 puis revendu au groupe de presse *CANAVISA* en 1973, le siège est transféré à Tenerife. Certes, il conserve un bureau rédactionnel à Santa Cruz de La Palma, publiant ainsi 2 éditions. Bien que sa diffusion diminue (moins de 11 000 exemplaires), limitée qu'elle est à 2 îles, il reste LE titre de référence.
El Día, basé à Tenerife, après avoir été loyaliste vis-à-vis de l'Espagne en tant qu'organe du mouvement phalangiste, a changé de stratégie, faisant du nationalisme canarien son fonds de commerce. Ce qui en fait, malgré une diffusion essentiellement orientée vers l'ouest de l'archipel, le quotidien le plus lu, avec 190 000 lecteurs, le record ! Son programme local *El Día Televisión* est très populaire.
La ligne éditoriale est paradoxale : défendant la cause canarienne, donc libycoberbère, contre le « colon » espagnol, il stigmatise cependant l'émigré des boat people ! À noter aussi que son supplément hebdomadaire a repris le nom de *La Prensa,* un ancien quotidien fondé en 1910 et largement acquis, par la suite, au franquisme. *El Día* a doublé son édition papier d'une version internet à la suite de l'arrivée de *La Opinión.* Et, soucieux de rester au contact des jeunes, il organise chaque année le Prix de journalisme Leoncio-Rodríguez, du nom du fondateur.
La Provincia, plus classique (et diffusé à environ 23 000 exemplaires), répond probablement à une stratégie de pluralisme menée depuis Gran Canaria. Sa fusion, en 2000, avec l'antique *Diario de Las Palmas* (fondé en 1893), vise à rééquilibrer le point de vue sur l'archipel. Ce journal est donc modéré et surtout pas nationaliste. Pour plus d'efficacité, il avait même, dès 1999, lancé une édition *tinerfeña* sur l'île d'en face afin de concurrencer *El Día* : *La Opinión (de Tenerife),* qui n'a pas survécu à l'arrivée d'Internet ! 2 éditions locales – pour Fuerteventura et Lanzarote – peaufinent son souci d'atomisation. Lui aussi se diversifie dans les médias avec *Radio Canarias,* et dans la production audiovisuelle avec *Minifalda* et une participation dans *Mediareport.*

Canarias 7 est le concurrent de *La Provincia.* Fondé en 1982, il est probablement le seul à n'avoir pas de comptes à régler avec l'histoire. Et il tire son épingle du jeu : c'est le 3e sur la liste des quotidiens pour un archipel d'à peine 2 millions d'habitants...

● **elpais.com** ● **elmundo.es** ● Les sites des quotidiens nationaux, pour lire les nouvelles fraîches. Et les locaux : ● **eldia.es** ● **laprovincia.es** ● **canarias7.es** ● **marca.com** ● En espagnol ou en anglais, le quotidien sportif *Marca* permet de se tenir au courant des exploits sportifs de vos hôtes.

De la télévision...

Les médias canariens se sont longtemps restreints aux radios issues des 2 groupes de radiodiffusion datant du franquisme : *Radio Club de Tenerife* (du groupe *Caneda SER*), *Radio ECCA* (du groupe *COPE*), *La Voz de la Isla de La Palma* (jusqu'en 1978), ou *Radio Canarias (Radio National de España, RNE).* De même avec la télévision territoriale, *TVE-Canarias.*

C'est en 1998 qu'est créée la *RTVC (Radiotelevisión Canaria),* afin de cultiver cette notion d'appartenance : les îles, l'exil, mais toujours « ma terre », *¡ lo nuestro !* La 1re chaîne émet dès 1999. Et le fait de ne pas être handicapé par une langue « locale », comme la Catalogne, lui ouvre les portes de l'Amérique latine, si bien que son *Canal Internacional* émet par satellite depuis 2001, avec d'autant plus de succès que la diaspora canarienne est importante. En 2003, la *RTVC* intègre le bouquet *Digital* + à destination de la péninsule, et est la 1re à basculer en numérique. Dès 2005, la chaîne fragmente ses actualités en 7 décrochages. Il faut y voir le poids des *Cabildos* (Conseils insulaires) des 7 îles, dont les plus petites et périphériques (El Hierro et La Gomera) ou les moins denses (Fuerteventura) ne cessent de réclamer un certain désenclavement. La création en 2006 de *Televisión Canaria 2,* aux émissions plus culturelles, complète l'offre.

L'archipel de 2 millions d'habitants est ainsi doté de 2 chaînes de TV qui émettent 24h/24 et d'un programme par satellite vers les Amériques et l'Europe. S'y ajoutent *Teidevision* et *Canal 8,* chaînes locales des 2 capitales, ainsi que des îles les plus rebelles comme El Hierro (9 000 habitants !) ou La Palma *(Canal 11 La Palma).*

Les principales chaînes nationales espagnoles ne sont pas en reste. Acheminées par satellite, elles proposent de larges sessions d'informations en décrochage : *Telecanarias 1* pour *TVE-1* et *+Canarias* pour *LA 2* (publiques), ainsi qu'*Antena 3 Noticias Regional* (privée).

... à la radio !

À l'inverse de l'histoire universelle de la radio, le dernier média lancé par les autorités canariennes est une radio, et non une télé : *Canarias Radio La Autonómica* (2008), basée à Las Palmas de Gran Canaria, et qui intègre dans son développement un petit nouveau, Internet.

Néanmoins, la 1re à avoir réellement eu un ancrage est *Radio Club de Tenerife* (1934). Aujourd'hui incluse dans la *Cadena SER* (et donc dans le géant *PRISA*), elle est déclinée en plusieurs FM : *Radio La Palma, Radio Garoé* (El Hierro), *SER Las Palmas* et *SER Lanzarote.* Cependant, ses OM historiques lui servent encore à atteindre l'auditoire le plus âgé, reculé dans les reliefs accidentés des îles...

Radio ECCA, filiale éducative sans but lucratif du groupe *Radio Popular* (aujourd'hui *COPE*), en service depuis 1965, est quant à elle un pur produit de Gran Canaria conçu pour alphabétiser les plus démunis, voire les former jusqu'à les diplômer. Si elle s'est aussi dotée d'un émetteur OM, adapté à la couverture d'une large superficie, passant outre les distances marines et les reliefs (92 % de l'archipel ; Lanzarote-El Hierro : 500 km !), elle est aussi relayée en FM, île par île.

Sans oublier la *Cadena COPE,* précisément : tous les matins, la voix suave et nonchalante du « *¡ Asi son las mañanas de COPE en Canarias !* » annonce la

couleur, celle de décrochages en cascades : pour tout l'archipel, puis pour chacune des 2 provinces. Idem tous les midis...
À cela s'ajoute une myriade de radios locales en FM, comme *Radio Faycán* ou *Radio Canarias* depuis Gran Canaria... *Cadena Dial Tenerife, Radio El Día* ou *Teide Radio,* depuis Tenerife...

MUSIQUE

Un orchestre de chambre, un orchestre symphonique à Tenerife, autant à Gran Canaria... et même plus : l'orchestre philharmonique, la chorale polyphonique de l'*Universidad de Las Palmas de Gran Canaria,* le Conservatoire supérieur, la Fondation Kraus... sans oublier les groupes de musique traditionnelle et la *Casa-Museo del Timple* (petite guitare traditionnelle) de Teguise (Lanzarote). Pas de doute, les Canaries aiment la musique !

Musique profane et populaire

Cette présence intense de la musique remonte au moins au XVIe s, et a toujours été le fruit de diverses influences, nées des va-et-vient entre Afrique, Amérique et Europe.
Ainsi les chants de travail que l'on peut encore entendre à El Hierro descendent de chants importés de... Galice. Idem pour la danse du tambour de La Gomera : elle vient des airs de *vaqueros* des Asturies !
Après la *conquista,* la culture guanche, elle même issue des libyco-berbères, fut contrecarrée par la culture occidentale. Isolée et souvent spoliée, la population insulaire favorisa la survivance du folklore espagnol. Les danses de *romancescos* ont quasiment disparu de l'Espagne continentale, mais subsistent aujourd'hui aux Canaries ! Il en va ainsi des ***seguidillas,*** populaires entre les XVIIe et XXe s sur le continent, et encore chantées au XXIe s aux Canaries. De même, la ***folía,*** très populaire dans toutes les îles, fut une danse chantée dès le XVIIIe s et provenant de la péninsule Ibérique.
Et les musiques créées aux Canaries se répandent à leur tour. Le ***canario,*** gigue grotesque inspirée de la gestuelle des Guanches, est évoqué dès le milieu du XVIe s et défini par Horozco en 1611 comme un *saltarelo gracioso* (un « sautillement comique »). Et on retrouve cet air à la cour d'Espagne fin XVIIe s. Cette musique se diffuse ensuite en Argentine, au Mexique et à Porto Rico : le motif du *canario* se retrouve jusque dans *West Side Story* de Bernstein. Portoricains et Canariens ont au moins un air en commun. ***Los Gofiones,*** un célèbre groupe de Gran Canaria également populaire à Cuba, ne chantent-ils pas : « *Decir canario y cubano / Es decir la misma cosa* » !? (« *Todos somos Canarios, todos somos Caribeños* »).
La ***décima*** portoricaine, elle, ressemble à l'*isa* canarienne : c'est un air festif chanté lors de confréries, les *Tenderetes,* à partir de thèmes picaresques (vie conjugale, sujets politiques, etc.). Le ***punto cubano*** (improvisé, il doit finir par un vers de 10 pieds imposé par le public) est aussi une *décima* liée à l'émigration. Il est particulièrement populaire à La Palma.
Quant à la ***malagueña,*** certes importée par les Andalous aux Canaries, elle est exportée, sous forme de *fandango* long, au Venezuela par les Canariens. Dans bien des musiques latino-américaines, il y a donc un ingrédient canarien. Et réciproquement. C'est ce qui fait la richesse de la musique de l'archipel...
Si *folía* et *malagueña* ont pris racine aux Canaries, c'est parce qu'elles sont empreintes de mélancolie et que, par nature, les Canariens, dispersés par la diaspora, sentent l'appel de leurs îles. L'***añoranza*** est aussi une espèce de *saudade* chantée du fond du cœur, du fond du corps. « *¡ Adiós Canaria mía... me voy a tierras extrañas !* » C'est en interprétant cette chanson que ***Mary Sánchez*** est repérée dans les années 1950 par ***Néstor Álamo*** (voir « Personnages »), pour sa

sensibilité, à une époque où des *rondallas* (groupes) avec chorales, guitares et *timples* (une petite guitare en forme de mandoline) se formaient.
Si Néstor Álamo a aussi repris le genre de la berceuse (ou ***arrorró***), ce fut ***Valentina La de Sabinosa*** qui le popularisa après guerre dans des interprétations parmi les plus vivaces ! Car l'*arrorró* est lent, mélancolique et monotone. Il se joue à l'infini, pour endormir. En revanche le texte, plus réaliste que naïf, peut cyniquement évoquer la mortalité infantile... L'interprétation d'***Olga Ramos*** (Tenerife) est plus moderne cependant, avec une suavité toute latine.

Musique savante et sacrée

La musique populaire n'a pas pour autant étouffé la savante, la sacrée. Après la *conquista,* au XVIe s, le baroque s'enracina dans la chapelle de Vegueta avant même d'atteindre l'Espagne. Aujourd'hui, la *Schola Cantorum* de Las Palmas de Gran Canaria réhabilite les joyaux découverts dans les archives du diocèse, comme les *arias* de ***Joachin García.*** Déjà, au XIXe s, la Société philharmonique de Las Palmas, l'une des plus anciennes, ouvrit une brèche dans laquelle s'engouffra ***Camille Saint-Saëns*** ! Sa voix de basse et ses coups de timbales résonnaient dans la cathédrale *(Les Cloches de la cathédrale de Las Palmas, Valses canariennes...).* L'Orchestre philharmonique de Gran Canaria remonte à cette époque d'avant-garde (avant Debussy). Parallèlement, La Laguna, puis Santa Cruz de Tenerife, avec la Société philharmonique Sainte-Cécile, s'y mettent.
Prédilection de la voix dans l'interprétation et la composition parce qu'ici le Canarien garde du temps pour la sublimation du bruit (du monde). Le Canarien est « un lutteur de silence ». La formule appartient au compositeur Juan Falcón Sanabría (Gran Canaria)... Jacint Verdaguer, avant lui et bien que catalan, écrivit pour Manuel de Falla un poème dédié au Teide, *L'Atlantidá.* Et c'est l'Orchestre symphonique de Tenerife, sous l'impulsion du chef Edmón Colomer, qui l'a joué, avec le Jeune Orchestre national d'Espagne, lui-même formé par de nombreux insulaires. C'est l'Orchestre symphonique de Tenerife, encore, mais sous la baguette de ***Victor Pablo Pérez,*** qui a magnifié les *Chants d'Auvergne,* collectés par Joseph Canteloube dans les années 1920, en invitant ***María Bayo*** comme soliste. Ou quand les volcans parlent un langage universel...
Alfredo Kraus, le ténor *gran canario,* l'un des meilleurs de la 2de moitié du XXe s, en est même arrivé, de son vivant, à oublier la rivalité insulaire, et à chanter avec ***Los Sabandeños,*** le groupe phare de Tenerife ! Un *Roque Nublo* (encore de Néstor Álamo) réorchestré par l'Orchestre symphonique de Tenerife, à peine 3 mois avant de s'éteindre en 1999. Les Canaries, l'Espagne, le monde lyrique étaient en deuil. Aujourd'hui, l'auditorium de Gran Canaria, qui est le seul à offrir un fond de scène ouvert sur l'océan, porte son nom.
La salle de Santa Cruz n'est pas en reste. C'est une vague monumentale de béton que l'architecte Calatrava a figée. Et, entre les 2, naviguent les disciples de Kraus suivis par les *aficionados* étrangers lors du festival de Musique aux Canaries, chaque hiver, quand il fait bon se baigner.
« *¡ Las montañas, las... Cumbres de mi tierra... Junto al mar !* », la voix de cristal d'Alfredo résonne encore...

... et musique universelle !

Teobaldo Power, né à Tenerife en 1848 de père irlandais et passé par Barcelone puis Paris pour parfaire ses dons musicaux, moissonne les airs populaires gorgés de mémoire collective et les adapte dans des versions classiques. Ses *Cantos canarios* (1880) émeuvent les Canariens, tous les Canariens, l'élite comme les paysans. Car ce sont des chants polysémiques, des chants de travail. D'apparence simple, ils véhiculent tout l'affect des insulaires.
Un siècle plus tard, ***Lothar Siemens*** et ***Rosario Álvarez Martínez*** *(Universidad de La Laguna),* musicologues réactifs, lancent un projet tout aussi audacieux

qu'exhaustif de collecte de la création musicale. De la *conquista* à nos jours, c'est tout le spectre des musiques savantes, classiques et contemporaines qu'ils numérisent à travers la collection de CD *RALS.* Et ça complète admirablement le fonds de partitions et de manuscrits conservés au Musée canarien et à l'*Universidad de Las Palmas de Gran Canaria* : plus de 10 000 volumes allant de l'incunable de 1494 à la dernière partition de Falcón Sanabria, en passant par les feuillets liturgiques du XVIIe s.

Et si les labels *Manzana* et *CCPC (Centro de la Cultura Popular Canaria)* ont relayé les chansons folkloriques et populaires dès les années 1980, Naïve, BMG, EMI, Harmonia Mundi et Hungaroton reprennent le flambeau au niveau commercial : zarzuela, musiques classique et abstraite ont pignon sur rue.

Le compositeur contemporain ***Falcón Sanabria*** est ainsi interprété et enregistré par le *London Symphony Orchestra* ou l'Orchestre de Budapest... Il vit la même chose que ses ancêtres, il extrait la structure de sa musique de la nature : la corde de la houle comme la lave cordée... Se retire au bout de Gran Canaria, à Gáldar, dans le noir du *malpaís,* là où tout fut magma, face à la violence de l'océan, pour créer.

Oui, les Canariens ont la musique, la mort dans l'âme. *Muerte de un violinista* (« Mort d'un violoniste ») est fortuitement l'une des nouvelles de ***José Luis Correa*** qui prend pour décor l'auditorium de Las Palmas...

PARCS NATIONAUX ET ESPACES PROTÉGÉS

Avec 4 des 15 parcs nationaux espagnols, les Canaries ont bien d'autres choses à montrer que les méfaits de la mondialisation. Rares sont les endroits sur Terre qui rassemblent en si peu de distance une telle profusion de nature, tant d'écosystèmes originaux et inaltérés, qui ne manqueront pas de vous envoûter : l'éden forestier du Garajonay, l'enfer de Las Cañadas del Teide, les vertiges de la caldera de Taburiente, mais aussi les cônes de Timanfaya, nus comme au 1er jour... Quant à la presqu'île de Jandía, aux dunes de Corralejo, au roque Nublo ou au Verodal, qui ne sont pas des parcs nationaux, ils sont tout aussi grandioses ! Quasiment la moitié des espaces canariens sont protégés.

● ***miteco.gob.es/es/red-parques-nacionales*** ● Le site du gouvernement espagnol dédié aux parcs nationaux.

Las Cañadas del Teide (Tenerife)

Le plus ancien (1954), le plus élevé, le plus impressionnant des parcs de l'archipel. C'est aussi le plus filmé et le plus visité d'Espagne ! Colonisé par des plantes aussi uniques que bizarres. Le *tajinaste* demeure le plus flagrant. Voyez-le, en juin, coloniser subrepticement les espaces précédemment acclimatés par des plantes pionnières (voir aussi notre rubrique « Flore, faune et écosystèmes », ci-avant) ! Humez, aussi, le genêt du Teide : comme « au-dessus du nuage » ! Blanc. Entêtant.

Et si l'espèce rare était minérale ? L'obsidienne ? Elle brille sous le soleil zénithal : il suffit de marcher après El Paso, en direction de Las Cañadas. Le soufre ? Il faudra d'abord passer entre les *penitantes,* cette mer de congères striées d'émeraude, de turquoise et de béryl, autant de neige et de névé translucides à fondre sur des coulées glaciales de lave. Ou prendre le téléphérique... Monter encore, escalader, cramponner puis pénétrer dans l'ultime cône du Teide, haut de 80 m (permis spécial nécessaire). Pouvoir respirer les gaz soufrés, certes, mais aussi chlorés, pour un peu de roche colorée. Les cristaux sont là, dans leur gangue chaude. Et vous, dans le grand vent (jusqu'à 200 km/h !). - 16 °C au plus bas, 4,6 °C en moyenne (janvier). Mais on ne touche qu'avec les yeux !

Quel spectacle ! Campé face au vent froid, à vos pieds, la double caldera. À vos pieds, l'île. Et par temps clair, toutes les îles, l'océan à 360°. Total et inoubliable !

Vous êtes redescendu : la fournaise en plein midi, un air sec. Cela fait un bail qu'il a neigé, ***puisqu'il ne neige presque jamais.*** Mais la neige tient, là-haut, jusqu'à 3-4 mois grâce aux gelées ! Ici, à 2 200 m, elle a fondu, inondant les 2 ou 3 *calderas nevadas – las cañadas* – pour en faire des lagunes en pleine évaporation. Demain, une espèce de *salar* : des sables, des sels, descendus en novembre-décembre du Teide mais aussi de la barrière rocheuse opposée (sur un périmètre d'une quarantaine de kilomètres).
Chaud et froid. Tel est le Teide. Bombes volcaniques brunes ou rousses, dôme anthropomorphe aux formes les plus arrondies... Blanc comme neige, même quand il n'y en a pas. Cathédrale de laves, grotte de glace, surprises vertes dans les strates ocre, cheminées de fée... Ce parc national est un don de la géologie, de la botanique, de l'astronomie. Il est classé au Patrimoine mondial de l'humanité de l'Unesco depuis 2007.

La caldera de Taburiente (La Palma)

Une clause d'héritage, visant à assurer les haciendas d'Argual et de Tazacorte de leur approvisionnement en eau depuis 1557, fait que les terres de la caldera sont indivisibles. Les pluies s'infiltrent par les crêtes des volcans Taburiente et Bejenado jusqu'à être retenues par les vestiges imperméables de l'ancien volcan Garafía, pour resurgir, notamment, aux sources de Marcos y Cordero. Le reste descend jusqu'au socle de basalte pour constituer la nappe phréatique, faisant de La Palma le seul château d'eau des Canaries.
En 1954, ***la caldera a été classée parc national.*** C'est un trésor, indéniablement, qu'il faut protéger et pérenniser. Une marmite de géant, formée par l'effet conjoint d'éruptions anciennes, de glissements de terrain et du long travail de sape de l'érosion – révélant en son cœur les couches géologiques les plus anciennes et, sur ses crêtes, les roches les plus résistantes. C'est d'El Espigón que se ressent ***la plus forte dénivelée.*** Vous êtes à 2 380 m et vous visez, là, en bas (750 m), la fosse, la béance, toute l'ampleur verticale, vertigineuse de la caldera.
Au sud-ouest, un unique débouché canalise les torrents d'eau épisodiques des *tormentas* : le barranco de las Angustias. Par l'autre entrée, à La Cumbrecita (sud-est), s'exprime toute ***la splendeur du seigneur des lieux : le pin canarien*** ; il couvre une bonne partie des pentes de ses aiguilles. Les chemins sont ici escarpés, étroits et souvent interrompus par des éboulements en hiver ou des crues subites. D'où la nécessité de bien se renseigner sur la météo et de se signaler aux gardes – surtout si vous comptez camper tout en bas.

Le Garajonay (La Gomera)

Le plus végétal de tous les parcs canariens, haut perché jusqu'à 1 487 m, cabossé. Densément végétal, c'est-à-dire fertile, humide. Une éponge écologique ! On est à des années-lumière du Sahara. Couvert végétal à l'état de nature le plus étendu de Macaronésie, avec ses 4 000 ha et ses 75 espèces endémiques, faune et flore confondues. Dire que le parc national (décrété en 1981) a 5 millions d'années au compteur n'est pas peu dire ! Si les bois, qui recouvrent la *meseta* (le plateau), en décomposition, livrés à eux-mêmes, semblent n'avoir plus d'âge, ils n'ont que l'âge de l'ère tertiaire. Le glissement du volcan bouclier Garajonay, en n'appuyant plus sur le magma, a permis à un stratovolcan de surgir, le Vallehermoso, effondré, à son tour. La mégacavité formée s'est ensuite laissée remplir par d'épaisses couches de lave horizontales : le sol du parc. Avec, de-ci, de-là, des intrusions, solidifiées et dégagées par l'érosion : les pains de sucre d'Agando, d'Ojila, de Zarcita ou de Carmona.
Les hauts de La Gomera ont le pouvoir de ramasser le meilleur du ciel (les nuages) et de générer de la pluie. Celle-ci se précipite dans les feuillages. Ce ruissellement, ce goutte-à-goutte permet d'alimenter des espèces uniques !

Cet écosystème reste un milieu fragile. Le ***feu disproportionné de l'été 2012*** a ravagé une partie de l'île. Ce désastre a alerté l'Unesco, qui incite l'Europe et l'Espagne à faire des efforts de lutte contre le fléau des incendies : sauvegarder les graines de ses espèces uniques au monde, entretenir des rejets, et mettre en terre les jeunes plants lors des pluies d'automne à raison de 3 500 par hectare. Mais il faut aussi s'attaquer aux racines... du mal : l'automobile et ses jeteurs de mégots ! Et responsabiliser le passage dans le parc en étendant la zone de réserve (accès exclusif aux chercheurs et scientifiques) à plus de 51 % de sa surface. Et investir dans des hydravions... Au cas où...
Heureusement, l'essentiel subsiste. Aux ***lauriers fossiles*** se mêlent encore les ***bruyères arborescentes.*** Les boutures des 1ers qui retombent à la façon de lianes verticales et les troncs moussus des 2des qui se contorsionnent en largeur demeurent des héros tout droit sortis de *Macbeth.* Moments magiques lorsque l'éternelle mer de nuages noie la forêt, la *rain forest...* et qui donne parfois au *Salto de Agua* en contrebas, entre le barranco du Monteforte et celui du *Cedro,* l'élancement d'une cascade hawaïenne...

Timanfaya (Lanzarote)

Tout de pierres vêtu, olivine, basalte, ponce, Timanfaya est, par sa ***minéralité extrême,*** l'antithèse ou l'antidote à tous ceux qui auraient été allergiques à la surdose de verdure du Garajonay... Les scientifiques du Laboratoire géodynamique de Lanzarote ne s'y sont pas trompés, eux qui, par leur module enterré, auscultent *en vivo* les anomalies géothermiques des couches de lave jadis déversées ici. En 1824 eut lieu l'ultime sursaut de l'ancien arc volcanique de Fuerteventura avec la formation d'El Chinero (et la montée des eaux sur 80 m fit de La Graciosa, au nord de Lanzarote, une île !). Les fissures, par où remontait le magma, devinrent fontaines de lave, puis cônes déversant les scories sur choux, chèvres et figuiers. ***Le charme est lunaire.*** Sur l'un des socles les plus anciens des Canaries : l'un des sols les plus récents. Intact, comme s'il découvrait lui-même le processus de colonisation végétal du début du monde... Mieux vaut rester seul à seul avec le dernier cri de ce système insulaire voué à disparaître sous la mer dans quelques... millions d'années. 25 et quelques cônes, *hornitos* (excroissances en forme de bouches coniques sur le trajet d'une coulée de lave, percée et pétrifiée) et tunnels de lave (le plus long est cependant à Tenerife : 17 km pour el Viento Sobrado) : Manteau de la Vierge, *Montañas de Fuego.* L'Enfer et le Paradis ! Patrimoine de l'humanité et « Réserve de la biosphère »... Rien que ça !

Et les autres...

En dehors des parcs nationaux, voici la classification du Réseau canarien des espaces naturels protégés. Généreuse à souhait... On compte ***11 réserves naturelles intégrales,*** dont la mission est de protéger un écosystème ou un ensemble géologique rare avec interdiction de collecter des spécimens (sauf pour raisons scientifiques) ; ***11 parcs naturels,*** territoires peu transformés par l'homme, dont la mission est de préserver les particularités de la nature canarienne ; ***7 parcs ruraux,*** où les activités agricoles cohabitent avec le milieu naturel : ils sont censés garantir le développement de la population dans sa propre culture sans bouleverser l'équilibre écologique ; ***52 monuments naturels,*** c'est-à-dire des gisements paléontologiques, des formations géologiques ou des espèces végétales singulières de valeur inestimable ; ***19 sites d'intérêt scientifique,*** lieux isolés peuplés d'espèces végétales et/ou animales menacées ou en voie d'extinction... Sans compter les ***réserves naturelles spéciales, paysages protégés,*** et autres ***réserves maritimes...***
Certes, le dédale de la classification de ces espaces peut dérouter. Mais l'essentiel est que ces « espaces » soient là, protégés, et garde-fous de l'urbanisation parfois aveugle.

PERSONNAGES

– ***Jean de Béthencourt*** *(1362-1425)* **:** sieur de Grainville-la-Teinturière, en pays de Caux (Seine-Maritime en Normandie), de noble lignée, bourlingueur... négociateur... Le nom du Normand a fait le tour du monde, même si son bateau n'est pas allé plus loin que l'archipel. On retrouve fréquemment son patronyme aux Canaries et dans le Nouveau Monde... *Betancuria, Béthencor...* Il aurait voulu inventer le « *naming* », il ne s'y serait pas pris autrement... La Conquête, l'œuvre de sa vie ? Oui, mais elle se fit au nom du roi d'Espagne (et pas du roi de France), avec l'accord du pape, et ne fut que partielle. « Le roi des Canaries » se retira dans son château normand de Grainville-la-Teinturière, où il mourut sans descendance. Son incroyable aventure est racontée dans *Le Canarien* (voir « Livres de route »). Voir aussi la rubrique « Histoire »...

– ***Miguel de Unamuno*** *(1864-1936)* **:** exilé par Primo de Rivera à Puerto del Rosario, dans une maison canarienne basique – un cube de plain-pied (aujourd'hui musée) –, il a eu le temps, entre 1924 et 1930, de s'imprégner des lumières d'argent et de cobalt qui ceignent Fuerteventura, d'en exprimer la solitude de l'époque. Il a dit de Fuerteventura qu'elle était un « squelette d'île ». Ce qui ne l'a pas empêché de mentionner ses espaces et de reconnaître que, sans ce vide, il n'aurait sans doute pas autant mesuré la grandeur de Paris. Son essai *De Fuerteventura à Paris* est, en 1925, une relation de voyage intérieur ! Le philosophe n'avait qu'une hâte, fuir cette île, mais elle resta ancrée dans sa mémoire...

– ***César Manrique*** *(1919-1992)* **:** c'est à Lanzarote qu'il grandit, dans le *solar* de ses parents, entre l'écho des rouleaux de l'Atlantique et le miroir de la falaise. Après une difficile expérience en architecture technique à l'Université de La Laguna (Tenerife), au sortir de la guerre civile, il se recentre sur les beaux-arts à Madrid, avant de bénéficier d'une bourse Rockefeller à New York au début des années 1960. Aux flèches et dômes des gratte-ciel, il préfère, en 1966, les cônes des volcans et transforme Lanzarote en un modèle d'écologie architecturale, alors que le sud des grandes îles sombre dans l'urbanisme de masse. Un visionnaire !

– ***Wolfredo Wildpret de La Torre*** *(1933)* **:** LE botaniste des Canaries, ardent défenseur du droit des végétaux les plus rares, qu'il a patiemment inventoriés, appelant l'Unesco à la rescousse et ses successeurs à la vigilance. Son rôle dans l'écologie aux Canaries a été fondateur. Et il porte le même nom qu'une plante endémique, *Echium wildpretii,* une vipérine géante, d'un rouge intense (en juin) qui claque dans le bleu pur du parc national du Teide.

– ***René Verneau*** *(1852-1938)* **:** né à La Chapelle-sur-Loire et mort à Paris, le continuateur de Sabin Berthelot n'a pas un nom très... canarien. En revanche, il a enfilé les crânes de ses hôtes comme on enfile des perles ! Mettant au jour des Canariens momifiés jusque-là confinés aux grottes, c'est le fondateur de l'anthropologie libyco-berbère. Et, plus simple à visiter, du *Museo Canario* à Las Palmas de Gran Canaria.

– ***Néstor Álamo*** *(1906-1994)* **:** voilà un *Gran Canario* pure souche. Peut-être un peu trop... En dépit de ses accointances franquistes, son œuvre reste très attachée à sa culture canarienne. De retour de Cuba en 1922, il s'intéresse à l'historiographie et met de l'ordre dans le fonds documentaire du Musée canarien. En 1945, il devient secrétaire culturel du *Cabildo* (Conseil insulaire) de Gran Canaria. Les années 1950 le voient publier dans la presse une fresque historique de sa ville, qui donne finalement un livre conséquent : *Crónica de un siglo.* Ce sont néanmoins les textes de ses chansons qui le rendent unanimement célèbre. Si *La Noche de Arguineguín* est empreint de lyrisme, *Mis Buyes* et *Tamadaba* relèvent de la poésie la plus épurée.

– ***Pedro García Cabrera*** *(1905-1981)* **:** originaire de La Gomera et poète. Il appartient à la Génération de 27, un collectif littéraire et artistique espagnol de l'entre-deux-guerres. Il s'exile sur Tenerife, où, en 1928, il intègre la revue *Hespérides* et publie *Líquenes.* 2 ans plus tard, il lance une revue avant-gardiste... que le

Sommet international du surréalisme de 1935, à Tenerife, conforte. Il y rencontre en effet André Breton. Après le putsch de Franco, il est déporté à Dakhla (dans le Sahara occidental, alors sous administration espagnole). Il s'échappe en 1937 et détourne le bateau *Villa* Cisneros-Las Palmas jusqu'à Dakar afin de rallier Marseille puis Barcelone, encore républicaine. Il intègre le *SIM* (les services secrets républicains) et rejoint le front d'Andalousie. À nouveau emprisonné, il n'est libéré que 7 ans après la fin de la guerre civile. Le temps d'écrire *Viaje al interior de tu voz,* publié en 1987. Préoccupé par la déshumanisation de l'art et de l'homme, il militera toute sa vie en faveur d'un habitat social et d'une meilleure éducation.

– ***Benito María Dolores Pérez Galdós, dit Pérez Galdós*** *(1843-1920)* **:** la pédagogie darwiniste du collège San Agustín, à Las Palmas de Gran Canaria, dut sensibiliser le jeune Benito à l'art de la complémentarité. L'histoire (du colonialisme) et l'évolutionnisme vont l'amener aux articles de presse, aux contes et aux dessins satiriques dans lesquels il excelle. Étudiant le droit à Madrid, il crée la *Tertulia canaria,* un club littéraire, puis part exercer ses talents d'observateur à Paris, où il est correspondant des journaux espagnols. La chute d'Isabelle II en 1868 ajourne son retour aux Canaries : rendre compte des événements, encore, reste sa priorité... Par amitié avec des artistes de Santander, il séjourne en Cantabrie et il s'en inspire, en 1893-1894, pour son plus grand succès théâtral : *La de San Quintín.* Sans doute le lieu, El Sardinero, lui rappelle-t-il les recoins de La Isleta à Las Palmas... Finalement, il ne sera jamais retourné vers ses îles.

– ***Elsa López*** *(1943)* **:** née à Santa Isabel de... Fernando Paõ, en Guinée équatoriale. Donc, peu canarienne... Toujours est-il que La Palma est son point de chute alors qu'elle a 4 ans. Puis son coup de foudre. Mais elle passe d'abord par Madrid : thèse d'anthropologie, chaire de philosophie, directrice du département Littérature... Ses poèmes *Les Sorcières de l'île au vent, Transit* et *Al Final del Agua* (non traduit) expriment le sentiment qu'elle a pour La Palma, la terre de son enfance. Missionnée en 1993 par le gouvernement canarien pour développer le projet « Mémoires des îles », elle poursuit son œuvre littéraire par *Solo de Amor* (2008). Une anthologie de son parcours poétique depuis *Inévitable océan* (1982) jusqu'à *Traversée...* Comme une bouteille à la mer.

– ***Alfredo Kraus*** *(1927-1999)* **:** né à Las Palmas de Gran Canaria d'une mère espagnole et d'un père autrichien, le petit Alfredo se met au piano dès l'âge de 4 ans, chante à 8 ans et s'affirme à 17 ans comme soliste ténor du chœur de l'orchestre philharmonique de Gran Canaria. Repéré dès 1956 à l'opéra du Caire pour son rôle du duc de Mantoue dans le *Rigoletto* de Verdi, le jeune ténor est très vite réclamé sur toutes les scènes d'opéra de la planète : Lisbonne, Londres, Milan, Chicago... Il fait une telle impression au *Metropolitan Opera* de New York, en 1966, qu'il y restera plusieurs années. Il mène sa carrière de main de maître et voit son travail récompensé en 1997 par l'inauguration de l'*Auditorio* de Las Palmas de Gran Canaria, qui porte son nom (chose rare pour un artiste vivant !).

– ***Néstor Martín-Fernández de la Torre*** *(1887-1938)* **:** né à Las Palmas de Gran Canaria, il consacre toute sa vie à la peinture, et part dès ses 15 ans vers Madrid pour parfaire son art. Après avoir fait un tour d'Europe (dont Paris et Londres, où il rencontre les préraphaélites et les symbolistes), il s'installe tour à tour à Barcelone et Paris, et il se fait un nom parmi les symbolistes (il sera d'ailleurs le dernier représentant de ce mouvement). De retour à Gran Canaria en 1933, il marque les îles de sa palette de coloriste, réalisant des fresques pour la rénovation du teatro Pérez Galdós à Las Palmas de Gran Canaria ou décorant le salon principal du casino de Tenerife d'un triptyque. On peut aussi découvrir son œuvre au museo Néstor, dans le parque de Doramas à Las Palmas de Gran Canaria.

– ***Antonio Cubillo*** *(1930-2012)* **:** figure politique très controversée. Avocat-ouvrier dès 1956, anti-franquiste, il tente de monter une branche du parti communiste aux Canaries, sans succès, avant de se réfugier en 1963 en Algérie, où il fonde le *MPAIAC,* mouvement pour l'autodétermination des Canaries. En 1976, il radicalise sa position en créant les *FAG,* les Forces Armées Guanches, qui revendiquent quelques attentats aux Canaries à la fin des années 1970... Stratégiquement tiers-mondiste, et même africaniste et « guanchiste » au point d'exalter la berbérité de sa langue, il s'appuie sur les tensions entre Espagne, Maroc et Algérie au moment de la décolonisation du Sahara occidental pour faire reconnaître le *MPAIAC* par l'Organisation de l'Union Africaine. Ce qui lui vaudra une tentative d'assassinat... et de se faire lâcher par une partie de son mouvement. De retour aux Canaries en 1985, il fonde un parti politique, le *Congrès national canarien (CNC),* qui ne rencontrera jamais un grand succès auprès des électeurs.

POPULATION

Quand *Fray* de Abreu Galindo évoque la conquête des Canaries dans son *Historia de la conquista de las siete islas de Canaria,* en 1602, les Canariens natifs basculaient du Néolithique on ne peut plus tardif à la Renaissance. Un choc ! Voilà d'où vient la population actuelle de l'archipel. D'une confrontation brutale, qui s'est ensuite transformée en un métissage partiel et progressif en passant par une incontournable extermination. Rappeler que cet Espagnol et tous ces *Benahoaritas (Auaritas), Majos, Majoreros, Bimbaches, Canarios* et autres *Guanches* ont essuyé les plâtres d'une *conquista* qui allait s'étendre aux Indes et en Amérique.
Certains autochtones ont résisté plus que d'autres, exportés comme esclaves en Castille, ou exterminés par fait d'armes ou de maladie.
D'où venaient-ils ? Plusieurs écoles d'archéologues et de philologues s'affrontent : issus des ***Zénètes,*** l'un des peuples amazigh de ***l'Afrique du Nord*** ? Venus carrément du delta du Nil ? Ou puniques, entre les IIIe et IIe s av. J.-C., à la suite des 2e et 3e guerres puniques ? ***Selon Hérodote,*** des Phéniciens, armés par le pharaon Néchao II, auraient même approché la Macaronésie dès les VIe-VIIe s av. J.-C. Enfin, des vagues postérieures, venant de l'Atlas, se seraient établies à El Hierro du IVe au IXe s... Celles des *Ghumâra, Ghomara* ou *Gumera* – répertoriées dans le Rif marocain au XIIe s par Idrîsî, ***Ibn Khaldoun et Léon l'Africain*** – auraient eu un rapport avec... La Gomera.
Quoi qu'il en soit, plus d'un contact se serait opéré. Et via au moins une civilisation maritime, isolée soit à la suite d'un cataclysme géologique, soit d'une crise politique, et qui aurait perdu le savoir-faire de la navigation.
Hypothèse confortée par les recherches génétiques : la majorité de la population canarienne serait ainsi proche des groupes berbères. À tout le moins, ***les peuplades préhispaniques auraient été libyco-berbères*** (venues donc d'Afrique occidentale).
Les archéologues ont retrouvé des corps gisant sur un lit d'herbes à Lanzarote, d'autres des momies à Gran Canaria et à Tenerife... On connaît quelques ***rites funéraires insolites.*** Certains aborigènes de rang royal ou sacerdotal, après avoir été éviscérés, étaient « empaillés » de poudre de bruyère arborescente et d'aiguilles de pin canarien, oints de graisse d'ovin, embaumés à l'aide d'une résine – d'euphorbe ou de dragonnier –, desséchés au soleil, enveloppés de plusieurs peaux de chèvre, badigeonnés de signes en couleur et posés sur une planche de pin.
C'est là que prend toute son importance la fabuleuse collection de crânes réunie par ***l'anthropologue français René Verneau*** à la fin du XIXe s ! 2 types semblent se dégager : de Cro-Magnon et de Méditerranée.
Une 1re vague de cromagnoïdes, poussée par la désertification de l'Afrique du Nord, aurait constitué la base de la civilisation « pancanarienne » voici environ 5 000 ans. Une 2de vague, méditerranéenne, aurait installé une civilisation idolâtre centrée sur les nécropoles entre les IIIe et Ier millénaires. Puis se seraient ensuivies les vagues plus « récentes », précédant et suivant l'arabisation du nord-ouest du continent africain.

Peuple troglodytique ou semi-enterré sous un toit de palmes ou de pins, retiré dans les hauteurs, proche des points d'eau douce pour une agriculture en autarcie ou une pêche à pied, notamment en cas de disette lorsque la sécheresse ne remplit plus les greniers collectifs. Noblesse et prêtresses jugulant alors sacrifices et naissances au rythme du climat ! Avec des monarques – *guanarteme,* à Gran Canaria, ou *mencey,* à Tenerife – qui tranchent, quitte à entrer en guerre avec d'autres versants ou d'autres vallées (sauf à El Hierro et à Lanzarote, au royaume unique)...

À l'évidence, après le Moyen Âge, ***l'ethnocide*** opéré par les Normands, les Portugais et les Castillans aura paradoxalement fixé les choses : le peu de survivants préhispaniques se fondra dans les méandres de l'hybridation, donnant des ***criollos – des créoles.***

En outre, ***Andalous, Aragonais et Galiciens*** coloniseront chacune des îles au gré de leurs spécialités. Et de la fin du XIXe s au milieu du XXe s, le retour d'émigrés aux Amériques – centrale et du Sud – recoupant leur métissage initial avec des populations indiennes donnera des *Indianos* ! Enfin le XXIe s voit débarquer une nouvelle vague d'arrivants, aux yeux bleus et au teint clair – Scandinaves, Allemands, Flamands et Anglais – qui se mêle à son tour de façon définitive à la population...

Qu'il s'agisse de vents ou de peuples, les Canaries restent une terre de convergences de flux !

RELIGIONS ET CROYANCES

Lorsque les 1ers hommes peuplèrent ces îles nées de l'incandescence de la terre, ils ne purent que craindre ses cataclysmes, dont les traces et les cicatrices étaient partout présentes...

Entre faits et légendes, une chose est sûre : cette nature hostile ne put que marquer les esprits ! Il fallait s'en échapper mentalement, inventer des histoires supposées être vraies. Se convaincre que des démons étaient là, au fond des tunnels de lave, bien coincés. Et que, là-haut, au-dessus de la mer de nuages, le mont Echeide reliait l'île, ici-bas, au ciel diurne et nocturne, et à la Lune. Les ***Guanches de Tenerife*** étaient en train d'écrire leur mythe, pour expliquer cette nature par des forces... surnaturelles !

Les divinités guanches : du paganisme au christianisme

Achaman, que l'on peut apparenter au dieu phénicien *Eshmoun,* serait leur Être suprême. *Acorán,* à Gran Canaria, proviendrait du protoberbère *Yakuš ur am* (« Dieu sans pareil ») et donnerait *Orohan* chez les Gomériens. *Abora* à La Palma, ou « (le monolithe dressé vers) le ciel ». *Enaorahan* chez les Bimbaches d'El Hierro, peut-être du touareg *ééôr-adhan* : « Lune-homme ».

Le nom de lieu *Horan,* en actuelle Syrie, se serait-il alors fondu dans l'imaginaire des populations au fur et à mesure d'exodes successifs vers l'ouest ? D'autant que les *Haroéris,* « maîtres du "Double Pays" » des Égyptiens étaient sur leur passage... Tous ces termes – du point de vue de la prononciation et en dehors de la transcription – poussent au moins à croire que des liens de sens rapprocheraient ces civilisations autour d'un dieu analogue. *Orahan* en serait issu comme serait issu de l'extrémité est du même arc le *Rahmanan* – « Seigneur du ciel et de la terre » – chez les Sabéens. Autant de possibilités pour envisager un rapport avec l'étymologie d'*Achaman...*

À Tenerife, donc, les « tunnels de lave », à la façon des couloirs des tombes de la vallée des Rois, entrent en relation avec l'Être supérieur.

En l'absence de justifications du massif montagneux, les autochtones ont trouvé une raison dans l'irrationnel, le pic devenant le lieu de connexion à l'au-delà, où se trouve le créateur de cet environnement. D'ailleurs, celui-ci était imploré dans le vaste cirque volcanique de Las Cañadas. Un dieu qui prenait en charge les défunts, embaumés, momifiés et disposés, pour les plus nobles, sur des planches imputrescibles *(chajascos)*. Déjà l'éternité. Certes, le Teide était aussi la « sombre montagne » ; sous la terre subsistaient les forces maléfiques...

À Gran Canaria, le cône de Gáldar et le monolithe du roque Nublo ont inspiré à leur façon des *grottes-tombeaux,* structurées en chambres coloriées. Ainsi, le *Bentayga,* bel et bien tombé du ciel à la suite d'une explosion volcanique, vit son histoire géologique paradoxalement lui donner une légitimité religieuse : planté là, comme un pilier entre ciel et terre ! Certes dominé par le roque Nublo, il inspira les *Canarios* qui gravèrent sur sa face occidentale des formules, traçant ainsi un axe virtuel en direction du Teide réémergeant des nuages, comme pour espérer un nouveau départ du monde dans lequel ils vivaient...

Sur ***El Hierro,*** en l'absence de ravins, les *loas* (prières) pouvaient se faire face à la mer, dans un *tagoror,* un cercle de pierre dont les alentours étaient jonchés de berniques : offrandes ou orgies ? Puis, à l'instar des *Canarios* qui battent encore la surface de l'eau avec des palmes chargées de dattes, leurs cérémonies ont pris une dimension plus rituelle, offrant des paniers de fruits.

Une chose est sûre : la déesse en laquelle croyaient les habitants d'El Hierro était une Vierge, *Moneiba.* Le culte de *Moneiba/Enaorahan,* lui-même issu du mythe d'une peuplade initialement débarquée sur une île isolée, serait celui d'un bâtiment blanc attendu au large comme la révélation de la prophétie d'un devin et dont le soleil, chaque matin, est le symbole ! 2 gravures dans la lave montreraient en effet un navire ; celui que cette peuplade, déportée sur El Hierro, aurait imaginé, idéalisant son sauveur en un dieu venant la récupérer pour une nouvelle traversée de l'Atlantique...

C'est cette divinité, christianisée, qui est vénérée, de nos jours, lors d'une procession interminable, la ***Bajada de la Virgen...*** De village en village, chez ceux d'en bas, chez ceux d'en haut. Avec une lutte sans merci, pour s'arracher la statuette de Moneiba/María, l'implorer pour qu'il pleuve. Et puis, le dernier jour, au petit matin, dans le froid des alizés, un grondement exponentiel de tambours. Tous les insulaires, dedans, dehors, dans la petite cathédrale de Valverde, à escorter la Vierge sur son palanquin, pour un dernier voyage. À pied, passant de 600 à 1 501 m en plein cagnard, redescendant dans la poussière, la *pouzzolane,* à 650 m, à l'autre bout de ce tricorne de lave. Et ranger l'image dans une chapelle perdue. Pour qu'il pleuve, pour partir. Et revenir : en Argentine, au Venezuela... Là où on a trouvé du travail et une nouvelle famille. Famille, ici sur l'île, que l'on quitte, les yeux humides, pour 4 ans (la prochaine *Bajada de la Virgen* aura lieu en ***juillet 2021***)...

Remontée des croyances ancestrales. Et, en fin de compte, survivances d'un mythe. Peuple troublant que l'on surprend à pousser des youyous, à rentrer en transe, même parmi les plus jeunes. Des larmes qui, lorsqu'elles ne sont pas pétrifiées, tombent des yeux, à défaut de tomber du ciel...

À La Graciosa, à La Palma, partout, les processions, les chants, les *loas* laissent entrevoir des traces de paganisme. Mais la *Bajada de la Virgen,* à El Hierro, garde, plus qu'ailleurs, quelque chose d'immatériel : *Por ver a la Madre amada, no siento la caminada* (« Pour voir la Mère bien-aimée, je ne sens pas la marche »)...

SAVOIR-VIVRE ET COUTUMES

Le Canarien est très accueillant, attachant et tout autant attaché à sa terre. Le *terruño* – le mal du pays – ne le quitte pas, même lorsqu'il n'a pas quitté... son archipel, juste exilé qu'il est sur l'une des 2 grandes îles ! *Lo nuestro,* c'est son sentiment nostalgique. Il ne dit pas « le mien » pour son pays, mais « le nôtre ». Comme s'il faisait ancestralement, viscéralement, partie d'une collectivité, celle des insulaires.

Combien de fois des gens, ne vous connaissant pas, s'arrêteront pour vous proposer de vous raccourcir le chemin ? Combien, au-delà de ce chemin, qu'ils vous auront indiqué lors d'une balade, vous inviteront à partager leur repas ? Combien vous feront confiance sans jamais vous avoir rencontré auparavant ? Débarquer aux Canaries, c'est tout de suite se sentir à l'aise. L'air tiède, la chaleur des gens, le sable noir, le soir, tout est plein d'ardeur. L'archipel de la nostalgie est aussi celui de l'optimisme. Tout finit par s'arranger. Mais... mais à une seule condition : reconsidérer le temps ! La valeur du temps, l'écoulement du temps, le monnayage du temps, font partie d'un autre système : celui de l'ère géologique, tellurique, que vous avez sous vos pieds. Cette chaleur qui monte... et que l'on retrouve dans un « *¡ Hola !* », un « *con su permiso* » et même, dans le nom du bus : « *la guagua* »...
Une seule règle : pas de décolleté, ni de chemise ouverte en ville. Pas de nudisme en public. Chapeau bas, cependant, dans les églises, les chapelles et lors des processions. Enfin, l'île sur laquelle vous êtes est forcément celle que vous préférez *¿ Verdad ?* (n'est-ce pas ?).

SITES INSCRITS AU PATRIMOINE MONDIAL DE L'UNESCO

En coopération avec le Centre du patrimoine mondial
Organisation des Nations Unies pour l'éducation, la science et la culture

Pour figurer sur la liste du Patrimoine mondial, les sites doivent avoir une valeur universelle exceptionnelle et satisfaire à au moins un des 10 critères de sélection. La protection, la gestion, l'authenticité et l'intégrité des biens sont également des considérations importantes.
Le patrimoine est l'héritage du passé dont nous profitons aujourd'hui et que nous transmettons aux générations à venir. Nos patrimoines culturel et naturel sont 2 sources irremplaçables de vie et d'inspiration. Ces sites appartiennent à tous les peuples du monde, sans tenir compte du territoire sur lequel ils sont situés. Pour plus d'informations : • *whc.unesco.org* •
– Sur l'île de La Gomera, le parque nacional de Garajonay (1986).
– Sur l'île de Tenerife, La Laguna (1999) et le parque nacional del Teide (2007).

SPORTS ET LOISIRS

« *Tenerife, ¡ adelante ! Tu coraje y tu valor no conocen rival. Tenerife, ¡ Tenerife ! Adelante sin temor a la meta final...* » : il faut les entendre, les klaxons, dans les parages du stade Heliodoro Rodríguez López, à Santa Cruz de Tenerife, rythmer une victoire du *CDT* ! Les bombes et les klaxons des supporters sortir en T-shirt bleu croisé de blanc, avec ces 3 lettres : C, D et T ! Au quotidien, on dit plutôt *Deportivo Tenerife.* Car le club sportif de Tenerife a ses aficionados depuis 1912. Club de football, bien sûr, requinqué dans les années 1990 avec l'accès en 1re division. Ce qui n'est pas sans agacer les amateurs de Gran Canaria réunis au sein de l'Union Deportiva Las Palmas, fort popularisé également : en dehors des derbys, faut-il soutenir le *Deportivo Tenerife* ou le *FC Barcelona...* ? Gros dilemme. En face, à Tan Tan, sur la côte marocaine, c'est en tout cas la bannière rouge et bleu des Catalans qui pend dans les bars... Alors, à Las Palmas, on n'a plus trop le choix... On préfère laisser couler, laisser dérouler les couleurs de... Mais, non, on ne peut pas le dire, que les couleurs de Tenerife flottent dans les bars de Las Palmas ! Car avec l'*Union Deportiva de Las Palmas,* c'est la lutte, l'éternelle rivalité inter-îles !

La lutte canarienne

La lutte canarienne *(lucha canaria)* existe, elle, depuis bien plus longtemps. Avec sa fédération, ses règlements... Et, contrairement au foot, ce ne sont pas les

Anglais qui l'ont apportée ! La lutte est ici un sport autochtone, et tout aussi télévisé. Déjà, en 1478, un certain Bentaguaire attendait au tournant Doramas pour le prendre par les jambes et le soulever de toutes ses forces pour le mettre à terre ! Et en 1480 Guanhaben et Caitafá se défièrent des heures durant... Le 1er règlement sportif date de 1872 et depuis 1984, une fédération nationale supervise les fédérations insulaires. Car on trouve des arènes consacrées à ce sport dans nombre de villes et de villages de l'archipel.

On imagine l'empoignade *(maña).* Un sport aussi abrupt que les à-pics, raide, direct, presque bestial, mais noble : jusqu'au déséquilibre de l'adversaire, soulever pour abattre, mais pas battre. L'art du corps à corps entre 2 hommes, ou entre 2 femmes puisqu'il existe des clubs féminins. 2 hommes qui, au lieu de se dire des choses, les règlent à travers le jeu subtil des forces (« *bloqueo* » contre chute), sous l'œil d'un juge en guise d'arbitre. Des gestes d'honneur, ancestraux, qui remontent peut-être à l'exil sur ces îles : le vainqueur relève toujours le vaincu de la terre.

Face à face, les 2 lutteurs, la jambe droite légèrement en avant, saisissent de leur main gauche le côté droit du short de l'adversaire, le bras à moitié plié. Ils se penchent en avant, basculant légèrement le tronc, jusqu'à ce que l'épaule droite de l'un touche le buste droit de l'autre, tandis que leur main droite va toucher le sol du bout des doigts. L'arbitre lance alors la partie *(agarrada)* en sifflotant *(silbo).* Lorsque l'un des 2 est à terre, la manche est finie. C'est rapide, mais dans le respect de tout un protocole et sur le terrain bien défini du *terrero,* cette aire de sable volcanique délimitée par 2 cercles concentriques marqués à la chaux.

Pour participer, les joueurs doivent être exempts de tout hématome, blessure ou cicatrice. En aucun cas, ils ne portent atteinte à la dignité du concurrent ni de l'arbitre. Maillot et short doivent résister aux prises. En cas de déchirure ou de souillure, le rival n'a que 5 mn pour se changer. Et ça repart ! Jusqu'à Cuba, au Venezuela et en Argentine, où la diaspora la pratique. En hommage, sans doute, au plus grand des lutteurs, Matías Jiménez, qui, le 15 juillet 1870, à Telde (Gran Canaria), combattit de 10h à 17h. On le compara à Hercule.

Aujourd'hui, c'est en Corée du Sud que les Canariens ramassent les médailles. Alvaro Déniz Cruz, champion du monde 2014 (catégorie « Étrangers »), succède à Elieser Gutiérrez, champion 2012.

Le jeu du *palo*

Encore un jeu des Guanches qui se partageaient leurs îles respectives à coups de... bâton ! Ici, le gourdin est un *garrote* utilisé jadis par le berger, non seulement pour diriger son cheptel, mais aussi pour s'aider à franchir les *barrancos,* en l'utilisant comme une perche. Accessoirement, il servait aussi à repousser les intrus. Berger-guerrier, donc... Et, de fil en aiguille, le *garrote – regatón, lata, vara, astia* ou *palo* au final – est devenu un jeu. L'essence de bois est choisie avec soin en fonction des cycles de la lune avec une préférence pour le pin canarien ou l'un des lauriers canariens, les plus durs (et que l'on durcit encore au feu). Les *Herreños* sont certainement les plus habiles, avec réparties et moult réflexes ! Les adversaires prennent vite des allures de danseurs. À entendre résonner les bois aux *rayas,* lors de la *Bajada de la Virgen,* c'est impressionnant ! Ils s'y affrontent, à la délimitation des territoires des villages, pour s'accaparer la statue de la Vierge. Pas tant symboliques que cela parfois... Et la *guardía civil* d'intervenir alors ! Rassurez-vous, les coups (*mandados* ou *tirados*) sont généralement taquins et ne visent pas volontairement à blesser. C'est l'art de l'esquive, de l'escrime, offensif autant que défensif.

les ROUTARDS sur la FRANCE 2021-2022

(dates de parution sur • ***routard.com*** •)

Découpage de la FRANCE par le ROUTARD

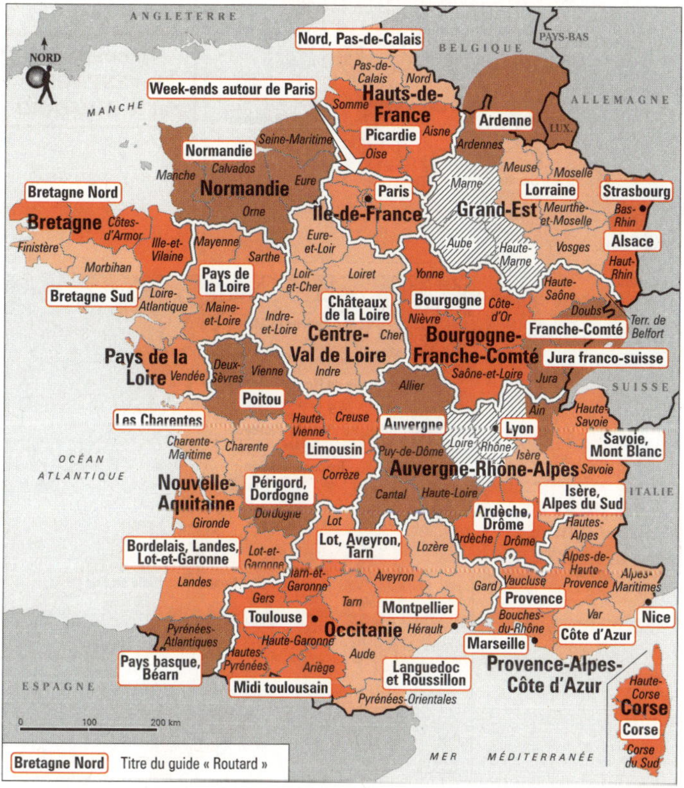

Autres guides sur la France

- Nos meilleurs campings en France
- Nos meilleures chambres d'hôtes en France

Autres guides sur Paris

- Paris
- Paris balades
- Restos et bistrots de Paris
- Le Routard des amoureux à Paris
- Week-ends autour de Paris

Le Routard à vélo

- EuroVelo6
- La Bourgogne du Sud à vélo
- La Flow Vélo
- La Loire à Vélo
- La Vélodyssée (Roscoff-Hendaye)
- Le Canal des 2 mers à vélo
- Paris Île-de-France à vélo
- ViaRhôna
- Les plus belles escapades à Vélo en France

les ROUTARDS sur l'ÉTRANGER 2021-2022

(dates de parution sur • *routard.com* •)

Découpage de l'ESPAGNE par le ROUTARD

Découpage de l'ITALIE par le ROUTARD

Autres pays européens

- Allemagne
- Angleterre, Pays de Galles
- Autriche
- Belgique
- Bulgarie
- Crète
- Croatie
- Danemark, Suède
- Écosse
- Finlande
- Grèce continentale
- Hongrie
- Îles grecques et Athènes
- Irlande
- Islande
- Madère
- Malte
- Norvège
- Pays baltes : Tallinn, Riga, Vilnius
- Pologne
- Portugal
- République tchèque, Slovaquie
- Roumanie
- Suisse

Villes européennes

- Amsterdam
- Berlin
- Bruxelles
- Budapest
- Copenhague
- Dublin
- Lisbonne
- Londres
- Moscou
- Naples
- Porto
- Prague
- Saint-Pétersbourg
- Stockholm
- Vienne

les ROUTARDS sur l'ÉTRANGER 2021-2022

(dates de parution sur • *routard.com* •)

Découpage des ÉTATS-UNIS par le ROUTARD

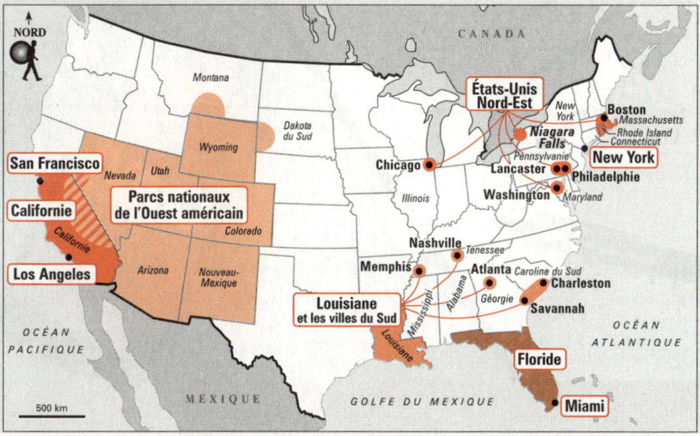

Autres pays d'Amérique

- Argentine
- Brésil
- Canada Ouest
- Chili et île de Pâques
- Colombie
- Costa Rica
- Équateur et les îles Galápagos
- Guatemala, Belize
- Mexique
- Montréal
- Pérou, Bolivie
- Québec et Ontario

Asie et Océanie

- Australie côtes est et nord + Red Centre
- Bali, Lombok
- Bangkok
- Birmanie (Myanmar)
- Cambodge, Laos
- Chine
- Hong Kong, Macao, Canton
- Inde du Nord
- Inde du Sud
- Israël et Palestine
- Istanbul
- Jordanie
- Malaisie, Singapour
- Népal
- Shanghai
- Sri Lanka (Ceylan)
- Thaïlande
- Tokyo, Kyoto et environs
- Turquie
- Vietnam

Afrique

- Afrique du Sud
- Égypte
- Kenya, Tanzanie et Zanzibar
- Maroc
- Marrakech
- Sénégal
- Tunisie

Îles Caraïbes et océan Indien

- Cuba
- Guadeloupe, Saint-Martin, Saint-Barth
- Île Maurice, Rodrigues
- Madagascar
- Martinique
- République dominicaine (Saint-Domingue)
- Réunion

Guides de conversation

- Allemand
- Anglais
- Arabe du Maghreb
- Arabe du Proche-Orient
- Chinois
- Croate
- Espagnol
- Grec
- Italien
- Japonais
- Portugais
- Russe
- G'palémo (conversation par l'image)

Livres-photos/Livres-cadeaux

- La France de Stéphane Bern (**nouveauté**)
- Voyages
- Voyages : États-Unis
- Voyages : France
- Voyages : Italie
- Road Trips Monde
- Road Trips en France (**nouveauté**)
- 120 coins secrets en Europe
- 50 voyages à faire dans sa vie
- 1 200 coups de cœur dans le monde
- 1 200 coups de cœur en France
- 52 week-ends dans les plus belles villes d'Europe
- 52 week-ends coups de cœur en France
- 52 escapades nature en France (**nouveauté**)
- Cahier de vacances du Routard

Visa
Guide
Médocs
Passeport
Assurance
AVI

Nous tenons à remercier tout particulièrement Loup-Maëlle Besançon, Thierry Bessou, Gérard Bouchu, François Chauvin, Grégory Dalex, Fabrice Doumergue, Cédric Fischer, Carole Fouque, Nicolas George, Michelle Georget, David Giason, Claude Hervé-Bazin, Emmanuel Juste, Dimitri Lefèvre, Fabrice de Lestang, Romain Meynier, Éric Milet, Pierre Mitrano, Jean-Sébastien Petitdemange, Thomas Rivallain et Jean Tiffon pour leur collaboration régulière.

Brice Andlauer
Jean-Jacques Bordier-Chêne
Agnès Debiage
Coralie Delvigne
Jérôme Denoix
Tovi et Ahmet Diler
Clélie Dudon
Sophie Duval
Alain Fisch
Bérénice Glanger
Adrien et Clément Gloaguen
Sébastien Jauffret
Alexia Kaffès
Augustin Langlade
Jacques Lemoine
Aline Morand
Louis Nagot
Caroline Ollion
Martine Partrat
Odile Paugam et Didier Jehanno
Céline Ruaux
Prakit Saiporn
Nejma Tahri Hassani
Alice Tonasso
Caroline Vallano

Direction : Sidonie Chollet
Direction éditoriale : Élise Ernest
Édition : Matthieu Devaux, Olga Krokhina, Gia-Quy Tran, Julie Dupré, Emmanuelle Michon, Pauline Janssens, Amélie Ramond, Margaux Lefebvre, Julie Wood et Ionah Vasseur
Ont également collaboré : Muriel Lucas et Élisabeth Thebaud
Cartographie : Frédéric Clémençon et Aurélie Huot
Contrôle de gestion : Jérôme Boulingre et Yannis Villeneuve
Secrétariat : Catherine Maîtrepierre
Fabrication : Nathalie Lautout et Audrey Detournay
Relations presse : COM'PROD, Fred Papet. ☎ 01-70-69-04-69.
• *info@comprod.fr* •, Martine Levens (Belgique) et Maureen Browne (Suisse)
Direction marketing : Stéphanie Parisot, Élodie Darty et Charlotte Brou
Couverture : le-bureau-des-affaires-graphiques.com
Silhouette du Routard : Clément Gloaguen (d'après Solé)
Maquette intérieure : le-bureau-des-affaires-graphiques.com, Thibault Reumaux et npeg.fr
Contact Partenariats : Jérôme Denoix • *jeromedenoix@gmail.com* •
Contact Partenariats et régie publicitaire : Florence Brunel-Jars
• *fbrunel@hachette-livre.fr* •

INDEX GÉNÉRAL

D

E

LISTE DES CARTES ET PLANS

UNE PANDÉMIE INOUÏE !

Depuis toujours, ***Le Routard* apporte son soutien aux hôteliers et restaurateurs** qui accueillent nos lecteurs avec sourire et professionnalisme. Inlassablement, nos enquêteurs sont à l'affût de ces établissements, pour le plus grand bonheur de nos lecteurs. Des adresses familiales et accueillantes que nous continuerons à soutenir et mettre en valeur. Malgré toute notre vigilance, certains d'entre eux auront fermé quand ce livre sortira. Cette terrible **pandémie de Coronavirus** a, on le sait, des conséquences importantes pour tous les professionnels du tourisme. **Nous sommes de tout cœur avec eux !**

IMPORTANT : DERNIÈRE MINUTE

Entre deux parutions du Routard, des événements fortuits (conditions sanitaires, catastrophes naturelles, mais aussi formalités, taux de change, conditions d'accès aux sites, fermetures inopinées, etc.) peuvent modifier vos projets de voyage. Pour éviter les déconvenues, nous vous recommandons de consulter la rubrique « Guide » par pays de notre site • ***routard.com*** • et plus particulièrement les dernières ***Actus voyageurs.***

Remarque importante aux hôteliers et restaurateurs

Les enquêteurs du *Routard* travaillent dans le plus strict anonymat. Aucune réduction, aucun avantage quelconque, aucune rétribution n'est jamais demandé en contrepartie. Face aux aigrefins, la loi autorise les hôteliers et restaurateurs à porter plainte.

Avis aux lecteurs

Le Routard, ce n'est pas comme le bon vin, il vieillit mal. On ne veut pas pousser à la consommation, mais évitez de partir avec une édition ancienne. Les modifications sont souvent importantes.

Les réductions accordées à nos lecteurs ne sont jamais demandées par nos rédacteurs afin de préserver leur indépendance. Les hôteliers et restaurateurs sont sollicités par une société de mailing, totalement indépendante de la rédaction, qui reste donc libre de ses choix. De même pour les autocollants et plaques émaillées.

Avec routard.com, choisissez, organisez, réservez et partagez vos voyages !

✓ Rejoignez la plus grande communauté francophone de voyageurs : **plusieurs millions d'internautes.**

✓ Échangez avec les routarnautes : forums, photos, avis d'hôtels.

✓ Retrouvez aussi toutes les informations actualisées pour choisir et préparer vos voyages : près de 300 guides destinations, une centaine de dossiers pratiques et un magazine en ligne pour découvrir tous les secrets de votre destination.

✓ Enfin, comparez les offres pour organiser et réserver votre voyage au meilleur prix.

Les **Routards** *parlent aux* **Routards**

Faites-nous part de vos expériences, de vos découvertes, de vos tuyaux et de vos coups de cœur. Aidez-nous à remettre l'ouvrage à jour. Indiquez-nous les renseignements périmés. Faites profiter les autres de vos adresses nouvelles, combines géniales... On adresse un exemplaire gratuit de la prochaine édition à ceux qui nous envoient les meilleurs courriers, pour la qualité et la pertinence des informations.
Quelques conseils cependant :
– Envoyez-nous votre courrier le plus tôt possible afin que l'on puisse insérer vos tuyaux sur la prochaine édition.
– N'oubliez pas de préciser l'ouvrage que vous désirez recevoir, ainsi que votre adresse postale.
– Vérifiez que vos remarques concernent l'édition en cours et notez les pages du guide concernées par vos observations.
– Quand vous indiquez des hôtels ou des restaurants, pensez à signaler leur adresse précise et, pour les grandes villes, les moyens de transport pour y aller. Si vous le pouvez, joignez la carte de visite de l'hôtel ou du resto décrit.
En tout état de cause, merci pour vos nombreux mails.

122, rue du Moulin-des-Prés, 75013 Paris

• guide@routard.com • routard.com •

Routard Assurance *2021*

Enrichie au fil des années par les retours des lecteurs, *Routard Assurance* est devenue une assurance voyage référence des globes-trotters. Tout est inclus : frais médicaux, assistance rapatriement, bagages, responsabilité civile... Avant votre départ, appelez *AVI* pour un conseil personnalisé. Besoin d'un médecin, d'un avis médical, d'une prise en charge dans un hôpital ? Téléchargez l'appli mobile *AVI international* pour garder le contact avec *AVI Assistance* et disposez de l'un des meilleurs réseaux médicaux à travers le monde. *AVI Assistance* est disponible 24h/24 pour une réponse en temps réel. De simples frais de santé en voyage ? Envoyez les factures à votre retour, *AVI* vous rembourse sous une semaine. *40, rue Washington, 75008 Paris. ☎ 01-44-63-51-00. • avi-international.com • Ⓜ George-V.*

Édité par Hachette Livre (58, rue Jean-Bleuzen, CS 70007, 92178 Vanves Cedex, France)
Photocomposé par Jouve (1, rue du Docteur Sauvé, 53100 Mayenne, France)
Imprimé par Jouve Print (Quai n°2, 733, rue Saint-Léonard, BP3, 53101 Mayenne Cedex, France)
Achevé d'imprimer le 14 janvier 2021
Collection n° 13 - Édition n° 01
46/5157/5
I.S.B.N. 978-2-01-787107-1
Dépôt légal : janvier 2021

PAPIER À BASE DE FIBRES CERTIFIÉES